CHIAVI MAESTRE PER UNA VITA D'ABBONDANZA

Kim Michaels

CHIAVI MAESTRE PER UNA VITA D'ABBONDANZA

Kim Michaels

Chiavi Maestre per una vita d'abbondanza
Di Kim Michaels
Copyright © 2007 Kim Michaels
More to Life Publishing

Titolo dell'opera originale Master Keys to the Abundant Life

Ogni riproduzione, anche parziale e con qualsiasi mezzo effettuata, è vietata senza la preventiva autorizzazione dell'editore.

ISBN 978-9949-9340-0-3

Other books by Kim Michaels:

Master Keys to Spiritual Freedom
I Love Jesus, I Hate Christianity
The Least You Should Know About Life
Master Keys to the Abundant Life
Beyond Religious Conflict
I Am a Thinking Christian
The Secret Coming of Christ
The Jesus Koans
Save Your Planet
Save Yourself!
The Inner Path of Light
The Christ Is Born in You

Contenuto

Introduzione **9**

Il Rosario di Madre Maria per la guida interiore **17**

Chiave 1 Se è il buon piacere del Padre darmi il regno, come mai io non l'ho? **20**

Chiave 2 Chi sono io, perché sono qui e chi è quell'essere in cielo? **27**

Chiave 3 Come potete ricevere l'abbondanza di Dio, se negate la Presenza di Dio là dove siete? **39**

Chiave 4 Chi è stato in realtà a creare il pasticcio su questo pianeta? **55**

Chiave 5 Se la vita ha uno scopo, perché non ne sono stato informato? **73**

Chiave 6 Esiste una via d'uscita dall'incessante lotta umana? **89**

Chiave 7 Se la vita non è altro che un sogno, come faccio a svegliarmi? **107**

Chiave 8 Se nessun umano è un'isola, come faccio a trovare il mio posto nel mare? **126**

Chiave 9 Chi è il vero me e perché ho dimenticato chi sono? **152**

Chiave 10 Perché devo lasciar andare "chi non sono" per scoprire "chi sono"? **167**

Chiave 11 Se la mia vita è un film, come faccio a riscriverne il copione? **189**

Chiave 12 Come faccio a nascondermi a quell'essere collerico nel cielo? **209**

Chiave 13 Quando parlo con me stesso, chi è che risponde? **227**

Chiave 14 Come ottengo ciò che voglio, quando non so che cosa voglio? **245**

Chiave 15 Come potete avere una pace interiore se siete dipendenti dalla sicurezza esteriore? **265**

Chiave 16 Se c'è dell'altro tra il Cielo e la Terra, non potrà mettersi in mezzo tra me e l'abbondanza? **289**

Chiave 17 Qual è il mio potenziale più elevato e come posso manifestarlo? **319**

Chiave 18 Il cervello ha una mente propria? **341**

Chiave 19 Se il vostro ego sa davvero tutto, perché la vostra vita è ancora una lotta? **361**

Chiave 20 Per cambiare chi siete, cambiate chi pensate di essere **390**

Chiave 21 Io ho un piano—un piano divino! **409**

Chiave 22 Se non potete scegliere i vostri sentimenti, come potete sentirvi meglio? **433**

Chiave 23 Solo quando date, potete ricevere **458**

Chiave 24 Fluire con il Fiume della Vita **491**

Postfazione **524**

I Rosari di Madre Maria **526**

Il Rosario della Volontà di Dio di Madre Maria 526

Il Rosario della Saggezza che tutto pervade,
di Madre Maria 540

Il Rosario del Nutrimento Miracoloso di
Madre Maria 554

Il Rosario dell'Indipendenza Miracolosa di
Madre Maria 567

Introduzione

Avete mai sentito o letto le parole pronunciate da Gesù: "Non temere, piccolo gregge, perché al Padre vostro è piaciuto di darvi il regno." (Luca 12:32)? Avete mai pensato a quelle parole e poi osservato la vostra vita chiedendovi: "Se al Padre piace darmi il regno, perché mai non ho l'abbondanza di Dio?" Avete mai pensato a quelle parole, osservando poi il mondo chiedendovi: "Se a Dio piace dare il suo regno a tutta la gente, come mai tante persone vivono in una miseria degradante, senza alcuna possibilità di migliorare la propria sorte nella vita? Come mai la maggioranza della gente è povera, mentre una piccola élite è talmente ricca da essere quasi impossibile da comprendere?" Vi siete mai chiesti perché mai Dio vi permetta di vivere senza l'abbondanza che desiderate e che Egli, presumibilmente, desidera per voi? Avete mai considerato che cosa potreste possibilmente fare per cambiare la situazione e sperimentare la vita d'abbondanza?

Sono sicura che, ad un certo punto della vostra vita, abbiate considerato queste domande. Ma avete trovato una risposta? E se non avete trovato una risposta, siete disposti a cercare una risposta al di là delle fonti tradizionali? Siete disposti a cercare una risposta al di là della gabbia mentale in cui la vostra mente attualmente risiede? Se è così, vi raccomando di incominciare a meditare su queste domande: "È forse Dio quello che permette che siate poveri e senza abbondanza, o è qualchedun altro? È Dio che vi impedisce di avere la Sua piena abbondanza, o siete voi stessi a rifiutare quell'abbondanza? È Dio a permettere che tanta gente sulla Terra sia povera, o è stata l'umanità nel suo insieme ad aver rifiutato l'abbondanza di Dio, creando così uno stato di carenza e disuguaglianza sulla Terra?"

So che queste domande sono molto dirette e potrebbero sembrare poco affettuose. Tuttavia, vi assicuro che le faccio con grandissimo amore. E vi chiedo di ponderare queste domande con grandissimo amore, perché so che se mediterete apertamente su queste domande, troverete inevitabilmente le risposte che vi metteranno in grado diereditare l'abbondanza di Dio, che vi appartiene di diritto. E così facendo contribuirete al movimento che, immancabilmente, porteràal punto in cui la stretta mortale della carenza e della disuguaglianza sarà spezzata su questo pianeta. Quindi, le cateratte del Cielo potranno essere aperte e tutte le persone potranno ricevere la vita abbondante di Dio. Le mie domande vengono fatte con l'amore più grande, che non lascerà i miei figli soli, intrappolati nella povertà, nella carenza e nelle limitazioni. Piuttosto disturberei le loro menti con una domanda diretta, nella speranza di scuoterli in questo modo, affinché si risveglino alla realtà che c'è dell'altro da capire nella vita, oltre a quello che già sanno.

Potreste considerare che se pensate di essere privi delle cose che desiderate, allora il vostro stato di carenza sia una prigione. Tuttavia, come tutte le prigioni, essa ha una porta. E se riuscite a trovare quella porta e imparate ad aprirla, avrete l'opportunità di scappare dalla prigione. Eppure se non credete che ci sia una porta, o se non sapete come aprire quella porta, come potrete mai scappare dalla cella in cui siete attualmente imprigionati? Vedete, miei amati, non avete alcuna possibilità di scappare, se non sapete come farlo. E così la chiave per superare il vostro attuale livello di carenza sta nell'acquisire una comprensione superiore di ciò che è richiesto per ereditare l'abbondanza di Dio.

Così potrete dimostrare che Gesù non stava facendo una falsa promessa, quando disse che era il piacere del Padre darvi il regno. Gesù stava facendo una promessa vera, perché si era reso conto che esiste una porta per uscire dalla prigione umana. Egli aveva scoperto quella porta. Aveva trovato la chiave che avrebbe aperto quella porta. E, cosa più importante, egli aveva fatto ciò che era richiesto per passare da quella porta e per essere quindi liberi dalla condizione umana, dalla lotta umana. Di fatto, la sua vita intera fu consacrata al compito di provare che è possibile sfuggire alle limitazioni umane, ed era sua speranza che tutte le altre persone considerassero la sua vita come un esempio di come esse stesse potevano evadere dalla prigione – dalla prigione mentale – dello stato di coscienza umana, la coscienza di separazione, limitazione e carenza.

***

Io vengo per aiutarvi a scoprire la porta della prigione. Io vengo per darvi le chiavi che apriranno la porta della prigione, perché essa ha davvero più di una serratura. E vengo ad offrire di prendervi per mano e condurvi attraverso quella porta, finché non sarete evasi dalla prigione e liberi di scaldarvi al Sole del vostro vero Essere. Ma chi sono io per fare tali promesse?

Considerando che la vostra attuale situazione è una prigione e che vorreste evadere da quella prigione, chi vorreste che vi servisse da guida? Se guardate il mondo d'oggi, vedrete che ci sono numerose persone che si offrono per farvi da guide, e vi promettono che, se solo comprerete i loro servizi, i loro libri o i loro corsi, di sicuro vi condurranno fuori dalla prigione umana. Tuttavia, il problema è che essi sono ancora in un corpo fisico e, quindi, sono ancora nel tempo e nello spazio. Può darsi che abbiano una certa comprensione di come sfuggire alla prigione umana, ma essi non hanno ancora applicato appieno quella comprensione. Se volete essere guidati da un Essere che ha applicato questa conoscenza e che è evaso dalla prigione umana, allora sono qui per offrire i miei servizi e la mia amorevole guida.

Chi sono io, allora? Miei cari, il messaggio centrale dato da Gesù era che voi potete fuggire dalla prigione umana e superare anche la morte stessa. Il messaggio principale di Gesù era che la morte non è la fine, che è possibile trovare una vita nuova – un nuovo stato di coscienza – in un regno superiore. Gesù ha provato che è possibile evadere dalla prigione umana in maniera permanente e che potete ascendere ad un regno superiore. E sebbene alcuni cristiani siano stati educati a credere che Gesù fosse un'eccezione, devo dirvi che Gesù non è l'unico ad essere fuggito dalla prigione umana e ad essere asceso permanentemente in un regno superiore. Dopotutto, se Gesù fosse stato l'unico a poter seguire questo cammino, che senso avrebbe avuto la sua venuta sulla Terra? Che genere di Dio manderebbe il suo unico Figlio in questo mondo a mostrarvi un cammino che non potete seguire? Mostrarvi che una persona può sfuggire alla prigione umana, ma che voi non potete, non significherebbe forse aggiungere il danno alle beffe?

Così avete soltanto due opzioni. Potete pensare che Dio non sia un Dio amorevole o che, dietro alla vita e agli insegnamenti di Gesù, ci sia un messaggio nascosto, un messaggio che tutte le persone hanno la possibilità di seguire, elevandosi quindi anch'esse al di là della prigione umana, ascendendo ad un regno superiore. Potete pensare che Dio abbia mandato Gesù a mostrarvi la via che porta al suo regno, una via che anche voi potete seguire, o che Gesù mentiva quando diceva che è il piacere del Padre darvi il suo regno. Riuscite a capire che non vi è possibile considerare vere entrambe le opzioni? Non potete logicamente pensare che solo Gesù possa ereditare la vita abbondante e, allo stesso tempo, considerare Gesù un vero salvatore e considerare Dio un Dio benevolo. Ora vedete che la prigione umana è fatta di molte credenze che sono illogiche e contraddittorie, ed è invero mia intenzione mettere a nudo tali credenze nei prossimi capitoli. Se me lo permetterete, vi condurrò verso una comprensione superiore della vita e così arriverete a conoscere la verità che vi renderà liberi. Allora potrete passare dalla porta della prigione entrando nel regno della vita abbondante di vostro Padre.

Se riuscite ad accettare la possibilità che Gesù non sia l'unico Essere che è asceso nel Cielo, potreste accettare che anch'io ho seguito il sentiero dimostrato da Gesù e che anch'io sono ascesa ad un regno superiore. Una volta ero in un corpo umano, come quello che voi indossate attualmente. Allora ero conosciuta come Maria, la madre di Gesù. E dopo quella vita come Maria, io conquistai davvero la mia ascensione permanente al regno spirituale. Quindi, oggi sono un essere asceso, ed ho scelto di rimanere con la Terra per fare da insegnante, custode e guida per voi e per quei vostri fratelli e quelle vostre sorelle spirituali, che non sono ancora sfuggiti alla prigione umana.

Dopo la mia ascensione, non sono stata ferma. Sono salita più in alto nei ranghi qui in Cielo, poiché, invero, come disse Gesù: "Nella casa di mio Padre ci sono molte dimore" (Giovanni 14:2). Ci sono livelli di conseguimento persino nel mondo celeste e, dopo la mia ascensione, ho ottenuto una comprensione ed un'interiorizzazione superiori ed un'unità maggiore con la coscienza e l'Essere dell'aspetto Madre di Dio. Quindi, oggi io sono la rappresentante della Divina Madre per il pianeta Terra. Potreste considerarlo una carica spirituale, proprio come le cariche che avete sulla Terra, come il sindaco di una città, il presidente di una regione, o il leader di una nazione.

Io vengo come la rappresentante della Divina Madre, per tendere la mia mano con l'amore più profondo, l'amore intensissimo, incondizionato e nutriente, della Divina Madre — la quale non ha altro desiderio che vedere tutti i figli di Dio ricevere la loro legittima eredità, che è davvero la vita abbondante. E così vengo a dirvi che è una verità assoluta che è il piacere di Dio, il Padre, di darvi il regno della vita abbondante. Non dovete aspettare di ascendere in Cielo per avere quella vita abbondante. Potete ereditare e sperimentare, potete rivendicare quella vita abbondante proprio qui, sulla Terra, come ha dimostrato invero Gesù trasformando l'acqua in vino e moltiplicando i pani e i pesci.

***

Questo libro è un dono dal mio cuore, che vi offro con una motivazione totalmente pura e con null'altro che amore nel mio cuore. Questo è il mio regalo, donatovi liberamente, nella speranza che lo riceviate liberamente e senza pregiudizi, senza opinioni preconcette riguardo a quello che la Madre di Dio dovrebbe o non dovrebbe dire. Poiché, invero, il mio scopo è quello di darvi le chiavi del regno di Dio, le chiavi che aprono la porta della prigione e vi aiutano ad andare oltre tutte le limitazioni umane.

Vedete, miei amati, se la vostra mente pone dei limiti e delle condizioni a quello che io posso e non posso dire, allora come sarà possibile per me condurvi fuori dalla prigione delle limitazioni umane? Se usate qualche opinione preconcetta per rifiutare le mie parole o per rifiutare questo libro, allora state dimostrando che preferite rimanere nella vostra attuale prigione mentale e che non siete disposti ad aprire una particolare serratura, o forse molte serrature, nella porta che conduce alla vita abbondante. Dato che io vi amo e dato che rispetto il fatto che Dio vi ha dato il libero arbitrio, vi permetterò di rimanere aggrappati alle vostre opinioni e condizioni preconcette – se è questo che desiderate.

Tuttavia vi chiedo un'unica cosa. Vi chiedo di essere onesti con voi stessi. Vi chiedo di rendervi conto che, se usate qualche opinione umana preconcetta per respingere le mie parole, lo state facendo perché vorrete continuare a sperimentare limitazioni, sofferenza e carenza. Lo state facendo perché non siete realmente disposti a sapere ciò che vi serve sapere o fare per aprire la porta della prigione e per passare da quella porta. E così vi chiedo di essere almeno onesti con voi stessi. Per favore, non respingete questo libro con l'atteggiamento che esso sia in qualche modo sbagliato o opera del diavolo. Siate almeno onesti con voi stessi e riconoscete che se rifiutate questo libro, lo fate perché scegliete di mantenere certe credenze che vengono sfidate in questo libro. Avete il buon diritto di mantenere tali credenze, avete il buon diritto di scegliere di rimanere aggrappati ad una visione limitata del mondo, piuttosto che accettare la comprensione superiore che vi metterebbe in grado di aprire la porta della prigione. Vi chiedo soltanto di riconoscere che questa è una scelta che voi state facendo e che nessuno, all'infuori di voi stessi, può davvero costringervi ad attaccarvi alle limitazioni.

E' il buon piacere del Padre darvi il regno, e se non avete il suo regno proprio ora, può esserci solo un'unica spiegazione. Avete usato alcune credenze o opinioni umane per attaccarvi ad un modo di vedere limitato nella vita. Ed è questo modo di vedere limitato che vi impedisce di accettare il regno, che Dio vi sta offrendo proprio ora ed ha continuato ad offrirvi per tutta la vostra esistenza come un essere consapevole di sé.

E' il buon piacere di Dio il Padre darvi il suo regno, ed è il buon piacere di Dio la Madre darvi quel regno nella forma del nutrimento sia spirituale che materiale in questo mondo. Così, io sono venuta ad offrirvi la verità che vi renderà liberi di accettare l'abbondanza di Dio il Padre e il nutrimento di Dio la Madre. Questo libro vi offrirà quella verità, ma sta a voi accettarla e permetterle di trasformare la vostra coscienza, di trasformare il vostro modo di vedere la vita, finché non sarete liberi dai vostri limiti attuali.

Lo ripeto, se al presente vi sentite intrappolati in una prigione di limitazioni e carenza, allora vi prego di rendervi conto che ciò che vi tiene in quella prigione sono le credenze e le opinioni, che siete arrivati ad accettare e che non sono in allineamento con la verità e la realtà di Dio. Così, se dovete mai scappare dalla prigione umana, potete farlo in un unico modo, ossia essendo disposti a guardare oltre le opinioni e le credenze preconcette che in qualche modo considerate vere, infallibili o indubbie. Solo la verità vi renderà liberi, e se già conosceste la verità, sareste liberi proprio ora. Così, l'unica conclusione logica è che la verità non si trova nella vostra attuale gabbia mentale, il che significa che se mai doveste trovare la verità, dovete essere disposti a guardare al di là di quella gabbia. Se non siete disposti a mettere in dubbio le credenze che vi tengono intrappolati nella vostra attuale prigione, non c'è alcuna possibilità di fuggire da quella prigione. Tuttavia, il motivo non è che la fuga sia impossibile; il motivo è che state scegliendo di non dubitare, di non guardare al di là delle vostre credenze attuali. State scegliendo di tenervi nella vostra attuale prigione mentale e vi state rifiutando di riconoscere che esiste qualcosa al di fuori di quella gabbia.

***

Quello che farò in questo libro è offrirvi tutte le chiavi che vi servono per aprire la porta, che vi conduce fuori dalla prigione delle limitazioni, della carenza e delle sofferenze umane. Vi offrirò le medesime chiavi che io stessa ho usato per uscire da quella prigione. E ve le offrirò dandovi il vero significato dell'esempio e degli insegnamenti dati da Gesù – in cui anch'egli dimostrò come usare le chiavi che vi porteranno fuori dalla prigione umana.

Tuttavia, com'è stato detto: "Puoi condurre un uomo vicino all'acqua ma non puoi costringerlo a bere." Elo stesso vale per una donna. E così, l'unica cosa che io possa fare in questo libro è offrirvi le chiavi della porta della prigione, le chiavi che vi condurranno fuori dalle limitazioni umane e dentro al regno di vostro Padre. Dipende da voi se accetterete la mia offerta e se la userete realmente per aprire ogni serratura che tiene la porta bloccata. Posso soltanto offrirvi le chiavi; non posso costringervi a prenderle, non posso costringervi ad inserirle nelle serrature, non posso costringervi a girare le chiavi, non posso costringervi ad aprire la porta e non posso forzarvi a superare la soglia.

Davvero, non ho alcun desiderio di costringervi a venire a casa, nel regno di vostro Padre. Tuttavia, nutro un amore infinito per il vostro flusso di vita, ed ho un profondo desiderio di stare davanti a voi, ad accogliervi quando avrete attraversato la porta e sarete liberi, come il puro essere spirituale che Dio ha creato a sua immagine e somiglianza. Ed ho un grande desiderio di guardarvi nel profondo degli occhi e di vedere in quegli occhi la gioia di sapere che siete, ancora una volta, liberi – che siete a casa. Ho un grande desiderio di abbracciarvi e di tenervi stretti, cosicché posso sentire il battito del vostro cuore e voi potete sentire il battito del mio. Non vedo l'ora di condividere la vostra gioia, mentre vi rendete conto che i nostri cuori ora battono allo stesso ritmo, perché siamo diventati uno nello spirito. Quindi, il vostro cuore non batte più al suono di un tamburo diverso, il tamburo – monotono – delle lotte, della sofferenza e della carenza umana.

Vi offro questo libro come un dono dal mio cuore, e se doveste rifiutarlo a causa di qualche idea che sfida una credenza che non siete disposti a mettere in dubbio o ad abbandonare, allora rispetterò la vostra scelta. Il mio amore per voi non diminuirà, ma sentirò un pizzico di tristezza. Perché io so che finché sarete intrappolati nelle limitazioni umane, non sarete in grado di accettare il mio amore. Non sarete in grado di accettare l'amore della Divina Madre e non sarete in grado di accettare il regno del Divino Padre.

**

Non faccio le mie scuse per il fatto che questo libro è molto lungo e che mi ripeto, spiegando lo stesso punto da più di una prospettiva. Il mio scopo è quello di darvi il libro definitivo su come manifestare l'abbondanza di Dio nella vostra vita, e non è semplicemente possibile farlo in un libro di contenuto e stile normali o in un libro di lunghezza normale. Non ho alcun desiderio di darvi una storia mezza cruda che ometta dei passi essenziali e che, perciò, si ferma prima di darvi il potere di aprirvi un varco e di rivendicare il vostro pieno potenziale.

Voglio rendere chiaro, inoltre, che questo libro non è stato scritto per l'intelletto umano, per la mente analitica, che ama dividere in categorie ogni cosa. L'intelletto ama confrontare ogni idea nuova con ciò che già conosce, per porla poi in un piccolo cassetto con sopra un'etichetta. Ama adattare tutto alla sua visione del mondo, al suo sistema di credenze esistente. La manifestazione della vita abbondante non può essere compiuta per mezzo dell'intelletto umano, ma richiede una forma di ragionamento superiore. Perciò, questo libro è stato scritto in un modo che è stato specificamente progettato per attivare le facoltà superiori della vostra mente, le facoltà che, anziché nella vostra testa, sono centrate nel vostro cuore. Se leggete questo libro col vostro intelletto, vi darà poche cose di valore. Per trarne pieno beneficio, dovete attivare il vostro cuore, le vostre facoltà intuitive, perché è attraverso queste facoltà che potete pensare al di fuori della gabbia mentale creata dal vostro intelletto.

Per rendervi più facile attivare queste facoltà, vi offrirò uno strumento che potrebbe sembrare semplice, forse persino semplicistico, a qualcuno. Ciò nondimeno, esso può moltiplicare drasticamente i benefici della lettura di questo libro. Quello che vi offro è una nuova forma di affermazione, che è progettata per attivare le funzioni superiori della vostra mente, affinché possiate afferrare il significato più profondo dietro alle parole che vi do in questo libro. Come vedrete, non è possibile esprimere a parole tutti gli aspetti del processo che conduce alla vita abbondante, in quanto solo la mente non-lineare è in grado di afferrali. Quindi, se desiderate godere del pieno beneficio di questo libro, per favore, prima di iniziare a leggere, prendetevi alcuni minuti e recitate il seguente rosario a voce alta. Eseguite questo semplice rituale ogni volta che iniziate a leggere ed avrete un effetto molto più profondo dalla lettura di questo libro.

Il Rosario di Madre Maria per la guida interiore

In nome dell'amore incondizionato del Padre, del Figlio, dello Spirito Santo e della Madre Miracolosa, Amen.

(Inserite qui una preghiera personale per la guida su argomenti specifici.)

Dedizione al cammino interiore

Amata Madre Maria, io desidero davvero la vita abbondante. Ne ho avuto abbastanza dei miei attuali limiti e sono disposto ad andare oltre la lotta umana. Sono disposto a cambiare la mia vita e sono disposto a cambiare me stesso.

 Amata Madre Maria, mostrami la vera via che mi condurrà al regno di Dio, dove tutte le cose buone e perfette sono abbondantemente manifeste. Mostrami come trovare il regno di cui Gesù parlava quando diceva che il regno è dentro di me.

 Amata Madre Maria, sono disposto a smettere di cercare il regno di Dio all'esterno di me stesso, e ti chiedo di mostrarmi il cammino interiore verso la vita abbondante. Amata Divina Madre, mostrami come trovare la strada di casa, la strada verso il regno del mio Divino Padre. Aiutami ad accettare il suo regno come una realtà manifesta nella mia vita e sul pianeta Terra.

1. Amata Madre Maria, riconosco l'eterna verità che il nucleo della mia identità è buono, che sono una persona buona dentro. Pertanto, se sapessi meglio, agirei meglio. Amata Madre Maria, sono disposto a sapere meglio. Mostrami la via.

Salve Madre che guidi
**Ave Maria, io voglio conoscere
ogni cosa che mi serve per crescere.
Mentre abbandono ogni paura,
sento la tua Presenza sempre vicina.**

**Santa Maria, cieco sono stato,
la chiave della conoscenza troverò.
Prendo la tua mano ed entro dentro,
la vittoria di Cristo conquisterò.**

2. Amata Madre Maria, mi rendo conto che la causa ultima di ogni errore che abbia mai commesso, di ogni circostanza imperfetta nella mia vita, è l'ignoranza. Quindi, la chiave maestra per manifestare la vita abbondante sta nell'espandere la mia comprensione della vita. Amata Madre Maria, con tutto quello che otterrò, otterrò la comprensione. Mostrami la via.

**Ave Maria, io voglio conoscere
Tutto quello che mi serve per crescere.
Mentre abbandono ogni paura,
sento la tua Presenza sempre vicina.**

**Santa Maria, cieco sono stato,
la chiave della conoscenza troverò.
Prendo la tua mano ed entro dentro,
la vittoria di Cristo conquisterò.**

3. Amata Madre Maria, mi rendo conto che per migliorare la mia vita, devo ottenere una comprensione superiore. Vedo l'equazione che se le mie credenze attuali potessero dirmi tutto quello che ho bisogno di sapere, avrei già la vita abbondante. Amata Madre Maria, sono disposto ad aprire la mia mente e il mio cuore ad una comprensione che va oltre la mia conoscenza e le mie credenze attuali. Mostrami la via.

Ripetete Salve Madre che guidi.

4. Amata Madre Maria, mi rendo conto che il motivo di tutti i progressi umani è una comprensione superiore. Se voglio migliorare la mia vita, devo avere il coraggio di pensare al di fuori della gabbia delle mie attuali credenze. Amata Madre Maria, sono disposto a sapere quello che devo sapere. Mostrami la via.

Ripetete Salve Madre che guidi.

5. Amata Madre Maria, mi rendo conto che il vero scopo della religione e della scienza è quello di renderci liberi da ogni limitazione umana. Se seguo ciecamente un sistema di credenze esteriore, chiudo la mia mente e il mio cuore alla comprensione superiore, che mi renderebbe libero dalle mie limitazioni esistenti. Amata Madre Maria, sono disposto ad abbandonare tutte le credenze che mi impediscono di raggiungere la vita abbondante. Mostrami la via.

Ripetete Salve Madre che guidi.

6. Amata Madre Maria, mi rendo conto che se continuo a fare la stessa cosa e mi aspetto dei risultati diversi, sono intrappolato in una forma di

pazzia. Se voglio cambiare la mia situazione esteriore, devo iniziare col cambiare me stesso. Amata Madre Maria, sono disposto a sapere come devo cambiare me stesso. Mostrami la via.

Ripetete Salve Madre che guidi.

7. Amata Madre Maria, mi rendo conto che se vedo me stesso come vittima delle circostanze fuori dal mio controllo, sto dando via il mio potere di migliorare la mia vita. Non posso aspettare passivamente che Dio, il destino o la fortuna cambino la mia vita. Amata Madre Maria, sono disposto ad assumere un approccio attivo e voglio sapere che cosa posso fare per manifestare la vita d'abbondanza. Mostrami la via.

Ripetete Salve Madre che guidi.

8. Amata Madre Maria, mi rendo conto che quando Gesù ci disse di fare agli altri ciò che vogliamo che essi facciano a noi, in realtà egli stava dicendo che l'universo è uno specchio. Qualunque cosa io trasmetta, mi ritorna riflesso dallo specchio cosmico. L'unico modo per cambiare ciò che mi ritorna, è quello di cambiare quello che trasmetto. Amata Madre Maria, sono disposto a guardare alla trave nel mio stesso occhio e a cambiare me stesso, cosicché l'universo potrà riflettere la vita abbondante. Mostrami la via.

Ripetete Salve Madre che guidi.

9. Amata Madre Maria, mi rendo conto che è il buon piacere del Padre darmi il suo regno. Il motivo per cui non ho la vita abbondante è che, nella mia mente subconscia, ci sono certe credenze che fanno sì che io rifiuti ciò che Dio mi offre gratuitamente. Amata Madre Maria, sono disposto a cambiare tutte le credenze che m'impediscono di manifestare il concetto immacolato tenuto nella mente di Dio.

Ripetete Salve Madre che guidi.

La Terra è del Signore e ne è la pienezza. (3X) Amen.

In nome dell'amore incondizionato del Padre, del Figlio, dello Spirito Santo e della Madre Miracolosa, Amen.

Sigillo del rosario
Amata Madre Maria, sigilla il mio cuore, la mia mente e i miei sentimenti nel tuo amore incondizionato e riempimi del tuo infinito nutrimento. Accetto il tuo amore e permetto a me stesso di sentire la tua Presenza con me, ora e per sempre. Amen.

Chiave 1
Se è il buon piacere del Padre darmi il regno, come mai io non l'ho?

Partiamo con una verifica della realtà. Osserviamo l'affermazione: "E' il buon piacere del Padre darvi il regno." Sebbene sia possibile che abbiate sentito quest'affermazione molte volte in passato, avete dedicato davvero del tempo e dell'attenzione per considerare che cosa significhi in realtà? Se osservate quest'affermazione, vedrete che esiste realmente un unico significato. E' il buon piacere del Padre darvi il regno, e questo deve significare che Dio vuole davvero che voi abbiate il suo regno. Dio vuole davvero che voi abbiate la vita abbondante. E' il suo piacere darvelo.

Quindi, se osservate la vostra vita e vedete che non avete l'abbondanza, dovete dedurne che qualcosa è andato storto. Qualcosa vi impedisce di avere la vita d'abbondanza che Dio vuole farvi avere. Ed ora cominciamo a ragionare insieme per ponderare che cosa mai potrebbe avervi impedito di avere la vita abbondante – se è davvero il desiderio di Dio e la volontà di Dio che voi abbiate quell'abbondanza. Che cosa può possibilmente essere andato storto? Che cosa potrebbe possibilmente impedirvi di avere quello che Dio vuole che abbiate? Che cosa mai potrebbe impedire che la volontà di Dio sia una realtà manifesta sul pianeta Terra?

Ora diamo uno sguardo al pianeta Terra. C'è grande bellezza nella natura di questo pianeta. I vostri scienziati stanno scoprendo continuamente quanto sia intricato, quanto complesso, eppure quanto meraviglioso, il modo in cui è progettato questo mondo. Sulla Terra ci sono tanti di quei sistemi intrecciati e complessi, che persino gli scienziati più materialisti non possono fare a meno, ogni tanto, di avere una sensazione di meraviglia e di timore reverenziale per la complessità, la bellezza e la simmetria, che scoprono nella natura. E se siete tendenti alla spiritualità, sarete d'accordo con me quando dico che questa complessità deve essere stata progettata da una mente, che è molto abile ed ha delle grandi capacità di immaginazione e di ragionamento. Quindi, ciò che vedete nella natura è che Dio ha davvero progettato una creazione molto bella e meravigliosa, una creazione che ha grande abbondanza.

Tuttavia, quando osservate il campo degli affari umani, voi vedete un quadro diverso. Sebbene il corpo umano sia la più complessa di tutte le creazioni di Dio, gli esseri umani sembrano avere delle difficoltà nel capire come usare i propri corpi senza distruggere se stessi, senza distruggere gli altri o senza distruggere la natura. E mentre spesso si vede abbondanza ed equilibrio nella natura, non si vede la stessa abbondanza e lo stesso equilibrio negli affari umani. Pensate alle parole di Gesù, quando disse che voi valete più dei passeri (Matteo 10:31), intendendo che se Dio è in grado di vestire e di nutrire gli uccelli, certamente è in grado di dare a voi tutto quello che vi serve. Eppure ci sono molte persone sulla Terra che guardano agli uccelli con invidia, perché gli uccelli sono liberi di volare dove vogliono e sembrano trovare sempre il cibo necessario. Al contrario, molte persone sono bloccate da varie circostanze e possono a malapena muoversi. Devono lottare, per la vita intera, solo per guadagnarsi da vivere e nutrire se stessi e i propri figli. Pertanto, molte persone anelano alla vita spensierata degli uccellini e sentono che, al contrario, le loro vite sono un'unica lunga lotta.

Ma quando guardate alla bellezza e all'abbondanza che Dio ha inserito nella natura, vi sembra logico che Dio non sia capace di progettare un pianeta che possa sostenere la vita umana con la stessa abbondanza e spensieratezza che vedete nella vita degli uccelli? Esiste davvero un motivo qualsiasi per cui Dio non dovrebbe essere in grado di progettare un pianeta, che possa darvi la stessa libertà e la stessa vita spensierata che vedete nella vita delle molte creature, che hanno molto meno intelligenza e, come disse Gesù, molto meno valore di voi stessi.

Non avrete molte opzioni, quando incominciate a ragionare su questo in maniera logica. Non potete negare la realtà che gli esseri umani non hanno la vita abbondante. E quando considerate il concetto che è il buon piacere del Padre darvi il regno, dovete dire che, se Dio vuole che gli esseri umani abbiano la vita abbondante, allora qualcosa deve essere andato storto o da parte di Dio o da parte vostra.

Una possibilità è quella di ragionare che, evidentemente, Dio è stato in grado di creare un pianeta meraviglioso e complicato, che è capace di sostenere una vita spensierata e abbondante per gli uccelli e per le altre creature con un'intelligenza inferiore a quella degli umani. Tuttavia, quando si è trattato degli umani, Dio, in qualche modo, non è stato capace di progettare il pianeta in modo che potesse sostenere la vostra vita nella stessa abbondanza e nella libertà da preoccupazioni, carenza o sofferenza. Quindi potete pensare che la capacità di progettazione di Dio debba essere in qualche modo difettosa e che, quando si è trattato degli esseri umani, egli abbia commesso un errore. Esistono davvero molte persone che hanno ragionato in questo modo. Alcune di esse sono religiose e, essendo state educate con la paura di andare all'inferno se ingiuriano Dio, si disfano in fretta di tali pensieri. Altre sono disposte a riconoscere questi pensieri, ed alcune altre li hanno persino usati come motivo per respingere tutte le religioni o per rifiutare il concetto di Dio.

Se siete inclini a pensare in questo modo, vi chiedo soltanto una cosa. La prossima volta che ci sarà una notte limpida, là dove vivete, vi prego di andare fuori e di guardare il cielo notturno. Guardate su, verso la Via Lattea, e contemplate quante stelle ci sono. Non avete bisogno di guardare in un libro scientifico, che vi dice quanti miliardi di stelle gli scienziati hanno calcolato che esistano. Dovete solo guardare coi vostri occhi e vedere che ci sono più stelle di quante riusciate a contare. E poi chiedete a voi stessi: "Se Dio è stato capace di creare un universo di tale incredibile vastità e complessità, sembra logico che, su questo piccolo pianeta che chiamiamo Terra, Dio non sia stato in grado di provvedere una vita abbondante e spensierata per la forma di vita più elevata ivi esistente?"

Mio amato cuore, se mediterete su questo, penso che vi renderete conto della verità assoluta, che Dio è pienamente capace di progettare il pianeta Terra in un modo tale che ogni essere umano su questo pianeta possa vivere una vita abbondante e spensierata, con la stessa libertà di cui godono gli uccelli. E, quindi, il fatto stesso che la maggioranza delle persone non abbia questa vita, non può essere causato da un problema dalla parte di Dio. Questo ci lascia un'unica conclusione logica. La carenza e la povertà esistenti sulla Terra devono essere causate da un problema esistente dalla vostra parte. Sulla Terra deve essere successo qualcosa, che impedisce al desiderio di Dio di essere manifesto qui. Deve essere accaduto qualcosa che ha alterato il piano originale di Dio per questo pianeta, per cui la forma di vita più elevata e più complessa spesso va incontro ad una vita meno abbondante di quella di cui godono tante creature molto meno intelligenti.

***

Se osservate questo argomento con distacco, potreste trovare motivo di mettere in dubbio l'immagine di Dio che vi è stato dato sin dall'infanzia. Potreste considerare queste domande:

- Se Dio è davvero il Dio onnipotente e infallibile, che viene descritto da molte religioni, e se è davvero il desiderio di Dio che gli esseri umani abbiano la vita abbondante, allora com'è possibile che il desiderio di Dio non sia manifesto sulla Terra?

- Che cosa potrebbe possibilmente impedire ai desideri di un Dio onnipotente di diventare manifesti?

- Se è il buon piacere del Padre dare il suo regno alla gente, com'è possibile che la gente non abbia quel regno?

Ora arrivate ad un'altra conclusione logica. O c'è qualcosa di sbagliato da parte di Dio o c'è qualcosa di sbagliato da parte vostra, ossia, o è Dio ad avere un difetto, o ad avere un difetto è l'immagine di Dio sostenuta da molte persone sulla Terra. Ancora una volta, se Dio può creare un universo talmente vasto e intricato, è verosimile che egli sia non intelligente? La conclusione logica è che deve esserci qualcosa di sbagliato nell'immagine di Dio dipinta da certe religioni su questa Terra. Questo ci porta ad un ambito fruttuoso della discussione, in quanto ora possiamo iniziare a domandarci che cosa possa essere ciò che manca nell'immagine di Dio che siete arrivati ad accettare.

Abbiamo visto che Dio è perfettamente in grado di progettare un universo molto vasto e complesso. Abbiamo valutato che un Dio, che può creare un universo talmente incredibile, è pienamente in grado di creare un piccolo pianeta che possa fornire una vita abbondante e spensierata per ogni essere umano che ci vive. Tuttavia, nonostante il fatto che Dio sia capace e disponibile, la realtà attuale sul pianeta Terra non riflette il desiderio di Dio e la capacità di Dio. Pertanto deve esserci qualcosa che si è intromessa tra il progetto di Dio per la Terra, che Dio mantiene nella sua mente, e la realtà che è al presente rappresentata su questo pianeta. Come ho detto, che cosa mai potrebbe impedire al desiderio di un Dio onnipotente di manifestarsi? Bene, è logico che nulla può impedire a Dio di avere realizzata la sua volontà. Quindi, l'unica conclusione possibile è che Dio o non è onnipotente o ha scelto di mettere da parte, almeno temporaneamente, i suoi poteri onnipotenti sulla Terra.

Questo apre la possibilità che Dio abbia dato agli esseri umani il dominio sulla Terra, come afferma chiaramente la Bibbia (Genesi 1:26). Che cosa significa che Dio ha detto agli uomini di assumere il dominio sulla Terra? Non sembra ragionevole supporre che Dio abbia dato agli esseri umani una capacità, che non sia il semplice vivere su questo pianeta adattandosi alle circostanze naturali, come si vede nelle specie animali? Dio ha dato agli esseri umani la capacità, non solo di adattarsi al loro ambiente, ma di assumere il dominio di quell'ambiente e di cambiare attivamente e consapevolmente quell'ambiente, secondo i propri bisogni. In altre parole, gli esseri umani hanno la capacità di scegliere come vivere. Non sono semplicemente degli schiavi del proprio ambiente, che devono adattarsi o estinguersi.

Quando osservate la natura, vedrete che tutte le specie animali si adattano ad un certo tipo di ambiente. Sebbene ci sia una grande adattabilità in natura, c'è un limite a quanto una specie animale possa adattarsi ai diversi tipi di ambienti. La ragione è che un animale non ha la consapevolezza, né l'abilità creativa, per alterare consciamente il proprio ambiente o per isolarsi da quell'ambiente. Tuttavia, gli esseri umani hanno quella abilità e, pertanto, vedrete che nessuna specie animale ha la stessa capacità di vivere in molti ambienti diversi, com'è il caso per gli esseri umani. Già questo dovrebbe farvi capire che Dio ha dato agli esseri umani delle capacità che vanno ben oltre quello che si trova nel regno animale. Perciò, gli esseri umani non sono semplicemente degli animali sofisticati ma qualcosa di più. Gli esseri umani non sono solo degli animali altamente evoluti, perché gli umani sono, per usare un'espressione moderna, di un salto quantico superiori a qualunque specie animale.

La conclusione logica è che Dio ha creato gli esseri umani a sua immagine e somiglianza (Genesi 1:26), il che significa che gli umani hanno una coscienza ed una consapevolezza di sé talmente sofisticate che, invece di adattarsi semplicemente al proprio ambiente, essi hanno la capacità di immaginare che il loro ambiente può essere cambiato e che un cambiamento del genere può metterli in grado di avere un'abbondanza superiore a quella che il loro ambiente attualmente fornisce loro. Inoltre, invece di adattarsi ad un particolare ambiente, gli esseri umani hanno la capacità di scegliere liberamente di cercare in maniera attiva di trasformarlo. Quindi, ciò che separa un essere umano dagli animali sono la consapevolezza di sé, l'immaginazione e il libero arbitrio.

***

Dal lato positivo, queste capacità creative danno agli esseri umani il potenziale di agire come estensioni di Dio sulla Terra. Questo potrebbe darci una nuova prospettiva sulla storia della creazione raccontata nella Genesi. Viene spiegato come Dio dedicò sei giorni per creare la Terra, il regno animale e gli esseri umani. E poi, nel settimo giorno, Dio riposò. E' possibile che il "riposo" di Dio significhi che Dio sospese temporaneamente la sua opera creativa sul pianeta Terra? Lo fece perché aveva creato degli esseri che dovevano fungere da sue mani e da suoi piedi sulla Terra, come estensioni di lui sulla Terra, così che potessero terminare la creazione della Terra? E' possibile che Dio abbia creato gli esseri umani a sua immagine e somiglianza, in quanto voleva che essi portassero a compimento la creazione della Terra, cosicché, invece che vivere qui passivamente, essi potessero prendere parte attiva alla creazione di Dio, potessero sentire di avere un ruolo attivo e di poter aiutare a portare il regno di Dio a piena manifestazione su questo pianeta ?

Sì, miei cari, so che queste idee vanno ben al di là di ciò che vi è stato insegnato a catechismo e vanno ben al di là di quello che i vostri scienziati sono disposti anche solo a considerare. Eppure queste idee possono spiegare la realtà che vedete nella vostra vita e nelle vite di miliardi di persone su questo pianeta, ovvero che voi non avete la vita abbondante. Se pensate profondamente, vi renderete conto che, da qualche parte dentro di voi, sapete che dovreste avere l'abbondanza, sapete che la vita dovrebbe essere diversa, sapete che la vita dovrebbe essere migliore di quella che è proprio ora. E potete capire questo osservando l'altra faccia della medaglia, in quanto il fatto che Dio abbia dato agli esseri umani l'immaginazione e il libero arbitrio ha un lato oscuro, un potenziale negativo. E' possibile che le persone usino la propria immaginazione per vedere qualcosa che sia meno di quello che Dio desidera per loro. Ed è possibile che esse usino il libero arbitrio per scegliere di manifestare su questo pianeta qualcosa che abbia meno abbondanza del progetto originale di Dio. Come ho cercato di spiegare, Dio ha progettato questo pianeta, in origine, per dare agli esseri umani la stessa vita spensierata di cui godono gli animali. Dio voleva che gli umani costruissero su queste fondamenta, affinché potessero creare per se stessi un'abbondanza ancor maggiore di quella che la natura è progettata a fornir loro. Tuttavia, gli esseri umani possono anche andare nella direzione opposta e smantellare le fondamenta costruite da Dio, al che la società umana entra in uno stato innaturale di carenza, che porta alla povertà e alla disuguaglianza. Se entrate nel profondo del vostro cuore e considerate queste idee, vedrete che esse possono davvero spiegare il motivo per cui c'è tanta disuguaglianza, tanta sofferenza, tanta carenza e tanta povertà su questo pianeta. E queste idee possono anche spiegare perché, nel profondo del vostro cuore, voi sapete interiormente che questo non è naturale, non è giusto, non è ciò che intendeva Dio, non è così che dovrebbe essere la vita.

In conclusione, abbiamo visto ora che è invero il buon piacere del Padre darvi la vita abbondante. Questo è lo stato naturale delle cose sul pianeta Terra, ovvero che tutti gli esseri umani abbiano abbondanza di ogni dono buono e perfetto. Come ha detto Gesu: "Affinché siate figli del Padre vostro che è nei Cieli; poiché egli fa levare il suo sole sopra i malvagi e sopra i buoni, e fa piovere sui giusti e sugli ingiusti" (Matteo 5:45).

***

La conclusione è che gli esseri umani hanno fatto qualcosa per ostacolare lo stato naturale delle cose sulla Terra, per ostacolare il flusso dell'abbondanza di Dio e per impedirle di raggiungere ogni essere umano. Una volta che sarete giunti a questa conclusione ed inizierete ad accettarla - negli intimi recessi del vostro essere, come pure nella vostra mente esteriore - raggiungerete una prospettiva totalmente diversa della vita e della possibilità di ottenere la vita abbondante. Invece di pensare di vivere su un pianeta dove la sofferenza e la carenza sono in qualche modo inevitabili, ora vedete che la realtà è che l'abbondanza è lo stato naturale delle cose. Questo è ciò che Dio vuole, ed egli ha progettato il pianeta con la piena capacità di fornire quell'abbondanza. Oh sì, miei cari, so che siete stati educati a credere che ciò che impedisce la vita abbondante sulla Terra è una mancanza di risorse naturali, ma non è così. Dio ha progettato questo pianeta in modo che avesse ogni risorsa necessaria per fornire la vita abbondante per tutte le persone. Infatti, Madre Terra è in grado di fornire questa vita abbondante per un numero maggiore di persone di quante stiano attualmente vivendo nel suo grembo. Il problema sulla Terra è che gli esseri umani hanno usato le proprie menti, il potere dell'immaginazione e il libero arbitrio, per limitare, per sviare, per ostruire il flusso naturale dell'abbondanza di Dio.

Quando arrivate a questa conclusione, potete dare una nuova direzione ai vostri pensieri sulla vita abbondante. Potete incominciare a considerare come poter smettere personalmente di ostacolare il flusso naturale dell'abbondanza di Dio, affinché possiate davvero ereditare il regno di vostro Padre e sperimentare la vita abbondante, mentre siete ancora qui sulla Terra. Vedete, miei cari, si possono assumere due approcci alla vita abbondante. Uno è l'approccio passivo e l'altro è l'approccio attivo. Quando assumete l'approccio passivo, potreste accettare che Dio vuole che abbiate l'abbondanza ma, dato che attualmente non l'avete, la vostra unica opzione è quella di ragionare che per qualche motivo sconosciuto, mistico, insondabile, Dio non vuole darvi la vita abbondante proprio ora. E visto che non riuscite a capirne il perché – e non potete spiegarne il motivo in quanto non esiste alcuna spiegazione logica – non potete far altro che aspettare e sperare che, in un qualche futuro, Dio cambi idea e vi dia la vita abbondante. Questo vi pone in una posizione d'attesa e vi trasforma in una vittima indifesa delle circostanze e delle forze fuori controllo.

D'altro lato, quando assumete l'approccio attivo, voi pensate che, come ho appena spiegato, sia naturale per voi avere l'abbondanza. Quindi, se non l'avete, c'è qualcosa che la blocca. Se riuscite a scoprire che cosa la stia bloccando, potreste essere in grado di rimuovere quei blocchi ed allora l'abbondanza di Dio inizierà a fluire naturalmente nella vostra vita. Miei cari, se riuscite ad accettare questa possibilità, siete davvero pronti per ricevere le prossime chiavi del regno, che vi darò nei capitoli successivi.

Chiave 2
Chi sono io, perché sono qui e chi è quell'essere in cielo?

Ora abbiamo visto che Dio è perfettamente in grado di progettare un pianeta che può sostenere gli esseri umani in una vita d'abbondanza. Tuttavia, abbiamo anche visto che questo stato d'abbondanza non è attualmente manifesto sulla Terra. Siamo giunti alla conclusione che l'unica spiegazione logica di questo fatto osservabile è che, nella società umana, sia successo qualcosa che impedisce, che blocca, la manifestazione della volontà di Dio, la volontà che tutti i suoi figli abbiano la vita abbondante. Il nostro prossimo passo è, logicamente, quello di passare a considerare che cosa mai potrà essere ciò che sta bloccando la vita abbondante sulla Terra. Per capire questo, sarà necessario per voi avere una comprensione maggiore di chi siete e che cosa eravate destinati a fare prima di essere spediti su un pianeta, che è come un granello di polvere in un universo infinito. Chi siete voi e perché vi trovate qui sulla Terra?

Per rispondere a queste domande, dovrò andare al di là di ciò che vi è stato insegnato dalle due religioni che dominano la società occidentale, ossia il cristianesimo ortodosso e la scienza materialistica. Entrambi i sistemi di credenze affermano di possedere la verità ultima sull'esistenza di Dio e sull'origine dell'universo. Tuttavia devo dirvi che se preferite credere ad una di queste affermazioni, allora non sono in grado di insegnarvi le chiavi per la vita abbondante. Perché le chiavi essenziali non possono essere trovate entro i confini né dell'uno né dell'altro di questi due sistemi di credenze. Potreste chiedervi come mai sia così, e la risposta è che se il cristianesimo ortodosso o la scienza materialistica fossero stati in grado di fornire alla gente le chiavi della vita abbondante, allora, certamente, la vita abbondante dovrebbe essere manifesta sulla Terra da molto tempo. Pertanto, solo coloro i quali sono disposti a guardare al di là delle gabbie mentali, create da questi due sistemi di credenze, troveranno le vere chiavi per ereditare l'abbondanza del regno del loro Padre.

Per darvi la chiave successiva, dobbiamo allontanarci dalla situazione attuale della Terra. Infatti, dobbiamo uscire dall'intero universo materiale. Gesù disse che la casa di suo Padre ha molte dimore e, come ho detto prima, ci sono altre dimensioni, altri livelli dell'universo di Dio, che sono ciò che le persone religiose hanno tradizionalmente chiamato il mondo celestiale o il regno spirituale.

Questi livelli del mondo celestiale sono alquanto numerosi e, data la vostra attuale conoscenza scientifica che tutto è energia, è facile capire che cos'è che separa questi livelli gli uni dagli altri. I vostri scienziati sanno che l'universo materiale non è, come vi dicono i vostri sensi, fatto di due elementi, ossia di materia e di energia. L'universo materiale non è in verità fatto di materia; è fatto d'energia, in quanto la materia è semplicemente una forma d'energia. Il significato di questa verità è che l'intero universo materiale è fatto della stessa sostanza di cui è fatto il regno spirituale, il mondo divino. Si tratta di quella che gli scienziati chiamano energia, ma che la Bibbia chiama luce. La Genesi vi racconta come ebbe inizio la creazione dell'universo. Ebbe inizio con un ordine emesso da Dio, quando disse: "Sia la Luce!" (Genesi 1:3) E dato che Dio è onnipotente, luce *fu*.

Perché Dio ha dato inizio al processo creativo creando luce? Perché la luce, o l'energia, è una sostanza che, di per sé, non ha forma, ma ha il potenziale di assumere qualunque forma. Persino la scienza è d'accordo con questo. Le attuali teorie scientifiche, in particolare la famosa equazione di Einstein, $E=mc^2$, affermano che la materia è semplicemente energia che ha assunto una forma visibile. L'energia viene vista come una forma di vibrazione, e la scienza ha scoperto molti tipi d'energia, che possono essere messi su una scala che va dalle frequenze più basse alle più elevate. Non è difficile capire che le forme d'energia più grossolane, che hanno assunto l'apparenza di materia fisica, vibrano in uno spettro di frequenze più basse delle energie più sottili, quali i raggi X (che possono penetrare la materia "solida"), o energie ancor più sottili, quali i pensieri. La conclusione di queste osservazioni scientifiche è che l'universo è stato creato da un'energia invisibile, più sottile o più fondamentale, la cui vibrazione è stata abbassata fino a quando essa non ha assunto l'apparenza dell'energia fisica e della materia fisica. Attualmente gli scienziati non riescono a spiegare come questo accada, ma non ci vorrà molto tempo prima che una spiegazione scientifica verrà scoperta. Il mio punto qui è che la differenza tra il Cielo e la Terra è una differenza nella vibrazione. Così ora vedete che il pianeta Terra e l'intero universo materiale sono fatti di una sostanza fondamentale, che ha la capacità di assumere un'infinita varietà di strutture, forme e caratteristiche.

Quest'energia, o luce, può avere molti diversi livelli di vibrazione, per cui è possibile stabilire una scala di vibrazioni che va da lenta a veloce, dalla più densa alla più pura. Passando dalle vibrazioni più basse alle più elevate, alla fine si arriverà ad un punto in cui c'è un'invisibile linea di demarcazione. E una volta superata quella linea, sarete usciti dall'universo materiale ed entrati nel regno spirituale. Continuando a passare dal regno spirituale più basso a vibrazioni sempre più elevate, incontrerete livelli superiori del regno spirituale. E se continuerete ad andare verso la vibrazione più elevata possibile nell'intero mondo della forma, raggiungerete la pura luce di Dio, al di là della quale c'è Il Creatore stesso. Questo Creatore è un Essere consapevole che ha iniziato il processo creativo, di cui voi fate parte.

Tuttavia, il Creatore non è l'aspetto unico o definitivo di quello che gli esseri umani chiamano Dio. Se vi allontanate davvero dal mondo della forma, dal mondo che è stato creato foggiando la luce in una forma – dando forma alla luce informe – potrete cominciare a considerare il vero Essere di Dio. In questo mondo ci sono delle religioni che dicono che Dio, nel senso definitivo, è inconoscibile. Ci sono delle religioni che descrivono il Dio ultimo come "il vuoto", in quanto non ha alcuna forma o caratteristica che possa essere descritta da qualunque delle immagini o delle parole esistenti in questo universo. Noterete che il primo dei dieci comandamenti afferma: "Non avrai altri dei di fronte a me" (Esodo 20:3), e il vero significato è che non potete mai accogliere alcuna particolare forma, alcuna immagine idolatrica particolare, e sostenere che quest'immagine sia una rappresentazione completa di Dio. Nel senso definitivo, Dio è al di là del mondo della forma creato da Dio – il Creatore è al di là della creazione. Come disse Gesù: "Il servo non è maggiore del suo Signore" (Giovanni 13:16). Non potete usare parole e immagini di questo mondo e proiettarle sul Dio ultimo, sostenendo di aver ora creato una descrizione accurata e completa di Dio. Questa è idolatria e, come vedremo più tardi, è uno dei maggiori problemi che impediscono alla vita abbondante di essere manifesta sulla Terra. Tuttavia, è ancora importante allargare la mente e considerare l'Essere di Dio.

Quello che possiamo dire in base al discorso precedente è che devono esserci due aspetti di Dio. Dio, nel senso definitivo, è tutto quello che esiste: "Senza di lui neppure una delle cose cose fatte è stata fatta" (Giovanni 1:3), il che significa che prima che qualunque cosa fosse creato, esisteva soltanto Dio. Questo Dio deve essere un Essere completo e auto-sufficiente. Dio non ha alcun bisogno di creare un universo. Se Dio è il Tutto, perché mai Dio avrebbe bisogno di creare un universo in cui ci sono degli esseri consapevoli che possono conoscere l'esistenza di Dio? In definitiva, Dio non ha alcun bisogno di essere conosciuto o adorato dagli esseri umani, in quanto Dio è il Tutto e pertanto è completo e completamente autosufficiente. Tuttavia, per il semplice fatto che voi esistiate e che viviate in un mondo che ha forma – e perciò è diverso dal Tutto in cui non esiste alcuna forma – possiamo vedere che il Dio ultimo, autosufficiente e senza forma, non può essere l'unico aspetto di Dio. Deve esserci un altro aspetto, che è ciò che io ho chiamato il Creatore. Questo è un aspetto di Dio che desidera creare, che desidera essere più del vuoto senza forma. E questo è l'aspetto di Dio che ha creato l'universo in cui voi vivete.

***

Come ha fatto questo Dio a creare l'universo? Il Creatore ha creato ogni cosa dal suo stesso Essere, poiché non esisteva null'altro che Dio, da cui creare. Il Creatore è diverso dal Dio senza forma, dal momento che il Dio senza forma è immutabile, mentre il Creatore sta costantemente crescendo, costantemente espandendosi, costantemente trascendendo se stesso. Difatti, quando Mosè chiese a Dio il suo nome, la risposta fu: "YOD HE VAW HE", che viene comunemente tradotto con "IO SONO COLUI CHE SONO" (Esodo 3:14). In realtà, come alcuni studiosi della Bibbia sanno, una traduzione più accurata è: "IO SARÒ CIÒ CHE IO SARÒ". Questa traduzione afferra il fatto che Dio è fedele ai propri comandamenti. In effetti, egli non diede a Mosè un nome, perché non voleva che la gente usasse anche solo un nome per creare un'immagine idolatrica, un'immagine statica, di Dio. Invece, il Dio sul monte comunicò il fatto che Dio cambia perennemente e che, quindi, Dio sarà chi sarà in qualunque momento. Pertanto, per conoscere Dio, non potete rimanere aggrappati ad una particolare immagine, dovete fluire con la trascendenza di sé di Dio, dovete entrare nel Fiume della Vita, che è il Tutto dell'Essere di Dio, compreso – ma non limitato a - il mondo in cui vivete.

Nel Puro Essere di Dio, nel Dio senza forma, non c'è cambiamento. Come potrebbe esserci cambiamento nell'assenza di forma? Come potrebbe esserci progressione in ciò che è completo in se stesso? Tuttavia, nell'aspetto Creatore di Dio, c'è un movimento costante, perché questo aspetto di Dio esiste allo scopo di creare e di diventare di più. Che cos'è il Creatore? E' un Essere consapevole di sé che ha tre capacità. La prima capacità è la consapevolezza di sé, la capacità di sapere di esistere. La seconda capacità è quella dell'immaginazione, la capacità di immaginare una forma che non è ancora manifesta in alcun universo. Se non ci fosse immaginazione nel Creatore, come potrebbe Dio possibilmente creare qualcosa di nuovo? La terza capacità di cui gode il Creatore è la capacità di scegliere. Quando ha creato l'universo in cui vivete, il Creatore ha dovuto fare delle scelte. Voi osservate il mondo in cui vivete e accettate tante cose come scontate. Perché il cielo è blu e non di qualche altro colore? Perché la Terra è rotonda e non di qualche altra forma? I vostri scienziati stanno continuamente trovando degli esempi di quanto complicato e delicato sia la struttura dell'universo. Se le forze, che tengono insieme il nucleo dell'atomo, avessero una forza leggermente diversa, gli atomi non potrebbero essere tenuti insieme e la materia non esisterebbe. Se le forze gravitazionali fossero leggermente diverse, i pianeti e i soli non potrebbero rimanere nelle loro orbite. Perché tutte le cose sono come sono? Perché quando Dio ha progettato questo universo, il vostro Creatore ha fatto certe scelte.

Una delle scelte fatte dal vostro Creatore fu che il vostro Dio non voleva creare da solo un intero universo. Il vostro Creatore decise di creare degli esseri consapevoli di sé, come estensione di se stesso, e di dotare questi esseri di poteri creativi, di consapevolezza di sé, d'immaginazione e di libero arbitrio. Ecco perché la Bibbia dice che Dio creò l'uomo a proprio immagine e somiglianza. Dio creò un numero di esseri consapevoli di sé, e questi esseri sono progettati per servire come estensioni del Creatore. Sono progettati per viaggiare nella creazione iniziata dal Creatore stesso e per servire come co-creatori, che possono costruire sulle fondamenta stabilite dal Creatore. Potremmo dire che il Creatore crea dall'esterno e i co-creatori creano dall'interno.

Si può riflettere sul perché il Creatore abbia fatto questo, e ci sono molti buoni motivi. Ma il fatto fondamentale è che la vostra esistenza prova che il Creatore ha fatto questa scelta. Dio ha scelto di crearvi come degli esseri consapevoli di sé. Potete sapere che esistete, avete l'immaginazione che vi mette in grado di fare delle domande su chi siete, da dove venite e sul motivo per cui vi trovate qui. Queste domande provano che voi non siete semplicemente il prodotto di un caso o di un processo evolutivo irrazionale. Il fatto stesso che possiate fare queste domande, prova che voi discendete da un essere consapevole di sé. Ecco perché avete la capacità di immaginare ciò che non può essere percepito dai vostri sensi. Avete inoltre la capacità di formulare un concetto o un progetto nella vostra mente e poi usare il vostro corpo fisico per costruire una casa, che è la perfetta riproduzione della vostra idea mentale. Avete la capacità di scegliere come progettare la vostra casa. Nessuna di queste capacità può essere trovata nel regno animale, dal quale gli scienziati sostengono che vi siete evoluti. Ecco perché avete un valore superiore a molti uccelli, ed ecco perché Dio ha progettato un universo che è perfettamente in grado di darvi la vita abbondante, com'è il suo vero desiderio. Tuttavia, dovete capire che, dato che il Creatore vi ha dotati dell'immaginazione e del libero arbitrio, dato che Dio vi ha progettati per essere dei co-creatori con lui, la vita abbondante non vi sarà semplicemente data da una sorgente esterna. Dovete usare la vostra stessa immaginazione e il vostro libero arbitrio per manifestare quella vita abbondante nell'ambito della vostra sfera d'influenza. Dovete decidervi ad assumere il dominio della "Terra", ossia della vostra mente e del regno materiale.

Dio ha creato un universo che è in grado di darvi la vita abbondante, ma non ha creato un universo che vi dia automaticamente quella vita d'abbondanza. Il motivo di questo è che Dio non vi ha creati per essere dei robot irrazionali, ma vi ha creati per essere degli esseri consapevoli di sé, con la capacità di sapere chi siete, da dove provenite e dove avete il potenziale di andare. Più tardi vi spiegherò dove esattamente avete il potenziale di andare, ma per ora è sufficiente dire che avete il potenziale di fare la scelta di manifestare la vita abbondante o di manifestare una vita di limitazioni, carenza e sofferenza. Voi avete la capacità di scegliere e avete la capacità di immaginare, e attraverso queste due facoltà, state creando la vostra stessa esperienza. State creando quella che molte persone sulla Terra erroneamente chiamano "realtà" ma che, invero, non è altro che un miraggio, proiettato sullo schermo della vita dalle menti degli esseri umani, che hanno dimenticato il loro vero potenziale creativo.

La realtà che dovete comprendere, prima di poter ereditare il regno di vostro Padre, è che siete davvero stati creati ad immagine e somiglianza del vostro Creatore. E questo non significa che il Creatore abbia un corpo fisico e assomigli ad un essere umano. Non significa che il Creatore parli come Charlton Heston. Significa che siete stati creati con la capacità di immaginare ciò che non è manifesto e con la capacità di decidere quale delle vostre immagini mentali porterete a manifestarsi fisicamente, esattamente le stesse capacità che furono usate dal vostro Creatore per creare voi e l'universo in cui vivete.

***

Ora vediamo una risposta potenziale alla domanda: che cos'è andato storto dalla parte vostra, che cos'è andato storto sul pianeta Terra, per impedire al desiderio di Dio - che tutti abbiano la vita abbondante - di diventare una realtà manifesta. La risposta è semplicissima, ed è il mio più grande desiderio che tutti gli umani possano arrivare a capire questo fatto. La risposta è che la vita abbondante non è manifesta sulla Terra,perché la maggior parte degli esseri umani non ha usato la propria immaginazione e il proprio libero arbitrio, non ha usato le proprie capacità creative, secondo il suo potenziale più elevato. Invece di usare i propri poteri creativi per manifestare una vita d'abbondanza e per incrementare continuamente quell'abbondanza, gli esseri umani hanno usato la loro immaginazione per immaginare un mondo con abbondanza limitata, un mondo dove c'è carenza. Hanno scelto di accettare questa come l'unica realtà possibile sul pianeta Terra e, nell'accettarla, l'hanno trasformata in una realtà temporanea, seppure illusoria. Ora vedete che, siccome vi ha dato l'immaginazione e la libera volontà e siccome non ha limitato i suoi doni, Dio permette ai suoi figli di creare una realtà temporanea, che è di molto inferiore alla vita abbondante che egli aveva immaginato prima di mandare quei figli nel mondo materiale. E, in un certo senso, persino questo è in armonia con la volontà superiore di Dio, in quanto quella volontà superiore è che voi entriate nel mondo della forma e facciate esperienza dell'uso delle vostre capacità creative in un modo che sia il migliore per voi stessi e il migliore per l'insieme di cui fate parte.

Se è necessario che, come parte del processo di apprendimento, per un certo periodo dobbiate soffrire in uno stato di carenza e di limitazione, allora Dio permette che questo accada. Tuttavia, dovete capire che Dio non vuole che siate in uno stato di limitazione. E, cosa più importante, Dio non vuole che rimaniate in uno stato di sofferenza per un periodo di tempo indefinito. La speranza di Dio è sempre che, alla fine, arriviate ad un punto in cui decidete di non voler più accettare che la sofferenza e la carenza siano delle conseguenze inevitabili della vita sulla Terra. La speranza di Dio è sempre che alcune persone in mezzo all'umanità e, alla fine, tutti gli esseri umani, si risveglino alla realtà che la vita non deve essere sofferenza, che esiste un'alternativa alla prigione umana. E quest'alternativa è di trascendere lo stato di coscienza che ha creato le condizioni attuali sulla Terra.

Il succo di ogni religione vera e di ogni insegnamento spirituale vero è precisamente la trascendenza di questo limitato stato di coscienza. Per quale motivo, secondo voi, Gesù venne mandato sulla Terra? Fu per dimostrarvi che non dovete essere limitati da queste condizioni umane. Potete trascenderle, potete trasformare l'acqua della coscienza umana nel vino dello stato di coscienza superiore. Potete moltiplicare i pani e i pesci, aumentando così, con il potere della vostra mente, la vostra abbondanza materiale. Potrete persino sfuggire alla morte fisica ed essere risuscitati in uno stato di coscienza superiore, in una forma di vita superiore, in un regno superiore.

La risposta semplice alla domanda: che cos'è andato storto, che cos'è stato a bloccare l'abbondanza di Dio dal manifestarsi sulla Terra, è che gli esseri umani hanno usato male le loro capacità creative. Hanno perduto la chiara visione della vita abbondante di Dio. Invece, la maggioranza della gente ha concentrato la propria immaginazione su una falsa immagine, che si basa sul concetto che l'abbondanza di Dio è limitata e che non ce n'è a sufficienza per tutti. Pertanto, solo poche persone possono avere l'abbondanza e la maggioranza della popolazione deve vivere in povertà. L'umanità è stata manipolata in modo da farle usare il suo libero arbitrio per accettare questa falsa immagine e per accettarla come inevitabile. Ecco perché la falsa immagine è diventata una realtà temporanea che, per molte persone, sembra essere una realtà permanente.

***

La chiave che vi serve per sperimentare la vita abbondante è la realizzazione che voi personalmente non dovete accettare questa falsa immagine, questa pseudorealtà. Potete scegliere di separarvi da quella falsa immagine, potete separarvene nella coscienza. Trascendendo il vostro attuale stato di coscienza, potete elevarvi e liberare la vostra immaginazione e la vostra volontà, cosicché potete finalmente accettare la vita d'abbondanza al posto della vita limitata. La chiave essenziale per ereditare il regno di vostro Padre sta nel rendervi conto che dovete usare il vostro libero arbitrio per purificare la vostra immaginazione, affinché possiate creare la vita abbondante, invece di continuare a creare una vita di limitazioni e sofferenza. Come ho detto, è il buon piacere del Padre darvi il regno, eppure il suo progetto è quello di darvi dei poteri creativi, così che potete produrre quel regno dall'interno di voi stessi. Se desiderate la vera abbondanza, dovete contemplare ed assorbire l'affermazione di Gesù: "Il regno di Dio è dentro di voi" (Luca 17:21). Pertanto non potete aspettarvi che sia un Dio esterno a darvi il regno.

Quando vi rendete conto di avere dentro di voi la capacità di ricreare la vostra esperienza di vita sulla Terra, di avere la capacità di ricreare ogni aspetto della vostra esperienza di vita sulla Terra, avrete fatto il passo essenziale sul sentiero di ritorno al regno di vostro Padre. E so benissimo che siete stati programmati a credere, che ciò che vedete intorno a voi sia una realtà inevitabile e che non abbiate dentro di voi la capacità di liberarvi da quella realtà presunta. Tuttavia, Gesù venne per un unico scopo, ossia per mostrarvi che quest'illusione è una menzogna e che avete davvero il regno di Dio dentro di voi. E la ragione è che Dio vi ha creati a sua immagine e somiglianza. Dio vi ha dato immaginazione e libera volontà, e l'unico motivo per cui state attualmente sperimentando limitazioni, carenza e sofferenza, è che voi, e un gran numero di persone su questo pianeta, avete usato la vostra immaginazione e il vostro libero arbitrio per co-creare quella limitazione e sofferenza. Quando inizierete a liberare la vostra immaginazione e ad usare la vostra libera volontà in un modo che è in allineamento con i principi creativi di Dio, potrete ricreare la vostra esperienza di vita. Quando un numero sufficiente di persone farà questo, allora potrete ricreare l'esperienza collettiva su questo pianeta. Potrete letteralmente co-creare una realtà che rifletterà il vero desiderio di Dio per questo pianeta, un pianeta che sosterrà miliardi di persone, tutte delle quali avranno la vita abbondante.

Miei amati, vedete l'importante punto che sto cercando di sottolineare qui? Riuscite a vedere che, attraverso le vostre esperienze di vita e la vostra educazione su questo pianeta, siete stati programmati a pensare che le attuali limitazioni sulla Terra siano reali e inevitabili. Forse qualche miracolo di Dio può cambiare questo, ma un miracolo del genere non è imminente. Siete stati programmati a pensare che, dentro di voi, non avete i poteri creativi per ricreare la vostra esperienza di vita e così siete schiavi delle circostanze esterne che sono fuori dal vostro controllo. Riuscite a vedere che queste sono delle illusioni, sono delle menzogne, che non hanno nulla a che fare con la realtà di Dio? La realtà è che il Creatore vi ha dato le sue stesse capacità creative. Dio vi ha creati a sua immagine e somiglianza, affinché aveste il potere dentro di voi di co-creare la vita d'abbondanza intorno a voi. E così, collettivamente, persino un piccolo numero di esseri umani può ricreare la vita abbondante sulla Terra. Questa è la verità che Gesù venne a portare, questa è la verità che il Buddha venne a portare, questa è la verità che tutti i leader spirituali, tutti i profeti e i rappresentanti di Dio sono venuti a portare. E quando vi rendete conto di quest'unica verità, potrete incominciare a seguire un sentiero sistematico, logico, che vi condurrà gradualmente al punto di ricreare la vostra vita in allineamento con la visione abbondante, col concetto immacolato, tenuto nella mente di Dio.

Così, il resto di questo libro sarà centrato sul darvi la comprensione e i passi pratici che vi servono per liberarvi da tutte le false immagini di Dio, da tutte le false immagini di voi stessi e da tutte le false immagini dell'universo in cui vivete. Vi aiuterò ad essere chi eravate destinati ad essere. Vi aiuterò ad esercitare la vostra immaginazione e il vostro libero arbitrio in un modo che vi darà la vita abbondante che desiderate e che porterà contemporaneamente la vita abbondante per tutte le altre forme di vita su questo pianeta.

***

E' davvero il buon piacere del Padre darvi il regno. Tuttavia, il Creatore vuole che sentiate che state producendo quel regno attraverso i vostri stessi poteri creativi, che state manifestando il regno per mezzo della vostra capacità, datavi da Dio, di essere co-creatori col vostro Dio. Questo è il desiderio di Dio, questo è il motivo per cui Dio ha mandato gli esseri umani sulla Terra con l'ordine di "moltiplicarsi" e di "avere il dominio" (Genesi 1:28). La sua intenzione era che voi moltiplicaste le vostre capacità creative e usaste la vostra mente per assumere il dominio sull'universo materiale stesso, affinché poteste portare in questo universo materiale l'abbondanza di Dio. Col vostro assumere questo dominio, il dominio della mente sulla materia, questo universo materiale potrà manifestare la perfezione di Dio e, pertanto, diventare davvero il regno di Dio.

Miei amati, capite quello che sto dicendo? Dio ha la capacità di creare un pianeta che ha permanentemente la vita d'abbondanza. Ma Dio non ha voluto fare questo, poiché come avreste potuto imparare da una vita su un pianeta del genere? Anziché dei co-creatori consapevoli di sé, sareste stati ridotti a degli esseri adattabili, a degli animali. Perciò, Dio creò un pianeta che aveva il potenziale di manifestare la vita abbondante, ma che ancora non aveva la vita abbondante in piena manifestazione fisica. Poi mandò i suoi figli e le sue figlie in questo mondo, ed essi avevano tutto quello di cui avevano bisogno – avevano le capacità creative, avevano l'immaginazione e il libero arbitrio – per assumere il dominio su questo pianeta e per portare l'abbondanza di Dio a manifestarsi materialmente. Perciò, essi potevano costruire sulle fondamenta stabilite da Dio, cosicché attraverso le loro stesse capacità innate, donate da Dio, i figli e le figlie di Dio potevano costruire il regno di Dio sul pianeta Terra.

Questo è il piano originale di Dio, questo è il desiderio originale di Dio, questo è il progetto originale di Dio. Nulla ha alterato il piano di Dio, nulla ha alterato il potenziale del pianeta Terra di rappresentare la perfezione di Dio. Temporaneamente, i figli e le figlie di Dio hanno scelto di usare le proprie capacità creative per creare sofferenza e carenza, anziché l'abbondanza. Tuttavia, questo è successo solo perché essi sono caduti in uno stato d'ignoranza, così che non riconoscono le loro piene capacità creative. Essi non comprendono l'importanza e il potere del loro libero arbitrio, non comprendono la vastità e il potenziale della loro immaginazione, non capiscono di non dover essere limitati da immagini imperfette, ma che possono ricreare persino la realtà fisica per mezzo del potere delle loro menti.

Ancora una volta vi chiedo se avete davvero afferrato ciò che sto dicendo qui? Capite davvero che la realtà fisica, lo stato di carenza, che sperimentate su questo pianeta, non è stato creato da Dio – è stato creato dalla coscienza collettiva dell'umanità? Questo è stato fatto attraverso il potere della mente, ossia immaginando uno stato di carenza e poi usando la forza di volontà per accettarlo come permanente e inevitabile. Miei cari, vi prego di confrontare questi concetti con una delle più importanti affermazioni fatte da Gesù: "Nessun servo può servire a due padroni; o odierà l'uno e amerà l'altro, oppure si affezionerà all'uno e disprezzerà l'altro. Non potete servire a Dio e a Mammona" (Luca 16:13). Riuscite a vedere che l'interpretazione più spirituale di questa affermazione è che la "mammona" è un simbolo per lo stato di coscienza umano, lo stato dell'accettare la carenza e le limitazioni come inevitabili? Questo fa sì che le persone passino vite intere ad accumulare le cose di questo mondo – mammona – invece di produrre l'abbondanza direttamente dalla scorta infinita di Dio. Riuscite a capire che quello che Gesù stava dicendo è che dovete scegliere quale padrone servire, la falsa immagine di carenza creata dalla coscienza collettiva o la realtà della vita abbondante di Dio? Riuscite a vedere che Gesù stava dicendo che non potete servire entrambi questi padroni nello stesso tempo, il che significa in realtà che non potete essere contemporaneamente in due stati di coscienza che si escludono a vicenda? Non potete rimanere fedeli alla realtà abbondante di Dio e, nello stesso tempo, accettare le immagini di carenza e sofferenza create dall'uomo. Dovete centrare la vostra mente su una "realtà" o sull'altra, e qualsiasi sia l'immagine su cui vi focalizzate, sarà quella che porterete nella vostra esperienza fisica. La ragione è che la sostanza della materia stessa assumerà le forme che voi tenete nella vostra mente. I vostri poteri creativi produrranno, nella vostra esperienza fisica, ciò che tenete nella vostra mentre. Quindi, se desiderate l'abbondanza di Dio, dovete servire il vero padrone della realtà di Dio, e dovete smetterla di servire il falso padrone delle illusioni umane. Dovete fare il lavoro di liberare la vostra immaginazione da tutte le false immagini e credenze, e dovete usare il vostro libero arbitrio per scegliere di riallinearvi con i principi creativi che Dio ha usato per definire questo universo.

Solo passando attraverso questa trasformazione di coscienza potrete liberarvi dal negriero che vi tiene attualmente imprigionati in una gabbia di limitazioni e sofferenza, una gabbia che esiste, in realtà, solo nella vostra mente e nella coscienza collettiva. Miei cari, lo stato di coscienza che la maggioranza delle persone attualmente accetta come la loro realtà, è lo stato che Gesù chiamò "morte", cioè la morte spirituale. Se volete fuggire dalla prigione umana, dovete scegliere lo stato di coscienza superiore, la coscienza di vita. Quindi meditate sull'affermazione del Vecchio Testamento: "Prendo oggi a testimoni contro di voi il cielo e la terra: io ti ho posto davanti la vita e la morte, la benedizione e la maledizione; scegli dunque la vita, perché viva tu e la tua discendenza" (Deuteronomio 30:19). Vedete ora che questo significa che Dio vi ha dato l'immaginazione che vi permette di accettare o una vera immagine o una falsa immagine, e che Dio vi ha dato il libero arbitrio per scegliere quale immagine porterete a manifestarsi in questo universo? Capite che avete – in questo stesso istante – il potenziale di liberare voi stessi dalle catene della coscienza di morte e di entrare nella coscienza di vita, che è l'unico portale che conduce al regno di vostro Padre? Questo stato di coscienza è la Mente Cristica Universale, e Gesù la descrisse quando disse: "Io sono la via, la verità e la vita. Nessuno viene dal Padre se non per mezzo di me" (Giovanni 14:6).

Siete pronti a seguirmi in un viaggio che vi aiuterà a riscoprire le vostre vere capacità creative e vi aiuterà a liberarvi dalle catene della mortalità e della limitazione, che vi sono state imposte? Siete pronti ad alzarvi per diventare il vero figlio o la vera figlia che eravate destinati ad essere, quando il vostro Creatore vi creò a sua immagine ed a sua somiglianza? Se siete pronti, allora prendete la mia mano, mentre vi do altre chiavi per la vita d'abbondanza.

Chiave 3
Come potete ricevere l'abbondanza di Dio, se negate la Presenza di Dio là dove siete?

Sono ben consapevole del fatto che ciò che vi ho detto in queste prime chiavi va ben al di là di quello che vi è stato insegnato a catechismo, va ben al di là di quello che vi sarebbe stato insegnato da qualunque religione ortodossa su questo pianeta. Sono inoltre consapevole che coloro i quali sono aperti a questo libro hanno già incominciato a rendersi conto, nel profondo del proprio cuore, che c'è ben altro nella vita oltre a quanto è stato detto loro a scuola o a catechismo. Sono disposti a guardare oltre le tradizionali gabbie mentali per trovare delle risposte alle loro domande sulla vita. Ciò nondimeno, dobbiamo affrontare il semplice fatto che tante religioni di questo mondo promuovono un'immagine di Dio, che lo raffigura come esistente al di fuori di voi stessi, come una qualche lontana entità nell'alto dei cieli. E, purtroppo, alcune religioni, specialmente nell'occidente, ritraggono quel Dio come un essere arrabbiato e giudicante.

Certe autorità religiose si sono erette ad una posizione in cui pensano di avere il diritto di giudicare chiunque non si conformi a quello che ritengono l'unico vero insegnamento riguardante Dio. Molte di queste persone sono pronte a giudicare e sostengono che chiunque parli di idée, che non siano approvate secondo la loro interpretazione della Bibbia, o sta bestemmiando o è un rappresentante dell'anti-cristo. Diranno questo persino dei veri insegnanti spirituali dell'umanità, degli stessi Esseri che hanno dedicato la propria vita per liberare l'umanità dalla schiavitù di tutte le immagini idolatriche. Eppure, se considerate la parola 'bestemmia', vedrete che nel nucleo di ogni tipo di bestemmia c'è il rifiuto di Dio. E se darete un'onesta occhiata all'immagine di Dio promossa da molte religioni, vedrete che questa immagine si basa davvero su un rifiuto molto sottile di Dio. Qualsiasi religione, che promuova l'immagine di un Dio esteriore e sostenga che questo sia tutto quello che c'è da sapere su Dio, o che questa sia l'unica vera immagine di Dio, sta in effetti promuovendo una filosofia che scaturisce dal rifiuto di Dio. Ed è proprio una sfortuna che molte chiese cristiane sostengano quest'immagine del Dio esteriore, del Dio iracondo nel cielo.

Se i cristiani leggessero la loro Bibbia con maggiore attenzione – con una mente e un cuore aperti – vedrebbero che Gesù stesso insegnava di un Dio, che non è esteriore. Gesù parlava di un Dio che può essere conosciuto personalmente e chiamava quel Dio "Padre". Egli parlava anche della citazione del Vecchio Testamento: "Voi siete dèi" (Giovanni 10:34), e fece l'affermazione che gli uomini non dovrebbero cercare il regno di Dio all'esterno di se stessi, in quanto il regno di Dio è dentro di voi (Luca 17:21). Quando a questo aggiungete il fatto che il Vangelo di Giovanni afferma chiaramente che senza di Dio neppure una delle cose fatte è stata fatta (Giovanni 1:3), vedrete che c'è una comprensione superiore di Dio, che vi attende dietro all'immagine di un Dio esteriore nel cielo. E solo coloro i quali sono disposti ad abbandonare i loro idoli del Dio esteriore saranno in grado di conoscere il vero Dio, poiché quel Dio non può essere conosciuto attraverso i sensi esteriori o per mezzo dell'intelletto umano. Quel Dio può essere conosciuto solamente attraverso il senso interiore – l'innocenza – del vostro intuito, che è la chiave di qualunque esperienza spirituale o mistica. Attraverso un'esperienza del genere, potete conoscere la realtà di Dio, potete conoscere la Presenza di Dio proprio dentro di voi, come promise Gesù chiaramente. E quindi, la verità predicata da Gesù, una verità che è stata oscurata dalle dottrine ortodosse, è che voi siete la progenie di Dio, siete un figlio o una figlia di Dio, siete un'individualizzazione di Dio. Siete stati creati ad immagine e somiglianza di Dio, e la chiave per trovare la vostra vera identità sta nell'andare dentro di voi, per riconnettervi con il vostro Sé superiore, col vostro Sé spirituale, o con quello che i vostri insegnanti spirituali spesso chiamano la "Presenza IO SONO". Mi piace questo nome, perché è davvero questa Presenza che vi dà la consapevolezza del sé, che vi dà il potere di sapere che "io sono".

Prima di poter accettare pienamente chi siete e perché vi trovate qui sulla Terra, dovete essere disposti a lasciar andare l'immagine del Dio esteriore. Invero, esiste un Dio che è l'Onnipotente Creatore del Cielo e della Terra e, invero, quel Dio è un Essere consapevole di sé. Tuttavia, l'immagine secondo la quale questo Dio è un Essere con una forma particolare, risiedente in qualche mondo superiore, è infatti un'immagine idolatrica che limita la realtà del vostro Creatore. Il vostro Creatore non può essere confinato in un particolare essere che risiede in quel regno superiore, e la ragione è semplice. Come afferma il Vangelo di Giovanni: "Senza di lui neppure una delle cose fatte è stata fatta", il che significa che il Creatore ha creato ogni cosa dalla sua stessa sostanza e dal suo stesso Essere. E così, il Creatore è dentro ad ogni cosa che ha creato. Per poter realizzare il vostro legittimo ruolo come co-creatori, dovete superare la coscienza di separazione, che nega l'esistenza di Dio là dove voi siete – edè perciò davvero la coscienza dell'anti-cristo, la fonte di ogni bestemmia.

***

Miei cari, se dedicate un po' di tempo e d'attenzione per ponderare questo, vedrete che per migliaia di anni gli esseri umani sono stati programmati a venerare un Dio che esiste da qualche parte in Cielo, ma che non si trova sulla Terra. E quindi gli uomini sono stati educati con una visione dualistica di Dio, che dice che voi siete qui e che Dio è da qualche altra parte. C'è una barriera impenetrabile che vi separa da Dio, e l'unico modo per essere salvati e per ritornare nel regno di Dio, è quella di seguire i dettami di una religione esteriore, che poi vi salverà e vi porterà a casa.

Miei amati, se considerate davvero gli aspetti più profondi della missione di Gesù, vedrete che il suo scopo primario era quello di demolire quest'immagine di un Dio esterno. Egli venne per aiutare le persone a smettere di adorare un idolo e per aiutarle a superare l'illusione secondo cui esse sono separate dal loro Dio e, per riconnettersi col loro Dio e per essere salvate, hanno bisogno di qualcosa o di qualcuno dall'esterno di se stesse. Che cosa pensate che significhi davvero l'affermazione di Gesù, che il regno di Dio è dentro di voi? Significa che non avete bisogno di una chiesa esterna per raggiungere il regno di Dio. Non vi serve un'elite clericale che sostiene che potete essere salvati seguendo ogni loro dettame. Questi sono esattamente i sacerdoti che si opponevano a tutto quello che Gesù faceva, e questi sono i sacerdoti, i falsi predicatori, che uccisero mio figlio e il vostro fratello spirituale.

Se fate un passo indietro e osservate la storia, vedrete che, in ogni epoca, c'è stata una piccola élite di esseri umani che sono stati totalmente convinti di conoscere la verità assoluta su Dio. Eppure ciò che essi hanno considerato la verità assoluta è, in effetti, un'illusione riguardante il Dio esteriore, che è separato dalla sua creazione. Questo è, invero, il problema centrale che si vede sul pianeta Terra. E' qui che hanno inizio la sofferenza, il dolore e le limitazioni. Ogni limitazione conosciuta dagli esseri umani nasce dalla mentalità secondo cui potete dividere la creazione di Dio in sfere separate e secondo cui Dio non si trova in questa sfera, che è l'universo materiale.

Miei amati, è proprio questa credenza la radice di tutti i mali, in quanto permette agli esseri consapevoli di sé, che sono destinati ad essere dei co-creatori con Dio, di mettere da parte la loro vera identità e di iniziare a pensare che possono fare tutto quello che vogliono in questo universo, e farla franca. E' la coscienza di separazione, di separazione dal Tutto della creazione di Dio e, quindi, di separazione dalle altre persone, che dà origine all'inumanità dell'uomo verso un altro uomo. E' stata proprio questa coscienza che ha permesso agli esseri umani di usare le loro capacità creative, le capacità donate loro da Dio, per creare una visione del mondo che si basa interamente su un'illusione. L'umanità collettivamente ha usato l'immaginazione e il libero arbitrio, donati da Dio, per creare l'illusione che il mondo materiale è talmente denso che Dio non si trova qui. Questo permette ad alcune persone di credere, che le leggi di Dio non funzionino in questo mondo e che esse stesse si siano separate dalle leggi di Dio e abbiano creato le loro proprie leggi – sono diventate una legge per se stesse. Pensano di aver creato una loro realtà, dove possono definire leggi favorevoli a loro, cosicché possono fare tutto quello che vogliono, senza raccoglierne le conseguenze, senza raccogliere ciò che hanno seminato.

Tutta questa mentalità nasconde la realtà di Dio alla vista degli esseri umani, e la realtà è che non ci si può prendere gioco di Dio (Galati 6:7) e che le sue leggi non sono influenzate dalle credenze degli esseri umani. Non è passato tanto tempo da quando la Chiesa Cattolica sosteneva la credenza, che la Terra era il centro dell'universo e che tutte le stelle del Cielo le ruotavano attorno. Tuttavia, come sapete oggi, non è così che stanno le cose, e le cose non stavano così nemmeno quando tutti credevano che fosse vero. La Terra non era piatta quando tutti credevano che lo fosse. La ragione è che il credere non rende le cose reali, se la credenza è in conflitto con la realtà di Dio. Tuttavia, una credenza può, temporaneamente, oscurare la realtà di Dio nelle menti di coloro i quali adorano la credenza come un fatto, coloro i quali adorano un idolo.

La realtà è che, quando creò l'universo materiale e le estensioni di se stesso, gli esseri consapevoli di sé che hanno l'immaginazione e il libero arbitrio, Dio era ben consapevole che quando vi diede un'immaginazione illimitata e il libero arbitrio, era possibile che avreste potuto usare quelle facoltà in un modo che sarebbe stato distruttivo per voi stessi e per altre parti della creazione di Dio. Vedete, miei cari, molti esseri umani sono attualmente intrappolati in uno stato di coscienza in cui sono talmente centrati su se stessi, su quella che vedono come la loro identità, da essere letteralmente incapaci di considerare qualsiasi altra parte della vita. Sono completamente riluttanti a considerare il modo in cui le loro azioni influenzano le altre persone. Non dovrebbe essere difficile per voi leggere i titoli di oggigiorno e trovare degli esempi di un egoismo estremo, persone che agiscono come se altre persone non avessero importanza e come se potessero farla franca, qualsiasi cosa facciano, perché hanno potere o denaro. Eppure, quando Dio vi creò, non vi creò da soli, non creò l'intero universo esclusivamente per il vostro piacere. Dio creò molti esseri consapevoli di sé, e sono tutti creati dall'Essere e dalla sostanza stessa di Dio. Quindi, fanno tutti parte di quello che noi in Cielo chiamiamo il Corpo di Dio.

Il "Corpo di Dio" è un concetto che potreste tenere a mente, perché sapete benissimo che anche se il mignolo del piede è una parte insignificante del vostro corpo, se vi fate male a quel mignolo, ciò influenzerà il vostro senso di benessere generale. Un dolore acuto nel vostro mignolo può causare una sensazione spiacevole in tutto il vostro essere e, quindi, quando ferite altre persone, questo influenzerà inevitabilmente la vostra esperienza di vita. Quando Dio ha creato questo universo, non l'ha progettato esclusivamente per voi. L'ha progettato in modo tale che tutti i suoi figli e tutte le sue figlie avessero un'opportunità uguale di imparare dall'uso delle loro capacità creative. Nel fare ciò, Dio sapeva di dover costruire un meccanismo di sicurezza all'interno del progetto dell'universo affinché, se alcuni dei suoi figli e delle sue figlie si fossero dimenticati di far parte del Corpo di Dio e avessero iniziato ad agire come se fossero gli unici a contare, questi pochi allora non potessero distruggere tutti i loro fratelli e tutte le loro sorelle o distruggere l'universo intero.

Quando osservate le condizioni sulla Terra, vedrete che, se non avesse delle leggi che ritengono le persone responsabili per le proprie azioni, la società deteriorebbe nella sregolatezza e nell'anarchia, dove quelli che sono i più aggressivi, i più spietati, e quelli che non prendono in considerazione gli altri, avrebbero ingiustamente il meglio sulle persone oneste e amorevoli. Dovete chiedervi molto seriamente se credete che Dio abbia progettato l'intero universo per dare un vantaggio agli esseri poco affettuosi, disonesti e egoisti, o se credete che abbia progettato l'universo con un meccanismo di sicurezza automatico, che assicurerebbe che coloro i quali diventano egoisti non possano distruggere l'universo intero e non possano, in definitiva, distruggere o controllare i propri fratelli e le proprie sorelle.

***

Lasciate che vi spieghi ora uno dei meccanismi di sicurezza che Dio ha inserito nel disegno basilare di questo universo in cui vivete. Il Creatore del vostro universo è una forza espansiva, un Essere espansivo. Questo è ciò che potremmo chiamare l'aspetto Padre di Dio. E' la spinta a diventare di più, la spinta a trascendere se stessi, poiché senza di esso nulla sarebbe stato creato dal Tutto di Dio – nessuna forma sarebbe emersa dal Dio autosufficiente e senza forma. Il vostro Creatore, il vostro Dio, è un fuoco consumante che, in un ciclo di trascendenza di sé in perenne espansione, consuma tutto quello che non gli assomiglia. Eppure se penserete profondamente a questo, vedrete che una forza espansiva non può creare una forma che sia sostenibile anche per un solo secondo. Se l'universo avesse solo la forza espansiva, nulla sarebbe sostenibile; ogni cosa sarebbe una grande esplosione, senza forma alcuna. I vostri scienziati al momento sostengono la teoria del Big Bang, secondo la quale l'intero universo ha avuto inizio con un'esplosione gigantesca. E se davvero ci fosse soltanto la forza espansiva del Padre, allora l'universo sarebbe un'unica continua esplosione, dove nessuna forma potrebbe essere sostenuta, perché verrebbe istantaneamente fatta a pezzi dalla forza espansiva. Quindi, per creare delle forme che siano sostenibili, Dio dovette creare una forza che avrebbe bilanciato la forza espansiva del Padre. Quella forza è la forza contraente della Madre. Ed era questa la forza che venne portata in esistenza quando Dio disse: "Sia la luce".

La luce è la sostanza che può essere modellata in una forma, e una volta modellata in una particolare forma, essa manterrà quella forma per qualche tempo. Quindi, la luce è un'espressione della forza contraente della Madre, e l'intero universo in cui vivete è stato creato per mezzo dell'interazione armoniosa ed equilibrata tra queste due forze basilari. La forza espansiva del Padre integra la forza contraente della Madre, la forza espansiva del Padre agisce sulla sostanza di luce della Madre mescolandola dal suo stato di base fino ad una forma particolare. E quando è soltanto la forza espansiva del Padre ad agire sulla Luce Madre, la forma creata direttamente dal Padre è sostenibile indefinitamente. Tuttavia, quando Dio creò le estensioni autoconsapevoli di se stesso, egli sapeva benissimo che questi esseri erano inesperti, quando si trattava di usare i loro poteri creativi. Quindi era perfettamente possibile che essi usassero la loro immaginazione per immaginare delle forme che non sarebbero state benefiche né per loro né per l'insieme. Egli sapeva anche che, mentre alcuni avrebbero potuto creare delle forme imperfette senza rendersi conto di quello che facevano, altri avrebbero potuto in effetti usare male il proprio libero arbitrio per ribellarsi deliberatamente contro il piano di Dio per questo universo. Quindi Dio sapeva che era necessario che i suoi figli e le sue figlie passassero attraverso un periodo di apprendimento, durante il quale potessero espandere la propria comprensione di chi erano e di come funzionava il loro mondo. Dopo averlo imparato, essi avrebbero potuto usare le loro capacità creative per magnificare l'insieme, invece di distruggere il tutto e se stessi.

Ripeto, ancora una volta, che Dio vuole che l'intero universo non serva solo un unico essere individuale, bensì l'intero Corpo di Dio. Quindi Dio dovette assicurarsi che un unico essere individuale non potesse usare male i propri poteri creativi in misura tale da distruggere l'universo o una parte di esso, distruggendo così la piattaforma di crescita per gli altri figli e le altre figlie di Dio. Per realizzare questo, Dio incorporò l'intelligenza nella Luce Madre. La naturale tendenza della Luce Madre è quella di essere sempre in uno stato di base, in uno stato in cui non viene espressa alcuna forma. In altre parole, la Luce

Madre non può creare da sola. Ha bisogno della forza di un essere consapevole di sé, che agisca sulla Luce Madre dirigendo la forza espansiva del Padre. E poi la Luce Madre assume la forma tenuta nella mente dell'essere consapevole di sé, il co-creatore. Pertanto, la Luce Madre ha la tendenza a ritornare sempre al suo stato di base, in cui non esiste alcuna forma manifesta. Questo è il meccanismo di sicurezza che assicura che nessun co-creatore individuale possa abusare delle proprie capacità creative al punto da distruggere l'intera creazione di Dio.

***

Ciò che vi spiegherò adesso è un sottile principio che l'intelletto umano troverà difficile da afferrare. Ma se penserete con il cuore e userete il vostro intuito, arriverete a capire quello che ora svelerò. Vi ho detto che la Luce Madre ha una forza insita, che la porta a mantenere il suo stato di base, in cui la luce esiste ma non ha alcuna forma distinguibile; è indifferenziata. Che cosa ci vorrà per dare forma a quella Luce Madre? Ci vorrà una mente consapevole, che abbia le capacità creative di Dio, ossia l'immaginazione e il libero arbitrio. Questa mente consapevole deve essere in grado di immaginare una forma, anche se questa non è ancora manifesta. E la mente deve avere la forza di volontà di imporre quella forma sulla Luce Madre, smuovendo così quella luce dal suo stato di base. Così la Luce Madre dà vita ad una forma espressa, che è distinguibile dallo stato di base.

All'inizio, soltanto Dio il Creatore aveva questo potere creativo. Dio usava i suoi poteri creativi per visualizzare un universo, un mondo di forma, che sarebbe diventato una piattaforma di crescita per i suoi figli e le sue figlie. Tuttavia, per creare qualunque cosa che avesse forma, Dio dovette effettuare alcune scelte. Dio può immaginare molti diversi tipi di universi, ma quando si tratta di manifestare un particolare universo, Dio deve scegliere come sarà progettato quell'universo. Come ho detto, i vostri scienziati stanno continuamente scoprendo delle nuove sfaccettature della natura delicata delle forze che tengono insieme questo universo, e questo vi dimostra che Dio ha fatto certe scelte quando ha progettato questo universo. E se quelle forze venissero disturbate, anche leggermente, l'intero universo collasserebbe in un istante.

Mio amato cuore, spero che possiate capire che il vostro Creatore ha creato questo universo con un amore incondizionato per voi e con il puro desiderio di creare un mondo, che sarebbe stato la migliore piattaforma possibile per la vostra crescita. Mi rendo conto che la vita sulla Terra può essere molto difficile e dolorosa e che molte persone sono cresciute con una rabbia nascosta o riconosciuta contro Dio.Sono state educate a vedere Dio come il Dio esterno, il Dio iracondo nel cielo, che ingiustamente ha imposto la sua volontà a loro e le ha fatte soffrire. Alcune persone hanno sofferto talmente tanto da essere arrivate ad un punto in cui sono arrabbiatissime con Dio per il semplice fatto di esistere.

Devo dirvi, tuttavia, che nessuna delle imperfezioni che vedete sulla Terra è stata creata da Dio, né fa parte del piano originale di Dio per questo universo. In origine, Dio visualizzò un universo in cui tutti i suoi figli e tutte le sue figlie avrebbero vissuto in un'abbondanza costante, un'abbondanza che avrebbero potuto incrementare attraverso i propri poteri creativi. Dio non visualizzò, nemmeno per un istante, le attuali condizioni sulla Terra. La sofferenza e il dolore, che vedete ovunque su questo pianeta, sono semplicemente al di là dell'immaginazione di Dio. Egli non ha mai immaginato che tali condizioni potessero esistere nel suo mondo perché, come dice la Bibbia, i suoi occhi non possono guardare l'iniquità(Abacuc 1:13). Tuttavia, egli sapeva anche, che nel dare immaginazione e libero arbitrio ai suoi co-creatori, questi potevano invero creare delle condizioni che non fossero in armonia con la sua visione.

Vi chiedo di ponderare nel vostro cuore la precisa realtà, che Dio aveva solo le migliori e le più amorevoli intenzioni per il progetto di questo universo. Egli non l'ha progettato per darvi sofferenza, non l'ha creato per farvi sentire come dei miserabili peccatori, non l'ha progettato per farvi pensare di essere degli esseri umani mortali, che andranno all'inferno, se non seguite i dettami di qualche chiesa esterna o una divinità esteriore. Dio ha progettato l'universo in modo che serva come la migliore piattaforma possibile per l'espansione delle vostre capacità creative, affinché possiate trascendere voi stessi e diventare degli esseri divini liberi, che hanno una consapevolezza totale di chi sono e del modo in cui le loro azioni influenzano l'insieme di cui fanno parte. Voi vedete che non siete separati da quell'insieme, *siete* l'insieme, però una particolare espressione di esso.

Miei amati, il punto importante che voglio comunicare qui è che quando Dio ha progettato questo particolare universo, egli ha fatto certe scelte. E quelle scelte hanno definito le forze basilari che tengono insieme l'universo. Tuttavia, anche dietro a quelle scelte ci sono certi principi creativi, e il più fondamentale di questi principi non è stato nemmeno deciso dal vostro Creatore. E' il principio, che è insito nella creazione stessa, perché qualsiasi creazione, qualsiasi forma manifesta, scaturisce dalla spinta di Dio ad essere di più. E, perciò, il principio universale di tutta la creazione è che la creazione non si ferma mai, che la creazione è un processo continuo. E, pertanto, la legge fondamentale della creazione, la legge fondamentale della vita, è che non potete stare fermi, che nessuna forma mai potrà essere permanente e che qualunque essere consapevole di sé deve continuamente trascendere se stesso e diventare di più, espandendo la propria consapevolezza dei suoi poteri creativi, della sua vera identità e della sua unità con il tutto della creazione di Dio.

Questa è la forza motrice dietro a tutta la creazione, senza di cui nulla verrebbe creato. E, per voi, questo significa che sebbene vi sia stato dato un'immaginazione illimitata e il libero arbitrio, non potete usare quelle capacità creative per creare un particolare senso d'identità per voi stessi e poi rimanere per sempre in quel senso d'identità. In altre parole, Dio vi dato la libera volontà, per cui Dio vi ha dato il diritto di creare il senso d'identità di un miserabile peccatore, che vive su un pianeta dominato dalla sofferenza e che andrà all'inferno se non segue i dettami di una chiesa esterna, creata da altri miserabili peccatori. Tuttavia la forza vitale stessa esige che non potete rimanere in quel limitato senso d'identità per sempre. E se invece cercate di aggrapparvi a quel limitato senso d'identità, allora la forza contraente della Madre agirà da quel meccanismo di sicurezza che frantumerà la vostra creazione squilibrata, limitata – come fece crollare la Torre di Babele (Genesi 11:4). Questo accadrà, perché quando create un limitato senso d'identità, la forza contraente inizierà istantaneamente a demolire quell'identità e anche le forme materiali che nascono dal vostro senso d'identità. Dopo qualche tempo, la forza contraente della Madre inevitabilmente vincerà e il vostro senso d'identità verrà sfidato. Allora sarete costretti ad affrontare la scelta descritta nella Bibbia: "Scegliete oggi chi volete servire" (Giosuè 24:15). E la domanda è: "Servirete la vita, che significa crescita, o servirete la morte, che significa arresto, che, alla fine, porterà all'autodistruzione?" Quindi la vostra scelta basilare è tra la trascendenza di sé o l'autodistruzione. Ecco perché Mosè disse: "Scegliete la vita" (Deuteronomio 30:19). Scegliete di crescere e di espandere il vostro limitato senso d'identità.

***

Mio amato cuore, so che questi insegnamenti possono sembrare astratti, per cui lasciate che provi a renderli più pratici confrontandoli con qualcosa che faccia parte della vostra esperienza quotidiana. Sapete benissimo che gli ingegneri che hanno progettato la vostra macchina, l'hanno fatto usando certe leggi della natura, certi principi di progettazione. Per progettare una macchina che faccia quello che voi volete, essi devono aderire ad alcune leggi. Ne consegue che, per mantenere la vostra macchina ad un livello funzionante, dovete seguire certe procedure di manutenzione. La vostra macchina va perché il motore è fatto di parti metalliche che sono in grado di sostenere la pressione generata dalle esplosioni nei cilindri. Quelle parti metalliche si consumeranno, se non sono protette da uno strato di olio. Tuttavia, anche l'olio si consuma e diventa sporco, per cui dovete cambiarlo ad intervalli regolari. Se comprate una macchina nuova e non cambiate mai l'olio, allora un giorno il motore smetterà semplicemente di funzionare. Non potete darne la colpa agli ingegneri che hanno progettato la vostra macchina, in quanto l'hanno semplicemente progettato secondo le leggi della natura. La conseguenza inevitabile è che voi dovete cambiare l'olio per mantenere la capacità di funzionamento del motore. Quindi, periodicamente, voi cambiate l'olio nella vostra macchina, senza sentire che questo sia una limitazione della vostra libertà fondamentale di usare la vostra macchina.

Parimenti, spero che possiate arrivare a capire che i principi di progettazione fondamentali, usati dal vostro Creatore, non sono una restrizione della vostra libertà creativa e dei vostri poteri creativi. La vostra macchina è progettata per darvi la massima libertà di movimento, e potete andare ovunque desideriate. Fintantoché seguite una serie di principi di manutenzione, la vostra macchina continuerà a darvi quella libertà per molto tempo. Tuttavia, se deliberatamente o inconsciamente, ignorate quei principi, la vostra macchina smetterà di funzionare e voi perderete la libertà di movimento che la macchina vi offriva. Allo stesso modo, l'universo in cui vivete funziona secondo certi principi. Finché voi seguite quei principi, finché usate i vostri poteri creativi entro i parametri che Dio ha usato per progettare questo universo, potrete continuare a co-creare dell'altra abbondanza per voi stessi. Tuttavia, se andate contro i principi che il vostro Creatore ha usato per progettare l'universo, creerete gradualmente dei problemi per voi stessi, genererete delle conseguenze che limiteranno i vostri poteri creativi.

Questa è davvero l'unica spiegazione per i molti tipi di sofferenza e limitazioni che si vedono sulla Terra. Questa sofferenza non è la vendetta di un Dio arrabbiato nei cieli. E' la naturale conseguenza del fatto che la maggioranza degli esseri umani su questa Terra ha abusato dei propri poteri creativi. Ha usato la propria immaginazione per costruire una falsa immagine, che dice che questa Terra è un mondo limitato, in cui non c'è abbondanza sufficiente per tutti. Ha usato il proprio libero arbitrio per accettare quella immagine come l'unica verità possibile e, pertanto, accetta che le sue limitazioni, la sua sofferenza e il suo dolore sono davvero inevitabili e che non è possibile fare nulla per superarli.

Il mio scopo nel sollevare questo punto è di spiegare che, se volete davvero avere la vita abbondante, dovete assumere il giusto approccio per avere quell'abbondanza. Non potete assumere un approccio passivo dicendo che siete una vittima, una vittima indifesa, di forze che sono al di fuori del vostro controllo. Non potete assumere l'approccio secondo cui sta a Dio nel cielo darvi l'abbondanza o la vostra abbondanza dipende da altre persone in questo mondo. Dovete assumere l'approccio secondo cui, se dovete avere l'abbondanza, dovete portarla a manifestarsi usando i poteri creativi dativi da Dio. E il nucleo di quei poteri è la vostra immaginazione e il vostro libero arbitrio. Pertanto dovete essere disposti a riallinearvi, a riallineare la vostra comprensione e le vostre scelte, con i principi fondamentali, che Dio ha usato per creare questo universo. E quando conoscete questi principi, potete usare la vostra immaginazione entro i parametri delle leggi di Dio. Così facendo porterete l'abbondanza nella vostra vita in un modo che è sostenibile e, infatti, potrà accelerare indefinitamente.

Come ho detto molte volte, è il buon piacere del Padre darvi il regno, ed egli progettò questo universo in modo che tutti i suoi figli e tutte le sue figlie potessero avere la vita abbondante. Questo significa che essi non sono limitati ad una certa quantità di abbondanza, ma che la loro abbondanza si espande continuamente. E quando ognuno sta espandendo la sua individuale abbondanza, anche l'abbondanza dell'insieme viene espansa. Perciò, quando tutti stanno continuamente espandendo la propria abbondanza, non ci sarà alcuna contraddizione tra l'individuo e l'insieme.

***

Vedete, miei cari, il progetto essenziale dell'universo di Dio crea uno stato d'essere molto notevole. Tutti gli esseri creati da Dio furono creati dalla Presenza del vostro Creatore. Sono tutti estensioni di Dio, individualizzazioni di Dio, figli e figlie di Dio. Pertanto, le persone che vedete sulla Terra sono estensioni dello stesso Dio e, perciò, fanno tutte parte dell'insieme di Dio, del Corpo di Dio. Nel piano originale e nella visione originale di Dio per questo universo, tutti i suoi figli e tutte le sue figlie avrebbero conosciuto, dentro di sé, i principi creativi che Dio ha usato per progettare questo universo. Questo è, difatti, spiegato nella Bibbia, nell'affermazione che Dio ha messo le sue leggi nelle vostre parti interiori (Geremia 31:33). Dio ha codificato i principi creativi nel tessuto stesso del vostro essere, nel tessuto stesso del vostro sé spirituale. E fino a quando siete in contatto con quella Presenza IO SONO, sapete istintivamente o intuitivamente come esprimere la vostra immaginazione e il vostro libero arbitrio in un modo che sia in allineamento con i principi creativi di Dio. Quando voi, come un essere individuale, esprimete la vostra creatività in allineamento coi principi di Dio, le vostre azioni non solo gioveranno a voi stessi, gioveranno a tutte le altre parti della vita. Quindi, nell'aumentare la vostra abbondanza, moltiplicherete l'abbondanza dell'insieme.

Mio amato cuore, riuscite a vedere l'importantissimo punto qui? Voi vivete in questo universo e non siete soli, non siete l'unica persona sulla Terra. Quello che vedete sulla Terra oggi sono degli intensi conflitti tra individui e gruppi di persone. Tuttavia, quello che vi sto dicendo qui è, che questo non è il progetto e la visione originale di Dio. Nella visione di Dio non esistono conflitti tra individui o tra gruppi, in quanto non esiste separazione tra l'individuo e l'insieme. Tuttavia, questo stato d'innocenza, questo stato di grazia, questo stato di paradiso, potrà essere mantenuto solo fino a quando gli esseri individuali usano i loro poteri creativi entro la struttura dei principi creativi definiti dal loro Creatore. Finché una massa critica di individui sulla Terra sta usando la propria creatività in armonia con le leggi di Dio, in questo mondo verrà portata altra abbondanza e quindi l'umanità espanderà continuamente la sua abbondanza. Quando le cose stanno così, non c'è alcun conflitto tra l'individuo e l'insieme, perché tutti stanno costantemente ricevendo più abbondanza e, quindi, non esiste alcuna sensazione di carenza. Quando non esiste alcuna sensazione che ci sia solo una quantità finita di ricchezze, non ci sarà alcun bisogno di togliere agli altri. Perché togliere alle altre persone quando potete ricevere liberamente di più direttamente da Dio?

Per fare un esperimento col pensiero, immaginate di essere il proprietario della lampada magica menzionata in tante favole. Immaginate di non aver bisogno di nulla dall'esterno di voi stessi per manifestare qualunque cosa desideriate. Non fate altro che strofinare la lampada e quando il genio salta fuori, gli dite il vostro desiderio ed egli lo manifesterà all'istante per voi. Se aveste quella lampada magica, considerereste mai l'uso della forza, dell'astuzia o di altri mezzi per togliere qualcosa alle altre persone? Se sapeste che il genio vi darebbe qualsiasi cosa desideriate, solo chiedendola, perché mai vorreste correre il rischio o prendervi la briga di toglierla agli altri. Perché mai vorreste cercare di accumulare, di aggrapparvi a ciò che avete? Naturalmente non lo fareste mai; usereste semplicemente la vostra lampada magica per avere ciò che desiderate. Ora immaginate che anche tutti i vostri vicini abbiano la loro lampada magica. Ci sarebbero forse dei conflitti nella vostra comunità? Ci sarebbe bisogno per alcune persone di sfruttare gli altri? Ci sarebbe bisogno per alcune persone di rubare agli altri? Naturalmente no! Ognuno non farebbe altro che strofinare la propria lampada per manifestare quello che desidera.

Miei amati, il messaggio sottostante, che svilupperò nei prossimi capitoli, è che in realtà voi avete una lampada magica. Ma il genio della bottiglia non è una qualche entità esteriore; il genio nella bottiglia è il vostro stesso sé spirituale, la vostra Presenza IO SONO. E' attraverso questo sé superiore che il Padre, il vostro Creatore, manifesterà il suo desiderio di darvi il suo regno. La vostra Presenza IO SONO è un deposito per le leggi di Dio; è là che Dio ha depositato le sue leggi dentro di voi. Quando voi, cioè il Voi Consapevole, portate i vostri desideri, la vostra immaginazione e le vostre scelte basate sul libero arbitrio, in allineamento con la vostra Presenza IO SONO – che non è un'entità esteriore, bensì il voi reale – l'abbondanza di Dio sarà manifestata nella vostra vita attraverso quella Presenza IO SONO. Non avrete bisogno di prenderla da altre persone o da Madre Natura, non avrete bisogno di usare la forza per avere l'abbondanza di Dio. Accadrà senza sforzo e dal di dentro.

Con questo non sto dicendo che non avrete bisogno di interagire con altre persone, in quanto è davvero il desiderio di Dio che le persone lavorino insieme nel creare l'abbondanza. Quando le persone lavorano insieme, i loro poteri creativi si moltiplicano a vicenda e così, lavorando in armonia, esse potranno realizzare più di quanto ogni persona potrebbe realizzare da sola. Non sto dipingendo il quadro di una società in cui ogni persona è un individuo isolato e crea la propria abbondanza, senza interagire con gli altri. Sto dipingendo il quadro di una società in cui tutte le persone sono in allineamento con i principi creativi usati da Dio. Pertanto, esse potranno riunire i loro poteri creativi per produrre più abbondanza di quanta sia mai stata vista sulla Terra, più abbondanza di quanta possa essere anche solo immaginata dalla maggior parte delle persone nel loro attuale stato di coscienza.

Quest'abbondanza è il vero potenziale sulla Terra. Non ci sono limiti inseriti nel piano di base di Dio per questo pianeta. Gli unici limiti sono quelli che esistono nelle menti dei co-creatori di Dio, ossia degli esseri consapevoli di sé, ai quali Dio diede il dominio sulla Terra. Dio vi ha dato il diritto di co-creare questo pianeta in qualunque modo vi sembri adatto. E certamente Dio vi ha dato il diritto di creare l'attuale stato di limitazione e di sofferenza, di sfruttamento, di conflitti e guerre. Se questa è davvero l'esperienza che gli uomini vogliono, allora Dio lascerà che essi creino quest'esperienza – almeno per un certo periodo di tempo. Tuttavia, come ho cercato di spiegarvi, il progetto di base dell'universo ordina che non potete mantenere uno stato limitato a tempo indeterminato. Nel creare quello stato limitato state attivando la forza contraente della Madre, che abbatterà gradualmente le limitazioni che avete creato. In realtà, questo è un meccanismo di sicurezza, affinché voi – un essere spirituale illimitato con un potenziale infinito – non possiate rimanere per sempre intrappolati in uno stato di limitazioni.

***

Ora arriviamo alla conclusione di questa particolare chiave, cioè al fatto che quando create qualcosa che è in allineamento con i principi creativi di Dio, la vostra creazione è sostenibile. Ciò che è in allineamento con le leggi di Dio non ha incorporate in sé delle forze contraddittorie che lo abbatteranno. Tuttavia, quando create qualcosa al di fuori delle leggi di Dio, avrete delle contraddizioni insite, avrete delle forze opposte che condurranno al conflitto. E quando un numero di persone abusa dei propri poteri creativi, per andare contro le leggi di Dio, vedrete il conflitto scoppiare nella società. All'improvviso vedrete gruppi di persone unirsi in fazioni e definire le loro stesse identità in contrasto gli uni con gli altri. Ed è proprio questo il motivo per cui potete vedere il triste stato delle cose in cui due gruppi di persone possono uccidersi a vicenda in nome dello stesso Dio.

I vostri scienziati hanno scoperto questo principio nella seconda legge della termodinamica, che afferma che in un sistema chiuso l'entropia aumenta. L'entropia significa disordine, e i vostri scienziati hanno scoperto che la natura stessa ha una forza insita che riporterà ogni struttura, ogni forma organizzata, al suo stato d'energia più basso possibile, ossia ogni struttura viene ridotta al nulla, a pure particelle subatomiche. Questa, miei amati, è la scoperta scientifica del principio fondamentale inserito nella Luce Madre, ossia, come ho detto prima, che la Luce Madre ha una forza interna che cerca di riportare ogni forma al suo stato di base. Eppure i vostri scienziati non hanno la piena comprensione di questa legge, perché sono ancora troppo concentrati sul lato materiale della vita. E' verissimo che la Luce Ma-ter cercherà di riportare ogni forma al suo stato basilare, ma la forza contraente della Madre non opera da sola. Quando la forza espansiva del Padre mantiene il suo legittimo posto come capo della famiglia, in un senso spirituale, allora la creazione non sarà demolita dalla forza contraente della Madre. Perciò, una particolare forma potrà esistere indefinitamente – il che non equivale a dire per sempre.

Miei amati, riuscite a vedere la distinzione qui? Se create qualcosa che non è in allineamento con le leggi di Dio, la forma che create verrà gradualmente demolita dalla forza contraente della Madre. Tuttavia, se quello che create è in perfetta armonia con i principi creativi di Dio, la vostra forma non sarà demolita, sarà sostenibile ed esisterà per un periodo di tempo indefinito. Non sto dicendo che esisterà per sempre, in quanto la forza espansiva del Padre ordina, che ogni forma deve trascendere se stessa e diventare di più. Eppure esiste un'enorme differenza tra il creare una forma squilibrata, che verrà demolita nel nulla, o il creare una forma equilibrata che sarà espansa e diventerà di più.

Riuscite a capire che quando create delle forme imperfette, siete impegnati in una lotta ardua, ed è questo che porta al senso di carenza, di lotta e di sofferenza? Siete sempre in ritardo, sentendo che non avete mai abbastanza e che tutte le forze di questo mondo sono decise a portarvi via quello che avete. Al contrario, quando siete in armonia con Dio, non perderete mai ciò che avete, lo userete come la base sulla quale potrete costruire altra abbondanza.

Questo è il principio illustrato da Gesù nella parabola dei talenti (Matteo 25:14). Si potrebbe dire che quando progettò il pianeta Terra, Dio costruì le fondamenta. Sta agli esseri umani costruire un castello su quelle fondamenta, sta ai servi moltiplicare i loro talenti. I talenti che Dio ha dato agli esseri umani sono i loro poteri creativi, la loro immaginazione e il libero arbitrio. Se voi seppellite quei talenti nel terreno, andando contro i principi creativi di Dio, allora la forza contraente demolirà, alla fine, persino le fondamenta costruite da Dio. Così un pianeta può diventare arido e non sostenere più la vita. Infatti, è possibile che l'umanità, o attraverso l'inquinamento o attraverso una guerra nucleare, possa distruggere tutta la vita su questo pianeta, trasformandolo in un pianeta arido. Tuttavia, moltiplicando i propri talenti, gli esseri umani manterranno le fondamenta costruite da Dio e potranno costruire su di esse e portare in essere qualcosa che abbia più abbondanza di quanta ne abbia creata Dio. Questo è il vero desiderio di Dio.

Dio non desidera che voi sotterriate i vostri talenti nel terreno; egli desidera che usiate quei talenti per magnificare la vostra vita e per magnificare in questo modo la vita di tutte le altre persone su questo pianeta, magnificando in definitiva il Creatore. Dopotutto, il vostro Creatore ha inserito una parte di se stesso in voi, quindi, quando magnificate quella parte, voi magnificate l'insieme, magnificate il Creatore. Quando diventate di più, Dio diventa di più attraverso voi, e questa è la forza motrice dietro a tutta la creazione. Miei amati, spero che ora vediate la distinzione tra ciò che è in allineamento con i principi creativi di Dio e ciò che non è in allineamento con quei principi. La legge di Dio afferma che nulla può rimanere uguale. Ogni cosa deve andare in uno dei due modi:

- Deve accelerare, ossia trascende se stesso per mezzo della forza espansiva.

- Deve decelerare, ossia si autodistrugge per mezzo della forza contraente.

Spero che vediate ora la necessità di riallineare voi stessi col principio di crescita perpetua, affinché possiate usare i vostro poteri creativi entro la struttura sicura delle leggi di Dio. Spero che riusciate a vedere il vantaggio nel creare qualcosa che sia sostenibile e che possa continuare a crescere ed a darvi un'abbondanza maggiore ed a dare un'abbondanza maggiore anche a tutte le altre persone su questo pianeta. Se capite l'importanza di questo e se siete disposti a portarvi in armonia col vostro Dio, allora la mia prossima chiave vi mostrerà come dare inizio a questo processo, a questo viaggio di ritorno nel cuore del vostro Creatore, questo ritorno all'unità con la vostra sorgente.

Chiave 4
Chi è stato in realtà a creare il pasticcio su questo pianeta?

Ora abbiamo visto che Dio ha progettato un universo che è in grado di produrre una quantità infinita di abbondanza, persino su questo piccolo pianeta che chiamate Terra. Tuttavia, abbiamo anche visto che quando Dio creò la Terra, egli creò soltanto una base. E poi egli mandò voi, e molti altri co-creatori, in questo mondo con l'ordine di moltiplicare le vostre capacità creative. Voi siete qui per assumere il dominio sulla Terra, cosicché potete costruire sopra le basi di Dio e portare in questo mondo tanta abbondanza quanta ne riuscite ad immaginare e ad accettare. Abbiamo visto che quando gli esseri umani usano le loro capacità creative in allineamento con i principi basilari, che Dio ha usato per progettare l'universo, essi creeranno un'abbondanza che è sostenibile. E faranno questo in un modo che non toglie l'abbondanza alle altre parti della vita ma moltiplica la quantità totale d'abbondanza sulla Terra. In questo modo, l'intero Corpo di Dio sulla Terra è magnificato nel processo. Abbiamo visto che quando le persone usano correttamente le loro capacità creative, non c'è alcun conflitto tra l'individuo e l'insieme, perché l'universo di Dio è stato progettato per fornire abbondanza sufficiente per tutti.

    La questione centrale che ora affrontiamo è: in che modo voi, un essere umano sul pianeta Terra, potete imparare ad usare le vostre capacità creative in armonia con i principi di progettazione che Dio ha usato per creare questo intero universo. La difficoltà che affrontiamo è che il pianeta Terra non sta attualmente esprimendo il progetto originale. Invece di costruire un castello sulla base preparata da Dio, l'umanità ha, nel corso di molti millenni, sotterrato i propri talenti nel terreno. Pertanto, la forza contraente della Madre ha iniziato a demolire persino le fondamenta costruite da Dio. Miei cari, so che questo può essere difficile da accettare per le persone che sono cresciute in una società moderna. Alcune persone sono state educate a credere nella versione biblica, che la Terra ha solo poche migliaia di anni, che tutto è stato creato da Dio, che Dio può creare solo perfezione e, pertanto, tutto deve essere perfetto. Altre persone sono state educate con la teoria scientifica dell'evoluzione, che sostiene che l'evoluzione può andare in un'unica direzione, da forme di vita meno complicate verso quelle più complesse. Tuttavia devo dirvi che, a causa della legge del libero arbitrio, è perfettamente possibile che una civiltà umana raggiunga un punto elevato e poi degeneri gradualmente ad uno stato inferiore.

Vi devo dire inoltre, che molti aspetti della vita sulla Terra sono stati influenzati dallo stato di coscienza dell'umanità. Questo non è vero solo per la società umana ma anche per Madre Natura stessa. Credete davvero che un Dio amorevole, che ha un'immaginazione illimitata e una volontà libera, sceglierebbe di creare virus, batteri, parassiti, insetti velenosi o prodotti chimici tossici che distruggono i vostri corpi? Credete davvero che Dio abbia creato le molte malattie esistenti sulla Terra? Bene, miei cari, se non è stato Dio a crearli, allora chi è stato? La risposta è l'umanità. L'umanità collettivamente ha creato tutte le condizioni imperfette attualmente visibili sulla Terra, anche gli squilibri nella natura.

Questo non è difficile da capire quando accettate il fatto che ogni cosa è stata creata dall'energia di Dio, dalla Luce Madre, e che la Luce Madre prende forma quando viene mescolata da una mente, da un essere consapevole di sé, che ha le capacità creative di Dio, ossia l'immaginazione e il libero arbitrio. Quando accettate questo fatto, vi rendete conto che ogni cosa sulla Terra è un prodotto di menti consapevoli. Il progetto originale della Terra è stata creata da un gruppo di rappresentanti di Dio, chiamati gli Elohim. Questi esseri avevano creato un bel pianeta, e la bellezza che è presente nella natura è solo un pallido riflesso dell'originale bellezza creata dagli Elohim. Il pianeta che essi hanno creato, aveva un equilibrio perfetto nella natura e, quindi, non si vedevano malattie, non si vedevano terremoti o tempeste violenti. Tuttavia, sin da quell'originale creazione, generazioni susseguenti di umani, civiltà susseguenti, hanno influenzato questo pianeta portandolo ad uno stato inferiore al progetto originale. Questo è stato fatto attraverso il potere delle menti delle persone che hanno imposto alla Luce Ma-ter delle immagini imperfette, che non sono in allineamento con i principi creativi usati da Dio.

Quello che è successo all'umanità è che le persone sono discese, o cadute, in uno stato di coscienza in cui non hanno più alcuna consapevolezza intuitiva o cosciente delle leggi di Dio, delle leggi che Dio ha posto dentro di loro. Questo è ciò che viene illustrato nel racconto della Bibbia sulla Caduta, dove Adamo ed Eva furono cacciati dal Giardino dell'Eden. Il frutto della conoscenza del bene e del male era il frutto della conoscenza del bene e del male *relativi*. Poiché, quando perdete contatto con la realtà di Dio, con le leggi di Dio, voi diventate una legge per voi stessi, nel senso che non avete più un bastone guida per quello che è assolutamente vero e quello che non è vero.

***

La realtà è che ogni cosa, che è in armonia con le leggi di Dio, è utile per l'insieme e sostenibile e potrebbe essere chiamato un bene. Ogni cosa che cade al di fuori di quelle leggi è autodistruttiva e dannosa per l'insieme e, quindi, potrebbe essere chiamata falsa o un male. Quando perdono questo bastone guida assoluto, gli esseri umani definiscono i propri concetti di bene e di male. E questi concetti non si basano sul bastone guida assoluto della legge di Dio. Si basano su ciò che gli esseri umani vogliono credere e su ciò che certi individui desiderano essere vero, affinché possano realizzare i propri desideri egoistici senza considerazione alcuna per l'insieme. E dato che hanno definito il bene e il male adattandoli ai loro scopi, essi si sentono perfettamente giustificati nel realizzare i propri desideri egoistici.

Capite, miei amati, che quando non c'è un bastone guida assoluto, gli esseri umani definiranno il bene e il male a seconda di quello che si adatta ai loro scopi, ai loro scopi egoistici? Se studiate la storia umana, vedrete che varie civiltà hanno avuto definizioni diverse del bene e del male. E, nella maggioranza dei casi, quello che non era in armonia con le leggi create dalla minoranza dominante veniva automaticamente etichettato come male. E solo quello che era in allineamento con i dettami dell'élite regnante veniva etichettato come bene e accettabile. Tuttavia, in molti casi, la minoranza dominante non era assolutamente in allineamento con la realtà di Dio e coi principi creativi di Dio. E così, ciò che essi chiamavano bene, non era il bene in senso assoluto. Era soltanto un bene relativo, perché era un bene solo secondo la loro definizione egoistica, una definizione che non solo ignorava i principi creativi di Dio ma ignorava anche la realtà che solo ciò che è un bene per l'insieme è davvero un bene per l'individuo.

Mio amato cuore, è importante per voi chiedervi – nel vostro cuore – da dove abbia avuto inizio questo concetto. La storia del Giardino dell'Eden racconta che arrivò un punto in cui Adamo ed Eva si resero conto di aver fatto qualcosa che andava contro le leggi di Dio. Tuttavia, invece di ritornare da Dio e confessare le loro azioni chiedendo perdono, essi decisero di nascondersi a Dio (Genesi 2:8). Miei cari, Dio vi ha dato il libero arbitrio, quindi avete il diritto di nascondervi a Dio, se lo desiderate. E dato che Dio rispetta la sua stessa legge e pertanto rispetta le vostre libere scelte, Dio non può aiutarvi a superare quel senso di separazione. Se voltate le spalle a Dio, egli vi permetterà di farlo e non vi forzerà in alcun modo. Una volta che avrete voltato le spalle a Dio, potrete continuare ad allontanarvi sempre di più da Dio, nella vostra coscienza. Dio non vi forzerà, Dio non vi affronterà, Dio vi lascerà andare tanto lontano quanto desiderate. Ed ecco perché l'umanità è potuta scendere in quello stato di coscienza incredibilmente basso che avete visto ai tempi dell'uomo delle caverne, quando l'umanità era a malapena al di sopra del livello animale.

Tuttavia, la verità è che l'uomo delle caverne non è stato l'inizio dell'umanità. Ci sono state molte civiltà precedenti, che hanno raggiunto un alto livello di sofisticazione. Alcune di queste civiltà erano tecnologicamente e culturalmente molto più avanzate persino della civiltà moderna occidentale. Tuttavia, attraverso l'abuso dei loro poteri creativi, esse sono discese gradualmente a stati di coscienza sempre più bassi ed a stati di esistenza esteriore sempre inferiori. E se avete mai studiato alcuni dei miti, o quelli che gli scienziati chiamano miti, riguardanti le civiltà passate, saprete di che cosa sto parlando. E sebbene alcuni dettagli in queste storie sopravvissute siano stati oscurati dal passare del tempo, è vero che ci sono state delle civiltà passate sulla Terra e che l'uomo delle caverne non era l'inizio dell'umanità, ma solo uno dei punti bassi a cui l'umanità è scesa.

Il mio scopo, nel portare questo alla vostra attenzione, è quello di sottolineare – di nuovo – che se voi personalmente volete cambiare la vostra vita – per avere la vita abbondante che Dio vi offre liberamente – non potete assumere un approccio passivo e aspettarvi che Dio lo faccia per voi. Non potete nemmeno assumere l'approccio di pregare Dio di darvi la vita abbondante. Come ho cercato di spiegare, Dio ha costruito un universo in cui voi avete i poteri creativi per manifestare la vita abbondante usando quei poteri. Pertanto, Dio non creerà la vita abbondante per voi; Dio vuole che siate voi a co-creare la vita abbondante per voi stessi. Dio vuole che sappiate che l'avete fatto attraverso i vostri poteri interni – il potere di Dio dentro di voi – e che l'avete fatto allineandovi coi principi creativi di Dio.

La conclusione è che il motivo per cui attualmente non avete la vita abbondante è che siete discesi in uno stato di coscienza, che potremmo chiamare uno stato d'ignoranza, in cui avete perso il contatto coi principi creativi usati da Dio. E l'unica maniera per sfuggire al vostro attuale senso di carenza, e per ottenere la vita abbondante, è quella di cambiare il vostro stato di coscienza.

***

Miei amati, vorrei che vi prendeste alcuni momenti per meditare sui molti schemi di "arricchimento rapido", che si trovano oggi nella società occidentale. Considerate quanti guru là fuori vi promettono che, seguendo il loro semplice sistema o leggendo il loro libro, creerete l'abbondanza e la ricchezza definitive e potrete fare tanti soldi da sfidare il buon senso. Sono sicuro che, se siete stati consapevoli della necessità di portare più abbondanza nella vostra vita, o avete provato alcuni di questi schemi o li avete presi in considerazione. E se li avete provati, forse avete appurato che, semplicemente, non funzionano.

Ora vi ho spiegato il motivo per cui nessuno schema per "arricchirsi in fretta" potrà mai funzionare a lungo andare. La semplice realtà è che il vostro attuale stato di carenza e sofferenza è una manifestazione – nella materia fisica – di quello che sta accadendo nella vostra coscienza. Pertanto, se volete cambiare la vostra realtà esteriore – la realtà che è formata dalla Luce Ma-ter – prima dovete cambiare la vostra realtà interiore, la realtà della vostra coscienza, le immagini mentali che proiettate sulla Luce Ma-ter. E solo quando passate attraverso il processo di profondo e fondamentale cambiamento del vostro stato di coscienza, vedrete un miglioramento reale, vero e duraturo nella vostra situazione esteriore.

Capite quello che sto dicendo? Questo è un principio profondo che dovete capire, se volete manifestare la vera vita abbondante che Dio vi offre. Il motivo per cui non avete la vita abbondante manifesta fisicamente è che siete discesi in uno stato di coscienza inferiore, nel quale non state usando, non siete in grado di usare, i principi creativi di Dio. Ciò che gli schemi di "arricchimento rapido" vi promettono è, che hanno scoperto qualche tipo di scorciatoia, che vi darà le ricchezze materiali che volete, senza dover davvero cambiare la vostra coscienza. Alcuni di essi parlano del cambiamento di coscienza, ma ad un livello molto superficiale. Sostengono che seguendo alcuni semplici passi, o facendo alcune semplici affermazioni, le ricchezze inizieranno istantaneamente a fluire nella vostra direzione.

Miei amati, se non vi siete ancora stancati di seguire le promesse vuote del genere, non sarò io a impedirvi di vivere quell'esperienza, se pensate di averne bisogno. Io sono la Madre amorevole, la rappresentante della Madre di Dio. E' mio desiderio vedervi avere la vera abbondanza, che non può essere comprata coi soldi e non può essere portata in essere attraverso scorciatoie. Tuttavia, io amo anche Dio il Padre e la sua legge del libero arbitrio. E la legge del libero arbitrio afferma fondamentalmente che, se vi separate da Dio, Dio non potrà guidarvi e, pertanto, le conseguenze delle vostre azioni diventeranno il vostro insegnante. Voi imparate attraverso le vostre stesse esperienze. E la legge del libero arbitrio afferma che, se sentite il bisogno di un certo tipo di esperienza, Dio vi permette di creare quell'esperienza per voi stessi. Quindi, se avete ancora la necessità di sperimentare povertà, limitazioni, carenza, dolore e sofferenza, chi sono io per infrangere la legge di Dio cercando di costringervi ad accettare l'abbondanza di Dio? E se desiderate l'abbondanza, ma non siete disposti a fare realmente quello che è richiesto per manifestare la vera abbondanza di Dio, chi sono io per impedirvi di correre dietro ai falsi guru che vi offrono delle scorciatoie? Se avete bisogno dell'esperienza di seguire un falso guru del genere – finché non sarete così profondamente delusi da rinunciare finalmente al sogno di una scorciatoia dicendo: "Deve esserci un modo migliore" – chi sono io per impedirvi di avere quell'esperienza?

Tuttavia, se siete ad un punto in cui avete deciso di non volere più questi sogni vuoti, o scorciatoie, e che non volete più sperimentare dolore, carenza e sofferenza, allora ho qualcosa da offrirvi. Quello che vi offro è un sentiero vero, dove potete cambiare la totalità della vostra coscienza, dove potete portare la vostra coscienza in allineamento con i principi creativi usati da Dio. E così facendo, porterete il vostro individuale flusso di vita in armonia con l'intero Corpo di Dio, sia in Cielo sia in Terra. Con questo, l'intero universo materiale, la Luce Mater stessa, esulterà nel realizzare i vostri veri desideri. Allora vedrete che l'abbondanza arriverà, non attraverso una magia di qualche tipo, non attraverso un qualche genere di forza esterna a voi stessi, bensì attraverso l'uso corretto – l'uso equilibrato e armonioso – dei poteri creativi di cui Dio vi ha dotati quando il vostro flusso di vita è venuto in essere inizialmente.

***

Il sentiero che vi offro è il vero sentiero che porta alla vera abbondanza, non una specie di scorciatoia, non la via che sembra giusta per l'uomo ma che sbocca in sentieri di morte (Proverbi 14:12). Ora capite che la chiave per seguire il vero sentiero sta nel rendervi conto che lo scopo del sentiero non è quello di produrre delle ricchezze temporanee qui sulla Terra. Lo scopo del sentiero è un cambiamento permanente, un cambiamento permanente nella coscienza, per mezzo del quale riallineate la vostra coscienza al progetto originale tenuta nella mente di Dio quando il vostro flusso di vita fu creato. Questo è il progetto di un vero figlio o di una vera figlia di Dio, creato ad immagine e somiglianza di Dio, che usa i suoi poteri creativi in perfetta armonia con l'insieme. Così magnificherete non solo il vostro stesso flusso di vita, ma anche l'esperienza vitale di tutta la vita sulla Terra, invero, di tutta la vita dell'universo.

Questo è lo stato di coscienza di cui stava parlando Gesù quando disse che, se non assorbite la carnee il sangue del Figlio unigenito del Padre, non avete vita in voi (Giovanni 6:53). Riuscite a vedere ora il significato più profondo di quell'affermazione? Quando state usando i vostri poteri creativi in armonia con le leggi di Dio, siete in perfetto allineamento con lo scopo della vita e con i principi guida della vita. Infatti, siete immersi nel Fiume della Vita, siete parte del Fiume della Vita, sempre fluente, sempre crescente, che racchiude tutto quello che il Creatore ha creato. Vi muovete costantemente con quel Fiume della Vita, vi state trascendendo costantemente, moltiplicando i vostri talenti e diventando di più, portando così più abbondanza nella vostra vita. Ed è questa la vera definizione della vita.

La definizione spirituale della vita non è stabilire se il vostro corpo fisico respiri o non respiri. Questa è una definizione mortale, umana, della vita. La vera definizione spirituale della vita è che state trascendendo voi stessi e diventando di più, e nel diventare di più, voi sperimentate la vita abbondante, fate parte del flusso dell'abbondanza di Dio in perenne movimento, il Fiume della Vita. Solo quando vi trovate in quel fiume, avete la vera vita spirituale. Quando uscite da quel fiume, perché vi separate dal vostro stesso essere superiore, dalla vostra sorgente – dimenticandovi le leggi del vostro Creatore – voi scendete in uno stato di coscienza che, dal punto di vista spirituale, è la coscienza di morte. Pertanto siete morti, in un senso spirituale, ed è questo il significato più profondo dell'affermazione di Gesù.

Come potete, una volta discesi in uno stato di coscienza inferiore, risalire e riallinearvi con i principi creativi di Dio? Che cos'è che vi permette di rivendicare la vostra vera eredità, la vostra vera identità come un figlio o una figlia di Dio, e riconnettervi con la parte superiore del vostro essere, la presenza IO SONO, quella parte interiore del vostro flusso di vita (dove Dio ha posto le sue leggi)? L'intermediario, che vi permette di risalire dalla morte alla vita eterna, è il Figlio unigenito del Padre. Ed è triste dover riconoscere il fatto che la maggioranza delle principali chiese cristiane abbia frainteso il vero significato spirituale di molte delle affermazioni più profonde di Gesù. Dato che erano intrappolate nella coscienza di dualità e nel senso di separazione, e dato che non erano disposte a superare quello stato di coscienza, esse hanno valutato che Gesù stesse parlando di se stesso, della persona esteriore di Gesù. Esse hanno concluso che la persona di Gesù Cristo è la via, la verità e la vita e quindi l'unica chiave di salvezza (Giovanni 14:6). Eppure Gesù non stava parlando di un unico essere in particolare, egli stava parlando del *vero* Figlio unigenito del Padre, che non è un unico individuo particolare, bensì uno stato di coscienza universale, ossia la *coscienza universale di Cristo*. Questo è lo stato di coscienza che il Vangelo di Giovanni chiama il Verbo. In principio era il Verbo, e il Verbo era Dio e senza di lui nulla di ciò che è stato fatto, è stato fatto.

***

Miei amati, ora abbiamo raggiunto il punto in cui posso spiegarvi il vero significato recondito della coscienza di Cristo, il Figlio unigenito, il Verbo. Vi ho detto che, come il primo atto della creazione, il vostro

Creatore creò la Luce. La Luce è una sostanza che non ha alcuna forma, ma ha il potenziale di assumere qualsiasi forma. Assumerà una forma, non per i suoi stessi poteri interiori, ma solo quando una forza esterna, un essere consapevole di sé, con poteri creativi, agisce su di essa.

All'inizio, Dio il Creatore era l'unica forza che agiva sulla Luce Ma-ter. Naturalmente, ogni cosa che il Creatore creava era in perfetta armonia con i principi di base che il Creatore aveva progettato per assicurare la sostenibilità della sua creazione. Quindi, non c'era alcun bisogno di essere preoccupati della possibilità che il Creatore potesse creare qualcosa che avrebbe violato i suoi stessi principi, le sue stesse leggi. Tuttavia, quando il Creatore aveva determinato il progetto di base per questo universo, il Creatore decise di creare un numero di esseri consapevoli di sé, che erano delle estensioni del Creatore ma non avevano ancora i pieni poteri creativi di un Dio. L'idea sottostante è che, creando delle estensioni di se stesso, il Creatore diventa di più. Quando trascendete voi stessi ed espandete la vostra consapevolezza e i vostri poteri creativi, voi ingrandite l'intera creazione di Dio.

Il progetto originale era che questi esseri consapevoli di sé sarebbero partiti con poteri creativi limitati. Tuttavia, mentre moltiplicavano i loro talenti, co-creando in armonia con le leggi di Dio, Dio li avrebbe premiati. Così, come disse Gesù: "Ben fatto, servo buono e fedele; sei stato fedele nel poco, ti darò autorità su molto." (Matteo 25:21). Il significato recondito è che quando mostrate la vostra disponibilità a moltiplicare i vostri talenti, co-creando in armonia con le leggi di Dio, Dio vi darà poteri creativi più grandi. E poi potrete effettivamente elevarvi in consapevolezza e in poteri creativi, finché non arrivate alla piena realizzazione di cui parlava Gesù quando disse: "Voi siete dèi." (Giovanni 10:34). Voi siete stati creati con poteri creativi limitati e con una consapevolezza limitata dell'insieme della creazione di Dio, perché dovevate viaggiare nel mondo della forma e usare i vostri poteri creativi solo su un piccolo pianeta, come la Terra. Poi sareste gradualmente cresciuti nella capacità creativa e nella consapevolezza, finché non saresti potuti ascendere permanentemente dall'universo materiale, diventando un essere immortale nel mondo spirituale. Da lì potrete crescere ancora oltre e, invero, questa crescita potrà continuare indefinitamente.

Ora vedete che quando Dio creò degli esseri consapevoli di sé, che avevano immaginazione e libera volontà, divenne possibile che tali esseri potessero, o per dimenticanza o anche per disubbidienza intenzionale, andare contro i principi creativi di Dio. Dopotutto, se non fossero potuti andare contro la legge di Dio, allora non avrebbero avuto il libero arbitrio. Ora divenne possibile che qualcuno potesse creare qualcosa che non fosse in allineamento con le leggi di Dio e, pertanto, avrebbe portato, non solo alla distruzione di quel particolare flusso di vita ma, potenzialmente, alla distruzione di altri, a seconda dei poteri creativi di quel flusso di vita. Per evitare questo, Dio inserì un altro meccanismo di sicurezza nel progetto dell'universo, e quel meccanismo di sicurezza è ciò che la Bibbia chiama il Verbo o il figlio unigenito del Padre, ma che io preferisco chiamare la coscienza universale di Cristo.

Questo meccanismo di sicurezza agisce nel seguente modo. Il vostro flusso di vita è progettato per essere un co-creatore con Dio. Voi non avete i poteri creativi del vostro Creatore, avete dei poteri creativi limitati. Essenzialmente questi sono qualitativamente, ma non quantitativamente, gli stessi poteri creativi del vostro Creatore. Tuttavia, c'è una differenza, nel senso che il vostro Creatore è il Tutto e quindi crea dall'interno di se stesso. Voi, d'altro canto, siete un individuo e perciò non siete il Tutto, almeno non ancora. Pertanto, voi create dall'interno della creazione già creata da Dio. Il meccanismo di sicurezza progettato da Dio ordina, che un co-creatore può creare qualcosa di sostenibile soltanto per intervento della coscienza di Cristo.

La coscienza di Cristo è una consapevolezza delle leggi di Dio, sulle quali non è possibile transigere mai. La coscienza di Cristo è sempre uno con il Padre e con le leggi del Padre. Quando Gesù ottenne la coscienza di Cristo, egli esclamò: "Io e mio Padre siamo uno" (Giovanni 10:30). E quando voi, come un flusso di vita individuale, avete quella consapevolezza del Tutto e delle leggi di Dio, vi rendete conto che il voi individuale non è il vero artefice, non è il vero creatore. Ecco perché Gesù disse: "Io da me stesso non posso fare nulla" (Giovanni 5:30) e, "ma il Padre che dimora in me, compie le sue opere" (Giovanni 14:10). Gesù sapeva che ad essere il vero artefice, il vero creatore, non era la sua persona esteriore, la persona fisica, non era nemmeno la mente esteriore, la personalità che gli esseri umani vedevano come Gesù Cristo. A creare, in realtà, era la parte superiore del suo essere, l'individualizzazione di Dio, focalizzato come la Presenza IO SONO. Tuttavia, quella Presenza creava solo perché stava usando l'energia e le leggi di Dio per portare in essere delle forme.

La coscienza di Cristo sa sempre di non essere una legge per se stessa, sa di essere un co-creatore con Dio, sa che c'è qualcosa di più grande di cui essa fa parte. Dio ha progettato una serie di principi che guidano la crescita di ogni cosa in questo universo, e la coscienza Cristica sa che quando create in armonia con quei principi, la vostra creazione è sostenibile e magnificherà l'insieme. Ma quando perdete la consapevolezza di quei principi, la forza contraente della Madre farà sì che la vostra creazione si autodistrugga, e questo distruggerà, potenzialmente, altre parti dell'insieme.

Vedete, miei cari, se rimanete nella coscienza di Cristo, non potrete mai cadere nello stato di coscienza inferiore, nel quale vi separate dal vostro Dio e dalle sue leggi, nel quale vi dimenticate delle leggi che Dio ha posto all'interno di voi e diventate perciò una legge per voi stessi. Con la coscienza Cristica non potrete mai credere nella conoscenza del bene e del male relativi e definire così i vostri stessi principi, pensando di farla franca con la realizzazione dei vostri desideri egoistici, senza riguardo alcuno per l'effetto che questo avrà sull'insieme. Questo meccanismo di sicurezza vi impedisce di dimenticare permanentemente chi siete, da dove siete venuti, o di dimenticare le leggi definite dal vostro Creatore.

Questo stato di coscienza Cristica è lo stato naturale per ogni flusso di vita creato da Dio. Ma dato che Dio vi ha dato l'immaginazione e il libero arbitrio, è possibile che possiate dimenticare questo naturale stato di consapevolezza e scendere nella coscienza di dualità, nello stato di separazione, in cui non conoscete più la vostra vera origine. Potreste persino arrivare a credere che siate un essere umano mortale, che è condannato da un Dio collerico a vivere una vita di dolore e sofferenza, e che non ci sia nulla che possiate farci col vostro potere interiore.

***

Qui c'è la distinzione centrale che Dio creò, quando decise di creare degli esseri consapevoli di sé. Come ho detto prima, la Luce Ma-ter, la Luce Madre, è quella che i vostri scienziati chiamano energia. L'energia è vibrazione, e voi potete partire dalle vibrazioni basse dell'universo materiale, passare attraverso le vibrazioni successivamente più elevate del regno spirituale, fino a raggiungere la suprema vibrazione della pura luce di Dio stesso. Quella luce ha una vibrazione talmente elevata da non rendere possibile alcuna forma. Non esiste alcuna forma distinguibile nella pura luce spirituale. Allora, come viene in essere una forma? Viene in essere quando una mente consapevole di sé impone un'immagine, una matrice, sulla pura luce, portandola così ad assumere una vibrazione più bassa di quella del suo stato base. Tuttavia, affinché questo accada, l'essere consapevole di sé deve immaginare una forma e poi, attraverso il potere della mente, imporre quella forma sulla pura Luce Ma-ter. Ed ecco il meccanismo di sicurezza essenziale. Solo attraverso la coscienza di Cristo, solo attraverso l'interposizione della coscienza Cristica, può un co-creatore imporre un'immagine sulla pura Luce Ma-ter. Solo un'immagine che è in armonia con le leggi del Creatore influenzerà la pura Luce Ma-ter.

Questo ha lo scopo di assicurare che soltanto quelli che hanno la coscienza di Cristo possano creare qualcosa che sia equilibrato e, perciò, sostenibile. Come ho spiegato prima, la Luce Ma-ter ha un altro meccanismo di sicurezza insito, ossia il fatto che essa tenti sempre di ritornare al suo stato di base. Tuttavia, quando una forma viene creata in armonia con le leggi definite dal Creatore, quella forma farà parte del Fiume della Vita, ossia farà parte del processo di costante trascendenza di sé. In altre parole, una forma è sostenibile solo per mezzo della trascendenza di sé, in quanto la crescita è la legge basilare della creazione. Qualunque forma, che non sia in armonia con le leggi di Dio, che non trascenda se stessa e non abbia il giusto equilibrio tra la forza contraente e la forza espansiva, sarà gradualmente demolita dalla forza contraente incorporata nella Luce Ma-ter, dalla forza che riporta tutte le creazioni squilibrate allo stato di base. Potremmo persino dire che qualunque forma, creata in base ad un idolo, in base ad un'immagine che non trascende se stessa, sarà inevitabilmente demolita dalla forza contraente. E' la forza contraente che rende possibile la creazione di una forma, ma se rimanete attaccati a qualche forma – se incominciate ad adorare un idolo e vi rifiutate di trascendere il sé – voi uscite dal Fiume della Vita e diventate soggetti alla forza contraente. Potrete mantenere questo stato squilibrato solo per un certo periodo di tempo, perché quando una forma è esposta alla forza contraente – senza contrappeso alcuno dalla forza espansiva – essa sarà inevitabilmente demolita. Quindi, la perversione della forza Madre porterà all'autodistruzione.

Quello che vedete ora è che, ai livelli superiori dell'universo spirituale, ci sono soltanto esseri che hanno la piena coscienza di Cristo. Ed essi hanno creato delle sfere di una bellezza tale che quasi nessuno sulla Terra riesce ad immaginarla. Alcune persone sono state benedette con delle visioni spirituali o mistiche o con esperienze di pre-morte, in cui hanno visto la bellezza e la perfezione dei regni spirituali o almeno alcuni di quei regni. E per chiunque abbia avuto una visione del genere, è ovvio che solo un essere con uno stato di coscienza molto più elevato di quello che è comune sulla Terra avrebbe potuto immaginare, avrebbe potuto visualizzare, tali stati di bellezza, tale perfezione. Quindi, quello che sto dicendo qui è che nel Cielo, nel regno spirituale, potete rimanere solo fintantoché siete nella coscienza di Cristo. E, pertanto, nel Cielo si trovano solo esseri che sono nella coscienza di Cristo. Tuttavia, questo non significa che un essere in Cielo non abbia la libertà creativa, poiché, invero, entro il contesto delle leggi di Dio avete delle possibilità illimitate di esercitare i vostri poteri creativi.

Infatti, un essere che si trova in Cielo ha ancora la possibilità di andare contro i principi creativi definiti dal Creatore di questo mondo.

Tuttavia, se un essere in Cielo lo fa, quell'essere non potrà più rimanere nel Cielo e dovrà poi discendere ad un regno inferiore. Ed è esattamente così che il regno materiale ha avuto origine. Dopo che Dio e i rappresentanti di Dio avevano creato un ampio numero di livelli nel mondo celeste, un nuovo livello della creazione di Dio venne portato a manifestarsi. Questo livello ero fatto di energie che erano inferiori a tutte le energie che si trovavano nel regno spirituale. Pertanto, poteva essere abitato da esseri che avevano scelto di andare contro i principi creativi definiti da Dio. Ora questi esseri avevano un posto dove andare, dove poter esercitare i propri poteri creativi e raccogliere le conseguenze delle proprie azioni, finché non avrebbero sperimentato a sufficienza le limitazioni e si sarebbero rivolti di nuovo a Dio dicendo: "Oh, mio Creatore, voglio ritornare a casa."

L'universo materiale è stato davvero creato dai rappresentanti di Dio, che hanno usato la loro coscienza Cristica per visualizzare una creazione armoniosa ed equilibrata, e poi hanno imposto quella visione sulla Luce Ma-ter, che ha assunto una vibrazione più bassa di qualunque altra vibrazione esistente nel mondo spirituale. Eppure si potrebbe dire che, sebbene l'universo materiale sia stato creato da esseri che avevano la perfetta coscienza di Cristo, l'universo materiale fu progettato per permettere agli esseri, che non avevano la piena coscienza di Cristo, di esistere qui. Ed è per questo che la Luce Ma-ter, usata per creare questo universo, può essere facilmente modellata in forme che non sono in allineamento con i principi creativi di Dio. E quelle forme non si autodistruggeranno istantaneamente, come farebbero nel regno spirituale. Possono esistere temporaneamente e saranno demolite solo dopo qualche tempo.

Miei amati, quello che vi sto spiegando qui è un concetto molto sottile, e so che sarà astratto per molte persone. Tuttavia, è importante ampliare la vostra mente per capire questo. Nel regno spirituale, l'intelligenza insita nella Luce Madre rende impossibile per ogni forma imperfetta o squilibrata di esistere per qualunque periodo di tempo. Ogni cosa, che non sia in armonia con le leggi di Dio, si autodistruggerà istantaneamente, a causa della forza contraente della Madre. Ma nell'universo materiale, la forza contraente della Madre è stata adattata in modo che le forme imperfette non si autodistruggano all'istante; infatti possono esistere per un certo tempo. Tuttavia, come i vostri scienziati hanno scoperto e come l'hanno espresso nella seconda legge della termodinamica, tutte le forme imperfette alla fine crolleranno. Così, questo universo permette a quei co-creatori, a quegli esseri consapevoli di sé che, o per ignoranza o intenzionalmente, sono discesi in uno stato di coscienza inferiore, di imparare sperimentando le conseguenze delle proprie azioni. Questi esseri creeranno inevitabilmente alcune cose che non saranno in allineamento con le leggi di Dio e, quando lo fanno, essi non creano la vita abbondante che si trova nel regno spirituale.Essi creeranno uno stato di carenza e limitazione. La speranza di Dio è che, quando questi esseri sperimentano le limitazioni, il dolore e la sofferenza che hanno creato, alla fine si stanchino di quell'esperienza e perciò si riportino volontariamente in allineamento con le leggi di Dio.

Ora vediamo la distinzione. Se un essere nel regno spirituale decide di ribellarsi contro la legge di Dio, ogni cosa che esso crea, si autodistruggerà all'istante. E se non avesse alcun altro posto dove andare, quell'essere distruggerebbe se stesso subito. Ma che cosa imparerebbe l'essere da quell'esperienza? Se l'essere venisse annientato, nessun apprendimento sarebbe possibile. Quindi Dio ha stabilito un universo in cui un essere, nel regno spirituale, può andare contro i principi creativi di Dio, senza distruggersi immediatamente. Esso potrà continuare un'esistenza, continuare una consapevolezza, ma non potrà rimanere nel regno spirituale. Scenderà nel regno materiale, e in questo universo sperimenterà i frutti delle proprie azioni, raccoglierà ciò che ha seminato . Così facendo, esso avrà il potenziale di imparare che quando si seguono le leggi di Dio, si magnifica la propria vita e le vite di tutti gli altri. E quando si va contro quelle leggi, si limita la propria vita e le vite di tutti gli altri. Quindi, la legge del libero arbitrio viene realizzata nel fatto che l'essere ha il potenziale di andare contro le leggi di Dio, sperimentando così il dolore, le limitazioni e la carenza, finché non ne avrà avuto abbastanza di quest'esperienza e, pertanto, deciderà di riportarsi in allineamento con le leggi di Dio e di ricreare la vita abbondante, che era il piano originale di Dio.

La distinizione importante qui è che, anche nell'universo materiale, per creare qualcosa che sia sostenibile e che arricchisca sia la vostra vita che le vite di tutte le altre persone sulla Terra, dovete creare dalla coscienza di Cristo. E quando non create dalla coscienza di Cristo, quello che create limiterà i vostri poteri creativi e farà sì che sperimenterete limitazioni, carenza, sofferenza e dolore. Il dolore e le limitazioni saranno causate dal fatto che quello che create con lo stato di coscienza inferiore non trascenderà se stesso. Sarà basato su un idolo, su un'immagine che non cresce e, perciò, non può essere sostenibile – non avrà la vita eterna – e quindi la forza contraente della Madre comincerà a demolire le forme che avete creato. Sebbene questo richieda un po' di tempo, si tratta tuttavia di un processo inevitabile, che non potete invertire dallo stato di coscienza inferiore. Potrete invertirlo solo elevandovi alla coscienza di Cristo.

La realtà, che vi sto spiegando qui, è che nel regno spirituale i concetti di tempo e spazio non hanno lo stesso significato che hanno qui sulla Terra. Quando siete in Cielo, siete nella coscienza di Cristo, e nella coscienza di Cristo vi vedete come uno con il Tutto. Quando siete uno con il Tutto, voi siete, in un certo senso, ovunque nella coscienza di Dio. E se voi, come un flusso di vita individuale, avete il potenziale di espandere la vostra consapevolezza e di essere ovunque nella coscienza di Dio, allora ovviamente il concetto di spazio assume un significato diverso. Sulla Terra voi sperimentate lo spazio come un limite. Il vostro senso di auto-consapevolezza è centrato intorno al vostro corpo fisico, che vive su un pianeta chiamato Terra, un pianeta che è come una goccia in un oceano infinito. Fino a quando vi identificate con quel corpo, il vostro senso d'identità sarà limitato nello spazio. Esisterà solo "qui", sarà centrato intorno a questo corpo, su questo pianeta e, pertanto, non potrete essere dappertutto contemporaneamente. Tuttavia, in realtà, più che una limitazione reale e inevitabile, questa è una limitazione nella vostra mente. Difatti, il vostro corpo fisico non può essere dappertutto nell'universo materiale, ma la vostra mente non è limitata dal vostro corpo.

Allo stesso modo, quando siete nel regno spirituale, voi fate parte del Fiume della Vita in costante movimento, che è la totalità della creazione di Dio, l'Essere di Dio. E quando vi state muovendo assieme a quel Fiume della Vita, il tempo non ha lo stesso significato che ha sulla Terra. Ancora una volta, sulla Terra il tempo è una limitazione, che vi fa focalizzare su questo momento presente e pone dei limiti a quanto potete vivere, perché esiste un limite al tempo che il vostro corpo fisico denso può continuare ad esistere. Tuttavia, come Gesù ha cercato di mostrare all'umanità, persino la morte è un'illusione e può essere conquistata attraverso la coscienza di Cristo.

Si potrebbe dire che, in definitiva, le coordinate di tempo e spazio non sono reali. Sono prodotti del fatto che l'universo materiale permette agli esseri consapevoli di sé di creare ciò che non è in allineamento con le leggi di Dio. E quanto più vi allontanate dall'allineamento con l'unità di Dio e con le leggi di Dio, tanto più limitate voi stessi, tanto più limitate la vostra consapevolezza ad una particolare collocazione nello spazio. Quanto più vi separate dalla consapevolezza che i flussi di vita avevano prima della Caduta, e quanto più vi allontanate dall'essere nel flusso del Fiume della Vita, tanto più limitate voi stessi ad un particolare momento nel tempo, tanto più il vostro senso d'identità diventa centrato su un corpo fisico, con una vita incredibilmente breve. La durata della vita del corpo è talmente breve che anche il buonsenso dovrebbe dirvi, che il progetto originale di Dio non poteva possibilmente essere che voi viveste solo 70 anni e poi cessaste di esistere come un essere consapevole di sé.

***

Miei cari, sto partendo deliberatamente da alcuni concetti molto difficili e astratti, perché solo costruendo una base possiamo davvero sfuggire alla coscienza di dualità, che sta tra voi e la vita abbondante. E per sfuggire a quella coscienza, dovete avere una visione più ampia, che non è stata disponibile su questa Terra, né attraverso il cristianesimo ortodosso, né attraverso la scienza materialistica. Per stabilire una giusta base che vi permetta di seguire il sentiero che sto offrendo, devo darvi questa visione più ampia. Devo portarvi fuori dalla foresta, affinché possiate vedere al di là degli alberi e vedere la foresta stessa – e quindi comprendere lo scopo più grande per il quale il vostro mondo fu creato. In questo modo riuscirete a capire che il vostro flusso di vita, la vostra coscienza, il vostro senso d'identità, non è limitato a questo mondo materiale con tutte le sue limitazioni, tutto il suo dolore e tutta la sofferenza. Avete un'alternativa. Avete l'opportunità di salire al di sopra del vostro attuale limitato stato di coscienza, al di sopra del vostro senso d'identità limitato. Potete venire più in alto e costruire un nuovo senso d'identità, che sia in allineamento con il vero progetto del vostro essere.

Miei amati, riuscite a percepire il mio fervore? Quello che sto cercando di trasmettervi qui è che l'umanità ha una comprensione incredibilmente limitata delle sue origini, una comprensione che non include la realtà di chi siete. Né la scienza, né la maggior parte delle religioni, vi offrono attualmente una vera comprensione di chi siete, della vostra provenienza e del perché siete qui. E se voi non sapete chi siete, come potete comprendere lo scopo per cui siete venuti su questa Terra? E se non capite quello scopo, come potete sperare di riportarvi in allineamento coi vostri desideri originali, i desideri che vi hanno fatto venire in questo universo?

Miei cari, vi ho raccontato della legge del libero arbitrio. E, in contrasto con l'immagine di un Dio irato e punitore, dipinta da alcune religioni, devo dirvi che Dio non è collerico e che Dio non ha mai punito nessuno. Il Creatore ha un amore incondizionato per ognuno dei suoi figli e delle sue figlie, e quell'amore incondizionato può essere visto molto chiaramente nella legge del libero arbitrio, che vi dà la possibilità di andare contro i principi creativi originali, il progetto originale, che il vostro Creatore aveva in mente, quando ha creato questo mondo di forma; quando ha creato voi. Solo un Dio d'amore incondizionato vi avrebbe permesso di andare contro le sue leggi, così che potevate rifiutare la sua vita abbondante e creare uno stato di sofferenza e di dolore, che era molto al di sotto di ciò che il vostro Creatore aveva immaginato per voi. Se Dio fosse stato davvero un tiranno collerico, vi avrebbe impedito di fare questo. Se Dio fosse stato davvero un Dio punitore, vi avrebbe puniti distruggendovi nel momento in cui uscivate dalle sue leggi. Quindi vedete, miei amati, che il vostro Dio è un Dio amorevole. E l'amore originale per voi, mantenuto nel cuore di Dio, non è stato minimamente sminuito dal fatto che voi abbiate temporaneamente scelto di volgere le spalle a Dio, di rifiutare la sua vita abbondante e di creare, invece, uno stato di limitazioni e di sofferenza per voi stessi. Dio vi ama esattamente nella stessa maniera in cui vi amava quando il vostro flusso di vita fu creato inizialmente. L'amore di Dio è incondizionato e, qualunque cosa possiate aver fatto sulla Terra, non potreste mai, mai, perdere quell'amore.

Tuttavia, dato che avete il libero arbitrio, voi potete rifiutare l'amore di Dio. Dato che avete un'immaginazione illimitata, potete creare una falsa immagine di Dio, che dipinge Dio come un Dio collerico e punitore, e potete accettare quell'immagine come una verità assoluta su Dio. Potete accettare che non siete degni di ricevere l'amore di Dio e che siete condannati a rimanere per sempre nel vostro attuale stato di limitazione e di sofferenza, nel vostro attuale stato di separazione dall'amore di Dio e dall'abbondanza di Dio. Questo è un vostro diritto, miei cari, ma, nel momento stesso in cui decidete che non volete più aggrapparvi a questo senso d'identità limitato, che non rifiuterete più l'abbondanza di Dio, Dio è pronto a riportarvi nel suo regno, a darvi la vita abbondante che è legittimamente vostra. Non dovete far altro che seguire i suoi principi creativi per portare quell'abbondanza a manifestarsi nella vostra esperienza di vita.

Vedete, miei amati, Dio vi ha dato il libero arbitrio. Dio vi ha dato il diritto di andare contro le sue leggi, se è questo che desiderate. Dio ha persino progettato un intero universo, nel quale voi potete andare contro le sue leggi, mantenendo ugualmente una coscienza e un senso d'individualità, nel quale potete sperimentare le conseguenze delle vostre azioni, nel quale potete sperimentare la realtà limitata che avete creato per voi stessi. Tuttavia, sebbene Dio permetta questo, Dio rimane sempre speranzoso che – un giorno – deciderete di smetterla di allontanarvi dalla sua abbondanza. Smetterete di limitare voi stessi. Smetterete di negare il vostro potenziale creativo, il vostro potenziale divino di diventare un vero Dio, un vero co-creatore con Dio. Dio spera che ritorniate a casa e diventiate un co-creatore consapevole con Dio, cosicché sapete chi siete, sapete da dove provenite e state consapevolmente esercitando i vostri poteri creativi, non solo allo scopo di realizzare semplicemente i vostri desideri egoistici, ma allo scopo di magnificare tutto il creato di Dio, per far parte quindi del Fiume della Vita che, invero, è talmente magnifico da andare al di là della comprensione della maggioranza della gente sulla Terra.

Miei cari, io sono qui come una rappresentante di Dio il Padre. In passato ho scelto di scendere sul pianeta Terra e di indossare un corpo fisico denso. Ho scelto di ascendere di nuovo nel regno spirituale per dimostrare che è possibile salire al di sopra di tutte le limitazioni umane, persino del nemico ultimo, chiamato morte. E dato che ho scelto di unirmi alla coscienza della Madre di Dio, sono venuta da voi come la Madre amorevole, che non ha altro desiderio che vedere tutto il meglio per i suoi figli. Ed è per questo che sono venuta ad offrirvi un sentiero genuino, vero ed eterno, che può ricondurvi nel regno di vostro Padre, nel regno che, come disse Gesù, è dentro di voi, in quanto il regno è la vostra stessa coscienza. Poiché è realmente nella vostra coscienza che voi decidete se volete sperimentare la vita abbondante del regno di Dio o la vita non così abbondante creata da coloro i quali hanno perso la consapevolezza del regno di Dio, hanno perso la consapevolezza della loro vera identità e dei loro poteri creativi. Invece di essere dei co-creatori consapevoli del regno abbondante di Dio, essi sono diventati dei co-creatori inconsapevoli del regno della carenza.

In verità, Dio vi ha dato dei poteri creativi illimitati, nel senso che non potete spegnerli. Quindi, anche quando perdete la consapevolezza delle leggi di Dio, voi continuate a co-creare, ed è per questo che, come dicono le leggi della maggioranza dei paesi: "L'ignoranza della legge non è una scusa."Anche se non conoscete i principi creativi di Dio, voi state ugualmente creando attraverso i poteri della vostra mente. Così, quando usate la vostra immaginazione per visualizzare delle immagini imperfette e squilibrate, state imponendo quelle immagini sulla Luce Ma-ter. La Luce Ma-ter riproduce quelle immagini ed ecco perché voi sperimentate limitazioni, dolore e sofferenza nel mondo materiale sulla Terra.

Miei amati, vi ho dato il quadro generale della realtà della vita sulla Terra. Certamente ci sono molti dettagli che possono essere aggiunti. Tuttavia, se mediterete su quello che io vi ho dato e che vi darò nelle prossime chiavi, vedrete che è possibile per voi salire al di sopra di tutte le limitazioni umane. E' possibile per voi uscire dal deserto delle limitazioni umane, finché non vi troverete sulla sponda del Fiume della Vita, l'abbondanza sempre fluente di Dio. E' possibile per voi rinunciare allo stato limitato di coscienza basato sulla separazione e sulla dualità, abbandonarlo completamente. Così potrete, ancora una volta, tuffarvi nel Fiume della Vita e diventare uno con il tutto della creazione di Dio.

Miei cari, questo non significa che perderete la vostra individualità. Al contrario, significa che riacquisterete la vostra vera individualità – al posto della pseudo-individualità limitata, che avete costruito durante il vostro soggiorno sulla Terra. Una volta che rivendicate la vostra vera individualità, saprete che non siete un essere umano limitato, mortale, che non siete un peccatore per natura, che siete davvero un figlio o una figlia di Dio e che avete il potenziale di co-creare il regno di Dio proprio qui sulla Terra. Così facendo, non solo magnificherete la vostra vita, ma magnificherete le vite di tutte le altre persone, finché questo pianeta non verrà elevato e manifesterà la stessa perfezione, lo stesso equilibrio e la stessa armonia del regno spirituale. E questo, miei amati, è il vero significato del portare il regno di Dio sulla Terra.

Se siete aperti alle mie parole, esiste un'altissima probabilità che siate in effetti scesi su questa Terra allo specifico scopo di portare il regno di Dio su questo pianeta. Siete venuti qui, non perché vi siete ribellati contro la volontà di Dio nel regno spirituale, bensì perché volevate portare il regno di Dio sulla Terra. Siete venuti qui in una missione di soccorso, per servire da esempio per quei vostri fratelli e quelle vostre sorelle che si sono ribellati contro le leggi di Dio e che, pertanto, si sono smarriti. E siete venuti qui con l'amore che voleva vedere la Luce Madre stessa liberata dalle immagini imperfette, imposte su di essa da questi esseri caduti, affinché la Luce Madre possa essere libera di manifestare la perfezione e la bellezza che voi conoscete come il suo vero potenziale.

Miei cari, se siete venuti qui per amore, conoscerete la verità che io pronuncio. E se siete venuti qui per altri motivi, ma vi siete stancati di andare contro le leggi di Dio e vi siete riconnessi con l'amore interiore di Dio, allora anche voi conoscerete la verità che io pronuncio. Lo saprete, se vi centrerete nel vostro cuore e sentirete un mescolio, una vibrazione, persino ondate di luce che affluiscono su di voi e vi mostrano, che le parole che io pronuncio in questo libro, le parole che sono all'esterno di voi, vibrano in perfetta risonanza con qualcosa dentro al vostro cuore.

Più avanti vi spiegherò che cos'è quel qualcosa, ma per ora vi chiedo di focalizzare la vostra attenzione al centro del vostro petto, all'altezza del vostro cuore fisico, e di sentire se le parole che vi ho dato hanno smosso qualcosa in voi. E, invero, se sentite quel rimescolio, allora saprete che siete sulla via di ritorno, per essere la pienezza del co-creatore consapevole, che eravate destinati ad essere sin dall'inizio. Conoscerete la verità del sentiero che vi sto offrendo. E mentre passiamo alle chiavi successive, incomincerete a vedere quel sentiero schiudersi. E questo vi darà nuova speranza, nuova direzione, nuovo scopo, e un senso d'amore per il vostro Creatore, per tutta la vita e per il vostro Sé, come parte del Fiume della Vita.

Chiave 5
Se la vita ha uno scopo, perché non ne sono stato informato?

Mio amato cuore, ora abbiamo raggiunto un punto di svolta in questa serie di discorsi. Vi ho dato alcune idée che potrebbero sembrare esoteriche e alquanto sconnesse. Eppure, in verità, ogni idea, e persino la formulazione di ogni idea, è progettata in modo da innescare dei ricordi interiori che, gradualmente, vi porteranno più vicini alla capacità di ricordare e di accettare chi siete realmente e perché vi trovate qui sulla Terra. In questa chiave vi spiegherò lo scopo stesso della creazione e lo scopo stesso della vostra esistenza, persino lo scopo specifico della vostra venuta su questo pianeta. Questo vi darà la possibilità di scegliere tra la via alta, del manifestare l'abbondanza di Dio, o la via bassa, del cercare di procurarvi l'abbondanza terrena. E' questa la differenza tra il cercare di prendere l'abbondanza con la forza o il permettere a Dio di darvela liberamente.

Vi ho spiegato che Dio ha due aspetti. Uno è il Creatore e l'altro è il Puro Essere di Dio, in cui non esistono differenziazioni. Se entrate nel vostro cuore e considerate le mie parole, vi renderete conto che il Puro Essere di Dio è il Tutto. Il Puro Essere di Dio è completo e autosufficiente. Perciò, all'interno del Puro Essere di Dio, non c'è spazio per una forma che sia separata dal Tutto. E, quindi, nel Puro Essere di Dio non è possibile creare alcuna forma distinta, nulla che sia separata dal Tutto. Prima che sia possibile creare una forma qualsiasi, deve esserci uno spazio che sia meno che il Tutto di Dio, di modo che, in questo spazio "vuoto", si possano creare delle forme distinte, forme che siano disgiunte dal Tutto. Paragonate questo al sole, dove la luce è talmente intensa che solo la luce pura, bianca, può esistere. Soltanto ad una certa distanza dal sole c'è spazio per una luce di sfumature e colori diversi.

Mio amato cuore, ora vi darò un'immagine della creazione. Tuttavia, voglio assicurarmi che comprendiate che l'immagine che vi do è adattata al vostro attuale stato di coscienza, in cui la vostra mente tende a pensare linearmente. Quella che vi do è un'immagine lineare, ma desidero che teniate a mente che la realtà di Dio non è lineare. Pertanto, state attenti a non prendere l'immagine che vi do per trasformarla in un idolo, che secondo voi dà un'immagine completa di Dio e della creazione di Dio. Non vi do quest'immagine per intrappolare la vostra mente in una particolare visione di Dio. Vi do quest'immagine per rendere la vostra mente libera dalla visione limitata di Dio, che la maggioranza della gente in questo mondo ha. Vi do quest'immagine con la speranza che, alla fine, riuscirete a superare ogni bisogno di avere un'immagine lineare di Dio e riuscirete quindi a sperimentare direttamente la coscienza e l'Essere sferico, onnicomprensivo, di Dio.

Nel Tutto di Dio, non esistono forme distinte. E neppure i concetti di tempo e spazio hanno alcun significato nel Tutto. Per dare inizio al processo di creazione del mondo di forma, il Tutto di Dio, il Puro Essere di Dio, si ritira e crea ciò che alcuni insegnamenti spirituali hanno chiamato il "vuoto", Quando si ritira, il puro essere di Dio ritira una parte del suo Tutto in un unico punto. Questo è ciò che i vostri scienziati chiamano un buco nero, e forse sapete che attualmente essi sostengono che la creazione dell'universo è iniziata quando tutta la materia si è concentrata in un buco nero.

Immaginate di avere il Tutto di Dio, dove non esiste spazio alcuno, né alcuna forma distinta. Quel Tutto ora si ritira in un singolo punto e attorno a quel singolo punto esso crea un vuoto, che è meno del Tutto. Potreste considerare questo vuoto come un gigantesco spazio vuoto, della forma di un uovo. Infatti, alcune persone hanno avuto delle visioni mistiche in cui hanno visto la creazione di Dio come un uovo cosmico. Solo che io non desidero che vediate il creato come un uovo circondato dal nulla. Desidero che vediate che la creazione ebbe inizio quando fu creato un vuoto a forma di uovo e che, quindi, il vuoto è circondato dal Tutto. Il vuoto stesso è spazio vuoto, ossia è privo di qualsiasi tipo di forma e del Tutto di Dio. Pertanto si potrebbe dire che non c'è nulla in esso – né il Tutto di Dio, né alcuna forma distinta. Si potrebbe persino dire che esso è oscurità, nel senso che non ha sostanza alcuna.

Nel centro di questo vuoto originale c'è una singolarità, che è un concentrato molto elevato di quella porzione del Tutto di Dio di cui è stato creato il vuoto. Questo concentrato del Tutto ora assume il secondo aspetto di Dio come un Creatore individuale. Si potrebbe dire che il Tutto si sveglia e realizza: "IO SONO" e "IO SONO un Creatore". Così, da questo punto singolare viene formato il Creatore, che ha la spinta a diventare di più e, quindi, a riempire il vuoto, finché il vuoto non diventerà di nuovo il Tutto di Dio. Così vedete che quello che abbiamo qui è la danza cosmica, che qualcuno ha chiamato l'inspirazione e l'espirazione di Dio. Il Tutto inspira, concentrando parte di se stesso nel punto singolo e creando il vuoto. E poi nasce il Creatore individuale, e quel creatore espira finché l'espirazione cosmica non avrà di nuovo riempito il vuoto. Tuttavia, nel processo di partecipazione a questa danza cosmica, di riempimento del vuoto, il Creatore cresce nella consapevolezza di sé. E questa crescita nella consapevolezza di sé è l'intero scopo della creazione. Ma la crescita nella consapevolezza di sé non riguarda solo l'Essere originale, che è il Creatore, e fra breve ve ne spiegherò il perché.

***

Ora concentriamo la nostra attenzione sul Creatore individuale, che esiste come un singolo punto, come il 'buco nero', in mezzo al vuoto – il vuoto che è meno del Tutto e perciò può essere riempito dalle forme create dal Creatore. Come atto primo della creazione, il creatore deve creare una sostanza che possa essere modellata in qualunque forma. Così, Dio disse: "Sia la luce." E luce *fu*. Come racconta la Genesi (Genesi 1:4), Dio separò la luce dall'oscurità, ossia Dio separò la luce, che può assumere forma, dall'oscurità, che riempie quella parte del vuoto in cui ancora non c'è alcuna forma, alcuna luce. Lo scopo generale degli sforzi del Creatore è quello di espandere la luce, finché questa non riempirà interamente il vuoto, consumando l'oscurità, l'oscurità che non è il male, ma è semplicemente assenza di luce.

Questo atto di creazione non avviene in un istante poiché, sebbene il Creatore abbia l'Onnipotenza, il Creatore non usa il suo potere per riempire istantaneamente il vuoto. Il motivo è che il Creatore non sta riempiendo il vuoto solo per se stesso. Dio sta riempiendo il vuoto in maniera graduale per creare un'opportunità per gli esseri consapevoli di sé, creati dal Creatore come estensioni consapevoli di se stesso, di servire come co-creatori e di aiutare a riempire il vuoto. Così facendo, anch'essi crescono nella consapevolezza di sé e diventano più consapevoli di chi sono, della propria provenienza e del dove hanno il potenziale di andare. Ripeto, è questo il vero scopo della creazione, una crescita nella consapevolezza di sé, che fa sì che anche il Puro Essere di Dio diventi di più, in quanto Dio diventa di più attraverso la consapevolezza di sé dei Creatori individuali e dei loro co-creatori.

Quando il vostro Creatore diede inizio al lavoro creativo, che ha portato alla vostra esistenza e all'esistenza dell'universo materiale in cui attualmente dimorate, Dio iniziò col creare una sfera che venne separata dal vuoto. In quella sfera c'era una certa quantità della luce di Dio. Questa luce la disgiunse dal vuoto e servì come base per creare forma. Il vostro Creatore, in effetti, creò alcune forme in quella sfera di luce, ma il vostro Dio non riempì completamente di luce quella sfera. Invece, il vostro Creatore creò delle estensioni di se stesso, come esseri consapevoli di sé, e li mandò nella prima sfera con il comandamento di moltiplicare e di assumere il dominio. Moltiplicate le vostre capacità creative, moltiplicate la vostra luce, moltiplicate la vostra consapevolezza di sé e poi assumete il dominio della sfera in cui dimorate. Riempite quella sfera con la luce, finché non diventerà davvero il regno della luce, il regno di Dio. Che cosa significa che una sfera è il regno di Dio? Significa che ogni cosa irradia luce ed è possibile vedere la pura Luce Madre dietro a tutte le manifestazioni. Voi vedete Dio il Creatore come la causa prima dietro a tutte le apparenze e, quindi, non potete mai perdere la consapevolezza di Dio.

Quando la prima sfera era stata riempita di luce, fino ad un'intensità critica, la spinta di Dio a diventare di più, ordinava che venisse creata un'altra sfera. Questa seconda sfera racchiudeva una porzione più ampia del vuoto, eppure, come la prima, non era completamente piena di luce. Di nuovo, esseri consapevoli di sé furono mandati dalla prima sfera nella seconda, con l'ordine di moltiplicare e di assumere il dominio. Alcuni degli esseri mandati in questa seconda sfera furono invero creati direttamente come estensioni del Creatore, ma la maggioranza di essi fu creata come estensioni degli esseri consapevoli di sé che avevano servito come co-creatori e avevano riempito di luce la prima sfera. Questi erano quindi le estensioni degli esseri nella prima sfera, che erano estensioni del Creatore.

Mio amato cuore, questo fondamentale processo di creazione è andato avanti attraverso molte sfere, molti cicli. Il mondo in cui vivete, l'universo materiale, è l'estensione più recente di questo processo creativo. E' invero un'estensione dell'intero processo con cui Dio crea una nuova sfera, che ingloba un'altra parte del vuoto e, in questo modo, la separa dall'oscurità riempiendola con una certa quantità di luce. L'importanza di questo fatto è che l'universo materiale, in cui vivete, non è – come vi dicono i vostri sensi, come vi dice la scienza e come vi dicono persino molte religioni – separato da Dio e dal resto della creazione di Dio. L'universo materiale non è separato da Dio o dal regno spirituale per mezzo di una qualche barriera impenetrabile. Invece, questo universo è un'estensione del regno spirituale, è un'estensione di Dio.

Sebbene vi abbia dato un'immagine lineare, dovete capire che la realtà di Dio non è così lineare. Se ripensate alle lezioni di fisica che avete apprese a scuola, saprete che nella stanza in cui siete seduti adesso, ci sono molte diverse onde radio che penetrano nell'aria. Queste onde hanno delle frequenze diverse, ed è per questo che esse possono coesistere nello stesso spazio senza cancellarsi a vicenda. E la stessa cosa vale anche per le sfere create da Dio; anch'esse coesistono nello stesso spazio cosmico, nello stesso vuoto; hanno solo frequenze diverse. In questo stesso istante, io non sono un qualche essere seduto in un Cielo lontano a parlare a voi laggiù in basso. Io sono davvero proprio qui con voi. Mentre sto dettando queste parole attraverso un particolare messaggero, ho fuso il mio Essere con la coscienza del messaggero, persino col suo corpo. Dato che ho trasceso l'universo materiale, trasceso il tempo e lo spazio, non sono confinata in uno spazio particolare e in un tempo particolare. L'importanza di questo è che, se così volete, posso assicurarvi che, mentre leggete queste parole, la vostra attenzione crea un ponte verso il mio cuore. E se siete disposti a lasciarmi entrare nel vostro essere, posso davvero attraversare quel ponte e fondere il mio Essere col vostro stesso essere. Così posso prendervi per mano e mostrarvi la realtà più profonda dietro alle mie parole, la realtà che non può essere espressa a parole, in quanto esse sono davvero troppo lineari.

Allo stesso modo, voglio che sappiate che non siete separati dal vostro Creatore. Mentre siete seduti qui, a leggere questo libro, il vostro Creatore è proprio qui con voi. Il vostro Creatore è onnipresente dentro alla sua creazione e, pertanto, non potete in effetti essere mai separati dal vostro Creatore. Potete essere separati dal vostro Creatore solo nella vostra mente, perché la vostra mente crea il senso di separazione. Tuttavia, questo senso di separazione non è altro che un'illusione, un miraggio proiettato sullo schermo della vita da una certa parte della vostra coscienza, una parte che più tardi svelerò per quel che è.

***

Lasciate che ora ritorni alla mia immagine della creazione. Il mio scopo, nel dirvi che non siete separati dal vostro Creatore, o dai fratelli e dalle sorelle che vi hanno preceduti e sono ascesi in Cielo, è quello di farvi rendere conto che quando Dio creò i primi esseri consapevoli di sé, quegli esseri furono creati dalla coscienza e dall'Essere di Dio. E i primi esseri, che potremmo chiamare Alfa e Omega (Apocalisse 1:8), l'inizio e la fine, poi crearono altri esseri che crearono altri esseri, e così via e così avanti in molti strati di creazione, in molte sfere congruenti di creazione.

Tuttavia, il punto importante è che ogni essere, che è stato creato, è stato creato dall'Essere più grande dei suoi genitori, e quei genitori sono stati creati dagli Esseri più grandi dei loro genitori. E se continuate a risalire fino all'inizio, vedrete che tutti gli esseri consapevoli di sé sono stati creati dall'Essere del Creatore stesso. E quello che vi sto mostrando qui è che voi non siete un qualche essere sconnesso, che all'improvviso è apparso dal nulla. Voi siete, infatti, un'estensione, un'individualizzazione di un Essere più grande, che esiste proprio ora nel regno spirituale. E questo essere più grande fa parte della gerarchia di esseri spirituali che formano ciò che potremmo chiamare la "Catena dell'Essere", che risale fino al Creatore stesso.

Quindi voi fate davvero parte di questa Catena dell'Essere, siete un'estensione del Creatore, un'individualizzazione del Creatore, per mezzo della quale Dio può entrare in questa particolare sfera della sua creazione. In questo modo, Dio può completare il suo lavoro creativo dall'interno della creazione stessa e, allo stesso tempo, sperimentare questa particolare sfera dal di dentro. Miei amati, riuscite a percepire l'importanza di questo concetto? So che potrà volerci un po' di tempo prima che possiate accettarlo e capirlo appieno, ma se mi inviterete nel vostro cuore, vi renderò più facile accettare le vostre vere origini e la vostra vera identità. Veramente, quando accettate questa identità, il vostro modo di vedere la vita prenderà una svolta drammatica. Vi renderete conto che la vita non è senza significato, che la vita non è vuota. La vita ha davvero uno scopo superiore, e voi fate parte di un grande piano, che mira a creare il regno di Dio proprio qui sulla Terra, trasformando così questo pianeta in un mondo così bello che esso realizzerà i vostri sogni più profondi, i vostri desideri più grandi. Può darsi che vi siate dimenticati di quei desideri, ma miei cari, non penso che abbiate dimenticato il fatto stesso che quando vedete le limitazioni, il dolore e la sofferenza sulla Terra, c'è qualcosa dentro di voi che grida e dice: "Questo non è giusto, non è così che dovrebbero stare le cose." E questo vi dimostra che, nel vostro intimo, c'è il ricordo del fatto che c'è di più nella vita, che esiste davvero una ragione per essere, una ragione per cui vi trovate qui sulla Terra.

Questo è davvero importante, perché ora vedete che vale la pena di vivere la vita, che la vita ha uno scopo superiore, e vedete anche che esiste uno scopo più grande per creare l'abbondanza. Voi non siete qui solo per realizzare i desideri temporanei, umani o carnali, che si concentrano intorno al vostro corpo fisico e al senso d'identità che si basa sul corpo. Voi siete più del corpo fisico, siete più di questo senso d'identità inferiore. Invero, avete un senso d'identità superiore, una parte più grande del vostro essere, e siete qui per esprimere la pienezza di quell'identità più grande, di quella individualità divina. Siete qui per servire come un co-creatore con Dio, che può portare in questo mondo la luce di Dio, la perfezione di Dio, l'armonia di Dio, le qualità di Dio. Siete qui per essere la luce del mondo (Matteo 5:14) e per trasformare questo mondo nel regno della luce, della luce che consuma l'oscurità che attualmente copre la terra creando ogni genere di sofferenza, dolore e carenza, che, come sapete, semplicemente non possono essere il piano di Dio o la volontà di Dio.

***

Miei amati, consideriamo ora in maniera più specifica il motivo per cui siete qui sulla Terra. Vi ho spiegato che quando Dio crea una nuova sfera, Dio la riempie con una certa quantità di luce. E Dio, o piuttosto i rappresentanti di Dio, creano un certo numero di forme. Come ho spiegato, il pianeta Terra fu invero creato da sette rappresentanti di Dio, che crearono questo pianeta come una piattaforma che era in grado di sostenere la vita in un certo stato di abbondanza e di equilibrio. Ma non è mai stato il piano di Dio che la Terra dovesse rimanere in quello stato. La spinta dietro a tutta la creazione è la spinta ad essere di più, e Dio ha mandato un numero di esseri consapevoli di sé in questo mondo con il comandamento di moltiplicare e di assumere il dominio. Ma cosa significa moltiplicare e assumere il dominio? In definitiva, significa moltiplicare la vostra consapevolezza di sé, affinché diventiate consapevoli della vostra capacità di agire da co-creatori con Dio.

Questo significa che diventate consapevoli del fatto che la vostra coscienza, la vostra mente, ha la capacità di servire da porta aperta per portare altra luce di Dio, altra luce spirituale ad alta frequenza, nelle vibrazioni più basse dell'universo materiale. Quando viene portata in questo mondo, questa luce consuma l'oscurità e, così, questo mondo diventa più leggero e più luminoso e inizia ad esprimere tutta la perfezione che esiste nel regno spirituale. E mentre moltiplicano le loro capacità creative, i co-creatori diventano più abili nel dirigere la luce di Dio attraverso le proprie menti, usando in questo modo le loro menti per imporre sulla luce un'immagine perfetta, equilibrata ed armoniosa. E' proprio questo processo, di imporre un'immagine mentale sulla Luce Ma-ter, che crea la forma. Quindi, come co-creatori, voi avete un duplice scopo.

Il vostro scopo è quello di espandere la connessione con la vostra Presenza IO SONO, che risiede permanentemente in un regno superiore. Mentre espandete quella connessione, la luce potrà fluire sempre più abbondante attraverso la vostra coscienza, e quindi state portando altra luce in questo mondo, aumentando la quantità totale di luce che è disponibile per creare delle forme. Questo accresce il potenziale della Terra di esprimere l'abbondanza di Dio. In altre parole, la vera chiave per aumentare l'abbondanza sulla Terra è aumentare la quantità di luce che è disponibile in questo regno. E quando avete tirato giù la luce di Dio dalla vostra Presenza IO SONO, allora, per mezzo della consapevolezza di sé, che è focalizzata in questo regno, potete dirigere quella luce e usarla per creare delle forme che esprimono altra abbondanza di Dio. Perciò, quell'abbondanza diventa manifesta come una realtà fisica, che potrà essere percepita anche dai sensi fisici ottusi del corpo umano.

Mio amato cuore, capite l'importanza di quello che vi ho appena detto? Quello che vi ho appena detto è la chiave maestra dell'abbondanza. E' realmente la pietra angolare principale che è stata rifiutata dai costruttori (Matteo 21:42), che è stata trascurata dalla maggior parte degli esseri umani. E, invero, è stata trascurata dalla maggioranza dei guru che sostengono di poter aiutare le persone ad aumentare la loro abbondanza terrena. Perché è così importante quello che vi ho appena detto? Per favore, datemi un po' di tempo per spiegare questo, perché quest'unico punto è quello che costituirà, o farà fallire, i vostri sforzi di raggiungere la vita abbondante. Se non comprendete il punto che sto cercando di trasmettere, non otterrete mai la vera abbondanza spirituale. Potreste ottenere o non ottenere l'abbondanza materiale, ma quell'abbondanza materiale non soddisferà mai la nostalgia interiore del vostro essere.

Il punto cruciale riguardo all'abbondanza è che tutto in questo mondo materiale, tutto sul pianeta Terra, è stato creato dalla luce di Dio. E' stato creato dalla luce spirituale che è stata abbassata nella vibrazione, fino a vibrare entro lo spettro di frequenze che formano l'universo materiale. Dopo l'abbassamento della vibrazione, essa è disponibile per creare delle forme in questo universo. Vedete il mio punto di vista? L'universo materiale è fatto di energie che vibrano entro un certo spettro di frequenze. Voi siete un co-creatore con Dio, e il vostro senso di consapevolezza di sé è focalizzato in questo spettro di frequenze. Quando co-create, voi usate la vostra mente per imporre un'immagine sulla Luce Ma-ter. Ma prima di poter fare questo, deve esserci una parte di luce che sia stata fatta scendere in questo regno, di modo che ora essa vibri entro lo spettro di frequenze materiale. Quello che sto dicendo è che, quando si tratta di lavorare con la luce di Dio, la vostra mente ha due capacità. La vostra mente può far scendere la vibrazione della luce spirituale fino allo spettro di frequenze materiale. E, una volta abbassata la vibrazione della luce, la vostra mente può imporre su di essa un'immagine che crea una certa forma. Sebbene queste due capacità siano state progettate per agire insieme, è possibile per voi separarle nella vostra mente. Per esempio, molte persone hanno dimenticato la capacità di portare luce spirituale in questo mondo, ma usano ugualmente le loro menti per imporre delle immagini mentali sulla luce che è disponibile in questo spettro di frequenze.

Quello che voglio dire è che, prima che una qualsiasi forma possa essere creata, un essere consapevole di sé deve rivolgersi al regno spirituale, stabilire una connessione con il suo sé spirituale e agire da porta aperta per portare della luce spirituale nello spettro di frequenze dell'universo materiale. Miei amati, capite quello che sto dicendo qui? Quando il pianeta Terra fu creato, una certa quantità di luce fu portatadagli Elohim nello spettro di frequenze materiale. Tuttavia, dopo che i co-creatori avevano iniziato ad incarnarsi su questo pianeta, non vi venne più portata dell'altra luce da parte degli Esseri spirituali. Ora stava agli abitanti della Terra portare dell'altra luce nello spettro materiale. Quindi, la quantità totale di abbondanza, che può essere creata sulla Terra, dipende direttamente dalla quantità totale di luce che è disponibile dentro al campo d'energia di questo pianeta. La maggioranza degli esseri umani ha dimenticato la propria capacità di portare luce in questo mondo ed ha creato delle forme squilibrate con la luce che è disponibile. Pertanto, la forza contraente della Madre ha in effetti ridotto la quantità di luce al di sotto del livello che era disponibile quando il pianeta fu creato. Quindi, oggi sulla Terra c'è meno abbondanza di quanta ce ne fosse quando gli Elohim hanno creato questo pianeta.

***

Vi prego di fare uno sforzo per entrare dentro al vostro cuore e di permettermi di darvi la comprensione, che non può essere espressa a parole, ma può essere innescata dalle parole che vi sto dando. Mentre crescevate, la vostra mente veniva programmata a credere che nel mondo esistesse solo una certa quantità di abbondanza. Siete stati programmati a credere che vivete in un mondo che è definito da carenza e limitazioni. Per esempio, vi è stato detto che c'è solo una quantità finita di risorse naturali disponibili sul pianeta Terra e che, pertanto, è possibile che l'umanità possa consumare tutte queste risorse e poi rimanere senza nulla. Molte fonti hanno davvero cercato di farvi credere che questo sia uno scenario inevitabile e che quindi dovreste accettare certe limitazioni per la vostra vita e persino per l'umanità nel suo insieme. Questo concetto non è incondizionatamente vero, né completamente sbagliato, e vi prego di permettermi di spiegarne il perché. Sono sicura che vi sia stato detto che c'è soltanto una certa quantità di petrolio disponibile su questo pianeta. E, perciò, quando l'umanità avrà consumato tutto il petrolio, non rimarrà nulla e non sarete in grado di usare la macchina o di volare in aereo. Qualcuno ha cercato di creare l'immagine di un giorno del giudizio incombente, quando l'umanità avrà consumato tutte le risorse su questo pianeta e l'intero pianeta diventerà un deserto arido, che non potrà più sostenere la vita. Mio amato cuore, questo scenario da giorno del giudizio è davvero una possibilità, ma non la certezza, come viene descritta da qualcuno.

Sapete benissimo che nuove riserve di petrolio vengono scoperte costantemente. Sapete anche che c'è stato un tempo in cui non c'era affatto del petrolio su questo pianeta. Il petrolio è stato prodotto, perché la materia organica moriva e, attraverso i movimenti della Terra, veniva sotterrata ed esposta alla pressione che l'ha trasformata in petrolio. Forse sapete che i diamanti vengono creati allo stesso modo, quando il carbone normale viene esposto ad una pressione immensa nella crosta della Terra. Dato che c'è una grandissima quantità di carbone su questo pianeta, esiste davvero la possibilità che venga creata una quantità enorme di diamanti.

So che qualcuno dirà che ci vorranno milioni di anni per creare altro petrolio e che, pertanto, l'umanità esaurirà il petrolio prima che le attuali scorte di petrolio possano essere sostituite per mezzo di questo processo naturale. E certamente questo è vero, ma vorrei ricordarvi che il petrolio è esistito per migliaia di anni ed è anche stato conosciuto dall'umanità. Eppure 500 anni fa il petrolio era considerato una risorsa naturale insignificante e la ragione era che l'umanità non aveva le conoscenze necessarie per utilizzarlo. Non erano stati inventati i motori a combustione o gli altri congegni meccanici che usano combustibile fossile per produrre dei beni o per permettere alla gente di viaggiare. Quindi, vedete, miei cari, anche da questa prospettiva, non è semplicemente vero che questo pianeta abbia una quantità limitata di risorse naturali e perciò una quantità limitata di abbondanza. Solo alcune centinaia di anni fa il petrolio era una sostanza ampiamente senza valore e divenne prezioso solo perché l'umanità accrebbe la sua conoscenza, la sua consapevolezza, la sua comprensione e, pertanto, era in grado di creare una tecnologia che utilizzava il petrolio, trasformandolo da una sostanza senza valore in una risorsa preziosa.

Miei amati, da dove provenivano questa conoscenza e questa comprensione? Credete davvero che siano comparse dal nulla? O siete aperti all'idea che alcuni esseri umani abbiano cercato oltre l'universo materiale, abbiano stabilito una connessione coi loro sé spirituali e, per mezzo di quella connessione, siano stati in grado di produrre queste idee e la comprensione, che hanno dato vita a nuove invenzioni e nuova tecnologia? Capite l'importanza di queste idee? Certamente su questo pianeta ci sono alcune risorse delle quali esiste soltanto una quantità limitata. Certamente è possibile che l'umanità possa esaurire il petrolio e quindi perdere la capacità di usare la tecnologia che si basa sulla combustione del petrolio. Tuttavia, prima che il petrolio diventasse una risorsa, l'umanità aveva una tecnologia più primitiva che utilizzava altre risorse naturali, quali il legno e il carbone, che veniva trasformato in vapore. Voi sapete benissimo che esiste già una tecnologia che divide l'atomo e converte l'uranio in una risorsa più potente del petrolio. E sebbene io non consideri l'energia nucleare una tecnologia priva di problemi, il mio punto qui è quello di dimostrarvi che è perfettamente possibile che esistano su questa Terra delle sostanze che vengono attualmente considerate senza valore ma che, attraverso la giusta conoscenza e comprensione, potrebbero diventare la base per nuovi tipi di tecnologie, che sono molto più potenti della tecnologia basata su combustibili fossili.

Desidero mostrarvi che è perfettamente possibile che l'umanità possa espandere la quantità d'abbondanza attualmente esistente sulla Terra. Moltiplicando i loro talenti creativi, moltiplicando la loro comprensione delle leggi di Dio, delle leggi che Dio ha usato per creare questo universo, gli esseri umani possono trascendere il loro attuale livello di consapevolezza e diventare davvero dei co-creatori con Dio, co-creatori che possono creare abbondanza da ciò che oggi sembra senza valore. Miei amati, considerate come la sabbia, che era inutile, è stata trasformata in silicone ed è diventata la base per l'intera industria informatica, che ha creato enorme abbondanza in molti aspetti della vita. Considerate come le persone stiano già facendo ricerche su come utilizzare l'idrogeno, la sostanza più prolifica dell'universo, come combustibile per la tecnologia. Quindi vi incoraggio a considerare queste idee ed a rendervi conto che lo scenario del giorno del giudizio, proclamato dai profeti, – di questo pianeta che diventa un arido deserto – è possibile soltanto se l'umanità ferma tutti gli sforzi per espandere la sua creatività. In altre parole, se le persone smettono di moltiplicare i loro talenti, i loro poteri creativi, allora la società umana alla fine consumerà davvero le risorse che sono disponibili, secondo l'attuale comprensione che la gente ha della legge naturale. E poi, invero, questo pianeta sarà trasformato in un deserto che non potrà più sostenere la vita. Tuttavia, questo accadrà solo se le persone sceglieranno di spegnere le loro capacità creative, se si rifiuteranno di moltiplicare i propri talenti, sotterrandoli invece nella terra – come simbolo del loro attuale livello di coscienza.

***

Miei amati, tenendo questo a mente, facciamo un altro passo. Riconosciamo il fatto che tutto quello che vedete intorno a voi, anche la materia fisica che potrebbe sembrare non avere alcuna connessione col mondo spirituale, è fatto della luce spirituale. Persino i vostri scienziati hanno riconosciuto che la materia solida è fatta di energia che vibra e, come vi ho spiegato, quell'energia che vibra non è altro che la luce di Dio, la luce spirituale, la cui vibrazione è stata abbassata. Quindi, la quantità di risorse e di abbondanza, attualmente presenti sulla Terra, non è determinata da qualche misura arbitraria, né si tratta di una quantità fissa che è stata determinata quando la Terra è stata creata. La quantità di risorse e d'abbondanza presenti sulla Terra è in diretta proporzione alla quantità di luce spirituale, che è stata portata nello spettro di frequenze materiale dagli esseri consapevoli di sé che vivono sul pianeta Terra. Il mio punto è che la materia non è comparsa dal nulla. E' un prodotto della Luce Madre, la cui vibrazione viene abbassata fino a quando non raggiunge lo spettro di frequenze della materia fisica. Quindi, contrariamente a quanto siete stati indotti a credere, non esiste una quantità limitata di materia. I co-creatori di Dio possono letteralmente portare più luce nello spettro di frequenze materiale ed espandere la quantità di risorse naturali su questo pianeta.

Riuscite a vedere le stupende implicazioni di ciò che vi sto dicendo qui? L'abbondanza non è una quantità fissa. E' perfettamente possibile per gli esseri umani produrre più abbondanza facendo un uso più efficace delle risorse naturali, che sono attualmente disponibili su questo pianeta. Tuttavia, è anche possibile che gli esseri umani possano portare altra luce spirituale nel regno materiale, accrescendo così la quantità di risorse e d'abbondanza disponibili sulla Terra. Riuscite a capire che questo apre delle prospettive completamente nuove per la possibilità di ottenere la vita d'abbondanza? Vi ho detto che avete, proprio dentro di voi, proprio dentro alla vostra coscienza, la capacità di rivolgervi al regno spirituale, di connettervi con la vostra Presenza IO SONO e di portare luce spirituale nel mondo materiale. Quando fate questo, voi incrementate la quantità di abbondanza manifesta nella vostra vita, e lo farete senza togliere quell'abbondanza ad un'altra parte della vita.

Per favore, prendete un po' di tempo per ripassare e considerare realmente ciò che sto dicendo. Quello che sto dicendo qui è che, quando si tratta di ottenere un'abbondanza maggiore nella vostra vita, potete assumere tre diversi approcci:

- L'approccio più basso e più primitivo è quello di valutare chein questo mondo è disponibile soltanto una quantità fissa di abbondanza. E dato che non ogni essere umano è ricco, è ovvio che la quantità d'abbondanza disponibile in questo mondo non è sufficiente per tutti. Di conseguenza, se volete diventare ricchi, dovete togliere l'abbondanza a qualcun altro, al che questi diventerà povero. Se date uno sguardo al passato, vedrete che per gran parte della storia conosciuta, una piccola élite ha aderito a questa visione di una quantità fissa d'abbondanza. Ha usato dei metodi aggressivi per erigersi ad élite di potere, con il monopolio sulle ricchezze e il controllo delle risorse. L'ha fatto fondamentalmente rendendo schiava la maggioranza della popolazione, per usarla come api operaie per estrarre le scarse risorse naturali del pianeta, concentrandole ad uso e consumo dell'élite di potere.

  Mio amato cuore, questo è un approccio incredibilmente primitivo all'abbondanza. E' un approccio che si basa interamente sulla forza, si basa interamente sulla necessità di lottare contro gli altri, per una scorta fissa e inadeguata di abbondanza. E' un approccio che si basa sulla filosofia della carenza, una filosofia che rende necessario prendere l'abbondanza con la forza, privando così, inevitabilmente, altri esseri umani della loro abbondanza, per concentrare la ricchezza nelle mani di pochi eletti. Questo approccio richiede un uso continuato di forza, perché l'élite non può mantenere la propria ricchezza senza difenderla continuamente, non solo contro altre persone, ma persino contro le forze della natura, che cercano di togliere loro ciò che essi cercano di possedere. E così vedete che questo approccio all'abbondanza è una lotta ardua, uno sforzo senza fine.

- Un approccio molto più elevato all'abbondanza è quello di ragionare che è possibile creare più abbondanza accrescendo la vostra comprensione delle leggi della natura. Presentando nuove invenzioni e nuove tecnologie, potete in effetti creare ricchezza, trasformando in risorse preziose delle sostanze senza valore o trasformando la conoscenza in una tecnologia di valore. Questo è un approccio molto più elevato, ma non affronta il fatto che, attualmente, ci sia solo una certa quantità d'energia disponibile per gli esseri umani sulla Terra. Pertanto, anche questo ha un certo fattore di limitazione, che al presente è visibile nella società.

Molte persone sanno che i giorni dell'uso di combustibili fossili per far funzionare la tecnologia dell'umanità sono contati. Sanno che sono già state combattute delle guerre per il petrolio e che c'è la possibilità che guerre ancor più devastanti vengano combattute per il petrolio o per altre risorse. Tuttavia, nonostante il fatto che molte persone vedano la necessità di presentare nuove tecnologie, quelle nuove tecnologie non sono attualmente imminenti. E questo vi dimostra che anche l'approccio che tenta di creare più abbondanza usando le risorse che sono già disponibili, ha certi limiti. Il suo limite è che la vera chiave per portare più abbondanza sta nel portare altra energia spirituale nello spettro di frequenze materiale. Come dicono i vostri scienziati, tutto è energia, per cui la quantità totale di abbondanza disponibile sul pianeta Terra è direttamente proporzionale alla quantità totale di energia disponibile nel sistema energetico di questo pianeta. Pertanto, l'unico modo di espandere veramente l'abbondanza è quella di espandere la quantità d'energia disponibile sulla Terra.

- Questo, naturalmente, ci porta al terzo e più sofisticato approccio all'abbondanza, che è quello di combinare il secondo approccio, del cercare una comprensione superiore, con l'approccio spirituale, del rivolgersi ad un regno superiore per portare dell'altra energia nello spettro di frequenze materiale. Lo scopo di questo libro è quello di insegnarvi come utilizzare questo approccio all'abbondanza.

***

Mio amato cuore, capite l'importanza di queste idee? Quello che vi sto dicendo qui, vi porta al punto in cui vi troverete su una linea divisoria, la linea divisoria tra un approccio all'abbondanza mortale, umano, basato sulla forza, e un approccio all'abbondanza spirituale, immortale, basato sull'amore. Avete da fare una scelta, e la scelta è tra la coscienza di carenza e la coscienza di vera abbondanza. Si potrebbe dire persino che si tratti della scelta tra la coscienza di morte e la coscienza di vita.

Vi ho detto che l'universo materiale è stato creato dalla luce di Dio. E' stato creato trasformando parte del vuoto in una distinta sfera e riempiendola con una certa quantità di luce, luce che vibra entro un certo spettro di frequenze. Tuttavia, la luce iniziale non era sufficiente per rimuovere l'oscurità, e così l'oscurità rimanente nel mondo materiale è la causa della carenza e della sofferenza che vedete sulla Terra. Come saprete, non è possibile rimuovere l'oscurità da una stanza, in quanto l'oscurità non ha alcuna sostanza in sé. Quindi, non potete metterla in una scatola e gettarla fuori dalla finestra. Potete rimuovere l'oscurità solo sostituendola con qualcosa che abbia sostanza, ossia con la luce. Così il modo per rimuovere l'oscurità è di accendere la luce, e il modo per rimuovere la carenza e la sofferenza dalla Terra è di portare più luce spirituale in questo mondo. Questo fa parte del processo di creazione di Dio in costante movimento, del Fiume della Vita sempre fluente, per mezzo del quale Dio espande la sua creazione e manda in essa dei co-creatori consapevoli di sé, affinché questi possano portare dell'altra luce spirituale in quel mondo e affinché il mondo e i suoi abitanti possano diventare di più attraverso la trascendenza di sé.

Quindi, il vero progetto di Dio è che l'abbondanza venga prodotta come risultato dell'atto di portare luce spirituale da un regno superiore nel mondo in cui vivete. Come ho detto, voi avete la capacità di fare questo, in quanto siete stati creati ad immagine e somiglianza di vostro Dio, siete stati creati con l'immaginazione e con il libero arbitrio. Pertanto, la vostra mente può essere la porta aperta attraverso cuila luce di Dio può affluire in questo mondo. Aumentando la quantità di luce spirituale che fluisce attraverso la vostra coscienza, accrescerete inevitabilmente la quantità di abbondanza che è disponibile per voi nel mondo materiale. Ma, come ho spiegato in precedenza, il meccanismo di sicurezza di Dio è che voi potete portare luce da un regno superiore solo quando avrete raggiunto un certo grado di coscienza Cristica.

Quindi è questa la scelta che dovete fare. Potrete assumere il primo approccio e cercare di accumulare abbondanza prendendola dalla scorta fissa che è attualmente disponibile sulla Terra. Questo rende necessario per voi togliere l'abbondanza ad altre parti della vita, privandole dunque di essa. Rende necessario per voi difendere l'abbondanza che accumulate, e questo processo del togliere e del difendere andrà avanti per il resto della vostra vita. Se avete dei dubbi su quello che sto dicendo, allora osservate le vite di alcune delle persone più ricche su questo pianeta. Esse hanno accumulato ricchezze prendendole con la forza, e molte passano il resto della vita a difenderle. Sembra che non ne abbiano mai abbastanza, sembra che non siano mai felici. In effetti, esse non hanno mai la vita abbondante, ma hanno soltanto l'abbondanza materiale. Non sono capaci di trasformare quell'abbondanza materiale in vera abbondanza spirituale, in vera felicità e in vera pace della mente.

Se è questo che voi volete, avete la capacità di farlo. Vi ho già detto che la vostra mente ha la capacità di imporre un'immagine sulla luce di Dio. Quello che vi sto dicendo qui è che il vero modo per accumulare abbondanza non è semplicemente quello di prenderla con la forza fisica. La realtà è che la vostra mente sta sempre co-creando, la vostra mente sta sempre imponendo delle immagini mentali sulla Luce Ma-ter. Tuttavia, la questione è: da dove proviene la Luce Ma-ter – la luce che state usando per catturarla nelle vostre immagini mentali. Nel piano originale di Dio, voi dovete mantenere la connessione con la vostra Presenza IO SONO, affinché possiate portare energia spirituale, luce spirituale, in questo mondo. Poiimponete un'immagine su quella luce e create una forma fisica che diventa la vostra abbondanza. Questo è letteralmente come avere un genio della lampada tutto vostro, un genio che può realizzare tutti i vostri desideri, senza togliere nulla agli altri.

Quando perdete la connessione consapevole con il vostro sé spirituale, non avete più la porta aperta per portare luce spirituale in questo mondo – siete caduti in disgrazia. Perciò, non potete tirare giù dell'altra luce, con la quale potete creare delle forme. Questo non significa che non potete più usare la capacità della vostra mente di imporre immagini sulla Luce Ma-ter. Tuttavia, significa che dovete farlo prendendo la luce che è già stata portata nello spettro di frequenze materiale.

Riuscite a vedere l'importante distinzione qui? Quando mantenete la connessione originale con la vostra Presenza IO SONO, non esistono limiti alla quantità di abbondanza che potete manifestare nella vostra vita. Come vi ho spiegato in precedenza, Dio è illimitato. Dio non ha una quantità finita di luce che è a disposizione dei suoi co-creatori. Dio ha una scorta infinita di luce; l'unica limitazione sta nel modo in cui i co-creatori moltiplicano le loro capacità creative. Si potrebbe dire che la vostra mente forma un canale tra la vostra consapevolezza cosciente e la vostra Presenza IO SONO. La grandezza del canale determina la quantità di luce che può fluire attraverso esso. Originariamente, voi foste mandati in questo mondo con un canale spirituale di una certa grandezza. Dovevate moltiplicare i vostri talenti, allargando così il canale, il che avrebbe permesso a Dio di darvi più energia spirituale, che avrebbe accresciuto i vostri poteri creativi. Invece, la maggior parte degli uomini ha gradualmente dimenticato le sue vere origini ed ha pertanto perso la connessione consapevole con il proprio sé spirituale. Questo ha ridotto la grandezza dei loro canali fino al punto in cui c'è un flusso di luce appena sufficiente per mantenere in vita essi stessi e i loro corpi fisici. Essi non hanno davvero luce sufficiente per manifestare effettivamente l'abbondanza dall'interno di se stessi. Perciò, l'unica opzione rimasta loro è quella di usare la luce che è già stata portata nello spettro di frequenze materiale e poi imporre delle immagini su quella luce attraverso il potere delle loro menti. Tuttavia, sul pianeta Terra esiste solo una quantità limitata di energia disponibile, il che significa che, per avere più abbondanza, dovete togliere energia ad altre persone.

Miei cari, questo apre una prospettiva totalmente nuova sull'esistenza umana e, se mi permetterete di spiegarvelo, otterrete davvero una nuova comprensione del significato della vita sulla Terra e della forza motrice, che è alla base di quella che potremmo chiamare la lotta di potere umana. Quindi, permettetemi di darvi la prossima chiave, che vi spiegherà per che cosa stanno realmente combattendo gli uomini, quando sembra che stiano lottando per il possesso di beni materiali.

Chiave 6
Esiste una via d'uscita dall'incessante lotta umana?

Mio amato cuore, vi chiedo di fare un passo indietro e di osservare la storia delle interazioni umane sulla Terra. Vi chiedo di pensare al modo in cui gli esseri umani si sono comportati gli uni con gli altri per tutta la storia conosciuta. E poi vi chiedo di cercare una parola che caratterizzi le interazioni umane. Sono sicura che riuscirete a trovare molte parole che siano molto descrittive, ma penso che sarete d'accordo con me che la parola, che più di ogni altra descrive il carattere delle interazioni degli esseri umani, è la parola "lotta".

Le interazioni umane sono state caratterizzate da una lotta tra individui e tra gruppi di persone e, addirittura, tra l'umanità e Madre Natura. Gli esseri umani hanno avuto la tendenza a vedere se stessi, o persino ad identificare se stessi, in opposizione ad altre persone o anche in opposizione al pianeta su cui vivono e da cui dipendono per la propria sopravvivenza. Avete la lotta per il controllo di terre, per il controllo di beni materiali e per il controllo di altri esseri umani. Ora vi chiedo di considerare qual è la vera causa di questa lotta, di quest'incessante lotta umana per il potere, che ha causato sofferenze indicibili per tutta la durata della storia conosciuta, e ancor di più nel corso della storia che è attualmente sconosciuta ai vostri scienziati.

Se ci pensate attentamente, vedrete che l'unica causa dietro alla lotta umana è la credenza che non ci sia abbastanza per tutti. Non c'è terra a sufficienza, non ci sono risorse a sufficienza, non c'è cibo a sufficienza, non c'è potere a sufficienza. E così arriva la sensazione che, se voglio di più, allora devo toglierla a qualcun altro, devo prenderla con la forza. Miei cari, prima vi ho dato l'immagine di come, se ogni essere umano avesse una lampada magica e potesse avere i propri desideri esauditi da un genio, non ci sarebbero conflitti sulla Terra. Riuscite a vedere che, se tutte le persone potessero avere i propri desideri esauditi, senza togliere nulla agli altri, la lotta umana per il potere finirebbe. Persino la sensazione di lotta si dissolverebbe e svanirebbe come la rugiada mattutina svanisce davanti al sorgere del sole.

Ah, miei amati, capite la tremenda importanza di questo concetto? Pensate quanta sofferenza è stata causata dalla lotta umana per il potere. Considerate il tremendo impatto che potrebbe avere su questo pianeta, se almeno una massa critica di esseri umani potesse essere aiutata a superare questo senso di lotta, a superare il senso di carenza che causa la lotta e, quindi, ad accettare che essi possono avere la vita abbondante senza toglierla ad altri o senza toglierla con la forza a Madre Natura.

Miei amati, prima vi ho spiegato che Dio ha inserito un meccanismo di sicurezza nella Luce Ma-ter stessa. Questo meccanismo di sicurezza è la forza contraente, che cerca di riportare ogni forma alla condizione priva di forma, cerca di riportare la Luce Ma-ter al suo stato di base. Ora vi spiegherò esattamente che cosa accade quando le persone cercano di prendere qualcosa con la forza. Questo è un principio che è stato descritto praticamente in ogni religione. Nella Bibbia trovate il concetto secondo cui quello che l'uomo avrà seminato, quello mieterà (Galati 6:7). Trovate gli insegnamenti di Gesù sul fare agli altri ciò che volete che gli altri facciano a voi (Matteo 7:12). Troverete concetti simili in ogni religione, e la ragione è che tali idee descrivono il principio più importante, che sta alla base del funzionamento dell'universo materiale. Per descriverlo in maniera molto concisa, si potrebbe dire che Dio ha creato un universo che funziona come uno specchio. Qualunque cosa emettiate nel continuum tempo-spazio, vi sarà restituito dallo specchio cosmico.

L'universo è fatto della Luce Ma-ter e, come ho detto, la Luce Ma-ter ha il potenziale di assumere qualsiasi forma, ma non può assumere forma da sola. Quindi la Luce Ma-ter, obbedientemente, prende forma quando una mente consapevole di sé agisce su di essa. E la Luce Ma-ter assumerà qualunque forma mantenuta come immagine mentale in quella mente consapevole di sé. Pertanto, qualsiasi cosa teniate nella vostra mente determina l'immagine che proiettate sulla Luce Ma-ter e, quindi, la forma che la Luce Ma-ter assumerà nello spettro di frequenze materiale. Se rimanete attaccati all'immagine mentale della vita come una lotta, allora di sicuro l'universo vi rimanderà delle circostanze che riflettono la credenza secondo cui la vita è una lotta. Quindi, si potrebbe dire che a creare la lotta sia la sensazione di lotta.

Vi sarà più facile capire questo, quando vi rendete conto che la legge del libero arbitrio non esiste da sola. Dio non ha creato un universo in cui potete fare tutto quello che volete. La legge del libero arbitrio esiste in una polarità con quella che i vostri scienziati hanno definito la legge di azione e reazione. Questa legge stabilisce che, sebbene abbiate il diritto di proiettare qualunque immagine sulla Luce Ma-ter, dovrete sperimentare la forma in cui intrappolate una parte della Luce Ma-ter. Quindi, quando create qualcosa, sperimenterete inevitabilmente la vostra stessa creazione sotto la forma delle vostre circostanze fisiche. Questo non solo è giusto, ma è anche un modo in cui potete imparare ad usare meglio le vostre capacità creative.

Immaginate un universo in cui possiate fare qualsiasi cosa desideriate, senza affrontare mai le conseguenze delle vostre azioni. Come potreste possibilmente imparare da questo? Considerate certi bambini che sono cresciuti con genitori che hanno cercato di proteggerli dalle conseguenze delle loro scelte. Questi bambini diventano presto viziati e pensano di poter passarla liscia con qualsiasi cosa. Così, si agitano sempre di più, perché il bambino desidera che il genitore ponga dei limiti al suo comportamento. Questo desiderio scaturisce realmente dalla vostra spinta ad imparare le vostre lezioni nella vita, in quanto sapete che se non ci sono conseguenze, non c'è apprendimento.

Invero, anche voi avete un forte desiderio di imparare le vostre lezioni nella vita. Perciò, anche se la vostra mente esteriore potrebbe ribellarsi contro la legge di Dio, secondo la quale raccoglierete ciò che seminate, il vostro essere interiore è grato per il fatto che la legge di causa ed effetto ordini che sperimentiate ciò che create. Il vostro essere interiore sa che questa è la maniera per imparare rapidamente ad utilizzare i vostri poteri creativi in un modo che vi insegni come creare la migliore possibile esperienza di vita per voi stessi. Ed è davvero questo lo scopo per cui io sollevo questi concetti. Spero di aiutarvi a vedere che, per quanto difficili siano le vostre circostanze proprio ora, c'è una lezione nascosta dietro ad esse. La lezione è che siete stati voi in passato a creare le vostre circostanze formando un'immagine mentale e proiettandola sulla Luce Ma-ter. Questo significa che non siete per sempre intrappolati in circostanze al di fuori del vostro controllo. Potete, in qualsiasi momento, scegliere di cambiare le immagini mentali nella vostra mente e proiettare così un'immagine migliore sulla Luce Ma-ter. Quando imparerete a conoscere i cicli del flusso dell'energia di Dio attraverso i livelli dell'universo materiale, che vi insegnerò più avanti, vedrete che è soltanto una questione di tempo prima che la vostra situazione esterna inizi a riflettere le nuove immagini tenute nella vostra mente.

L'essenza del mio insegnamento è che, se al presente vi sentite ingabbiati in circostanze indesiderabili, in realtà non siete intrappolati. La sensazione di essere intrappolati, il senso di lotta, esiste soltanto nella mente umana. E quando arrivate ad una comprensione più ampia del funzionamento dell'universo e dei vostri stessi poteri creativi, vedrete che Dio vi ha dato il potere di cambiare assolutamente ogni circostanza, ogni limitazione, cosicché potete andare oltre quella limitazione e manifestare la vita abbondante proprio qui, in questo mondo. Quello che sto dicendo è che, sebbene possiate pensare di essere intrappolati in circostanze che non sono sotto il vostro controllo, in realtà non siete mai intrappolati. C'è sempre qualcosa che potete fare per migliorare la vostra situazione, perché, non importa quali siano le circostanze esteriori, avete sempre la possibilità di assumere il controllo delle vostre circostanze interiori, il controllo del modo in cui rispondete alla situazione esterna. E quando riconoscete che le vostre circostanze esterne non sono altro che un riflesso delle vostre circostanze interne dal passato, saprete che cambiando le immagini mentali nella vostra mente, cambierete inevitabilmente ciò che vi viene rimandato dallo specchio cosmico.

***

Ora portiamo avanti di un passo queste considerazioni. Ancora una volta vi chiedo di pensare alla lotta umana, che continua da innumerevoli millenni. Come ho detto, la lotta per i beni materiali, per il potere o il controllo, è davvero nata dalla sensazione che non ci sia abbondanza sufficiente nel mondo fisico. Tuttavia, quello che vi ho spiegato nelle chiavi precedenti è che l'abbondanza materiale esistente in questo mondo non è una quantità fissa. L'abbondanza materiale è come la punta dell'iceberg, e sono sicura che voi sappiate che un iceberg ha solo il dieci percento della sua massa sopra la superficie dell'acqua. La maggior parte dell'iceberg è invisibile all'occhio umano e, allo stesso modo, la sostanza materiale che potete percepire con i vostri sensi fisici è solo una piccola parte di un insieme più ampio. Come ho spiegato, tutta la materia è realmente fatta di energia vibrante e, quindi, l'abbondanza materiale è soltanto la parte visibile dell'abbondanza totale in questo mondo. In realtà, la quantità totale d'abbondanza dello spettro di frequenze materiale non è limitata alla materia fisica che potete percepire coi vostri sensi. La quantità totale d'abbondanza, disponibile per gli esseri umani, dipende dalla quantità d'energia che è stata portata nel sistema energetico del pianeta Terra.

Come ho detto prima, questo è facile da capire, quando vi rendete conto che la materia fisica è fatta d'energia e quando sapete che l'energia fisica è, in realtà, creata dalla energia spirituale invisibile, che è stata catturata in una particolare forma. Potremmo dire che la materia fisica è energia, la cui vibrazione è stata abbassata fino a farla vibrare entro un certo spettro di frequenze. Quello che sto cercando di spiegarvi qui è, che la materia fisica è una sostanza che può essere manipolata dal vostro corpo fisico. Tuttavia, la materia fisica è semplicemente un'espressione, un'estensione, delle energie più sottili, che non possono essere percepite dai vostri sensi fisici, ma a cui, tuttavia, la vostra mente può dare forma.

Ora vi chiedo di dare una nuova occhiata alla lotta umana per il potere. Vi prego di considerare che gli esseri umani non stanno lottando esclusivamente per la ricchezza o per i beni materiali. Gran parte della lotta tra gli esseri umani non riguarda la sostanza materiale, riguarda qualcosa di non-materiale, qualcosa che non può essere percepita dai sensi fisici o digerita dal corpo, eppure ha valore per gli esseri umani. Cos'è quel qualcosa, quella sostanza non-materiale, per la quale stanno combattendo gli esseri umani? E' possibile che si tratti delle energie più sottili, che non possono essere percepite dai sensi, ma che fanno ugualmente parte del sistema energetico della Terra? Queste energie sono così necessarie per un essere umano, affinché si senta nutrito, abbondante, completo o al sicuro. Avete sentito il detto che non si vive di solo pane, e non ne è forse una prova il fatto che gli esseri umani hanno molti bisogni che non sono materiali e che non possono essere soddisfatti dai beni materiali?

In molti casi, la lotta umana per il potere è mirata a dare alle persone una sensazione. Tante persone cercano di accumulare denaro, ma se osservate il mondo e le persone più ricche, vedrete che molte di esse hanno accumulato somme di denaro talmente enormi che non riuscirebbero possibilmente a spenderle nel corso del resto della loro vita. Ogni essere umano ha dei bisogni limitati, quando si tratta di beni materiali. C'è soltanto una certa quantità di cose che potete comprare e che potete fare, una certa quantità di cibo che potete mangiare. Arriverà un punto in cui una persona avrà accumulato abbastanza soldi da realizzare tutti i suoi bisogni materiali per il resto di una vita di durata normale. Eppure si vedono tante persone che non sono capaci di porre fine alla ricerca del denaro, per passare il resto della vita a godersi i soldi che già possiedono. Invece, sono spinte a continuare ad accumulare sempre più soldi, anche se lo sforzo di accumulare e di difendere il denaro impedisce loro di godersi la vita. Miei amati, che cosa stanno cercando queste persone, per che cosa stanno lottando? Stanno lottando per ottenere una sensazione, e quella sensazione è per loro più importante del denaro o del divertimento che i soldi possono comprare. Si potrebbe dire che esse stiano lottando per ottenere un senso di sicurezza o forse una sensazione di potere, di controllo o di superiorità.

Tuttavia, posso dirvi che, per lunghissimo tempo, sono stata un'attenta studiosa della psicologia umana. Come un essere asceso ho la capacità di guardare al di là di tutte le apparenze superficiali, che confondono gli esseri umani e rendono impossibile per loro capire che cosa stia accadendo ai livelli subconsci della psiche. Gli occhi di un essere asceso riescono a penetrare tutte le cortine fumogene che ingannano gli esseri umani. E così io vedo che, dietro al bisogno di sicurezza esteriore, esiste un bisogno sottostante. Quel bisogno è ciò che potremmo chiamare il bisogno di integrità.

Si tratta di un bisogno, che è insito nel progetto stesso del vostro essere ed è un altro meccanismo di sicurezza progettato da Dio. Il suo scopo è di impedire che il libero arbitrio faccia sì che i co-creatori si perdano nella coscienza di separazione. Dio non vuole che rimaniate intrappolati in una spirale infinita, in cui raccogliete le conseguenze delle vostre scelte precedenti, le quali determinano le vostre scelte attuali – che creano altre conseguenze alle quali non potete sfuggire. Quando Dio ha creato il vostro flusso di vita, l'ha progettato in modo da cercare sempre l'integrità, proprio come la Luce Ma-ter è stata progettata per cercare sempre l'equilibrio del suo stato di base.

Miei amati, vi ho detto che Dio non ha creato la carenza o la sofferenza sulla Terra; sono state create dalla coscienza collettiva dell'umanità, dopo che le persone avevano perso la connessione diretta coi loro sé spirituali, con le loro Presenze IO SONO. Quando quella connessione fu persa, il flusso di vita sperimentò una sensazione di incompletezza, la sensazione di non essere integro, di essere solo — anche la sensazione di essere abbandonato. Questo dava al flusso di vita il desiderio di ristabilire la sua precedente integrità, la sua precedente completezza. Devo dirvi che quando osservate la cornucopia dei desideri umani, non sarete mai in grado di capire la vera spinta della psicologia umana, a meno che non guardate al di là delle apparenze esterne.

Gli esseri umani non hanno in realtà il desiderio di accumulare più di una certa quantità di beni materiali. Gli esseri umani non hanno il desiderio di sperimentare più di una certa quantità di piaceri fisici. Quello che vi sto dicendo è che un flusso di vita ha un certo desiderio di fare esperienza della vita nell'universo materiale. Tuttavia, tali desideri possono essere realizzati da una quantità limitata di esperienze e da una quantità finita di possedimenti. Ciò che crea l'impulso insaziabile ad avere più beni, più piaceri, più potere, o qualunque delle altre cose che gli esseri umani desiderano, è in effetti il desiderio sottostante d'integrità del flusso di vita. Tuttavia, dato che non vedono la natura reale e il vero scopo di questo desiderio, i co-creatori cercano di realizzare il desiderio con le cose che vedono, con le cose che sperimentano. Così, siccome hanno dimenticato le loro origini spirituali e lo scopo per cui sono venuti sulla Terra, i flussi di vita non comprendono i loro veri desideri. Siccome non vedono che sono discesi in uno stato di coscienza inferiore, nel quale hanno perduto la loro precedente integrità, la loro precedente santità, come esseri spirituali che sono figli e figlie di Dio, i co-creatori non capiscono che il vero desiderio dei loro esseri è quello di riottenere la loro integrità. E dato che non vedono i propri sé spirituali, essi non capiscono che la spinta che sentono, è una spinta per l'integrità, una spinta che può essere soddisfatta solo ristabilendo la connessione coi loro sé spirituali. Quindi, invece di cercare prima il regno di Dio e la sua giustizia, dopodiché tutte le altre cose saranno date loro, come ha promesso Gesù (Matteo 6:33), essi cercano di soddisfare il proprio desiderio attraverso le cose che possono vedere in questo mondo. Al posto dell'integrità interiore, essi cercano di costruire una sicurezza esteriore.

Molte persone cercano di ristabilire la loro integrità interiore accumulando dei beni materiali, costruendo così una sensazione di sicurezza. Alcune persone cercano la sicurezza acquistando potere sugli altri, pensando che questo le faccia sentire integre. Tuttavia, dietro all'impulso ad accumulare beni o esperienze esteriori, c'è la spinta ad accumulare energia. Vedete, quando il flusso di vita ha la giusta connessione con la Presenza IO SONO, esso sente un flusso costante di energia spirituale scorrere attraverso tutti i livelli del suo essere, direttamente dalla Presenza IO SONO. E' questo flusso di energia spirituale che dà al flusso di vita la sensazione di essere integro, di essere uno con il fluire del Fiume della Vita, che è la creazione di Dio. Anziché sentirsi solo e non integro, il flusso di vita sente di essere parte del Tutto di Dio. Quindi, sebbene non si renda consapevolmente conto di quello che sta accadendo, il co-creatore ha una spinta interiore ad ottenere energia. Sa che la chiave per ristabilire la sua integrità è l'energia. Tuttavia, dato che non capisce la sua vera origine e identità, esso pensa di nuovo di dover prendere energia da questo mondo per usarla per ristabilire la propria integrità.

Miei amati, vi ho detto che le energie esistenti in questo mondo sono di frequenza più bassa di quelle esistenti nel regno spirituale. Pertanto, per quanta energia materiale accumuliate, il vostro flusso di vita non si sentirà integro. Cercare di ristabilire la vostra integrità interiore accumulando dei beni materiali o delle energie materiali, è altrettanto impossibile quanto cercare di riempire un buco nero. Non è semplicemente possibile, e quindi il flusso di vita è impegnato in una ricerca impossibile, finché non eleverà la propria comprensione e non smetterà di tentare l'impossibile.

L'unica cosa che possa ristabilire il vostro senso d'integrità è riaprire la connessione diretta, consapevole, con la vostra Presenza IO SONO. Con questo sentirete le energie spirituali ad alta frequenza fluire dalla vostra Presenza IO SONO attraverso tutti i livelli del vostro essere inferiore. Allora saprete di essere nel flusso del Fiume della Vita, e solo stando in questo flusso vi sentirete integri e completi dentro di voi. Saprete che non vi serve nulla dall'esterno di voi stessi, perché avrete il Fiume della Vita che fluisce dentro al vostro stesso essere.

***

Miei amati, lasciate che ritorni all'immagine della lampada magica. Se aveste una lampada magica e se non doveste far altro che strofinarla e un genio ne salterebbe fuori per realizzare ogni vostro desiderio, vi sembrerebbe ancora che la vita sulla Terra sia una lotta? Vi prendereste la briga di competere con altre persone per una quantità limitata di beni materiali? Vi preoccupereste di cercare di togliere energia agli altri, se aveste accesso ad una fornitura inesauribile dentro di voi? Non preferireste strofinare la vostra lampada e ordinare al genio di realizzare i vostri desideri dandovi l'energia necessaria, anche l'energia che ha assunto l'aspetto della materia fisica?

Vedete ora che ogni cosa che vi ho spiegato fino a questo punto, ha avuto lo scopo di dimostrarvi che voi avete davvero una lampada magica? Invece di cercare di guadagnarvi da vivere col sudore della vostra fronte (Genesi 3:19), prendendolo con la forza da altre persone o da Madre Natura, avete l'alternativa di entrare dentro di voi e di ristabilire la connessione con la vostra Presenza IO SONO. Cercando prima il regno di Dio, il regno di cui Gesù disse che è dentro di voi, avrete l'accesso all'abbondanza illimitata di Dio, al posto dell'abbondanza limitata di questo mondo. La vostra Presenza IO SONO è un'estensione del vostro Creatore, e la vostra Presenza IO SONO ha accesso all'energia infinita del vostro Creatore, che è liberamente disponibile nel regno spirituale. La vostra Presenza IO SONO vi darà tutta l'energia spirituale necessaria per realizzare tutti i vostri desideri reali in questo mondo materiale. La vostra Presenza IO SONO vi darà persino l'energia che la vostra mente può catturare in una forma, che diventa sostanza materiale.

Tuttavia, per ricevere questa energia, dovete ristabilire ed espandere il condotto, il canale, affinché il vostro essere esteriore, la vostra mente cosciente, diventi la porta aperta, per mezzo della quale la luce di Dio, il Sole della vostra Presenza IO SONO, potrà splendere in questo mondo e disperdere l'oscurità, che attualmente vi dà una sensazione di carenza, un senso di vuoto, la sensazione di non essere integri, forse persino la sensazione di essere indegni. Miei cari, se riuscite ad assorbire e ad accettare pienamente questo insegnamento, avrete il potenziale di trasformare completamente la vostra vita e di mettervi su una rotta, che vi porterà alla realizzazione definitiva che state cercando, ossia alla sensazione interiore di integrità, che deriva dal sapere ciò che Gesù espresse quando disse: "Io e il Padre siamo una cosa sola" (Giovanni 10:30).

***

Miei cari, forse vi siete già resi conto che quello che le persone cercano non sono i beni materiali, bensì una sensazione interiore. Potreste aver visto quella sensazione come felicità, come realizzazione o forse persino come pace della mente. Eppure vi dico che quello che state cercando in realtà, è l'integrità, e quell'integrità è disponibile per voi in qualsiasi momento. Ma per trovare e stabilire quell'integrità, dovete invertire la direzione della vostra attenzione. So benissimo che siete cresciuti in una società che vi programma a credere che se avete un bisogno, se avete un desiderio, allora dovete trovare qualcosa al di fuori di voi stessi per realizzare quel desiderio. Siete cresciuti in una cultura consumistica, che vi programma a cercare qualche prodotto o qualche servizio per realizzare i vostri desideri. L'essenza stessa di questa cultura dei consumi è che qualcuno vuole vendervi qualcosa. Tuttavia, dietro a questo c'è il desiderio più profondo di controllarvi attraverso i vostri bisogni. L'essenza stessa di questa cultura è quella di promuovere la credenza che questo mondo sia un mondo di carenza e che non abbiate dentro di voi il sufficiente per essere integri e realizzati. Quindi, dovete scambiare qualcosa con qualcun altro e, per mezzo di questa necessità, altre persone o istituzioni possono influenzarvi, forse persino controllarvi.

Miei amati, fu quando Gesù disse che il regno di Dio è dentro di voi, che il principe di questo mondo e i suoi seguaci nella religione di stato decisero di ucciderlo. Essi non volevano che Gesù continuasse a predicare l'unico segreto, che le forze di questo mondo non vogliono farvi conoscere. Quel segreto è l'eterno fatto che la vera chiave per la realizzazione dei vostri desideri, la vera chiave per sperimentare la vita abbondante di Dio, è smettere di cercare quella abbondanza all'esterno di voi stessi. Per trovare l'abbondanza, per trovare l'integrità, dovete andare dentro di voi, dovete entrare nel regno di Dio dentro di voi e scoprire così la vera chiave della vita abbondante, che è la vostra Presenza IO SONO e la luce spirituale, che s'irradia attraverso quel Sole del vostro essere.

Quando vi rendete conto di questa verità, voi diventate spiritualmente autosufficienti e non avete più bisogno di nulla da alcuna fonte esterna a voi stessi. Non avete più bisogno di nulla da alcun altro essere umano o da alcuna istituzione, organizzazione o azienda umana. Siete davvero indipendenti dal punto di vista spirituale. Con questo non sto dicendo che non avrete bisogno di altri esseri umani o che non vorrete interagire con essi, ma sto dicendo che le vostre interazioni con gli altri assumeranno un fine ed uno scopo completamente nuovi. Invece di interagire con gli altri basandovi su una sensazione di carenza, ora agirete con la gente basandovi su un senso di abbondanza interiore. Anziché cercare di togliere qualcosa agli altri con la forza, cercherete di dare agli altri. Questo non significa che non riceverete mai nulla da altri esseri umani, perché spesso permetterete a Dio di soddisfare i vostri bisogni attraverso gli altri. Tuttavia, nel fare questo, voi non provenite da uno stato di carenza, che vi fa sentire svantaggiati o vi fa sentire che gli altri vi debbano qualcosa. Non temerete che gli altri non collaboreranno, e non sarete disposti ad usare la forza per costringere gli altri a darvi ciò che, secondo voi, vi manca per essere integri.

Invece, avrete capito il principio, che è il buon piacere del Padre darvi il regno e che ve lo darà liberamente, se siete disposti a riceverlo liberamente – cioè, senza paura o senza aspettative o attaccamenti basati sulla paura – ed a condividere poi liberamente ciò che avete ricevuto liberamente (Matteo 10:8). Quando si trovano in questo stato di coscienza, le persone danno le une alle altre e, così facendo, moltiplicheranno i loro talenti, più di quanto chiunque di esse possa ottenere da sola. E questo porterà ancor più abbondanza di Dio nella loro società, e la vita diventa una spirale ascendente di abbondanza crescente per tutti quanti.

Oh, miei amati, questo è il vero potenziale per la società umana, ossia che gli esseri umani si uniscano nel moltiplicare i propri talenti individuali e nel raccoglierli insieme, così che l'insieme diventa più della somma delle sue parti. E quando danno in maniera altruista e ricevono in maniera altruista, le persone ristabiliscono la connessione con Dio. Quindi, Dio moltiplicherà davvero i loro talenti, le farà davvero sovrane su molte cose, e porterà ancor più abbondanza in questo mondo. E così una società può entrare in una spirale ascendente, che produrrà un'Era d'Oro di pace, prosperità e abbondanza per tutti i membri di quella società. Invero, questo si è manifestato in civiltà passate, e alcune civiltà sono state in grado di mantenere un'era d'oro del genere per lunghissimo tempo, prima che le persone iniziassero, alla fine, a discendere in uno stato di coscienza inferiore.

***

Miei cari, lasciate che vi spieghi ora la scelta che dovete fare, la scelta di quello che sarà il vostro scopo per il resto della vostra vita. Vi ho detto che tutta la materia fisica, che è a disposizione degli esseri umani sulla Terra, è fatta di energie più sottili. La materia fisica è semplicemente la punta dell'iceberg della quantità totale d'energia, che è disponibile entro lo spettro di frequenze materiale. Gran parte di quella energia non è disponibile come energia fisica, quali calore o elettricità. E' disponibile come quella che potremo chiamare energia psichica, ossia energia mentale ed emozionale. La quantità totale d'abbondanza materiale, disponibile in questo mondo, non dipende solo dalla materia fisica, ma dalla quantità totale d'energia disponibile entro lo spettro di frequenze materiale, che alcuni scienziati chiamano il continuum spazio-tempo.

Vi ho detto che anche la materia fisica è energia che è stata catturata in una certa matrice. E' un'espressione della Luce Ma-ter, che è stata catturata in una certa forma, perché una mente consapevole di sé ha imposto un'immagine su quella Luce Ma-ter. Tuttavia, prima di essere abbassata alle frequenze della materia fisica, la vibrazione della Luce Ma-ter è stata abbassata fino allo spettro di frequenze che ho chiamato energia psichica. E prima ancora, la Luce Ma-ter vibrava alle frequenze più elevate del regno spirituale. Quello che vi sto spiegando qui è che l'abbondanza, che è a disposizione degli esseri umani nel mondo materiale, è direttamente proporzionale alla quantità totale di energia che è disponibile nell'intero sistema energetico della Terra. Questo include frequenze che sono superiori a quelle della materia fisica, ma non altrettanto elevate quanto le frequenze nel regno spirituale. Questa energia può essere manifesta come materia fisica, come energia materiale, quali l'elettricità o la luce del sole, oppure può essere manifesta come energia psichica, che non può essere percepita dai sensi, ma può essere sentita nella forma di energia emozionale e mentale, nella forma di sentimenti e pensieri. Miei cari, i vostri scienziati vi hanno detto che tutto è energia, il che significa che non esiste nulla che non sia energia. Sapete benissimo che voi avete dei sentimenti e avete dei pensieri. E, secondo la definizione della scienza, sia i vostri sentimenti sia i vostri pensieri devono essere forme d'energia. Quindi, sebbene non possiate percepire fisicamente l'energia psichica, voi sapete che esiste, perché la sperimentate come una realtà nei vostri sentimenti e nei vostri pensieri. Perciò dovrebbe essere possibile per voi entrare dentro al vostro cuore e sapere, con una conoscenza interiore, che per avere l'abbondanza non è sufficiente usare il vostro corpo fisico. Dovete usare anche la mente ed usarla per raccogliere energia psichica, imparando a trasformare quell'energia nella sostanza materiale che desiderate.

Questo ci porta al punto cruciale in cui posso spiegarvi la scelta che state affrontando. Ecco le due opzioni che avete a vostra disposizione:

- Per manifestare un'abbondanza più grande nella vostra vita, potete assumere l'approccio scelto dalla maggioranza della gente su questo pianeta. Potete cercare di accumulare una quantità superiore di sostanza materiale e d'energia psichica dal fondo comune d'energia, che è già disponibile nello spettro di frequenze materiale. In altre parole, potete cercare di accumulare prendendo l'abbondanza da una quantità limitata d'energia e di materia. La conseguenza di questo approccio è che dovete accumulare energia e beni materiali con la forza. In molti casi, dovete fare questo prendendoli o da altre persone o da Madre Natura, ed entrambe potrebbero rifiutarsi di darveli senza lottare. Questo causerà una lotta tra voi e altre persone o tra voi e la natura. Dovrete guadagnarvi da vivere con il sudore della fronte. Dovrete usare la forza per accumulare ricchezza e dovrete usare una forza continuata per difenderla dalle forze che cercano di portarvela via.

Invero, se tutti cercano di accumulare abbondanza dalla stessa quantità limitata, se tutti cercano di ottenere un pezzo più grande della stessa torta, ci sarà una lotta costante per ottenere e per mantenere la vostra abbondanza. Allo stesso modo, vi ho detto che il meccanismo di sicurezza, inserito nella Luce Ma-ter, cercherà di riportare tutta l'energia al suo stato di base, e anche questo creerà una forza che cercherà di togliervi ciò che avete preso con la forza. Quindi, quando tentate di prendere con la forza, vi mettete in conflitto con tutte le altre persone che assumono lo stesso approccio, e con Madre Natura stessa.

Sono sicura che riuscite a vedere i limiti di questo approccio. Sono sicura che potete vedere nel vostro cuore che, anche se riusciste ad accumulare grandi ricchezze materiali, questo non sarebbe uno stato d'abbondanza permanente e, pertanto, non sarebbe vera abbondanza. Adottando questo approccio non avreste davvero la vita abbondante.

- Il secondo approccio che potete adottare è quello di purificare completamente la vostra mente dal senso di carenza, che vi induce a credere che l'unico modo per accumulare abbondanza sia con la forza e per mezzo della lotta. Potete scegliere di seguire l'esempio stabilito da Gesù e da altri insegnanti spirituali, ovvero entrare nel regno di Dio dentro di voi, ottenendo uno stato di unità con la vostra Presenza IO SONO, col vostro Padre spirituale, e permettendo poi alla luce di Dio di fluire nel vostro essere e nel vostro mondo, manifestando l'abbondanza di Dio nella vostra vita.

***

Se adottate il secondo approccio, non siete in competizione per accumulare ricchezza da una quantità circoscritta. Non state contendendo una fetta più grande dell'unica torta. Invece, state aprendo una connessione all'abbondanza infinita di Dio e state dando a Dio il piacere di darvi il suo regno, espandendo la torta. Nel regno spirituale non esistono limitazioni e, quindi, non c'è alcun limite all'energia spirituale che la vostra Presenza IO SONO può lasciar fluire attraverso il vostro essere. L'unico limite è la quantità d'energia spirituale che siete in grado di ricevere attraverso la vostra mente esteriore.

Questo è invero il concetto che ha dato vita alla leggenda del Santo Graal. Si dice che il Santo Graal sia un calice, una coppa, ma in realtà il Santo Graal è il simbolo di un calice che può contenere l'abbondanza di Dio nella forma di luce spirituale. Il vero significato di questa leggenda è che la vostra mente, il vostro essere, deve diventare il calice che possa contenere la luce spirituale proveniente dalla vostra Presenza IO SONO. Vedete, miei amati, Dio non permetterà che le sue perle siano gettate davanti ai porci (Matteo 7:6). Dio non permetterà che la sua abbondanza venga nascosta nella terra (Matteo 25:18) o cada su terreno roccioso (Matteo 13:5). Quindi, Dio non vi darà l'abbondanza finché non avrete provato che potete essere fedeli nel poco (Matteo 25:21), finché non avrete provato che il vostro essere inferiore è diventato un calice che farà un uso saggio di quell'abbondanza, cosicché sarete un amministratore saggio di quello che Dio vi ha dato.

In verità, avete due opzioni. Potete cercare di manifestare la vita abbondante prendendola dalla quantità limitata d'energia che è disponibile nello spettro di frequenze materiale. O potete cercare di ricevere l'abbondanza direttamente dalla quantità infinita che è disponibile nel regno spirituale. Se scegliete la prima opzione, non farete nulla per accrescere la quantità d'abbondanza che è disponibile sulla Terra. Pertanto, potete accumulare abbondanza personale solo prendendo sostanza materiale o energia psichica dagli altri. Se scegliete la seconda opzione, non solo riceverete l'abbondanza per voi stessi, ma porterete più abbondanza in questo mondo, aumentando così la quantità d'energia che è disponibile per tutte le persone. Questo significa che mentre cercate la vostra personale abbondanza, accrescerete anche l'abbondanza dell'insieme, ed è questo il vero significato del moltiplicare i vostri talenti, ossia che accrescete la quantità totale di abbondanza in questo mondo.

Quello che state facendo in realtà è aumentare la quantità totale di luce nel mondo materiale, e così state dando un contributo personale alla trasformazione di questo mondo nel regno di Dio. Come vi ho spiegato prima, è questo il vero motivo della vostra esistenza. Siete stati creati per servire come co-creatori con Dio, per portare luce spirituale nello spettro di frequenze materiale, usandola per eliminare l'oscurità creando delle forme perfettamente belle ed equilibrate, che sono un'espressione delle leggi e della perfezione di Dio. Quando realizzate questo ruolo designatovi, è allora che Dio vi farà sovrani su molte cose, perché sarete stati fedeli in poca cosa, in una quantità limitata di luce spirituale. Quando realizzate questo ruolo, allora sentirete le parole pronunciate riguardo a Gesù: "Questo è il figlio (o la figlia) mio prediletto, nel quale mi sono compiaciuto" (Matteo 3:17).

***

Miei amati, lasciate che vi dia ora una verità, che dovrebbe indurvi a riflettere e dovrebbe rendervi più facile scegliere tra le due opzioni – se non avete già effettuato la vostra scelta. Ho fatto riferimento ad alcuni dei molti guru nel mondo, che sostengono di potervi insegnare come accumulare rapidamente e facilmente tutto il denaro che volete. Mi sono riferita ad alcuni di essi come dei falsi guru, ed ora spiegherò perché sono dei falsi insegnanti.

Vi ho spiegato che la vostra mente, ossia la vostra mente conscia e subconscia, ha una capacità insita di imporre un'immagine sulla Luce Ma-ter, facendo sì che quella luce assuma la forma definita dall'immagine. Attraverso il potere dei vostri pensieri, voi imponete un'immagine mentale sulla luce, che è stata abbassata nello spettro di frequenze materiale. Attraverso il potere delle vostre emozioni, date movimento e direzione a quell'energia, ed è questo che la fa abbassare nello spettro di frequenze della materia fisica, così che diventa una realtà manifesta nella vostra vita.

Quando osservate la vita di Gesù, vedrete una persona che aveva ottenuto un grado molto elevato di padronanza sulla materia stessa. Gesù aveva la capacità di guarire i malati, persino al punto da cambiare la struttura molecolare e atomica del corpo di una persona, cosicché le cellule malate venivano immediatamente guarite e rese integre. Gesù aveva la capacità di trasformare l'acqua in vino e di moltiplicare i pani e i pesci. Miei cari, questa è una capacità che è insita nella vostra mente. La maggioranza delle persone sulla Terra non è neanche vicina ad avere la padronanza sulla materia dimostrata da Gesù. Però, tutte le persone sulla Terra hanno la capacità di ottenere questa padronanza, ed è per questo che Gesù disse che coloro i quali credono in lui compiranno le opere che egli compiva (Giovanni 14:12).

Tuttavia, esistono due modi per ottenere questa padronanza. C'è una via bassa e c'è una via alta. La padronanza dimostrata da Gesù era chiaramente la via alta, perché Gesù riconosceva che egli, da solo, non poteva fare nulla, ma che era il Padre, la Presenza IO SONO, dentro di lui che faceva le opere. Quando riconoscete la vostra Presenza IO SONO come la vera fonte, come il vero operatore nella vostra vita, vi riallineate con le leggi di Dio e con l'intento creativo di Dio. Il piano di Dio per questo universo è di creare una piattaforma dove tutti i co-creatori di Dio, tutti gli esseri consapevoli di sé, possano vivere in armonia gli uni con gli altri e con l'insieme. Come ho detto prima, quando usate appieno i vostri poteri creativi, state portando più abbondanza in questo mondo e così state magnificando l'insieme, senza togliere l'abbondanza a qualcun altro.

Vi devo dire, però, che è possibile che possiate usare i poteri, che sono insiti nella vostra mente, per manipolare l'energia di Dio e per accumulare abbondanza per voi stessi, senza accrescere la quantità totale di abbondanza in questo mondo. Allora state usando il potere della vostra mente per attirare a voi altra energia e altra abbondanza materiale dalla scorta che è già disponibile nel sistema energetico della Terra. Tuttavia, nel farlo, dovete necessariamente prenderla da altre parti della vita, e così state privando di quella energia quelle parti di vita e l'insieme della vita.

Miei cari, devo dirvi che un numero sostanziale di persone su questo pianeta ha ottenuto un livello di padronanza molto elevato, nel senso che attira a sé energia e ricchezza materiale, prendendole con la forza, prendendole dalla quantità limitata di abbondanza disponibile nel mondo materiale. Lo stanno facendo senza considerazione alcuna per il modo in cui le loro azioni influenzano altre persone o Madre Terra. Questi flussi di vita hanno abbandonato completamente ogni rispetto per l'insieme o per l'intento creativo di Dio. Si vedono separati da Dio e si vedono in disparte dal Corpo di Dio. Credono di appartenere ad un'élite che ha il diritto di fare quello che vuole, senza preoccuparsi dell'influenza che ha sulle altre parti di vita. Credono che sia loro diritto rendere schiavi altre persone o farne dei servi che lavorano duramente sulla Terra per produrre ricchezza per l'élite. Se osservate la storia, vedrete l'esistenza di questa élite e vedrete come, in ogni cultura e in ogni civiltà conosciuta dall'uomo, una piccola élite sia riuscita a controllare la popolazione generale facendola lavorare per dare all'élite quantità eccessive di ricchezza materiale, potere, piacere, privilegi ed energia.

Il motivo per cui vi racconto questo è duplice. Se dovete manifestare la vita abbondante di Dio, dovete liberarvi della mentalità di questa élite. Dovete allontanarvene ed essere un popolo separato e scelto, e più avanti vi spiegherò questo in modo dettagliato. Per ora, lo scopo più importante del mio insegnamento è quello di rendervi consapevoli del fatto che questa élite, questa élite di potere, ha ottenuto una certa capacità di attirare a sé energia psichica e ricchezza materiale. L'ha ottenuta usando il potere innato della mente umana per prendere energia da altre parti di vita. Inutile dire che si tratta di una violazione della legge di Dio e che, quindi, si tratta di un cattivo uso dei vostri poteri creativi. Tuttavia, è importante che voi comprendiate che è davvero possibile fare un cattivo uso dei vostri poteri creativi. Dovete capirlo, poiché è solo in questo modo che potrete evitare di abboccare alle promesse dei guru di prosperità, autonominatisi, che vi promettono che, se solo li seguirete, potrete accumulare ricchezze facilmente, passando per delle scorciatoie.

Miei amati, prima ho detto che la maggioranza degli schemi di arricchimento rapido non funziona, e questo è vero. Eppure devo dirvi che esistono delle persone che hanno scoperto dei modi per manipolare l'energia psichica e la materia attraverso il potere della mente e sono quindi in grado di accumulare grandi quantità di ricchezza, spesso influenzando altre persone. La maggior parte di queste persone usa questa capacità per continuare ad accumulare ricchezze, ma alcune si sono erette a guru, sostenendo di sapervi insegnare come accumulare ricchezze allo stesso modo in cui l'hanno fatto essi stessi. Mio amato cuore, vedete la sottigliezza qui? Queste persone indicano non solo se stesse ma anche alcune delle persone più ricche e famose del mondo come prova del fatto che il loro sistema funziona. Ed io vi dico che alcuni dei loro sistemi funzionano davvero, sebbene per la maggioranza delle persone occorrerà molto tempo prima che imparino a manipolare l'energia – e quindi non si tratta di uno schema di arricchimento rapido. Tuttavia, è davvero possibile accumulare ricchezze usando il potere innato della vostra mente. Quindi, se misurate il successo solo in base alla ricchezza che la persona ha accumulato, potreste cadere facilmente nella trappola di pensare che dovreste seguire l'esempio delle persone più ricche della Terra. Potreste facilmente credere alle promesse fatte da questi guru del successo, che vi diranno come prendere l'abbondanza con la forza.

Quello che vi sto dicendo qui è, che è possibile per voi imparare ad utilizzare il potere della vostra mente per accumulare ricchezza con la forza, per accumulare abbondanza togliendola agli altri, manipolando il sistema. Come ho detto prima, io rispetterò sempre la legge del libero arbitrio. Se avete realmente il bisogno di sperimentare com'è prendere l'abbondanza con la forza, venendo così intrappolati in una spirale infinita, costituita dai tentativi di accumulare altre ricchezze e dal bisogno di difenderle, allora chi sono io per fermarvi dall'avere quell'esperienza. Ma voglio essere assolutamente sicura di avervi spiegato le conseguenze di questo modo di accumulare ricchezza. Vi ho già detto che la legge del libero arbitrio è in polarità con la legge di causa ed effetto. Quando cercate di accumulare ricchezza con la forza, voi mettete in moto delle cause che, invero, vi ritorneranno come effetti che tenteranno di togliervi ciò che voi cercate di possedere con la forza.

Come vi ho spiegato in precedenza, la Luce Ma-ter stessa ha un meccanismo insito che riduce ogni forma al nulla, riportando la Luce Ma-ter al suo stato di base. E' possibile usare il potere della vostra mente per forzare la Luce Ma-ter ad assumere una certa forma, ma quando lo fate, voi create uno squilibrio nella Luce Ma-ter, perché create una forma che non si basa sui principi creativi usati da Dio. E nel creare questo squilibrio, la legge di causa ed effetto, la legge di azione e reazione, creerà automaticamente una forza contraria altrettanto potente quanto la forza che voi avete generato. Per ogni azione, con la quale cercate di prendere ricchezza con la forza, l'universo genera una reazione che tenta di togliere quella ricchezza. Lo scopo è quello di riportare in equilibrio la Terra e di riportare la Luce Ma-ter al suo stato di base. Usando la forza, potete mantenere la vostra forma squilibrata per un certo periodo di tempo, ma questo richiede da parte vostra uno sforzo costante, uno sforzo che toglierà attenzione ed energia alle altre attività. Questa lotta impedisce ad alcune persone di godersi la loro ricchezza, o forse assorbe completamente la loro vita. Ovviamente, impedisce loro di crescere spiritualmente.

Se desiderate sperimentare questo senso di lotta, Dio vi ha dato il diritto di creare questa esperienza nella vostra vita. E potete continuare a sperimentare la lotta per un lunghissimo periodo di tempo. Tuttavia, è mia speranza che questo libro vi ispiri a vedere che, in realtà, voi non desiderate essere intrappolati in questa ruota dell'azione e reazione, che in realtà non desiderate essere inghiottiti da questa lotta umana continua per il potere. Io spero che voi vediate che c'è molta più gioia nel tuffarvi nel Fiume della Vita, ristabilendo la vostra connessione con la vostra Presenza IO SONO e permettendo alla luce solare della vostra Presenza di splendere attraverso il vostro essere. C'è molta più gioia nel partecipare al piano originale di Dio per questo universo, diventando un co-creatore con Dio, permettendo così che la potenza di Dio dentro di voi manifesti la vita d'abbondanza permanente. C'è molta più gioia nel ricevere la vita abbondante direttamente dall'Alto che nel prenderla con la forza da altre parti di vita. C'è molta più gioia nel cercare l'abbondanza verticalmente che nel cercarla orizzontalmente.

Spero di avervi ispirati ad entrare nel profondo del vostro cuore per considerare le due opzioni che vi ho presentato. Volete passare il resto della vita in una lotta per una quantità limitata d'abbondanza? O volete dare un nuovo indirizzo alla vostra vita in modo da far parte del Fiume della Vita, che porta altra abbondanza in questo mondo? Se scegliete la prima opzione, non potrò fare nient'altro per voi e questo libro non vi insegnerà nulla di valore. Ma se scegliete la seconda opzione, vi insegnerò come ristabilire ed espandere la connessione con la vostra Presenza IO SONO. Vi mostrerò come aprire le cateratte, che lasceranno il Fiume della Vita fluire attraverso il vostro essere per manifestare la vera abbondanza, l'abbondanza che non può essere portata via dalle forze di questo mondo. Se avete fatto la scelta di accettare la vita abbondante dall'Alto, allora unitevi a me, mentre vi do la chiave successiva.

Chiave 7
Se la vita non è altro che un sogno, come faccio a svegliarmi?

Mio amato cuore, vorrei raccogliere alcuni dei pensieri che vi ho dato nelle precedenti chiavi, in modo da potervi presentare un quadro più coerente di quello che vi occorre per manifestare la vita abbondante. Ho spiegato il vero significato dell'affermazione che è il buon piacere del Padre darvi il regno, ossia che voi siete stati creati per essere dei co-creatori con Dio. Pertanto, siete stati creati per ricevere costantemente la vita d'abbondanza dall'Alto. Avreste ricevuto la vita abbondante nella forma di un fiume costante d'energia spirituale, che fluiva attraverso la vostra Presenza IO SONO nella vostra mente consapevole. Questo flusso d'energia sarebbe poi potuto essere diretto da voi per manifestare la vita d'abbondanza nel mondo. Così facendo, avreste realizzato il vostro ruolo come co-creatori con Dio, moltiplicando l'energia e le capacità creative datevi da Dio. Poi avreste potuto assumere il dominio, prima di voi stessi e poi dell'universo materiale, e così avreste aiutato a portare il regno di Dio a manifestarsi sulla Terra.

Il motivo per cui, al presente, non avete la vita abbondante manifesta è che vi siete dimenticati il vostro ruolo originale. Si potrebbe dire che avete perduto il vostro vero senso d'identità come co-creatori con Dio. Invece siete arrivati ad accettare una falsa identità, una pseudo-identità, come un essere umano mortale che è separato da Dio. Può darsi che siate arrivati a credere persino che non esista alcun Dio, che non esista alcun regno spirituale, che non esista alcuna Presenza IO SONO e che voi siate completamente soli in un mondo ostile, attorniati da persone che stanno cercando di togliervi quello che credete legittimamente vostro.

Quello che vi sto mostrando qui è che quando osservate il pianeta Terra oggi, e specialmente quando osservate l'ambito dei conflitti umani, vedrete che la maggioranza delle persone, che sono impegnate in conflitti, è bloccata in questo stato di coscienza. Potremmo chiamarlo uno stato di coscienza egotistico o egocentrico, in cui le persone sono talmente centrate su se stesse che non rimane loro alcuna consapevolezza in più per considerare il quadro più ampio. Non rimane loro alcuna consapevolezza in più per considerare il modo in cui le loro azioni influenzano le altre persone, né per considerare la consapevolezza superiore che esse fanno parte del Corpo di Dio sulla

Terra e che tutto quello che fanno influenza l'insieme. Sono talmente focalizzate sulla vita nell'universo materiale da non avere attenzione da dedicare al fatto che esiste un regno spirituale e che potrebbero ricevere l'abbondanza direttamente dall'Alto, anziché prenderla con la forza in questo mondo.

Miei amati, spero che riusciate a vedere ora che, se intendete manifestare la vita d'abbondanza e superare il senso di lotta, che blocca tante persone in un conflitto continuo per una quantità limitata di risorse, dovrete trascendere questo stato di coscienza egoistico, materialistico. Dovrete elevarvi al di sopra di esso e rivendicare la vostra vera identità come un figlio o una figlia di Dio, che è degno di essere un co-creatore con Dio. Pertanto, voi siete perfettamente in grado di co-creare la vita abbondante proprio qui sulla Terra. Questo stato di coscienza superiore è una coscienza che, anziché sulla separazione da Dio, si basa sull'unità con la vostra sorgente. Questa è l'unità che Gesù descriveva quando disse: "Io e mio Padre siamo uno" (Giovanni 10:30). Egli intendeva in realtà: "Io e la mia Presenza IO SONO siamo uno", e quindi vedete che la coscienza dimostrata da Gesù è il senso d'identità che si basa sulla realtà di chi siete, anziché sulla falsa immagine di chi non siete. Sebbene potremmo chiamare questo stato di coscienza con molti nomi, io vorrei chiamarlo Cristianità personale o la coscienza di Cristo. Come ho detto prima, il ruolo di Gesù fu, invero, venire sulla Terra per dimostrare questo stato di coscienza.

***

Miei cari, prima di andare avanti a considerare esattamente in che modo manifestare la coscienza di Cristo, vorrei descrivere più dettagliatamente che cosa significa, in effetti, la coscienza di Cristo. Quello che vi ho descritto nelle chiavi precedenti è che l'universo materiale è fatto delle energie più sottili del regno spirituale, la cui frequenza è stata abbassata e che hanno assunto una certa forma. Vi ho detto che la vera misura dell'abbondanza, che è a disposizione degli esseri umani sulla Terra, è la quantità d'energia spirituale la cui vibrazione è stata abbassata e che ora vibra entro le spettro di frequenze materiale. Parte di quell'energia è stata abbassata nello spettro di frequenze della materia fisica, mentre parte di essa esiste come energia psichica. Potremmo dire che parte di essa è manifesta come abbondanza materiale, mentre parte di essa è abbondanza potenziale, che può diventare manifesta come abbondanza materiale attraverso il potere delle menti delle persone.

La chiave definitiva per accrescere l'abbondanza sulla Terra, affinché tutti gli uomini possano partecipare alla vita abbondante, sta nel portare altra energia spirituale nello spettro di frequenze materiale. Vi ho detto, inoltre, che solo una persona che ha ottenuto la coscienza di Cristo è capace di portare energia dal regno spirituale nel regno materiale. Solo una persona con la coscienza di Cristo può essere la porta aperta attraverso cui la luce di Dio potrà fluire in questo mondo, ed ecco perché Gesù poteva dire di se stesso: "Io sono la via, la verità e la vita" (Giovanni 14:6), "Io sono la porta" (Giovanni 10:9) e "Finché io sono nel mondo, io sono la luce del mondo" (Giovanni 9:5). Però, ogni persona che ottiene la coscienza di Cristo, può dire lo stesso. E, come ho cercato di mostrarvi, tutte le persone hanno il potenziale di ottenere la coscienza di Cristo.

Consideriamo ora le opzioni per manifestare l'abbondanza, che sono a disposizione di coloro i quali non hanno ottenuto la coscienza di Cristo. Se le persone credono nella filosofia materialistica, secondo la quale Dio non esiste, o se credono nell'idolatria ortodossa per Gesù che, anziché considerarlo come un'esempio, lo considera come l'eccezione, esse non hanno la possibilità di accrescere la quantità totale di energia disponibile nel regno materiale. Perciò, esse possono aumentare la propria abbondanza solo prendendo dalla quantità di sostanza materiale e d'energia psichica che è già disponibile nel sistema energetico della Terra.

Tenendo presente questo, possiamo stabilire una scala che illustra quanto le persone si siano avvicinate alla coscienza di Cristo, o quanto più in basso di essa siano scese. Partiamo con il considerare l'uomo delle caverne e lo stato di coscienza rappresentato da esso. Nell'uomo delle caverne vedete un essere che è completamente identificato col corpo fisico e con gli istinti più bassi di quel corpo. L'uomo delle caverne si merita a malapena l'etichetta di "uomo", in quanto, più che un essere umano, esso agisce come un animale intelligente. L'uomo delle caverne non ha un livello di consapevolezza sufficientemente elevato per immaginare di poter cambiare il proprio ambiente. Pertanto egli vive come un animale e si adatta all'ambiente, raggranellando il suo sostentamento, prendendo quello che gli serve da Madre Natura. Lo fa prendendo tutto con la forza, uccidendo animali e raccogliendo qualunque tipo di cibo disponibile. Quando si trova in conflitto con gli altri abitanti delle caverne, la sua unica risposta è quella di difendere, usando la violenza, ciò che crede suo. Non esistono contrattazioni, niente leggi o accordi tra diverse tribù o nazioni per dividere il territorio e per evitare conflitti. Appena viene provocato, gli istinti animaleschi dell'uomo delle caverne s'infiammano ed egli risponde con la sindrome di fuga o di lotta, che è così tipica negli animali. Se non riesce a fuggire, se la prenderà con voi e lotterà contro di voi. Pertanto potremmo dire che, ciò che gli scienziati attualmente considerano l'inizio della catena evolutiva dell'umanità, rappresenta in assoluto il punto più basso per quanto riguarda la coscienza di Cristo. Ve l'ho detto, lo stadio dell'uomo delle caverne non è stato l'inizio dell'umanità. E' stato, in effetti, un punto basso a cui gli esseri umani erano discesi usando male le loro capacità creative. Quindi, potremmo dire che l'uomo delle caverne rappresenta lo stato di coscienza più basso - come espressione delle capacità creative dell'uomo - conosciuto al mondo moderno.

Quando osservate l'evoluzione dell'umanità vedrete che, a partire dallo stadio dell'uomo delle caverne, c'è stata una graduale tendenza ascendente, un'accresciuta consapevolezza nell'utilizzare le vostre capacità creative per cambiare il vostro ambiente e anche per manipolare l'energia. Un grande salto avanti fu fatto quando la gente imparò ad usare il fuoco ed a mantenere e controllare il fuoco come uno strumento. Un altro salto importante venne fatto quando la gente imparò a costruire delle case, anziché dipendere dalle caverne naturali. Un altro salto ancora arrivò quando la gente imparò l'agricoltura, e pertanto fu possibile usare la terra per produrre più alimenti di quanti ce ne fossero a disposizione per mezzo della caccia. Il progresso della civiltà, che abbiamo visto durante gli ultimi 2.000 anni, rappresenta inoltre un progresso nella consapevolezza del funzionamento dell'universo. Le persone sono diventate sempre più capaci di cambiare il loro ambiente, anziché adattarsi passivamente ad esso. Molta attenzione è stata concentrata per imparare ad usare la sostanza materiale e le leggi della natura e, quindi, per accumulare abbondanza dalle scorte che sono già disponibili nello spettro di frequenze della materia fisica.

Durante il secolo scorso avete visto un'aumentata consapevolezza delle energie più sottili, inclusa la comprensione scientifica che la materia è una forma d'energia. Avete visto, inoltre, una crescita nella comprensione del lato spirituale della vita, che ha portato ad una consapevolezza superiore del fatto che la vostra mente ha un'influenza importante su ogni aspetto della vostra vita, com'è evidenziato nel campo dell'auto-aiuto. Intendo sottolineare che l'umanità è ora entrata in una fase in cui le persone non sono più limitate a manifestare l'abbondanza dalla materia fisica. Sebbene la comprensione ufficiale sia ancora primitiva, le persone hanno incominciato a manifestare abbondanza usando il potere delle loro menti. Molte persone sono ancora concentrate sull'utilizzo della mente per scoprire le leggi più profonde della natura, che permettono loro di utilizzare meglio la materia. Tuttavia, un numero crescente di persone sta iniziando ad esplorare il potenziale della mente per assumere il dominio sulla materia, convertendo così l'energia psichica in sostanza materiale, abbassando la sua vibrazione e facendole prendere una forma fisica.

Quello che desidero mostrarvi qui è che, quando si tratta della crescita della coscienza umana, un suo aspetto è la crescita della consapevolezza, della comprensione di come funziona il mondo. Quando accrescete questa consapevolezza, diventate più bravi ad usare a vostro vantaggio le leggi della natura. Poi potrete cominciare a cambiare attivamente il vostro ambiente, di modo che questo possa soddisfare i vostri bisogni con uno sforzo minore da parte vostra. Tuttavia, come potete vedere oggi nella società umana, questo aumento non è senza insidie. Non conduce necessariamente alla vita abbondante o ad uno stato permanente di felicità e di pace mentale. Infatti, l'uso indiscriminato della consapevolezza superiore dell'umanità può creare dei problemi, che hanno il potenziale di minacciare la sopravvivenza della razza umana a lungo termine.

Il punto della questione è che questo aumento di consapevolezza non equivale alla coscienza di Cristo. Un aumento nella consapevolezza fa parte dell'ottenimento della coscienza di Cristo, ma non è la piena coscienza di Cristo. Infatti, un'accresciuta consapevolezza di come manipolare le leggi della natura – senza un aumentato senso di unità con Dio e con tutta la vita – può allontanarvi dalla coscienza di Cristo. In altre parole, una consapevolezza maggiore del mondo materiale non produrrà automaticamente la coscienza di Cristo. Potrà fornire le basi per l'ascesa di una persona alla coscienza di Cristo, ma non ci sono garanzie che questa ascesa avvenga davvero. La ragione è che l'aumento nella consapevolezza delle capacità creative delle persone può diventare una trappola, se non viene equilibrato da un aumento nell'amore del cuore. Si potrebbe dire che l'aumento della consapevolezza avvenga nella mente, ma la mente non è la facoltà che dà agli esseri umani la capacità d'amarsi l'un l'altro e di vivere in pace. Le persone diventano semplicemente più abili nel prendere le cose con la forza, mentre la vera chiave dell'abbondanza sta nell'andare oltre la forza e nel sapere che è il buon piacere del Padre darvi il regno. Così potrete ottenere ogni cosa per mezzo dell'amore, anziché con la forza.

Questo ci porta all'altro aspetto della coscienza di Cristo, alla vera chiave della coscienza di Cristo, che è lo spostamento da un approccio alla vita, basato sulla carenza e sulla paura, ad un approccio che si basa sull'abbondanza e sull'amore. Potremmo dire che l'uomo delle caverne rappresentava un punto evolutivo basso, sia per quanto riguarda la consapevolezza mentale del mondo, sia per la capacità del cuore di amare oltre il sé. Da allora, l'umanità ha accresciuto sia la capacità della mente di capire il mondo sia la capacità del cuore di amare, ma, sfortunatamente, il cuore non è stato espanso altrettanto rapidamente quanto la mente. Pertanto, ora si vedono delle persone che hanno la capacità di creare nuove tecnologie, ma non la capacità di usarle con saggezza – compresa la capacità di scegliere di non fare sempre ciò che è tecnicamente possibile.

***

Ho detto che tutti i conflitti umani nascono dalla coscienza di carenza. Ma il sentimento prevalente in questo stato mentale è la sensazione di paura. Può trattarsi della paura che non ci sia abbastanza per tutti e che, quindi, se non prendo qualcosa, qualcun altro la prenderà. O se non difendo ciò che ho, allora qualcuno me lo porterà via. In questo stato d'animo, vivete in un mondo dove siete circondati da minacce. Questa paura costante della perdita conduce inevitabilmente all'egoismo e blocca la capacità di pensare alle conseguenze a lungo termine delle proprie azioni, blocca la capacità di pensare alle altre persone o di pensare all'insieme. Ora vediamo che la coscienza di Cristo ha due caratteristiche principali:

- Una è un'aumentata consapevolezza delle vostre capacità creative. Questa include una consapevolezza maggiore delle leggi della natura, che guidano lo svelarsi dell'universo materiale, e una consapevolezza maggiore delle leggi più grandi di Dio, che forniscono la struttura all'interno della quale le leggi della natura operano.

- L'altro aspetto è un'aumentata consapevolezza del fatto che non siete un individuo che è separato dall'insieme della creazione di Dio o dalla vostra sorgente. In altre parole, nessun umano è un'isola e, per essere veramente felici, dovete capire che potete essere pienamente realizzati solo quando vedete voi stessi come uno con Dio e con il Corpo di Dio sulla Terra.

Quando pensate a voi stessi come un individuo isolato, scendete automaticamente in una coscienza di paura, separazione e carenza. Potremmo dire che se accrescerete la consapevolezza mentale delle leggi della natura, senza superare la vostra paura, non sarete in grado di trasformare la vostra nuova consapevolezza in una vita più abbondante. Sarete presi dalla paura, e la vostra consapevolezza vi darà semplicemente dei mezzi più potenti per prendere l'abbondanza dagli altri. Quindi, l'aumento della consapevolezza non accrescerà l'abbondanza in questo mondo, ma farà solo aumentare la tensione e la violenza.

Potrete trascendere questa paura debilitante solo rendendovi conto che fate parte di un insieme più grande, che siete un'individualizzazione di Dio. Solo quando realizzerete e accetterete pienamente il fatto che siete una parte della creazione di Dio, voi crederete che è il piacere di Dio darvi il regno e che non dovete vivere nella carenza o prendere tutto con la forza. Quando avrete questo senso d'identità, questo senso d'unità con tutta la vita e con il vostro Creatore, automaticamente sperimenterete l'amore perfetto, l'amore incondizionato, che Dio nutre nei vostri confronti come un'estensione di se stesso. E questo è l'amore perfetto che caccerà via ogni paura dal vostro essere. Quando vincete la paura, il vostro approccio alla vita sarà basato sull'amore. Quindi, potrete seguire il comandamento di Gesù di amare Dio con tutto il vostro cuore, tutta la vostra anima e tutta la vostra mente, e di amare il vostro prossimo come voi stessi (Matteo 22:37). Tuttavia, qual è la chiave per sperimentare questo amore? Ah, non c'è forse un duplice senso in queste parole di Gesù? Non potremmo interpretare le parole "amate il prossimo come voi stessi" a significare che non dovreste solo amare il vostro prossimo allo stesso modo in cui amate voi stessi. Non potremmo considerare che potrebbe esserci un significato ancor più profondo, ossia che amate il vostro prossimo come voi stessi, perché vi rendete conto che il vostro prossimo *è* voi stessi. Vi rendete conto che voi e il vostro prossimo fate entrambi parte dello stesso Corpo di Dio ed entrambi provenite dalla stessa sorgente. Vi rendete conto con Gesù: "In quanto lo avete fatto a uno di questi miei minimi fratelli, l'avete fatto a me" (Matteo 25:40).

Per amare pienamente Dio con tutto il vostro cuore, con tutta la mente e con tutta l'anima, dovete riconoscere che Dio non è separato da voi, che Dio è una parte di voi, in quanto voi siete una parte di Dio. Siete un'individualizzazione di Dio e, pertanto, amate Dio come voi stessi, perché vi rendete conto che Dio è il vostro vero sé, la vostra vera identità. Questo dà origine allo stato d'unità con Dio, in cui non pensate più che il sé esteriore, il senso d'identità basato sulla separazione da Dio, sia colui che fa le opere. Invece, vi rendete conto che è il sé superiore, la Presenza IO SONO dentro di voi, che fa le opere, che è la causa prima, che è la sorgente di ogni dono buono e perfetto.

Miei amati, vedete quanto sono importanti queste considerazioni? Capite che queste idee sono invero l'anello mancante, che può permettervi di evolvere dalla coscienza di egoismo e d'egotismo alla coscienza di Cristo? Riuscite a vedere che questo è l'anello mancante che può permettervi di elevarvi dal livello di un animale intelligente al livello di un vero essere spirituale, di un vero co-creatore con Dio? E questo è davvero un salto altrettanto grande quanto il salto leggendario tra le scimmie e gli esseri umani, per il quale la scienza non ha trovato alcun anello mancante – perché l'anello mancante è un salto di coscienza.

***

Torniamo ora all'idea che gli esseri umani possono scendere molto al di sotto del livello della coscienza di Cristo. Quando scendete all'infimo livello, voi state invero funzionando come un animale, adattandovi ad un dato ambiente e prendendo con la forza qualunque abbondanza sia disponibile in quell'ambiente. Pertanto, la vostra coscienza è completamente centrata su voi stessi e sulla vostra sopravvivenza e sui vostri desideri. La vostra coscienza è totalmente focalizzata sull'universo materiale, il che significa che vedete soltanto la materia visibile e le condizioni della natura come mezzo per la realizzazione dei vostri desideri. Non avete la capacità di immaginare che qualcosa d'invisibile, qualcosa da un regno superiore, possa realizzare i vostri desideri. E non riuscite ad immaginare che potreste avere ciò che volete attraverso un potere più elevato della forza fisica.

Mentre crescete in consapevolezza, voi imparate che dietro ai fenomeni, che potete osservare coi vostri sensi, c'è una serie di principi guida, o leggi della natura. Quando cominciate a conoscere queste leggi, potrete usarle per realizzare i vostri desideri con un impegno minore. Potrete persino arrivare al punto in cui potrete soddisfare i vostri bisogni senza usare la forza, senza togliere nulla agli altri o senza prendere forzatamente da Madre Natura. Alcune culture hanno dimostrato di poter vivere in perfetta armonia con il loro ambiente, usando sempre risorse rinnovabili e mantenendo quindi una cultura per migliaia di anni, senza saccheggiare l'ambiente e senza distruggere la sua capacità di sostenerle.

Tuttavia, questo tipo d'armonia con la natura richiede una consapevolezza dell'insieme, che non può venire dalla mente ma soltanto dal cuore. Ciò che si vede nella società occidentale oggi è che l'aumento nella consapevolezza delle leggi della natura ha un lato oscuro. E' perfettamente possibile che le persone possano usare le leggi della natura per ottenere un vantaggio temporaneo, che ha delle conseguenze a lungo termine, che risultano distruttive per esse stesse o per le generazioni future. Siete ben consapevoli del fatto che la tecnologia moderna ha creato inquinamento, che ha delle conseguenze a lungo termine per l'ambiente e persino per i geni umani. E' stato soltanto alcuni decenni fa che l'umanità è diventato consapevole del fatto che la decomposizione di certi prodotti chimici, usati per uccidere insetti dannosi, richiedeva molto tempo, per cui essi sarebbero entrati nella catena alimentare, finendo col tempo nel corpo umano, con molte conseguenze negative. Oggi si vede una consapevolezza maggiore riguardo a come l'inquinamento causato dalla tecnologia moderna possa avere effetti a lungo termine sul clima globale, con la possibilità di creare persino delle condizioni climatiche devastanti.

Ciò che vedete qui è che la tecnologia basata sulla comprensione della natura, ma senza lo sviluppo del cuore, può davvero dare alla gente un vantaggio temporaneo ma, a lungo andare, fa diminuire la quantità di ricchezza materiale disponibile su questo pianeta. Potremmo dire che questo tipo di tecnologia è una tecnologia basata sulla forza. Le persone hanno imparato a manipolare le leggi della natura, ma lo fanno partendo da uno stato di carenza e di paura, che le induce a tentare di prendere il Cielo con la forza (Matteo 11:12). E dato che stanno utilizzando le loro capacità creative in maniera squilibrata, la Luce Ma-ter crea una reazione opposta che, alla fine, toglie la sicurezza che esse stanno cercando di costruirsi per mezzo della forza.

Questa è una chiara dimostrazione del fatto che se l'aumento della consapevolezza delle leggi della natura non è equilibrata con un aumento della capacitàdel cuore di amare qualcosa oltre al sé, allora non trascenderete lo stato di coscienza basato sulla paura che conduce all'uso della forza. Aumenterete invece il vostro potere di usare la forza, e Madre Natura rifletterà indietro a voi le vostre azioni sotto forma di una reazione opposta. Miei cari, quanto più potente è la vostra azione squilibrata, tanto più potente è la reazione da parte di Madre Natura, sotto forma dei cosiddetti disastri naturali. Ed è esattamente questo che state vedendo come risultato dell'abuso della tecnologia da parte dell'umanità. Ora capite che se l'aumento della consapevolezza non va in coppia con l'accrescimento dell'amore e del senso d'unità con tutta la vita, allora l'umanità non s'avvicinerà a manifestare effettivamente la coscienza di Cristo. Invece, l'umanità moltiplicherà i suoi poteri distruttivi e, in questo modo, gli uomini incrementeranno le reazioni da parte di Madre Natura, da parte della Luce Ma-ter stessa.

***

Per quanto devastante possa essere l'uso non equilibrato della tecnologia nel regno della materia fisica, devo dirvi che la crescita non equilibrata della consapevolezza può avere degli effetti molto più devastanti. Allo stadio più basso dell'evoluzione della coscienza umana ci sono delle persone che sono consapevoli soltanto del regno materiale, ossia vedono soltanto la materia fisica come risorsa per la realizzazione dei loro desideri. Se c'è qualcosa che esse non riescono a percepire coi propri sensi, sembra che questa cosa per loro non abbia alcun valore, e neppure un'esistenza. Queste persone possono procurarsi l'abbondanza soltanto dall'energia che è già manifesta come materia fisica, il che naturalmente limita la loro capacità di accumulare abbondanza. Esse devono prendere ciò che è già fisicamente manifesto e, pertanto, si mettono automaticamente in competizione con tutte le altre persone che si trovano allo stesso livello di consapevolezza.

Quando salite da questo livello di coscienza, voi diventate consapevoli del fatto che l'abbondanza va al di là di ciò che è visibile. Molte persone hanno già una certa consapevolezza dell'importanza dell'energia invisibile. Molti vedono l'importanza dell'utilizzo di una comprensione superiore per creare abbondanza da ciò che altri considerano di nessun valore. La maggioranza della gente non ha una comprensione chiara, consapevole, dell'energia psichica, non ha nemmeno la comprensione basilare che vi ho dato nelle chiavi precedenti. Tuttavia, alcuni hanno imparato a manipolare l'energia psichica in maniera subconscia, attraverso il potere della loro mente. Molte di queste persone hanno una comprensione puramente intellettuale del fatto che la materia è fatta d'energia e che le loro menti hanno il potere di manipolare energia. Queste persone non hanno, invero, lo sviluppo del cuore, ma hanno semplicemente una maggiore consapevolezza intellettuale dell'universo materiale e delle energie che fanno parte di questo universo. Esse sanno che l'universo materiale è più della materia fisica e che la chiave per accumulare quantità maggiori d'abbondanza sta nell'imparare a manipolare l'energia psichica attraverso la mente.

Purtroppo, questa accresciuta consapevolezza delle capacità della mente può essere ottenuta senza avere nel cuore un aumento della consapevolezza dell'insieme. Le persone possono imparare a manipolare l'energia psichica senza accrescere il loro amore per Dio o per il prossimo. Possono imparare a manipolare l'energia, mentre sono ancora completamente egocentriche ed egotiste. Ancora una volta, diamo un'occhiata ai due componenti che sono necessari per la manifestazione della coscienza di Cristo:

- Un'aumentata consapevolezza delle vostre capacità creative. Questa inizia con una conoscenza maggiore delle leggi della natura, che vi permette di accumulare abbondanza facendo un uso migliore della materia fisica. Il passo seguente è imparare ad usare la mente per usare l'energia psichica come base per generare abbondanza materiale.

- Un'aumentata consapevolezza di voi stessi come parte di un insieme più ampio e l'amore per quell'insieme come il vostro sé. Poi potrete usare le vostre capacità creative in armonia con le leggi di Dio, di modo che, mentre accrescete la vostra abbondanza personale, state incrementando la quantità totale d'abbondanza. Non state togliendo agli altri, ma state aggiungendo qualcosa alla somma d'abbondanza disponibile sulla Terra. Ciò culmina nella capacità di portare energia spirituale nello spettro di frequenze materiale, ed è questa la sorgente ultima dell'abbondanza.

Soltanto quando l'evoluzione della coscienza comprende entrambi gli elementi, sarete in grado di evolvere, uscendo dall'egoismo, e di evitare di cadere nella trappola di usare le vostre accresciute capacità creative in maniera egoista. Quello che sto spiegando qui è che, su questa Terra, ci sono certe persone che hanno ottenuto un altissimo grado di capacità di manipolare l'energia psichica. Con questo esse hanno ottenuto l'abilità di manipolare altre persone. Come ho spiegato, i vostri pensieri e i vostri sentimenti sono forme d'energia. Una persona, che abbia ottenuto la padronanza nel manipolare l'energia mentale ed emozionale, può in effetti manipolare i vostri pensieri e sentimenti. In questo modo la persona può controllarvi attraverso il vostro corpo mentale e il vostro corpo emozionale. Se volete un esempio ovvio di una persona che possedeva questa capacità, considerate il modo in cui Adolf Hitler fu in grado di manipolare gran parte della popolazione tedesca, trasformandola in stupidi robot, nel suo disegno per ottenere potere e controllo. Tuttavia, devo dirvi che nel mondo d'oggi esistono molte persone che hanno questa capacità, ed alcune di esse hanno imparato ad usarla dietro le quinte, in modo da non essere riconosciute dal pubblico. Alcune di esse usano questa capacità persino in un modo che le fa apparire come delle celebrità. Si tratta di persone che hanno imparato a far uso dell'energia psichica, che è stata portata nello spettro di frequenze materiale, ma la cui frequenza non è stata ancora abbassata allo spettro di frequenze della materia fisica. In altre parole, questa energia esiste ancora come potenziale per assumere forma fisica, ma la forma effettiva non è stata ancora definita. Questo significa che, imparando a manipolare questa energia, una persona può ottenere una certa padronanza del modo in cui l'energia viene manifestata come forma. Questo può permetterle di accumulare grandi ricchezze materiali, in parte manipolando altre persone perché facciano il lavoro effettivo che produce la ricchezza, ma concentrandola nelle mani della persona che sta muovendo i fili dietro le quinte.

Si tratta di persone che hanno ottenuto un alto grado di padronanza mentale della materia, la padronanza della mente sulla materia, eppure non hanno ottenuto il grado corrispondente di padronanza del cuore. Pertanto non si vedono come uno con Dio o come uno con il loro prossimo. Si vedono come separati da Dio, spesso in opposizione a Dio. Pensano di poter fare qualunque cosa desiderino, senza soffrirne le conseguenze, ed alcune di esse credono persino di essere così potenti da poter manipolare le leggi di Dio in modo da non raccogliere ciò che hanno seminato. Alcune hanno addirittura in programma di ribellarsi apertamente contro la legge di Dio e di creare un mondo in cui Dio non si trovi. Esse stanno infatti tentando di usare il potere delle loro menti per controllare tutte le altre persone su questo pianeta, per provare che questo mondo è una sfera in cui Dio non esiste e in cui un Creatore intelligente non è necessario. Questa è una chiara dimostrazione di ciò che vi ho detto prima, ossia che quando le persone non hanno il bastone guida assoluto della conoscenza della legge, che Dio ha messo nelle loro parti interiori, esse pensano di diventare una legge per se stesse. Usano la mente relativa, dualistica, per stabilire le proprie regole riguardo a ciò che è bene e male e, nella loro arroganza e cecità, pensano che la loro legge relativa abbia sostituito la legge assoluta di Dio.

Quello che vi sto dicendo qui è, che è possibile imparare ad utilizzare il potere della mente per manipolare l'energia psichica, senza avere il cuore espanso, che vi permette di usare l'energia in un modo che giovi all'insieme. In altre parole, potete manipolare l'energia in modo che realizzi i vostri bisogni e desideri egoistici, senza considerare le conseguenze che questo ha per il Corpo di Dio sulla Terra o per Madre Natura. Questo è il tipo di persone di cui parlava Gesù quando disse: "Se dunque la luce che è in te è tenebra, quanto grande sarà la tenebra" (Matteo 6:23) e "Il regno dei Cieli soffre la violenza e i violenti se ne impadroniscono" (Matteo 11:12). Il significato è che, se avete imparato ad usare l'energia psichica a scopi egoistici, allora state trasformando quell'energia in oscurità. E la quantità d'oscurità sarà grande quanto la quantità di luce che state alterando con il vostro tentativo, basato sulla paura, di prendere con la forza quello che Dio vi darebbe liberamente – se foste disposti a trascendere il vostro senso di separazione da Dio.

***

Miei amati, vedete il punto importante qui? Quello che sto dicendo è che la crescita della consapevolezza delle vostre capacità creative fa parte del cammino verso la coscienza di Cristo. Tuttavia, se quella consapevolezza è limitata alla mente e non è equilibrata dalla crescita del cuore, allora è possibile che le persone possano fare cattivo uso delle loro capacità creative ed usarle a scopi egoistici. Quando raggiungete la coscienza Cristica equilibrata, nella quale la crescita della consapevolezza della vostra creatività è equilibrata dall'amore del cuore, userete le vostre capacità creative esclusivamente in armonia con le leggi di Dio. Non cercherete di realizzare desideri egoistici, egotistici, perché vi renderete conto che non siete un individuo separato. Siete una parte di Dio e quindi parte del Corpo di

Dio. Pertanto, ciò che è meglio per voi è anche meglio per l'insieme. E, invero, quando superate la coscienza egoista di paura, vi rendete conto che non esiste alcun conflitto tra i vostri veri desideri personali e ciò che è bene per l'intero Corpo di Dio sulla Terra. Voi fate parte dell'insieme, per cui solo magnificando l'insieme potrete essere veramente realizzati.

E' invero possibile realizzare i vostri desideri personali in modo che aumenti la quantità totale d'abbondanza in questo mondo e, pertanto, ingrandisca l'insieme. Tuttavia, quando non avete un'intensificazione dell'amore nel cuore – che vi dà il senso dell'unità con l'insieme – potete rimanere intrappolati nella mente. Allora incominciate a credere nella falsa idea che avete il diritto di esercitare i vostri poteri mentali senza considerare l'insieme. Vedete, miei cari, quando avete la piena coscienza di Cristo, avete la piena consapevolezza di voi stessi come un'estensione di Dio. Perciò, avete il perfetto equilibrio tra i vostri desideri personali e ciò che è bene per tutte le altre persone. Sapete inoltre come realizzare i vostri desideri personali in un modo che sia in armonia con le leggi di Dio – leggi che sono progettate per assicurare il bene supremo dell'insieme. Questo equilibrio viene ottenuto attraverso la mente di Cristo. E allora, che cos'è la mente che vi permette di manipolare l'energia senza considerare l'insieme? Che cos'è la mente che vi permette di usare l'energia di Dio per creare delle forme, che non sono in allineamento con le leggi di Dio? Bene, miei amati, non si tratta forse della mente dell'anti-cristo? E, quindi, non è forse proprio la coscienza dell'anti-cristo la mentalità che permette ad una persona di manipolare l'energia, senza dare a quella persona l'amore del cuore per usare l'energia in armonia con le leggi di Dio?

Miei cari, capite quanto sia importante questa cosa? Vi ho detto in precedenza che alcuni dei falsi guru, nel campo della prosperità, hanno scoperto dei modi per manipolare l'energia psichica, usandola per manipolare altre persone o persino per manipolare la materia fisica, affinché possano attrarre a sé l'abbondanza. Tuttavia, se non hanno una consapevolezza accresciuta del cuore, queste persone stanno in effetti attirando l'abbondanza attraverso la mente dell'anti-cristo. Stanno usando il potere della loro mente per manipolare l'energia in un modo che non è per nulla in armonia con le leggi di Dio, la più importante delle quali è la Legge dell'Amore, che crea armonia tra l'individuo e l'insieme.

Sebbene sia consapevole che per alcune persone questo argomento sembrerà spiacevole e potrebbe generare un po' di paura, è importante che lo esaminiate. In realtà, non c'è alcun bisogno di temere le forze dell'anti-cristo, quando avete la consapevolezza del modo in cui agiscono. E' da temere soltanto ciò che è sconosciuto, perché se non capite in che modo certe forze stanno cercando di manipolarvi, come potete difendervi da esse? Tuttavia, quando vedete in trasparenza la mentalità dell'anti-cristo, potete evitare di essere manipolati o tentati da persone che sono intrappolate in quella mentalità. Perciò potete respingere il diavolo, come fece Gesù quando venne tentato dopo la permanenza nel deserto (Matteo 4:1). E solo respingendo la mentalità dell'anti-cristo, che ha pervaso quasi tutti gli aspetti della vita su questo pianeta, potrete liberarvi da questa mentalità.

Miei amati, come potete sperare di ottenere la coscienza di Cristo, se non vi liberate dalla mentalità dell'anti-cristo? Vedete, questo è semplicemente impossibile. Poiché, come ha detto Gesù, voi non potete servire due padroni (Matteo 6:24). Non potete servire Dio e mammona, non potete servire Dio attraverso la coscienza di Cristo – che cerca ciò che è meglio per tutti – e, allo stesso tempo, servire mammona – ossia la coscienza d'egoismo – attraverso la mente dell'anti-cristo.

Quindi dovete scegliere oggi chi volete servire (Giosuè 24:15), se volete servire la coscienza della vita, ossia la coscienza di Cristo, o volete servire la coscienza della morte, che è la coscienza dell'anti-cristo. Ed io dico, come disse Mosè (Deuteronomio 30:19): "Scegliete la vita – scegliete la coscienza di Cristo, che è l'ingresso alla vita eterna, alla vita eterna d'unità con la vostra sorgente e con tutta la vita."

Quello che sto dicendo qui è che certamente potete continuare, per il resto della vostra vita, ad accrescere la vostra consapevolezza dell'energia psichica e di come manipolare quell'energia per creare abbondanza materiale per voi stessi. Tuttavia, fino a quando sarete intrappolati nella coscienza dell'anti-cristo, sarete intrappolati nella coscienza di dualità. Pertanto, nessuna delle vostre azioni sarà in armonia con le leggi di Dio. E ciò che non è in armonia con le leggi di Dio, crea un impulso sbilanciato, il che significa che, per mantenere l'equilibrio nell'universo, la Luce Ma-ter stessa creerà un impulso opposto.

Quello che desidero sottolineare qui è, che è davvero possibile per voi usare la coscienza dell'anti-cristo per accumulare, temporaneamente, abbondanza materiale o potere su questa Terra. Come vi ho spiegato in precedenza, l'universo materiale è stato progettato con un certo fattore ritardante, e questo significa che è possibile per un essere consapevole di sé abusare dei propri poteri creativi e creare delle forme che non sono in allineamento con le leggi di Dio. Grazie al fattore ritardante, inserito nell'universo materiale, tali forme sbilanciate non si autodistruggeranno all'istante. Possono esistere per qualche tempo e, pertanto, vi è possibile usare la mente dell'anti-cristo per creare abbondanza materiale che potrebbe durarvi per il resto di questa vita. Ma vi posso assicurare che la Bibbia ha ragione quando afferma che così come seminate, così raccoglierete (Galati 6:7). E posso dirvi che la Bibbia è nel vero anche quando afferma che esiste vita dopo la morte del corpo fisico (Matteo 16:28). Questo significa che se non mietete quello che avete seminato, mentre il vostro corpo fisico è ancora vivo, allora di sicuro il vostro flusso di vita raccoglierà in futuro ciò che avete seminato.

***

So che, se siete cresciuti in una cultura cristiana tradizionale, siete stati programmati a credere che avete solamente una vita qui sulla Terra. Ma devo dirvi che questa è invero una falsa idea, che è entrata nella religione cristiana grazie all'influenza di persone che erano intrappolate nella coscienza dell'anti-cristo. Come ho cercato di spiegare, la coscienza dell'anti-cristo vede il sé individuale come separato dall'insieme, per cui la coscienza dell'anti-cristo è la fonte di ogni egoismo. Quanto più si fa intrappolare nella coscienza dell'anti-cristo, tanto più egoista diventa la persona, e la coscienza dell'uomo delle caverne ne è l'esempio estremo. Quando siete centrati su voi stessi, non riuscite a vedere al di là dei vostri desideri immediati e, quindi, non potete accettare l'idea che le vostre azioni abbiano delle conseguenze alle quali non potete sfuggire. Una persona estremamente egoista non può accettare la verità, che mieterete sicuramente in una vita futura ciò che seminate in questa vita. Ed è precisamente per questo che la verità riguardante la reincarnazione fu tolta dal cristianesimo ortodosso, come ho spiegato più dettagliatamente nel mio primo libro (*Save Your Planet* ['*Salvate il vostro Pianeta*'; *non ancora tradotto in italiano*]. *Ndt*).

Persino il cristianesimo ortodosso insegna che l'anima sopravvive alla morte del corpo fisico. Eppure il cristianesimo ortodosso non riesce a spiegare il fatto che alcuni bambini nascono con malattie invalidanti, mentre altri nascono perfettamente sani. Secondo le dottrine ortodosse, non esiste una spiegazione logica per questo fatto osservabile. Questo ha indotto molti cristiani a dedurre che Dio debba essere un Dio ingiusto, che punisce bambini innocenti, apparentemente senza motivo alcuno. Tuttavia, la realtà è che Dio non punisce nessuno. Come ho spiegato, Dio ha semplicemente stabilito un universo che agisce da specchio, e quindi l'universo vi rimanda indietro qualunque cosa ci emettiate. Quando usate le vostre capacità creative in un modo che non è in armonia con le leggi di Dio, voi create un'azione sbilanciata. Per mantenere l'equilibrio nell'universo, lo specchio cosmico crea una reazione opposta. Eppure questa reazione non cancellerà all'istante le vostre azioni. Come ho detto, c'è un fattore ritardante insito nell'universo, e lo scopo è quello di darvi delle maggiori opportunità d'apprendimento.

Se non ci fosse alcun ritardo, molte delle vostre azioni genererebbero un ritorno che vi ucciderebbe all'istante. Ma grazie al ritardo, potete sbagliare senza distruggervi immediatamente e senza perdere l'opportunità di imparare. Avete, invece, un po' di tempo tra l'errore e la corrente di ritorno dall'universo. Così potete crescere in consapevolezza, di modo che quando la reazione vi ritornerà, avrete trasceso la coscienza che ha causato l'azione originale. E se vi elevate davvero al di sopra di quello stato di coscienza, Dio ha la possibilità di allontanare o di ridurre la reazione da parte dell'universo, così che voi potete continuare con l'opportunità di crescere nella vostra attuale vita, senza che questa venga interrotta dalle vostre azioni di una vita precedente. Questo ha perfettamente senso quando vi rendete conto che l'unico desiderio di Dio è che voi cresciate trascendendo costantemente il vostro stato di coscienza, il vostro senso d'identità. Dio non è il Dio collerico e punitore descritto da tante religioni.

Il punto è che le condizioni, che sperimentate in questa vita, non sono una punizione di Dio e non sono i risultati di un gioco d'azzardo. Sono gli effetti delle cause che avete messo in moto nelle vite precedenti attraverso le scelte che avete fatto in quelle vite. Perciò la vostra attuale situazione non è stata creata da Dio; è stata creata dal vostro stesso sé, e così state mietendo ora ciò che avete seminato in passato. Perché è importante che comprendiate questo? Bene, è importante perché, se non vi rendete conto che ciò che state sperimentando in questa vita è l'effetto delle cause che avete messo in moto in passato, come potete superare la sensazione di essere vittime di forze che non sono sotto il vostro controllo? Come ho spiegato molte volte, siete destinati ad essere co-creatori con Dio. Pertanto, se dovete sperimentare l'abbondanza nella vostra vita, non potete solo aspettare passivamente che Dio faccia cadere quell'abbondanza tra le vostre braccia. Dovete assumere un ruolo attivo e riallinearvi con le leggi di Dio, con la vostra Presenza IO SONO, affinché possiate diventare la porta aperta attraverso cui la vostra Presenza IO SONO potrà fluire nel vostro mondo e manifestare l'abbondanza.

Ma la maggior parte delle persone nel mondo d'oggi, siano esse cresciute in una religione ortodossa o nella scienza materialistica, è stata programmata a credere di essere vittima di forze che non possono controllare. O sono vittime di un Dio collerico e giudicante, o sono vittime delle leggi della natura, che sono al di fuori del controllo umano. Fintantoché vi trovate in questo stato di coscienza e credete di essere vittime indifese di forze che non potete controllare, come potreste possibilmente diventare un co-creatore e manifestare l'abbondanza nella vostra vita per mezzo dei vostri sforzi? Tutto quello che potete fare è adottare un approccio passivo e sperare in un qualche miracolo che manifesti l'abbondanza nella vostra vita.

Miei amati, questa mentalità è esattamente ciò che rende molte persone vulnerabili ai falsi guru che promettono uno schema di arricchimento rapido. Quando pensate che la vostra unica opzione per produrre abbondanza sia quella di trovare una scorciatoia, che porti abbondanza attraverso un qualche indescrivibile miracolo, sarete facilmente influenzati dalle vuote promesse di coloro i quali sostengono di aver scoperto una scorciatoia del genere. Sarete una preda facile per coloro i quali sostengono di potervi insegnare come usare la vostra mente per attirare abbondanza. Ma essi non vi informeranno delle conseguenze a lungo termine, né vi diranno che il loro sistema funziona attraverso la mente dell'anti-cristo.

***

Il mio proposito è di offrirvi, con questo libro, un sentiero vero e scientifico verso un'abbondanza duratura. Il mio scopo non è quello di mostrarvi una scorciatoia verso una qualche abbondanza temporanea. Il mio scopo è quello di mostrarvi il vero sentiero che porta alla vita abbondante, che può essere mantenuta indefinitamente, purché rimaniate nella coscienza di Cristo. Ed ecco perché è necessario che io esponga la falsità, non solo dei falsi guru, ma anche dell'intera mentalità dell'anti-cristo, che vi impedisce di mantenere il vostro legittimo ruolo. E, come ho detto molte volte, il vostro vero ruolo è quello di essere un co-creatore consapevole, che può rivolgersi al regno spirituale e portare altra energia spirituale nello spettro di frequenze materiale. Questa è l'unica maniera di aumentare la quantità totale di abbondanza disponibile sulla Terra, e non è semplicemente possibile farlo attraverso la mente dell'anti-cristo. Le persone che hanno questa mentalità, non possono raggiungere il regno spirituale. Quando siete intrappolati nella coscienza di separazione, che vi porta a negare la vostra unità con Dio, come potreste possibilmente stabilire una connessione con la vostra Presenza IO SONO e diventare la porta aperta per la luce di Dio? Questo non può essere fatto, e così la mente dell'anti-cristo non può arrivare mai oltre lo spettro di frequenze materiale. E' per sempre condannata a prendere l'abbondanza da questo mondo, dovendo quindi prenderla con la forza.

Potremmo dire che Dio ha costruito un altro meccanismo di sicurezza nel disegno dell'universo. Il potere creativo ultimo è quello di portare energia spirituale nello spettro di frequenze materiale. Tuttavia, non è semplicemente possibile che questo venga fatto da una mente che è intrappolata nell'egoismo e, pertanto, probabilmente userebbe tale energia a scopi egotistici. Una mente del genere può manipolare l'energia psichica, ma non ha accesso all'energia spirituale. Soltanto una mente che avrà superato l'egoismo, attraverso un senso d'unità con Dio e con il Corpo di Dio, avrà accesso all'abbondanza infinita di Dio.

Ora possiamo vedere che persino coloro i quali hanno ottenuto un alto grado di padronanza dell'energia psichica, non hanno ancora ottenuto la capacità di rivolgersi al regno spirituale per portare giù altra energia di Dio. Hanno ottenuto la padronanza che permette loro di accumulare abbondanza attingendo alla risorsa maggiore di energia psichica, energia che va oltre la materia fisica, ma che è tuttavia al di sotto dell'energia spirituale. Pertanto, tali persone possono manifestare più abbondanza di quanta voi potreste mai manifestare lavorando a livello della materia fisica. Ma non fatevi ingannare pensando che tali persone abbiano la vera maestria spirituale o che abbiano la coscienza di Cristo. Sebbene le loro imprese possano sembrare impressionanti da un punto di vista esteriore, esse sono come nulla nella luce della verità di Dio. Invero, è per questo che Gesù mise in guardia contro i falsi profeti (Matteo 7:15), che sarebbero venuti in suo nome, alcuni dei quali sarebbero stati in grado di mostrare segni e miracoli, ma che sotto la superficie sono come lupi rapaci, perché non hanno amore nei loro cuori.

Persone del genere non hanno fatto nulla per accrescere la quantità totale d'abbondanza in questo mondo. Hanno semplicemente imparato a manipolare l'energia psichica, che già esiste nello spettro di frequenze materiale. Possono fare questo solo per mezzo della forza, il che significa che esse o prendono l'energia psichica da altre persone o usano l'energia psichica per manipolare le altre persone, in modo che facciano il lavoro fisico e poi consegnino i frutti delle loro fatiche all'élite di potere. Ecco perché la vera lotta di potere sulla Terra è una lotta per l'energia, compresa l'energia psichica.

Ancora una volta devo dirvi la verità, che avete due modi per manifestare l'abbondanza. Potete invero seguire i falsi guru e usare la mentalità dell'anti-cristo per generare un'abbondanza materiale temporanea per voi stessi. Così facendo potreste essere in grado di accumulare grandi ricchezze nel corso di questa vita. Miei amati, sto semplicemente dicendovi la verità qui – sono completamente onesta con voi. Alcuni dei falsi guru là fuori vi stanno dicendo davvero la verità, quando dicono di aver scoperto un sistema con il quale è possibile manifestare l'abbondanza attraverso il potere della mente. Quindi, si potrebbe dire che essi non sono dei falsi guru, nel senso inferiore che stiano facendo una falsa promessa. Vi stanno dicendo che hanno un sistema che vi metterà in grado di manifestare la ricchezza, e quest'affermazione è vera. Tuttavia, non vi dicono nulla delle conseguenze a lungo termine. Non vi dicono che, se seguite il loro sistema, vi legate alla coscienza dell'anti-cristo e, inevitabilmente, raccoglierete ciò che avrete seminato, o in questa vita o in una vita futura.

Sono qui per dirvi che esiste un'alternativa, con la quale potete manifestare l'abbondanza senza essere intrappolati dalla coscienza dell'anti-cristo. Questa è la vera chiave – non solo per una temporanea abbondanza materiale, ma per una vita d'abbondanza permanente, per la vita eterna. Questa è la vera chiave che vi condurrà via dalla morte, via dalla coscienza di morte, e vi farà entrare nella vita eterna della coscienza di Cristo. E quando raggiungete lo stato d'unità, che è il regno di Dio, tutto il resto sarà, invero, datovi in aggiunta (Matteo 6:33).

Miei cari, presumo che, se state leggendo questo libro, già sapete nel vostro cuore che non avete alcun desiderio di imparare a manipolare l'energia psichica attraverso la coscienza dell'anti-cristo. Sapete benissimo che volete venire a casa, nel regno di vostro Padre, e perciò non state cercando scorciatoie. E' con grande amore che mi rivolgo a voi e vi tendo la mia mano, affinché possa condurvi ad una comprensione maggiore di ciò che occorre per superare la coscienza dell'anti-cristo e per manifestare la coscienza di Cristo. Nelle prossime chiavi vi spiegherò come poter seguire l'invito di Paolo ad "avere in voi la stessa mente che è stata anche in Cristo Gesù" (Filippesi 2:5).

Chiave 8
Se nessun umano è un'isola, come faccio a trovare il mio posto nel mare?

Mio amato cuore, lasciate che vi parli dell'essenza della coscienza di Cristo. Quando il vostro Creatore decise di creare delle individualizzazioni di se stesso, si potrebbe dire che ne nacque un certo dilemma. Questo dilemma è: come equilibrare la relazione tra un'individualizzazione dell'insieme e l'insieme stesso, in modo che l'individuo non si senta separato dall'insieme o non agisca in modi che, anziché magnificare, sminuiscono l'insieme.

Il vostro Creatore ha uno stato di coscienza che è onnicomprensivo. Tutto del mondo della forma è contenuto dentro la coscienza del vostro Creatore – in quanto il vostro Creatore ha creato ogni cosa dalla sua stessa sostanza, dal suo Essere e dalla sua coscienza. Parimenti, ogni cosa creato dai co-creatori consapevoli di sé – da individualizzazioni del Creatore – è stato creato dall'Essere di Dio. Quindi il vostro Creatore è in tutto quello che è stato creato, per cui il vostro Creatore ha la consapevolezza di essere il Tutto e di essere in tutto. Infatti, non è proprio esatto dire che il Creatore crei forma. Sarebbe più corretto dire che il Creatore si manifesta come una certa forma. Il Creatore assume una certa forma e si riveste di limitazioni, senza perdere la sua Integrità. Una volta portata in esistenza, una forma esiste proprio perché ha certe caratteristiche che la separano da:

- Il Tutto di Dio, in cui non esiste alcuna forma.
- Il vuoto, in cui esiste solo oscurità e quindi nessuna forma.
- Altre forme nel mondo della forma.

Quindi l'essenza stessa di una data forma è, che essa è definita da caratteristiche individuali che la separano, la distinguono. Se quella forma non avesse alcuna caratteristica, si troverebbe ancora dentro al Tutto e, quindi, non esisterebbe come una forma distinta. Quando il Creatore si manifesta come un essere consapevole di sé, quell'essere deve necessariamente avere caratteristiche individuali. Se non avesse alcuna individualità, l'essere non esisterebbe come un essere distinto, ma sarebbe ancora indifferenziato dal Tutto dell'Essere di Dio. Quando si tratta di forme inanimate o di esseri che non hanno consapevolezza di sé (come gli animali), l'esistenza di caratteristiche individuali non pone un problema, in quanto la differenziazione dal Tutto non può portare mai alla separazione dal Tutto. Tuttavia, quando si parla di esseri consapevoli di sé, nasce un problema potenziale, una sorta d'enigma.

Un essere consapevole di sé può esistere solo in quanto ha la consapevolezza di sé; è conscio della sua stessa esistenza. Quindi si potrebbe dire che il nucleo stesso della vostra identità sia la vostra consapevolezza di esistere come un essere distinto, con caratteristiche individuali e col potenziale di esprimere quelle caratteristiche per mezzo dei vostri poteri creativi. Questo è esattamente ciò per cui siete stati creati, per esprimere, cioè, la vostra individualità e co-creare così il regno di Dio ovunque vi troviate, anche sul pianeta Terra. Tuttavia, siete stati creati anche per esprimere la vostra individualità come parte del Tutto e come parte del Corpo di Dio, parte della famiglia di co-creatori che esiste nel mondo della forma. E quindi non siete stati creati per esprimere la vostra creatività come se esisteste in un vuoto. Siete stati creati per esprimere la vostra individualità in un modo che valorizzi l'insieme di cui fate parte – e da cui non potete essere mai separati.

Come ho spiegato in precedenza, voi potete funzionare come co-creatori con Dio solo perché avete immaginazione e libero arbitrio. E il modo in cui esprimete la vostra immaginazione e il vostro libero arbitrio è un'espressione della vostra consapevolezza di voi stessi. Il modo in cui vedete voi stessi è ciò che determina come usate la vostra immaginazione per visualizzare delle forme, che non sono ancora manifeste. Determina anche il modo in cui usate la vostra volontà per decidere quali forme manifestare o quali forme potete e non potete manifestare. Quindi, fintantoché il vostro senso di consapevolezza di voi stessi sarà in allineamento con la realtà di Dio, vale a dire che siete parte del Tutto e parte del Corpo di Dio sulla Terra, la vostra espressione individuale sarà in allineamento con l'insieme. Ciò nondimeno, il fatto stesso che abbiate un'immaginazione illimitata significa che potete immaginare un senso di consapevolezza di sé come un essere separato dal Tutto di Dio e come un essere separato da, persino in competizione con, altri esseri consapevoli di sé. Il fatto che abbiate una volontà illimitatamente libera significa che potete scegliere di accettare come reale tale immagine limitata di voi stessi e, quindi, potete creare una nuova immagine di voi stessi, basandovi sulla separazione, anziché sull'originale senso di unità con il quale siete stati creati.

Miei amati, questa possibilità è un aspetto inevitabile del fatto che vi è stato dato il libero arbitrio e l'immaginazione. Eppure non è inevitabile che scegliate di usare le vostre capacità creative per generare un'immagine così limitata di voi stessi. Infatti, Dio ha fatto tutto il possibile per rendere facile per voi mantenere una corretta immagine di voi stessi e costruire su quell'immagine, per diventare più di quanto foste creati per essere – anziché creare una falsa immagine di voi, che vi rende inferiori a quanto foste creati per essere.

***

La domanda essenziale è: come può un essere consapevole di sé evitare di agire come se fosse separato da Dio, come se fosse disgiunto da Dio, o di agire come se fosse l'unico essere consapevole di sé nell'universo o l'unico essere che abbia importanza. Sono sicura che riusciate a vedere questo dilemma. Dio ha creato un gran numero di esseri consapevoli di sé, che sono destinati ad agire da co-creatori. Nessuno di questi esseri consapevoli di sé è stato creato come un'isola. Nessun essere è stato creato per esistere da solo o indipendentemente da Dio o dagli altri. Nessun essere è stato creato come il figlio prediletto, che potesse agire da re, con tutti gli altri esseri consapevoli di sé dei meri servitori di costui. Invero, come dice la Bibbia: "Dio non fa preferenze di persone" (Atti 10:34). Il Creatore ama tutti i suoi co-creatori con un amore infinito. E quando l'amore è infinito e incondizionato, non possono esserci dei confronti e quindi non esistono figli o figlie prediletti. Tutti sono amati con lo stesso amore, in quanto sono di uguale valore e di uguale importanza agli occhi del Creatore. Come può essere altrimenti, quando ogni essere consapevole di sé è stato creato dalla sostanza del Creatore e, quindi, è invero il Creatore che si manifesta come quell'essere individualizzato?

Tuttavia, una volta che il Creatore ha dato ad un essere consapevole di sé l'immaginazione e il libero arbitrio, diventa possibile che quel co-creatore possa separarsi dall'insieme e iniziare ad agire come se fosse disgiunto dagli altri, anche più importante degli altri. Vedete, nell'atto di separarsi dall'insieme, l'essere consapevole di sé assaggia il "frutto della conoscenza del bene e del male" (Genesi 2:17), che in realtà significa il bene e il male *relativi*. In questa coscienza di dualità i confronti sono possibili e quindi un co-creatore può costruire un'immagine di sé come un essere migliore o più importante degli altri. Perciò, l'essere potrebbe costruire il desiderio di dominare gli altri e di controllare l'insieme, anziché operare per ingrandire l'insieme.

Se un co-creatore accetta come realtà quest'immagine dualistica di se stesso, egli inizierà ad agire come se questa fosse la realtà. A poco a poco, un co-creatore può diventare talmente centrato su questa "realtà", che si è costruita da solo, da dimenticare la sua vera identità. Così, un co-creatore – che era destinato a mantenere sempre la propria consapevolezza di essere un'individualizzazione di Dio – può perdere quello stato di unità, può perdere quello stato di Grazia, e quindi cadere in un limitato senso d'identità come un essere separato, che è disgiunto da Dio e disgiunto dal Corpo di Dio.

Miei amati, capite che questa è una possibilità che nasce nel momento stesso in cui Dio crea degli esseri che hanno la consapevolezza di sé, l'immaginazione e il libero arbitrio? Ovviamente, Dio non ha alcun desiderio di vedere alcuno dei suoi figli o delle sue figlie perdersi in un senso d'identità inferiore. Come ho detto molte volte, è il buon piacere del Padre darvi il regno, ma voi potete ricevere quel regno solo quando vedete voi stessi come un figlio o una figlia di Dio, che è in grado e degno di ricevere quel regno. Quindi se rimanete intrappolati in un senso d'identità inferiore, in cui vedete voi stessi come separati dall'insieme – e pertanto pensate o di essere indegni di ricevere l'abbondanza di Dio o di non avere diritto a tutto di essa –, non potete ricevere la pienezza del regno.

Ovviamente, questo non è ciò che Dio vuole che accada, quindi com'è possibile evitarlo? Bene, in realtà non sarà mai possibile escluderlo come possibilità. L'unico modo di togliere la possibilità che voi possiate rimanere intrappolati in uno stato d'identità inferiore, è quello di togliervi l'immaginazione e il libero arbitrio. Se non avete la capacità d'immaginare un limitato stato d'identità e se non avete la volontà di accettarlo come reale, allora non potete perdervi. Tuttavia, se non avete queste facoltà creative, non potete servire come co-creatori con Dio e pertanto non potete diventare di più. Non potete servire in modo da espandere l'intensità della luce di Dio per riempire di luce il vuoto. E, naturalmente, diventare di più e riempire il vuoto è lo scopo stesso dell'esistenza.

***

La domanda che Dio si trova ad affrontare è, come rendere il più sicuro possibile per voi esercitare la vostra creatività, ossia come far sì che possiate farlo senza dimenticare le vostre origini, la vostra sorgente. Mentre questo problema non ha una soluzione assoluta – in quanto voi avete sempre il libero arbitrio -, esiste una soluzione che è assoluta, nel senso che non potete perdere mai il potenziale di rivendicare la vostra vera identità. Dio ha progettato un modo ingegnoso per rendere possibile per voi ritornare sempre al suo regno, non importa quanto vi sarete allontanati da esso nella coscienza.

Come ho accennato prima, l'unico Creatore dette inizio al processo creativo generando due forze complementari. Nella religione del Taoismo, queste forze sono state chiamate lo Yin e lo Yang, ma a me piace chiamarle la forza espansiva del Padre e la forza contraente della Madre. Può darsi che queste due forze sembrino essere opposte, ma questa non è una verità incondizionata. Sebbene all'apparenza abbiano direzioni opposte, in realtà sono forze complementari. Non si cancellano a vicenda, ma si equilibrano a vicenda. E' quando le forze sono perfettamente equilibrate che si crea una forma sostenibile. Ma che cosa significa che qualcosa è sostenibile?

La chiave sta nel capire lo scopo stesso della creazione, che è espandere la luce di Dio, espandere il regno di Dio, per riempire il vuoto. Quindi lo scopo è una crescita costante, una costante trascendenza di sé. Il ruolo della forza espansiva è quello di spingere la creazione in una direzione espansiva, verso l'esterno, cosicché essa non sta mai ferma, cosicché non rimane mai confinata in una particolare forma, ma cresce sempre per diventare di più.

Come ho detto prima, per creare qualsiasi cosa dalla singolarità del Creatore, deve esserci una forza uscente. Ma se la forza uscente fosse l'unica forza, la creazione non sarebbe altro che una continua esplosione, in cui nessuna forma distinta sarebbe possibile. Quindi la forza contraente della Madre equilibra la forza espansiva del Padre, e quando c'è equilibrio, è possibile creare forme che sono sostenibili. Quindi, ciò che vediamo è che queste due forze prime della creazione forniscono la base per la creazione di forma. Tuttavia, la chiave essenziale per una creazione riuscita è il corretto equilibrio tra le due forze di base. Se la forza espansiva diventa troppo forte, tutte le forme saranno fatte a pezzi. Se la forza contraente diventa troppo forte, la crescita si ferma e, alla fine, tutte le forme collasseranno su se stesse e la Luce Ma-ter ritornerà al suo stato di base. Perciò, deve esserci qualcosa che possa mantenere il corretto equilibrio tra le due forze e assicurare una creazione che sia sostenibile, senza stare mai immobile. In altre parole, la sostenibilità non significa uno stato d'immobilità; significa costante trascendenza di sé. Perché è così? Perché la definizione stessa della vita è qualcosa che cresce, qualcosa che è costantemente intenta a trascendere se stessa, qualcosa che è sempre intenta a divenire un altro po' di Dio in manifestazione per potere quindi sostituire l'oscurità che c'è nel vuoto.

Si potrebbe dire che né la forza espansiva né quella contraente possano creare forma in se stesse. La forza espansiva espanderà sempre, e la forza contraente contrarrà sempre e, in entrambi i casi, ogni forma, ogni struttura, viene distrutta. Per poter essere creata, una forma deve prima esistere come potenziale, come un'immagine mentale. Quest'immagine deve equilibrare le due forze in modo che la forma possa essere sostenuta in uno stato dinamico, in cui la forma non è statica ma è una piattaforma per un ulteriore crescita. Vi ho detto che la forza contraente della Madre è insita nella Luce Ma-ter. Potremmo paragonare questo ad un oceano che è calmo e senza onde.

La forza espansiva del Padre è come il vento che soffia sull'oceano e agita le onde. E queste onde, nell'infinito oceano di luce, sono ciò che appare come forme distinte. Tuttavia, la Luce Ma-ter ha il potenziale di assumere qualsiasi forma, e alcune di quelle forme possono cancellarsi a vicenda, come possono cancellarsi le onde dell'oceano. Che cos'è che determina dunque il modo in cui le forme specifiche vengono portate in esistenza? Le caratteristiche di una forma specifica devono esistere come potenziale, prima che quella forma venga imposta sulla Luce Ma-ter. In altre parole, la forza espansiva del Padre deve avere una matrice in cui fluire, affinché possa agitare la Luce Ma-ter in modo da farle assumere una particolare forma, anziché farle subire un'esplosione indiscriminata.

Né la forza espansiva né la forza contraente possono creare un'immagine mentale del genere e usarla per dirigere la forza espansiva nella Luce Madre. Un'immagine del genere può essere mantenuta solo in una mente consapevole di sé, una mente che abbia l'immaginazione per visualizzare un'immagine e la volontà per imporla sulla Luce Ma-ter. Una mente del genere deve avere anche una consapevolezza di sé, che la renda consapevole della propria esistenza e della propria capacità di usare le forze basilari della creazione. Ovviamente, il Creatore ha una mente del genere, ma il Creatore non voleva creare ogni cosa da solo. Così, il Creatore decise di manifestarsi come esseri individuali che potessero agire da co-creatori. Questi esseri hanno la capacità mentale di visualizzare l'immagine di una forma, che non è ancora manifesta, e poi possono proiettare quell'immagine sulla Luce Ma-ter. Mentre la forza espansiva del Padre fluisce nella matrice, la Luce Ma-ter assume la forma corrispondente. Ma che cos'è che dà questa capacità ai co-creatori? E' il fatto che essi sono stati creati da, sono individualizzazioni di, un altro aspetto di Dio, un'altra estensione del Creatore, ossia di ciò che la Bibbia chiama il Verbo o il Figlio unigenito del Padre, pieno di grazia e verità (Giovanni 1:14).

***

Miei amati, sono consapevole del fatto che molti cristiani sono arrivati a credere, che Gesù Cristo fosse il Figlio unigenito di Dio o che fosse Dio sin dall'inizio. Questa è un'idea che non è incondizionatamente vera. Come vi ho spiegato, ogni essere consapevole di sé, che sia mai stato creato, è un figlio o una figlia di Dio. Tutto quello che sia stato mai creato è venuto fuori dall'Essere e dalla coscienza di Dio e, pertanto, da un certo punto di vista, si potrebbe dire che è stato Dio sin dal principio. Tuttavia, nel momento in cui una forma o un essere individualizzato viene in essere, esso assume caratteristiche distinte e quindi non è più il Tutto di Dio. Questo è ugualmente vero per Gesù Cristo quanto per voi. Gesù nacque dal Tutto di Dio, ed egli era ed è un figlio di Dio. Ma anche voi siete nati dal Tutto e anche voi siete un figlio o una figlia di Dio. Gesù ha pure confermato la sua uguaglianza con tutta la vita nell'affermazione: "In quanto lo avete fatto a uno di questi miei fratelli più piccoli, l'avete fatto a me" (Matteo 25:40).

Miei cari, se siete cresciuti nell'idolatria promossa dal cristianesimo ortodosso, potreste considerare blasfeme le mie affermazioni. Tuttavia posso assicurarvi che Gesù non si mise mai in disparte dagli altri, e non si mise allo stesso livello di Dio. Perché pensate che egli abbia detto: "Perché mi chiami buono? Uno solo è buono, cioè Dio" (Matteo 19:17). Quindi Gesù considera la dottrina ortodossa, secondo la quale lui era il Figlio unigenito di Dio, come la peggior forma di blasfemia e una presa in giro della sua intera missione. Con la creazione di queste dottrine, Gesù è stato separato da tutte le altre persone e così, anziché un esempio, egli è diventato un idolo. A Gesù non piace che così tanti cristiani danzino attorno a questo vitello d'oro, invece di riconoscere il fatto che Gesù venne per dimostrare la loro vera potenzialità di rivendicare la loro eredità divina. Quindi la differenza reale tra voi e Gesù è, che egli riconosceva e accettava la sua origine come un figlio di Dio, mentre voi non l'avete ancora fatto. Però voi avete il potenziale di rivendicare la vostra vera identità seguendo l'esempio stabilito da Gesù e lasciando che in voi ci sia questa mente che era anche in Cristo Gesù (Filippesi 2:5).

Che cos'era la mente che era in Gesù? Era la mente di Cristo, il vero Figlio unigenito del Padre, cioè del Creatore. Questo stato di coscienza è una mente universale, un senso di consapevolezza universale, generato da Dio il Creatore per adempiere alla funzione specifica di essere un mediatore tra Dio stesso e tutte le estensioni individualizzate di Dio, ossia i co-creatori di Dio. Lo scopo della mente di Cristo è di assicurare che nessun co-creatore possa mai perdere, in maniera permanente, la sua vera identità o la consapevolezza delle leggi di Dio. La mente di Cristo serve ad assicurare che tutte le forme siano create secondo le leggi di Dio e che una forma, che non è in allineamento con queste leggi, non possa esistere indefinitamente.

Miei cari, riuscite a vedere il meccanismo di sicurezza qui? Quando Dio vi ha creati, vi ha dato un'individualità unica. Questo è il vostro potenziale creativo, e mentre esercitate i vostri poteri creativi, voi esprimete naturalmente la vostra individualità in ogni cosa che create. Si potrebbe dire che la vostra individualità sia il dono di Dio per voi, e quando lasciate che la vostra luce splenda, la vostra individualità diventa manifesta come il vostro dono al mondo. Posso assicurarvi che la vostra individualità, donatavi da Dio, è invero ben più bella e magnifica di quanto la maggioranza delle persone possa accettare con il suo attuale stato d'identità. Come disse Gesù: "Voi siete dèi" (Giovanni 10:34), il che significa che siete stati creati con una bellezza ed una perfezione che vanno ben al di là del livello d'identità e di consapevolezza umane. Voi siete stati creati per essere infinitamente più di quanto possiate attualmente accettare, e questa individualità, datavi da Dio, non potrà essere perduta mai, perché è permanentemente registrata nella Mente Universale di Cristo. Si potrebbe dire che il Figlio unigenito del Padre è il custode della vostra vera individualità e, quindi, la mente di Cristo è anche la chiave per riguadagnare quell'identità. La mente di Cristo è l'unica chiave per la vostra salvezza, in quanto la salvezza significa che superate il limitato senso d'identità che nasce dalla mente dell'anti-cristo, la mente di separazione dalla vostra sorgente. Per avere la vita eterna, dovete rivendicare l'identità che nasce dalla mente di Cristo, la mente d'unità con la vostra sorgente.

La mente di Cristo serve inoltre a guidare i vostri sforzi creativi e ad assicurare che questi saranno sempre in allineamento con le leggi di Dio e che ci sarà sempre l'armonia tra voi e il Corpo di Dio. Il modo in cui questo funziona è che nessun essere consapevole di sé può accedere alla pura luce di Dio senza passare attraverso la coscienza di Cristo. Come disse Gesù: "Io sono la via, la verità e la vita; nessuno viene al Padre se non per mezzo di me" (Giovanni 14:6). La coscienza di Cristo conosce le leggi di Dio ed ha quindi uno standard assoluto per giudicare se la forma immaginata da un co-creatore è in armonia con quelle leggi (il bene assoluto) o non è in armonia con quelle leggi (il male assoluto).

Per creare una forma, un co-creatore deve visualizzare la forma e poi lasciare che la potenza di Dio fluisca attraverso essa, ed è così che essa viene imposta sulla Luce Ma-ter. Il vostro potere di creare forma dipende dall'intensità e dalla forza della luce che aziona i vostri sforzi creativi. La forza creativa ultima è la luce espansiva del Padre, e quando create con questa luce, avete i massimi poteri creativi. Come disse Gesù: "Agli uomini è impossibile, ma non a Dio; perché ogni cosa è possibile a Dio" (Marco 10:27). Ma per accedere al potere di Dio, dovete avere la coscienza di Cristo e la vostra forma visualizzata deve essere in armonia con le leggi di Dio. Quando siete incarnati come un essere umano, la vostra mente inferiore deve diventare la porta aperta per un flusso d'energia che fluisce dalla vostra Presenza IO SONO. E' quest'energia spirituale che diventa la forza motrice dietro ai vostri sforzi creativi. Come disse Gesù: "Io non posso far nulla da me stesso" (Giovanni 5:30), e: "Ma il Padre che è con me, compie le sue opere" (Giovanni 14:10).

Quando visualizzate un'immagine mentale basata sulla mente di Cristo, essa sarà sempre in perfetta armonia con le leggi di Dio e con l'intento creativo di Dio. Come un individuo, voi non siete la pienezza della Mente Universale di Cristo, ma quella mente è stata individualizzata per voi. Come disse Gesù: "Prendete, mangiate: questo è il mio corpo che è spezzato per voi; fate questo in memoria di me (1Corinzi, 11:24). Per mezzo di questa mente Cristica individualizzata potete creare in perfetta armonia con le leggi di Dio e, quindi, la vostra creazione avrà il massimo potere. Ecco perché Gesù – attraverso la mente di Cristo – aveva il potere di annullare la legge naturale e di compiere ciò che la gente vedeva come miracoli. In realtà, Gesù stava facendo uso di una legge superiore, che sostituisce le leggi della natura, così come sono attualmente comprese dalla scienza.

Quando seguite questo processo dell'usare la mente del Figlio per accedere al potere creativo del Padre e per definire la forma che viene proiettata sulla luce della Madre, la vostra creazione magnificherà l'insieme. La Mente Universale di Cristo registrerà permanentemente le vostre buone azioni, cosicché non possono andare mai perse. Questo è ciò che Gesù chiamava il vostro tesoro accumulato in Cielo: "Accumulatevi invece tesori nel cielo, dove né tignola né ruggine consumano, e dove i ladri non scassinano né rubano" (Matteo 6:20).

Dato che avete il libero arbitrio, potete scegliere di immaginare una forma che non è in armonia con le leggi di Dio e potete voler manifestare quella forma. Ma per manifestare una forma imperfetta, non potete usare la pura luce di Dio. Perciò, la vostra unica opzione è usare la luce minore, ossia l'energia psichica che è già stata portata nello spettro di frequenze materiale. Potete creare ancora usando questa luce, per cui i falsi guru hanno ragione quando dicono che è possibile accumulare grandi ricchezze usando il potere della mente. Tuttavia, questa creazione non sarà mai altrettanto potente quanto quella che viene creata attraverso la mente di Cristo. E siccome è stata creata usando la mente dell'anti-cristo, sarà inevitabile per voi mietere ciò che avete seminato: "Poiché hanno seminato vento, raccoglieranno tempesta" (Osea 8:7).

***

Un altro modo di spiegare questo concetto è dire che Dio ha voluto assicurarsi che la vostra sperimentazione coi poteri creativi diventasse una spirale ascendente, affinché poteste crescere nella consapevolezza del vostro sé e crescere nella consapevolezza che il sé è uno con il Tutto. Pertanto, ogni cosa che fate in armonia con le leggi di Dio è permanentemente registrata nella mente di Cristo. Questo diventa la vostra realizzazione, il vostro slancio acquisito, che potete usare come una base solida – come la roccia di Cristo – per espandere i vostri poteri creativi e la consapevolezza di voi stessi.

Tuttavia, mentre questo tesoro non potrà andare mai perduto, potete usare la vostra immaginazione e il vostro libero arbitrio per separarvi da esso, addirittura fino al punto da dimenticarvene del tutto e da dimenticarvi la vostra vera identità. Quando accade questo, ovviamente voi non potete costruire sulla base delle vostre passate azioni e siete, per così dire, costretti a ricominciare da zero. Ma dato che le vostre passate azioni non possono essere permanentemente perdute, il vostro tesoro è sempre là che vi aspetta. In qualunque momento, potete decidere di fermare la spirale discendente della separazione di voi stessi dal vostro Sé. Potete iniziare a fare il cammino spirituale che vi metterà in grado di rivendicare la vostra vera identità. E quando lo fate, potete di nuovo accedere al vostro tesoro in Cielo e usarlo come base per espandere ulteriormente i vostri poteri creativi e la consapevolezza di voi stessi. In altre parole, la vostra vera identità – l'identità costruita sulla mente di Cristo – non potrà essere mai perduta. Tuttavia, la falsa identità – l'identità di separazione costruita sulla mente dell'anti-cristo – è invero mortale e pertanto può essere perduta. Infatti, deve essere perduta, affinché voi possiate rivendicare la vostra vera identità.

Miei amati, capite quanto sia importante questo? Quando Dio creò questo mondo di forma, egli definì certi principi guida che avrebbero garantito che questo sistema di mondi potesse crescere in maniera sostenibile, senza esplodere, andando a pezzi, o senza contrarsi nel nulla. Dio progettò questi principi per assicurarsi che la forza espansiva del Padre non diventasse talmente forte da far saltare l'universo in un'esplosione gigantesca. Allo stesso tempo, Dio creò delle leggi per assicurare che la forza contraente della Madre non fermasse l'espansione della luce, destinata a riempire il vuoto, dando inizio ad un ciclo contraente che avrebbe riportato tutte le forme create al nulla da cui erano nate.

Tuttavia, entro la struttura dei principi creativi definiti da Dio, esiste la libertà illimitata di creare forme. Quello che sto dicendo qui è che, come un co-creatore con Dio, la vostra creatività non è limitata dalle leggi di Dio. Le leggi di Dio non sono una restrizione della vostra libertà creativa. Servono da struttura, da principi guida, affinché possiate esercitare le vostre capacità creative senza distruggere voi stessi o altri co-creatori. In altre parole, le leggi di Dio sono approntate per assicurare che voi possiate esercitare la vostra creatività in un modo che accresca l'insieme, espandendo e intensificando la luce di Dio. Pensate nuovamente a come ho descritto il processo creativo. Quando Dio crea una nuova sfera nel vuoto, quella sfera non è completamente piena della luce di Dio. Poi, in quella sfera vengono mandati dei co-creatori consapevoli di sé, affinché moltiplichino i propri talenti e ne assumino il dominio, riempiendo così di luce la sfera. In seguito essa potrà servire da base per l'espansione verso la sfera successiva. Tuttavia, la chiave sta nel capire che riempire di luce una sfera, non significa riempirla con luce indifferenziata. Una sfera viene riempita di forme, che sono in allineamento con le leggi di Dio, ma esprimono la creatività dei co-creatori che dimorano in quella sfera. In altre parole, voi dovete esprimere la vostra individualità, datavi da Dio, nel creare forme che manifesteranno il regno di Dio là dove vi trovate. Pertanto, avete davvero una creatività illimitata e i vostri sforzi non sono per nulla sprecati. Entreranno a far parte del regno permanente di Dio, che appare quando una sfera raggiunge una certa intensità di luce. Quando questo accade, la quantità di oscurità rimasta è talmente esigua da non permetterle di oscurare la realtà sottostante, ossia la realtà che tutto è creato dall'Essere di Dio, dalla pura luce di Dio. Perciò non c'è più alcun pericolo che gli esseri consapevoli di sé possano rimanere intrappolati in un senso di separazione da Dio. Come potrebbero, quando sono circondati da forme che irradiano la luce di Dio ed esprimono l'armonia delle leggi di Dio? Dato che non c'è ancora luce sufficiente nell'universo materiale – almeno non sulla Terra – non è possibile percepire – almeno non con i sensi fisici – che tutto è fatto della luce di Dio. Non è possibile vedere direttamente Dio come la causa sottostante, come la causa prima, dietro a tutte le apparenze. E' per questo che è possibile che un essere consapevole di sé rimanga intrappolato nella coscienza di separazione e pensi di essere separato dall'abbondanza di Dio. Ma quando l'intensità della luce verrà aumentata su questo pianeta, diventerà possibile vedere la luce spirituale splendere attraverso tutte le forme – le forme che saranno in armonia con le leggi di Dio. Quindi il regno di Dio sarà stabilito sulla Terra e questo pianeta potrà diventare una stella che diffonderà la Luce della Libertà, della libertà dalla coscienza di morte.

E' proprio questo il piano del vostro essere: che voi siate la porta aperta per l'espansione della luce di Dio in questo mondo. E quando la luce di Dio viene espansa, voi magnificherete tutta la vita per mezzo dei vostri sforzi creativi. Quindi non esiste alcun conflitto tra voi, come un individuo, e gli altri individui. I vostri sforzi creativi espandono la luce e, quindi, la quantità d'abbondanza disponibile in questo mondo. Perciò voi state servendo per arricchire tutte le altre parti di questo mondo, compresi tutti gli altri co-creatori. Così facendo state accrescendo anche il vostro vero sé, che è l'intero Corpo di Dio, unificato per mezzo del corpo e del sangue – la coscienza – di Cristo.

So che queste idée possono sembrare astratte e difficili da afferrare con la vostra mente esteriore. Tuttavia, ancora una volta, vi ricordo che è molto importante ampliare la mente. Vorrei anche ricordarvi che ciò che non riuscite ad afferrare con la mente, potete sempre afferrarlo col cuore. E così, come forse avete capito dall'ultima chiave, non è mia intenzione darvi, con questo libro, soltanto una comprensione intellettuale. E' mia intenzione aiutarvi ad avvicinarvi alla coscienza di Cristo, il che significa che io miro ad espandere sia la vostra comprensione sia la capacità d'amare del vostro cuore. Così vi do molti concetti che possono essere difficili da comprendere con la mente – nella maniera orizzontale, lineare, di guardare alla vita, che è tipica della mente –, eppure questi concetti possono essere afferrati nella maniera sferica, verticale, non lineare, del cuore.

***

Lasciate che vi dia ora un'ulteriore descrizione della mente di Cristo. La mente di Cristo è invero un'estensione della mente di Dio. Ma il suo scopo è quello di servire da anello di congiunzione tra il Creatore e i suoi co-creatori consapevoli di sé. Quindi la mente di Cristo ha una funzione specifica, uno scopo specifico, cioè quello di dare all'individuo la capacità di mantenere e di espandere il suo senso d'identità come parte del Tutto, come connesso al Tutto – finché l'individuo, l'essere consapevole di sé, non crescerà in consapevolezza fino a rendersi conto che il Sé è il Tutto. Questo non significa che l'individuo perda la propria individualità. Significa che l'individuo si rende conto di essere il Tutto del Creatore, manifesto come quell'individualità, focalizzato attraverso essa. Si potrebbe dire che l'essere individuale, consapevole di sé, non osserva più il mondo e la vita dal punto di vista limitato della sua consapevolezza individuale, ma guarda la vita dal punto di vista espansa della coscienza del Creatore, che splende attraverso l'individualità.

Come esempio di questo, immaginate di essere cresciuti in una stanza senza finestre. La stanza ha una porta con uno spioncino attraverso cui la luce del sole può entrare. Tuttavia non potete vedere mai la totalità del sole; vedete solo un piccolo, individuale raggio di sole. Se foste cresciuti in una stanza del genere, la vostra visione del sole sarebbe determinata dal vostro punto di vista. Potreste credere che il sole non esista o che il raggio di luce individuale esista per conto suo. Eppure una volta che aprite la porta e uscite nell'intensa luce del sole, otterrete una consapevolezza espansa del sole e del suo potere reale. Ora vi renderete conto che il sole è molto più potente del piccolo raggio di luce nella stanza. Vi renderete conto che il raggio di luce proveniva davvero dal sole e non sarebbe potuto esistere senza il sole. Purtuttavia il sole è ancora visto come distante.

Ora immaginate di viaggiare al centro stesso del sole e di vedere il sistema solare da lì. Non sareste più limitati dalla vostra prima impressione del sole, cioè il piccolo raggio di luce che passava attraverso la porta. Ora sperimentereste la totalità del sole, senza perdere la consapevolezza del raggio di luce individuale. Tuttavia sareste consapevoli che il raggio di luce individuale era invero un'estensione del sole stesso. Era in effetti il sole che splendeva attraverso quel piccolo buco nella porta, manifestando se stesso come un individuale raggio di luce. Quindi non c'è alcuna separazione reale tra la sorgente e il raggio di luce individuale. L'unico limite è la grandezza del buco attraverso cui la luce splende. Ma se espandete la vostra connessione con la vostra Presenza IO SONO, non esistono limiti alla quantità di luce che potete far splendere attraverso il vostro essere.

Quando Dio vi ha creati come un essere individuale, non vi è stato dato la piena consapevolezza del sole, ossia dell'Intera Coscienza di Dio. Siete stati creati come un essere individuale, con un raggio di luce individuale, che splendeva attraverso la vostra coscienza. Nel vostro limitato stato di coscienza era naturale che vi vedeste come un essere individuale, disgiunto dal Tutto di Dio. Non avevate ancora una consapevolezza sufficiente di voi stessi come uno con il Tutto di Dio, come un'estensione del Tutto di Dio. Se volessimo descrivere questo in termini lineari, che – come ho menzionato in precedenza – non danno un'immagine accurata della realtà di Dio, si potrebbe dire che voi siete stati creati come un individuo, eppure avevate la consapevolezza di essere stati creati da Dio. Vedevate voi stessi come un essere individuale connesso con un Dio distante. Eppure la vostra connessione a Dio non era all'esterno di voi stessi; era situata all'interno di voi, nella forma della vostra Presenza IO SONO. Si potrebbe dire che vi vedevate come un pianeta, che orbitava intorno al sole della vostra Presenza IO SONO e pertanto era tenuto in un'orbita stabile dalla forza gravitazionale della vostra Presenza IO SONO. Sebbene aveste una chiara consapevolezza della vostra Presenza IO SONO, non eravate ancora in grado di vedere che la vostra Presenza IO SONO era un'estensione, un'individualizzazione del Creatore. Perciò avevate il concetto di Dio come un Essere remoto, fuori dalla portata della vostra esperienza diretta.

Si potrebbe dire che siete stati creati con una consapevolezza limitata, che era centrata sulla vostra forma individuale. Avete pensato a voi stessi come creati da Dio e mandati in questo mondo. Tuttavia, siete destinati ad espandere la vostra consapevolezza fino a quando non vi rendete conto che il Creatore non è separato dalla sua creazione.

Dio è la Totalità del Tutto e, quindi, non siete stati creati da un Dio remoto e inviati in un mondo dove Dio non si trova. Dio è proprio qui con voi e, pertanto, il concetto che siete stati creati da Dio è troppo limitato, troppo lineare. In realtà, siete Dio che manifesta se stesso come il vostro essere individuale. Siete Dio che si esprime come il vostro essere individuale. Ecco perché Gesù disse che il regno di Dio è dentro di voi (Luca 17:21). Il processo di risveglio alla vostra vera identità ha varie fasi. Iniziate vedendo il sole della vostra Presenza IO SONO come la sorgente della vostra vita. Poi vi rendete conto che la luce, che splende attraverso la vostra Presenza IO SONO, è la luce, il potere, del Creatore. Poi vi rendete conto che il Creatore è ovunque dentro alla creazione e che la luce di Dio può perciò splendere potenzialmente da qualunque punto della creazione. Questo conduce infine alriconoscimento che la luce non proviene da una fonte remota, ma proviene dall'interno del vostro Sé. Allora sarete diventati un Essere autosufficiente, che emana la luce di Dio dal di dentro, come il sole emana luce dall'interno di sé.

Dopo essere stati creati come un flusso di vita individuale, voi siete discesi nelle energie più dense dell'universo materiale. Ciò che, dopo questa discesa, vi permetteva di avere e di mantenere la consapevolezza cosciente della vostra Presenza IO SONO era ed è la coscienza di Cristo, il Figlio unigenito del Padre. Questa coscienza è ciò che la Bibbia chiama il Verbo e, come dice la Bibbia, ogni cosa è stata creata con il Figlio di Dio, con la coscienza di Cristo, ed è stata definita per mezzo del Verbo. Pertanto, qualunque cosa, che sia stata mai creata da un co-creatore consapevole di sé, è venuta fuori dalla coscienza di Cristo, e ciò significa che la coscienza di Cristo è dentro ad ogni forma creata. Senza di lui, senza sia Dio il Padre sia Dio il Figlio, nessuna delle cose fatte è stata fatta (Giovanni 1:3).

L'importanza di questo fatto è che non potete mai perdere il vostro potenziale di riottenere la coscienza di Cristo. Per quanto lontano discendiate in coscienza, avete sempre la possibilità di rivendicare la vostra connessione a Dio e alla vostra vera identità. Non potete essere mai separati dalla coscienza di Cristo, in quanto essa è dentro ad ogni cosa, persino dentro alle forme imperfette che non sono in armonia con le leggi di Dio. Ecco perché Gesù disse che persino le pietre avrebbero gridato in difesa del Cristo(Luca 19:40). Si potrebbe dire che una funzione della coscienza di Cristo sia quella di assicurare che un co-creatore non possa perdersi mai completamente nella creazione, non possa essere mai così lontano da Dio che non ci sia alcuna possibilità di ritornare a casa. Voi non potete allontanarvi mai dalla coscienza di Cristo, e quindi il senso di separazione sarà sempre un'illusione, che esiste soltanto nella vostra mente. In qualsiasi momento, voi potete iniziare il cammino che vi porterà a sostituire quell'illusione con la verità che vi renderà liberi (Giovanni 8:32).

***

Il piano originale di Dio per il vostro flusso di vita è che voi partiate come un essere individuale, con una consapevolezza limitata di sé. Voi partite come un individuo che è connesso a Dio ma, ciò nondimeno, disgiunto (ma non separato) dal Tutto di Dio. Vedete la differenza tra l'avere una connessione col Tutto di Dio e l'essere separati da quel Tutto da una barriera impenetrabile? Nel primo caso, potete espandere la connessione e, alla fine, ottenere la consapevolezza di essere uno col Tutto. Nel secondo caso, non avete mai alcuna scelta per diventare uno col Tutto.

Mentre esercitate le vostre capacità creative, mentre usate la vostra immaginazione e il vostro libero arbitrio, crescerete gradualmente nella consapevolezza di voi stessi. Crescerà anche la vostra consapevolezza di come funziona l'universo e di come funzionano le leggi di Dio. Si potrebbe dire che Dio ha posto le sue leggi nelle vostre parti interiori, il che significa che il vostro sé consapevole può conoscere quelle leggi per mezzo della mente di Cristo. Quando il vostro flusso di vita ha iniziato il suo viaggio nell'universo materiale, voi non avevate la consapevolezza conscia delle leggi di Dio. In altre parole, la vostra mente esteriore, la mente che ragiona, non aveva una comprensione delle leggi di Dio. Come potevate quindi seguire le leggi di Dio? Potevate farlo usando le facoltà intuitive del cuore, per mezzo delle quali potevate sintonizzarvi alla Mente Universale di Cristo e seguire le leggi senza avere una consapevolezza conscia di come esattamente funzionassero. Tuttavia, mentre esercitate le vostre facoltà creative, espanderete gradualmente la vostra consapevolezza delle leggi di Dio. Costruirete la vostra comprensione consapevole del motivo per cui le leggi funzionano in quel modo, del perché seguire le leggi è nel vostro miglior interesse e del modo in cui le leggi equilibrano i vostri sforzi creativi individuali con il bene dell'insieme.

Col crescere della vostra consapevolezza, voi diventate gradualmente capaci di guardare al di là del vostro senso di sé individuale. Non solo vi sintonizzate alla consapevolezza maggiore delle leggi di Dio, ma iniziate anche ad espandere la vostra consapevolezza del Corpo di Dio, ossia degli altri co-creatori. Incominciate a vedere al di là dei vostri desideri personali ed a rendervi conto che i co-creatori non sono venuti su questo pianeta solo per realizzare i loro desideri individuali. Esiste un piano divino per la crescita della Terra, e questo piano contiene la perfetta armonia tra il bene individuale e il bene collettivo. In altre parole, riallineandovi al piano divino per il Corpo di Dio, troverete una realizzazione maggiore nel vedere come i vostri sforzi individuali si adattino al piano più grande per la Terra e per l'umanità, valorizzandolo. Questo vi darà un senso di appagamento molto più grande di quanto possa darvi qualunque sforzo individuale.

Mentre acquisite ulteriore comprensione e maggior rispetto per le altre persone, espanderete la vostra capacità d'amare il vostro prossimo come voi stessi. Allora le vostre relazioni si baseranno sull'amore e sull'abbondanza, anziché sulla paura e sul bisogno. Mentre acquisite un apprezzamento più profondo per le leggi di Dio e per la creazione di Dio, gradualmente inizierete ad amare Dio con tutto il vostro cuore, con tutta la vostra anima e con tutta la vostra mente (Luca 10:27). Continuando a co-creare con Dio e ad espandere la vostra consapevolezza di sé, gradualmente inizierete a rendervi conto che il vostro vero sé è la vostra Presenza IO SONO, che è un'individualizzazione del vostro Creatore. Allora incomincerete a rendervi conto che, come disse Gesù: "Io e il Padre siamo uno" (Giovanni 10:30). Inizierete a rendervi conto che il vostro Padre ha operato fino ad ora (Giovanni 5:17), creando il mondo della forma come una piattaforma per la vostra espressione creativa. Pertanto, voi dovete operare moltiplicando i vostri talenti e assumendo il dominio del vostro stesso senso di sé. E quando avrete assunto il dominio del sé, potrete assumere il dominio del pianeta sul quale vivete ed aiutare a trasformare quel pianeta nel regno di Dio, in una sfera che è piena della luce e della perfezione di Dio, al posto dell'oscurità che copre la terra.

***

Miei amati, l'essenza della coscienza di Cristo può essere catturata in un'unica parola, e quella parola è "equilibrio". La coscienza di Cristo equilibra la forza espansiva del Padre e la forza contraente della Madre. Così vengono create delle forme sostenibili, forme che sono in perfetta armonia con le leggi di Dio. La coscienza di Cristo equilibra il rapporto tra il co-creatore individuale e il Corpo di Dio, così che esiste un'armonia perfetta tra l'individuo e l'insieme. La coscienza di Cristo mette il co-creatore individuale in grado di seguire le leggi di Dio e di esercitare quindi le sue capacità creative in un modo che arricchisca tutta la creazione e non abbia effetti negativi su alcuna parte della vita. La coscienza di Cristo equilibra il rapporto tra il co-creatore individuale e il Creatore, cosicché il co-creatore non potrà mai perdersi completamente nel mondo delle forme create.

Questo ci porta a realizzare che ogni forma definita da e per mezzo della coscienza di Cristo, è una forma perfetta. E' una forma che è in perfetta armonia con le leggi di Dio e con l'intento creativo di Dio – ossia che tutti i co-creatori crescano in armonia gli uni con gli altri, cosicché la vita diventa di più. E' attraverso la coscienza di Cristo che potete seguire l'invito di Gesù: "Voi dunque siate perfetti, come è perfetto il Padre vostro celeste – la vostra Presenza IO SONO" (Matteo 5:48).

Eppure la perfezione di cui parlo, non è quel genere di perfezione che la maggioranza della gente immagina. Molte persone credono nell'idea dualistica, nell'idea idolatra, che se una cosa è perfetta, non potrà mai cambiare. Vi prego di ricordare che l'intero scopo della creazione di questo universo è quello di creare una sfera nel vuoto e di riempirla gradualmente con la luce di Dio, finché non sarà possibile espanderla e riempire una parte più ampia del vuoto. Quindi, lo scopo stesso della creazione, lo scopo della vita, è una crescita costante, un'espansione costante, una trascendenza di sé costante. Si potrebbe dire che il mondo della forma sia nato perché Dio ha il desiderio di essere di più. Questo desiderio di essere di più, è la forza motrice dietro a tutta la creazione ed è insito in tutto il creato. Miei cari, l'idea tradizionale del Cielo come un luogo statico, dove gli angeli siedono su nuvolette rosa suonando un'arpa per tutta l'eternità, non ha alcuna attinenza con la realtà dinamica, vibrante, di Dio. Il Cielo è un luogo molto più dinamico della Terra, in quanto tutti gli Esseri del Cielo stanno operando costantemente per espandere la luce di Dio, allo scopo di diventare di più in Dio, di arricchire il Tutto.

La spinta ad essere di più è innata anche nella coscienza di Cristo e, così, la mente di Cristo spinge i co-creatori individuali ad esercitare costantemente le loro capacità creative e ad espandere la loro consapevolezza di sé. La coscienza di Cristo vi spinge a diventare di più, vi spinge ad espandere la vostra consapevolezza, finché non acquisirete la piena coscienza divina e saprete che siete un'individualizzazione del Tutto, che non siete separati da Dio. Siete invece Dio che si manifesta attraverso il vostro individuale senso di sé.

Quindi la perfezione, di cui sto parlando, non è statica, non è un idolo. E' dinamica, in perenne crescita, sempre intenta a diventare di più nella perfezione di Dio. Miei amati, capite perché questa verità sia così importante? Vi ho detto in precedenza che la forza contraente della Madre è insita nella Luce Ma-ter stessa. Questa forza contraente cercherà sempre di riportare la Luce Ma-ter al suo stato di base, in cui nessuna forma è manifesta. Quindi, si potrebbe dire che la forza contraente stia cercando costantemente di demolire ogni forma. Tuttavia, non è l'intento di Dio che tutte le forme siano demolite e diventino nulla, nullificando così gli sforzi dei co-creatori. Eppure l'intento di Dio è anche che nessuna forma stia mai ferma, che nessuna forma diventi permanente. Dunque, Dio vuole che le forme rimangano dinamiche, ossia che tutte le forme agiscano da base per un ulteriore crescita. Persino una forma perfetta è destinata ad essere trascesa e usata come base per manifestare una forma ancor più elevata.

La coscienza di Cristo mette il co-creatore in grado di progettare una forma che sia in perfetta armonia con l'intento creativo di Dio. Ma nessuna forma sarà mai permanente, in quanto la forza contraente della Madre demolirà qualsiasi cosa che stia ferma, qualsiasi cosa che diventi un sistema chiuso, come dice la seconda legge della termodinamica. Quindi qual è la chiave per assicurarvi che i vostri sforzi creativi non vengano demoliti? E' rimanere nella coscienza di Cristo, dove non vorrete mai stare fermi o mantenere una certa forma. Starete costantemente creando delle forme nuove e migliori, rimanendo quindi nel Fiume della Vita, nella forza creativa sempre fluente che è Dio il Creatore.

Quando siete nel flusso della vita, non avete degli attaccamenti verso una particolare forma. Non avete alcun desiderio di vedere quella forma rimanere permanente, desiderate solo di usarla come un trampolino per espandere la vostra creatività. Non vi aspettate mai di poter creare qualcosa che divenga permanente. Non pensate mai che, quando una forma viene sostituita da una più elevata, i vostri sforzi creativi siano stati sprecati. Vi rendete conto, invece, che i vostri sforzi creativi non vanno mai sprecati – fintantoché rimanete nel flusso del Fiume della Vita. Si potrebbe dire che, anziché sul risultato, anziché su unaparticolare forma, siete concentrati sul processo della creazione. Anziché sulla destinazione, siete focalizzati sul viaggio, perché vi rendete conto che la vita è un viaggio senza fine.

***

Per illustrare questo fatto, considerate un chicco di grano che viene messo nella terra. Potrebbe sembrare che il chicco si sia perso nel terreno, ma dopo qualche tempo germoglia. Il germoglio è bello, ma quale agricoltore vorrebbe che il germoglio rimanesse così com'è? Mentre cresce, diventando una pianta, la forma esatta del germoglio va persa, eppure lo sforzo creativo della pianta non è andato perso; si è semplicemente trasformato in una nuova fase, in una nuova forma. La pianta è bella con le sue foglie verdi, ma alla fine si trasforma in uno stelo con semi e diventa gialla. La pianta verde è perduta, ma gli sforzi creativi della pianta non sono andati persi. Quando il grano viene mietuto, la pianta va persa, eppure parte del grano diventa semente per il raccolto dell'anno successivo e parte di esso viene usato come nutrimento per gli esseri umani, che servono come co-creatori sulla

Terra col potenziale di magnificare la creazione di Dio. Così, lo scopo dello sforzo creativo, che spinge un chicco di grano a germogliare ed a crescere, non è quello di produrre il germoglio, la pianta verde o la pianta matura e di mantenere per sempre quella forma. Lo scopo della forza creativa è di spingere il processo della vita stessa, il processo che sta costantemente espandendo e magnificando l'insieme della creazione di Dio.

Miei amati, capite cosa sto dicendo? Come un co-creatore, non siete stati creati per rimanere attaccati a nessuna delle forme che avete creato, per quanto bella possa essere o per quanto sforzo ci sia voluto per produrla. Siete destinati a far parte del Fiume della Vita, nella quale userete costantemente una forma come trampolino per una realizzazione ancor più grande. Questo è ciò che siete stati progettati a fare, e soltanto stando nel flusso della vita vi sentirete davvero realizzati e vivi. Questa coscienza di costante trascendenza di sé è la coscienza della vita. L'attaccamento ad una particolare forma, e il tentativo di conservare quella forma, è la coscienza della morte, la coscienza dell'anti-cristo. Quindi, la coscienza dell'anti-cristo è ciò che induce gli esseri consapevoli di sé ad attaccarsi ad un limitato senso di sé ed a rifiutarsi di trascenderlo. Così essi si pongono al di fuori del flusso della vita, e la forza contraente della Madre inizierà immediatamente a demolire ciò a cui cercano di aggrapparsi, ciò che tentano di possedere.

Miei cari, capite ora il significato più profondo dietro all'affermazione di Gesù: "Perché chi vorrà salvare la propria vita, la perderà; ma chi perderà la propria vita per causa mia, la troverà" (Matteo 16:25). Capite che se cercate di aggrapparvi ad un limitato senso d'identità e vi rifiutate di trascenderlo, la forza contraente della Madre vi toglierà inevitabilmente quel senso della vita. Eppure se siete disposti a perdere quel senso statico della vita – l'immagine idolatrica – per trascendere quella fase e per ottenere un senso di sé più ampio, voi siete nella coscienza di Cristo. Attraverso quella coscienza di Cristo, attraverso quella costante trascendenza di sé, sarete nel flusso della vita, che è senza fine e quindi ha vita eterna.

L'unica vera forma di vita eterna non è una condizione statica, bensì una condizione dinamica di costante trascendenza di sé. Si potrebbe dire che, siccome avete la consapevolezza di voi stessi, l'immaginazione e il libero arbitrio, voi siete chi pensate di essere. Dio vi ha dato il diritto di creare qualunque senso d'identità desideriate, anche il senso di essere un mortale peccatore. Ciò nondimeno, Dio non vi ha dato il diritto di rimanere in quel senso d'identità per sempre, perché ciò significherebbe che verreste lasciati indietro dal flusso della creazione di Dio. E perché mai un Dio amorevole vorrebbe lasciarvi bloccati in un limitato senso d'identità, che vi impedisce di avere la vita abbondante? Quindi, se cercate di conservare un limitato senso d'identità, sarà inevitabile che lo perderete. Tuttavia, se siete disposti a crescere, non perderete mai il vostro senso di sé. Non potete mantenere un senso d'identità particolare, ma potete conservare il senso d'identità continuo, che è indipendente da qualsiasi forma creata. Questa è la vostra vera identità, che va ben al di là di qualsiasi cosa di questo modo.

Miei amati, in precedenza ho detto che il Creatore è oltre la sua creazione. Similmente, un co-creatore è oltre la sua creazione, persino oltre il mondo della forma. Siete stati creati come un'estensione del Creatore e, quindi, siete più di qualunque forma possiate aver creato in questo mondo. Siete più di qualsiasi senso d'identità che possiate aver creato dopo esservi disconnessi dalla vostra Presenza IO SONO ed essere arrivati a vedervi come un essere separato. Vedete il mio punto? Dio vi permette di separarvi da lui, ma dato che l'amore di Dio per voi è incondizionato, Dio non accetta alcuna condizione che vi terrebbe separato da lui per sempre. Dio non permetterà ad alcuna condizione di far sì che rimaniate permanentemente intrappolati nello stato di separazione, che sarà sempre meno della pienezza della vita abbondante.

**

Miei amati, lasciate che vi dia ancora una volta un concetto che può essere difficile da afferrare con la mente lineare, ma che può essere afferrato col cuore. L'universo materiale può essere paragonato ad un cinema. Come sapete, ci sono tre elementi basilari che vi permettono di guardare un film. Uno è lo schermo sul quale il film viene proiettato, un altro è la pellicola nel proiettore e il terzo è la luce che viene dalla lampadina nel proiettore. La lampadina del proiettore può essere paragonata alla forza espansiva del Padre, che è la forza motrice dietro alla creazione di ogni forma. Questa è la luce spirituale che fluisce attraverso la vostra Presenza IO SONO. Lo schermo è paragonabile alla Luce Ma-ter, che rifletterà qualunque forma proiettata su di esso dal proiettore. La pellicola è paragonabile alla coscienza di un co-creatore.

Ora immaginate di entrare in un cinema per vedere un film e che la prima immagine del film continui a ripetersi sempre di nuovo. In altre parole, sebbene ci sia una pellicola nel proiettore e la pellicola si stia muovendo, ogni sua immagine è uguale. Ovviamente, questo non farebbe un film; farebbe un'immagine statica che diventerebbe presto noiosa. Quindi, ciò che costituisce il film è che ogni singola immagine sulla pellicola è un po' diversa dall'immagine precedente, ed è questo che dà l'illusione di guardare un'immagine in movimento, sebbene stiate in effetti guardando una serie di fotogrammi. I fotogrammi individuali vengono semplicemente proiettati sullo schermo in una successione talmente rapida da indurre i vostri occhi a credere che si tratti di un film continuo.

Si potrebbe dire che la vita nell'universo materiale assomigli molto ad un film. Come ho cercato di spiegare in precedenza, la situazione esteriore che state affrontando proprio ora, è il risultato delle scelte che avete fatto in passato e delle scelte che fate nel presente. In altre parole, la vostra situazione esteriore è il risultato di un'immagine mentale che mantenete nella vostra mente e proiettate sullo schermo della vita. Nel proiettore cinematografico, una nuova immagine viene proiettata molte volte al secondo. Allo stesso modo, la vostra situazione esteriore è il risultato del fatto che, molte volte al secondo, la vostra mente proietta un'immagine nella Luce Ma-ter. In qualsiasi momento, avete l'opportunità di cambiare l'immagine che proiettate sulla Luce Ma-ter. Ma se non cambiate l'immagine, se assumete un'immagine idolatrica, continuerete a proiettare la stessa immagine, ed è per questo che sembrerà che la vostra vita non cambi mai. Ecco perché v'imbattete ripetutamente nello stesso problema e perché la vostra vita può sembrare come una lotta senza fine.

Miei amati, capite l'importanza di questa verità? Se, attualmente, vi trovate in una situazione che vi causa dolore e sofferenza, la ragione è che state proiettando un'immagine limitata, imperfetta, sullo schermo della vita. State proiettando un'immagine che non è stata creata dalla coscienza di Cristo e, pertanto, non è in allineamento con le leggi di Dio, le stesse leggi che sono state progettate per darvi la vita abbondante. Se la vostra situazione rimane uguale, se sembra che siete ingabbiati dalle limitazioni che non riuscite a superare, la ragione è che state proiettando continuamente la stessa immagine sullo schermo della vita. Pertanto, l'unica soluzione possibile, l'unico modo per migliorare la vostra situazione, è che dovete cambiare l'immagine nella vostra mente. Dovete uscire dallo stato di paralisi spirituale che fa sì che la vostra mente – la vostra immaginazione, il vostro libero arbitrio e il vostro senso d'identità – rimanga bloccata sulla stessa immagine idolatrica, violando così il secondo comandamento (Esodo 20:4). Dovete trasformare le immagini della vostra mente in un'immagine in movimento, affinché la vostra vita diventi un film che gradualmente progredisce verso il lieto fine.

Miei amati, capite quello che intendo? Albert Einstein ha definito la follia come il processo in cui uno continua a fare la stessa cosa, aspettando tuttavia risultati diversi. In questo contesto potremmo dire che continuate a proiettare la stessa immagine mentale, eppure in qualche modo vi aspettate che un giorno lo schermo mostri un'immagine diversa. Einstein era uno dei più grandi scienziati di tutti i tempi, in quanto aveva compreso l'essenza delle leggi della natura. Egli aveva compreso ciò che ho detto in precedenza, ossia che l'universo è uno specchio. Se continuate a proiettare la stessa immagine nello specchio cosmico, l'universo continuerà inevitabilmente a rimandarvi la stessa situazione esteriore. Se volete cambiare la vostra situazione esteriore, dovete incominciare cambiando la vostra situazione interiore. Se volete cambiare ciò che viene proiettato sullo schermo della vita, dovete cambiare l'immagine sulla pellicola nella vostra mente. Se volete migliorare la vostra vita, dovete assicurarvi che l'immagine nella vostra mente sia definita attraverso la coscienza di Cristo e non attraverso la coscienza dell'anticristo.

***

Miei amati, possiamo imparare ancora una cosa dall'analogia del cinema. La forza motrice nel proiettore è la forza espansiva del Padre. In precedenza l'ho paragonata ad un flusso di luce spirituale, che fluisce attraverso la vostra Presenza IO SONO e poi attraverso la vostra mente. La vostra mente impone un'immagine mentale su quella luce, ed è quest'immagine che viene proiettata sullo schermo come la situazione esteriore che sperimentate sulla Terra. Quindi la forza motrice dietro alla vostra esistenza è la luce di Dio. Se spegnete la lampadina nel proiettore, che cosa accadrà? Il cinema si oscurerà. Allo stesso modo, se perdete la connessione con la vostra Presenza IO SONO, allora la vostra mente sarà isolata dalla sua fonte di luce originale. E se riducete la misura di quella connessione, è come indebolire la luce nel proiettore.

Come ho spiegato in precedenza, questo non significa che vi autodistruggerete all'istante o che non potrete più creare delle forme. Significa, tuttavia, che non potrete più proiettare delle immagini sullo schermo della vita usando la pura luce di Dio dalla vostra Presenza IO SONO. Pertanto ora sarete costretti a proiettare delle immagini sullo schermo della vita usando l'energia psichica che è già stata portata nello spettro di frequenze materiale. Questa luce ha una vibrazione più bassa e perciò non ha lo stesso potere della pura luce della vostra Presenza IO SONO. Di conseguenza, proiettare delle immagini sullo schermo della vita usando la luce di più bassa vibrazione, richiederà più energia ed uno sforzo maggiore. Questo limiterà le vostre capacità creative e trasformerà la vostra vita in una lotta.

Quello che intendo sottolineare qui è che la forza motrice dietro ai vostri sforzi creativi è un fiume d'energia che fluisce attraverso la vostra mente, proprio come la luce fluisce attraverso il proiettore. Quando avete un certo grado di coscienza di Cristo, potete ricevere la luce ad alta frequenza direttamente dalla vostra Presenza IO SONO. L'unica limitazione al vostro potere creativo è la grandezza del canale che connette il vostro senso di sé esteriore alla vostra Presenza IO SONO. Quando avete questo flusso di luce pura attraverso voi, la vostra creazione è senza sforzo, perché è la luce che fa il lavoro. Vi rendete conto della verità nell'affermazione di Gesù: "Io non posso far nulla da me stesso" (Giovanni 5:30).

Quando scendete al di sotto del livello della coscienza di Cristo, prima di poter creare qualsiasi cosa, dovete raccogliere energia psichica da questo regno. Se non comprendete il processo della raccolta e dell'uso di energia psichica per creare forma, i vostri poteri creativi saranno ridotti ancor di più, ed ora dovrete accumulare abbondanza lavorando esclusivamente con la materia fisica. In entrambi i casi, dovrete prendere energia da una scorta limitata, il che spesso significa che dovrete competere con altri per quell'energia. Così dovrete prendere con la forza ciò che vi serve, e questo vi intrappolerà inevitabilmente in un vortice di azione e reazione, di forza e forza opposta.

Questa lotta andrà avanti fino a quando non ristabilirete il contatto con la vostra Presenza IO SONO, e questa connessione è l'essenza della coscienza di Cristo. Quando superate il senso di separazione e ristabilite un senso d'unità con la vostra sorgente, la vostra vita non sarà più una lotta. La potenza della luce di Dio potrà ora fluire senza ostacoli attraverso la vostra mente, e così vostro Padre potrà operare sempre e voi operate (Giovanni 5:17). Come disse Gesù: "A Dio ogni cosa è possibile" (Matteo 19:26), e così ogni senso di lotta sarà passato. Allora potrete dire con Gesù: "Poiché il mio giogo è dolce e il mio carico è leggero" (Matteo 11:30).

Ma tenete a mente che, anche quando siete connessi con la vostra Presenza IO SONO, non potete stare fermi, non potete creare una forma e aspettarvi che esista a tempo indeterminato. Lo scopo della vita, la definizione stessa della vita, è una costante trascendenza (di sé). Quindi dovete continuamente aggiornare e migliorare le immagini mentali nella vostra mente. Quando lo fate, quando dimostrate di essere fedeli in poche cose, Dio vi farà sovrani su altra luce, che vi permetterà di creare abbondanza ancor maggiore e forme ancor più belle e perfette. Così vedete che quando state funzionando al livello della coscienza di Cristo – o, piuttosto, in quanto state funzionando al livellodella coscienza di Cristo – voi non siete in una posizione statica. State crescendo costantemente, trascendendo voi stessi costantemente. Voi siete perfetti, come è perfetto il Padre vostro celeste (Matteo 5:48), perché state costantemente diventando di più, come Dio sta diventando sempre di più attraverso voi.

***

Dato che Dio vi ha dato una volontà illimitatamente libera e un'immaginazione illimitata, è possibile per voi usare la vostra immaginazione per visualizzare delle forme che non sono in allineamento con le leggi di Dio. E' possibile che voi costruiate un senso di sé che non è un riflesso del piano originale per il vostro flusso di vita. In altre parole, anziché vedervi come un figlio o una figlia di Dio, potete iniziare a vedere voi stessi come un essere che è separato da Dio, forse persino come un essere che è stato abbandonato da Dio o è stato cacciato via dal paradiso con la forza. Potreste persino costruire l'immagine di essere in opposizione a Dio e di odiare ogni cosa che Dio rappresenta, comprese le leggi di Dio, che vedete come una restrizione della vostra libertà creativa.

Quando usate la vostra forza di volontà per accettare come reale, forse persino come l'unica realtà possibile, una consapevolezza di sé così limitata, potete porvi gradualmente in uno stato di coscienza in cui non siete più in grado di definire immagini mentali basandovi sulla coscienza di Cristo. Perciò, tutte le immagini mentali tenute nella vostra mente sono definite attraverso la coscienza dell'anti-cristo, la coscienza di separazione da Dio e separazione dall'insieme. Questo vi indurrà a diventare sempre più egoisti, sempre più egotistici. Poi perdete la consapevolezza dell'insieme e perdete il vostro interesse per il modo in cui le vostre azioni infuenzano le altre persone. Questo può diventare una spirale discendente, che vi porterà gradualmente molto al di sotto del vostro vero potenziale creativo, del vostro vero potenziale divino.

Miei cari, non esiste davvero alcun limite che definisca quanto in basso, sotto il livello della coscienza di Cristo, un essere consapevole di sé possa scendere. Dio vi ha dato il libero arbitrio, senza restrizioni, e un'immaginazione illimitata. L'unica limitazione è che Dio non vi ha dato l'eternità per sperimentare con la coscienza dell'anti-cristo. Nel momento stesso in cui assaggiate il frutto della conoscenza del bene e del male, voi perdete la vita immortale della coscienza di Cristo. Pertanto, ora diventate soggetti alle leggi inferiori della mortalità, delle quali la seconda legge della termodinamica è solo una. Quando scendete al di sotto del livello della coscienza di Cristo, non vi trovate più nell'eterno flusso del Fiume della Vita. Diventate soggetti alle leggi del tempo e dello spazio, e queste leggi vi limiteranno ad una collocazione specifica nello spazio e vi limiteranno ad una collocazione specifica nel tempo. Il tempo e lo spazio sono, per definizione, dei concetti limitati, e dato che non potete essere ovunque nello spazio, non potete esistere per sempre nel tempo. Il senso di sé limitato, che è un risultato della vostra partecipazione alla mente dell'anti-cristo, non potrà esistere per sempre. Deve venire il giorno in cui dovrete scegliere chi servire, dovrete decidere se siete disposti a ritornare alla coscienza di Cristo e alla vita eterna della coscienza Cristica, o se volete continuare a limitare il vostro senso d'identità alla coscienza dell'anti-cristo, che dovrà inevitabilmente morire. Questo è invero il giorno del giudizio di cui si parla nella Bibbia (Matteo 10:15). E se vi rifiutate di crescere verso la coscienza di Cristo, se vi rifiutate di trascendere il vostro senso di sé limitato, allora la vostra opportunità di sperimentare con la coscienza dell'anti-cristo arriverà davvero a termine, in quella che la Bibbia chiama la seconda morte (Apocalisse 2:11).

Tuttavia, come ho detto, il piano originale per il vostro flusso di vita non potrà mai andare perduto. Quel piano è per sempre conservato nella mente di Cristo, nella Mente Universale di Cristo. Pertanto, la vostra capacità di essere salvati – di essere redenti, di ritornare alla vostra condizione precedente, di ritornare nella Grazia, di ritornare nel Paradiso – non può essere perduta. Qualunque cosa abbiate fatto in questo mondo, per quanto in basso siate scesi, al di sotto del livello della coscienza di Cristo, avete il potenziale di voltarvi indietro e d'incominciare il viaggio ascendente, che vi riporterà alla coscienza Cristica. Una delle funzioni della coscienza di Cristo è quella di mantenere ciò che chiamiamo il concetto immacolato. E' l'immagine che era tenuta nella mente del vostro Creatore, quando il vostro flusso di vita venne inizialmente concepito nella mente di Dio. Si tratta del concetto che definisce la vostra individualità, i doni individuali che il vostro Creatore vi ha dato quando siete stati concepiti. Queste caratteristiche sono presenti, sigillate nella coscienza di Cristo. E se siete disposti a trascendere il limitato senso di sé, che avete attualmente, potrete scoprire quel concetto immacolato. Potrete ristabilire il vostro senso di sé, il vostro senso d'identità, diventando ancora una volta uno con quel concetto immacolato. Voi siete chi pensate di essere, quindi se riuscite ad immaginare e ad accettare il concetto immacolato, *sarete* l'essere immacolato che Dio ha creato.

Come ho spiegato in precedenza, il pianeta Terra fu originariamente creato in uno stato di perfezione superiore a quello che è attualmente manifesto. Gli esseri umani hanno portato questo pianeta ben al di sotto della sua perfezione originale. Eppure quel piano originale esiste ancora come un concetto immacolato nella mente di Cristo. Pertanto, esiste un potenziale molto reale che una massa critica di esseri umani possa elevare la propria coscienza al livello del Cristo, agendo così da porte aperte per riportare il concetto immacolato a manifestarsi fisicamente. Le attuali condizioni sulla Terra non sono altro che un film proiettato sullo schermo della vita attraverso la coscienza collettiva dell'umanità. La maggioranza delle persone su questo pianeta crede attualmente all'illusione secondo cui nessun'altra immagine è possibile o realistica. Tuttavia, se solo un numero ridotto di persone si rifiuta di credere a questa illusione e riallinea la propria visione della Terra con il concetto immacolato, la Luce Ma-ter gioirà nel raffigurare questo concetto immacolato al posto dell'attuale concetto, che è così pesantemente influenzato dalla mente dell'anti-cristo.

Infatti, se sentite che gli insegnamenti che do in questo libro smuovono qualcosa nel profondo del vostro cuore, è probabile che siate discesi nella vostra attuale incarnazione esattamente perché volevate diventare uno degli esseri Cristici, che possono aiutare ad elevare la Terra dalle sue attuali limitazioni per portarla in un'Era d'Oro, in cui tutte le persone parteciperanno alla vita abbondante. Parlerò ancora di quest'idea nelle chiavi successive, ma come prossimo passo dobbiamo acquisire una comprensione più profonda del come gli esseri consapevoli di sé siano discesi nel limitato senso di sé, che si basa sulla coscienza dell'anti-cristo. Comprendendo in che modo avete perso la grazia della coscienza Cristica, scoprirete anche la chiave per riguadagnare quello stato di Grazia.

Chiave 9
Chi è il vero me
e perché ho dimenticato chi sono?

Mio amato cuore, potreste domandarvi come mai un essere che è stato creato come un co-creatore con Dio, un essere che è nato dall'Interezza della coscienza di Dio, un essere che è invero Dio manifesto come un flusso di vita individuale, possa aver perduto la consapevolezza del Tutto dal quale proviene. Questa è davvero una questione che fareste bene a ponderare.

Non esiste un'unica risposta a questa domanda, in quanto ogni co-creatore è stato creato come un individuo unico. L'esatta ragione, che vi ha indotti a perdere la vostra connessione con la vostra sorgente, non sarà la stessa di qualcun altro. La chiave per capire il mistero sta nel meditare sul dilemma di come equilibrare il fatto che avete una consapevolezza come un essere individuale, distinto, eppure, allo stesso tempo, siete un'espressione dell'Intero Essere di Dio. Questa è la sfida centrale che arriva con il dono dell'individualità e del libero arbitrio. Nessun co-creatore mai è stato in grado di sfuggire a questa sfida. Molti hanno affrontato la sfida con facilità, mentre altri hanno avuto bisogno di tanto tempo per risolvere l'enigma. E, naturalmente, una parte sostanziale dei co-creatori, compresa la maggioranza dei miliardi di flussi di vita che attualmente vivono sulla Terra, non ha ancora risolto il mistero, non ha ancora risolto l'enigma dell'individualità.

La chiave per risolvere l'enigma sta nel realizzare che cosa significa che siete un essere individuale. Chi siete, che cosa siete, che cos'è il nucleo della vostra identità? Come ho spiegato in precedenza, tutta la creazione è iniziata con la singolarità del Creatore. All'inizio c'era soltanto Dio, il Creatore, e Dio era – ed è – un Essere integro e autosufficiente. Il Creatore ha la consapevolezza di sé ed ha una chiara comprensione della sua identità. Vi ho detto che il Creatore ha iniziato col creare le due forze di base, ossia la forza espansiva del Padre e la forza contraente della Madre. Ma queste forze non sono semplicemente delle forze inanimate, come le forze della natura che vedete sul pianeta Terra, quali la gravità e il magnetismo. Le due forze spirituali di base sono guidate da due esseri consapevoli di sé, che sono i primi co-creatori ad emergere dal Creatore. Questi due esseri sono quelli a cui la Bibbiasi riferisce quando parla di Alfa ed Omega, l'inizio e la fine. Tuttavia, questi due esseri non sono separati dal

Creatore, ma sono in realtà delle estensioni, delle manifestazioni del Creatore. Ecco perché la Bibbia riporta l'affermazione: "Io sono l'Alfa e l'Omega, l'inizio e la fine, dice il Signore, colui che è, che era e che viene, l'Onnipotente"(Apocalisse 1:8). Quindi ora abbiamo il Creatore che si è manifestato come due esseri consapevoli di sé, due co-creatori. Ognuno di questi esseri ha la consapevolezza di sé, e così ha un senso del sé come un essere separato, come un individuo distinto. Ma, dato che l'Alfa e l'Omega sono stati creati direttamente dal Creatore, la loro connessione col Creatore è talmente forte e talmente diretta che è improbabile che un essere a questo livello perda la consapevolezza di quella connessione, di quell'unità.

Vi ho detto anche che l'Alfa e l'Omega hanno creato dei discendenti, ed esiste un numero di esseri consapevoli di sé che discendono direttamente da Alfa e Omega. La diretta progenie di Alfa e Omega ha poi creato una loro progenie, e così via, attraverso molte sfere di creazione. Ancora una volta devo dirvi che nessuna immagine lineare potrà dare una descrizione perfettamente accurata della realtà spirituale. Tuttavia, dato che la vostra mente è ancora così programmata a pensare in termini lineari, sto cercando di fare l'impossibile per descrivere questo in maniera lineare. Quindi se andiamo con questo approccio lineare, possiamo dire che tutti gli esseri consapevoli di sé, nell'intero mondo della forma, fanno parte dello stesso albero genealogico che riconduce all'unico Creatore. Senza di lui nulla di ciò che è fatto, è stato fatto. Se andiamo avanti con l'illustrazione dell'albero genealogico, possiamo vedere che un albero genealogico ha molti rami, che rappresentano le diverse generazioni. Quindi potremmo dire che quanto più lontani siete dal Creatore sull'Albero della Vita, tanto più distante è la vostra connessione col Creatore. Pertanto, quanto più lontani siete dal Creatore, tanto più facile diventa per voi perdere la consapevolezza di quella connessione, diventando quindi talmente focalizzati sulla vostra individualità da dimenticare, alla fine, la vostra origine e da vedere voi stessi come un essere separato, che fluttua in giro come una nave alla deriva su un immenso oceano.

L'immagine dell'albero genealogico ha alcuni grandi limiti, quando si tratta di considerare il Corpo di Dio, l'Albero della Vita. In un albero genealogico, voi nascete in una certa posizione e non potete mai cambiare quella posizione. Nel Corpo di Dio, ogni essere consapevole di sé, ovunque abbia avuto origine, ha l'opportunità di salire attraverso i vari livelli finché, alla fine, non raggiungerà la piena coscienza di Dio. Allo stesso modo, un essere consapevole di sé può scendere sotto il livello a cui è nato e, pertanto, allontanarsi ancor di più dalla coscienza divina.

Che cos'è che determinerà se salite più in alto o se scendete più in basso sull'Albero della Vita? Il fattore decisivo è il vostro senso di sé, la vostra auto-consapevolezza, il vostro senso d'identità. Sapete benissimo che siete nati in una certa famiglia e che la vostra famiglia ha una genealogia, che può andare indietro di molte generazioni. Sapete che i vostri geni e la vostra educazione hanno influenzato ciò che siete oggi, ciò che pensate di essere. Quello di cui molte persone non si rendono conto è che il vostro senso d'identità non è fisso e che, sebbene possa essere influenzato da forze esterne, voi avete il potenziale di assumere il dominio del vostro sé e di cambiare il vostro senso di sé in base alla vostra visione più elevata.

***

Il vostro corpo è un prodotto dei geni tramandati nella vostra famiglia, e la vostra educazione è il prodotto della visione del mondo e della cultura della vostra famiglia e della vostra società. Eppure voi siete un individuo distinto, e potete elevarvi al di sopra del vostro ambiente familiare in molti modi, com'è stato dimostrato da varie persone. Dato che siete, invero, un essere spirituale, avete la completa libertà di elevarvi al di sopra del vostro attuale senso d'identità e persino al di sopra del senso d'identità con cui il vostro essere individuale è nato. La ragione è che il nucleo stesso del vostro essere è il vostro senso di sé, il vostro senso d'identità.

Quando vi diede la consapevolezza di voi stessi, l'immaginazione e il libero arbitrio, il Creatore creò un essere che non aveva un'identità fissa e immutabile. Voi siete letteralmente chi pensate di essere, voi siete quello che credete di essere. Se vi vedete come un figlio di Dio, allora *siete* un figlio di Dio. Se vedete voi stessi come un essere umano mortale, allora *siete* un essere umano mortale, almeno nel mondo del tempo e dello spazio. Tuttavia, la verità è che voi potete cambiare il vostro senso d'identità, potete cambiare la vostra consapevolezza di voi stessi, usando la vostra immaginazione e il vostro libero arbitrio. Potete dimenticare o negare che siete un figlio o una figlia di Dio e immaginare ed accettare, invece, il senso d'identità come un peccatore mortale. Allo stesso modo, potete abbandonare il senso d'identità limitato di un essere umano e rivendicare la vera identità con la quale siete nati. Poi potrete costruire su quel concetto immacolato e diventare più di quanto siete stati creati per essere – il che è realmente ciò che il Creatore spera per voi.

Può darsi che, per comprendere questi concetti, dobbiate pensare un po' con il cuore, in quanto la mente analitica non sarà in grado di risolvere ciò che le sembrerà una contraddizione. Come ho spiegato nella chiave precedente, la Mente Cristica Universale conserva l'impronta divina, il concetto immacolato, per la vostra individualità, l'individualità della quale foste dotati quando il vostro flusso di vita inizialmente venne in essere. Quell'impronta non potrà andare persa mai, e l'essere spirituale più grande, dal quale provenite, esisterà nel regno spirituale, qualunque cosa facciate qui sulla Terra. Quell'essere spirituale è, anzitutto, la vostra Presenza IO SONO, ma la vostra Presenza IO SONO fa parte dell'albero genealogico che arriva, possibilmente attraverso molte generazioni o molti livelli, fino al Creatore. Eppure voi, come un essere individuale, siete più della vostra Presenza IO SONO, più del vostro albero genealogico e più del vostro Creatore. Quando dico "più", non intendo in maniera comparativa, come se foste migliori di Dio. Quello che intendo è che voi avete un distinto senso di consapevolezza di sé, che è al di là della consapevolezza di sé del Creatore e dei membri della vostra famiglia spirituale.

Voi avete un senso di consapevolezza di sé distinto, che ha due aspetti, ossia "la consapevolezza" e "il sé". Siete consapevoli di esistere, di avere un essere, di avere una vita. Quella consapevolezza è centrata su ciò che vedete come il vostro "sé", come la vostra identità. Si potrebbe dire che il vostro senso di consapevolezza sia il contenitore del vostro essere, e che il vostro senso di sé sia il contenuto del contenitore del vostro essere individuale. La consapevolezza vi dà esistenza, e il sé dà alla vostra esistenza una focalizzazione specifica e, quindi, un modo per esprimere voi stessi nel mondo della forma.

La consapevolezza è indipendente dal sé, nel senso che non dipende da alcuna forma. Può esister come consapevolezza pura, senza essere centrata su o attraverso una specifica individualità, ed è questa consapevolezza che è il nucleo stesso dell'essere di Dio. Si potrebbe dire che il Dio ultimo è uno stato di consapevolezza pura, e questa consapevolezza è al di là della forma, il che significa che non può essere mai perduta o divisa. Tuttavia, essa può esprimersi attraverso una particolare forma, attraverso un sé individuale, in quanto senza di lui nulla di ciò che è stato fatto, è stato fatto. Il contenuto di questo sé individuale può oscurare la consapevolezza pura, eppure la pura consapevolezza è immutabile ed eterna. Come dice un antico proverbio indiano: "Uomini possono andare e venire, ma Io vado avanti per sempre."

Il senso di sé è mutevole e, come ho detto, dipende da come vedete voi stessi, da come immaginate di essere e da ciò che considerate reale e facente parte di voi. Il tutto dipende dal contenuto che mettete nel contenitore del sé e, ovviamente, il vostro senso di sé può essere influenzato dal mondo della forma. Ecco perché il Voi Consapevole può perdersi nella forma e dimenticarsi della pura consapevolezza che è la sua fonte. Tuttavia, il punto importante è che voi potete cambiare la vostra consapevolezza di sé cambiando il vostro senso di sé, cambiando il contenuto del vostro contenitore dell'essere.

Si potrebbe dire che la vostra consapevolezza sia un foglio di carta bianca, e su quella carta il Creatore ha fatto un bel disegno della vostra impronta divina. Mentre cominciate ad accettare un senso di sé inferiore, voi scarabocchiate sulla carta con l'inchiostro nero. Se continuate a fare questo, alla fine raggiungerete un punto in cui gli scarabocchi copriranno non solo la vostra impronta divina ma anche la carta bianca sottostante. La vostra consapevolezza pura e la matrice del vostro sé spirituale sono state coperte da un'intricata rete di linee nere senza alcuna struttura chiaramente definita. Fortunatamente, le linee nere non sono fatte con una penna indelebile. Infatti, le linee nere sono disegnate su un foglio di plastica chiara, il che significa che la carta bianca e l'impronta originale sono ancora intatte e inviolate.

***

Per aiutarvi a capire meglio questo concetto, lasciate che ritorni all'idea che, prima di poter essere creata, ogni forma distinta deve esistere come un'immagine mentale in una mente consapevole di sé. La mente consapevole di sé, che ho chiamato la Mente Universale di Cristo, è il deposito permanente per l'immagine mentale, l'impronta, che descrive la vostra individualità, l'individualità con cui siete stati creati. Mentre la vostra consapevolezza di sé cresce, voi dovreste costruire su quella base ed espandere il vostro senso di sé, in modo da diventare più di quanto eravate creati ad essere. Quando co-create in armonia con le leggi di Dio, il vostro senso di sé espanso verrà anch'esso registrato nella coscienza di Cristo. Quindi, una volta ottenuto, il vostro conseguimento non potrà andare mai perso. Tuttavia, prima che una forma possa essere manifestata, l'immagine mentale deve essere proiettata sulla Luce Ma-ter. Quindi l'immagine mentale, l'impronta per la vostra identità individuale, non è un essere consapevole di sé, che sia in grado di entrare nel mondo della forma iniziando ad agire da co-creatore. L'impronta, il concetto immacolato, è soltanto un'idea tenuta nella mente dell'Essere spirituale più grande, dal quale siete nati. Si tratta di un essere potenziale, e non di un essere manifesto. Quello che entra nel mondo della forma è il Voi Consapevole, il Sé Consapevole, il voi consapevole di sé, che è consapevole di se stesso come un essere distinto, individualizzato. Potremmo dire che prima Dio crea l'impronta per il vostro essere, ma quell'impronta diventa viva soltanto quando Dio soffia in essa la vita, lasciando che una parte del suo stesso Essere animi il sé con consapevolezza pura.

Appena creato, quel senso di sé era, naturalmente, in allineamento perfetto con la vostra impronta divina. Ma entrando nel mondo della forma ed esercitando la propria immaginazione e il proprio libero arbitrio, esso può diventare più dell'impronta originale o può diventare meno dell'impronta originale. Ma ecco una chiave essenziale. L'impronta divina per la vostra identità è permanentemente conservata nella Mente Universale di Cristo. Il Voi Consapevole, il vostro attuale senso di sé, è, in qualunque momento, ciò che pensa di essere, ciò che vede come il proprio essere. Questo significa che quando cambiate la vostra consapevolezza di sé, il voi precedente, il senso di sé precedente, muore e non c'è più. Come ho descritto in precedenza, quando il chicco di grano germoglia nel terreno, il chicco di grano non esiste più. Si è trasformato nel germoglio, e il chicco cessa di esistere. Quando il germoglio cresce diventando una pianta, il germoglio non esiste più. Esiste ancora come concetto, ma non esiste come una realtà manifesta, perché è stato sostituito dalla pianta.

Questo potrebbe sembrare astratto, ma in realtà non è tanto difficile da capire quando considerate la vostra stessa esperienza in questa vita. Se pensate alla vostra infanzia, vi renderete conto che, quando avevate cinque anni, non vedevate voi stessi o il mondo così come lo vedete oggi. Avevate una prospettiva diversa e, molto probabilmente, era una prospettiva più limitata. Dov'è oggi quel bambino? Bene, a tutti gli effetti, non esiste più. Il corpo del bambino non esiste nella forma che aveva allora. Tuttavia, ha un'esistenza continuata, nel senso che è cresciuto diventando il vostro attuale corpo. Allo stesso modo, il senso di sé del bambino di cinque anni non esiste nella stessa forma, perché è cresciuto diventando il senso di sé che siete oggi. Devo avvisarvi che quest'analogia ha certi limiti, in quanto ciò che vi è accaduto nell'infanzia potrebbe aver creato delle ferite psicologiche, che vi influenzano ancor oggi. Ciò nondimeno, l'analogia illustra ugualmente il punto che la consapevolezza di sé, che esisteva allora, è stata sostituita da un senso di sé più ampio.

Questo ci porta al punto essenziale che dovete capire e, pertanto, vi incoraggio a ponderare questo col cuore, cercando dentro di voi una comprensione intuitiva, che va oltre le parole che vi sto dando. Quando all'inizio vi siete avventurati nel mondo della forma come un essere distinto, voi avevate un senso di sé che era un'espressione della vostra impronta divina, dell'individualità datavi da Dio. Per un po' avete costruito su quel senso di sé. Tuttavia, ad un qualche punto, nel lontano passato, avete cominciato ad andare nella direzione opposta. Anziché espandere il vostro senso di sé, avete iniziato a contrarlo. Invece di espandere la vostra connessione con la vostra Presenza IO SONO, avete cominciato a limitare gradualmente questa connessione. Così facendo avete limitato il vostro senso di sé diventando più focalizzati sul contenuto del contenitore dell'essere e dimenticandovi gradualmente del contenitore stesso. Siete diventati più centrati sul senso di sé, creato da voi in base alle vostre esperienze in questo mondo, che sul senso di sé immortale conservato nella mente di Cristo.

All'inizio si è trattato di un processo graduale, ma poi avete raggiunto un punto critico in cui avete superato quello che potremmo chiamare un punto di non ritorno – sebbene esista sempre la possibilità di ritornare alla vostra impronta divina. Una volta superato quel punto, siete rimasti intrappolati nel limitato senso di sé che avevate creato. Avete perso la vostra connessione consapevole con la vostra Presenza IO SONO e, pertanto, avete dimenticato la vostra vera origine. Il vostro senso di sé non si è basato più sul fatto che siete un'estensione della vostra Presenza IO SONO e che siete eternamente connessi ad essa. Invece, ora avete costruito un nuovo senso di sé basato sulla separazione dalla vostra Presenza IO SONO, o piuttosto, sulla separazione dall'immagine di Dio che avete costruito in base alle idee che si trovano in questo mondo.

Miei amati, se pensate ad un'esperienza che avete nella vita quotidiana, capirete questo processo. Senz'altro vi sarà capitato di mettere una pentola d'acqua sul fornello e di aver acceso il fuoco. Se osservate quello che accade all'acqua, vedrete che per un po' l'acqua si scalda gradualmente e non si nota alcun cambiamento. Eppure quando l'acqua raggiunge una certa temperatura, iniziano a formarsi delle bollicine e presto l'acqua calma si trasforma in acqua bollente. Se continuate a scaldare la pentola, alla fine tutta l'acqua si trasformerà in vapore. Come sapete, le molecole effettive dell'acqua esistono ancora, ma hanno assunto una forma chiaramente diversa e pertanto non appaiono più come acqua liquida . Ora appaiono come vapore, che è invisibile ed ha qualità diverse dall'acqua liquida. Perciò, sebbene le molecole dell'acqua esistano ancora, la pentola d'acqua che mettete sul fuoco non esiste più. Il mio punto qui è che voi avete iniziato la discesa in un senso d'identità inferiore come un processo molto graduale. All'inizio a malapena notavate che, anziché avvicinarvi alla vostra Presenza IO SONO, vi stavate separando da essa. Tuttavia, arrivò il momento in cui la vostra connessione alla vostra Presenza IO SONO era stata ridotta ad uno stadio critico e, molto bruscamente, perdeste la consapevolezza cosciente di quella connessione. Questo era qualcosa che accadde letteralmente da un momento all'altro. Potreste pensare al modo in cui potete allungare un elastico per molto tempo, senza romperlo, e potete sempre riportarlo alla sua forma originale. Tuttavia, ad un certo punto si spezza e allora non potrà più essere riportato alla sua forma originale. Questo è illustrato nel vecchio 'indovinello su Humpty-dumpty, che subì una grande caduta. E tutti i cavalli e tutti gli uomini del re – ossia qualunque forza nel mondo materiale – non riuscirono più a rimettere insieme Humpty.

Prima di perdere la connessione consapevole con la vostra Presenza IO SONO vi vedevate ancora come un essere spirituale connesso a qualcosa di più grande di voi stessi, eravate connessi a qualcosa che era al di là del mondo materiale. Ma dopo aver superato il punto di separazione, vi siete visti come un individuo distinto, separato da quello che vedevate come un Dio esterno e separato da altri esseri consapevoli di sé. Non vi siete visti più come un essere spirituale, ma vi siete visti come un essere relegato nelle limitazioni del mondo materiale, nelle limitazioni di tempo e spazio. Questo cambiamento fu abbastanza drammatico. Infatti, fu talmente drammatico che il senso di consapevolezza di sé, come un essere spirituale, il sé che era voi prima della separazione, letteralmente morì nel processo. Il senso di sé, che avevate prima di superare quel punto critico di discesa, non esiste più. E' stato sostituito da un nuovo senso di sé, che non si basa più sulla connessione con la vostra sorgente, ma si basa sulla separazione dalla sorgente. Si potrebbe dire che il Voi Consapevole abbia mantenuto un'esistenza continua, ma che il contenuto del contenitore del sé sia completamente diverso da, possibilmente opposto a, la vostra impronta divina.

***

Questa discesa in un senso di sé inferiore è ciò che la Bibbia descrive nella storia della Caduta di Adamo ed Eva. Contrariamente alla credenza popolare negli ambiti ortodossi, questa storia non sarebbe mai dovuto essere presa alla lettera. Non descrive due persone che erano gli antenati di tutta l'umanità. Invece illustra il processo della caduta in un senso di sé inferiore, in uno stato di coscienza inferiore, attraversato in un lontano passato, ossia molte vite fa, da ogni essere che attualmente si trova sulla Terra. Se riuscite ad accettare questo fatto, potete imparare delle lezioni preziose dalla storia di Adamo ed Eva. Se non riuscite ad accettare questo fatto, rimarrete intrappolati nell'interpretazione ortodossa di questa storia. Però, se foste stati attaccati alle interpretazioni ortodosse, non stareste leggendo questo libro. Già da molto l'avreste etichettato come eresia o bestemmia.

Miei cari, pensate alla storia di Adamo ed Eva. Noterete che ci sono una figura maschile ed una figura femminile. Noterete che la storia dice che Adamo fu creato per primo e poi Eva fu creato dalla costola di Adamo. In realtà, questo dovrebbe illustrare il fatto che la vostra Presenza IO SONO è l'aspetto maschile o spirituale del vostro essere totale. Il Voi Consapevole, il senso di sé che discese nel mondo della materia, è la polarità femminile del vostro essere totale. Come ho spiegato, la vostra Presenza IO SONO risiede permanentemente nel regno spirituale e non è influenzata da nulla di ciò che accade in questo mondo. Pertanto, non fu la vostra Presenza IO SONO ad essere tentata dal Serpente ed a cadere nella coscienza di separazione, nella coscienza di dualità. Fu l'aspetto femminile del vostro essere, il Voi Consapevole, che fu indotto ad assaggiare la coscienza di dualità, la coscienza del bene e del male relativi. Come ho spiegato, questa è la coscienza in cui pensate di poter presentare le vostre definizioni di bene e di male, invece di accettare la definizione assoluta della coscienza di Cristo- ossia che il bene significa qualcosa che è in armonia con le leggi di Dio e il male significa qualcosa che è in opposizione all'insieme.

Nella storia di Adamo ed Eva, vedrete che Eva fu tentata da qualcosa di esterno a se stessa. Il Serpente ha varie interpretazioni valide, che illustrano diversi aspetti del processo della Caduta. Tuttavia, allo scopo del nostro attuale discorso, vorrei usare l'interpretazione più ampia e più universale e dire che il Serpente rappresenta un certo stato di coscienza, che è l'inevitabile compagno del vostro libero arbitrio. Come ho detto, quando Dio vi diede il libero arbitrio, fu inevitabile che otteneste la capacità di andare contro le leggi di Dio, invece di seguire quelle leggi. Questa è la tentazione che arriva con il fatto che siete un essere consapevole di sé, con l'immaginazione e il libero arbitrio. Potete immaginare che è possibile andare contro le leggi di Dio, e potete decidere di farlo. Questa tentazione è sempre presente come potenziale. Tuttavia, non avete alcuna necessità di abbandonarvi a questa tentazione e parteciparvi. E' perfettamente possibile per un co-creatore consapevole di sé ignorare completamente questa tentazione e continuare a co-creare entro la struttura delle leggi di Dio. Eppure alcuni co-creatori scelsero di guardare la tentazione e di iniziare a chiedersi che cosa sarebbe accaduto in realtà, se avessero deciso di andare contro le leggi di Dio, se avessero deciso di ignorare le istruzioni dall'Alto.

Queste considerazioni sorsero nella mente, nella mente che ragiona, nella mente analitica. Sorsero perché, come un co-creatore nuovo e inesperto, non avevate la piena comprensione consapevole delle leggi di Dio. Perciò non capivate appieno che queste leggi non limitano la vostra libertà creativa ma la salvaguardano, affinché possiate esprimere la vostra individualità in armonia con il Corpo di Dio. E dato che la vostra consapevolezza di sé non era sufficientemente espansa, voi non capivate che siete uno con il Corpo di Dio e, pertanto, quello che fate agli altri, lo fate a voi stessi. In altre parole, non capivate pienamente che seguire le leggi di Dio è vostro interesse personale illuminato.

A causa di questa comprensione limitata fu possibile per voi iniziare a domandarvi, che cosa sarebbe accaduto se aveste deciso di andare contro le leggi e le istruzioni di Dio. Fu possibile per voi iniziare a sentire che le leggi di Dio ponevano delle restrizioni alla vostra libertà creativa e che dovevate avere il permesso di sperimentare con la vostra creatività, senza essere limitati da nulla. In realtà, vi è stato permesso sempre di sperimentare con la vostra creatività. Tuttavia, dato che l'universo agisce da specchio, voi raccoglierete inevitabilmente ciò che avrete seminato. Pertanto le leggi di Dio sono stabilite in modo da assicurare che voi raccogliate solo conseguenze positive, che espandano la vostra vita e la vita dell'intero Corpo di Dio. Ciò che intendo dire è che le leggi di Dio in realtà non vi limitano e, quindi, il senso di restrizione è nato da una limitata comprensione della vita.

Come ho detto, voi partiste con una comprensione limitata di come funziona il mondo. Ma Dio non vi lasciò soli in quella comprensione limitata. La storia del Giardino dell'Eden dice che Adamo ed Eva camminavano e parlavano con Dio. Questo "Dio" non era Dio nel senso definitivo, bensì un rappresentante del Creatore, che serviva da insegnante spirituale per il vostro flusso di vita. Dato che il vostro senso di sé era ancora nuovo e inesperto, si potrebbe dire che eravate ancora un figlio di Dio e non eravate ancora diventati un co-creatore pienamente consapevole. Mentre cominciavate ad esercitare le vostre facoltà creative, diventando più consapevoli del potere della vostra immaginazione e del vostro libero arbitrio, voi iniziavate anche a diventare più consapevoli del frutto della conoscenza del bene e del male. Come ho detto, questo "albero" rappresenta il fatto che avete l'opzione di andare deliberatamente contro le leggi di Dio e di separarvi dalla vostra sorgente. Mentre diventavate più consapevoli di questo frutto, eravate tentati di assaggiarlo per scoprire cosa sarebbe successo. L'insegnante spirituale nel giardino era ben consapevole di ciò che sarebbe accaduto se aveste assaggiato il frutto. Ma dato che ancora non avevate la piena comprensione del perché seguire le leggi di Dio fosse nel vostro miglior interesse, l'insegnante doveva darvi una comprensione più limitata. Questo è paragonabile a come insegnereste ad un bambino a non toccare un forno bollente per non essere bruciato. Il bambino non ha ancora abbastanza esperienza per capire che cosa significhi essere scottati e, come genitori responsabili, voi non volete che il bambino soffra per una brutta scottatura. Pertanto, cercate di insegnare al bambino a non toccare il forno, anche se il bambino non capisce perché.

Così l'insegnante nel Giardino dell'Eden aveva detto agli esseri consapevoli di sé, che erano sotto la sua guida, che se avessero assaggiato il frutto della conoscenza del bene e del male, sarebbero sicuramente morti. Miei cari, sono pienamente consapevole che molte persone spirituali hanno osservato questa storia ragionando che il Dio nel giardino deve aver mentito ad Adamo ed Eva. Dopotutto, essi assaggiarono il frutto e non morirono, ma furono cacciati dal giardino. Tuttavia, questo vuol dire ragionare con la stessa comprensione limitata che rese impossibile per l'insegnante nel giardino spiegare perché non dovevano assaggiare quel frutto. Come vi ho appena spiegato, quando il vostro senso di sé superò quel punto critico e perse la propria connessione consapevole con la Presenza IO SONO, quel senso di sé morì, letteralmente, e non esisteva più. Questo è ciò che l'insegnante sapeva, ma che i co-creatori inesperti non erano in grado di afferrare. Essi non avevano abbastanza consapevolezza di sé da sapere che voi siete chi pensate di essere.

Miei amati, forse avete sentito raccontare che se prendete una rana e la mettete in una pentola di acqua bollente, essa percepirà il calore e salterà fuori immediatamente. Ma se mettete la rana in una pentola di acqua fredda e riscaldate l'acqua, la transizione è talmente graduale che la rana non la noterà e, pertanto, morirà bollita. Questo è esattamente ciò che può accadere ad un essere consapevole di sé che non ha ancora ottenuto la piena comprensione delle implicazioni nell'usare la sua immaginazione e il suo libero arbitrio per sperimentare con la coscienza di dualità, con la conoscenza del bene e del male. All'inizio, potreste cominciare ad usare male l'immaginazione e il libero arbitrio, senza sentirne immediatamente le conseguenze. Gradualmente diventerete sempre più avviluppati nella coscienza di dualità, ma la transizione è talmente graduale che voi non la notate. Tuttavia, alla fine arriverà un punto di non ritorno, quando all'improvviso effettuate la transizione in una fase diversa di consapevolezza di sé. Proprio come l'acqua che bolle si trasforma in vapore, il vostro senso di sé si sposta ed ora siete intrappolati nella coscienza di dualità, nella quale vedete voi stessi come separati da Dio. Quindi, il senso di sé, che manteneva almeno un po' di connessione alla sua Presenza IO SONO, ora è morto. Da quella consapevolezza è nato un nuovo sé, ma questo sé è un sé mortale, basato sulla separazione e sulla dualità. Questo sé è, adesso, il modo in cui il Voi Consapevole definisce se stesso. Voi siete chi credete di essere, quindi, se vi vedete come un essere umano mortale, separato da Dio, allora è questo che voi siete – almeno nel qui ed ora, nel tempo e nello spazio.

Mio amato cuore, questa morte del voi spirituale, del senso di sé spirituale, è il problema centrale sul pianeta Terra. Infatti, si potrebbe benissimo dire che sia l'unico problema sul pianeta Terra. Tutti i numerosi problemi specifici, che vedete su questo pianeta, scaturiscono invero dalla coscienza del bene e del male relativi, dalla coscienza di dualità, che induce gli esseri consapevoli di sé a creare le proprie definizioni di cos'è giusto e cos'è sbagliato, cos'è bene e cos'è male. Nessuna di queste definizioni è in allineamento con la realtà di Dio, con la verità di Dio, in quanto si basano completamente sulla coscienza dell'anti-cristo. Come ho detto prima, la coscienza dell'anti-cristo è la coscienza di separazione dalla vostra sorgente, mentre la coscienza di Cristo è la coscienza d'unità con la vostra sorgente.

Riuscite a vedere l'importanza di questa verità? Se ogni essere umano su questo pianeta ha una sua definizione del bene e del male, è inevitabile che le persone si scontrino. Se ogni essere umano definisce il bene come ciò che è bene per "me", allora come potrà esserci mai pace e armonia su questo pianeta? Se ogni essere umano pensa che la sua definizione di verità sia l'unica assoluta, c'è da meravigliarsi se ci sono guerre su questo pianeta? Quindi, l'unico modo per creare un pianeta pacifico è che almeno una massa critica di persone salga al di sopra della coscienza di dualità. Solo quando le persone hanno la stessa definizione del bene e del male, ossia la definizione assoluta della mente di Cristo, possiamo sperare di superare i conflitti e le guerre su questo pianeta.

Quando vedete voi stessi come un'estensione della vostra Presenza IO SONO, avete un certa quantità di coscienza di Cristo. Quando vi vedete come separati dalla vostra Presenza IO SONO, o separati da Dio, siete intrappolati nella coscienza dell'anti-cristo. Esiste, tuttavia, una fase intermedia, dove si hanno degli elementi della coscienza di Cristo e elementi della coscienza dell'anti-cristo. Tuttavia, quando superate il punto in cui perdete ogni elemento della coscienza di Cristo, siete letteralmente morti, nel senso spirituale. Ecco perché Gesù disse: "In verità, in verità, vi dico, che se non mangiate la carne del Figlio dell'uomo e non bevete il suo sangue, non avete vita in voi" (Giovanni 6:53). Egli intendeva che se non partecipate alla coscienza di Cristo, non avete vita in voi. Letteralmente, non avete vita spirituale in voi, se non avete un frammento della coscienza di Cristo dentro alla sfera del vostro senso di sé, dentro al contenitore di sé.

***

Miei amati, questo ci porta al punto in cui possiamo giungere ad una comprensione nuova dell'idea secondo la quale non potete essere salvati senza il Cristo e il Cristo è l'unico salvatore, l'unica via che porti a Dio. Come ha detto Gesù: "Nessuno viene al Padre se non per mezzo di me" (Giovanni 14:6). Come ho cercato di spiegare, egli non parlava della sua persona esteriore, bensì della coscienza di Cristo, che è il vostro collegamento con la realtà – la vita – di Dio. Gesù paragonava al lievito il regno dei Cieli (Matteo 13:33), che è un altro modo di descrivere la coscienza di Cristo. Quando fate l'impasto e aggiungete il lievito, questo fa sì che tutta la pasta lieviti ed ecco perché potete cuocere il pane. Allo stesso modo, solo quando aggiungete un pezzetto della coscienza di Cristo, che è stato spezzato per voi (1Corinzi 11:24), la vostra coscienza sarà in grado di elevarsi al di sopra del livello della dualità, della mente dell'anti-cristo. Pertanto, solo assaggiando un pezzetto della coscienza di Cristo e permettendole di far lievitare il vostro senso di sé, permettendole di disperdere l'oscurità dell'anti-cristo con la luce di Cristo, potrete tornare alla vostra condizione precedente, arrivando ad accettarvi di nuovo come un figlio o una figlia di Dio.

Gesù spiegò questo anche quando disse a Nicodemo che per entrare nel regno dei Cieli dovete nascere di nuovo (Giovanni 3:1-8). Forse vi ricordate che Nicodemo argomentò con Gesù chiedendogli come poteva un uomo nascere di nuovo. Poteva egli forse entrare una seconda volta nel grembo di sua madre? Miei cari, vedete che Nicodemo era talmente intrappolato nella coscienza di dualità da prendere alla lettera le parole di Gesù, non riuscendo pertanto ad afferrarne il significato più profondo? Come vi ho spiegato, quando scendete nella coscienza di dualità, il vostro senso di sé spirituale, letteralmente, muore. Voi morite, nel senso spirituale, perché il vostro senso d'identità, come un essere spirituale, cessa di esistere e voi passate ad un nuovo senso d'identità come un essere mortale separato da Dio. Quindi, come potete possibilmente ritornare nel regno dei Cieli, dove vedete voi stessi come un figlio o una figlia di Dio? Bene, potete farlo in un unico modo, ossia quando il vostro senso di sé spirituale rinasce e voi riottenete la corretta identità spirituale. Con questo potete dare inizio al processo di rivendicazione della vostra vera identità, che è ancora conservata come il concetto immacolato nella mente di Cristo. E quando avrete riottenuto completamente quella identità, sarete ritornati alla vostra condizione precedente, avrete rivendicato la vostra eredità divina. Sarete diventati come il figliol prodigo che ritorna alla casa di suo padre dopo una lunga assenza (Luca 15:11).

Il punto essenziale in ciò che vi ho detto in questa chiave è che, quando fate la vostra transizione da un senso di sé spirituale ad un senso di sé dualistico, da un senso di sé basato sulla roccia di Cristo ad un senso di sé basato sulle sabbie dell'anti-cristo, il vostro precedente senso di sé muore. Pertanto, quando invertite quella direzione e ritornate al vostro senso di sé spirituale, il senso di sé che avete in questo momento, il senso di sé che si basa sulla separazione, deve morire anch'esso. Non potete portare quel senso di sé con voi nel regno dei Cieli. La ragione è semplice. Il senso di sé mortale è nato dal senso di separazione da Dio. Il vostro senso di sé spirituale è nato dal senso d'unità con Dio. Ciò che è nato dalla separazione, non potrà mai entrare nell'unità, il sé mortale non potrà mai afferrare o accettare la realtà di Dio. Il senso di sé che si basa sulla dualità e sulla separazione, non potrà mai superare la sensazione di essere separato da Dio.

Quello che può superare la sensazione di separazione è il Voi Consapevole, quando voi sostituite il contenuto del contenitore del sé con un nuovo senso di sé. Ecco perché dovete permettere che questo senso di sé muoia, allo stesso modo in cui la Fenice fu bruciata nel fuoco e poi risorse dalle ceneri e da lì salì nei cieli. Dovete lasciare che il vostro attuale senso di sé venga bruciato dal fuoco di Dio che consuma, dal fuoco che consuma tutto quello che non gli assomiglia, consumando così tutto quello che è nato dalla dualità e dalla mente dell'anti-cristo. Dovete avere fiducia nel fatto che questo non significherà la perdita della vostra consapevolezza continua come un essere distinto. Nascerà, invece, un nuovo senso di sé. Il vostro senso di sé spirituale rinascerà, risorgerà, e sorgerà dalle ceneri del sé precedente. E questo nuovo senso di sé si baserà sull'impronta divina concepita da Dio.

Miei amati, quest'unico punto è la differenza essenziale tra tutti i falsi insegnanti e tutti i veri insegnanti. I falsi insegnanti vi prometteranno che potete ottenere l'abbondanza di Dio – alcuni di essi vi prometteranno persino che potete avere la salvezza e la vita eterna – senza lasciar morire il senso di sé dualistico. Vi prometteranno che hanno scoperto una scorciatoia, un sotterfugio, per mezzo del quale potete conservare il senso di sé mortale e in qualche modo renderlo accettabile agli occhi di Dio. Oh, miei amati, questa è una promessa totalmente falsa. E' ciò che il Vecchio Testamento chiama la via che sembra giusta all'uomo (Proverbi 14:12), ossia ad un essere consapevole di sé, intrappolato nella dualità. Eppure essa sbocca in sentieri di morte – in quanto vi tiene intrappolati nella coscienza della morte spirituale. Forse vi ricordate che Gesù paragonava il regno dei Cieli ad un banchetto nuziale (Matteo 22:1-14). Un uomo era entrato alla festa senza l'abito nuziale – senza aver sostituito il sé mortale con il sé Cristico – ed egli fu legato mani e piedi e gettato nell'oscurità. Mentre questo suona molto drammatico, in verità illustra il fatto che quando rimanete nella coscienza di dualità, voi siete legati dalle vostre stesse credenze dualistiche e dovete rimanere nell'oscurità della mente dell'anti-cristo.

Miei amati, quest'idea è talmente importante che ritornerò a parlarne più dettagliatamente nelle chiavi successive. E mentre vi svelo la fallacia di questa falsa immagine di salvezza, arriverete a comprendere davvero la chiave maestra per sperimentare la vita abbondante proprio là dove vi trovate. Quindi è con grande emozione che attendo di svelarvi questa comprensione più profonda della vera salvezza attraverso la rinascita del sé, la via che, in effetti, sembra sbagliata alla mente dualistica, ma che sbocca in sentieri di vita eterna.

Chiave 10
Perché devo lasciar andare "chi non sono" per scoprire "chi sono"?

Mio amato cuore, so che può sembrare drammatico quando vi dico che il vostro attuale senso di sé deve morire. Tuttavia, in base a quello che vi ho detto nelle precedenti chiavi, spero che siate in grado di vedere che non è affatto così drammatico come potrebbe sembrare. Mi rendo conto che tutti gli esseri consapevoli di sé hanno una grande paura di perdere la loro identità, il loro senso di sé. La vostra stessa esistenza si basa sul fatto che avete delle caratteristiche individuali, che fanno di voi un essere distinto. Siete stati creati per moltiplicare la vostra individualità e per assumere il dominio, innanzitutto di voi stessi e poi del mondo in cui vivete. Pertanto, l'ultima cosa che vorreste è perdere la vostra individualità, perdere il vostro sé. Quindi, a prima vista, potrebbe sembrare una cosa spaventosa considerare l'idea che dobbiate perdere il vostro attuale senso d'identità. Ma, come vi ho spiegato, il vostro attuale senso d'identità non è la vostra vera individualità. Al contrario, si tratta di un'immagine di voi stessi che copre la bellezza e la perfezione molto superiori della vostra individualità datavi da Dio.

Mio amato cuore, avete forse perduto qualcosa nel processo di crescita del vostro corpo da bambino ad adulto? Certo, avete perso il corpo da bambino ed ora avete il corpo di un adulto, ma si tratta di una perdita netta o, in realtà, di un guadagno? Se vi dicessi che vi darei un milione di dollari, se voi me ne date uno, perdereste forse qualcosa in questo scambio? Oh, sì, perdereste un dollaro, ma avreste un milione di dollari al suo posto, e così sareste più ricchi di quanto eravate prima che effettuassimo lo scambio, non è vero? Il mio punto è che in realtà voi non perdete qualcosa, se questa viene sostituita da qualcosa di meglio. La vostra vera individualità – datavi da Dio all'inizio – è un milione di volte più bella e più perfetta della individualità che siete stati educati ad accettare nel mondo materiale d'oggi. Quindi, invero, non c'è perdita alcuna, bensì un guadagno sia per voi stessi, sia per il Sé più grande, ossia il Corpo di Dio di cui fate parte.

Vi ho detto anche, che quando siete scesi nello stato di coscienza inferiore, nella coscienza di dualità, nella mente dell'anti-cristo, l'avete fatto in maniera graduale. Pertanto, quando risalirete alla coscienza Cristica, alla vostra vera identità, anche questo accadrà gradualmente. In altre parole, non arriverete ad un punto in cui il vostro attuale senso di sé morirà e non avrete nulla con cui sostituirlo.

Al contrario, salirete gradualmente ad un senso di sé superiore e ad un senso di autostima superiore e, pertanto, non lo sentirete mai come una perdita ma soltanto come un guadagno. Quindi, confido nel fatto che quando pensate a questo nel vostro cuore, sarete in grado di vedere che non c'è davvero nulla da temere. So che questo non vi toglierà la paura all'istante, ma vi posso assicurare che quando passerete alle prossime chiavi e applicherete gli strumenti che vi darò più avanti in questo libro, un giorno supererete la vostra paura, perché vi aprirete all'Essere superiore che siete in realtà. Facendo questo cammino graduale per ristabilire la vostra connessione con la vostra Presenza IO SONO, un giorno sperimenterete un raggio del sole della vostra Presenza IO SONO, che splenderà direttamente nel vostro essere inferiore. Quando quel raggio riempirà il vostro essere, voi sperimenterete l'amore perfetto, l'amore incondizionato, che la vostra Presenza IO SONO e il vostro Creatore nutrono per voi. E quell'amore perfetto caccerà via tutte le vostre paure.

***

Miei amati, perché vi sto dicendo che il vostro attuale senso di sé deve morire? Perché vi sto dando un messaggio che potrebbe sembrare spaventoso e potrebbe non sembrare molto attraente per il vostro attuale senso di sé? Perché essere così diretta invece di allettarvi con un messaggio più gentile e più attraente, che faccia sembrare sì che il sentiero sia più facile e meno drammatico? Perché correre il rischio di spaventare coloro i quali non sono disposti ad affrontare le loro paure? Sto facendo questo per molti motivi, ma una delle ragioni principali è che voglio darvi il vero sentiero che porta alla vita abbondante, persino alla vita eterna.

Come ho detto in precedenza, i falsi guru faranno la promessa che potete manifestare l'abbondanza di Dio, e essere persino salvati, senza abbandonare il vostro attuale senso di sé, senza lasciar morire il vostro senso di sé mortale. Questo è un messaggio che è molto attraente per il vostro senso di sé mortale, ed ecco perché le persone chesono intrappolate in quel senso di sé mortale compreranno le merci offerte dai falsi insegnanti. Tuttavia, questa è anche la via che sembra giusta all'uomo ma che non potrà mai condurre alla vera vita abbondante, che durerà per l'eternità. Quindi la mia motivazione principale, nel darvi la verità impopolare e non attraente, sta precisamente nel fatto che essa è la verità. E soltanto la verità vi renderà liberi.

Un altro motivo importante è che quando conoscete e accettate la verità che il vostro attuale senso di sé deve morire – affinché possiate rinascere ad un senso di sé più elevato, più spirituale – allora il vostro sentiero diventa molto più facile da percorrere. Mio amato cuore, nel corso degli ultimi 2000 anni, dopo la mia ascensione, ho osservato milioni di persone sforzarsi sinceramente per applicare gli insegnamenti dati dal mio amato Gesù. Ho visto tanti cuori sinceri dare il tutto per dedicarsi al cammino che è stato trasmesso loro dalle chiese cristiane ufficiali. Ma dato che queste chiese hanno tolto proprio alcuni dei concetti chiave dati da Gesù – hanno tolto la chiave della conoscenza -, la maggioranza dei cristiani sinceri non ha avuto la vera comprensione di dover lasciare morire il sé mortale per rinascere quindi ad un senso di sé spirituale, immortale. Pertanto, molte di queste persone sono rimaste intrappolate nel falso sentiero della ricerca del sé mortale perfetto, cercando in qualche modo di adattarlo a ciò che è stato detto loro essere gli ideali predicati dal Cristo. Miei amati, questo ha fatto sì che molte persone abbiano usato la mente esteriore per creare un'ideale, un'immagine mentale, un idolo, di come dovrebbe essere e come dovrebbe comportarsi un vero seguace di Cristo. Hanno passato una vita intera, spesso con grande sincerità e devozione, nel tentativo di forgiarsi secondo quell'immagine mentale usando la propria volontà esteriore.

Purtroppo, spesso questo è stato una lotta ardua, per il semplice motivo che, finché non lascerete morire il sé mortale, sarete inevitabilmente una casa divisa contro se stessa(Marco 3:25). Ogni volta che il Voi Consapevole si avvicina di un passo alla Cristianità, il sé mortale vi tira indietro, e così rimanete intrappolati nel dilemma descritto da Paolo, quando disse: "Il bene che voglio, non lo faccio; ma il male che non voglio, quello faccio" (Romani 7:19). Questo ha fatto sì che così tante persone sincere si vergognino o si sentano in colpa, perché non sono riusciti ad essere all'altezza dell'immagine mentale che è stata data loro nelle loro chiese, un'immagine mentale che, sin dall'inizio, si è basata sulla dualità dell'anti-cristo. Pertanto si tratta di una falsa immagine, il che significa che nessuno potrebbe possibilmente essere all'altezza di quest'immagine idolatrica della perfezione umana, che non ha nulla a che fare con la perfezione del cuore. Ricordatevi di come Gesù disse che soltanto i puri di cuore vedranno Dio (Matteo 5:8). Il vero significato è che Dio non vi chiede di manifestare una perfezione esteriore, umana, basata su un'ideale che scaturisce dalla mente dell'anti-cristo. Dio sta cercando una qualità interiore, ossia la purezza del vostro cuore. E come si ottiene la purezza del cuore? La si ottiene lasciando che il sé impuro, il sé mortale, muoia, affinché possa essere sostituito dal vostro vero sé, dal sé che Dio ha creato nella perfezione divina e che non ha mai abbandonato la perfezione.

***

Oh, miei cari, quando considero la sofferenza sopportata da tante persone sincere e devote, il mio cuore trabocca davvero di compassione, mista ad un po' di tristezza. Vedo tante persone che hanno fatto il cammino della Via Dolorosa per una vita intera, e certune per molte vite, prima di spezzarsi finalmente sotto lo sforzo, rendendosi conto che c'era qualcosa che non andava, che mancava qualcosa. Ma spesso non sono riuscite a capire che cosa fosse che non andava, e molte di esse sono finite col sentire che doveva essere stata fatta loro una falsa promessa, che Gesù aveva fatto loro una falsa promessa, in quanto, sebbene avessero seguito il sentiero presumibilmente da lui tracciato, esse non avevano raggiunto lo stato di coscienza, lo stato di grazia, che chiamavano santità o che veniva chiamato con altri nomi. E così, invero, molte persone del genere hanno finito col sentirsi delusi dal cristianesimo ortodosso e arrabbiati con Gesù stesso. Infatti, posso dirvi che molte persone, che sono incarnate nella società materialistica moderna e che stanno rifiutando il cristianesimo, nelle vite passate hanno seguito diligentemente il sentiero tracciato dalle chiese cristiane ortodosse. Sono state talmente deluse da questo sentiero che, in questa vita, semplicemente non accetteranno l'ipocrisia del cristianesimo ortodosso. Pertanto, esse gettano via il Cristo bambino con l'acqua sporca della chiesa e respingono del tutto Gesù e il suo messaggio. Alcune di queste persone sono diventate ateiste e aderiscono alla religione del materialismo scientifico. Altre non seguono alcuna religione e sono sprofondate nell'indifferenza verso il lato spirituale della vita. Molte persone hanno aderito a quello che viene chiamato il movimento New Age e hanno deciso pertanto di seguire altri insegnamenti o maestri spirituali, ma evitano Gesù come la peste.

Mio amato cuore, questo è davvero un grande fardello per il mio cuore, in quanto conosco il concetto immacolato per ciò che sarebbe potuto essere il movimento cristiano. Vedo l'immenso impatto che esso avrebbe potuto avere sul pianeta Terra, se almeno una massa critica di cristiani fosse rimasto fedele agli insegnamenti interiori di Gesù. Oh, miei cari, provate solo ad immaginare che cosa sarebbe potuto accadere se, per gli ultimi 2.000 anni, il messaggio principale del movimento cristiano fosse stato che Gesù era un esempio da seguire e che tutte le persone hanno il potenziale di seguire le sue orme e ottenere la loro Cristianità personale. Considerate l'impatto che la breve missione di Gesù ha avuto su questo pianeta. Poi considerate l'impatto che avrebbe avuto, se migliaia di persone avessero raggiunto lo stesso stato di coscienza e avessero portato avanti nuove idee e nuovi insegnamenti per far avanzare l'umanità.

So che può essere difficile per voi immaginare, con il vostro attuale livello di coscienza e di comprensione, come sarebbe potuto essere, ma posso assicurarvi che la Terra sarebbe stata tanto diversa oggi che fareste fatica a riconoscerla. In precedenza vi ho chiesto di considerare la lotta umana, la lotta umana per il potere. Vi ho detto che oggi vedete una situazione in cui una piccola élite di potere è riuscita ad ottenere il controllo del potere, della ricchezza e delle risorse naturali. Miei cari, se la vera promessa del cristianesimo fosse stata realizzata, questa élite di potere sarebbe scomparsa molto tempo fa dalla Terra, ed avreste visto una società con un'abbondanza ed un'uguaglianza molto maggiori per tutte le genti. Osservando la Terra oggi, potete credere sul serio che Gesù avrebbe voluto una società elitista in cui una piccola percentuale della popolazione delle nazioni ricche controlla la maggioranza della ricchezza? Riuscite a credere seriamente che Gesù avrebbe voluto una società planetaria in cui pochi paesi ricchi consumano la maggior parte delle risorse, mentre milioni di bambini nei paesi poveri rischiano di morire di fame e, in effetti, milioni di essi muoiono davvero di fame ogni anno. Potete vedere l'insegnante spirituale, che si rivolgeva ai lebbrosi e agli altri emarginati, accettare e giustificare un simile stato delle cose? Oh, miei cari, allora riuscite a sentire il mio fervore, quando vi dico che il fatto stesso che la religione cristiana ortodossa sia stata usata come una giustificazione per questo elitarismo è un'infamia ed una totale presa in giro degli insegnamenti interiori di Gesù. Gesù non disse forse che: "In quanto l'avete fatto a uno di questi miei fratelli più piccoli, l'avete fatto a me" (Matteo 25:40). Non disse forse di fare agli altri quello che vorreste che essi facessero a voi (Matteo 7:12).

Miei cari, la tragedia della perdita degli insegnamenti originali di Gesù è invero la tragedia più grande che sia accaduta sul pianeta Terra nel corso della storia registrata. Si tratta di una tragedia, proprio perché il potenziale per creare una società con l'abbondanza e con uguali opportunità per tutti era tanto grande. Eppure quella promessa è rimasta finora non realizzata. Quello che è successo, invece, è che il cristianesimo ortodosso è diventato uno strumento per i falsi insegnanti, che hanno usato le loro versioni distorte degli insegnamenti di Gesù per giustificare il loro elitarismo e il loro controllo sulla popolazione. So che questo può sembrare duro, ma date una semplice occhiata alla realtà storica di come – per secoli – proprio la chiesa, che sosteneva di essere l'unica vera chiesa di Gesù Cristo, ha avuto un potere repressivo sulla vita intellettuale e religiosa in Europa. Pensate a come, durante l'alto medioevo, la chiesa impediva la nascita di qualunque nuova idea, qualunque nuova invenzione, tenendo così l'intera società in uno stato di arretratezza, in cui la gente era schiava di una piccola élite. Considerate come quella stessa chiesa tentava di bloccare lo sviluppo della scienza, dell'educazione e della tecnologia, che avrebbero alleggerito il fardello della gente comune. Pensate a come quella stessa chiesa costruiva cattedrali e palazzi elaborati per i propri leader, mentre gran parte della popolazione moriva di fame e viveva in miseria degradante. Potete affermare davvero che una chiesa del genere rappresentasse Gesù Cristo e i suoi veri insegnamenti?

No, non potete. Se siete onesti con voi stessi, vi renderete conto della fallacia di alcune dottrine ortodosse e dell'enorme abisso tra i frutti del cristianesimo ortodosso e i veri insegnamenti interiori di Cristo. E Gesù non vi metteva forse in guardia contro i falsi profeti dicendo: "Li conoscerete dunque dai loro frutti" (Matteo 7:20). E, quindi, vi dico, che i falsi insegnanti sono davvero ovunque, nella chiesa, nello stato, nei media, nella scienza. Sono quelli che stanno usando il proprio potere per difendere lo status quo e per dirvi, che il sé mortale è l'autorità definitiva sul pianeta Terra e che non c'è autorità superiore alla verità relativa, che essi sostengono – al momento – come la verità assoluta, usandola come una giustificazione per il loro potere e i loro privilegi.

Mio amato cuore, non riuscite a vedere che su questo pianeta esiste un'élite che ha fatto un dio, un falso dio, un idolo, del sé mortale, del sé, che nasce dallo stato di dualità, dalla verità relativa dell'anti-cristo? Riuscite a vedere che questa verità relativa dell'anti-cristo è stata elevata, sia nella chiesa sia nello stato, allo status di verità assoluta, incontestabile, che nessuno ha il diritto di sfidare? Riuscite a vedere che questo è davvero l'abominio della desolazione (Daniele 11:31), che sta nel luogo sacro in cui non dovrebbe stare (Marco 13:14), e che questo è il vero motivo per cui Gesù rovesciò i tavoli dei cambiavalute nel tempio. Vi dico che se Gesù fosse sulla Terra oggi, egli rovescerebbe i tavoli di coloro i quali stanno promuovendo le loro merci di una verità relativa, basata sulla mente dell'anti-cristo, sia nella chiesa che nello stato, nei media, nei sistemi scolastici, nei sistemi sanitari e in tutti gli altri ambiti della società.

Perché sto parlando di questo con tanto fervore? Perché spero di scuotervi tanto da svegliarvi alla verità che, se intendete davvero rivendicare il vostro senso di sé immortale, la vostra vera identità spirituale, non potete aspettarvi che questo avvenga senza resistenza e opposizione da parte delle forze di questo mondo. Queste forze esistono da moltissimo tempo su questo pianeta e sono proprio le forze che uccisero Gesù, quando egli camminava sulla Terra e sfidava il potere che esse avevano sulla gente. Queste forze sapevano che se gli uomini avessero cominciato a credere che il regno di Dio era dentro di loro (Luca 17:21), esse non avrebbero avuto più alcun potere sulle persone. Pertanto dovettero uccidere quel predicatore che stava dando alla gente quella verità, la verità che l'avrebbe liberata dall'élite di potere.

Dopo aver ucciso Gesù, esse tentarono di uccidere tutti i suoi seguaci e poi, alla fine, riuscirono ad uccidere il suo esempio. Pertanto, praticamente per 2.000 anni, quasi nessuno ha osato seguire le orme di Cristo e nessuno ha osato dichiararsi il Cristo Vivente davanti ai poteri esistenti. Molte persone spirituali e sincere hanno seguito invece un sentiero esteriore, un sentiero che sembrava giusto alle persone intrappolate nella coscienza di dualità. Tuttavia, quel sentiero non avrebbe potuto condurle mai al vero traguardo, cioè a sostituire il sé mortale con il vero sé, quel sentiero non avrebbe potuto aiutarle mai a rivendicare la loro Cristianità qui sulla Terra.

***

Miei amati, se volete rivendicare il vostro senso d'identità immortale, dovete seguire le orme di Gesù e reclamare la vostra Cristianità personale. Nel farlo, dovrete vincere l'opposizione alla vostra Cristianità, che si manifesta come una forza dell'anti-cristo, che ha influenzato ogni area della vita su questo pianeta. Anzitutto, dovrete superare la programmazione alla quale siete stati esposti sin dall'infanzia e anche in molte vite passate – una programmazione mirata solamente a farvi negare la vostra Cristianità.

Ancora una volta, non sto dicendo questo per provocare paura nel vostro essere, ve lo sto dicendo per darvi un senso realistico di quello che occorrerà per manifestare la vostra Cristianità. Vi sto dicendo questo anche perché quando vi rendete conto che esiste un'opposizione alla vostra Cristianità, voi ottenete una comprensione totalmente nuova e, con questo, acquisite il potere di superare quell'opposizione. Quello che non conoscete, può davvero nuocervi, e molti sinceri ricercatori spirituali hanno rallentato o bloccato il proprio progresso, perché non erano consapevoli della forza che contrastava la loro crescita. Come potete proteggervi da qualcosa che non sapete esistere o che non comprendete?

Miei cari, devo dirvi che, durante gli ultimi 2.000 anni, ho osservato milioni di persone, che si sono sforzate sinceramente di manifestare uno stato di coscienza più spirituale e un senso della vita più spirituale. Le ho viste nella religione cristiana, in altre religioni e nel movimento New Age, persino in movimenti che non sono chiaramente spirituali. Miei amati, vedo queste persone e vedo la sincerità e l'amore dei loro cuori. Tuttavia, vedo anche che, nonostante la loro sincerità e i loro grandi sforzi, esse non stanno facendo i progressi che vorrebbero. Non stanno facendo i progressi necessari per manifestare la coscienza di Cristo. Infatti, molte di esse seguono lo schema in cui fanno un passo avanti e scivolano indietro di uno o due passi.

Oh, miei amati, se per qualche tempo siete stati nel campo dell'auto-aiuto, o in qualsiasi campo diattività spirituale, forse avrete notato questo nella vostra vita o potreste averlo osservato nelle vite di altri. Sono tante le persone che all'improvviso si svegliano e si rendono conto che nella vita c'è qualcosa di più, che nella vita c'è un lato spirituale. Trovano un qualche insegnamento, qualche libro o insegnante, che dice loro che c'è qualcosa di più nella vita, che esse possono salire al di sopra delle loro attuali limitazioni e manifestare una vita più abbondante, sia spiritualmente sia materialmente. Persone del genere diventano molto entusiaste e la ragione è che, nel profondo dentro di sé, esse sanno che c'è una verità in questo, che è possibile per loro salire ad uno stato di coscienza superiore. Questo ricordo interiore è stato inserito nel loro essere da Dio e, pertanto, non può andare mai perso del tutto. Quindi, quando trovate un insegnante o un insegnamento esterno che riaccende questo ricordo, voi sapete che è vero e diventate immediatamente molto entusiasti. Sfortunatamente, quando si tratta di manifestare effettivamente quella coscienza superiore, di manifestare la promessa data dall'insegnamento esterno, la maggioranza delle persone lo trova molto difficile da realizzare. Molte persone hanno fatto degli sforzi sinceri, spesso per decenni, senza sentire di stare davvero facendo dei progressi, senza sentire davvero che le promesse fatte da un insegnamento esterno fossero realizzate nelle loro vite. Alcune hanno rinunciato per la disperazione ed hanno abbandonato il concetto di un sentiero spirituale, pensando che si trattasse di una promessa vuota fatta da un qualche falso insegnante. Ah, miei cari, questo è esattamente la trama dietro alle attività dei falsi insegnanti.

Forse avete sentito il detto popolare: "Lo scoraggiamento è lo strumento più affilato tra gli utensili del diavolo." E c'è una certa verità in questo, sebbene il diavolo abbia molti altri strumenti in grado di sviarvi dal vero sentiero. Tuttavia, lo scoraggiamento è un problema molto reale per tutti i ricercatori spirituali. E se avete sperimentato questo nella vostra vita, o se l'avete osservato nelle vite di altri, saprete che fare dei progressi sul sentiero spirituale non è necessariamente una faccenda facile. Ma perché non è facile? E' difficile proprio perché c'è qualcosa che non sapete, perché c'è qualcosa che non capite. E quello che non sapete è che esiste un'opposizione al vostro progresso. Sono così tante le persone alle quali non è stato detto del fatto che esiste una forza che contrasta il loro progresso spirituale. Il Cristianesimo tradizionale può parlare del diavolo o dell'anti-cristo, ma dato che non delinea un sentiero che porti alla Cristianità personale, come può il Cristianesimo ortodosso darvi una vera comprensione dell'opposizione ai vostri progressi sul sentiero? Molti insegnamenti New Age parlano di un cammino spirituale, ma sono restii a parlare di una forza che contrasta i vostri progressi. E, naturalmente, l'intera istituzione scientifica rifiuta qualunque cosa che non possa essere provata per mezzo della scienza, e si fa beffe dell'antica idea che esistono dei "spiriti maligni" che possono influenzare la vostra vita.

Ma come potete possibilmente fare dei progressi, se non sapete che esiste un'opposizione e se non capite la natura di quell'opposizione e come arriva ad influenzare il vostro modo di pensare e il vostro senso di sé? Mio amato cuore, riuscite a vedere che finché rimarrete all'oscuro di questo problema, renderete i vostri progressi infinitamente più difficili? E' come arrampicarvi su per una montagna senza rendervi conto che state trascinando dietro di voi una grande ancora che s'impiglia in ogni roccia.

***

Miei cari, so che molte persone risponderanno con la paura, quando parlo delle forze oscure o di una forza dell'anti-cristo. Tuttavia, uno dei precedenti presidenti americani disse: "Non abbiamo altro da temere che la paura stessa." Ed io vorrei spiegarvi perché quest'affermazione è vera. Come ho spiegato nelle chiavi precedenti, il vostro attuale stato di coscienza, il vostro attuale senso di sé, si basa su, o è almeno influenzato da, la verità relativa che nasce dalla mente dell'anti-cristo. L'effetto della mente dell'anti-cristo è che essa crea un'immagine mentale, un idolo, che oscura la realtà, oscura la verità. Si potrebbe dire che la coscienza di Cristo sia come una luce brillante, che splende su ogni cosa da tutte le direzioni, cosicché non ci sono delle ombre, cosicché nulla è nascosto. Ogni cosa è visibile nella luce splendente del Sole di Dio, la mente di Cristo. Quindi, non c'è variazione né ombra di cambiamento (Giacomo 1:17), non c'è spazio per menzogne e inganni.

Tuttavia, una volta entrati nella coscienza di dualità, all'improvviso avete una situazione in cui le menzogne e gli inganni sono possibili. L'essenza della dualità è che è possibile creare un'immagine mentale che nasconde la realtà, che nasconde la verità. Così, adesso avete una situazione in cui potete creare una facciata che nasconde qualcosa dietro di sé. Quest'immagine potrebbe nascondere la verità, ma potrebbe anche nascondere una menzogna, potrebbe nascondere intenzioni impure. Quindi, ora abbiamo la possibilità che un unico essere consapevole di sé possa deliberatamente e maliziosamente ingannare un altro. In altre parole, mentre vi trovate ancora nella verità della coscienza di Cristo, nulla è nascosto, ogni cosa è come sembra. Nella coscienza di Cristo non esistono menzogne, non esiste inganno, non esiste manipolazione, non esiste finzione, che faccia sembrare che tutto vada bene in superficie, mentre sotto ci sono dei pericoli nascosti. Quando entrate nella coscienza di dualità, le menzogne e gli inganni diventano possibili, ed è invero per questo che Gesù disse che il diavolo è il padre delle menzogne (Giovanni 8:44). L'interpretazione più universale del concetto del diavolo è che si tratta della coscienza dell'anti-cristo, in cui una verità relativa ha sostituito la verità assoluta.

Questo stato di dualità apre la possibilità che una situazione possa sembrare pacifica in superficie, ma sotto ci sono dei pericoli nascosti, che possono ostacolare i vostri progressi verso la Cristianità. Se ci pensate onestamente, vedrete che l'inganno è ovunque intorno a voi. Sapete benissimo che le persone possono mentire, possono fingersi vostri amici, ma in realtà sono vostri nemici. Ecco perché Gesù parlava di coloro i quali vengono in vesti da pecore ma dentro sono lupi rapaci (Matteo 7:15). Sapete benissimo che, nel corso di tutta la storia registrata, l'inganno è stato una parte inevitabile della vita sul pianeta Terra. Tuttavia l'inganno è inevitabile solo fintantoché le persone sono intrappolate nella coscienza di dualità, che impedisce loro di vedere la verità assoluta di Cristo. Una volta che una massa critica di persone sarà salita alla coscienza di Cristo, l'inganno non sarà più possibile sulla Terra. Ma le persone, che stanno usando l'inganno per ottenere potere e privilegi, non vogliono veder arrivare quel giorno. E così faranno tutto quello che è in loro potere per impedire che questo accada. Non dovrebbe essere difficile vedere che lungo tutta la storia c'è stata un'élite di potere che si è opposta al progresso verso una libertà, un'uguaglianza ed una giustizia maggiori nella società. Pensate all'opposizione all'instaurazione della democrazia. Considerate come il trono britannico si opponeva alle colonie americane emergenti e al loro tentativo di stabilire una nuova forma di governo con libertà e giustizia per tutti.

Miei amati, il mio punto qui è che sul pianeta Terra esiste davvero una forza che, per mantenere il potere e i privilegi, si oppone al progresso. Tuttavia, questa forza non viene generalmente riconosciuta. E' nascosta alla vista della maggioranza della gente su questo pianeta e, invero, se osserverete la storia, vedrete che questa forza può sopravvivere solo rimanendo nell'ombra o facendo finta di essere qualcosa d'altro. Una volta che questa forza sarà stata esposta e vista per quel che è, la maggior parte delle persone su questa Terra sceglierà di separarsene, rifiutandosi così di darle potere.

Quello che desidero sottolineare è, perciò, che la forza dell'anti-cristo cercherà sempre di rimanere nascosta, o cercherà di assumere l'apparenza di una forza benevola. Questo significa che l'opposizione ai vostri progressi verso la Cristianità non sarà ovvia; sarà nascosta nell'ombra, dove può essere difficile da vedere. Perché questo è così importante? Bene, miei amati, considerate quello che vi ho detto qui, nel contesto del detto secondo cui non abbiamo altro da temere tranne la paura stessa.

Qual è l'essenza della paura? E' che qualcosa vi ripugna, che volete fuggire da qualcosa. Così l'effetto psicologico della paura è che, quando avete paura di qualcosa, non la volete osservare – la volete ignorare o volete allontanarvene. Miei amati, riuscite a vedere ora come questa riluttanza ad affrontare qualcosa dia alla forza dell'anti-cristo, che si basa interamente sull'inganno, un enorme vantaggio, che può davvero non solo impedire il vostro progresso personale ma anche ritardare il progresso della società? Invero, la paura della gente e la riluttanza delle persone a guardare in faccia ciò che temono, diventa un circolo vizioso, una situazione impossibile, dalla quale non c'è apparentemente alcuna via di scampo.

Miei amati, se volete manifestare la vita abbondante, c'è un unico modo reale per farlo. Ed è quello di salire al di sopra del senso di sé limitato che si basa sulla dualità, cioè si basa sulle menzogne e sugli inganni della mente dell'anti-cristo. Dovete fare questo, dovete risalire la scala, allo stesso modo in cui siete scesi per quella scala, ossia prendendo delle decisioni consapevoli. Allora, adesso riuscite a vedere che se avete paura di considerare l'esistenza di una forza dell'anti-cristo, se avete paura di guardare alle menzogne promosse da questa forza, non avrete alcuna possibilità di liberarvi da quelle menzogne? Riuscite a vedere che tanti sinceri ricercatori spirituali stanno rallentando i loro progressi personali proprio perché non vogliono affrontare le proprie paure? Non vogliono voltarsi e affrontare la forza stessa che si oppone ai loro progressi tenendoli intrappolati in una serie di menzogne che imprigionano le loro menti.

Miei cari, le menzogne dell'anti-cristo possono essere insidiose, ma quando ottenete una certa quantità di verità di Cristo, non saranno difficili da smascherare. Tuttavia, prima di poter iniziare a smascherare le menzogne dell'anti-cristo, dovete essere disposti ad osservarle. Se siete talmente intrappolati nella paura da aver paura persino di dare uno sguardo a ciò che vi state trascinando dietro, come potete possibilmente liberarvene? Se state salendo su una montagna e sentite che vi state tirando dietro qualcosa, ma avete paura di voltarvi e di guardarlo, come potete possibilmente essere liberi da quel peso morto? Ciò che sta ostruendo il vostro progresso nel cammino spirituale, è il peso morto delle menzogne dell'anti-cristo, che vi state trascinando dietro, perché permettete ad esse di rimanere nella vostra coscienza, nel contenitore del sé. E state permettendo ad esse di rimanere, in quanto non le avete osservate e non le avete viste per quelle che sono, ovvero delle illusioni che non hanno realtà alcuna. Non hanno, come disse Gesù riguardo al diavolo, alcuna verità in sé (Giovanni 8:44), e quindi non hanno alcun potere vero su di voi. Sì, miei cari, se un'idea non è altro che un'illusione, come può avere del potere reale su di voi? Dal momento in cui la vedete come un'illusione, essa perde ogni potere di influenzarvi. Quindi, potrà mantenere il suo potere solo facendo sì che abbiate paura di guardare in faccia l'illusione.

***

Miei amati, esiste davvero un unico modo per superare la paura ed è quello di riconoscere, che l'unica cosa che dovete temere in realtà è la paura stessa. L'effetto psicologico della paura è la paralisi, il che significa che non siete disposti a guardare in faccia ciò che temete. E se non siete disposti ad osservare la condizione che temete, come potete arrivare a riconoscere che essa scaturisce dalla dualità dell'anticristo e, quindi, non ha realtà alcuna? Come potete superare l'illusione che questa condizione irreale possa avere qualche potere su di voi?

Miei cari, tutti i bambini hanno avuto paura del buio, ma alla fine superano quella paura essendo disposti ad affrontarla, essendo disposti ad uscire la sera o di entrare in una stanza buia per vedere che nulla di male accade loro. Considerate come la gente, durante il medioevo, aveva paura di molte malattie, perché non capiva che esse erano causate dai batteri. Una volta capito che c'erano dei batteri pericolosi nell'acqua che bevevano, le persone impararono a purificare l'acqua, superando così la paura del colera e di altre malattie, e questo le mise in grado di eliminare molte malattie.

La paura è una forza che vi tiene legati, che vi tiene intrappolati, che vi tiene imprigionati. Infatti, il fattore principale che vi tiene bloccati nella prigione umana è proprio la paura. Quale cosa può liberarvi dalla prigione? Miei amati, è, come disse Gesù, la verità che vi renderà liberi (Giovanni 8:32). Per trovare quella verità, dovete essere semplicemente disposti ad affrontare le vostre paure, dovete essere disposti a dare un'occhiata alle condizioni che temete. Quando arrivate a capire quelle condizioni, vedrete che non avete motivo alcuno di temerle. Una volta che avrete capito le condizioni, che sembravano così spaventose mentre eravate nell'ignoranza, vedrete che avete un modo per superare quelle condizioni e lasciarvele alle spalle. Miei cari, questa è l'essenza del sentiero spirituale, ossia che affrontate le vostre paure e, così, vedete che non avete alcuna ragione per temere. E, nel rendervi conto che non avete alcuna ragione per temere una particolare condizione, avrete superato quella limitazione avvicinandovi di un passo alla vita d'abbondanza.

Miei amati, questa è l'essenza del sentiero del superamento. Si tratta innanzitutto del superamento delle condizioni nella vostra stessa psicologia, ovvero del superamento della paura che vi rende timorosi di fare un altro passo avanti o di lasciarvi alle spalle una limitazione.

Riuscite a vedere che la paura è sempre la paura dell'ignoto, che nasce sempre dall'ignoranza? Voi pensate che ci sia una condizione dalla quale non potete difendervi o dalla quale non avete alcuna via d'uscita e, perciò, avete paura persino di osservare più da vicino quella condizione. Ma l'idea che non abbiate alcuna difesa, esiste soltanto nella vostra mente e si basa sull'ignoranza o su informazioni inesatte. Una volta superata quell'ignoranza, vedrete come riuscirete superare quella condizione lasciandovela alle spalle. Quindi, si potrebbe dire, invero, che nel sentiero si tratta di superare l'ignoranza, l'ignoranza che nasce dalla dualità della mente dell'anti-cristo, sostituendola con la verità indivisa di Cristo.

***

Miei amati, lasciatemi tornare ora al concetto che esiste una forza dell'anti-cristo, che si oppone al vostro cammino verso la Cristianità. Questa è la stessa forza che uccise Gesù 2.000 anni fa. Egli fu mandato da Dio per essere un precursore di una nuova era, in cui le persone avrebbero superato la loro paura in modo da non essere più dei ciechi seguaci dei leader ciechi finendo così nel fosso della dualità e della relatività (Matteo 15:14). La forza dell'anti-cristo uccise Gesù, e saprete dalla storia che, durante i secoli che seguirono, essa tentò di uccidere tutti i cristiani. Tuttavia, quando si rese conto che non avrebbe potuto uccidere il movimento cristiano, questa forza fece un'altra cosa. Cambiò strategia basandosi sul motto: "Se non riesci a batterli, unisciti a loro." Così le persone che erano i rappresentanti della forza dell'anti-cristo, i falsi profeti di cui parlavaGesù dicendo che sarebbero venuti nel nome suo (Matteo 24:5), aderirono ora alla religione cristiana. Usarono l'unica arma, che è la loro arma universale, ovvero la strategia del dividi e conquista. Entrando nella religione cristiana, essi la trasformarono in una casa divisa contro se stessa e, dopo un certo periodo di tempo, la divisione venne superata, in quanto ora la religione cristiana aveva sostituito i veri insegnamenti di Cristo con un idolo, con una falsa immagine, che, invece di un esempio, trasformò Gesù in un idolo.

Quindi, quello che vi sto dicendo qui è che sul pianeta Terra esiste davvero una forza esterna che si opporrà ai vostri progressi verso la vita abbondante. Questa forza cercherà, anzitutto, di tenere le persone all'oscuro della possibilità di ottenere la vita abbondante e la coscienza di Cristo. Se questo non funziona, essa cercherà di sviare le persone di modo che queste seguano il falso sentiero del cercare di glorificare il sé mortale, invece di superare quel sé e rinascere spiritualmente. Se la forza dell'anti-cristo non riesce ad impedirvi di scoprire il vero sentiero, essa cercherà, in ogni modo possibile, di trasformarvi in una casa divisa contro voi stessi, affinché dubitiate della vostra capacità o del vostro essere degni di seguire il sentiero. Essa cercherà di farvi dubitare di ogni aspetto del cammino verso la Cristianità, cosicché voi o rinunciate al cammino o ci mettete un'eternità a completarlo.

Miei amati, che cos'è che rende possibile a questa forza dell'anti-cristo di influenzare la vostra vita, di influenzare la vostra coscienza? Che cosa ha dentro di voi, che può usare come un'arma contro di voi, per piantare il seme del dubbio nella vostra mente – come fece il serpente nella mente di Eva? Che cos'è che essa può usare per trasformarvi in una casa divisa contro se stessa? Bene, miei cari, è proprio il fatto che dentro alla vostra sfera di sé, dentro al contenitore del sé, avete certe credenze che scaturiscono dalle menzogne dell'anti-cristo, dalle menzogne serpentine. Questo è ciò che Gesù spiegava quando disse: "Il principe del mondo viene e non ha nulla in me" (Giovanni 14:30). Il principe di questo mondo è la mente dell'anti-cristo, e il fatto stesso che egli non avesse nulla in Gesù dimostra che Gesù era salito al punto in cui aveva purificato la sua mente, la sua mente conscia e la mente inconscia, da tutti gli elementi dell'anti-cristo, da tutte le menzogne serpentine. Dato che Gesù non aveva alcuna menzogna nel suo essere, il principe di questo mondo non aveva in lui nulla con cui trasformarlo in una casa divisa contro se stessa. Non c'era alcun modo per farlo dubitare di se stesso, di Dio o del sentiero, perché Gesù aveva ristabilito la connessione con la sua Presenza IO SONO, per mezzo della quale aveva accesso alla verità di Cristo, che può istantaneamente dissipare le menzogne e gli inganni della mente dell'anti-cristo.

Miei amati, vedete il mio punto qui? Comprendo perfettamente che, nel vostro attuale stato di coscienza, avete certi elementi dell'anti-cristo nel vostro essere. Non vi sto biasimando in alcun modo per questo, perché si tratta di una conseguenza inevitabile del fatto che siete cresciuti nel mondo d'oggi. Capisco perfettamente che, avendo questi elementi dell'anti-cristo in voi, abbiate certi dubbi e questi dubbi causino in voi la paura. Tuttavia, quello che vi sto dicendo qui è, che non avete alcuna ragione per temere le menzogne dell'anti-cristo, perché potete superare quelle menzogne cercando la verità di Cristo.

Vedete quello che voglio dire qui? Fintantoché rimanete nella coscienza di dualità, fintantoché continuate a credere in certe menzogne dualistiche, la vostra coscienza sarà una casa costruita sulla sabbia (Matteo 7:26), il che significa che è costruita sulla verità relativa dell'anti-cristo. Miei amati, se la vostra "verità" è relativa, allora le forze dell'anti-cristo avranno sempre in voi qualcosa con cui possono manipolarvi e farvi entrare nella coscienza del dubbio, che conduce alla paura. Vedete perché è così? Finché permetterete agli elementi di dualità di rimanere nella vostra coscienza, nel contenitore del sé, non sfuggirete mai totalmente alla paura, perché la mente dell'anti-cristo avrà sempre un modo per manipolarvi a dubitare di voi stessi o di Dio. Ed è proprio questo dubbio che fa nascere la paura.

Se mettete in dubbio il fatto che Dio vi protegge da ogni male, sarà inevitabile che temiate il male. Ma quando avete la verità della mente di Cristo, saprete che non c'è alcun motivo di temere il male, perché esso può influenzarvi solo se avete degli elementi di dualità nella vostra coscienza.E, pertanto, quando permettete alla verità di Cristo di essere in voi e di disperdere ogni oscurità, il principe di questo mondo non ha in voi nulla per potervi controllare per mezzo della paura, del dubbio o di qualche altro sentimento negativo.

Miei amati, riuscite a vedere come queste idee collimino con quello che ho detto all'inizio di questa chiave, ovvero che il vostro senso di sé mortale deve morire? Il vostro senso di sé mortale si basa sulla coscienza di dualità, è nato da essa, il che significa che si basa totalmente sulle menzogne della mente serpentina. Perciò, fin quando voi, ovvero il Voi Consapevole, rimanete aggrappati a quegli elementi del sé che si basano sulla dualità, non potete fare il massimo progresso nel vostro cammino spirituale. I falsi insegnanti, la forza dell'anti-cristo, lo sanno benissimo, ed ecco perché hanno tentato di mettervi in un circolo vizioso. In questo stato di paralisi avete certe menzogne dell'anti-cristo nel contenitore del sé e, allo stesso tempo, avete paura di guardare in faccia quelle menzogne. Vedete quanto sia sinistra questa trama? Se avete paura di guardare le menzogne dell'anti-cristo, non avete alcuna possibilità di vedere che si tratta di menzogne, che si tratta di illusioni, che non hanno alcun potere su di voi. Pertanto, quelle menzogne avranno potere su di voi, sebbene non abbiano alcuna realtà. Sono invero delle illusioni, ma finché avrete paura di guardarle, per rendervi conto che sono solo delle illusioni, esse hanno ancora potere su di voi, vi tengono ancora intrappolati in una prigione mentale di limitazioni, carenza, sofferenza e dolore.

Vedete ora l'importanza del concetto che il vostro senso di sé mortale deve morire? Capite che, finché cercherete di rimanere attaccati a quel senso di sé mortale o ad un particolare elemento di quel sé, non supererete mai le menzogne dalle quali quel sé mortale è nato? Pertanto, non sarete mai liberi da certe illusioni. All'inizio di questo libro vi ho dato l'immagine che siete intrappolati in una prigione e che quella prigione ha una porta con una quantità di serrature. Ognuna delle serrature sulla porta della prigione rappresenta una particolare menzogna dell'anti-cristo, una particolare menzogna serpentina. Per trovare la chiave che aprirà una particolare serratura, dovete guardare in faccia la menzogna serpentina. Dovete arrivare al riconoscimento pieno e consapevole del perché si tratta di una menzogna, del perché si tratta di un'illusione e del perché nulla che sia irreale può avere alcun potere reale su di voi.

Miei amati, probabilmente avete sentito la vecchia favola dell'abito nuovo dell'imperatore. Forse vi ricordate che un gruppo di sarti venne dall'imperatore e promise di fargli un guardaroba di sofisticatissimi abiti nuovi, come non ce n'erano visti mai. Questa gente riuscì non solo ad ingannare l'imperatore ma riuscì ad ingannare l'intera sua corte e persino il popolo, facendo credere loro che l'imperatore stesse effettivamente indossando dei vestiti. E il loro inganno era talmente completo che nessuno fu in grado o disposto ad osservarlo e vedere attraverso l'inganno – cioè, finché l'imperatore non passò davanti agli occhi innocenti di un bambino. Finalmente, quel bambino alzò la voce e disse: "Ma l'imperatore è nudo", e in quell'istante il resto della gente si risvegliò e si rese conto della verità, che non era stato in grado di vedere, perché non era stato disposto ad osservare più attentamente l'inganno.

Miei cari, vedete le corrispondenze con la situazione sulla Terra? C'è un'élite di potere di persone incarnate fisicamente e dietro ad esse c'è la forza dell'anti-cristo. Per migliaia di anni questa forza combinata è riuscita a controllare la maggior parte della popolazione su questo pianeta. Ma il loro potere e controllo si basano su una serie di menzogne e, pertanto, il loro potere può esistere e continuare ad esistere solo fino a quando la maggioranza delle persone su questo pianeta crede in queste menzogne. Questa forza dell'anti-cristo ha un unico modo per mantenere il proprio potere ed è quello di mantenere nell'ignoranza le persone, affinché non possano vedere attraverso le menzogne sulle quali si basa il suo potere. Ed una delle armi principali che essa usa per mantenere la propria illusione è quella di far sì che la gente abbia paura di guardare in faccia l'illusione.

***

Miei amati, questa forza dell'anti-cristo sa benissimo che, nel momento in cui decidete a guardare in faccia una delle sue menzogne, c'è la possibilità che riusciate a vedere attraverso essa. E sa che se mirate al di là della verità relativa della coscienza di dualità, cercando la verità di Cristo, inevitabilmente vedrete attraverso la sua menzogna. Vedrete che essa è un'illusione, che è una casa costruita sulla sabbia, sulle sabbie mobili della coscienza di dualità. Miei cari, questa forza dell'anti-cristo sa anche che Gesù fece una vera promessa quando disse: "Chiedete e vi sarà dato; cercate e troverete; bussate e vi sarà aperto" (Matteo 7:7). Essa sa che dentro al vostro cuore c'è la chiave della conoscenza, e quando decidete di usare quella chiave della conoscenza e di chiedere una comprensione superiore di un particolare aspetto della vita, quella comprensione superiore vi sarà data. Tuttavia, le forze dell'anti-cristo sanno anche che, prima di poter chiedere la verità che vi renderà liberi, dovete superare la vostra paura di guardare in faccia la menzogna. Dovete superare anche la paura che vi rende prevenuti e attaccati ad una particolare immagine mentale, che dice che la vita deve essere in un certo modo. In altre parole, dovete essere disposti a guardare oltre la verità relativa che attualmente considerate una verità assoluta. Dovete essere disposti ad aprire la vostra mente alla verità superiore di Cristo. Tuttavia vi dico, invero, che se siete disposti a seguire l'invito di Gesù a diventare come i bambini (Matteo 18:3) – il che significa che siete disposti ad osservare un particolare aspetto della vita, a guardare ad una particolare verità relativa, con la mente aperta ed innocente di un bambino – vi sarà data la verità superiore della mente di Cristo. E quando avrete quella verità, sarete in grado di vedere attraverso la menzogna e di vedere che si tratta di una totale illusione e che, pertanto, essa non ha alcun potere su di voi.

Le forze oscure esistenti su questo pianeta non hanno alcun potere su di voi, tranne il potere che voi date loro attraverso il vostro libero arbitrio. E vi posso assicurare che c'è del vero nel detto che se sapessero meglio, le persone agirebbero meglio. Non siete d'accordo che, se sapeste che una particolare limitazione si basa su una menzogna, che non è null'altro che un'illusione, allora sareste in grado di liberarvi da quella limitazione? Forse vi ricordate di come, quando eravate piccoli, mentre camminavate su un marciapiede, vi veniva detto che portava sfortuna pestare le crepe della pavimentazione, o forse eravate voi ad avere una superstizione infantile di questo tipo? Una credenza tale poteva influenzare molto il vostro modo di camminare, eppure, ad un certo punto, voi decideste semplicemente che questo non poteva essere vero. E da quel momento in poi l'illusione non aveva più alcun potere su di voi ed ora eravate in grado di camminare liberamente sulla via della vita. Immaginate di aver vissuto per anni credendo di dovere molti soldi alla banca. Siete stati preoccupati di come restituire i soldi, e questo ha influenzato gravemente la vostra vita. Ma una mattina ricevete una lettera che dice che la banca aveva fatto un errore e che non le dovete nulla. Rimarreste aggrappati alla vostra preoccupazione? Insistereste a restituire il debito che era soltanto un'illusione? O ve ne allontanereste, semplicemente, per andare avanti con la vostra vita?

Quello che sto dicendo qui è che voi siete attualmente intrappolati in una prigione di limitazioni e sofferenze umane. Tuttavia, come vi ho spiegato nelle precedenti chiavi, in realtà quella prigione esiste soltanto nella vostra mente e nella coscienza collettiva dell'umanità. La prigione ha una porta e la porta ha numerose serrature, ma ogni serratura rappresenta un'illusione, una menzogna serpentina. Quindi, il vero segreto della vita è che, sebbene possa sembrare che le serrature tengano la porta chiusa, nessuna delle serrature è bloccata in realtà. Quello che sembra bloccare la porta della prigione umana, è una serie di illusioni che nascono dalla "verità" relativa, dalle menzogne serpentine, della mente dell'anti-cristo. Perciò, in verità, la porta della prigione umana non è chiusa a chiave!

Voi pensate di essere intrappolati in una prigione ma, per tutto il tempo, la porta è stata aperta. Semplicemente non avete preso il coraggio di osservare più da vicino le serrature per scoprire che esse non sono in grado di impedire l'apertura della porta. Le persone sono intrappolate solo perché credono nella illusione che la porta è chiusa a chiave. In realtà, la porta della prigione non è chiusa a chiave e quando vi rendete conto di questa verità, potete andare all'istante alla porta, aprirla e attraversarla, lasciando così alle vostre spalle le limitazioni umane.

Miei amati, sono pienamente consapevole del fatto che, nel vostro attuale stato di coscienza, troverete molto difficile credere a ciò che vi ho appena detto. Eppure devo dirvi che questa è la verità assoluta. Perché è così difficile accettare questa verità? E' difficile proprio perché avete ancora nel vostro contenitore del sé una quantità di "verità" relative, illusioni che credete essere vere. Il vostro senso di sé si basa ancora sulle menzogne dualistiche della mente dell'anti-cristo e, fintantoché rimarrete aggrappati a quelle menzogne, non potrete accettare che la porta della prigione umana in realtà non è chiusa a chiave. Ognuna delle menzogne appare come una serratura che vi trattiene in uno stato limitato e vi impedisce di evadere dalla prigione umana. Fin quando crederete in quelle menzogne e non le avrete viste per le illusioni che sono, allora ovviamente non potrete accettare la verità, che la porta non è chiusa a chiave.

Non mi aspetto che possiate istantaneamente accettare che la porta non è chiusa a chiave, né che la attraversiate. Ecco perché sono venuta ad offrirvi un sentiero graduale, per mezzo del quale potete sistematicamente arrivare a vedere attraverso ognuna delle menzogne nel contenitore del sé. Quando vedete attraverso una menzogna, voi potete abbandonarla come irreale, come un'illusione, e così facendo vi renderete liberi da essa. Per ogni menzogna che vi lasciate alle spalle, vi avvicinate di un passo alla manifestazione della vostra Cristianità personale. E, ad un qualche punto nel futuro, forse in un futuro non troppo lontano, all'improvviso raggiungerete un punto critico, un punto di non ritorno.

Vi ricordate di quando vi ho detto che quando siete scesi al di sotto del livello della coscienza di Cristo, siete partiti in maniera molto graduale ma, alla fine, avete raggiunto un punto di non ritorno, quando vi siete dimenticati la vostra connessione con la vostra Presenza IO

SONO? Bene, miei cari, mentre salite la scala, arriverete a quello stesso punto dalla direzione opposta. E quando supererete quel punto, avrete ristabilito una connessione consapevole con la vostra Presenza IO SONO, ed allora saprete veramente che il sentiero è reale e che la promessa della coscienza di Cristo è una realtà che potete manifestare nella vostra vita.

***

Lasciate che vi dia un'immagine visiva per illustrare questo. Senza dubbio avrete visto qualche vecchio castello che ha una torre di pietra rotonda, dentro alla quale c'è una scala a chiocciola. In cima alla scala a chiocciola c'è una porta che conduce al tetto del castello, dove siete sommersi dalla luce del sole brillante. Quando cominciate a scendere la scala, la luce del sole splende ancora attraverso la porta e viene riflessa dalle pareti del pozzo delle scale. Ma mentre continuate a scendere le scale, queste si curvano ed arriva un punto in cui non potete più vedere attraverso la porta e vedere il cielo blu. Pertanto, non potete vedere da dove provenga la luce del sole, ma potete ancora vedere il riflesso della luce sulle pareti.

Mentre scendete ancora oltre, arrivate ad un altro punto critico, e quando lo superate, non riuscite più a vedere il riflesso del sole sulle pareti. Da quel punto in poi non avete più alcuna evidenza diretta che ci sia della luce che splende attraverso la porta in cima alle scale. E mentre continuate a scendere la scala, entrate sempre più profondamente nell'oscurità, finché non raggiungete le catacombe sotto il castello, dove vi trovate nel buio totale. Questa è un'illustrazione di ciò che è accaduto nella vostra coscienza. Siete partiti in cima alle scale, dove potevate vedere il cielo blu e la luce diretta del sole. Questo rappresenta, naturalmente, la vostra Presenza IO SONO e la luce di Dio, che splende attraverso quel Sole del vostro essere. Mentre scendevate le scale, mentre scendevate nella coscienza di dualità, avete perso la vostra connessione diretta, consapevole, con la vostra Presenza IO SONO. Avevate ancora un certo ricordo dell'esistenza di una parte superiore del vostro essere. Tuttavia, mentre scendevate ancora oltre, avete perso persino quel ricordo, e l'unica domanda che rimane è: quanto in basso siete effettivamente scesi sulla scala. Fortunatamente posso dirvi che, dato che state leggendo questo libro, non siete scesi proprio in fondo alla scala. O forse l'avete fatto in una vita passata, ma avete iniziato da molto tempo a risalire. Se non foste stati sul sentiero ascendente, non sareste stati aperti a questo libro o ad alcuna delle idee che vi presento.

Perciò, dovreste permettere a voi stessi di sapere, con una conoscenza interiore, che state già facendo il cammino spirituale che porta verso la vita abbondante della coscienza di Cristo. Dovreste permettervi di sentire che siete ancorati su quel sentiero e sentire che questa è davvero una vittoria. Se non ci avete mai pensato prima, vi chiedo di prendervi un po' di tempo per considerare il fatto stesso che siete in cammino verso casa e che avete già fatto importanti progressi.

Quando avete quella sensazione di essere saldamente ancorati sul sentiero, allora vi chiedo di pensare a quello che vi ho detto in questa chiave, ovvero perché è così importante lasciar morire il vostro senso di sé mortale. Vedete che questo senso di sé mortale è un peso morto che vi state trascinando dietro, un peso che rende inutilmente difficile ascendere lungo la scala a chiocciola? Riuscite a vedere che, se foste disposti a voltarvi e ad osservare il peso, sareste in grado di tagliare la corda che lo lega a voi. E quando il peso cadrà, per voi diventerà molto più facile salire la scala.

Riuscite a vedere ora come, se non accettate il fatto che prima di poter fare il prossimo passo sulla scala a chiocciolail vostro attuale senso di sé deve morire, renderete la vita tanto più difficile per voi stessi? Di fatto, il sentiero spirituale può diventare tanto laborioso e doloroso da diventare letteralmente come la Via Dolorosa, che tanti cristiani hanno creduto di dover seguire per essere salvati. Se voleste dare un'occhiata alla storia, vedreste che durante il medioevo la maggior parte dei cristiani credeva che questa fosse l'unica via di salvezza e, esattamente, la via mostrata da Gesù. Si concentravano sulla crocifissione di Gesù e sulla sua sofferenza sulla croce e pensavano che, per seguire la religione cristiana, dovessero soffrire come Gesù aveva sofferto.

Miei cari, vi ho detto che l'universo è uno specchio. Se proiettate in quello specchio l'immagine mentale secondo la quale la vita è sofferenza, allora la Luce Ma-ter manifesterà delle condizioni fisiche che confermeranno la vostra immagine. Questo è invero ciò che accadde all'umanità durante l'alto medioevo. La gente era talmente focalizzata sulla sofferenza da creare, in effetti, la sofferenza esteriore che fu manifesta in quei tempi oscuri. So che sarà difficile da accettare per qualcuno nel mondo d'oggi, ma questa è, tuttavia, la verità.

Le persone erano così centrate sulla sofferenza, perché erano arrivate ad accettare una falsa immagine, un idolo, degli insegnamenti di Gesù. Miei amati, vi chiedo di considerare il fatto che, sebbene Gesù soffrisse davvero sulla croce, egli vi rimase appeso soltanto per poche ore. La sua intera vita durò 33 anni e la sua missione durò tre anni. E' forse corretto, è forse giusto, permettere che quelle ultime poche ore divengano l'immagine principale, l'immagine determinante, che avete della vita, della missione e degli insegnamenti di Gesù?

Miei cari, migliaia e migliaia di persone furono crocifisse in quel periodo. Non ci fu davvero nulla nella crocifissione di Gesù che lo rendesse speciale. Ciò che rese speciale Gesù fu il fatto che egli risorse e apparve nel suo corpo spirituale risorto dopo la crocifissione. Ciò che rese speciale Gesù fu il fatto che, prima della sua crocifissione, egli aveva dimostrato la supremazia della mente sulla materia, che è la vera chiave della vita abbondante. Miei amati, capite il mio punto di vista? Gesù non venne per dimostrare la Via Dolorosa, un cammino di sofferenza. Egli venne per dimostrare la vita abbondante e il sentiero che porta a quella abbondanza. Perché pensate che egli abbia detto: "Io sono venuto perché abbiano la vita e l'abbiano in abbondanza" (Giovanni 10:10).

Gesù dimostrò la vita abbondante guarendo gli ammalati, risuscitando i morti, trasformando in vino l'acqua, moltiplicando i pani e i pesci, camminando sulle acque e dando insegnamenti che aprivano i cuori di molte persone. Quindi, vedete, miei cari, che Gesù venne in verità a dimostrare che tutte le persone possono superare il senso di lotta e manifestare, invece, la vita abbondante. Ma qual è la chiave per superare il senso di lotta? E' superare il senso di sé che si basa sull'immagine mentale secondo la quale la vita è una lotta, è superare il sé che nasce dalla separazione da Dio e dalla separazione dall'abbondanza di Dio. Soltanto quando superate quel senso di sé, smetterete di proiettare l'immagine di lotta nello specchio cosmico. E solo quando smetterete di proiettare un'immagine del genere, lo specchio potrà smettere di rimandarvi condizioni materiali che fanno una lotta della vita. La chiave sta nel rendervi conto che voi siete più dell'immagine limitata di sé. La vostra vera realtà è il Voi Consapevole, e state solo vedendo attraverso il senso di sé mortale, quasi come se steste indossando un paio di occhiali colorati. Lasciare che il sé mortale muoia, non significa la morte della vostra individualità, in quanto il Voi Consapevole non potrà morire mai. Lasciare che il sé mortale muoia, significa che il Voi Consapevole sarà libero di accettare un senso di sé superiore, rinascendo nel vostro senso di sé spirituale.

Ah, miei amati, riuscite a percepire la mia Presenza con voi, mentre vi do queste parole? Riuscite a sentire l'amore intenso del cuore di una Madre, l'amore della Madre, che non ha desiderio maggiore che vedere i suoi amati figli liberi dalla paura del buio? Riuscite a percepire quanto vorrei tenervi in un caldo abbraccio e dirvi che non c'è nulla da temere e che tutto andrà bene? Riuscite a sentire come desidero accarezzarvi i capelli, asciugare le lacrime dalle vostre guance, guardarvi negli occhi e dire: "Figlio mio, andrà tutto bene. Dimentichiamoci il passato, usciamo dal seminterrato buio, dove sei stato spaventato, ed usciamo nella calda luce del sole che scioglierà tutte le tue paure."

Io sono invero la vostra Madre spirituale e sono qui per rendervi liberi. E per liberarvi da tutte le limitazioni, devo prima liberarvi dalla paura, che vi rende timorosi di guardare in faccia la menzogna, che è il nucleo stesso di ogni limitazione che affrontate. Quindi, prendete la mia mano e corriamo nella luce del sole e ridiamo, scacciando così le lacrime e le paure del senso di sé mortale. Salutiamo invece il sole del nuovo giorno, il nuovo senso di sé, che vi farà dimenticare quel sé precedente. E in quella dimenticanza voi permettete al sé precedente di morire, senza neanche notare che è scomparso. Siete come un bambino, che è così assorbito nel giocare con un nuovo giocattolo che il vecchio giocattolo consumato viene dimenticato sul campo giochi della vita. Siete talmente focalizzati sul nuovo sé da dimenticare del tutto il vecchio e, pertanto, rinascete ad un nuovo senso di sé, in un nuovo essere. Rinascete nel concetto immacolato, che è per sempre conservato nella mente di Cristo, ma è anche tenuto nel cuore della vostra Madre spirituale. Sto mantenendo il concetto immacolato per voi, come invero lo tenni per Gesù fino al pieno compimento della sua missione.

Io vi amo e il mio amore è incondizionato. Conosco il vostro vero potenziale, e sono disposta ad aiutarvi a salire al di sopra delle condizioni che vi impediscono di essere quel potenziale in piena manifestazione su questa Terra. Prendete la mia mano ed io camminerò con voi, come ho camminato con Gesù ogni passo della via verso la sua Cristianità e la sua ascensione nella luce.

Chiave 11
Se la mia vita è un film, come faccio a riscriverne il copione?

Mio amato cuore, è arrivato il momento di esaminare più a fondo chi siete in realtà, osservare più attentamente il vostro Sé. In precedenza ho parlato del fatto che siete stati creati dell'Essere di Dio. Ho detto che l'origine della vostra identità, l'origine del vostro Sé, è pura consapevolezza. Da quella pura consapevolezza viene formato il voi individuale, e questo è ciò che potremmo chiamare il Voi Consapevole o il Sé Consapevole. Questo Voi Consapevole è quello che vi dà la sensazione di esistere e di esistere come un essere distinto. Eppure quella sensazione di esistere è uno stato di consapevolezza universale, molto puro, che in realtà non ha delle caratteristiche individuali. Nel nucleo stesso di questa consapevolezza c'è la sensazione che esistete come parte di un insieme più ampio, ma che la vostra consapevolezza è focalizzata su un particolare punto dentro all'insieme. Pertanto, invece di avere la consapevolezza onnicomprensiva del vostro Creatore che, potremmo dire, sta al di fuori della creazione e guarda verso l'interno, voi avete una consapevolezza localizzata. Siete all'interno della creazione e la guardate dall'interno, da un particolare punto di vista dentro all'insieme.

Potremmo paragonare questo a ciò che vi ho detto in precedenza sulla creazione del mondo della forma. Ho detto che il Puro Essere di Dio si ritira da un certo spazio e crea un vuoto. Si contrae in una singolarità gravitazionale, che diventa il Creatore. Il compito del Creatore è di riempire il vuoto, ed esso inizia definendo una sfera, che viene separata dal vuoto per mezzo di una certa quantità di luce in essa contenuta. Questa sfera diventa il macrocosmo. Dentro a questa sfera, il Creatore è sempre presente, eppure il Creatore si ritira ora da una sfera più piccola e si contrae in un singolo punto. Quel punto diventa il Voi Consapevole e la sfera diventa il vostro contenitore di sé, la vostra sfera del sé. Voi siete una sfera dentro alla più grande sfera della coscienza del vostro Creatore, siete il microcosmo dentro al macrocosmo del vostro Creatore. Il vostro compito è di moltiplicare ciò che vi è stato dato da Dio, moltiplicare i vostri talenti, affinché possiate assumere prima il dominio della sfera del sé – il microcosmo – e poi della sfera più grande – il macrocosmo – ovvero l'universo materiale. Quando avrete assunto questo dominio della vostra sfera del sé, riempiendola di luce in armonia con le leggi di Dio, diventerete un essere Cristico, un Essere spirituale immortale. Questo vi darà il potere di assumere il dominio sulla Terra, portando il regno di Dio della vita abbondante a manifestarsi fisicamente. Sarete qui in basso tutto quello che siete in Alto, sarete come in Alto, così in basso. Questo, e soltanto questo, porterà il regno di Dio sulla Terra.

Il Voi Consapevole è, invero, il nucleo della vostra identità individuale, eppure è un puro stato di consapevolezza. Potremmo dire che ha una consapevolezza individuale, ma non ha caratteristiche individuali. Pertanto non può esprimersi direttamente nel mondo della forma. Per esprimersi, esso deve avere un'individualità, un senso d'identità, attraverso cui potersi esprimere. Pensate di nuovo all'analogia del proiettore cinematografico. Se non c'è una pellicola, il proiettore proietterà sullo schermo soltanto un rettangolo di luce. Serve una pellicola attraverso cui esso potrà proiettare delle immagini effettive, che possano agitare la Luce Madre ed indurla ad assumere una forma. Proprio come un proiettore cinematografico può proiettare delle immagini attraverso una pellicola qualunque, il Sé Consapevole può esprimere se stesso attraverso qualunque senso d'identità. Il Voi Consapevole può identificarsi con, può identificarsi come, qualunque cosa desideri. In altre parole, è compito del Voi Consapevole costruire il suo senso d'identità, e Dio vi ha dato la totale libertà di scegliere secondo la vostra immaginazione e il vostro libero arbitrio. Dio vi ha dato la libertà di "dare un nome" alla vostra identità e anche di dare un nome ad ogni cosa sulla Terra secondo il vostro senso d'identità (Genesi 2:19).

Il Voi Consapevole non parte con una tabula rasa. Ha una base sulla quale può costruire il suo senso d'identità, cioè l'individualità divina ancorata nella vostra Presenza IO SONO. Tuttavia, la vostra Presenza IO SONO risiede permanentemente nelle vibrazioni più elevate del regno spirituale e, quindi, la sua individualità non può essere direttamente espressa nell'universo materiale. La sua individualità può essere espressa solo quando il Voi Consapevole la usa per costruire un senso d'identità, che è come la pellicola in un proiettore. Per rendere più chiaro questo concetto, lasciate che vi dia alcuni dettagli in più sulla vostra sfera del sé. Potremmo dire che la vostra sfera del sé ha una parte superiore ed una parte inferiore. La parte superiore risiede nel regno spirituale e contiene la vostra Presenza IO SONO. La parte inferiore vibra entro lo spettro di frequenze dell'universo materiale, ed è attraverso questa parte inferiore che vi esprimete nel mondo materiale. Potremmo paragonare questo al numero "8", alla forma dell'otto. La parte superiore è nel regno spirituale, la parte inferiore è nel regno materiale, e il Voi Consapevole è in mezzo, nel punto di collegamento. Più tardi vi darò insegnamenti più dettagliati sulla parte inferiore della vostra sfera del sé, ma per ora il concetto importante è che il Voi Consapevole dirige la luce della vostra Presenza IO SONO, lasciandola fluire attraverso il senso d'identità che costruisce. Questo senso d'identità può basarsi su qualsiasi cosa il Voi Consapevole accetti nella parte inferiore della sua sfera del sé. Potete costruire questo senso di sé sulla roccia di Cristo, l'individualità ancorata nella vostra Presenza IO SONO, o sulle sabbie mobili della coscienza di dualità.

Ecco perché il Voi Consapevole ha la capacità di diventare di più o di meno di quanto foste creati per essere. Potete o espandere l'individualità datavi da Dio o costruire un senso d'identità che è meno di quello che Dio prevede per voi. Avete la libertà di scegliere qualsiasi cosa, ma sarà inevitabile che sperimenterete ciò che scegliete. Vedrete il mondo attraverso il filtro del senso d'identità che costruite, e vi esprimerete secondo quella identità. Così, la vostra identità determinerà ciò che proietterete nello specchio cosmico, il che determinerà, naturalmente, ciò che vi verrà rimandato.

***

Ora abbiamo tre aspetti del vostro essere. Abbiamo la parte superiore della vostra sfera del sé, ed essa è occupata dalla vostra Presenza IO SONO. Questo sé spirituale contiene la vostra impronta divina, che è l'individualità definita dal vostro Creatore e per sempre registrata nella Mente Universale di Cristo. Poi abbiamo il Voi Consapevole, che è situato nel punto di collegamento tra la parte superiore e quella inferiore della vostra sfera del sé. Abbiamo la parte inferiore della vostra sfera del sé, che è la parte che il Voi Consapevole usa per esprimersi nel mondo materiale. In questa parte inferiore risiede il vostro senso d'identità, che è la pellicola attraverso la quale voi proiettate delle immagini sullo schermo della vita, sulla Luce Madre. Proprio come accadeva con il vuoto, la parte inferiore del vostro contenitore del sé non era piena quando il vostro flusso di vita venne in essere. C'era un certo spazio vuoto, ed è compito vostro riempirlo. Ora la domanda diventa: Voi – cioè, il Voi Consapevole – che cosa lasciate entrare nel contenitore del sé. Come ho detto, Dio vi ha dato la libertà totale di scegliere come costruire il vostro senso d'identità.

Questa libertà è la vostra occasione suprema di diventare più di quanto foste creati per essere, di costruire sulle fondamenta stabilite da Dio, di essere più di un robot. Lo fate esprimendo il vostro senso di sé nel mondo della forma. Esprimendo i vostri poteri creativi e vedendone i risultati, voi aggiungete al contenuto del contenitore del sé. Quando lo fate in armonia con le leggi di Dio, aggiungerete solo elementi sostenibili, immortali, al contenitore del sé. Tali elementi possono in effetti passare alla parte superiore della sfera del sé, per essere immagazzinati nella mente di Cristo, come quello che Gesù chiamava il vostro tesoro accumulato in Cielo (Matteo 6:20).

Dato che avete il libero arbitrio, potete usare le vostre capacità creative in una maniera che non è in armonia con le leggi e l'intento creativo di Dio. Quando lo fate, anche in questo caso aggiungete qualcosa al vostro contenitore del sé, e questo qualcosa risiederà nella parte inferiore della sfera. Quello che aggiungete, sono elementi mortali che non possono avere alcuna esistenza permanente. E' questo che rende possibile per voi creare un sé mortale, un senso d'individualità, che è meno di quello che Dio vi ha dato quando il vostro flusso di vita è nato inizialmente.

Il mio scopo qui è quello di mostrarvi che il nucleo della vostra identità, che io ho chiamato il Voi Consapevole, è indipendente dal contenuto che potrebbe esistere o non esistere dentro al contenitore del sé. Con questo intendo che il Voi Consapevole può esistere indipendentemente sia dal vostro sé immortale sia dal vostro sé mortale, ossia è uno stato di pura consapevolezza che è totalmente autosufficiente. Tuttavia, quando si tratta di esprimere i vostri poteri creativi nel mondo della forma, il Voi Consapevole non può farlo da solo. Per esprimersi, il Voi Consapevole deve lasciare che la sua luce splenda attraverso il contenuto del contenitore del sé, perché è questo contenuto che determina le immagini che vengono proiettate sulla Luce Ma-ter. Quindi, si potrebbe dire che il Voi Consapevole è uno stato di pura consapevolezza, che esprime se stesso attraverso un senso di sé, che esiste dentro alla sua sfera del sé. Il Voi Consapevole può esprimersi o attraverso il sé immortale o attraverso il sé mortale, a seconda del sé con cui si identifica in un dato momento.

Dato che il Sé Consapevole può esistere indipendentemente sia dal sé immortale sia dal sé mortale, si potrebbe dire che esso non abbia alcun senso fisso d'individualità, alcun senso fisso d'identità. Il Voi Consapevole è il puro Essere di Dio, che è focalizzato come il vostro essere individuale, ma ha il potenziale di identificarsi con qualunque cosa. E' stato creato in polarità col vostro sé immortale, ma può identificarsi con qualsiasi cosa desideri, compreso il Tutto dell'Essere di Dio, il vostro sé immortale, il vostro sé mortale o qualunque altra cosa nel mondo della forma – può letteralmente identificarsi con una roccia, se così desidera. Il Voi Consapevole è invero la sede del vostro libero arbitrio, la sede della vostra capacità di effettuare delle scelte. Perciò, voi siete quello che pensate di essere, siete quello che scegliete di essere – e potete cambiare questa scelta in qualsiasi momento.

Il Voi Consapevole deve esprimersi attraverso un qualche senso di sé, un qualche senso d'identità individuale. Come ho detto nell'analogia del proiettore cinematografico, deve esserci una pellicola attraverso cui la luce possa splendere, affinché immagini distinte vengano proiettate sullo schermo. Le immagini della pellicola sono le caratteristiche individuali, le credenze e le immagini riguardanti il sé, che esistono all'interno del contenitore del sé. Potremmo paragonare il Voi Consapevole all'operatore che decide quale pellicola viene inserita nel proiettore. Come ho spiegato in precedenza, voi siete stati creati con un sé immortale, e potete aggiungere a quel sé immortale esprimendovi attraverso delle immagini che sono in armonia con le leggi di Dio. Tuttavia, ad un certo punto del passato, il Voi Consapevole ha deciso di sperimentare con la coscienza di dualità ed ha assaggiato il frutto della conoscenza del bene e del male. Così facendo, esso ha aggiunto del contenuto al contenitore del sé e quel contenuto si basa sulla "verità" relativa, che nasce dalla mente dell'anti-cristo.

All'inizio, gli elementi dualistici influenzavano appena la vostra espressione creativa o il senso di chi eravate. Non riuscivano ad adombrare o ad oscurare il vostro sé immortale. Ma mentre continuavate a sperimentare con la coscienza di dualità, voi aggiungevate sempre altri contenuti mortali al contenitore del sé e, gradualmente, questi iniziarono a nascondere il vostro sé immortale. Questo fece sì che diventaste una casa divisa contro se stessa e, mentre diventavate più divisi, il Voi Consapevole iniziò a centrare l'attenzione maggiormente sul senso di sé dualistico. Questo rafforzava il sé mortale e aggiungeva ai contenuti dualistici, diventando una spirale discendente che, alla fine, portò al punto critico in cui il Voi Consapevole decise che era davvero un essere umano, mortale, anziché un Essere spirituale immortale che si esprimeva attraverso una forma mortale.

***

In base a ciò che vi ho detto nelle precedenti chiavi, spero che ora riusciate a vedere che il Sé Consapevole sarà sempre quello che pensa di essere. E in qualsiasi momento, il Voi Consapevole può prendere la decisione di cambiare il suo senso d'identità. Il Voi Consapevole è un'individualizzazione dell'Essere di Dio, e forse vi ricordate che ho detto che Dio diede a Mosè il nome "Io sarò chi Io sarò", il che significa che Dio si riserva il diritto di trascendersi in qualsiasi momento e per tutto il tempo. Allo stesso modo, voi avete il diritto di cambiare la vostra identità in qualsiasi momento, avete il diritto di trascendervi o di contrarvi.

E' possibile che vi siate costruiti un'individualità molto elaborata e complessa in base alle immagini e credenze dualistiche. E' possibile che per molte vite vi siate identificati con quel sé mortale. E' possibile che vi siate dimenticati che siete un essere spirituale e che avete un sé immortale. E' possibile persino che crediate che per voi non sia semplicemente possibile cambiare il vostro senso di sé o andare oltre il sé mortale. Tuttavia, il vero segreto della vita è che, in qualsiasi momento, voi, ovvero il Voi Consapevole, siete ciò che pensate di essere. E in qualunque momento voi avete il potere di cambiare il senso di chi pensate di essere. Pertanto, in questo preciso istante avete il potere del libero arbitrio di prendere la decisione consapevole di non identificarvi più con un essere umano mortale e di accettare il fatto che siete un essere spirituale immortale, che sta esprimendosi solo temporaneamente attraverso una forma mortale.

Miei amati, c'è una sottile distinzione che dobbiamo fare qui. Vi ho detto del concetto di un sentiero e l'ho paragonato ad una scala a chiocciola. La scala a chiocciola ha molti scalini individuali, e ogni scalino rappresenta una certa decisione che si basa sulla coscienza di dualità. Quando avete fatto un passo verso il basso, avete preso la decisione di accettare una certa menzogna dualistica, facendola diventare parte del contenuto del vostro contenitore del sé, facendola diventare parte del vostro sé mortale. Questo ha cambiato leggermente il vostro senso di sé, e vi siete allontanati dal sé immortale, entrando di più nel sé mortale. Perciò, per salire al di sopra di quello scalino, dovete vedere attraverso l'illusione dualistica e decidere di lasciarvela alle spalle, accettando la verità di Cristo, che sostituisce la menzogna dell'anti-cristo, rendendovi così liberi dall'illusione.

Come ho detto, la maggioranza delle persone sulla Terra è scesa di molti scalini lungo la scala che conduce alla coscienza di dualità. Non esiste davvero alcuna scorciatoia che vi porti in un unico salto da dove vi trovate ora, indietro, al vostro senso di sé immortale. Non c'è alcun modo di evitare il processo di sostituire le vostre scelte dualistiche con delle scelte che si basano sulla roccia della coscienza di Cristo, perché se così fosse, ciò significherebbe togliervi il vostro libero arbitrio ed eludere l'intero scopo della creazione, che è quello di crescere attraverso le scelte che uno fa. Quindi, se siete scesi per un certo numero di passi lungo la scala a chiocciola, potrete risalirla solo rifacendo ogni passo e sostituendo con la verità di Cristo l'illusione che esso rappresenta. Questo deve essere fatto per mezzo di scelte consapevoli, che solo voi potete fare.

Ecco, tuttavia, la sottile distinzione. Ognuno dei passi che avete fatto scendendo lungo la scala a chiocciola, rappresenta una menzogna dualistica che avete messo nel contenitore del sé. Queste menzogne sono in quel contenitore e ivi rimarranno, finché non le risolverete effettuando delle scelte migliori. Ciò nondimeno, come vi ho spiegato in precedenza, il Voi Consapevole ha un senso di consapevolezza, che è indipendente dal contenuto del contenitore del sé. Perciò voi potete, in questo preciso istante, scegliere di riconnettere la vostra consapevolezza conscia al senso dell'Essere puro, al senso di consapevolezza pura, al senso di sé puro, che invero già siete. In altre parole, il vostro senso di sé puro non è stato alterato dal fatto che avete scelto di creare un sé mortale e che, temporaneamente, vi siete identificati con esso. Il vostro senso di sé puro esiste ancora nella sua forma originale, e voi potete spostare il vostro senso d'identità dal sé mortale verso il sé immortale. Questo è il vero significato dell'insegnamento di Gesù secondo il quale, per entrare nel regno dei Cieli, un essere umano deve rinascere spiritualmente, deve rinascere nello spirito (Giovanni 3:5).

Vedete il mio punto di vista qui? Vi ho detto che ogni cosa è stata creata dalla sostanza di Dio, dall'Essere di Dio. Pertanto, il Creatore è dentro a tutto quello che è stato creato, dentro a tutto nel mondo della forma. Dio è proprio qui con voi in questo stesso momento, Dio è presente ovunque e, perciò, il regno di Dio è davvero qui con voi. Se lo desiderate, potete cambiare il vostro senso di sé, il vostro senso d'identità, cosicché potete accettare il fatto che siete già nel regno di Dio, proprio ora. Questo non cambierà all'istante il contenuto del contenitore del sé. Non significa che potrete immediatamente esprimere il vostro sé immortale, la vostra individualità divina, in questo mondo. Avete ancora il sé mortale, l'individualità umana, che oscura la vostra individualità divina. E, pertanto, dovete ancora passare attraverso il processo in cui sistematicamente gettate via le menzogne dualistiche che formano il vostro sé mortale, affinché possiate scoprire il vostro sé divino.

Quello che sto dicendo qui è che, mentre attraversate questo processo, non dovete continuare ad identificarvi col sé mortale. Non dovete continuare a pensare che siate in qualche modo indegni o incapaci di essere nel regno di Dio, perché avete questo sé mortale. Non dovete sentire che siete stati cacciati dal regno dei Cieli, dal Giardino dell'Eden, e che non potete entrare in quel Giardino finché non sarete completamente liberi dal sé mortale. Quando Gesù disse che il regno di Dio è dentro di voi, egli stava dicendo in realtà che il regno di Dio è uno stato interiore, uno stato di coscienza. In verità, egli stava dicendo che il regno di Dio è manifesto nella vostra vita, quando il Voi Consapevole riconosce di essere nel regno di Dio. E quel senso d'identità è indipendente dal contenuto del contenitore del sé.

Quello che voglio sottolineare qui è, che è possibile per voi spostare il vostro senso di sé dall'essere un umano mortale, che è privo della vita abbondante, che è separato dal regno di Dio. Invece, potete spostare il vostro senso di sé ed accettare che siete un essere spirituale e che nulla in questo mondo può portarvi via quella vera identità.

Potete accettare che, proprio in questo momento, siete nel regno di Dio.

Voi siete un ricercatore spirituale e quindi già sapete che siete più del vostro corpo fisico. C'è un essere più grande, che viene chiamato 'anima' dalla maggior parte della gente, ma che è invero il Voi Consapevole, che indossa temporaneamente il corpo fisico, allo stesso modo in cui il corpo indossa un cappotto. Quello che vi sto dicendo qui è che il sé mortale, che avete creato, può essere paragonato al corpo fisico. Non è il vero voi più di quanto il corpo sia il vero voi. E' semplicemente un cappotto che il vero voi sta indossando in questo momento. Non potete liberarvi istantaneamente di quel sé mortale, perché deve essere dissolto una decisione alla volta. Ma potete sbarazzarvi all'istante della sensazione che siete confinati, che siete intrappolati dentro a quel sé mortale. Come ho spiegato nell'ultima chiave, voi potete, in qualsiasi momento, decidere di andare alla porta della prigione e girare la maniglia, e allora vedrete che, sebbene abbia molte serrature individuali, in realtà la porta non è sprangata. Perciò, in qualsiasi momento, voi potete aprire la porta e rinascere ad un nuovo senso d'identità che è fuori dalla prigione.

Capite quello che sto dicendo qui? C'è un'ampia e fondamentale differenza tra l'osservare la vita dall'interno della prigione del vostro sé mortale e l'osservare la vita dall'esterno di quella prigione. Quando guardate la vita dall'interno della prigione, pensate che voi, ovvero il Voi Consapevole, siate confinati nella prigione. Quando guardate la vita dall'esterno della prigione, vedete che il Voi Consapevole è molto più della prigione. Potreste paragonare questa prigione ad una cella di mattoni, grande quanto una casa, una cella con una porta d'acciaio. Quando siete dentro alla cella, voi pensate che il mondo sia una cella di mattoni. Quando siete all'esterno, voi vedete che il vostro contenitore del sé è molto più grande della cella di mattoni. La cella esiste ancora all'interno del vostro contenitore del sé, ma voi non ci siete rinchiusi dentro.

Miei amati, vi sto dicendo questo per vari motivi. Uno è che, se riuscite ad accettare il vostro senso d'identità più ampio, per rinascere a quel senso di sé più grande, inizierete immediatamente a sentire una connessione maggiore col Tutto di Dio. Questo renderà il vostro cammino molto più piacevole, molto più tranquillo. E' quasi come la differenza tra l'avere dei debiti e sentire di non avere neanche un soldo da spendere e l'essere agiati con dei soldi in banca.

Tuttavia, vi sto dicendo questo anche per una ragione molto pratica. Quando siete dentro alla cella di mattoni, voi pensate che quella sia il vostro vero sé, la vostra vera individualità. Come ho detto prima, voi sapete inconsciamente che siete un essere consapevole di sé, che è destinato a co-creare esprimendo la propria individualità.

Perciò non potete tollerare di non avere un'individualità attraverso cui esprimervi. Così, se pensate che il sé mortale sia la vostra unica individualità, vi sentirete emotivamente attaccati ad ogni aspetto di quel sé mortale, ad ogni mattone della cella. Se un insegnante spirituale viene da voi dicendo che dovete gettar via uno dei mattoni, sarete riluttanti o incapaci di farlo, perché sentirete che rinunciando ad una parte del vostro sé mortale, perderete una parte della vostra individualità. Vedete la sottile distinzione qui? Il vostro sé mortale si basa completamente sulle menzogne dualistiche della mente dell'anticristo, è costruito di esse. Ognuna di queste menzogne è un mattone che fa parte della cella in cui siete imprigionati. Per rimuovere la cella dal contenitore del sé, dovete sistematicamente scalpellare ogni mattone e gettarlo via. E per ogni mattone che gettate via, voi salite di uno scalino sulla scala a chiocciola.

Ma se osservate la vita dall'interno della cella, voi penserete che ogni mattone sia una parte insostituibile della vostra vera individualità. E se perdeste tutti i mattoni, non sareste nulla, sareste un guscio vuoto, sareste un buco nero senza individualità. La paura più grande, che ogni essere consapevole di sé ha, è quella di perdere il suo senso d'identità e, pertanto, avete paura di abbandonare le menzogne dualistiche che vedete come parte della vostra individualità. E' questo che trasforma il cammino spirituale in una lotta, in una Via Dolorosa, in cui la vostra mente esteriore sta cercando di forzare la vostra mente subconscia ad abbandonare uno dei mattoni della cella. Eppure la vostra mente subconscia si aggrappa a quel mattone come se fosse una questione di vita o di morte, il che è quello che la vostra mente subconscia, il vostro sé mortale, crede che sia. Ecco perché sono così tante le persone che, sia nella religione cristiana, sia in altre religioni, sia nel movimento New Age, stanno combattendo una lotta costante e ardua. Con le loro menti consce, esse si rendono conto della necessità di cambiare la propria vita e hanno usato un qualche insegnamento spirituale esterno per costruirsi un'immagine mentale di come dovrebbero essere per essere salvate o per diventare le persone spirituali che hanno deciso di voler essere. Le loro menti consce stanno cercando di imporre quell'immagine mentale alle loro menti subconscie, affinché quell'immagine mentale possa sostituire il loro attuale senso di sé. Ma le parti subconscie delle loro menti si stanno opponendo a questo e, così, c'è una lotta continua all'interno del loro essere, una lotta che fa di loro una casa divisa contro se stessa, una casa costruita sulla sabbia. Ecco perché molti ricercatori spirituali sentono di stare facendo pochi progressi, ecco perché si sentono come se, ogni volta che fanno un passo avanti, qualcosa li tirasse indietro di un passo o due.

Miei cari, vedete l'enorme importanza di questo? Voi avete il libero arbitrio, per cui avete ogni diritto di continuare a lottare per il resto della vostra vita, e anche per molte vite, se così desiderate. Non ho alcun desiderio di dirvi come dovreste seguire il vostro sentiero nella vita. Però ho il desiderio di dirvi che il sentiero spirituale, il sentiero verso la vita abbondante, il sentiero verso la salvezza e la vita eterna, non deve necessariamente essere una lotta. E' possibile per voi uscire dalla cella del sé mortale. E quando ne uscirete davvero, vedrete e saprete che siete più del sé mortale. Come ho detto, voi continuate ad avere quella cella di mattoni nel vostro contenitore del sé, ma dato che sapete che siete più di quella cella, dato che osservate il mondo dall'esterno della cella, non avete più alcun attaccamento emotivo ai mattoni individuali che la formano. Sapete che se gettate via un mattone, non perderete il vostro senso d'identità. Pertanto, gettare via un mattone non è più una questione di vita o di morte. Non dovete più lottare per tenere quei mattoni, perché sapete che essi non fanno veramente parte del voi reale. E quando vi rendete conto di questa verità, vi diventerà tanto più facile lasciar andare i mattoni. Ora potete lasciarli andare molto più rapidamente e con molto meno sofferenza e dolore. Invece di sentirvi come se doveste morire ogni volta che abbandonate un mattone, ora sentite che, per ogni mattone che gettate via, per ogni mattone che non pesa più sulla vostra scalata verso l'alto, vivrete in maniera più abbondante.

Ah, miei amati, riuscite a percepire l'immensa differenza che questo farà nella vostra vita? Riuscite a percepire com'è possibile, in un unico passo di rinascita spirituale, cambiare tutto nella vostra vita? Letteralmente, quando attraversate la porta della prigione e uscite dal vostro sé mortale, ogni cosa nella vostra vita cambierà. Cambierà il modo in cui osservate ogni cosa. La vostra intera prospettiva sulla vita cambierà fondamentalmente, la vostra prospettiva sulla vita si espanderà immensamente. E mentre all'inizio questa espansione potrebbe essere un grande cambiamento, presto inizierete a sentire che siete ritornati a casa, al modo in cui le cose dovrebbero essere. Miei cari, il vostro naturale senso di sé è il puro essere spirituale che voi siete. Non è naturale per il vostro senso di sé essere confinato ad una piccola cella di mattoni e, pertanto, quando uscite da quella cella, vi sentirete letteralmente come se foste arrivati a casa. E siete davvero arrivati a casa, siete arrivati a casa, nel regno di vostro Padre, che è il senso di sé che egli ha creato per voi all'inizio.

***

Miei cari, non so più che altro posso dire per convincervi della verità delle mie parole. Quando osservo l'umanità, come ho fatto durante gli ultimi 2.000 anni e anche oltre, vedo che la maggior parte delle persone su questo pianeta è intrappolata dentro a delle piccole celle di mattoni. Ogni persona ha confinato il suo senso di sé a questa piccola cella di mattoni, che forma il suo sé mortale. Alcune di esse non sono nemmeno consapevoli del fatto che esiste una porta. Altre sono consapevoli che la cella ha una porta, ma credono che sia chiusa a chiave e non si sono nemmeno prese la briga di provare se sia realmente vero. Così credono di non avere alcuna possibilità di fuggire dalla cella. Alcune credono persino di non avere alcun bisogno di fuggire ed hanno incoronato il sé mortale, e, in alcuni casi, il principe di questo mondo, sovrano del loro tempio. Alcune si sono svegliate alla possibilità di poter far scattare le serrature e, alla fine, aprire la porta. Ma credono ancora che rimarranno intrappolate nella cella, finché non sarà stata aperta l'ultima serratura.

Miei amati, mi sono unita alla coscienza ed all'Essere dell'aspetto Madre di Dio. Come disse Gesù: "E il re risponderà: 'In quanto lo avete fatto a uno di questi miei i fratelli più piccoli, l'avete fatto a me' (Matteo 25:40). In qualità di Madre di Dio, io nutro lo stesso amore per tutte le persone su questa Terra. Quindi, non ho desiderio più grande di quello di vedere ognuno di voi fuggire dalla prigione che vi tiene intrappolati nell'oscurità. Non desidero altro che vedervi aprire la porta della prigione e correre nella luce intensa del sole, così pieni di questa nuova sensazione di libertà da gridare di gioia e ridere come bambini che attraversano un campo fiorito nel sole splendido della prima giornata di primavera.

Il mio desiderio più grande è di vedere tutti quanti fuggire dalle loro prigioni mentali, dalle loro celle di mattoni, arrivando a realizzare chi sono in verità. Non ho alcun desiderio di vedere la gente arrampicarsi su per la scala a chiocciola dovendo lottare, ad ogni passo, contro il drago del loro sé mortale, allo stesso modo in cui San Giorgio combatteva contro il drago. Desidero vedervi separare voi stessi, separare il Voi Consapevole, dal sé mortale, affinché possiate fare ogni passo su per la scala a chiocciola con una sensazione di gioia, con una sensazione di pace, che deriva dal sapere che ciò a cui state rinunciando è irreale. Questa è la gioia di sapere che, per ogni volta che rinunciate ad una menzogna dualistica, vi avvicinate di un passo all'essere liberi di esprimere la vostra individualità divina.

Quando sapete questo, il lasciar andare le vostre passate limitazioni, il lasciar andare il vostro senso di sé mortale, non sarà più associato alla paura della perdita. Sarà associato alla gioia del guadagno. Anziché sentirvi come steste perdendo qualcosa, vi rendete conto che state in effetti guadagnando qualcosa e che il vostro precedente senso di sé viene sostituito da un senso di sé più grande, più bello. Ah, miei amati, è la sensazione di lotta che crea la lotta, e la sensazione di lotta nasce dal vostro attaccamento emotivo al vostro sé mortale. E quell'attaccamento nasce dalla paura che, se perdete una parte del vostro sé mortale, non avrete nulla con cui sostituirla. Ma, vedete, questa è soltanto una credenza che esiste solo quando osservate la vita dall'interno della cella del vostro sé mortale. Non appena aprite la porta della prigione ed entrate nell'intensa luce del sole della vostra Presenza IO SONO, vedrete che quando sostituite una parte del vostro sé mortale, quando lasciate andare una parte del vostro sé mortale, scoprirete la parte corrispondente del vostro sé immortale, che era oscurata dall'illusione mortale. E quindi non perdete nulla nel processo, ma guadagnate qualcosa che è infinitamente più bello e più prezioso – ed è questo il vero significato della vita abbondante. Potete avere tutte le ricchezze del mondo, ma finché sarete intrappolati nella cella del sé mortale, non avrete mai la vita d'abbondanza, non sfuggirete mai alla paura della carenza. Questo è il vero significato delle parole di Gesù: "Poiché che giova all'uomo se guadagna tutto il mondo e perde la sua anima" (Marco 8:36). Esiste un unico modo di ottenere la vita abbondante ed è quello di uscire dalla cella del vostro sé mortale, trovando così l'abbondanza donatavi da Dio liberamente, perché è il suo buon piacere darvi il suo regno.

Così, vi rendete conto che rinunciare all'unico dollaro del vostro sé mortale vale davvero la pena, in quanto al suo posto ricevete i milioni di dollari del vostro sé immortale. Pertanto diventate disposti, e persino ansiosi, di scoprire le menzogne dualistiche del sé mortale. Diventate desiderosi di cercare la verità della mente di Cristo che sostituirà le menzogne della mente dell'anti-cristo. Avete superato la vostra paura di guardare in faccia le illusioni dell'anti-cristo. Non temete più la rivelazione delle menzogne dualistiche del vostro sé mortale, perché non vi identificate più con quelle menzogne.

***

Riuscite a vedere l'immensa differenza che questo farà nella vostra vita? Riuscite a vedere che quello che vi separa dalla vita abbondante è un leggero spostamento nella consapevolezza, nel senso di sé? Dovete allontanare il vostro senso di sé dal sé mortale e accettare il Sé più grande che voi siete. E una volta che avrete fatto questo spostamento, il sentiero ascendente diventa facile, perché adesso vi rendete conto con Gesù che "il mio giogo è dolce e il mio carico è leggero" (Matteo 11:30). Ed è allora che superate la paura che impedisce alla maggioranza delle persone di seguire una delle affermazioni più importanti fatte da Gesù. Forse vi ricordate che Gesù disse: "Se uno vuol venire dietro a me, rinneghi se stesso, prenda la sua croce e mi segua" (Matteo 16:24). Molti cristiani hanno letto questa affermazione, ma non sono riusciti a comprenderne il significato, e così l'hanno ignorato o l'hanno spiegato con qualche tipo di ragionamento dualistico.

Ma ora voi ne capite il vero significato. Dicendo di rinnegare voi stessi, Gesù stava parlando di persone che s'identificano con il proprio sé mortale. Quindi, il sé a cui rinunciate per seguire Cristo, non è il voi reale; è il sé mortale. E ci rinunciate negando che esso sia il voi reale, negando la credenza che esso abbia potere su di voi, negando l'illusione che il sé mortale possa impedirvi di seguire il Cristo. Vi rendete conto e accettate il fatto che né il vostro sé mortale, che potremmo chiamare il nemico interno, né le forze di questo mondo, che potremmo chiamare il nemico esterno, possono impedirvi di seguire il Cristo. Non c'è nulla che possa fermarvi, tranne quelle cose a cui permettete di ostacolarvi, perché vi identificate con esse o avete paura di affrontarle.

Ora potete capire, inoltre, che cosa significhi in realtà prendere la vostra croce e seguire il Cristo. La croce è il simbolo del sé mortale, che è fatto di molte menzogne dualistiche che siete arrivati ad accettare. Esse formano una struttura nel mondo della materia, e il Voi Consapevole è crocifisso, è tenuto fisso, su quella croce. La croce ha quattro braccia e, come vi spiegherò in seguito, questo simboleggia i quattro livelli dello spettro di frequenze materiale, che potremmo chiamare i vostri quattro corpi inferiori. Ognuno di questi corpi è stato inquinato dalle menzogne dualistiche, per cui prendere la vostra croce significa che siete disposti ad impegnarvi in un processo sistematico di purificazione di ognuno dei vostri quattro corpi inferiori dalle menzogne dualistiche, che nascono dalla mente dell'anti-cristo. E quando superate quelle menzogne, quando superate anche l'ultimo nemico, la morte – perché permettete al vostro sé mortale di morire sulla croce – risorgerete alla vita immortale della coscienza di Cristo. Così, non sarete più un seguace di Cristo – sarete il Cristo Vivente là dove vi trovate. E com'è stato dimostrato da Gesù, è possibile per voi essere il Cristo Vivente proprio qui sulla Terra.

Quando ottenete questo stato di coscienza, non state più seguendo il sentiero spirituale per la vostra crescita personale. Ora avrete ottenuto la consapevolezza superiore, che voi siete uno con l'insieme, con il Corpo di Dio sulla Terra. Essendo il Cristo Vivente incarnato sulla Terra, voi potete servire da porta aperta per portare la luce di Cristo nella coscienza collettiva dell'umanità. In questo modo potete aiutare a purificare i quattro corpi inferiori della coscienza collettiva e far sì che sia più facile per gli altri scoprire e seguire il sentiero spirituale. Allora potete dire con Gesù: "E io, quando sarò elevato dalla Terra, attirerò tutti a me" (Giovanni 12:32).

E' invero per questo che Gesù venne sulla Terra. Egli prese su di sé i peccati del mondo, ma quali sono i peccati del mondo? I peccati del mondo sono le menzogne dualistiche, che gli esseri umani hanno accettato e che sono ora diventate parte della coscienza collettiva. Gesù prese su di sé un aspetto particolare di quelle menzogne dualistiche, e quello che egli prese su di sé era la tendenza delle persone a seguire ciecamente i leader ciechi, i falsi insegnanti, coloro i quali si sono ribellati contro Dio e sono venuti sulla Terra per ingannare la gente, per provare che ne sanno più del Creatore. Questi sono i serpenti, sono le forze dell'anti-cristo, che da tanto tempo cercano di controllare l'umanità. Gesù prese su di sé proprio quella tendenza a seguire ciecamente un leader senza assumersi la responsabilità della propria vita e del proprio sentiero. Per 2.000 anni egli ha portato quel peccato, quello stato di coscienza dualistica, nella speranza che le persone usino i suoi insegnamenti per manifestare la loro cristianità personale, per acuire il loro discernimento individuale, in modo da riuscire a vedere attraverso le menzogne promosse da questi leader ciechi.

Tuttavia, dato che i leader ciechi si sono infiltrati nella religione cristiana, la maggioranza delle persone non è giunta alla comprensione conscia dell'esistenza dei leader ciechi e del modo in cui la loro coscienza dualistica ha influenzato ogni aspetto della vita sulla Terra. E come ho detto, se non vi rendete conto che siete intrappolati in un'illusione, come potete liberarvi da quella illusione? Ciò nondimeno, devo dirvi che, grazie alla missione di Gesù, milioni di persone sulla Terra sono state preparate per liberarsi molto rapidamente da questa illusione dualistica e per arrivare a riconoscere il fatto che sono stati dei seguaci ciechi dei leader ciechi. Esiste un potenziale reale per il risveglio di massa su questo pianeta, con milioni di persone che arrivano ad una nuova consapevolezza del lato spirituale della vita e del vero cammino verso uno stato di coscienza superiore. Questo può avvenire letteralmente da un giorno all'altro, e di sicuro può avvenire nell'arco di un decennio.

Se questo dovesse accadere davvero, vedrete un cambiamento immenso su questo pianeta. Vedrete il pianeta Terra entrare in un'Era d'Oro di maggiore libertà, sia materiale che spirituale, e di maggiore abbondanza, sia materiale che spirituale. Questo è il vero potenziale di quest'era. E' il potenziale che è molto vicino a diventare una realtà fisica, ma non potrà diventare una realtà manifesta, finché una massa critica di esseri umani non lo accetterà come una realtà fisica. E per accettare il regno di Dio come una realtà manifesta sulla Terra, dovete prima accettare il regno di Dio come una realtà nella vostra coscienza e nel vostro essere. Pertanto, il mio scopo per questo libro non è semplicemente quello di aiutarvi ad ottenere la vita d'abbondanza per voi stessi. E' quello di aiutarvi a vedere che siete qui per essere un precursore per un'Era d'Oro, che darà la vita abbondante a tutte le genti, cacciando, una volta per tutte, i leader ciechi – e la loro coscienza di separazione e di carenza – da questo pianeta.

***

Miei amati, pensate a quello che disse Gesù: "Io sono venuto in questo mondo per giudicare, perché quelli che non vedono vedano, e quelli che vedono diventino ciechi" (Giovanni 9:39). Che cos'è il giudizio di cui parlava Gesù? Il giudizio è invero un'opportunità, dove una persona è messa di fronte alla scelta, da fare oggi stesso, riguardo a chi intende servire. E la scelta vera è se la persona intende servire la mente di Cristo o la mente dell'anti-cristo. Come vi ho detto prima, ogni aspetto della vita su questo pianeta è stato influenzato dalla mente dell'anti-cristo, e ne consegue che la maggioranza delle persone non ha una scelta tra la mente di Cristo o la mente dell'anti-cristo. La ragione è che ogni cosa che esse sono state educate a credere è influenzata dalla mente dell'anti-cristo. Com'è possibile dare alle persone l'opportunità di scegliere chi servire? Questa scelta può essere data loro solo da un incontro con qualcuno che abbia manifestato un grado di cristianità più elevato di quello che esse stesse hanno manifestato. E nell'incontrare quella persona, esse si renderanno conto improvvisamente che nella vita c'è di più, che esiste uno stato più elevato di coscienza. E' esattamente questo che accadeva quando le persone incontravano Gesù.

Miei cari, ho camminato molte volte con Gesù ed ho visto come la gente reagiva quando lo incontrava. Certo, c'erano molti diversi tipi di reazioni, ma posso dirvi che erano pochissime le persone in grado di incontrare Gesù in carne ed ossa e rimanere indifferenti. Quasi tutti percepivano che c'era qualcosa di speciale in Gesù, e quello che percepivano non era che la persona esteriore di Gesù fosse così speciale, ma era che egli aveva ottenuto la coscienza di Cristo, che egli era la porta aperta attraverso cui la Luce universale di Cristo poteva splendere nell'oscurità di questo mondo. Nell'incontrare Gesù, il ricordo interiore delle persone veniva risvegliato ed ora esse avevano l'opportunità di riconoscere quel ricordo interiore e di iniziare il cammino verso casa. Alcuni scelsero di negare quel ricordo o di giustificarlo con un qualche ragionamento dualistico, ma almeno ebbero un'opportunità.

Nell'incontrare la luce maggiore che splendeva attraverso Gesù, le persone ebbero l'opportunità di scegliere se voltarsi e servire quella luce o se continuare a servire l'oscurità della mente dell'anti-cristo. Erano disposte a riconoscere che, se Gesù aveva potuto ottenere la Cristianità, forse anche loro potevano farlo? O avrebbero negato il loro potenziale di assumere la mente di Cristo, di lasciare che in loro ci fosse la stessa mente che c'era anche in Gesù Cristo (Filippesi 2:5)? Ah, miei cari, questa è la vera scelta che le persone devono affrontare in quest'epoca. Continueranno a seguire i falsi leader dell'anti-cristo o si separeranno finalmente dalla dualità per seguire la verità di Cristo?

Miei cari, dovete affrontare questa scelta a livello personale, ed io ho fatto tutto quello che sono riuscita a pensare per rendervi più facile fare la scelta di accettare il vostro potenziale Cristico, d'imboccare il sentiero di Cristo, di rifiutare il vostro sé mortale, di prendere la vostra croce e seguire l'esempio di Gesù. E mentre seguite quel sentiero ed assumete una porzione più grande della vostra Cristianità, diventerete davvero lo strumento per dare quella stessa scelta ad altre persone. Certo, Dio ha dato ad ogni essere umano il libero arbitrio, per cui voi e gli altri avete il diritto di rifiutare il sentiero che porta alla Cristianità o il vostro potenziale di seguirlo. Tuttavia, che le altre persone accettino o rifiutino il proprio potenziale, non vi riguarda. Il vostro ruolo è quello di presentare loro l'opportunità di scegliere e poi lasciare a loro la decisione su ciò che faranno con la scelta. Ma per presentare loro la scelta, voi stessi dovete camminare lungo il sentiero e manifestare un grado di Cristianità, che permetta agli altri di sentire che c'è qualcosa di diverso in voi, che voi avete qualcosa che essi non hanno. E quello che avete è la luce più intensa del Figlio di Dio, il Sole di Dio.

Quando essi percepiranno quella luce, ciò risveglierà in loro il ricordo interiore che c'è qualcosa di più nella vita, e molti di essi riconosceranno realmente quel ricordo. Vi guarderanno e diranno: "Questa persona non è tanto diversa da me. Se lei è potuta diventare la porta aperta per la luce di Dio, allora forse posso diventarla anch'io?" Miei cari, vedete l'importanza di questo? Gesù venne su questo pianeta per dimostrare, con un esempio, il sentiero verso la Cristianità individuale. Tuttavia, dato che i falsi insegnanti si sono infiltrati nella religione cristiana ed hanno trasformato Gesù in un idolo, pochissime persone su questo pianeta hanno seguito il suo esempio. Ed è proprio per questo che, in quest'epoca, c'è un tale bisogno di coloro i quali siano disposti a vedere attraverso l'idolatria costruita dai falsi insegnanti ed a seguire il sentiero della Cristianità individuale.

Soltanto quando milioni di persone faranno questo, potrà esserci un risveglio nella coscienza collettiva. In questo modo, le persone potranno accettare il cammino verso la Cristianità, in quanto sarà stato dimostrato loro attraverso gli esempi di persone che erano proprio come loro. Tantissime persone sono state educate a vedere Gesù come molto diverso da loro e non riescono ad identificarsi con lui. Perciò, come potrebbero possibilmente accettare l'affermazione di Gesù secondo la quale chi crederà in lui farà le opere che egli fece (Giovanni 14:12)? Come potrebbero possibilmente vederlo come un esempio da seguire, quando egli era così diverso, quando nacque da una vergine, quando era Dio sin dall'inizio, quando riusciva a compiere tutti questi miracoli che essi non sanno fare? Riuscite a vedere il complotto sinistro, riuscite a vedere come i falsi insegnanti su questo pianeta hanno fatto tutto quanto era in loro potere per distruggere l'esempio di Gesù e per distruggere così la sua missione? Vedete che Gesù venne per liberare l'umanità da questi falsi insegnanti e per liberare l'umanità dalla menzogna, secondo cui le persone hanno bisogno di qualcosa dall'esterno – dei falsi insegnanti e dei loro insegnamenti - per entrare nel regno di Dio? Altrimenti perché Gesù avrebbe detto: "Nessuno dirà: Eccolo qui! o, eccolo là! Perché, vedete, il regno di Dio è dentro di voi" (Luca 17:21).

Ah, miei amati, incominciate a vedere il complotto di questi falsi insegnanti e come hanno tentato di distruggere la missione di Gesù? Incominciate a percepire che io sono qui, a darvi questo libro, perché vi amo e perché amo Gesù. Voglio vedere la missione di Gesù diventare una vittoria su questo pianeta. Voglio vedere questo per il mio infinito amore per Gesù ma, per favore, accettate il fatto che il mio amore per Gesù non è più grande del mio amore per voi. E pertanto – perché vi amo – desidero vedervi scoprire la verità riguardo alla missione di Gesù, affinché possiate seguire le sue orme e liberarvi dalla mente dell'anti-cristo. Voglio che siate liberi sia dal nemico esteriore, il principe di questo mondo, sia dal nemico interiore, il vostro sé mortale.

Il mio amore è incondizionato e non accetterò alcuna condizione che vi intrappoli in questo sé mortale. Pertanto sono venuto a darvi questo libro, che contiene la verità che può rendervi liberi, se lo accetterete, lasciando che divenga il lievito che farà lievitare la vostra coscienza intera (Matteo 13:33). E se accetterete la verità che vi do, allora quella verità vi RENDERA' davvero liberi da tutte le menzogne dell'anti-cristo. Questa non è semplicemente una promessa che vi faccio. E' la realtà!

Il problema, che la maggioranza delle persone si trova ad affrontare, è che esse sono cresciute in un mondo pieno di credenze dualistiche. Potremmo dire che vivono all'interno della prigione umana e non hanno mai visto nulla al di fuori di essa. Vivono all'interno di una cella di mattoni, che è completamente buia, e pensano che l'oscurità sia tutto quello che esiste. Tuttavia, quando aprite la porta della prigione e la splendida luce del sole entra attraverso quella porta, l'illusione, che non esiste altro che oscurità, viene dissipata all'istante.

L'oscurità non ha alcuna realtà in Dio. Ciò che non ha alcuna realtà immortale non può avere alcun potere su di voi, perché voi siete un essere spirituale immortale. Potrà influenzarvi solo fintantoché penserete che abbia una realtà. Così, nel momento in cui la luce di

Cristo entra nel vostro essere e disperde l'illusione, secondo cui la dualità è tutto quel che esiste, sarete liberi da quella illusione. Non è un pio desiderio. E' una realtà che potete dimostrare entrando in una stanza buia e premendo l'interruttore della luce.

***

Prendete nota della sottile distinzione qui. Come ho detto, lo scopo della vita è portare luce nell'oscurità del vuoto. Vi ricordate che vi ho detto, che il vuoto originale non ha nulla dentro di sé e quindi è buio. Ma quella oscurità non è né bene né male, è soltanto assenza di luce. Quello che voglio dire è, che l'oscurità del vuoto e quello che gli esseri umani chiamano il male, non sono la stessa cosa. Dato che gli esseri umani hanno fatto esperimenti con il frutto della conoscenza del bene e del male, essi hanno creato una situazione in cui due polarità relative hanno oscurato sia la luce di Dio che l'oscurità originale del vuoto. Gli esseri umani, condotti dai leader ciechi dei falsi insegnanti, sono stati convinti con l'inganno a creare le proprie immagini relative, dualistiche, del bene e del male, dove il male sembra essere oscurità e il bene sembra essere luce – ed è per questo motivo che Paolo disse: "Satana stesso si traveste da angelo di luce" (2 Corinzi 11:14). Ma nessuno di questi opposti relativi rappresenta la realtà della luce di Dio o l'oscurità del vuoto. Non hanno alcuna realtà ultima, in quanto esistono soltanto come immagini temporanee proiettate sulla Luce Mater da esseri consapevoli di sé intrappolati nella mente dell'anti-cristo.

Essendo stata ingannata, la gente è arrivata a credere che il male abbia una realtà effettiva, che il male esista realmente come l'opposto di Dio. E' arrivata a credere che ciò che le autorità religiose o politiche definiscono come il bene, sia in effetti bene secondo la realtà di Dio. Questo non è altro che una cortina fumogena. Né il bene né il male, che scaturiscono dalla coscienza di dualità, hanno alcuna realtà ultima. Quello che gli esseri umani chiamano il male, è semplicemente un'illusione, che è l'assenza della luce di Cristo. Anche quello che gli esseri umani chiamano il bene, è soltanto un bene relativo e, quindi, anch'esso è un'illusione, che è l'assenza del bene più grande, del bene assoluto, della mente di Cristo. E così vedete, miei cari, che gli esseri umani sono stati intrappolati in un gioco senza fine, che si basa sull'illusione che su questo pianeta esiste una lotta tra il bene e il male. Ma la lotta è soltanto tra il relativo bene e il relativo male, ed entrambe queste forze sono definite dalla coscienza di dualità. Perciò in esse non c'è realtà alcuna, in esse non c'è verità alcuna, in esse non c'è vita alcuna. Dietro a queste illusioni, a questi miraggi nel deserto, c'è la realtà di Dio che è permanentemente ancorata nella Mente Universale di Cristo. La coscienza dell'anti-cristo non è, in realtà, opposta alla mente di Cristo, in quanto la verità di Cristo non ha opposti.

Le forze dell'anti-cristo credono di essere in opposizione alla mente di Cristo, ma quell'opposizione esiste soltanto nelle loro menti, e può esistere solo perché si aggrappano al sé mortale, che è nato dalla separazione dal Tutto. Per Dio, in esse non c'è alcuna realtà, non c'è vita alcuna. Pertanto, tutte le cose che esse hanno costruito su questa Terra sono come Torri di Babele. Stanno cercando di prendere il Cielo con la forza, costruendo una torre che arrivi fino ai Cieli, ma si tratta di una casa costruita sulla sabbia. Di sicuro crollerà rovinosamente, perché la forza contraente della Madre la demolirà, come demolisce tutto quello che non è in allineamento con la realtà di Dio.

***

Voi potete continuare a giocare a questo gioco serpentino, a questo gioco dualistico, pensando magari di essere una persona spirituale o religiosa, che sta sicuramente lottando dalla parte di Cristo, perché lotta contro le forze che considerate cattive. In realtà, siete semplicemente una pedina nel gioco dualistico dell'anti-cristo, in cui nessuna delle due parti rappresenta la verità assoluta di Cristo. Miei amati, sono ben consapevole del fatto che molte persone troveranno difficile accettare questo insegnamento. Troveranno difficile ammettere che, ciò che hanno sempre creduto una buona causa, potrebbe essere in effetti un'illusione basata sulla mente dell'anti-cristo. Molti troveranno inoltre difficile credere che, in quanto persone spirituali, non dovreste lottare contro il male umano. Ma perché pensate che Gesù abbia detto: "Ma io vi dico di non opporvi al malvagio; anzi, se uno ti percuote la guancia destra, porgigli anche l'altra" (Matteo 5:39). Riuscite forse a vedere che Gesù stava dicendo ai suoi discepoli di salire al di sopra del gioco dualistico del relativo bene e del relativo male? Riuscite a vedere che lottando contro il male umano, non fate altro che intrappolarvi più profondamente nello stato di coscienza dualistico?

Miei amati, potete continuare a giocare a questo gioco per il resto della vostra vita, e per molte vite, ma quando vi stancherete di questa lotta infinita, io sarò lì a mostrarvi che esiste un'alternativa. Esiste un sentiero che vi conduce oltre la lotta dualistica infinita tra due forze, nessuna delle quali appartiene a Dio. Esiste un sentiero che vi conduce oltre ogni lotta, portandovi al di là delle forze opposte e portandovi nell'unità della mente di Cristo, in cui non esistono divisioni, in cui non esiste variazione, né ombra, né deviazione (Giacomo 1:17), perché tutto il bene e il male relativi sono sostituiti dall'unica luce del Sole di Dio.

Miei cari, 2.000 anni fa, Gesù venne ad offrire quel sentiero all'umanità. Oggi egli è qui per offrirvi quel sentiero perché, come egli disse: "Io sono con voi tutti i giorni, fino alla fine del mondo" (Matteo 28:20). La fine del mondo non significa che la Terra cesserà di esistere, come credono tanti cristiani. La fine del mondo significa la fine della dualità, la fine del regno della dualità su questo pianeta. La fine del mondo significa il punto in cui una massa critica di esseri umani sarà salita alla coscienza di Cristo e, quindi, rivendicherà la Terra per Cristo, cosicché Dio potrà cacciare il principe di questo mondo da questo mondo. Pertanto, il Cristo apparirà come il re che regnerà per sempre sulla Terra, perché la Terra sarà diventata ora il regno di Dio.

Miei amati, voi potete essere dei precursori per questo evento, ma potrete farlo solo se siete disposti a prendere la vostra croce e purificare sistematicamente il vostro essere dalle menzogne dell'anticristo. Se siete disposti a seguire questo vero sentiero, allora io sono disposta a prendervi per mano e camminare con voi ogni passo della via. E come ho cercato di mostrarvi, questo sentiero non è la Via Dolorosa, non è una lotta senza fine. Il vero sentiero di Cristo è il sentiero dell'amore, il sentiero della gioia, il sentiero della libertà, il sentiero della vita abbondante. Potete evitare la sensazione di lotta deviando il vostro senso d'identità dalla lotta dualistica.

Alcune persone sono già preparate a fare questo spostamento, e possono farlo all'istante. Tutto quello che è richiesto è una decisione, e non potete prendere delle decisioni nel passato, né potete prendere delle decisioni nel futuro. Potete prendere delle decisioni soltanto nel presente, il che significa che potete decidere di abbandonare la lotta in qualsiasi momento. Pertanto, non sfuggirete alla lotta finché non deciderete che non accetterete più l'immagine della vita come una lotta. E non potrete prendere questa decisione finché non decidete che intendete prenderla proprio ora.

Tuttavia, sono pienamente consapevole che per alcuni non è ancora arrivato questo momento in cui possano prendere quella decisione. La ragione è che essi si identificano ancora troppo con il sé mortale. Se questo riguarda voi, non abbiate paura. Nel resto del libro, vi darò gli strumenti per liberarvi dal giogo di quel sé mortale, affinché possiate accettare la vostra libertà, la libertà che non è mai stata persa, ma è sempre stata vostra, da rivendicare nell'eterno presente – che è invero l'unico tempo che esista.

Chiave 12
Come faccio a nascondermi a quell'essere collerico nel cielo?

Mio amato cuore, quello che vi ho detto nella chiave precedente è che non esiste assolutamente nulla che vi impedisca di venire a casa, nel regno di vostro Padre. L'intera idea che ci sia qualcosa che vi separidal regno di Dio, è un'illusione. E' un'illusione creata dal nemico interiore, il vostro sé mortale, e dal nemico esteriore, il principe di questo mondo. Questi due nemici hanno interesse a mantenervi intrappolati nella prigione mentale del sé mortale. Tuttavia, come vi ho spiegato, la porta della prigione mentale non è chiusa a chiave, e l'idea che la porta sia chiusa a chiave è un'illusione dualistica.

So benissimo che molte persone potrebbero trovare, che questo sia in contrasto con quello che sono stati educati a credere. Tante persone sono state cresciute con due idee, che rendono difficile credere che esse possano entrare nel regno di Dio in qualsiasi momento. Una di queste idee è il concetto secondo cui Dio è un Dio collerico e giudicante, seduto su un trono nell'alto dei Cieli ad osservare ogni vostro movimento. Questo Dio è pronto a giudicarvi ed a condannarvi per ogni errore che commettete – ed è pronto anche a spedirvi all'inferno, se violate i suoi comandamenti.

Miei cari, so che questo concetto di un Dio collerico nel cielo è stato rafforzato da una quantità di religioni su questo pianeta. Sfortunatamente, anche molte chiese cristiane rafforzano questa falsa immagine, questo idolo, di Dio. Ma spero che abbiate interiorizzato i miei precedenti insegnamenti quel tanto che basta per essere almeno disposti a considerare la possibilità che questa immagine di un Dio arrabbiato, esterno, sia davvero un idolo creato dalla mente dell'anticristo. E vi spiegherò fra breve perché si tratta di una falsa immagine.

La seconda immagine, che potrebbe rendervi difficile accettare ciò che vi ho detto nella chiave precedente, è il concetto, rafforzato da molte religioni, secondo cui vi serve qualcosa o qualcuno dall'esterno di voi stessi per essere salvati. Sono ben consapevole del fatto che la religione cristiana è uno dei promotori principali di questo concetto. Molte chiese cristiane sono assolutamente risolute nel promuovere la dottrina secondo la quale Gesù Cristo è l'unica via di salvezza e tutti i non-cristiani andranno all'inferno. So che esse basano questa dottrina su alcune affermazioni di Gesù, ma vi sfido a rileggere la Bibbia ed a trovare un passaggio qualsiasi dove Gesù dica, che la sua persona esteriore o la religione esteriore siano l'unica via di salvezza. Miei cari, so che se venite da un ambiente cristiano, farete immediatamente riferimento alla citazione dal vangelo di Giovanni, in cui Gesù dice: "Io sono la via, la verità e la vita; nessun uomo viene al Padre se non per mezzo di me" (Giovanni 14:6). Tuttavia, come vi ho spiegato nelle chiavi precedenti, Gesù venne per dimostrare, attraverso il suo esempio, che è possibile per gli esseri umani sulla Terra rivendicare la coscienza di Cristo e diventare così il Cristo Vivente incarnato. Gesù dimostrò questo sentiero seguendolo fino alla fine, il che significa che, verso la fine della sua missione, egli era talmente identificato con la Mente Universale di Cristo che quando pronunciava le parole "IO SONO", non si riferiva alla persona esteriore in un corpo umano. Il sé consapevole di Gesù era completamente identificato con la sua Presenza IO SONO e con il suo Creatore.

Miei cari, quando Gesù pronunciava le parole "IO SONO", si riferiva in realtà alla Mente Universale di Cristo, alla Presenza IO SONO e al Creatore, l'IO SONO CIO' CHE IO SONO. Quando diceva "IO SONO", egli intendeva il senso di sé, che è uno con la sua impronta divina, conservata nella Mente Universale di Cristo, uno con il suo sé immortale e uno con il suo Creatore. E, pertanto, ciò che Gesù stava dicendo in realtà era, che il senso di sé basato sull'unità è la via, la verità e la vita. In verità, nessun essere umano può arrivare al Creatore senza passare attraverso il senso d'unità con Dio, che scaturisce dalla mente di Cristo. Finché vedrete Dio come un Dio esteriore, come un essere collerico nel cielo, non potrete arrivare a lui. Potrete arrivare a Dio soltanto quando vi renderete conto che siete un'individualizzazione di Dio, che siete un figlio o una figlia di Dio, che siete Dio che si sta esprimendo attraverso un senso di sé localizzato, che l'IO SONO dentro di voi è Dio.

Miei amati, questo senso d'unità interiore è la vera chiave della salvezza. E' sempre stato così, e sarà sempre così. In tutte le epoche, gli esseri umani hanno usato la mente dualistica dell'anti-cristo per creare molte immagini idolatriche di Dio, di se stessi e del sentiero verso la salvezza. Tuttavia, nulla di ciò che gli esseri umani abbiano creato ha cambiato il fatto fondamentale che l'unica via di salvezza è l'unità col vostro Creatore. L'unica vera via di salvezza è che il Sé Consapevole deve cambiare il suo senso d'identità, in modo da non identificarsi più con il sé mortale, in modo da non identificarsi più come un essere separato, in disparte, dal suo Creatore. Il Voi Consapevole deve identificarsi come un'estensione del Creatore e, pertanto, come uno col Creatore.

Miei cari, questo è il vero significato dell'affermazione di Gesù, che il regno di Dio è dentro di voi (Luca 17:21). Paragonandola alla citazione dal vangelo di Giovanni , vedrete che, se il regno di Dio è davvero dentro di voi, non ha alcun senso che dobbiate passare attraverso un personaggio storico – che ha vissuto 2.000 anni fa – per entrare nel regno di Dio. E non ha nemmeno senso che dobbiate passare attraverso un essere asceso, che tendete ad identificare come esterno a voi stessi. Questo non vuol dire che non possiate entrare nel regno di Dio passando attraverso il Maestro Asceso, Gesù Cristo, ma potete farlo solo quando ottenete un senso d'unità con Gesù e lo vedete come un fratello, forse persino come una parte più grande della vostra famiglia spirituale, del vostro Albero della Vita, e come una parte più grande di voi stessi. Non sto negando qui il fatto che Gesù oggi occupa la carica spirituale del Salvatore di questo pianeta e che il suo compito è quello di aiutare ogni ricercatore spirituale ad entrare nel regno di Dio. Tuttavia, lo ripeto di nuovo, potete farlo solo passando attraverso il senso d'unità interiore – l'innocenza – che è la vera chiave della salvezza.

***

Miei amati, riuscite a capire che, per ottenere il senso d'unità col vostro Creatore, dovete fare a meno dell'idea che Dio sia un essere arrabbiato nel cielo, che è pronto a punirvi per ogni errore che commettete? Ho cercato di dirvi che siete la prole di Dio. Vi ho detto che Dio vi ha creati per essere dei co-creatori e che Dio vi ha dato l'immaginazione e il libero arbitrio. Vi posso assicurare che il vostro Creatore non ha altro desiderio per voi che vedervi ritornare alla vostra originale impronta divina, affinché possiate essere ciò che siete stati creati per essere. E quando sarete tornati a quello stato di grazia, a quello stato d'innocenza, potrete poi costruire sulla vostra individualità divina e diventare più di quanto foste creati per essere. Vi ho detto che il Creatore è invero un'espressione del desiderio di Dio di essere di più e pertanto voi, come co-creatori, siete un'espressione del desiderio del vostro Creatore di essere di più. Il vostro Creatore ha un unico desiderio ed è quello di essere di più e, come un'espressione di quella spinta, Dio ha creato il mondo della forma. Come un'espressione ancor più grande della spinta ad essere di più, Dio ha creato dei co-creatori consapevoli di sé, affinché il Creatore possa essere di più attraverso voi. Davvero, il vostro Creatore non ha altro desiderio che essere di più attraverso voi. E Dio può essere di più attraverso voi solo quando state trascendendo voi stessi e quando state diventando più di quanto foste creati per essere.

Quello che voglio dire qui è che, fintantoché il Voi Consapevole si identifica come qualcosa di meno della vostra impronta divina, Dio non è di più attraverso voi. Questo non è quello che Dio desidera vedere accadere, come tentò di spiegare Gesù nella sua parabola riguardante i talenti (Matteo 25:14). Dio premia davvero quei co-creatori che moltiplicano i loro talenti. Tuttavia, nemmeno la parabola di Gesù è totalmente corretta. Non è colpa di Gesù, ma è dovuto al fatto che persino Gesù dovette esprimersi in un modo che fosse adatto alla coscienza della gente di quei tempi. Questo è dimostrato chiaramente dal fatto che Gesù insegnava alle folle in parabole e spiegava i misteri più profondi ai suoi discepoli (Marco 4:34). Gesù disse persino: "Ho ancora molte cose da dirvi ma non sono ancora alla vostra portata" (Giovanni 16:12). Il punto è che, 2.000 anni fa, l'umanità era ancora così intrappolata nella coscienza di paura e separazione da vedere Dio come un Dio esteriore. E, perciò, la parabola di Gesù sui talenti parla del maestro che premiava i servi che avevano moltiplicato i loro talenti e puniva il servo che aveva sotterrato i suoi talenti nel terreno (come simbolo del sé mortale).

Come ho cercato di spiegare in questo libro, non è Dio colui che vi punisce. Siete voi che state punendo voi stessi, perché l'universo di Dio agisce semplicemente da specchio. Se sotterrate i vostri talenti nel terreno della coscienza di dualità, state inviando il messaggio che la vita è una lotta e, perciò, lo specchio cosmico vi rimanda delle situazioni che confermano la vostra credenza che la vita è una lotta. Allo stesso modo, se accettate l'immagine che Dio è un essere arrabbiato e giudicante, che vi punirà per i vostri errori, allora state inviando quest'immagine nello specchio cosmico. E indovinate che cosa vi rimanderà lo specchio cosmico.

***

Ah, miei cari, la conseguenza di ciò che vi ho detto finora è, che quando siete intrappolati nel sé mortale, quando siete intrappolati nella coscienza di dualità, voi diventate una profezia che si auto-realizza. Ciò che mandate fuori viene rimandato a voi dallo specchio cosmico. Se vi sentite privi dell'abbondanza di Dio, l'universo vi darà le circostanze esterne che riflettono la vostra credenza che Dio è un sorvegliante ingiusto, che sta trattenendo apposta l'abbondanza della vita.

Miei cari, capite l'immensa importanza di questo? Per secoli, gli esseri umani hanno sostenuto l'immagine di un Dio esteriore, che è un essere irascibile e giudicante. Pertanto, quando accade qualcosa di male, le persone tendono a ragionare che deve trattarsi della punizione di Dio per i loro peccati. Ogni cosa cattiva, che accade alle persone, non fa altro che rafforzare l'immagine di un Dio iracondo e giudicatore. E nel corso di molte generazioni e di molti secoli, quest'immagine di un Dio arrabbiato si è radicata nella coscienza collettiva. Alcune persone l'hanno accettata nel corso di tante vite da trovare estremamente difficile abbandonare questo vitello d'oro.

Tuttavia, come vi ho detto, il Creatore è invero superiore alla sua creazione. Questo significa che non esiste immagine in questo mondo di forma che possa rappresentare con accuratezza il Tutto del vostro Creatore. Non esistono parole che possano descrivere il Creatore in maniera adeguata, e ne consegue che nessuna scrittura religiosa mai potrà dare una descrizione completa o totalmente accurata del vostro Creatore. Perciò, quando stabilite un'immagine qualsiasi di Dio, automaticamente create un idolo e, pertanto, state violando i primi due comandamenti dati a Mosè(Esodo 20:3-4). Il vostro idolo diventa il falso Dio che ora iniziate ad adorare al posto del vero Dio, che è al di là di qualunque immagine che qualsiasi essere umano potrebbe possibilmente creare, è al di là di qualunque immagine che possa essere creata attraverso le parole.

Miei cari, il vero significato dei primi due comandamenti dati a Mosè è che se create un'immagine di Dio che si basa sulla dualità della mente dell'anti-cristo, allora quell'immagine sarà inevitabilmente un idolo, una falsa immagine. Quest'immagine dualistica oscurerà il vero Dio e, perciò, inizierete inevitabilmente ad adorare un falso Dio di vostra creazione o creato da qualcun altro – forse dai falsi insegnanti che arrivano travestiti da pecore. Voi adorate un Dio che sta fermo, mentre il vero Dio è il Fiume della Vita che fluisce sempre, trascende sempre se stesso.

Miei amati, non sono qui per distruggere la vostra fede nella religione o in una religione in particolare. Tuttavia, se siete un vero ricercatore spirituale e vi preoccupate di ritornare a casa, nel regno di vostro Padre, dovete inevitabilmente arrivare ad un punto in cui sarete disposti a mettere in dubbio l'immagine di Dio che vi è stata presentata sin dall'infanzia. Dovete essere disposti a considerare che forse l'immagine di Dio, promossa dalla vostra religione, è stata influenzata dalla mente dell'anti-cristo. E, certamente, se siete stati educati a credere nell'immagine di un Dio irascibile e giudicante, posso assicurarvi che quest'immagine non solo è stata influenzata dalla mente dell'anti-cristo ma è, invero, scaturita da essa.

Miei cari, è facile vedere questo quando si riconoscono due semplici fatti. Vi ho detto in precedenza che ogni cosa è fatta della sostanza di Dio, dell'Essere di Dio. Pertanto voi siete stati creati dell'essere di Dio, il che significa che fate parte dell'Essere di Dio. Voi non siete separati da Dio; siete davvero un'estensione di Dio. Quindi, se Dio dovesse punirvi, Dio starebbe punendo se stesso, e che senso avrebbe questo per chiunque con un po' di buon senso? L'altro fatto che dovete sapere è, che la mente dell'anti-cristo si basa sul senso di separazione da Dio, sull'illusione che una qualsiasi parte di Dio, qualsiasi cosa creata dal Creatore o da un co-creatore, possa essere separata dalla sua sorgente. Miei amati, riuscite a capire che, una volta che un essere consapevole accetta l'illusione di separazione, diventa possibile che questo essere possa creare un'immagine idolatrica di Dio, che vede ora come esistente all'esterno di se stesso?

Vi ho raccontato del Giardino dell'Eden e di come nel giardino tutti gli esseri consapevoli di sé erano innocenti, perché avevano la sensazione interiore di essere parte di qualcosa di più grande di se stessi. Essi sapevano di far parte del Corpo di Dio e sapevano di essere connessi con un essere più grande, ovvero la Presenza IO SONO.Perciò, il loro concetto di Dio non era quello di un essere esteriore su nel cielo. In altre parole, mentre si trovavano ancora nell'innocenza del Giardino dell'Eden, i co-creatori conoscevano l'eterna verità che il regno di Dio è dentro di voi. Fu solo dopo aver deciso di assaggiare il frutto della conoscenza del bene e del male che essi caddero in preda all'illusione secondo cui essi erano separati dalla loro sorgente. E quando iniziarono ad accettare l'illusione di separazione, essi non riuscivano più a vedere se stessi come aventi una connessione interiore a Dio. Questo senso d'unità interiore, questo stato d'innocenza, andò perduto, e al suo posto essi costruirono l'immagine idolatrica di un Dio esteriore. E da quest'immagine di un Dio esteriore nacque il concetto di un Dio arrabbiato e punitore nel cielo, un Dio che sta cercando di imporre la sua volontà ad essi, come una restrizione della loro libertà creativa.

Mio amato cuore, è invero mio desiderio aiutarvi a superare le illusioni che vi separano dalla vita abbondante, dal regno di vostro Padre. E per aiutarvi a superare queste illusioni, devo spiegarvi come queste illusioni hanno avuto origine. Devo aiutarvi a vedere che queste illusioni sono scaturite dalla coscienza dell'anti-cristo, che si vede come separata da Dio e usa la dualità del bene e del male relativi per creare un'immagine idolatrica di Dio, che oscuri il vero Dio. Come ho detto, voi siete fatti dell'Essere di Dio, e Dio non ha altro desiderio che vedervi diventare più di quanto foste creati per essere, affinché sperimentiate così la vita abbondante – che si trova solo per mezzo di una costante trascendenza di sé. Dio non ha mai desiderato che vi perdeste nella paura, nella separazione e nella carenza. Dio non ha mai desiderato che sperimentaste dolore o sofferenza o qualsiasi cosa che sia inferiore all'abbondanza che egli immaginò per voi all'inizio. Perciò posso dirvi, con la certezza assoluta di un essere che è salito al di sopra della coscienza di dualità e si è riunito al Creatore, che Dio non ha altro desiderio che vedervi salire al di sopra della coscienza di dualità per essere liberi di esprimere la vostra individualità divina. Dio non ha desiderio alcuno di punirvi o di trattenervi in uno stato di limitazione, di trattenervi nella coscienza di dualità, nemmeno per un istante.

Dio sarebbe felice di vedervi liberi da quella coscienza di dualità proprio ora, ma, dato che Dio rispetta il vostro libero arbitrio, Dio sa che dovete ritornare al suo regno sostituendo le vostre scelte passate, le scelte basate sulla dualità dell'anti-cristo, con delle scelte basate sulla roccia di Cristo. Dio non ha alcun desiderio di evitare quel processo, ma ha invero il desiderio di vedervi completare quel processo il più rapidamente possibile. Pertanto, vi posso assicurare che Dio non metterebbe mai degli ostacoli sulla vostra strada, Dio non vi ostacolerebbe mai in alcun modo che possa farvi impiegare più del necessario per completare il processo di ritorno nel suo regno. Dio non desidera affatto che vi sentiate in colpa per i vostri errori. Dio desidera soltanto che riconosciate i vostri errori, che vi rendiate conto che si basano sulla coscienza dell'anti-cristo e che poi li sostituiate con la verità di Cristo, che vi mette in grado di effettuare delle scelte migliori. Non appena avrete imparato una particolare lezione, non appena avrete preso una decisione migliore, Dio vi considera permanentemente liberi dai vostri errori passati. E, invero, Dio vuole che siate liberi, affinché possiate ritornare alla vostra impronta divina ed essere quel bellissimo essere immortale che Dio creò. Egli non desidera ricordare più i vostri peccati (Ebrei 10:17) e desidera che voi non ricordiate più i vostri peccati.

Miei amati, riuscite a capire che l'amore di Dio per voi è incondizionato e che Dio non ha creato alcuna condizione che vi separi dalla vita abbondante del suo amore incondizionato? In Dio non esistono delle condizioni, non c'è variazione, né ombra, né deviazione (Giacomo 1:17). Se non ci sono condizioni in Dio, allora dove esistono le condizioni? Bene, possono esistere in un unico luogo, ovvero nel regno della dualità, in una mente che vede se stessa come separata dall'amore incondizionato di Dio. Le condizioni che sembrano tenervi separati dalla vita d'abbondanza, separati dal regno di Dio, non hanno realtà alcuna nella coscienza di Dio e nella mente di Cristo. Non sono altro che illusioni ed esistono solo nella coscienza dell'anti-cristo. Nascono dalla coscienza di separazione, che crea una condizione che non è reale.

***

Mio amato cuore, dovete considerare il fatto che siete un'estensione dell'Essere del Creatore. Dio vi ha creati, perché desidera sperimentare dell'altro attraverso voi, attraverso il vostro senso di consapevolezza localizzato. Dio desidera completare la creazione del mondo della forma dall'interno di quel mondo. E Dio desidera sperimentare la bellezza della creazione dall'interno della creazione stessa. Quindi non siete separati dal vostro Creatore, siete un'estensione del vostro Creatore, che osserva il mondo della forma dall'interno di quel mondo e co-crea dall'interno della creazione. Ne risulta che Dio non desidera affatto che siate meno di quello che Dio ha creato all'inizio. Dio desidera essere di più – non meno – attraverso voi. Perciò Dio desidera vedervi sfuggire alla prigione del vostro sé mortale e non ha alcun desiderio di trattenervi in quella prigione.

Miei amati, se entrate nel vostro cuore e pensate a ciò che vi ho detto ormai molte volte in vari contesti, il vostro cuore vi dirà che è davvero la verità quella che vi sto dicendo. Allora sarete in grado di considerare la domanda logica: chi è che sta cercando di tenervi intrappolati nella prigione del vostro sé mortale? Vi ho già dato la risposta a questa domanda, ossia il nemico interiore e il nemico esteriore. Tuttavia, penso che sarà utile osservare più da vicino questi due nemici.

Come ho detto, voi siete stati originariamente creati come il Voi Consapevole, come il contenitore del sé e come il sé immortale, la vostra Presenza IO SONO. Il vostro contenitore del sé, la vostra sfera del sé, non era completamente pieno della luce di Dio, e il Voi Consapevole poteva aumentarla attraverso i propri sforzi creativi. Era proprio questo che dovevate fare; dovevate moltiplicare i vostri talenti. Quando il Voi Consapevole decise di sperimentare con il frutto della conoscenza del bene e del male, con la coscienza di dualità, voi incominciaste ad aggiungere nel contenitore del sé dei contenuti che si basavano sulla coscienza di dualità. Questi contenuti non erano di una vibrazione abbastanza pura o elevata da salire al livello del vostro sé immortale e da diventare immagazzinati come il vostro tesoro accumulato in Cielo. Non erano il risultato di una moltiplicazione dei vostri talenti bensì il risultato dell'aver sotterrato i vostri talenti nel terreno. Così, questi elementi mortali, di bassa vibrazione, furono ora immagazzinati nella parte inferiore del vostro contenitore del sé, rendendo il vostro essere totale inferiore a quello che era stato creato ad essere, inferiore alla vostra impronta divina.

Mentre voi andavate avanti con questo processo, questi elementi di dualità si accumulavano, aumentando la massa. Come sapete dall'universo materiale, quando si accumula una quantità sufficiente di materia in un posto specifico, questa inizia a esercitare una forza gravitazionale che si estende oltre i suoi confini. Il Pianeta Terra ha intorno a sé un campo gravitazionale che attira tutte le polveri e particelle che esistono nello spazio – persino una particella grande come la luna. Quindi, accumulandosi nel contenitore del sé, la polvere delle vostre decisioni e credenze dualistiche raggiunse infine una massa critica ed iniziò ad esercitare una forza gravitazionale. Questa forza attirava il Voi Consapevole, e la vostra attenzione veniva diretta sempre di più verso gli elementi mortali nel contenitore del sé. Questo non è difficile da capire quando considerate come certi eventi, o persino abitudini di pensiero, possono far sì che la vostra attenzione venga rivolta a situazioni, persone o luoghi specifici, o a qualunque altra manifestazione nell'universo materiale.

Miei amati, ora vi spiegherò una questione sottile e, ancora una volta, la vostra mente esteriore la troverà difficile da capire, ma il vostro cuore sarà in grado di afferrarne il significato interiore. Vi ho detto che ogni cosa è stata creata dall'Essere di Dio, che in realtà è coscienza. Perciò, ogni cosa ha coscienza dentro di sé. Persino quella che gli esseri umani chiamano materia inanimata ha un certo stato di coscienza rudimentale. E certamente dovrebbe essere possibile capire che la mente dell'anti-cristo ha coscienza –coscienza che, semplicemente, vibra ad una frequenza più bassa della coscienza di Cristo, come la luce infrarossa vibra ad una frequenza più bassa della luce ultravioletta. Quindi, mentre fate decisioni basate sulla coscienza dell'anti-cristo e aggiungete elementi mortali nel contenitore del sé, state in effetti permettendo alla coscienza dell'anti-cristo di guadagnare accesso alla sfera del sé.

All'inizio, questi elementi di dualità formano semplicemente una forza gravitazionale che attira meccanicamente la vostra attenzione. Tuttavia, mentre questa coscienza accumula massa, alla fine si arriverà ad una massa critica, ed allora non si tratterà più solo di una collezione di decisioni e di energia. Ora questo conglomerato di decisioni separate e di energia diventa invece un'insieme coerente, che all'improvviso assume una coscienza distinta come un sé separato. In quel momento avete la creazione del vostro sé mortale, che è un senso di sé separato, che esiste dentro al vostro contenitore del sé.

Miei amati, riuscite a vedere l'immensa importanza di questo? Voi siete stati creati per essere integri e senza forze contraddittorie intrinseche, il che significa che non contenevate nulla che fosse al di sotto della perfezione della mente di Cristo. Permettendo agli elementi dell'anti-cristo di entrare nel vostro essere, avete inquinato la vostra sfera del sé, e quando il sé mortale venne in essere, voi avete permesso la formazione di un essere alieno all'interno della vostra sfera del sé. Questo è il vero significato dell'insegnamento di Gesù riguardante la casa che è divisa contro se stessa e non può stare nella luce della verità di Cristo. Il vostro sé mortale è ciò che divide la vostra casa, la vostra sfera del sé, e allontana il Voi Consapevole dalla perfezione della vostra impronta divina. Invece di arricchirvi, questo fa di voi meno di quanto foste creati per essere, ed è esattamente questo il problema che vi priva della vostra vita abbondante.

Originariamente, il vostro contenitore del sé conteneva solo il Voi Consapevole e la vostra Presenza IO SONO. Questo fu il disegno originale e, esprimendo i vostri poteri creativi, potevate espandere la luce finché non avrebbe riempito l'intera sfera del sé e voi sareste stati 'così in basso come in Alto'. La vostra sfera del sé non avrebbe mai dovuto contenere nulla di estraneo o di opposto alla vostra impronta divina. Capite quello che intendo? Quando venne in essere, il vostro sé mortale formò un'opposizione al vostro senso di sé immortale, formò un sé che era estraneo alla vostra impronta divina. Il vostro sé mortale si basa su decisioni, che non sono in armonia con le leggi di Dio e con la vostra individualità divina. Perciò, queste decisioni creano immagini dualistiche, immagini idolatriche, che oscurano il vostro sé immortale, la vostra Presenza IO SONO. Mentre il vostro sé mortale acquistava forza, la sua forza di attrazione diventava più forte, e così il Voi Consapevole, la vostra attenzione, veniva focalizzato sempre di più su quel sé mortale. Ad un certo punto il vostro sé mortale divenne talmente forte che il Voi Consapevole iniziò ad identificarsi con esso. Questo accelerava il potere del vostro sé mortale, finché non riuscì a convincere il Voi Consapevole che siete un essere mortale. Questo accadde perché il sé mortale non era più una forza passiva ma era, in realtà, un invasore che stava cercando di controllare la vostra sfera del sé, controllando il governatore di quella sfera, ovvero il Voi Consapevole. Alla fine, il sé mortale poteva persino far sì che perdeste ogni ricordo del vostro sé immortale. Ora siete scesi lungo la scala fino al punto in cui siete intrappolati nell'oscurità periferica del sé mortale e della coscienza dell'anti-cristo.

Miei cari, forse avete notato che il Serpente nel Giardino dell'Eden stava tentando Eva in opposizione al rappresentante di Dio. Pertanto, possiamo dire davvero che il Serpente era un intruso estraneo, un invasore alieno nel giardino. Allo stesso modo, sarebbe giusto dire che il vostro sé mortale è davvero un intruso alieno nella vostra sfera del sé, che è invero il vostro Giardino dell'Eden individuale. Grazie al libero arbitrio, c'era una possibilità che il Voi Consapevole potesse decidere di saggiare la coscienza di dualità. Quello che voglio dire è, che non è stato Dio a mettere il Serpente nel giardino. L'esistenza della coscienza dell'anti-cristo è una conseguenza dell'avervi dato il libero arbitrio, ma Dio vi aveva posti in una sfera protetta in cui non esisteva la mente serpentina. La coscienza di dualità esisteva all'esterno di quella sfera, e soltanto il Voi Consapevole poteva invitarla all'interno della sfera del sé. Non c'era alcun bisogno per voi di fare questo; fu una scelta che faceste. E, pertanto, voi creaste un'apertura attraverso cui il nemico esterno poteva accedere alla vostra sfera del sé ed inserire il veleno del dubbio, che alla fine sarebbe cresciuto per diventare il vostro sé mortale, il nemico interno. Questo sé mortale è un'estensione del nemico esterno, proprio come il vostro sé immortale è un'estensione del vostro Creatore.

Ciò che vi ho detto qui è che il sé mortale è davvero un essere separato, un essere che è estraneo allo scopo della vostra esistenza. E' un essere che ha invaso la vostra sfera del sé ed è in contrasto con lo scopo per cui siete stati creati. Perciò è questo sé mortale che vi impedisce di ereditare il regno di vostro Padre. E' il vostro sé mortale che vi impedisce di sperimentare la vita abbondante, e, pertanto, l'unico vero sentiero verso un'abbondanza maggiore passa attraverso la necessità di separare il Voi Consapevole dal sé mortale. Dovete attraversare un processo in cui vi separate dal sé mortale, in modo da non identificarvi più con esso. E per attraversare quel processo, dovete prima di tutto superare l'illusione che voi siete il sé mortale. Come ho spiegato in precedenza, il Voi Consapevole ha la capacità di identificarsi con qualunque cosa. E fintantoché il Voi Consapevole s'identifica col sé mortale, come potrebbe possibilmente separarsene? Non potete separare voi stessi da voi stessi, non potete separare voi stessi da ciò che vedete come voi stessi, dal vostro senso di sé. Perciò, il primo passo nel viaggio verso casa è quello di rendervi conto che il sé mortale non fa parte del vostro vero essere. E' necessario che capiate, accettiate ed interiorizziate il fatto che il sé mortale è un intruso estraneo, che non ha mai fatto parte del piano di Dio e non doveva mai far parte del vostro essere. Quando realizzerete appieno questo fatto, diventerà molto più facile per voi separarvi dal sé mortale.

***

Il mio scopo, nel condurvi attraverso questo lungo discorso, è quello di aiutarvi a vedere che il vostro sé mortale ha un senso d'identità separato, una coscienza separata. Potremmo dire che il vostro sé mortale sia come un sovrano straniero che è entrato nel vostro regno, ha detronizzato il legittimo re – il Voi Consapevole – e si è elevato alla carica di nuovo re. E sin dalla sua salita al trono, esso ha governato con un pugno di ferro il vostro regno, la vostra sfera del sé. Potreste immaginare che, se un re ha invaso un regno e l'ha governato a lungo, egli non intenda rinunciare al proprio potere e ai propri privilegi senza lottare. Allo stesso modo, il vostro sé mortale non intende rinunciare al suo controllo del Voi Consapevole senza lottare, ed è essenziale che comprendiate perché è così.

Vedete, miei cari, il sé mortale è stato creato da voi. E' stato creato dai vostri esperimenti con la coscienza di dualità, con i quali avete causato l'abbassamento della vibrazione di una certa quantità della pura energia di Dio. Perciò, il sé mortale potrà continuare ad esistere solo fino a quando rimanete intrappolati nella coscienza di dualità e continuate ad alimentarlo d'energia. Miei amati, sapete benissimo che persino le forme di vita più primitive sulla Terra hanno un istinto di sopravvivenza di base. Parimenti, il vostro sé mortale ha un istinto di sopravvivenza. Sa benissimo di essere stato creato solo perché voi avete partecipato alla coscienza di dualità. Perciò, sa benissimo che se doveste separarvi da quella coscienza, esso cesserebbe di esistere.

Vi ricordate che, in una chiave precedente, vi ho parlato del fatto che tutto è energia e che tutto nel mondo della forma è fatta di energia spirituale, la cui vibrazione è stata abbassata? Voi siete un co-creatore con Dio, perché la vostra Presenza IO SONO forma la porta aperta attraverso cui la pura luce di Dio può fluire nella vostra sfera del sé. Poi voi dirigete quella luce per creare delle forme. Se il Voi Consapevole s'identifica con la vostra Presenza IO SONO, voi esprimete le vostre capacità creative attraverso quel sé immortale. Tuttavia, se il Voi Consapevole s'identifica col sé mortale, voi esprimerete i vostri poteri creativi attraverso quel sé mortale. E quando la luce di Dio fluisce attraverso il sé mortale, questo sé usa parte di quella luce per mantenersi. In altre parole, il sé mortale potrà continuare ad esistere solo fin quando il Voi Consapevole permetterà alla luce di Dio di fluire attraverso il sé mortale.

Quando vi separate dal sé mortale e lo vedete come un intruso alieno, ridurrete istantaneamente la quantità di luce che fluisce attraverso il sé mortale. Ci sarà ancora un po' di luce che fluirà attraverso esso, in quanto voi avete ancora certe credenze dualistiche nel contenitore del sé. Però, rimuovendo sistematicamente quelle credenze, alla fine bloccherete tutta la luce che fluisce attraverso il vostro sé mortale. E quando avrete rimosso tutte le credenze dualistiche, che formano il vostro sé mortale, e avrete bloccato il flusso di luce attraverso esso, il vostro sé mortale cesserà di esistere. Morirà letteralmente. E dato che il vostro sé mortale ha un istinto di sopravvivenza, esso non vuole vederlo accadere. Lotterà per la sua vita, e l'unico modo in cui esso possa mantenere la sua vita è quello di tenervi intrappolati in alcune credenze dualistiche. Perciò, il vostro sé mortale proietterà sul Voi Consapevole tutto quello che riesce a pensare per tenervi emotivamente attaccati a certe credenze dualistiche o per impedirvi di vedere attraverso l'illusione di quelle credenze.

Il vostro sé mortale sa che impedirvi di salire di un passo sulla scala a chiocciola è, letteralmente, una questione di vita e di morte per esso, e vi renderà il più difficile possibile fare quel passo. Miei amati, capite perché ho passato tanto tempo a dirvi che potete – in qualsiasi momento – aprire la porta della prigione del vostro sé mortale ed uscire da quella prigione? Riuscite a vedere che, se non vi siete separati dal sé mortale, allora il sé mortale troverà molto facile farvi rimanere attaccati alle vostre credenze dualistiche? Se il Voi Consapevole s'identifica col sé mortale, il Voi Consapevole crederà letteralmente di morire, se rinuncerà ad una delle vostre credenze dualistiche. Pertanto vi sarà ovviamente impossibile rinunciare a questa credenza.

Il mio punto è che, per ritornare nel regno di vostro Padre, dovete rinunciare alle illusioni dell'anti-cristo. E per rinunciare alle illusioni dell'anti-cristo, dovete prima separarvi dal sé mortale, che vuole tenervi intrappolati in quelle illusioni. Dovete separarvi dalla grande illusione secondo cui rinunciare alle menzogne dell'anti-cristo significa la morte della vostra individualità. E potete fare questo solo quando vi rendete conto che il Voi Consapevole non è il sé mortale, ma è più del sé mortale, è invero un essere spirituale immortale.

***

Per fare il passo di completa separazione dal vostro sé mortale, sarà molto utile per voi avere una comprensione più dettagliata del modo in cui il sé mortale è venuto in essere ed è riuscito ad ottenere il controllo del Voi Consapevole. Come ho spiegato in precedenza, quando il vostro flusso di vita venne in essere per la prima volta, voi non foste creati con la piena consapevolezza del vostro Creatore, foste creati come un Cristo inesperto. Dovevate crescere nella consapevolezza di voi stessi, fino a diventare pienamente consapevoli delle vostre origini e dei vostri poteri creativi, finché non sareste riusciti ad accettarvi come un figlio o una figlia di Dio, come un'individualizzazione del vostro Creatore. Potremmo dire che eravate destinati ad avventurarvi in un mondo che aveva un basso livello di luce, e così la parte inferiore della vostra sfera del sé aveva un livello di luce proporzionalmente basso. Dovevate contribuire ad elevare il livello di luce nel mondo materiale, elevando il livello di luce nella vostra sfera del sé. Tuttavia, a causa del basso livello di luce nel vostro stesso essere, la parte inferiore della vostra sfera del sé non era un riflesso della sua parte superiore, della vostra Presenza IO SONO. Avevate una connessione interiore con la vostra Presenza IO SONO, ma il fatto che siete un'estensione di Dio, non era ovvio per la vostra mente esteriore. Quindi, era possibile che il Voi Consapevole iniziasse ad identificarsi come qualcosa di meno di un Essere spirituale illimitato. Moltiplicando la luce nel vostro essere, essendo fedeli in poche cose, avreste portato altra luce nella vostra sfera del sé e, alla fine, sarebbe diventato ovvio che siete un'estensione di un Essere spirituale immortale. La vostra sfera del sé inferiore sarebbe stata un riflesso della vostra sfera del sé superiore.

Per aiutarvi ad attraversare questo processo, vi fu data la guida di un maestro amorevole. Quel maestro è colui a cui la Bibbia si riferisce come il Dio nel Giardino dell'Eden. Ad un certo punto il Voi Consapevole decise di ignorare una delle indicazioni date dal vostro maestro, ossia il consiglio di non assaggiare il frutto della conoscenza del bene e del male. Mentre sperimentavate con la coscienza di dualità, voi scendevate sempre più in basso sulla scala a chiocciola e, ad un certo punto, viveste un momento di verità. Questo momento di verità venne quando voi faceste il passo che vi rese impossibile vedere attraverso la porta in cima alle scale, che vi rese impossibile vedere la vostra Presenza IO SONO. In quel momento vi rendeste conto di essere scesi troppo in basso nella coscienza di dualità, e realizzaste di aver perduto la connessione diretta alla vostra Presenza IO SONO. Vi rendeste conto, inoltre, che nel separarvi dalla vostra Presenza IO SONO, vi eravate separati dal vostro maestro, e non c'era alcun modo in cui poteste nascondere ciò che avevate fatto. Questo è ciò che la Bibbia descrive come il fatto che Adamo ed Eva videro all'improvviso che erano nudi (Genesi 3:7). E quando si resero conto della propria nudità, ne ebbero vergogna.

Mio amato cuore, questo momento di verità rappresenta un punto di svolta estremamente importante per il vostro flusso di vita. Come ho detto, la storia del Giardino dell'Eden è un simbolo per quello che successe a quei co-creatori che assaggiarono il frutto della conoscenza del bene e del male. Tutti questi esseri scesero nella coscienza di dualità e, all'inizio, la discesa era talmente graduale che essi non si resero conto di ciò che stava accadendo. Tuttavia, ad un certo punto, essi persero di vista la loro Presenza IO SONO e si resero conto ora di essere intrappolati e di non poter risalire facilmente al loro stato d'innocenza originale. Si resero conto anche del fatto che, sebbene fosse passato inosservato ad essi stessi fino ad allora, il loro stato di coscienza non era passato inosservato al loro maestro – per il quale nulla di ciò che essi facevano era segreto.

A quel punto di realizzazione, il Voi Consapevole si trovò ad affrontare una decisione memorabile, una decisione di vita e di morte. Si potrebbe dire che il momento in cui il Voi Consapevole per la prima volta decise di assaggiare il frutto della conoscenza del bene e del male, fu il momento che diede inizio alla vostra discesa lungo la scala a chiocciola. E mentre questo è vero, in realtà non fu quello il momento più importante della vostra esistenza. Dio vi aveva dato il libero arbitrio, quindi Dio vi aveva dato il diritto di sperimentare con il frutto della conoscenza del bene e del male. Dio non desiderava particolarmente che lo faceste, ma non vi avrebbe fermati se era questo che desideravate. Il maestro non disse che non avevate il permesso di mangiare il frutto; disse che saresti morti se l'aveste fatto.

Quello che Dio non voleva vedere accadere era il vostro rimanere intrappolati nella coscienza di dualità, perché questo avrebbe significato la morte del vostro senso di sé immortale. Il maestro sapeva benissimo che, una volta iniziata la discesa di quella scala a chiocciola, sarebbe stato molto difficile per voi tirarvi su di nuovo. Per ogni passo che scendevate, la forza di attrazione gravitazionale sarebbe diventata più forte e, perciò, sarebbe diventato più difficile iniziare la risalita. Tuttavia, come ho cercato di spiegare, nulla di quello che fate nella coscienza di dualità ha alcun potere reale sul Voi Consapevole e, pertanto, Dio sa che non potete essere mai intrappolati in maniera permanente ed irreversibile nella coscienza di dualità. Avete sempre la scelta di risalire. Il problema è che, sebbene quella scelta sia sempre aperta per voi, dovete essere in grado di vederla. Inoltre, per farne uso, dovete essere disposti a sceglierla. Ed è qui, naturalmente, che sta il vero problema.

Ciò che vi sto dicendo qui è che, quando il Voi Consapevole si rese conto di essere nudo, voi affrontaste la decisione più importante di tutte. Quella decisione era se ritornare dal vostro maestro, confessare quello che avevate fatto e chiedere aiuto per risalire la scala a chiocciola, o se scegliere di nascondervi dal vostro maestro. Miei amati, la storia di Adamo ed Eva è la storia di quei co-creatori che fecero la scelta di nascondersi al loro maestro.

Vi posso assicurare che c'erano molti co-creatori che decisero di sperimentare con la coscienza di dualità. Tuttavia, un numero di essi scelse di ritornare dal maestro e di chiedere aiuto per risalire la scala a chiocciola. Coloro i quali chiesero aiuto, ricevettero quell'aiuto, con l'amore assoluto, puro, incondizionato, che Dio ha per ogni co-creatore. Perciò essi poterono risalire rapidamente e rivendicare la propria innocenza. Questi co-creatori sono invero ascesi dal regno materiale e sono oggi degli esseri spirituali immortali, che vivono in un regno superiore.

Quindi la storia di Adamo ed Eva è la storia di quei co-creatori che decisero di non ritornare dal maestro per confessare il loro errore. Non vollero ritornare per chiedere aiuto. Invece, si nascosero all'insegnante. Miei cari, riuscite a capire perché questo fosse una decisione così importante? Dio vi ha dato il libero arbitrio e né Dio né alcun rappresentante di Dio violerà quel libero arbitrio. Perciò, quando decideste di nascondervi dal maestro, il maestro non aveva altre opzioni per aiutarvi. Il maestro non poteva costringervi a ritornare a chiedere aiuto, e la legge del libero arbitrio comanda che se vi nascondete al vostro maestro, il maestro non può inseguirvi e affrontarvi. Se scappate dal maestro, il maestro non può aiutarvi, finché non decidete di voltarvi e chiedere aiuto. Così, il maestro dovette farsi da parte e guardarvi scendere più in basso lungo la scala a chiocciola.

***

Questo è il processo essenziale che vi ha portati al punto in cui vi trovate adesso, al punto in cui siete separati dal regno di vostro Padre e pertanto non sperimentate la vita abbondante. Miei cari, per favore, capite che la vostra attuale separazione dalla vita d'abbondanza è dovuta alle scelte che avete fatto. Per favore, capite che né Dio né qualsiasi Essere in Cielo vi rimprovera per aver fatto quelle scelte. Perciò, noi non abbiamo alcun desiderio di vedervi rimanere intrappolati a causa di quelle scelte. Desideriamo solo di vedervi liberi dalle vostre passate scelte, affinché possiate salire rapidamente la scala a chiocciola e ritornare nel regno di vostro Padre. In verità, Dio non vuole che rimaniate un secondo di più nello stato di sofferenza e di carenza. Dio desidera darvi la vita d'abbondanza, poiché è il suo buon piacere darvi il suo regno. Perciò, Dio vuole semplicemente che vi separiate dal sé mortale, Dio vuole che scopriate la porta della prigione umana e che vi rendiate conto che la porta non è chiusa a chiave. Dio vuole che apriate quella porta e che usciate nei raggi splendenti del Sole della vostra Presenza IO SONO, cosicché potete vedere ed accettare che il Voi Consapevole è più del sé mortale.

Miei amati, capite davvero ciò che sto dicendo qui? Non è Dio che sta cercando di trattenervi in un senso di vergogna o di negazione per le vostre scelte passate. Sono il vostro sé mortale e il principe di questo mondo che stanno cercando di tenervi intrappolati per mezzo di quelle scelte, cercando di farvi credere che, a causa dei vostri passati errori, non potete ritornare dal maestro e non potete ereditare il regno di vostro Padre.

Prima di poter prendere la decisione di uscire dalla prigione umana, dovete arrivare ad un riconoscimento consapevole del perché decideste di allontanarvi dal maestro. E poi dovete consciamente disfare la decisione che prendeste tanto tempo fa. Soltanto quando avrete disfatto quella decisione, vi sarete liberati completamente dal sé mortale. Potranno esserci ancora degli elementi del sé mortale rimasti nel vostro contenitore del sé, che dovrete purificare. Ciò nondimeno, quando disfate la decisione originale che vi ha indotti ad allontanarvi dal vostro maestro, in quel momento il sé mortale perderà il suo potere su di voi. Diventerà come un re che sta seduto sul trono ad urlare degli ordini, ma intorno a lui non c'è nessuno che l'ascolti.

Miei cari, ciò che vi ho detto qui potrebbe invero essere considerato il segreto della vita. Quello che vi tiene intrappolati in uno stato di carenza e sofferenza, è la decisione originale che vi ha indotti ad allontanarvi dal vostro maestro spirituale, ad allontanarvi dalla vostra Presenza IO SONO, ad allontanarvi dal vostro Creatore. Da quella decisione originale sono scaturite innumerevoli altre decisioni, che si basano sulla coscienza di dualità. Ma quelle decisioni sono come l'acqua sporca che riempie la vasca da bagno. La decisione originale di allontanarvi dal maestro è il tappo che trattiene l'acqua sporca nella vasca. E una volta che togliete quel tappo, tutta l'acqua sporca inizierà a defluire. Tuttavia, se tenete il tappo al suo posto, dovete togliere l'acqua sporca con un cucchiaino. Non sto dicendo che non potete farlo e scoprire alla fine il tappo. Ma non sarebbe tanto più facile fare uno sforzo per tirar via il tappo al vostro sé mortale?

Nella prossima chiave vi aiuterò a scoprire quella decisione originale. E sebbene scoprirla possa richiedervi un po' di tempo, in questo libro vi darò gli strumenti per svelare quella decisione fatale, la decisione che significò la morte del vostro senso d'identità spirituale e la nascita del vostro senso d'identità mortale, significò la morte della vostra vita come un essere spirituale e la nascita della vostra vita come un essere umano.

Questa decisione rappresenta invero un circolo vizioso, in quanto è la decisione che vi impedisce di rinascere. E' questa decisione che vi impedisce di lasciare che il sé mortale muoia sulla croce, è questa decisione che vi impedisce di sfuggire alle grinfie della mente dell'anti-cristo. E' proprio questa decisione che dà al principe di questo mondo qualcosa in voi, che gli permette di continuare a controllarvi. Pertanto, spero che vediate l'importanza di scoprire questa decisione e spero che leggiate la chiave successiva con almeno un'idea dell'eccitazione che io sento per avervi portati al punto in cui siete pronti per ricevere questo insegnamento. Ah, miei amati, vorrei poter aiutarvi a sentire che il sentiero ascendente è davvero pieno di eccitazione e vale quindi davvero il disturbo. Ogni volta che salite di un passo sulla scala a chiocciola, conquistate una vittoria importante. Perciò, il fatto stesso che abbiate letto questo libro fin qui è una vittoria in sé, in quanto ogni chiave che vi do è studiata per portarvi su di molti passi sulla scala.

Non vorreste aprire il vostro cuore alla sensazione di vittoria rendendovi conto che vi trovate ora sulla soglia, dove potete uscire dalla prigione del vostro sé mortale e lasciarvi alle spalle, per sempre, l'illusione che eravate intrappolati dentro a quella prigione senza poter andare da nessuna parte, tranne giù. Permettetevi di sentire l'eccitazione e la gioia che io sento, mentre sono con voi, e che tutti i vostri fratelli e le vostre sorelle in Cielo sentono, per via del fatto che voi abbiate scelto di elevarvi fino a questo punto in cui siete pronti a passare attraverso la porta della prigione, a passare attraverso il velo d'energia – il male – che vi separa da noi. Desideriamo ardentemente di vedervi essere ancora una volta la pienezza di tutto ciò che già siete. Noi manteniamo il concetto immacolato per voi, ma desideriamo vedervi mantenere quel concetto immacolato per voi stessi.

Chiave 13
Quando parlo con me stesso, chi è che risponde?

In questa chiave, vorrei andare in una direzione leggermente diversa chiedendovi di partecipare ad un esercizio. Per avere un responso più aperto e vero, vi darò pochissime istruzioni prima dell'esercizio. L'unica esigenza fisica che vi chiedo è di avere pronti carta e penna per poter annotare la vostra risposta.

Dovete essere consapevoli di quello che gli psicologi hanno chiamato il vostro dialogo interiore. Questo è il dialogo che avete con voi stessi, spesso dentro la vostra testa, a volte espresso ad alta voce. Può darsi che siate già ben consapevoli di questo dialogo interiore e, se è così, vi chiedo solo di fare attenzione ad esso durante l'esercizio. Se non siete familiari col concetto del dialogo interiore, vi chiedo di pensare ad una situazione che è stato un grande fardello per voi. Forse vi rendete conto che, dopo che la situazione aveva avuto luogo, la ripassavate nella vostra mente ripetutamente, pensando a ciò che sarebbe dovuto accadere ed a ciò che non sarebbe dovuto accadere. Potreste considerare anche che, a volte, avete dei sogni di ciò che vorreste veder accadere nella vostra vita, e li ripetete sempre di nuovo nella vostra testa, sperando che possano verificarsi. Queste conversazioni con voi stessi sono ciò che gli psicologi chiamano il vostro dialogo interiore, e durante l'esercizio dovrete fare attenzione ad esso.

In un senso più generale, per scoprire davvero i blocchi del vostro sé mortale che stanno in mezzo tra voi e il vostro progresso sul sentiero, dovrete incominciare a fare attenzione al vostro dialogo interiore. In molti casi, è il vostro sé mortale che porta avanti questo dialogo interiore e, perciò, ascoltando il dialogo, il Voi Consapevole potrà smascherare il sé mortale e il suo ragionamento dualistico. In alcuni casi, il vostro dialogo interiore si svolge tra il Voi Consapevole e il sé mortale. E in quel caso potrete imparare anche dalle risposte date dal vostro sé mortale. Tuttavia, in alcuni casi sarà necessario per voi ritirarvi consapevolmente da queste conversazioni col vostro sé mortale, in quanto non vi portano da nessuna parte. In alcuni casi, il vostro dialogo interiore, o almeno una parte di esso, potrebbe anche provenire da una parte superiore del vostro essere, che sta cercando di illuminarvi riguardo alla giusta direzione da prendere.

***

Lasciate che vi chieda di partecipare al seguente esercizio. Vorrei che vi visualizzaste seduti in una sedia comoda, in riva ad un bellissimo lago di montagna. Il lago è circondato da altissimi pini che emanano la loro caratteristica fragranza, rendendo il profumo dell'aria puro e fresco. Gli uccellini stanno cantando allegramente in cima ai pini. Davanti a voi c'è un lago di montagna profondo e blu, che è calmo come uno specchio. C'è una leggera foschia, ma voi riuscite ugualmente a vedere la riva opposta del lago, e vedete una bella montagna estendersi dietro alla foresta. L'intera scena infonde pace e tranquillità.

Vi prego di immaginare questa situazione e di permettervi di sentire la tranquillità e la pace di questo bellissimo lago. Prendetevi alcuni minuti, se volete, per chiudere gli occhi e per immaginare di stare seduti vicino a questo lago di montagna, sentendovi completamente in pace, senza tutte le vostre normali preoccupazioni.

Ora che vi trovate in riva al lago e vi sentite in pace, vi chiedo di immaginare di percepire la presenza di un essere che sta in piedi alle vostre spalle. Quell'essere è Dio, in qualunque forma voi Lo immaginiate. Ora vi chiedo di considerare il vostro dialogo interiore per vedere quali pensieri e quali parole saltano fuori nella vostra mente riguardo a Dio e al modo in cui voi vedete Dio. Vi chiedo di annotare rapidamente i pensieri che vi arrivano. Per favore, non analizzate i pensieri, non cercate di valutare se siano accettabili secondo uno standard qualsiasi. Scrivete semplicemente i pensieri su Dio che vi arrivano.

Ora che avete annotato i vostri pensieri riguardanti Dio e la sua presenza, vi chiedo di immaginare che Dio è qui per darvi un'opportunità per chiedere perdono per l'errore di esservi allontanati da Dio, che avete commesso nel lontano passato. Nell'immaginare che cosa vi richiederebbe l'atto di voltarvi, affrontare Dio e chiedere perdono, vi chiedo di nuovo di fare attenzione al vostro dialogo interiore su questo argomento. E poi annotate rapidamente i pensieri che vi arrivano, senza analizzarli in alcun modo.

Ora vi chiedo di considerare che il Dio, che sta in piedi dietro di voi, non sente altro che amore incondizionato ed infinito per voi. Pertanto, se siete disposti ad alzarvi, voltarvi, affrontare ed abbracciare Dio, l'amore di Dio per voi scioglierà tutti i sentimenti negativi verso Dio e tutte le immagini imperfette che avete di voi stessi. Ora vi chiedo di considerare ciò che il vostro dialogo interiore dice riguardo alla possibilità di abbracciare Dio e di accettare l'amore incondizionato di Dio. Che cosa dice il vostro dialogo interiore delle condizioni che vi impedirebbero di fare questo? Di nuovo, annotate i vostri pensieri velocemente e senza analizzarli.

Mio amato cuore, questo è un esercizio che potete usare per scoprire gli strati più profondi del vostro sé mortale e il ragionamento dualistico, che il vostro sé mortale ha usato per impedirvi di iniziare il cammino di ritorno verso la vera salvezza, che è, come vi ho spiegato nelle chiavi precedenti, l'unità col vostro Dio. La chiave sta nell'eseguire l'esercizio con una mente aperta e nello scrivere il vostro dialogo interiore senza analizzarlo mentre lo state annotando. Se ripetete questo esercizio, sforzandovi di ottenere una spontaneità sempre maggiore nelle vostre risposte, potrete gradualmente svelare le credenze dualistiche che formano il vostro sé mortale. Questo vi darà poi le basi per sostituire quelle credenze dualistiche con la verità di Cristo.

Pensate a quello che vi ho detto in precedenza, ossia che il nucleo della vostra identità, il Voi Consapevole, è la chiave della vostra ascesa o della vostra discesa nella coscienza. Il Voi Consapevole ha la capacità di identificarsi con qualunque cosa, e la chiave della crescita sta nel liberare il Voi Consapevole da ogni e qualsivoglia identificazione con il sé mortale. Così facendo, potrete identificarvi come l'essere spirituale che siete, come l'individualizzazione di Dio che siete, e potrete scoprire la vera individualità, ancorata nella vostra Presenza IO SONO. Tuttavia, per liberarvi dal sé mortale, dovete arrivare al riconoscimento consapevole del fatto che il vostro sé mortale è una prigione, che è costituita da molti mattoni individuali, e ogni mattone rappresenta una menzogna dualistica che siete arrivati ad accettare. E solo vedendo consciamente attraverso queste menzogne e vedendo la verità che vi renderà liberi, potrete scappare da quella prigione del sé mortale, potrete liberare la vostra sfera del sé dagli elementi del sé mortale, dagli elementi della coscienza dell'anti-cristo, che vi trascinano giù come una forza gravitazionale.

***

Miei amati, vi ho parlato dei falsi insegnanti che esistono all'esterno di voi stessi. Ho spiegato che essi stanno cercando di intrappolarvi nella coscienza di dualità e tenervi bloccati in quello stato di coscienza indefinitamente. Ho parlato del vostro sé mortale come un intruso alieno nella vostra sfera del sé, che sta ugualmente cercando di tenervi bloccati nella coscienza dell'anti-cristo per un periodo di tempo indeterminato. Vi ho detto che il nemico interno e il nemico esterno stanno cercando di mettervi in un vicolo cieco spirituale, in cui avete commesso un errore in passato ed ora siete arrivati a credere di non poter essere mai liberi da quell'errore. Miei amati, capite che questa è la congiura del nemico interno e del nemico esterno? E' la loro strategia per fare di voi una casa divisa contro se stessa, affinché non possiate ritornare mai al vostro stato d'innocenza, al senso d'unità interiore con il vostro Dio.

Molto tempo fa, il nemico esterno vi tentò con delle menzogne dualistiche inserendo l'elemento del dubbio nella vostra coscienza. Mentre iniziavate ad accettare sempre più menzogne dualistiche, questi elementi dell'anti-cristo, alla fine, formavano una massa critica che diede vita al vostro sé mortale, come un essere consapevole di sé all'interno della vostra sfera del sé. Fu in quel momento che perdeste la vostra innocenza e vi sentiste persi, in quanto ora vi eravate separati dalla vostra Presenza IO SONO. Come ho cercato di spiegare, non c'è mai stata alcuna separazione reale. Tuttavia, nella vostra mente voi credevate che ci fosse un tale stato di separazione, uno stato di distanza. Appena prima della nascita del vostro sé mortale, voi aveste un momento di verità in cui il Voi Consapevole si rese conto che vi eravate separati dalla vostra Presenza IO SONO, che eravate nudi. In quel momento, il nemico esterno iniettò nella vostra coscienza l'idea che, dato che eravate caduti in disgrazia, non sareste potuti ritornare mai all'unità con Dio. Siccome avevate commesso un errore in passato, non vi sarebbe stato mai possibile ritornare da Dio nel presente, né in qualsiasi momento del futuro.

In altre parole, dopo avervi tentati con una quantità di menzogne dualistiche, il nemico esterno vi tentava ora con la menzogna ultima, secondo cui potete essere separati da Dio in maniera permanente ed irreversibile e non c'è modo di ritornare. Questa è la menzogna che dice che le cose di questo mondo, qualunque cosa abbiate fatto in un qualsiasi punto del tempo, possano impedirvi di ritornare da Dio. Miei cari, riuscite ad attingere a ciò che vi ho detto nelle chiavi precedenti e vedere la fallacia di questa menzogna? Vi ho detto che ogni cosa in questo mondo è fatta della Luce Madre, la cui vibrazione è stata abbassata. Vi ho detto che ogni cosa esistente in questo mondo è di una vibrazione più bassa delle energie nel regno spirituale. Vi ho detto che il nucleo del vostro essere è il Voi Consapevole, la sfera del sé e la vostra Presenza IO SONO. Tutti e tre gli elementi del vostro essere sono stati creati da Dio, sono stati creati dalle energie superiori del regno spirituale. Quindi, sono di una vibrazione più elevata di qualunque cosa nel mondo materiale. In realtà, non c'è nulla in questo mondo materiale che possa influenzare, in maniera permanente, il vostro vero essere. Il Voi Consapevole è un'estensione della pura consapevolezza di Dio. Non può essere permanentemente alterato o danneggiato da alcuna cosa che avete fatto nelle vibrazioni più basse del regno materiale. Questo è uno dei meccanismi di sicurezza inseriti nella creazione di Dio, definiti dal vostro Creatore per impedire che rimaniate permanentemente intrappolati in una creazione imperfetta, sia essa creata da voi o da chiunque altro.

Il Voi Consapevole può identificarsi come un essere di una vibrazione più bassa, ma questo senso d'identità non potrà mai essere permanente o irreversibile. E' un'illusione e potrà esistere solo fino a quando il Voi Consapevole l'accetterà come reale. Perciò, nel momento in cui la lasciate andare, quell'illusione non avrà alcun potere su di voi. Miei amati, capite davvero quello che sto dicendo qui? La menzogna promossa dal principe di questo mondo e dal nemico dentro di voi, è che in passato voi avete commesso un errore dal quale non potete liberarvi. Ripeto ancora una volta, qualunque cosa abbiate fatto in passato, è stata fatta con la luce di Dio, con la Luce Madre. Tuttavia, come ho spiegato, soltanto quando siete nella coscienza di Cristo, potete agire sulla pura Luce Ma-ter. Quando partecipate alla coscienza di dualità, non potete influenzare la pura Luce Ma-ter, ma potete agire soltanto sulle energie che sono già state portate nello spettro di frequenze materiale. Queste energie sono, per definizione, di una vibrazione più bassa di quella delle energie del regno spirituale e, quindi, non possono avere alcuna permanenza. Nulla in questo regno può essere permanente. Perciò nessun errore che abbiate mai commesso, potrà essere permanente o irreversibile. Qualsiasi errore può essere disfatto, e per disfare un errore, dovete fare due semplici cose:

- Dovete vedere attraverso la menzogna dualistica che vi ha indotti ad alterare la Luce Ma-ter. Quando vedete attraverso quella menzogna, l'accettate come una menzogna e la sostituite, accettando la verità di Cristo che la rende nullo, allora sarete liberi da quella menzogna.

- Mentre accettavate la menzogna e permettevate a quella menzogna di rimanere nella vostra sfera del sé, un po' di Luce Ma-ter fluiva attraverso il filtro di quella menzogna ed assumeva perciò la forma rappresentata dalla menzogna. Potremmo dire che voi avete alterato una certa porzione, una certa quantità, della luce di Dio. E' responsabilità vostra purificare quella luce, assicurarvi che non ci sia più uno squilibrio nel regno materiale. Per essere liberi dal vostro errore passato, dovete inoltre riqualificare la Luce Ma-ter alterata, alla quale veniva data una vibrazione più bassa ed un'immagine imperfetta mentre continuavate a credere nella menzogna dualistica.

Non è difficile fare questo, una volta che avrete visto attraverso la menzogna dualistica. Dovete semplicemente invocare luce spirituale dall'Alto e dirigerla nella energia squalificata, riuscendo così ad elevare la vibrazione dell'energia a bassa frequenza. Questo è un processo perfettamente naturale, scoperta e provata persino dai vostri scienziati nei loro laboratori. Quando inviate un'onda di luce ad alta frequenza verso un'onda di luce a bassa frequenza, potete elevare la vibrazione dell'energia a bassa frequenza. Infatti, questo è un processo molto meccanico, e più tardi vi insegnerò delle tecniche potenti per elevare la vibrazione della luce alterata.

Quello che vi sto spiegando qui è che non esistono errori permanenti. Non esistono errori che non si possano disfare. Non esistono errori che vi terranno bloccati per sempre. Miei amati, se ripensate a quello che vi ho detto riguardo al vostro Creatore, vedrete che il vostro Creatore non ha altro desiderio che vedervi liberi da tutti i vostri errori passati. Il concetto di un Dio collerico e punitore è un concetto che nasce dalla coscienza di dualità, dalla coscienza dell'anti-cristo. Non ha realtà alcuna. Il vostro Creatore non è arrabbiato con voi, perché avete commesso degli errori. Il vostro Creatore vi ha dato il libero arbitrio e vi ha dato l'universo materiale in cui sperimentare con quel libero arbitrio. Come ho detto, la legge del libero arbitrio non esiste da sola; esiste in polarità con la legge di causa ed effetto, che vi rende responsabili per le vostre scelte, per l'uso che fate dell'energia di Dio.

Questa legge ha due aspetti. Dice che, fintantoché permettete ad una menzogna dualistica di rimanere nel vostro contenitore del sé, altererete inevitabilmente un po' dell'energia di Dio per mezzo di quella menzogna dualistica e delle immagini imperfette che imponete sulla Luce Ma-ter. E il secondo aspetto della legge è che quell'energia, che alterate, vi sarà rimandata dallo specchio cosmico sotto forma di condizioni che raffigurano le immagini imperfette, che voi imponete sulla Luce Ma-ter per mezzo della menzogna dualistica. Quindi, voi sperimenterete ciò che create attraverso la coscienza di dualità. E' in effetti per questo che Gesù disse alla gente di fare agli altri ciò che desideravano che gli altri facessero a loro (Matteo 7:12). Il significato più profondo è che lo specchio cosmico vi restituirà ciò che fate agli altri, ciò che fate alla Luce Ma-ter. Perciò è inevitabile che, nella vostra vita, sperimenterete quello che fate agli altri.

Quanto più a lungo avete permesso ad una menzogna dualistica di rimanere nella vostra sfera del sé e quanto più attaccati siete, emotivamente, a quella menzogna, tanta più energia avrete alterato. Mentre l'energia si accumula, l'intensità dell'energia, che viene rispecchiata a voi dallo specchio cosmico, continua a crescere, ed è per questo che alcune persone sembrano trovarsi in una spirale discendente dalla quale non riescono a liberarsi. Di nuovo, questo non è il risultato di un Dio arrabbiato che vi sta punendo. E' il risultato di leggi meccaniche, perfettamente impersonali, che il Creatore ha stabilito per guidare la vostra sperimentazione con il libero arbitrio. Queste leggi non sono state stabilite per punirvi; sono state stabilite, in effetti, per assicurare che voi non possiate distruggere voi stessi, altri co-creatori o un intero universo. Le leggi funzionano in un modo molto semplice. Quando alterate dell'energia, questa vi viene rimandata dallo specchio cosmico e, perciò, andate incontro a situazioni che limitano la vostra libertà e la vostra espressione creativa. In altre parole, quanta più energia alterate, tanto più pesante diventa la vostra vita e tanto meno potere creativo vi rimarrà per alterare altra energia. State diventando, per così dire, sempre più appesantiti dalla vostra stessa alterazione d'energia, e questo vi impedisce di procurare ulteriori danni a voi stessi e agli altri.

Come un'immagine visiva, si potrebbe dire che mentre camminate lungo il sentiero della vita, l'energia che alterate è come della sabbia che mettete nelle vostre tasche e nel vostro zaino. Quanta più sabbia avete nelle vostre tasche, tanto più difficile è camminare. Questo diventa un meccanismo di sicurezza in quanto, alla fine, potete creare tanta energia alterata da non riuscire più a muovervi. E, perciò, non potrete più distruggere voi stessi e altre parti della vita.

Tuttavia, il vero scopo della legge di causa ed effetto non è indirizzato a voi personalmente. E' indirizzato a mantenere l'equilibrio dell'universo, l'equilibrio del regno materiale. Vi ho detto in precedenza del fatto che lo stato di coscienza dualistico stabilisce due estremi. Questi estremi sono perversioni della forza espansiva del Padre e della forza contraente della Madre. Forse vi ricordate che vi ho detto, che la forza espansiva e la forza contraente non sono opposte, nel senso che cancellino l'un l'altra. Invece esse formano una polarità, e quando si incontrano in un'interazione equilibrata, esse moltiplicano e magnificano l'un l'altra, ed è così che viene creata una forma. Quando scendete nella coscienza di dualità, non potete mantenere il giusto equilibrio tra la forza espansiva e quella contraente, l'equilibrio che nasce dalla coscienza di Cristo. Pertanto create una serie di falsi opposti, che cancellano sì gli uni gli altri e, di conseguenza, non possono creare alcuna forma permanente. Invece, creano soltanto delle forme mortali che saranno demolite dalla forza contraente della Madre, che cerca di riportare la Luce Ma-ter al suo stato di base.

Potremmo dire che quando agite dalla coscienza di dualità, tutto quello che fate, ogni azione che generate, sarà contrastata dall'universo sotto forma di una reazione opposta e altrettanto forte. Questo è stato provato dai vostri scienziati, e la legge di azione e reazione è conosciuta da secoli. Ma sono pochissime le persone che abbiano applicato questo alla loro situazione personale. Pochissime persone hanno capito che quanto più squilibrate diventano, tanto più forte sarà la forza contraria che cerca di riportarle in equilibrio. E per fare qualsiasi cosa in questo stato di coscienza, dovete continuamente superare l'opposizione da parte dell'universo. Per mantenere una creazione squilibrata, dovete continuare ad andare più in là con le vostre azioni squilibrate. Questo trasforma, inevitabilmente, la vita in una lotta continua, e per molte persone conduce ad una spirale discendente, che non riescono a fermare.

E' davvero una sfortuna che la gente non abbia capito questo semplice principio, che da secoli è conosciuto agli scienziati. Può essere osservato da chiunque si prenda la briga di guardare dietro alle apparenze superficiali e di chiedersi come mai certe cose sembrino ritornarvi continuamente. Come afferma il detto popolare: "Tutti i nodi vengono al pettine." Se avessero compreso il principio dell'equilibrio, le persone avrebbero guadagnato una prospettiva completamente diversa sulla vita in questo mondo, e questo le avrebbe aiutate a liberarsi davvero dalla giostra che le fa passare da un estremo all'altro, facendole rimanere intrappolate nel gioco insensato della coscienza di dualità.

Il principio di base, dietro alla legge di azione e reazione, è che Dio ha progettato l'universo materiale come un regno in cui è possibile per i co-creatori andare contro le sue leggi. Tuttavia, per impedire che un co-creatore distrugga l'intero universo o renda schiavi tutti gli altri co-cretori, Dio ha creato la legge secondo la quale l'universo materiale deve mantenere un certo stato di equilibrio. E l'implicazione pratica è che, ogni volta che un co-creatore genera un'azione sbilanciata, l'universo stesso, la Luce Ma-ter, automaticamente genererà una reazione opposta, come contrappeso all'azione che non è in armonia con le leggi di Dio e pertanto disturba l'equilibrio dell'universo.

***

Miei amati, questo semplice principio ha molte implicazioni profonde, e ne rivelerò alcune nelle future chiavi. Ma per ora vorrei sottolineare una delle implicazioni più profonde. Come ho detto prima, la trama centrale del nemico interno e del nemico esterno è quella di mettervi in un vicolo cieco spirituale. In precedenza vi ho detto che la storia del Giardino dell'Eden simboleggia ciò che è accaduto ad ogni flusso di vita che è disceso nella coscienza di dualità. Vi ho detto che la situazione in cui Adamo ed Eva si resero conto di essere nudi, simboleggia il fatto che essi ebbero un momento di verità, in cui realizzarono di aver perso il contatto con la loro Presenza IO SONO. Quando il Voi Consapevole ebbe quel momento di verità, vi sentiste soli, vi sentiste persi, vi sentiste incompleti.

Come ho detto prima, il desiderio più profondo della vostra coscienza è di riottenere la vostra integrità. Tuttavia, rimane il semplice fatto che l'unico modo – l'unico modo in assoluto – in cui possiate riottenere la vostra integrità, è rivendicare il vostro senso d'unità interiore con la vostra sorgente e con la vostra Presenza IO SONO. Quel senso d'unità interiore può essere ottenuto solo entrando dentro di voi, ed è invero per questo che Gesù disse che il regno di Dio è dentro di voi (Luca 17:21).

Quindi, miei amati, per trattenervi in un vicolo cieco, il nemico interno e il nemico esterno devono impedirvi di entrare dentro di voi per ristabilire il vostro senso d'unità interiore con Dio. Devono mantenere il Voi Consapevole in uno stato mentale, in cui si identifica con qualche aspetto della coscienza di dualità. Come possono riuscirci? Lo fanno usando la caratteristica centrale della coscienza dell'anti-cristo, ossia la sua dualità, la sua tendenza insita a creare due estremi opposti, entrambi dei quali sono separati dall'unica indivisibile realtà di Dio. Il principe di questo mondo ha creato un falso sentiero, il sentiero che sembra giusto all'uomo ma che alla fine conduce alla morte. E questo sentiero ha due estremi.

Vedete, miei cari, nel profondo del vostro cuore, voi sapete di non essere integri e avete un ardente desiderio di riottenere la vostra integrità. Il problema che il principe di questo mondo si trova ad affrontare è, che voi non potete perdere mai completamente il vostro desiderio di integrità, il desiderio di qualcosa di più di quello che possa offrire il mondo materiale. Il principe di questo mondo ha cercato di affrontarlo preparando innumerevoli distrazioni sul pianeta. Ciò può funzionare per qualche tempo, nel senso che molte persone sono state talmente prese dal procurarsi le cose di questo mondo e dall'inseguire i piaceri di questo mondo da avere dimenticato per un po' il loro bisogno di integrità. Oppure hanno cercato di riempire quel bisogno d'integrità accumulando cose opiaceri o esperienze di questo mondo. Tuttavia, arriverà il punto in cui un flusso di vita non potrà più ignorare il bisogno di integrità. Arriverà il punto in cui il principe di questo mondo e il nemico interiore, il sé mortale, non potranno più impedire al Sé Consapevole di pensare che nella vita deve esserci qualcosa d'altro oltre a quello che viene offerto in questo mondo. Deve esserci un'integrità più profonda di quella che si può comprare con la mammona.

Quando il Voi Consapevole raggiunge quel punto, non sarà più possibile per le forze di questo mondo impedirvi di contemplare il tema di Dio. Molti flussi di vita ignorano il tema di Dio o negano l'esistenza di Dio, ma nessun flusso di vita potrà fare questo per sempre. Arriverà un punto in cui vi renderete conto che il vostro vero desiderio interiore è il desiderio d'integrità. E per essere integri, dovete risolvere il vostro rapporto con Dio. A quel punto, il principe di questo mondo cercherà di intrappolarvi in uno dei due estremi del falso sentiero.

Uno degli estremi è il tentativo di farvi fuggire lontano da Dio. Ne è un esempio una filosofia che afferma che per voi è impossibile avvicinarvi a Dio, perché siete un essere umano così modesto. Oppure il principe di questo mondo tenterà di farvi credere in uno dei suoi falsi immagini di Dio, come per esempio l'immagine di un essere arrabbiato nel cielo, che sta ad osservare ogni vostra mossa e vuole punirvi per ogni errore. Lo scopo è quello di farvi sentire che voi, semplicemente, non desiderate ritornare all'unità con Dio. Oppure le forze di questo mondo cercheranno di farvi credere che ogni problema che affrontate è in realtà colpa di Dio, perché Dio vi ha creati, Dio vi ha dato il libero arbitrio e Dio ha fatto altre cose ingiuste che hanno fatto sì che vi troviate bloccati nella vostra attuale situazione. Potremmo dire che questo estremo rappresenti una tendenza a fuggire lontano dal Dio esterno. Ovviamente, fintantoché vi starete allontanando dal Dio esterno, avrete poche probabilità di ristabilire la vostra innocenza, il vostro senso d'unità interiore con il Dio interno.

Sono sicura che se state leggendo questo libro, voi non siete intrappolati in questo estremo. State camminando con consapevolezza lungo il sentiero spirituale e, perciò, state deliberatamente tentando di avvicinarvi a Dio. Sto descrivendo questo estremo, perché sono sicura che sarà facile per voi vedere attraverso le menzogne, che fanno sì che le persone vengano bloccate in questo estremo di allontanamento dal Dio esterno. E spero che il fatto di vedere attraverso queste menzogne vi renda più facile vedere attraverso le menzogne, che vengono usate per intrappolare le persone nell'estremo opposto.

***

Miei cari, so che potrà essere difficile per molte persone spirituali e religiose accettare ciò che sto per dirvi adesso. Tuttavia devo dirvi la verità che l'estremo opposto, progettato dal principe di questo mondo, è una forma di religione che vi fa correre *verso* il Dio esterno. Si tratta di una qualsiasi forma di religione che rafforzi l'immagine di un Dio esterno. Invero, non ha importanza in quale modo la religione ritragga quel Dio esterno; sia che lo ritragga come un Dio collerico e punitore o che lo ritragga come un Dio benevolo. Il fattore decisivo è che Dio viene ritratto come un essere esteriore, come un essere esterno a voi stessi, da cui siete separati da una barriera, dalla barriera dei vostri errori passati, i vostri peccati.

Devo dirvi che molte delle religioni su questo pianeta entrano in questa categoria. La maggior parte delle religioni ha avuto inizio, originalmente, come una religione vera, e potete vedere questo modello molto chiaramente nel Cristianesimo. Gesù era un vero insegnante spirituale, mandato da Dio per aiutare la gente a riscoprire la verità perduta, che il regno di Dio è dentro di loro e che la chiave della salvezza sta nel ristabilire il loro senso d'unità interiore con il Dio interno. Ma col tempo gli insegnamenti veri, interiori, di Gesù sono stati snaturati e trasformati in dottrine esteriori, che ritraggono Dio come un essere remoto nel cielo. Alcune chiese cristiane dicono che Dio vi punirà per i vostri peccati, ma che potete comprare l'uscita da questo dilemma seguendo certe regole e credendo in certe dottrine. Altre chiese cristiane dicono che non potete, con i soli vostri poteri, ristabilire un giusto rapporto con Dio, ma che questo può essere fatto solo attraverso qualcosa di esterno a voi stessi, ovvero attraverso Gesù, che viene ritratto come un salvatore esterno, dato che egli è il Figlio unigenito di Dio e voi siete un mortale peccatore.

Miei cari, riuscite a vedere come molte chiese cristiane stiano rafforzando l'immagine del Dio esterno, affermando che la chiave della salvezza stia nel correre verso quel Dio esterno scappando lontano dall'opposto del Dio esterno, ossia dal diavolo? Riuscite a vedere, inoltre, che in realtà non importa se state fuggendo via dal Dio esterno o correndo verso il Dio esterno? In entrambi i casi, state fuggendo via dal Dio interno, che è l'unica chiave di salvezza.

Miei amati, è un fatto triste che molti cristiani stiano seduti nelle loro chiese ogni domenica, sentendo di essere le uniche persone che saranno salvate. E non sto affatto dicendo questo in maniera sarcastica o irrispettosa. Sono ben consapevole del fatto che tanti cristiani sono molto sinceri ed hanno un cuore puro, e stanno diligentemente seguendo il sentiero che è stato messo davanti a loro dalle chiese ortodosse. Essi hanno davvero le migliori intenzioni, eppure devo dirvi che i loro sforzi non possono affatto portare al risultato desiderato. Infatti, ciò che molte di queste persone stanno facendo è una ricerca impossibile. Stanno correndo verso una meta che continuerà per sempre a sfuggire loro.

Potreste aver visto dei disegni con un asino che traina un carro, al quale è attaccato un bastone dalla cui punta pende una carota appesa ad un filo. La carota ciondola davanti al naso dell'asino, e l'asino continua a correre verso la carota pensando che, in qualsiasi momento, la raggiungerà e potrà mangiarla. E così facendo, l'asino continua a trainare il carro. Miei cari, è un fatto sfortunato che molte persone religiose su questo pianeta, non solo cristiane ma certamente molti cristiani compresi, siano come l'asino che continua a correre verso la carota, senza raggiungerla mai. Stanno correndo dietro alla promessa fatta dalla loro religione, ma non ottengono mai la vita abbondante. E la ragione di questo è che esse sono arrivate ad accettare una falsa immagine, un'immagine dualistica, un'immagine idolatrica di Dio e di quello che occorre per conquistare la loro salvezza. Pertanto, esse pensano di stare correndo verso la salvezza, ma quello verso cui stanno correndo è l'idolo del Dio esterno. Fintantoché continueranno a correre verso quell'idolo, esse staranno allontanandosi dal Dio interno. Così facendo, esse stanno trainando il carro, e il principe di questo mondo e i loro sé mortali sono seduti in alto su quel carro a godersi la passeggiata, perché sanno che finché le persone continueranno a correre verso la carota del Dio esterno, essi saranno al sicuro nella loro posizione di cocchiere, dalla quale hanno la gente totalmente sotto controllo.

Miei amati, so che questa può essere una verità scioccante per molte persone sincere e devote, che hanno passato dei decenni, forse una vita intera, seguendo il sentiero posto davanti a loro da qualche religione ortodossa. Tuttavia, posso dirvi che se siete stati delle persone religiose sincere e devote, i vostri sforzi non sono andati totalmente sprecati. Qualunque cosa abbiate fatto, con un cuore puro, conterà per qualcosa. Eppure devo dirvi che non conterà abbastanza da portarvi alla meta della vostra vera salvezza. Perciò è necessario per voi cambiare rotta. E' necessario che smettiate di correre dietro alla carota del Dio esterno. E' necessario per voi tirare giù dal piedistallo quel vitello d'oro e realizzare la verità assoluta del perché Gesù disse che il regno di Dio è dentro di voi. Poiché sarà soltanto quando tirerete giù l'idolo di un Dio esterno e inizierete a cercare il Dio interno che potrete ereditare il regno di vostro Padre ed ereditare la vita abbondante, che vi appartiene di diritto – ma che non potete raggiungere mai, finché continuerete a correre verso il Dio esterno.

Miei cari, sono molto diretta e dura, perché so per esperienza che ci sono milioni di persone su questo pianeta che non saranno semplicemente disposte a sentire questa verità. E il motivo di questo è che esse sono ancora molto attaccate alle menzogne dualistiche che hanno accettato, alle menzogne dualistiche promosse dai loro sé mortali e dal principe di questo mondo. Queste sono le menzogne che promettono alla gente una salvezza automatica come risultato dell'aver meccanicamente seguito regole e dottrine esteriori.

Pertanto è necessario per me essere molto diretta nel tentativo di fendere la resistenza che potreste avere riguardo a questa verità. Per favore, prendete nota di quello che sto dicendo qui. Non sto dicendo che i vostri passati sforzi, nel seguire la vostra religione, siano stati completamente inutili. Se siete stati un seguace devoto di una religione e se avete fatto del vostro meglio per seguire quella religione, avete fatto qualcosa per avvicinarvi alla vita d'abbondanza. Questo è particolarmente vero se ciò che avete fatto, è stato fatto con amore, con la purezza del cuore e senza alcun ulteriore motivo. Quindi, quello che sto dicendo qui è che ciò che avete fatto in passato non è andato perso, ma per raccogliere i frutti delle vostre fatiche, dovrete riallinearvi alla verità che vi sto portando. Dovrete cambiare la direzione della vostra attenzione e il vostro approccio alla religione, affinché possiate accettare l'approccio che Gesù venne a dare alla gente, ossia l'approccio interiore alla religione.

Se farete questo, vedrete che potrete prendere molte delle intuizioni che avete raccolto durante la vostra vita religiosa e semplicemente spostare il quadrante della coscienza di un po' per riallinearvi con la realtà del cammino interiore verso Dio. Vedrete che non dovete ricominciare da capo; non dovete gettare via tutte le vostre credenze religiose. Dovete solo girare il quadrante della coscienza abbastanza da riallineare le vostre credenze alla realtà di Cristo. E questo potrebbe richiedervi di fare uno sforzo molto risoluto per smascherare l'irrealtà dell'anti-cristo, le credenze dualistiche che hanno preso piede nella maggioranza delle religioni su questo pianeta. Può darsi che tali credenze vi siano state presentate sin dalla infanzia, e forse siete stati esposti all'affermazione che tali credenze dualistiche sono la verità assoluta e infallibile. Se avete accettato questa affermazione, potreste aver costruito un falso senso di sicurezza che vi fa credere che fintantoché accettate queste dottrine esterne, sarete sicuramente salvati.

Miei cari, ci sono milioni di persone che si sono lasciate cullare da questo falso senso di sicurezza, pensando che la loro salvezza sia assicurata, che- per usare un'espressione moderna - ce l'abbiano 'in tasca'. Purtroppo non è così, e vi posso dire che molti flussi di vita sono rimasti amaramente delusi, quando sono usciti dal corpo fisico per andare nella stazione assegnata loro tra le incarnazioni. Infatti, posso dirvi che molti flussi di vita, che nelle vite passate erano stati dei rigidi seguaci di una religione ortodossa, sono rimasti talmente delusi da arrabbiarsi con Dio. Così, molte delle persone, che oggi sono negative verso la religione ortodossa o verso una religione in particolare, hanno questo atteggiamento, proprio perché in una vita passata hanno diligentemente seguito una particolare religione. E dopo quella vita, si sono rese conto di aver seguito una falsa promessa, di aver corso dietro alla carota, senza avere alcuna possibilità di raggiungerla. Sfortunatamente, tali persone hanno semplicemente saltato nell'estremo opposto, creato dal principe di questo mondo. Esse hanno bisogno di salire al di sopra di entrambi gli approcci dualistici alla religione e cercare il Dio interiore.

***

E' un fatto sfortunato che la maggioranza delle persone su questo pianeta abbia un profondo senso di rabbia o ingiustizia verso Dio, e se siete seri riguardo al manifestare la vita d'abbondanza, dovete scoprire e risolvere tali sentimenti. Miei amati, posso capire se le persone hanno un certo senso di rabbia, perché sono state raccontate loro delle bugie riguardo alla salvezza. Tuttavia, devo dirvi che se assecondate questa rabbia, scatterete semplicemente nell'estremo opposto, quello del fuggire via dal Dio esterno, come ho spiegato prima. Perciò, l'unico modo vero per superare entrambi gli estremi dualistici è accettare il consiglio di Gesù e perdonare tutti per tutto (Matteo 6:14, 18:21). Miei cari, provare risentimento, attaccarsi alla rabbia o all'offesa, non farà altro che tenervi bloccati nella coscienza di dualità. Pertanto, la chiave maestra della libertà spirituale è il perdono completo, totale e assoluto verso Dio, verso ogni essere umano, verso ogni istituzione umana e verso voi stessi. Se volete manifestare la vita abbondante, dovete perdonare tutti quelli che vi hanno fatto del male. Dovete perdonare Dio per ogni falsa immagine di Dio che potrebbe essere stata posta su di voi. Dovete perdonare persino il principe di questo mondo per le menzogne e l'inganno e la manipolazione. Dovete perdonare il vostro sé mortale, e dovete perdonare voi stessi, il Voi Consapevole, per aver accettato delle menzogne dualistiche in passato.

Invero, come ho cercato di spiegare, Dio non ha alcun desiderio di vedervi rimanere bloccati in uno stato di coscienza inferiore. L'unico desiderio di Dio è di vedervi liberi da tutte le imperfezioni, affinché possiate rivendicare la vostra vera identità spirituale ed incominciare a costruire su quelle basi, diventando più di quanto Dio abbia mai immaginato per voi. La realtà è che non avete bisogno di essere perdonati da Dio per alcun errore che abbiate commesso. So che questa sarà un'altra affermazione che sarà difficile da accettare per molte persone religiose. Ma la verità è che, come vi ho spiegato parecchie volte oramai, Dio vi ha dato il libero arbitrio e, pertanto, Dio non è arrabbiato con voi per il fatto di averlo usato per andare contro le sue leggi. Perché mai Dio dovrebbe essere arrabbiato, quando ha creato una legge che dice che raccoglierete ciò che avete seminato? Dio non desidera vedervi rimanere intrappolati in uno stato di colpa o vergogna o nella sensazione di essere un peccatore. Dio desidera semplicemente che lasciate la prigione del sé mortale e veniate nel suo regno, affinché possiate ricevere la vita d'abbondanza che è il suo buon piacere darvi.

Quindi, la realtà riguardo ai vostri errori del passato, che tanti cristiani chiamano peccati, è che non avete bisogno del perdono di Dio per i vostri peccati. Dio desidera soltanto che siate liberi, ma per essere liberi, dovete fare due cose, come ho spiegato in precedenza:

- Dovete abbandonare completamente la menzogna dualistica che vi ha indotti a commettere l'errore.

- Dovete riqualificare tutta l'energia che avete alterata attraverso le vostre credenze dualistiche, cosicché potete ristabilire l'equilibrio dell'universo.

Quando avrete fatto questo, sarete – per quanto riguarda Dio – totalmente liberi dai vostri errori passati, ed egli non si ricorderà più dei vostri peccati (Ebrei 8:12). Il problema è che, prima di potervi sentire completamente liberi dai vostri errori, dovete perdonare voi stessi per aver commesso quegli errori – *voi* non dovete ricordare più i vostri peccati. E dovete perdonare tutte le altre persone, che sono state intrappolate allo stesso modo nello stesso aspetto dello stato di coscienza dualistica.

Capite il mio punto qui? Il perdono che vi serve, per essere liberi dai vostri errori passati, non è il perdono da parte di Dio. Il perdono di cui avete bisogno, è il perdono da parte di voi stessi, e per perdonare davvero voi stessi, dovete perdonare tutti gli altri. Come ha detto Gesù: "Fate agli altri ciò che vorreste che essi facessero a voi."

Miei amati, Gesù era ed è un insegnante spirituale molto profondo ed esperto. Gesù sapeva che molte delle sue affermazioni sarebbero state travisate, per cui egli codificò un messaggio nascosto in molte delle sue affermazioni più profonde. Era un messaggio che non può essere compreso da coloro i quali sono intrappolati nella coscienza di dualità. E dato che non possono capire il messaggio nascosto, queste persone non possono travisare il messaggio. Ora, se prendete l'affermazione: "Fate agli altri ciò che vorreste che gli altri facessero a voi", il messaggio nascosto può essere trovato domandandosi che cosa questo farà per voi. Il significato nascosto è che ciò che avete fatto agli altri, l'avete già fatto a voi stessi. Se siete arrabbiati con un altro, è perché avete accettato certe credenze dualistiche riguardo alla rabbia. Prendendo queste credenze nel vostro contenitore del sé, avete permesso allo spirito della rabbia, alla coscienza della rabbia, di entrare nel vostro essere. Questo significa che la rabbia è nel vostro essere e colora il modo in cui osservate tutto, voi stessi compreso. Il mio punto è che, se una persona è arrabbiata con altre persone, allora quella persona è – inconsciamente – arrabbiata con se stessa e arrabbiata con Dio.

Molte persone non riescono a riconoscere questo. Forse sanno di avere una tendenza ad essere arrabbiati con gli altri, ma non l'hanno collegato al fatto che questa rabbia verso gli altri nasce dalla rabbia verso se stessi. Miei amati, capite ciò che voglio dire? Se avete difficoltà a perdonare gli altri, ciò dimostra che non avete perdonato voi stessi. E, come ho detto, non potete essere liberi dai vostri errori passati finché non perdonate voi stessi per aver commesso quegli errori. Quindi, se trovate difficile perdonare gli altri, dovete guardare nello specchio. Dovete cercare la trave nel vostro occhio e rendervi conto che avete un problema con il non perdono, perché state permettendo a certe credenze dualistiche sul perdono di rimanere nella vostra coscienza. Potrebbe trattarsi della credenza che se qualcuno vi ha fatto del male, quella persona si merita di essere punita. E perciò non perdonerete quella persona finché non sentirete che la persona ha ricevuto una giusta punizione. Tuttavia, non sta a voi punire, poiché Dio non ha forse detto: "A me la vendetta, dice il Signore, sono io che ricambierò" (Romani 12:19). Il significato interiore è che Dio ha creato una legge impersonale che restituisce tutta l'energia alterata alla persona che la manda fuori. Lo specchio cosmico "punirà" automaticamente ogni persona per ogni azione imperfetta che commette. Quindi, non sta a voi punire gli altri; non è compito vostro punire gli altri. Invece dovreste preoccuparvi di rendervi liberi dalla situazione imperfetta, e potrete farlo solamente perdonando gli altri e perdonando voi stessi.

Il perdono è, in realtà, donarvi la libertà da una situazione imperfetta del passato e da un attaccamento emotivo a quella situazione e alle altre persone coinvolte in quella situazione. Miei cari, se qualcuno vi ha fatto del male, ha senso voler rimanere emotivamente attaccati a quella persona, dandole quindi potere su di voi? Naturalmente, non ha alcun senso, e l'unico modo in cui possiate spezzare quel legame emotivo è perdonare completamente quella persona per ciò che è stato fatto in passato. Allo stesso modo, se avete commesso degli errori in passato, ha senso voler rimanere emotivamente attaccati a quelle situazioni? Certamente, non ha alcun senso, ma l'unico modo in cui possiate liberarvi del legame col passato è perdonare totalmente voi stessi per aver commesso quegli errori. Il perdono è la chiave della libertà, della libertà di accettare la vita d'abbondanza che Dio sta aspettando di darvi in qualsiasi momento. Dovete solo accettare la vita abbondante, ma per essere disposti ad accettarla, dovete perdonare voi stessi per gli errori che vi hanno indotti a rifiutare la vita d'abbondanza in passato e hanno fatto sì che siate entrati in una spirale discendente, che vi ha portati sempre più lontani dalla vita abbondante, portandovi a rimanere sempre più intrappolati nella coscienza di dualità.

Mio amato cuore, riuscite a vedere come questo vicolo cieco riesca a tenervi bloccati in una spirale discendente, facendovi rimanere in un estremo dualistico o facendovi passare da un estremo all'altro, per un tempo indefinito? Riuscite a capire che la chiave per spezzare questa maledizione del fuggire via dal Dio interno, sta nel rivalutare il vostro rapporto con Dio? Miei amati, gli psicologi moderni hanno presentato molte teorie sulla psiche umana e su come funziona. Purtroppo, la maggioranza di queste teorie principali non include il lato spirituale del vostro essere e, quindi, non potrà mai darvi una comprensione totale di voi stessi. Molti medici psichiatrici olistici o alternativi hanno presentato delle teorie che tengono conto del lato spirituale della vostra natura. Tuttavia devo dirvi che la questione centrale nella psicologia umana è che tutto nella vostra vita, tutto nella vostra psiche, ruota intorno ad una cosa ed un'unica cosa soltanto, ossia il vostro rapporto con Dio. Tutto quello che accade nella vostra vita è l'effetto di una causa più profonda, e quella causa è la vostra relazione con Dio.

Se prendete un problema qualsiasi, che avete nella vostra psiche, e lo fate risalire alla sua radice ultima, alla sua causa ultima, vedrete che esso risale fino alla decisione che vi fece allontanare dal vostro maestro, vi fece allontanare da Dio. Quella decisione è la causa prima di tutti i vostri problemi. Possono esserci molti strati di problemi, in quanto la vostra decisione originale si diramò in molte decisioni dualistiche. E, perciò, quando osservate la superficie della vostra psiche, potreste vedere molti problemi separati che potrebbero sembrare senza alcun legame. Tuttavia, vi dico che se andate a strati sempre più profondi della psiche – e vi posso assicurare che io ho fatto tutta la strada fino a toccare il fondo stesso della psiche – vedrete che tutti i diversi problemi sono alimentati dalla stessa radice. E quella radice è la vostra relazione con Dio, il modo in cui vedete Dio e le vostre interazioni con Dio. Precisamente, il tutto risale alla decisione che vi ha indotti ad allontanarvi da Dio e, quindi, a rifiutare il suo dono gratuito della vita abbondante. Ovviamente, è quella decisione che vi impedisce di ritornare all'unità con Dio. Pertanto, la chiave maestra della vita abbondante sta nel rivelare quella decisione, la decisione che vi impedisce di ritornare all'unità con Dio e fa sì che sembri o impossibile o indesiderabile per voi ristabilire la vostra innocenza, il vostro senso d'unità interiore con Dio.

Miei cari, suppongo che ciò che vi ho detto in questa chiave richieda un po' di tempo per essere pienamente assorbito nella vostra coscienza. Non mi aspetto che la maggioranza della gente possa istantaneamente accettare quello che ho detto, o possa istantaneamente interiorizzarlo. Non mi aspetto che la maggior parte delle persone possa istantaneamente scoprire la decisione originale, che le ha indotte ad allontanarsi da Dio, e riesca quindi a liberarsene immediatamente. Tuttavia mi aspetto che, se avete letto questo libro fino a questo punto, sarete disposti almeno a meditare su quello che io ho detto. Sarete disposti ad entrare dentro di voi per chiedere una risposta dall'interno di voi stessi. E vi posso assicurare che se, con una mente ed un cuore aperti, domanderete della validità di ciò che vi ho detto, riceverete una risposta. Quella risposta arriverà da una fonte all'interno di voi stessi, e sarà al di là di ogni dubbio. Se chiederete con una mente e un cuore aperti, riceverete una risposta dall'interno, una risposta della quale la vostra mente esteriore non potrà dubitare. Quella risposta arriverà da una sorgente che è il vero salvatore di ogni persona sulla Terra. Nella chiave successiva vi spiegherò che cos'è quel salvatore interiore e come potete imparare ad utilizzare appieno ciò che Gesù chiamava il "consolatore" e la "chiave della conoscenza". Quindi vi prego di unirvi a me, mentre vi rivelo questo insegnante interno, che può davvero aiutarvi ad esporre tutte le menzogne dei falsi insegnanti dell'anticristo.

Chiave 14
Come ottengo ciò che voglio, quando non so che cosa voglio?

Mio amato cuore, siamo arrivati ora ad un punto cruciale nello svolgimento di questa serie di insegnamenti dal mio cuore al vostro. Questo punto è cruciale, perché se non assorbirete ed accetterete appieno ciò che sto per dirvi, i miei tentativi di aiutarvi ad accettare la vita abbondante saranno falliti. E invece di seguire me in una vita d'abbondanza, seguirete – o continuerete a seguire – i falsi guru in una vita di carenza e di lotta.

Vi ho raccontato di come il Voi Consapevole ha deciso di sperimentare con la coscienza di dualità ed è rimasto gradualmente sempre più avviluppato in quello stato mentale, finché non avete perso la connessione consapevole con la vostra Presenza IO SONO, finché non siete caduti in uno stato di coscienza inferiore. Vi ho detto che, nel momento in cui avete perso il filo del contatto, è nato il vostro sé mortale. Vi ho detto che questo sé mortale forma il nemico interno, che opera insieme al nemico esterno, cioè con le forze dell'anti-cristo, per tenervi bloccati indefinitamente nella coscienza di dualità. Lo faranno in ogni modo possibile, ed io ho delineato alcune delle strategie usate da queste forze per tenervi intrappolati. Ma ora vi dirò dell'unica strategia sottostante, della strategia principale, usata dalle forze di dualità per tenervi bloccati in quella gabbia mentale. Per capire questa strategia e il modo in cui viene usata contro di voi, dovete capire la caratteristica centrale del vostro sé mortale.

Vedete, miei cari, il Voi Consapevole è la sede del vostro libero arbitrio. E' il Voi Consapevole che prende le decisioni. E' il Voi Consapevole che ha la capacità di prendere delle decisioni che sono in armonia con le leggi e la volontà di Dio o di prendere delle decisioni che non sono in armonia con la volontà e le leggi di Dio. Perciò, ogni cosa nella vostra vita ruota intorno al Voi Consapevole e alle decisioni che prendete. Quello che dovete capire è che il Voi Consapevole è, in qualsiasi momento, ciò che pensa di essere. Pertanto, il Voi Consapevole prende delle decisioni in base al suo senso d'identità attuale, in base alla sua comprensione e al suo sistema di credenze attuali. Il Voi Consapevole è stato creato come un'estensione della pura consapevolezza di Dio. Pertanto, esso ha un desiderio innato di fare parte del Fiume della Vita, di fluire con il Tutto della creazione di Dio e di diventare di più. Potremmo dire che il Voi Consapevole vuole sempre fare la cosa giusta. Il Voi Consapevole cerca sempre di scegliere l'opzione, che sia in allineamento con lo scopo della sua esistenza e che arricchisca la sua vita e il Tutto della creazione di Dio – così come il Voi Consapevole attualmente capisce sia la sua stessa identità sia la sua connessione con il Tutto di Dio.

Potremmo dire che il Voi Consapevole sceglie sempre l'opzione che vede come la migliore per se stesso e per l'insieme. Ma il problema è che, se il Voi Consapevole inizia ad identificarsi con la mente della dualità, esso non potrà vedere che cos'è, in definitiva, meglio per se stesso e meglio per il Tutto. Invece, le uniche opzioni che riuscirà a vedere, sono opzioni che si basano sulla coscienza di dualità. E, pertanto, qualunque sia l'opzione che sceglierà, il Voi Consapevole diventerà ulteriormente avviluppato nella coscienza di dualità. Una volta superato il punto critico in cui ha perso il filo del contatto con la Presenza IO SONO, esso non potrà più vedere alcuna via d'uscita da quello che ora sembra un labirinto, dove ogni scelta conduce ad un vicolo cieco.

Miei amati, immaginate uno dei labirinti, fatti di alte siepi, esistenti in molti luoghi nel mondo. Immaginate di stare in piedi su una piattaforma, in alto, sopra un labirinto del genere, e di stare guardando giù per osservare le persone che cercano di trovare la via d'uscita dal labirinto. Quando osservate il labirinto dall'alto, è così facile per voi vedere quali sentieri conducono ai vicoli ciechi e quale sentiero conduce fuori dal labirinto. Ma ora immaginate di spostare la vostra prospettiva, così che vi trovate nel labirinto e tutto quello che riuscite a vedere sono dei muri verdi intorno a voi. All'improvviso diventa impossibile sapere quale sentiero conduca ad un vicolo cieco o all'uscita. Questa è, letteralmente, la differenza tra l'avere una certa quantità di coscienza di Cristo, una certa connessione con la vostra Presenza IO SONO, e l'essere completamente intrappolati nella coscienza di dualità.

Il sé mortale e il principe di questo mondo sanno che il Voi Consapevole non è stupido e vuole fare la cosa giusta. Allora come possono farvi fare qualcosa che scaturisce dalla coscienza di dualità e quindi vi ferisce? Possono farlo solo confondendo il Voi Consapevole con un sistema di credenze relativo, dualistico, che oscura la realtà del fatto che certe azioni vi faranno male. Nel regno della dualità, tutto è relativo, e così il vostro sé mortale può sempre giustificare ciò che vuole fare. Quando guardate alla vita attraverso questo filtro della dualità, non potete vedere che qualunque cosa facciate – persino ciò che sembra essere un bene – non fa altro che intrappolarvi più saldamente nella coscienza dell'anti-cristo.

***

Ora, miei cari, vi ho detto che quando decise di sperimentare con la coscienza di dualità, il Voi Consapevole prese la decisione di farlo. Certamente esso fu tentato dall'esistenza di quella coscienza di dualità. Il Voi Consapevole non aveva ancora creato il sé mortale all'interno della sua sfera del sé, ma si era aperto alla tentazione da parte del nemico esterno, la coscienza serpentina. Questa fu una decisione che il Voi Consapevole prese, in quanto era arrivato a dubitare della validità del suo maestro spirituale e delle sue istruzioni. Era arrivato a chiedersi che cosa sarebbe successo se, invece di seguire le istruzioni del suo maestro spirituale, avesse deciso di uscire dalla struttura sicura di quelle istruzioni. Perché il Voi Consapevole prese quella decisione? La prese principalmente a causa della combinazione tra il suo desiderio di essere di più e la sua mancanza di esperienza, specialmente la mancanza di esperienza con la coscienza di dualità. In altre parole, il Voi Consapevole iniziò a domandarsi: "Forse c'è di più da sperimentare andando al di fuori della struttura della legge di Dio e delle istruzioni dell'insegnante? Come sarebbe, che cosa succederebbe, se sperimentassi con la coscienza di dualità? Diventerei forse di più, otterrei delle esperienze che non avrei rimanendo nell'ambito della struttura delle istruzioni del maestro?"

Ed invero, sperimentando con la coscienza di dualità, il Voi Consapevole ebbe *realmente* delle esperienze che andavano al di là di ciò che avrebbe potuto avere se fosse rimasto nell'unità. Pertanto, da un certo punto di vista, uno potrebbe dire che c'era di più – ossia qualcosa di diverso – da sperimentare al di fuori dell'unità di quanto ce ne fosse all'interno dell'unità. Tuttavia, il problema è che sperimentando con la coscienza di dualità, il Voi Consapevole non divenne più di quanto fosse prima di partecipare a quello stato mentale. Al contrario, il Voi Consapevole divenne meno di quanto fosse stato creato ad essere, meno di quanto fosse prima di sperimentare con la dualità. Invece di identificarsi in un essere spirituale immortale, con un potenziale creativo illimitato, il Voi Consapevole ora iniziava ad identificarsi in un essere limitato, che era stato intrappolato dalle sue scelte precedenti e, perciò, era ingabbiato da molte limitazioni. E quanto più scendeva nella coscienza di dualità, tanto più numerose furono le limitazioni che esso accettava come reali e inevitabili. Voi diventaste sempre più avvolti nelle limitazioni, nella carenza e nella sofferenza, diventaste meno dell'essere immortale, libero in Dio, che foste creati ad essere. E questo potrebbe dare un nuovo significato al vecchio detto: Chi troppo vuole nulla stringe. Poiché, invero, se cercate dell'altro, uscendo dall'unità di Dio, limitando il vostro potenziale creativo, finirete ad avere di meno.

Ho detto varie volte che Dio vi ha dato il libero arbitrio. Non è inevitabile che voi personalmente sperimentiate con la coscienza di dualità. Tuttavia, è virtualmente inevitabile che almeno alcuni co-creatori scelgano di sperimentare con quello stato di coscienza. Invero, come ho detto, il vostro flusso di vita non fu creato con la piena consapevolezza divina e pertanto voi non avevate la conoscenza assoluta di quello che sarebbe successo quando incominciaste a sperimentare con la coscienza di dualità. E non avevate neppure un'esperienza precedente con cui confrontarvi. Perciò, tutto quello che potevate fare era seguire le indicazioni del maestro, ma quel maestro era all'esterno di voi. E così la domanda diventa: "Riuscite a seguire le indicazioni di un insegnante esterno e ad interiorizzare quelle indicazioni, finché non diventano davvero parte di voi e finché non comprendete perché le indicazioni sono state date? Oppure avete bisogno di avere l'esperienza di com'è andare contro le indicazioni del maestro, cosicché ora sapete che cosa accadrà? Pertanto, attraverso prove ed errori, potete prendere la decisione ed arrivare a comprendere il motivo per cui sono state date le indicazioni dell'insegnante."

Miei cari, vedete il mio punto di vista? Quello che sto cercando di spiegarvi qui è che esistono due modalità per crescere. Una è seguire un vero maestro spirituale, finché non avrete assorbito appieno le istruzioni dell'insegnante, finché non sarete diventati così pienamente uno con il maestro da sapere perché ha dato certe istruzioni. Perciò, non vedrete più l'insegnante come un essere esterno e non vedrete più le sue istruzioni come provenienti da una fonte esterna a voi stessi. Avrete espanso il vostro senso del sé ad incorporare l'insegnante. Nel vostro cammino, per diventare uno con il Tutto di Dio, sarete diventati uno con il maestro e, pertanto, lo vedrete come parte del vostro essere più grande e vedrete le sue istruzioni come provenienti dall'interno del vostro sé più ampio.

Miei amati, capite quello che vi ho detto nelle precedenti chiavi, ossia che il vero sentiero verso la salvezza è il sentiero che vi porta ad accrescere il vostro senso d'unità con Dio, finché non otterrete la piena coscienza divina, l'unità totale con il Tutto del vostro Creatore? Come trampolino verso questa unità con il Tutto di Dio, il Creatore ha preparato per voiun sentiero da seguire. E quel sentiero vi dà un insegnante esterno che è più esperto di voi. Se seguirete le istruzioni di quell'insegnante, e se le seguirete nello spirito d'unità, alla fine raggiungerete uno stato d'unità con l'insegnante. Questo è il trampolino verso il raggiungimento dell'unità con il vostro Creatore. Potremmo dire che, quando il vostro flusso di vita per la prima volta s'avventura nell'universo materiale, ha luogo una certa dimenticanza e voi perdete la sensazione diretta di essere uno con il vostro Creatore, di essere un'estensione del vostro Creatore. Sapete di avere una Presenza IO SONO, che è un Essere spirituale che risiede in un regno superiore, ma non capite appieno che la vostra Presenza IO SONO è un'estensione del vostro Creatore. Per aiutarvi a crescere fino a capire questo, il vostro Creatore vi dà un insegnante spirituale, che esiste allo stesso livello di vibrazione a cui è sceso il Voi Consapevole. Potete vedere e comprendere l'insegnante spirituale con il vostro attuale livello di consapevolezza e, perciò, riuscite a sentire le istruzioni dell'insegnante. Questo era davvero il Giardino dell'Eden che, come ho detto, simboleggia lo stato di coscienza che un flusso di vita aveva quando, per la prima volta, scese nelle energie più dense dell'universo materiale.

Contrariamente a quello che alcune persone pensano, o che alcune religioni insegnano, non siete stati semplicemente gettati in questo mondo senza risorsa alcuna, senza alcuna connessione con il regno spirituale. Vi fu dato un ambiente protetto, in cui avevate un maestro amorevole, che poteva darvi delle istruzioni. Il potenziale più elevato per questo ambiente era che non avreste solo seguito le istruzioni del maestro ma che avreste visto al di là delle istruzioni esteriori ed ottenuto un senso d'unità con l'insegnante, ottenendo così lo stesso livello di consapevolezza spirituale, lo stesso livello di realizzazione dell'insegnante. Questo vi avrebbe portati poi più in alto nella vostra unità con Dio, fino al punto in cui non avreste più potuto perdere quel senso d'unità, perché ora sareste stati permanentemente identificati con la vostra Presenza IO SONO. Avreste interiorizzato ed accettato appieno il fatto che siete un'estensione di Dio e che il Voi Consapevole può identificarsi con il Tutto del vostro Creatore, persino con il Tutto del puro Essere di Dio.

***

Molti flussi di vita seguirono invero la via della conquista dell'unità con il maestro esterno, ottenendo così l'unità con la parte più grande del loro stesso essere. Potremmo chiamarlo il sentiero della vita abbondante, in quanto, finché mantenete la connessione con il regno spirituale, avrete una sensazione di abbondanza nella vostra vita. Tuttavia, alcuni flussi di vita scelsero di ignorare l'opportunità di ottenere l'unità con l'insegnante esterno, come trampolino per ottenere l'unità con il Dio interno. Invece seguirono un altro insegnante esterno, il falso insegnante, che rappresenta la separazione da Dio, al posto dell'unità con Dio. Anziché l'unità, il falso insegnante vuole ubbidienza cieca che, per un flusso di vita che è rimasto bloccato nello stato in cui non vuole prendere delle decisioni, può essere più facile da dare – è semplicemente la via più facile.

Miei amati, questa è la seconda via verso la crescita, ma purtroppo si tratta di una via carica di rischi. Il rischio principale è che un flusso di vita possa rimanere intrappolato nella coscienza di dualità e rimanerci per un tempo indefinito. Capite quello che sto dicendo qui? Teoricamente, è possibile crescere seguendo l'una o l'altra via. Se va contro le istruzioni del suo maestro spirituale, il flusso di vita inizierà a vivere una vita di lotta e di mancanza d'abbondanza. Quindi, il flusso di vita puòimparare – attraverso l'esperienza diretta –che rimanere nel cerchio d'unità è nel suo miglior interesse. E il flusso di vita avrà ora un'esperienza pratica su cui basare la sua comprensione. Ma il rischio è che il flusso di vita possa identificarsi talmente con la coscienza di dualità da dimenticarsi del maestro spirituale, da dimenticare che esiste un'alternativa alla lotta della dualità. Potrà rimanere in questo stato di oblio a tempo indeterminato, o almeno finché il tempo assegnatogli non si esaurirà ed esso dovrà perdere il suo senso d'identità mortale. Quindi, fare la scelta di sperimentare con la coscienza di dualità è sempre un modo rischioso d'imparare. E' davvero la scuola dei colpi duri.

Come ho detto, non fu inevitabile che il vostro flusso di vita prendesse questa decisione, ma fu inevitabile che alcuni co-creatori la prendessero. Essi vollero vedere se fosse possibile diventare di più, come sosteneva il falso insegnante, separandosi dal maestro assegnato loro da Dio. All'inizio questo sembrava un gioco innocuo ed innocente e, inizialmente, era abbastanza innocuo. Fintantoché il Voi Consapevole manteneva una certa connessione con la Presenza IO SONO, voi potevate sperimentare con la coscienza di dualità senza esserne intrappolati. Il problema è che la coscienza di dualità è talmente insidiosa che molti co-creatori non si resero conto di stare incominciando ad identificarsi con essa. Questo avveniva così gradualmente che essi non erano pienamente consapevoli di ciò che stava accadendo, e questa consapevolezza non è arrivata fino al momento della verità che ho descritto. Dopo il verificarsi del momento della verità, il Voi Consapevole rispose alla situazione con sentimenti negativi di qualche tipo. Esiste una varietà di sentimenti del genere, per esempio paura, rabbia o senso di colpa. Potreste aver incolpato voi stessi, aver accusato Dio, accusato il falso insegnante o accusato il vero insegnante. O potreste aver avuto altri sentimenti negativi. Ma dietro a tutti questi sentimenti, c'era il riconoscimento che avevate perduto la vostra innocenza – il vostro senso d'unità interiore con la vostra Presenza IO SONO –, il riconoscimento che eravate caduti in disgrazia. Quello che è successo è che, siccome il Voi Consapevole vedeva tutto attraverso il filtro della dualità, esso osservava anche il momento della verità in termini dualistici. Dato che vedevate tutto attraverso la coscienza di separazione, voi rispondevate negativamente al momento della verità e cercavate di allontanarvene, anziché usarlo come un'opportunità per ritornare dal maestro. Una volta che avevate iniziato a correre via da Dio, l'unica opzione che potevate vedere era continuare ad allontanarvene.

Come ho detto, in quel momento il falso insegnante era lì a sussurrare nel vostro orecchio, che eravate permanentemente separati da Dio e che non potevate ritornare. Questo fu il momento cruciale. Se decideva di ignorare questa tentazione e di ritornare dal vero insegnante, il flusso di vita poteva rapidamente superare la coscienza di dualità sottomettendosi alla guida del vero maestro. Tuttavia, se decideva di dare ascolto a questa menzogna finale, ora il flusso di vita doveva affrontare l'illusione di essere permanentemente separato da Dio, dalla Presenza IO SONO. Nell'affrontare questo stato d'animo, questa sensazione di una perdita irrimediabile, spesso il flusso di vita, il Sé Consapevole, prendeva una decisione fatale.

Vedete, miei cari, il Sé Consapevole si rese conto di essere caduto per aver preso delle decisioni. Era soltanto perché il Voi Consapevole aveva il libero arbitrio, che era possibile per esso sperimentare con la coscienza di dualità. Così un numero di flussi di vita arrivò alla conclusione che se solo non avessero avuto il libero arbitrio, se solo non avessero preso delle decisioni, essi non sarebbero caduti. E, pertanto, ragionarono che il problema era il fatto che essi avevano il libero arbitrio, il problema era il fatto che prendevano delle decisioni. In altre parole, essi avevano preso la decisione sbagliata solo perché avevano la capacità di prendere delle decisioni.

Di nuovo, l'insegnante esterno era proprio lì con una tentazione: se solo avesse smesso di prendere delle decisioni, il Voi Consapevole non avrebbe più preso delle decisioni sbagliate. Pertanto, sarebbe stato riscattato, sarebbe ritornato nel paradiso perduto, seguendo un insegnante esterno che avrebbe preso le decisioni per lui. Questa è la menzogna secondo cui potete in qualche modo rimediare alle decisioni sbagliate del passato non prendendo delle decisioni sbagliate in futuro. E l'unico modo di evitare le decisioni sbagliate è smettere del tutto di prendere decisioni, permettendo ad un'autorità esterna di dirvi come comportarvi e che cosa credere.

Miei amati, quando un flusso di vita accetta questa menzogna e decide di non voler più decidere, di non voler più prendere delle decisioni, in quel momento nasce il sé mortale. Capite la verità cruciale che vi sto dicendo qui? Fin qui vi ho spiegato l'emergere del sé mortale, dicendo che le vostre decisioni dualistiche e le energie alterate, da esse generate, si accumulavano gradualmente fino a raggiungere una massa critica. E mentre questo è vero, il meccanismo sottostante è quello che vi sto spiegando qui. Il meccanismo sottostante è che il Voi Consapevole decise di non voler più prendere delle decisioni. E da quella decisione nacque un essere consapevole di sé, che aveva la capacità e la volontà di prendere decisioni per voi.

Quell'essere consapevole di sé è ciò che io ho chiamato il sé mortale e che molti psicologi chiamano ego.

Il problema con questo corso degli avvenimenti è che la vita è tutta una decisione. Non c'è modo di evitare di prendere delle decisioni. Non vi è semplicemente possibile esistere, né in questo mondo, né nel regno spirituale, senza prendere decisioni. Quindi, se il Voi Consapevole non sta prendendo decisioni, chi prenderà le decisioni nella vostra vita? Bene, miei cari, se il Voi Consapevole si rifiuta di esercitare il suo diritto e privilegio, donatogli da Dio, di prendere delle decisioni per il vostro flusso di vita, ora sarà il sé mortale a subentrare ed a prendere quelle decisioni per voi.

Il sé mortale nacque perché il Voi Consapevole si rifiutò di prendere delle decisioni. Perciò, potremmo dire che il sé mortale è progettato per essere una forza dominante, che prende le decisioni per il vostro essere. In altre parole, il sé mortale crede di essere stato creato per prendere decisioni e di essere migliore del Voi Consapevole in questo. Quindi, il sé mortale è, per la sua stessa natura, una forza aggressiva e crede di sapere meglio del Voi Consapevole come gestire la vostra vita. Questa credenza è, beninteso, pesantemente rafforzata dal principe di questo mondo, dalle forze esterne, che stanno usando il sé mortale per controllare la vostra vita. Queste forze pensano di sapere meglio di Dio come gestire l'universo. Pertanto, il sé mortale è totalmente convinto di avere ragione e che qualsiasi cosa, che contraddice i suoi punti di vista e desideri – come per esempio un maestro o un insegnamento spirituale –, abbia torto. Il problema è, naturalmente, che il sé mortale non può, per la sua stessa natura, vedere nulla che sia al di fuori della coscienza di dualità. Il sé mortale può solo pensare e ragionare nel regno della dualità e, così, qualunque decisione esso prenda per voi, non farà altro che intrappolarvi più profondamente nel regno della dualità. Quando state guardando attraverso quel filtro, la vita può sembrare un labirinto dal quale non c'è via d'uscita.

Come ho spiegato nelle chiavi precedenti, dato che si trova nel regno della dualità, il sé mortale può sempre presentare un argomento che giustifichi ciò che esso vuole fare. Il mio punto è che il sé mortale sarà sempre completamente convinto di aver ragione e che qualunque altra cosa – compresi il Voi Consapevole, un maestro spirituale o persino Dio – abbia torto. Miei amati, riuscite a vedere la questione sottile qui? Il sé mortale crede fermamente di stare gestendo la vostra vita nel miglior modo possibile e di mantenervi sull'unico sentiero giusto per la salvezza. Come ho detto, si tratta del sentiero che si basa sulla menzogna secondo la quale voi potete essere redenti non prendendo mai una decisione sbagliata. E dato che usa un ragionamento dualistico, il sé mortale potrà venire sempre fuori con un argomento che faccia sembrare sì che esso non abbia mai preso la decisione sbagliata. In realtà, tutte le sue decisioni sono sbagliate, nel senso che non vi faranno avvicinare alla vita abbondante.

Miei amati, date un'occhiata a questo pianeta e vedrete come alcune persone possano prendere le più atroci delle decisionied essere lo stesso fermamente convinte di avere ragione. Considerate – per usare un esempio universalmente riconosciuto – come una persona come Adolf Hitler abbia potuto causare la morte di milioni di persone ed essere ugualmente convinto di aver fatto la cosa giusta. Questo è ciò che gli psicologi chiamano negazione e nasce dal fatto che il vostro sé mortale ha un unico fondamentale modus operandi, ossia che esso non può sbagliare mai. E continuerà ad usare per sempre il suo ragionamento dualistico per "provare" che non ha sbagliato, qualunque cosa accada in una data situazione.

Miei amati, ho cercato di spiegarvi che, dal punto di vista di Dio, non è un disastro se voi sbagliate. Dio non vi accusa; Dio vuole semplicemente che siate liberi dall'errore e andiate avanti. Tuttavia, quando cascate nella tentazione del sé mortale e vi rifiutate di riconoscere di aver commesso un errore, non potete liberarvi da quell'errore. Continuerete invece a prendere delle decisioni in base ai vostri errori precedenti e, così, accumulerete errori su errori, in una spirale discendente che può andare avanti quasi indefinitamente. Potremmo dire che commettere un errore non sia una decisione molto cattiva, ma rifiutarsi di riconoscere e di correggere un errore è davvero una cattiva decisione, perché diventa inevitabilmente una trappola. E l'unica salvezza da quella trappola sta nel liberarvi dalla tentazione di giustificare le vostre passate azioni usando il ragionamento dualistico del sé mortale. Dovete riconoscere apertamente di aver preso una cattiva decisione e poi sostituirla con una decisione migliore.

***

Mio amato cuore, siamo arrivati ora al punto cruciale, che voglio consegnarvi in questa chiave. Il mio punto è che esiste un'unica via che porti alla salvezza, che porti alla vita immortale. E' il sentiero in cui il Voi Consapevole si risveglia alla realtà di chi è, alla realtà che Dio l'ha dotato del libero arbitrio. E dopo questa realizzazione, il Voi Consapevole deve decidere di riprendersi il potere di prendere decisioni nella vostra vita. Miei cari, non esiste, semplicemente, un altro sentiero verso la salvezza.

Esiste il sentiero che sembra giusto all'uomo, e sembra giusto all'uomo perché sembra giusto al sé mortale di ogni persona. Questo è il sentiero che dice che non avete bisogno di riprendervi il potere di prendere delle decisioni. Questo è il sentiero che dice, che potete continuare a permettere che sia qualcun altro a prendere le decisioni per voi. E poi, se continuate a seguire quel sentiero, alla fine sarete salvati.

Mio amato cuore, riuscite a vedere che questo è il sentiero che è stato preparato dai falsi insegnanti di questo mondo? Questo sentiero ha innumerevoli variazioni; si traveste in molti modi. Alcuni di essi sono apertamente religiosi, altri sembrano delle tecniche di auto-aiuto o metodi benigni per creare abbondanza nella vostra vita. Tuttavia, indifferentemente dalle apparenze, tutti fanno la stessa promessa, ovvero che seguendo una certa filosofia, praticando una certa tecnica o appartenendo ad un'organizzazione esterna, arriverete magicamente, in un modo o nell'altro, alla meta prefissa, qualunque essa sia.

Riuscite a vedere che le religioni di cui ho parlato nella chiave precedente, le religioni che rafforzano l'idolo del Dio esterno, stanno anch'esse promuovendo questo falso sentiero di salvezza? Mio amato cuore, nella Bibbia c'è un'affermazione che viene spesso trascurata dai cristiani tradizionali. E' la situazione nella quale Gesù rimproverò gli scribi e i farisei ed affermò senza dubbio alcuno che, se la vostra giustizia non supera la giustizia degli scribi e dei farisei, non entrerete affatto nel regno dei cieli (Matteo 5:20). Sono tanti i cristiani che mettono da parte questa affermazione, come applicabile solo agli scribi ed ai farisei, e trascurano completamente di cercare la trave nel proprio occhio. Non riescono affatto a rendersi conto che quello di cui Gesù stava parlando non era un gruppo specifico di persone. Egli stava parlando del falso sentiero, che sto descrivendo qui, del sentiero dove credete che aderendo alle dottrine esteriori, seguendo delle regole esteriori o partecipando a rituali o pratiche esteriori, sarete automaticamente e inevitabilmente salvati. Miei amati, riuscite a vedere che il cristianesimo tradizionale sta in effetti promuovendo questo falso sentiero dicendo che Gesù, come il salvatore esterno, è la chiave della vostra salvezza e farà tutto il lavoro per voi? La vera chiave della vostra salvezza non è il Cristo esterno, bensì il Cristo interno, attraverso il quale ottenete il senso d'unità interiore con Dio, che vi riporterà alla vostra innocenza, che vi riporterà alla Grazia, che vi ricollocherà nel regno di Dio che è dentro di voi.

Gli scribi e i farisei pensavano di essere delle persone virtuose e basavano questo ragionamento sul fatto di appartenere a quella che avevano definito come l'unica vera religione e di credere fermamente in tutte le sue dottrine esteriori e in un'interpretazione letterale di quelle dottrine. Essi seguivano inoltre tutte le regole esteriori di quella religione, regole su cosa dire, cosa mangiare, cosa indossare e come condurre ogni aspetto della loro vita. Partecipavano ai suoi rituali e pensavano che, dato che stavano facendo nella maniera giusta tutte le cose esteriori, Dio non potesse far altro che salvarli. In altre parole, essi avevano creato un'immagine della salvezza basata sull'idea che Dio era esterno e che essi potevano in qualche modo fare un patto con Dio, cosicché, se solo avessero seguito tutte le regole esteriori, Dio avrebbe semplicemente dovuto ricompensarli e farli entrare nel regno dei Cieli.

Miei amati, ho tentato di spiegarvi che il vero regno dei Cieli è all'interno di voi, perché è un senso d'unità con Dio. E soltanto questo senso d'unità è la chiave della salvezza. Come potreste possibilmente ottenere il senso d'unità interiore con Dio seguendo meccanicamente delle regole esteriori e credendo ciecamente in dottrine esteriori? Il sentiero della salvezza non è un treno, dove comprate un biglietto, salite e vi sedete, e poi potete addormentarvi, perché il macchinista guiderà il treno fino alla sua destinazione. La vera strada verso la salvezza è un sentiero che dovete camminare passo per passo, e per ogni passo che fate, mentre salite la scala a chiocciola, dovete prendere una decisione che annulli la decisione dualistica che vi ha indotti a scendere quello scalino della scala.

Capite quello che vi sto dicendo qui? Capite davvero ciò che sto dicendo? Non esiste alcun modo per ritornare nel regno di Dio senza prendere delle decisioni pienamente consapevoli. Non esiste assolutamente alcun modo in cui possiate ritornare al vostro senso d'unità interiore con Dio permettendo a qualcun altro di prendere decisioni per voi. Il vostro sé mortale, come pure qualunque autorità esterna, può prendere soltanto delle decisioni che vi fanno allontanare dall'unità con Dio.

La differenza tra un vero insegnante ed un falso insegnante è, che il vero insegnante vi darà delle intuizioni, che vi servono per prendere le migliori decisioni possibili per voi stessi. Ma il vero insegnante non prenderà mai le decisioni per voi. Il vero maestro vi darà le informazioni necessarie e poi vi lascerà prendere da soli le vostre decisioni, in quanto il vero maestro sa che è soltanto prendendo le vostre decisioni che voi crescete. D'altro canto, il falso insegnante non vi darà tutte le informazioni che vi servono. Vi nasconderà deliberatamente delle informazioni e vi darà solo le conoscenze che vi predisporranno a scegliere ciò che il falso insegnante vuole che facciate. Il falso insegnante prenderà inoltre volentieri delle decisioni per voi, e lo fa attraverso il sé mortale che, come ho spiegato, è stato progettato sin dall'inizio per prendere decisioni per voi.

Mio amato cuore, capite quello che sto dicendo qui? Esiste una via che sembra giusta all'uomo ma che finirà col portarvi alla morte. Quel falso sentiero è il permettere che siano altre persone a dirvi ciò che dovete fare, sia che si tratti di insegnanti esterne, autorità religiose, guru spirituali o esperti di prosperità auto-proclamatisi. E' anche la via del permettere che il sé mortale continui a prendere decisioni per voi, decisioni che devono inevitabilmente basarsi sulla coscienza di dualità.

Esiste un'unica via vera. Come disse Gesù: "Stretta invece è la porta e angusta la via che conduce alla vita, e pochi sono quelli che la trovano" (Matteo 7:14). E' la via in cui dovete rivendicare il vostro libero arbitrio, il vostro potere di prendere delle decisioni, e dovete prendere quelle decisioni ad ogni scalino che vi fa risalire la scala a chiocciola, finché non attraverserete finalmente quella porta in cima e non starete nel sole della vostra Presenza IO SONO. Non esiste altra via che porti alla salvezza, e questo è ciò che Gesù disse alla gente, questo è ciò che Buddha disse alla gente, questo è ciò che i profeti vedici dissero alla gente, e questo è ciò che tutti i veri maestri spirituali, che sono venuti su questo pianeta nel corso di migliaia e migliaia di anni, hanno detto alla gente. Non esiste un sentiero esteriore che porti alla salvezza; il sentiero è il sentiero interiore, dove prendete delle decisioni che vi fanno avvicinare al punto in cui accetterete, che non siete stati mai realmente separati dal vostro Dio.

***

Miei amati, questo ci porta alla questione centrale dell'esistenza umana, che è: come prendere le decisioni giuste. Se pensate a ciò che vi ho detto nelle chiavi precedenti, dovreste essere in grado di capire che non esiste assolutamente alcun modo di prendere delle decisioni giuste, se quelle decisioni si basano sul ragionamento della mente dualistica, della mente dell'anti-cristo. L'unico modo di prendere delle decisioni giuste, decisioni che vi faranno avvicinare all'unità con Dio, è quello di basare quelle decisioni sulla coscienza di Cristo. Ma come può una persona, che è discesa nella coscienza di dualità, prendere delle decisioni basandosi sulla coscienza di Cristo? Potete farlo in quanto Dio non vi ha lasciati senza consolazione. Come ha detto Gesù: "Ed io pregherò il Padre, ed Egli vi darà un altro Consolatore, perché rimanga con voi per sempre" (Giovanni 14:16).

Miei cari, vi ho detto della legge dell'equilibrio, e questa legge lavora molto a vostro favore. Vedete, la vostra sfera del sé non era destinata ad assorbire alcuna influenza esterna. Doveva essere occupata esclusivamente dal Voi Consapevole, che l'avrebbe riempito gradualmente con la luce, finché non ci sarebbe stato più spazio alcuno per l'oscurità. In altre parole, né i falsi insegnanti né i veri insegnanti hanno alcun diritto di intromettersi nella vostra sfera del sé, e né gli uni né gli altri possono farlo senza il vostro consenso. Tuttavia, quando avete creato il sé mortale, avete lasciato che una sostanza estranea, addirittura un essere estraneo, entrasse nella vostra sfera del sé. Questo divenne un punto focale per la coscienza dell'anti-cristo. Bene, secondo la legge dell'equilibrio, non è semplicemente possibile per voi esistere, se la vostra sfera del sé contiene un punto focale per la forza dell'anti-cristo e nulla per controbilanciarlo. Pertanto, per mantenere l'equilibrio, la legge richiede che, se voi lasciate che un punto focale per la coscienza dell'anti-cristo entri nella vostra sfera del sé, le forze della luce, i veri maestri spirituali, hanno anch'essi l'autorità di fornire il contrappeso inserendo un punto focale per la coscienza di Cristo.

Miei amati, fintantoché avevate una connessione interiore, diretta, con la vostra Presenza IO SONO e con un insegnante esterno, che rappresentava il Cristo, non avevate bisogno di questo punto focale nella vostra sfera del sé. Tuttavia, quando siete scesi nella coscienza di dualità e avete iniziato ad identificarvi col sé mortale, avete perso la connessione diretta con la vostra Presenza IO SONO e la vostra consapevolezza del maestro esterno. Perciò, ora era diventato necessario per i vostri insegnanti spirituali darvi qualcosa con cui rivendicare il vostro contatto col regno spirituale. Quel qualcosa divenne ciò che Gesù chiamava il consolatore, e forse vi ricordate che Gesù disse: "Egli vi insegnerà ogni cosa e vi ricorderà tutto quello che vi ho detto" (Giovanni 14:26). Ciò che Gesù stava spiegando in realtà è che il consolatore, che mi piacerebbe chiamare il vostro sé Cristico, è invero un insegnante interno che può darvi la verità di Cristo. E quando date retta a quell'insegnante interno, a quel salvatore interiore, potete avere sempre le intuizioni che vi servono per prendere delle decisioni che si basino sulla verità di Cristo, sulla roccia di Cristo, anziché sulle sabbie mobili della coscienza di dualità.

In altre parole, non c'è modo per voi di prendere delle decisioni giuste ascoltando il vostro sé mortale e i falsi insegnanti esterni a voi stessi. Ma Dio non vi ha lasciati senza consolazione, sebbene abbiate voltato le spalle al maestro esterno mandato da Dio, sebbene abbiate perso il contatto col vostro sé immortale. Dio vi ha mandato ugualmente un consolatore, nella forma del vostro sé Cristico, che dimora dentro alla vostra sfera del sé. Questo sé Cristico è il vostro insegnante interno, che può insegnarvi e vi insegnerà tutte le cose e vi rammenterà ogni cosa, affinché abbiate la migliore base possibile per prendere le decisioni giuste, decisioni che vi permetteranno di salire la scala a chiocciola e di avvicinarvi all'ultima meta dell'unità con il vostro Dio.

Questo è inoltre ciò che Gesù chiamava "la chiave della conoscenza".E forse vi ricordate che Gesù rimproverava i dottori della legge, che avevano portato via la chiave della conoscenza (Luca 11:52). La maggioranza dei cristiani non comprende questa citazione né la sua importanza cruciale. Il significato è semplice. Coloro i quali stanno seguendo il sentiero esteriore, il sentiero delineato dagli insegnanti dell'anti-cristo, hanno ignorato la chiave della conoscenza.

La chiave della conoscenza è che, dentro di voi, avete la capacità di conoscere la verità, di avere il discernimento di Cristo, che vi mette in grado di prendere le decisioni giuste. Lo fate ascoltando e seguendo le indicazioni del vostro sé Cristico.

Mio amato cuore, i dottori della legge avevano deciso di non voler seguire il sentiero interiore prendendo le proprie decisioni. Avevano deciso di voler seguire il sentiero esteriore, ovvero il sogno di una salvezza automatica. E per rafforzare la convinzione di aver ragione, essi stavano cercando di impedire a tutti gli altri di scoprire e seguire il sentiero interiore. Volevano che tutti seguissero il sentiero esteriore, perché pensavano che se tutti avessero fatto la stessa cosa, essi avrebbero avuto ragione per forza e Dio avrebbe dovuto accettarli. Naturalmente, la realtà è che tutti possono fare la stessa cosa ed avere ugualmente torto – se sono bloccati nella coscienza di dualità. E' questo che fece notare Gesù quando sfidava i dottori della legge.

Miei cari, capite l'importanza di quello che sto dicendo? La questione centrale nell'esistenza umana è che voi dovete prendere decisioni. E il problema centrale è come prendere delle decisioni giuste. Ma la realtà è che, se avete le informazioni necessarie, se avete una comprensione vera ed accurata, potrete prendere la decisione giusta in qualsiasi situazione. La decisione giusta è sempre la decisione che vi fa allontanare dalla coscienza di dualità e vi fa avvicinare all'unità con Dio. In realtà non è importante quale sia il risultato effettivo di una particolare situazione. Importante è che la situazione vi aiuti ad avvicinarvi all'unità con Dio e vi aiuti a separarvi dalle menzogne della dualità. Se vi separate dalle menzogne della dualità, ogni situazione sarà una vittoria che vi porterà più vicini alla vostra meta d'unità. Pertanto, ogni decisione che vi fa avvicinare all'unità, è una decisione giusta. E, infatti, è possibile che in una situazione particolare possiate prendere una decisione che, da un punto di vista terreno, sembri la decisione sbagliata, perché il risultato non è quello che il mondo o il vostro sé mortale vorrebbero. Eppure quella decisione vi porta più vicini all'unità con Dio e pertanto è – dal punto di vista di Dio – una decisione giusta.

Quello che sto dicendo qui è, che voi avete sempre le basi necessarie per prendere le giuste decisioni. Non siete mai senza consolazione. Purtroppo è possibile per il Voi Consapevole ignorare, o persino dimenticare, l'esistenza del consolatore. Come ho detto, il Voi Consapevole è chi pensa di essere, e se si identifica in un peccatore umano, mortale, che è separato da Dio e non può prendere delle decisioni giuste, allora quella sarà la sua "realtà" temporanea". Ma la verità è che voi non siete mai isolati da Dio, non siete mai separati, non siete mai senza consolazione e guida e avete sempre la possibilità di seguire l'invito di Gesù: "Chiedete e vi sarà dato; cercate e troverete; bussate e vi sarà aperto" (Matteo 7:7).

Miei cari, pensate che Gesù stesse facendo una promessa vana qui? Pensate che stesse dicendo questo senza avere alcuna realtà a sostegno? La maggior parte dei cristiani non comprende l'importanza di questo insegnamento, ma in realtà voi avete solo due opzioni. O Gesù era un falso insegnante, o dietro alle sue parole c'è un significato più profondo. E se siete disposti a cercare il significato più profondo, vedrete la realtà che non esiste situazione in cui siate completamente isolati da ogni guida superiore. Qualunque possa essere la situazione, avete l'opzione di chiedere aiuto. E se chiedete, riceverete una risposta. Lasciate che lo ripeta: "Se chiedete di essere guidati dal vostro sé Cristico, *riceverete sempre risposta.*"

So che questo sarà difficile da accettare per molte persone. Tuttavia, il fatto è che la risposta è sempre presente. La questione è, se la vostra mente consapevole è disposta a riconoscere la risposta, a dar retta alla risposta ed a darle seguito con l'azione. Miei cari, vi chiedo di considerare il detto popolare che dice, che quel che conta è la prima impressione. Vi chiedo di pensare ad una situazione in cui avete incontrato qualcuno per la prima volta ed avete avuto l'impressione, che non c'era da fidarsi di quella persona. Immediatamente, la vostra mente esterna ha iniziato a ragionare sul perché questa persona fosse, dopotutto, degna di fiducia, riferendosi spesso alle credenziali esteriori della persona o alla sua posizione nella società. Così, con un ragionamento, la vostra mente esterna ha eliminato la vostra prima impressione.

Miei amati, vi siete mai imbattuti in una situazione del genere, solo per scoprire dopo che la vostra prima impressione era totalmente corretta? O avete avuto delle situazioni simili, in cui avete avuto una prima impressione e la vostra mente esterna l'ha messa da parte per mezzo di qualche abile ragionamento, solo per scoprire più tardi che la vostra prima impressione era giusta? Bene, miei cari, queste situazioni sono degli esempi di quello che vi sto dicendo, ossia che voi ricevete sempre una risposta, ma che la vostra mente esterna spesso non riconosce o non fa attenzione alla risposta. Oppure la vostra mente esterna usa il ragionamento dualistico per smontare la risposta, il che, come ho detto molte volte, è sempre possibile, dato che non è mai possibile provare che la coscienza di dualità abbia torto.

Miei amati, lasciate che riformuli l'affermazione "chiedete e vi sarà dato", per renderla più chiara. "Chiedete con un cuore aperto e con una mente non giudicante, e riceverete sempre risposta." Il mio punto qui è che, per ricevere davvero una risposta dal vostro sé Cristico, dovete sforzarvi di rispettare due condizioni. La prima è che dovete essere disposti a conoscere davvero la verità. In altre parole, dovete aver deciso di essere disposti a conoscere una comprensione superiore a quella che avete attualmente, invece di volere una risposta che confermi ciò che il vostro sé mortale vuole che crediate.

Mio amato cuore, questo non è affatto così semplice come potrebbe sembrare. Posso assicurarvi che sento continuamente molti cristiani, che sono molto devoti e sinceri, che mi pregano di aiutarli e di intercedere nelle loro vite. Molte di queste persone pregano come se io fossi una qualche specie di genio della lampada, che arriva a risolvere tutti i loro problemi. Aiuterò volentieri le persone a risolvere i loro problemi, ma la chiave è che voglio aiutarle a risolvere i loro stessi problemi dando loro le intuizioni di cui hanno bisogno per prendere le decisioni giuste. Tuttavia, molti di questi cristiani non sono pronti ad accettare la comprensione superiore, la verità superiore, che serve loro per prendere delle decisioni alla maniera di Cristo. Essi non vogliono altro da me che una risposta, che confermi le loro credenze cristiane ortodosse e che non vada al di là delle loro dottrine. C'è un limite molto restrittivo all'aiuto che posso dare a queste persone, in quanto la loro mente esterna semplicemente non sentirà le risposte che io do loro. Quindi, la prima condizione è quella di chiedere con un cuore aperto e con la disponibilità ad imparare qualcosa che vada oltre la vostra attuale comprensione. Dovete essere disposti a permettere che Dio vi dia la risposta che avete bisogno di sentire, e non la risposta che il vostro sé mortale e il principe di questo mondo vogliono che sentiate. Dovete essere pronti a ricevere una risposta che vi aiuti a vedere al di là della coscienza di dualità.

La seconda condizione è quella di cercare di smascherare e neutralizzare il sé mortale e la sua tendenza ad analizzare ogni risposta che ricevete tentando di adattarla alla struttura del suo sistema di credenze dualistico. E se la risposta non si adatta a questa gabbia mentale – e naturalmente una qualsiasi risposta proveniente dalla mente di Cristo non si adatterà ad un sistema di credenze dualistico – il vostro sé mortale userà il suo ragionamento dualistico furbo per dimostrare, perché la risposta non può essere giusta e perché non dovreste prenderla sul serio. In altre parole, il vostro sé mortale sta sempre a giudicare ogni idea nuova, e se qualcosa non si adatta alla sua gabbia mentale, viene automaticamente rifiutata. Ciò che sto dicendo qui è che voi avete sempre accesso alla verità di Cristo ma che, per ricevere e riconoscere davvero quella verità di Cristo, dovete essere disposti ad andare oltre la gabbia mentale, alla prigione mentale, creata dal vostro sé mortale e dalle sue credenze dualistiche. Se siete disposti ad andare oltre, riceverete sempre una risposta. Naturalmente, ci sono molte cose che potete fare per accrescere la vostra capacità di ricevere queste risposte espandendo la vostra consapevolezza di, e la vostra connessione con, il vostro sé Cristico e la mente Cristica più grande, la Mente Cristica Universale, della quale il sé Cristico è un punto focale. Più avanti vi darò gli strumenti per raggiungere questo traguardo.

***

Potremmo dire che, mentre il Voi Consapevole iniziava ad identificarsi in un essere mortale, voi incominciaste ad ascoltare gli insegnanti dualistici, i falsi insegnanti. E questo è uno schema, uno schema di abitudini, che può essere andato avanti per moltissime vite. Per invertire quella tendenza verso il basso, dovete fare lo sforzo consapevole di spezzare la vostra codipendenza dagli insegnanti esterni, che vi dicono cosa fare. Dovete invece riscoprire e rafforzare la vostra connessione interiore col maestro interno, cioè il vostro sé Cristico, e con i veri insegnanti della Milizia Ascesa, che non vi diranno cosa fare, ma che vi daranno le informazioni che vi metteranno in grado di prendere la decisione giusta. Naturalmente, per imbarcarvi su questo sentiero, dovete prima arrivare al punto in cui il Voi Consapevole decide di essere di nuovo disposto a prendere decisioni. E per arrivare a quel punto, dovrete superare uno dei più grandi ostacoli sul sentiero spirituale, che è la paura di commettere degli errori.

Ho già commentato questa paura quando ho detto che, dopo aver avuto il momento di verità ed esservi resi conto di avere preso la decisione sbagliata, avete avuto paura di prendere decisioni. Questa è la paura che dice: dato che prendere la decisione sbagliata è una cosa così terribile, sarebbe meglio non prenderne affatto. Miei amati, spero che riusciate a vedere che questo modo di pensare è invero un prodotto della mente serpentina ed è totalmente illogico. Dice che se non prendete alcuna decisione, allora non potete prendere alcuna decisione sbagliata, ma questa è una totale illusione, una totale menzogna.

Mio amato cuore, Dio vi ha dato il libero arbitrio. Avete il diritto di fare qualunque cosa desideriate con quel libero arbitrio, ma non potete evitare di prendere decisioni. Non potete dare via la vostra capacità di fare delle scelte. Non potete dare via la vostra responsabilità di fare delle scelte. Invero, potete tentare di darla a qualcun altro, potete tentare di lasciare che sia qualcun altro a prendere le decisioni per voi, ma per fare questo, dovete prendere una decisione. Miei amati, vedete il mio punto di vista? Se permettete al vostro sé mortale o ad un falso insegnante di prendere le decisioni per voi, allora state ugualmente prendendo la decisione di farlo. E per ogni momento in cui permettete ad essi di prendere decisioni per voi, state prendendo la decisione di portare avanti questa condizione. Pertanto, non c'è scampo dal prendere decisioni. Voi state prendendo delle decisioni in ogni momento della vostra vita, e non c'è modo di evitarlo.

Ma perché vorreste evitare di prendere decisioni? Prendere decisioni, avere il libero arbitrio, è la più grande opportunità data da Dio, la più grande opportunità di trascendere se stessi e diventare di più, co-creando così la vita abbondante. E mentre è vero che prendere delle decisioni sbagliate può portare a conseguenze indesiderabili che dovrete affrontare, è altrettanto vero che potete disfare tutte le vostre decisioni sbagliate del passato prendendo le decisioni giuste nel presente. Ed è vero, sebbene questo sia il segreto che i falsi insegnanti non vogliono farvi conoscere, che voi avete sempre le basi per prendere le decisioni giuste – se cercherete apertamente le risposte dal vostro sé Cristico.

Quindi, vedete, miei amati, si tratta soltanto di spostare la vostra coscienza di quel tanto da rendervi conto che fare un errore non è affatto così terribile come le forze di questo mondo vogliono farvi credere. Ripensate all'ultima chiave, in cui ho detto che la strategia fondamentale delle forze oscure è quella di farvi credere che avete commesso un errore talmente terribile da non poter essere mai riparato. Tuttavia, ciò che vi sto dicendo qui è che ogni errore, che avete commesso, si è basato su una decisione da voi presa, una decisione basata sul ragionamento erroneo della mente della dualità. E la cosa meravigliosa riguardo ad una decisione è che ogni decisione può essere istantaneamente sostituita prendendo un'altra decisione. Qualunque cattiva decisione può essere sostituita all'istante prendendo una buona decisione. Qualunque decisione, che si basi sulla coscienza di dualità, sulla coscienza dell'anti-cristo, può essere istantaneamente sostituita prendendo una decisione che si basi sulla coscienza di unità, sulla coscienza di Cristo.

Miei amati, capite l'immensa importanza di ciò che sto dicendo qui? Potrebbe sembrare che questo non sia tanto importante; potrebbe sembrare lampante. Ma non è lampante in quanto, se aveste assorbito la verità che vi sto dicendo qui, non stareste seduti sulla Terra a leggere questo libro. Stareste seduti qui in Cielo, come un essere spirituale immortale, e io non avrei bisogno di un libro per comunicare i miei pensieri a voi. Quindi, il fatto che stiate seduti sulla Terra a leggere questo libro, dimostra che non avete assorbito appieno la verità che vi sto dando qui.

Qualunque cattiva decisione può essere sostituita prendendo una decisione che si basi sulla verità di Cristo. Se vi impegnerete a chiedere apertamente la verità di Cristo, assorbendola nella vostra coscienza, interiorizzando quella verità ed usandola poi per prendere le decisioni giuste, potrete invertire la rotta della vostra vita molto rapidamente – molto più rapidamente delle molte vite che ci sono volute per portarvi nella vostra situazione attuale. Potete fermare la spirale discendente ed iniziare una spirale positiva, ascendente, che vi porterà gradualmente lontano dal senso di lotta e vi condurrà alla vita abbondante.

***

Mio amato cuore, sono tantissime le persone che anelano all'abbondanza, ma che hanno un'immagine totalmente sbagliata di ciò che significa l'abbondanza. Tante persone pensano che la vera abbondanza significhi avere una scorta illimitata di denaro, che ricevono da qualche fonte esterna, sia che si tratti di una vincita alla lotteria o di un qualche stratagemma magico promesso da un falso insegnante. E' questo che i falsi insegnanti di prosperità promettono alla gente: che c'è un qualche sistema magico per produrre abbondanza e che, una volta che avranno abbastanza soldi, tutti i loro problemi saranno risolti. Tuttavia, come ho tentato di spiegare in una chiave precedente, avere denaro, avere qualsiasi quantità di denaro, non equivale ad avere la vita d'abbondanza. La vita abbondante è molto più del denaro, ed è per questo che non potete servire due padroni, non potete servire sia Dio sia la mammona (Matteo 6:24). Se pensate che la chiave dell'abbondanza sia avere dei soldi, non otterrete mai la vera abbondanza di Dio, che è molto più del denaro.

La vera abbondanza è sapere che siete giusti con Dio, sapere che state ritornando a casa, che ogni decisione che prendete vi avvicina al vostro traguardo ultimo d'unità con Dio. La vera vita d'abbondanza è sapere che siete un essere spirituale immortale, che è qui sulla Terra per esprimere la sua individualità divina. E sentite che state esprimendo quell'individualità divina in ogni momento. Sapete inoltre che siete destinati ad essere un co-creatore con Dio e che siete qui, non solo per soddisfare i vostri desideri, ma per co-creare il regno di Dio sulla Terra. E sapete che ogni decisione che prendete è un piccolo passo per portare quel regno più vicino ad essere una realtà fisica su questo pianeta. Perciò voi sapete di far parte del Fiume della Vita di Dio, di far parte di un movimento universale di persone, che stanno facendo ogni sforzo per avvicinarsi a Dio e per portare il regno di Dio più vicino alla manifestazione sulla Terra.

Mio amato cuore, questa è la vera abbondanza; la gioia di sapere che fate parte del Fiume della Vita, del flusso continuo della magnifica creazione di Dio. Questo va al di là di qualsiasi cosa la maggioranza delle persone sia in grado di considerare o immaginare, questo va al di là di qualunque cosa possa essere comprata per una qualsiasi somma di denaro. Questo è qualcosa che può essere determinato solo dal di dentro, ovvero quando decidete di separarvi dalla coscienza di lotta, dalla coscienza di carenza. Invece, dovete tuffarvi nel Fiume della Vita, nella coscienza d'unità, ed ora state fluendo con quel fiume. Siete nel flusso dell'abbondanza di Dio e l'abbondanza di Dio fluisce attraverso voi, perché vi rendete conto di essere l'abbondanza di Dio manifesta, siete Dio manifesto.

Mio amato cuore, è questa la vera vita abbondante che sono venuta a darvi, non una qualche scorciatoia che porti ad una ricchezza temporanea. Sono venuta a darvi la ricchezza dello Spirito, poiché, come disse Gesù: "Cercate prima il regno di Dio e tutto il resto vi sarà dato in più" (Matteo 6:33). Se seguirete il sentiero che sto delineando, è molto possibile che riceverete anche dei soldi o altre forme di abbondanza materiale. Ma per ricevere quel denaro, dovete prima cercare la vera abbondanza della coscienza di Cristo, la vera giustizia del sapere che siete giusti con Dio, perché siete ora disposti ad essere chi siete veramente, cioè un co-creatore che è qui per portare il regno di Dio a manifestarsi prendendo le decisioni giuste che si basano sulla roccia di Cristo. Questa è la base della vera abbondanza – essere chi siete, essere disposti ad esercitare il potere donatovi da Dio di assumere il dominio, prima sulla sfera del sé e poi sull'universo materiale.

Ah, miei amati, forse cominciate ad intravedere che la vita abbondante non riguarda il solo denaro, ma è molto di più? Se è così, allora permettetemi di svelarvi il motivo per cui siete venuti sulla Terra in realtà, che cosa siete venuti a portare come il vostro dono unico a questo mondo. Poiché è davvero questa la vita abbondante, l'abbondanza di fare dono dell'infinità ad un mondo finito, portando così quel mondo finito più vicino ad essere il regno infinito di Dio.

Chiave 15
Come potete avere una pace interiore se siete dipendenti dalla sicurezza esteriore?

Mio amato cuore, ora vi darò un'altra chiave essenziale, che dovete capire prima che possiate manifestare davvero la vita abbondante. Quando osservo il corso della storia e la storia dei flussi di vita individuali, compreso il vostro, vedo una cosa che impedisce davvero alla gente di manifestare la vita abbondante ed è la tendenza ad aspettare le giuste condizioni esterne prima di fare una mossa, prima di cambiare voi stessi, prima di rinunciare ad una parte del vostro sé mortale. Questo problema nasce proprio dal sé mortale, ed è una tendenza automatica ad ottenere uno stato di sicurezza definitiva. E' essenziale che voi capiate, che il sé mortale ha un conflitto innato, una contraddizione inevitabile, che non può essere risolto. Il vostro sé mortale nacque quando il Voi Consapevole decise di non voler più prendere delle decisioni, e così esso vuole prendere le decisioni per voi. Dato che il Voi Consapevole non potrà perdere mai la spinta verso l'integrità, il vostro sé mortale vuole soddisfare questo desiderio. Tuttavia, il sé mortale non può comprendere che cosa sia la vera integrità e, quindi, cerca di darvi un senso di sicurezza controllando ogni aspetto della vostra vita.

Miei amati, spero che riusciate a vedere l'argomento centrale qui, attingendo a quello che vi ho detto nelle precedenti chiavi. La fonte unica e definitiva della vera integrità è che il Voi Consapevole s'identifichi con la vostra Presenza IO SONO e prenda parte, si tuffi, nel Fiume della Vita. Soltanto quando siete nel flusso continuo dell'abbondanza di Dio – della trascendenza di sé, del divenire di più – potete essere davvero integri. Tuttavia, il sé mortale non potrà mai essere in quel flusso della vita, perché, come disse Gesù, non c'è vita in esso (Giovanni 6:53). Quindi il sé mortale non potrà darvi mai un vero senso di integrità. Pertanto cercherà di produrre un sostituto, un falso sentimento di integrità, che è quello che la Bibbia descrive come quelli che gridano pace ma pace non c'è (Geremia 6:14).

Spero che riusciate a vedere la contraddizione principale, la dicotomia principale, del sé mortale. La vera chiave dell'integrità sta nell'essere nel Fiume della Vita, che è costante trascendenza di sé. In altre parole, per essere davvero integri, dovete trascendere costantemente voi stessi, diventare costantemente più di quanto siate in questo momento. Questa è la gioia di vivere, questa è la vera integrità. Ma il sé mortale sta cercando di creare l'illusione di integrità fermando la crescita, fermando la trascendenza di sé, impedendovi di diventare di più. Il sé mortale ha un'immagine dell'integrità come qualcosa che si trova in uno stato di "perfezione", in cui tutto sta fermo e nulla cambia. Crede di poter ottenere questa perfezione controllando voi e tutti gli altri, controllando persino l'universo materiale. Quindi, il vostro sé mortale e il principe di questo mondo stanno tentando costantemente di controllare l'universo e conformarlo alle loro immagini mentali.

Purtroppo, quest'immagine di perfezione come qualcosa d'immobile è molto persuasiva e si è fatta strada in molte culture e religioni. Molte religioni insegnano l'immagine di un Dio esterno, sostenendo che questo Dio è perfetto. Pensano che se qualcosa è perfetto, non è possibile che cambi. Quindi, vedete, miei cari, il vostro sé mortale e le forze dell'anti-cristo stanno cercando costantemente di fermare la trascendenza di sé, fermare la crescita, fermare il processo di Dio, che diventa di più attraverso voi. Stanno cercando di creare un falso regno, un regno dell'uomo, in cui non esista la crescita, in cui essi avranno definito uno stato di "perfezione" che si basa sulla coscienza di dualità. E sono riusciti ad adattare la maggioranza delle persone e delle società in quella gabbia mentale, in quello stampo, per ciò che è perfetto.

Mio amato cuore, questa è un'illusione. Questo è completamente impossibile. E' un tentativo di fare qualcosa che non è semplicemente possibile fare. Come ho spiegato in precedenza, uno dei meccanismi di sicurezza inseriti nell'universo materiale è, che nulla può stare fermo. Tuttavia, dato che vi è stato dato il libero arbitrio, potete scegliere di ritirarvi dal Fiume continuo della Vita. Potete, per così dire, tirarvi su, sulla riva del fiume, e stare fermi sulla sponda, mentre il Fiume della Vita fluisce accanto a voi. Dato che Dio vi ha dato il libero arbitrio, vi ha dato la capacità di fare questo ed ha preparato l'universo materiale con un fattore ritardante, che vi permette di mantenere l'illusione che ora siete fermi nel vostro piccolo mondo, che ora avete creato un qualche stato perfetto e che se solo mantenete lo status quo, sarete per sempre in questo paradiso. Tuttavia, quest'illusione può esistere davvero soltanto nella gabbia mentale del vostro sé mortale e, come ogni aspetto del sé mortale, potrà esistere solo per un certo tempo. E' inevitabile che la forza contraente della Madre alla fine demolisca questa illusione. Ecco perché si vedono, nel corso della storia, molte civiltà che hanno invero raggiunto un alto livello di realizzazione e sono poi inspiegabilmente crollate. Bene, miei cari, queste civiltà sono crollate, perché hanno pensato di aver raggiunto la perfezione e, quindi, si sono rifiutate di trascendere se stesse. Era inevitabile che la forza contraente della Madre demolisse le torri di Babele, che esse avevano costruito credendo che quelle torri arrivassero fino ai cieli.

Miei amati, l'umanità è andata avanti con questa ricerca impossibile per migliaia e migliaia di anni, anche più a lungo di quanto venga attualmente riconosciuto dai vostri storici e scienziati. Potete continuare questa ricerca fino a quando il tempo assegnatovi non scadrà, se è questo che desiderate. Tuttavia, devo dirvi che io non sono qui per incoraggiarvi a farlo. Sono qui per incoraggiarvi a ritirarvi da questa ricerca impossibile ed a riconoscere invece l'eterna verità, che l'unica chiave della vera integrità, e l'unica vera chiave di salvezza, è rientrare nel Fiume della Vita e trascendere continuamente se stessi.

***

Siamo arrivati ora al punto essenziale che dovete capire in questa chiave. Il vostro sé mortale è programmato a fare tutto quello che può, per impedirvi di trascendere voi stessi, per impedirvi di andare oltre la gabbia mentale definita dalle sue credenze dualistiche. Il vostro sé mortale è riuscito ad indurre il Voi Consapevole a credere, almeno parzialmente, nella menzogna che la perfezione significa immobilità. Il vostro sé mortale è riuscito ad indurre il Voi Consapevole a credere che avete bisogno di sicurezza. E in molti casi esso usa l'insicurezza del mondo esterno, l'agitazione generata dalla coscienza di dualità, per farvi lottare per questo senso di stabilità, di sicurezza e di comodità. Se osservate con onestà le persone nel mondo, vedrete che, sebbene ci siano molte dipendenze esteriori, dietro a tutte queste dipendenze c'è la dipendenza dalla sicurezza, la dipendenza dalla comodità. Molte persone sono realmente dipendenti dalla sicurezza, e stanno cercando di stabilire un qualche senso di sicurezza sopra ogni altra cosa. Nel fare ciò, sono disposte a sacrificare la crescita, a fermare il motore della vita, ad uccidere la gioia di vivere. Vogliono che il processo della vita arrivi ad un arresto, in modo da poter ottenere e mantenere un senso di sicurezza basato sull'idea che se nulla cambia, nulla di male può accadere.

Miei cari, questa spinta verso la sicurezza si basa sulla paura di crescere, sulla paura di cambiare. Come ho detto, l'essenza della vita è la crescita, che significa trascendenza di sé. Ma, dato che non riesce a capire questo, il vostro sé mortale è riuscito a proiettare nel vostro essere la paura di cambiare, basata sul ragionamento che un cambiamento non può essere che in peggio, un cambiamento non può essere che un male, un cambiamento non può significare altro che perdere qualche cosa. Vi ho detto ripetutamente che voi avete il libero arbitrio e che tutto ruota intorno al Voi Consapevole e alle decisioni che prendete. Se permettete al sé mortale di prendere le decisioni per voi, non spezzerete mai questa stretta mortale della ricerca impossibile, della ricerca di sicurezza e di stabilità in un mondo che cambia costantemente ed inevitabilmente. Perché è inevitabile il cambiamento? Perché la legge di Dio è fatta per impedirvi di rimanere intrappolati in uno stato limitato. Quindi, essa comanda che dovete o cambiare, seguendo la spinta a diventare di più, o cambiare, perché la forza contraente della Madre demolirà le vostre immagini idolatriche, demolirà ciò che cercate di mantenere invariabile. Dovete cambiare attraverso la trascendenza di sé o attraverso la contrazione di sé. Se acettate un'immagine idolatrica, la forza contraente della Madre genererà una forza contraria che sfiderà quell'immagine, per rendervi liberi.

Questa ricerca impossibile di una sicurezza che non può essere ottenuta in questo mondo, è ciò che trasforma la vostra vita in una lotta continua. Vedete cosa sta accadendo qui? Il vostro sé mortale crede che se solo riuscirete ad ottenere questo senso di sicurezza definitiva, in cui nulla cambia, allora le vostre lotte saranno finite. Se solo la smetterete con tutti i tentativi di trascendere voi stessi, rimarrete per sempre in questo stato paradisiaco. Ma a causare la lotta è proprio la ricerca di stabilità, la ricerca del non cambiamento, perché vi mette in disaccordo con la vera natura della vita stessa, che è perenne cambiamento nella forma della trascendenza di sé. Quindi, l'unico modo per iniziare a liberarvi da questo senso di lotta è che il Voi Consapevole si renda conto, che il vostro sé mortale sta facendo una ricerca impossibile. Dovete capire appieno quello che vi sto dicendo, ovvero che la chiave definitiva della sicurezza e dell'integrità sta nell'essere nel flusso del Fiume della Vita, cosicché state costantemente crescendo e diventando di più, invece di cercare di rimanere sempre uguali.

Come ho detto in precedenza, la crescita non significa perdita. Come potreste possibilmente perdere quando state crescendo e diventando di più? Vedete, miei cari, nel crescere, il Voi Consapevole non può perdere mai. Ma il sé mortale e le forze di questo mondo possono invero perdere, quando il Voi Consapevole cresce e trascende i limiti che essi hanno cercato di definire per voi. Ed è per questo che essi hanno proiettato la paura di crescere nel vostro essere e l'hanno agganciata alla paura di perdere. Sono essi ad avere paura di perdere, ma sono riusciti a far sì che il Voi Consapevole si identifichi, in parte o completamente, con quella paura della perdita. Ecco perché sono così tante le persone su questo pianeta che non vogliono cambiare e temono che il cambiamento possa essere solo in peggio. Pensate a quante persone parlano dei "bei vecchi tempi" come di un tempo in cui tutto andava meglio e sostengono che il cambiamento sia stato solo in peggio. In realtà, molti dei cambiamenti che avvengono nel mondo sono chiaramente dei miglioramenti e stanno portando una maggiore abbondanza a molte persone.

Miei amati, se volete manifestare la vita d'abbondanza, che cosa vi occorrerà per ottenere quella vita abbondante? Facciamo semplicemente un esame della realtà. La realtà è che, attualmente, voi non avete la vita abbondante. Se aveste la vita abbondante, perché stareste leggendo questo libro? Quindi, se attualmente non avete la vita abbondante, che cosa vi ci vorrà per ottenere quell'abbondanza? Bene, è molto semplice. Per farvi ottenere la vita d'abbondanza, qualcosa deve cambiare. Se dovete avere qualcosa, che al presente non avete, allora qualcosa deve cambiare. E se non siete disposti a cambiare, se avete paura di cambiare, come potreste possibilmente ottenere ciò che non avete? Vedete la semplice equazione qui? Questo potrebbe sembrare un modo di ragionare molto semplice, potrebbe sembrare ingenuo, non sofisticato, o evidente, per alcuni. Ma, miei cari, se aveste davvero capito questo semplice principio, voi non stareste leggendo questo libro, vi stareste godendo la vita abbondante.

Capite quello che sto dicendo? Se dovete ottenere qualcosa che attualmente non avete, qualcosa deve cambiare, e che cos'è che deve cambiare? Bene, come ho cercato di spiegare nelle chiavi precedenti, quello che deve cambiare siete voi, il Voi Consapevole. Dovete cambiare il vostro approccio alla vita. Se il vostro approccio attuale non ha prodotto la vita d'abbondanza, l'unica possibilità realistica per manifestare l'abbondanza è cambiare il vostro approccio alla vita. Se quello che avete fatto fino ad ora non ha prodotto il risultato desiderato, allora dovete cambiare il vostro approccio. Di nuovo, considerate la definizione della follia di Albert Einstein, ossia che la follia è quando continuate a fare la stessa cosa aspettando dei risultati diversi. Miei cari, questa è la follia insita nel vostro sé mortale. Il vostro sé mortale è come un computer che è programmato a fare ripetutamente la stessa cosa. Crede davvero che se continuerà a fare la stessa cosa, se continuerà a tentare di fermare l'orologio, se continuerà a tentare di fermare la trascendenza di sé, un giorno produrrà lo stato di sicurezza definitiva in cui nulla cambia. Miei amati, il vostro sé mortale continuerà a fare questo indefinitamente, come un computer continuerà a fare la stessa cosa, finché non gli direte di fare qualcosa d'altro. Il vostro sé mortale non può cambiare il suo approccio di base, non ha la capacità di cambiare la sua stessa natura, come un computer non ha la capacità di cambiare la propria programmazione.

Perciò, l'unico che possa cambiare ciò che sta accadendo nella vostra vita è il Voi Consapevole. Dovete prendere la decisione di essere disposti a trascendere voi stessi. Dovete fare il primo passo e rinunciare ad alcune delle credenze dualistiche del vostro sé mortale, anche se potreste aver usato tali credenze per stabilire un fragile senso di sicurezza. Questo è il principio essenziale per manifestare l'abbondanza, un principio che la maggioranza delle persone – anche persone che a lungo hanno studiato l'abbondanza, persino molti dei guru dell'abbondanza – ha trascurato. Se la vostra vita deve cambiare, voi dovete cambiare. Se il vostro mondo deve cambiare, dovete iniziare col cambiare voi stessi. Se la vostra esperienza di vita deve cambiare, dovete fare il primo passo, cambiando la vostra coscienza, cambiando il vostro approccio alla vita. Tuttavia, la base stessa del cambiamento è che dovete essere disposti a rinunciare almeno ad una parte del vostro attuale senso d'identità. Dovete essere disposti a rinunciare ad alcune delle credenze dualistiche del vostro sé mortale, le credenze che vi tengono bloccati nella prigione delle limitazioni e in una sensazione di carenza. In altre parole, il principio fondamentale della crescita è che dovete essere disposti a lasciar morire il vostro attuale senso d'identità, affinché possiate rinascere ad un senso d'identità nuovo e più espanso. Ma la questione centrale qui è che voi non potete entrare in quel nuovo senso d'identità, forse non riuscite nemmeno a vedere chiaramente questo nuovo senso di sé, finché non sarete disposti a lasciar morire il vecchio senso di sé. Non potete ricevere l'abbondanza finché non sarete disposti a rinunciare ai vostri limiti. Lasciate che ve lo dica più forte che posso: "PRIMA DI POTER RICEVERE, DOVETE DARE!!!"

***

Miei cari, non può essere altrimenti, e ve ne ho già spiegato il motivo dicendovi che l'universo è uno specchio. In uno dei suoi libri Gesù ha dato una spiegazione meravigliosa di questo principio, che io userò qui. Immaginate di stare seduti davanti ad uno specchio, a guardare la vostra stessa immagine. Ora decidete di volere che l'immagine nello specchio vi sorrida. Come potrebbe accadere? Bene, può accadere solo in un modo – dovete sorridere allo specchio. Lo specchio non può far altro che riflettere la stessa immagine che viene proiettata in esso, quindi se volete che l'immagine speculare sorrida, dovete prima sorridere allo specchio. Questa è una verità lampante che tutti capiscono. Ma non tutti sono in grado di trasferirla al quadro più ampio della vita stessa. L'universo materiale è uno specchio cosmico. Non può far altro che rimandarvi ciò che voi proiettate in esso. Così, se volete che l'abbondanza si manifesti nella vostra vita, dovete prima manifestare la coscienza d'abbondanza e poi – attraverso quella coscienza – proiettare l'abbondanza nello specchio cosmico. Quando lo fate, lo specchio cosmico vi rimanderà, inevitabilmente, abbondanza.

Tuttavia, per capire come funzioni, dovete sapere che l'universo materiale ha un fattore di ritardo automatico. Pertanto, prima che il riflesso vi ritorni, ci vorrà un po' di tempo. E' questo che confonde e scoraggia tanti sinceri ricercatori spirituali. Ne parleremo più avanti, ma per ora lasciate che mi soffermi su questo punto. La maggior parte delle persone sta davvero seduta davanti allo specchio cosmico, desiderando che il mondo sorrida loro, senza essere però disposte a sorridere per primi al mondo. Stanno dicendo letteralmente: "Quando il mondo mi sorriderà, io ricambierò il sorriso. Quando il mondo mi darà ciò che voglio, sarò felice."

Miei amati, dopo tutto quello che vi ho detto nelle precedenti chiavi, riuscite finalmente a vedere che questo è un approccio inverso – che non potrà funzionare mai? Lo specchio cosmico non può rimandarvi qualcosa che non abbiate già manifestato nella vostra coscienza. Equivarrebbe ad aspettarvi che la vostra immagine in uno specchio materiale vi sorrida prima che voi sorridiate allo specchio. Non può semplicemente accadere. Il vostro sé mortale sta tentando costantemente di farlo accadere e sta cercando costantemente di farvi credere che questo possa accadere. Sta dicendo che se solo continuerete a seguire abbastanza a lungo i consigli del vostro sé mortale e del principe di questo mondo, allora, alla fine, l'universo vi sorriderà, senza che voi dobbiate sorridere per primi.

Uno degli inganni maggiori, perpetrati contro l'umanità,è la credenza che la vostra felicità dipenda interamente dalle condizioni esterne. Tuttavia, la felicità è un sentimento che avviene all'interno della vostra sfera del sé. E, come ho cercato di spiegare nelle precedenti chiavi, voi avete il potenziale di assumere il comando della vostra sfera del sé. Pertanto, potete produrre felicità – infatti *dovete* produrre felicità – dall'interno della vostra sfera del sé. Non sarete mai pienamente felici, finché accetterete l'illusione dualistica secondo la quale la vostra felicità dipende da una qualsiasi cosa esterna alla vostra sfera del sé.

Miei amati, mi rendo conto che questa è una menzogna sottile e che molte persone ci credono. Ma perché ci credono? Perché i loro sé consapevoli hanno deciso di non voler prendere delle decisioni. Così esse vogliono continuare a credere nella validità dell'approccio adottato dal sé mortale. Vogliono continuare a credere che, se solo continueranno a permettere che sia il sé mortale a prendere le decisioni per loro, alla fine sperimenteranno il paradiso promesso. Il motivo di questo desiderio è semplice. Se dovessero riconoscere che l'approccio del sé mortale non funziona, ciò significherebbe che esse devono ricominciare a prendere delle decisioni. E se non vogliono farlo, esse devono continuare a credere nell'illusione del sé mortale. Non hanno altra scelta che sostenere questa illusione e, siccome il ragionamento del sé mortale è dualistico e relativo, riescono a trovare sempre degli argomenti a sostegno delle menzogne e delle illusioni del sé mortale.

Miei cari, lasciate che approfondisca questo argomento un altro po'. L'approccio alla vita, adottato dal sé mortale, non è sostenuto solo dal ragionamento dualistico della mente dell'anti-cristo, ma è sostenuto anche dalla vostra esperienza di vita. Come ho detto, l'universo è uno specchio che vi riflette ciò che voi mandate fuori. Se voi emanate un senso di carenza, lo specchio cosmico vi rimanderà condizioni materiali in cui avrete carenza. Quindi, la credenza dualistica, secondo cui voi vivete in un universo con abbondanza limitata e potete ottenere abbondanza solo togliendola agli altri, sarà apparentemente rafforzata dalla vita stessa. Come potrebbero gli argomenti usati dal vostro sé mortale e dal principe di questo mondo essere sbagliati, quando sono sostenuti dalla vita stessa? E questo diventa un cerchio chiuso, un ragionamento circolare, un circolo vizioso, dal quale non esiste via d'uscita – eccetto quella di cercare la verità superiore della mente di Cristo.

Capite cosa sto dicendo qui? Dato che l'universo è uno specchio, le vostre credenze diventeranno delle profezie che si autorealizzeranno. Se credete di vivere in un mondo di carenza, allora sarà questa la vostra esperienza. Perciò l'unico modo per uscire dal mondo della carenza è trascendere lo stato di coscienza che produce questa esperienza. Prima di poter arrivare a vivere in un universo di abbondanza, dovete entrare in uno stato di coscienza che si basi sull'abbondanza. Come ha detto Henry Ford: "Sia che credete di potere o che credete di non potere – avete ragione!"

Tuttavia, prima di poter abbandonare il mondo della carenza, voi – ovvero il Voi Consapevole – dovete spezzare la stretta mortale dell'identificazione col sé mortale e le sue credenze dualistiche. Dovete lasciar morire il senso di sé, che avete costruito da questa identificazione con la mortalità. E solo dopo averlo lasciato morire, rinascerete ad un senso d'identità superiore. Quindi, dovete accettare il fatto che, prima di poter avere qualcosa di meglio, dovete rinunciare a ciò che avete proprio ora. E per fare questo, dovete spezzare la dipendenza dalla sicurezza, che vi impedisce di rinunciare a ciò che avete, per ricevere qualcosa che non è ancora fisicamente manifesto. Dovete sostituirla con la fede, con una conoscenza interiore che va al di là della comprensione, con la fede nel fatto che le leggi di Dio funzionano davvero e che se cercate prima il regno di Dio e la giustizia della coscienza di Cristo, invero tutto il resto vi sarà dato in aggiunta (Matteo 6:33).

***

Miei amati, la menzogna promossa dalle forze di questo mondo è che non avete bisogno di trascendere voi stessi. Se volete cambiare qualsiasi cosa nella vostra vita, se volete vedere qualsiasi cambiamento in meglio, voi – ovvero il Voi Consapevole – dovete decidere di accettare che questa è una menzogna. Dovete decidere che non cadrete più in questa tentazione di rimanere là dove siete comodi e vi sentite al sicuro. E quando avrete deciso di non accettare questa menzogna, dovrete poi fare il passo logico successivo. Dovrete superare la seconda menzogna, che è, che voi non avete ciò che vi serve – proprio ora – per trascendere voi stessi. Questa menzogna cerca di farvi credere che dobbiate aspettare certe condizioni esterne prima di poter andare avanti.

Vi ho detto che esistono un nemico interno ed un nemico esterno, che stanno cercando di controllare il Voi Consapevole. Come lo fanno? Lo fanno inducendo il Voi Consapevole a credere nella menzogna, che dentro di voi non avete ciò che serve, che siete in qualche modo incompleti o difettosi. Ed usano i vostri attuali limiti e i vostri passati errori nel tentativo di provare le proprie ragioni. Miei cari, riuscite a vedere perché il Voi Consapevole è vulnerabile a questa menzogna? E' vulnerabile per due motivi. Il primo motivo è che vi sentite non integri e, perciò, il Voi Consapevole ha una spinta ad ottenere l'integrità. Ovviamente, il Voi Consapevole non si sente integro attualmente, perché gli manca qualcosa. Questo vi rende vulnerabili al ragionamento secondo cui vi manca qualcosa, vi sentite non integri, perché non siete completi in voi stessi, perché vi serve qualcosa che non avete. Questo è ciò che vi rende vulnerabili alla seconda menzogna proiettata su di voi dalle forze di questo mondo, ovvero che vi serve qualcosa dall'esterno di voi stessi per ritornare al paradiso perduto dell'integrità. Questa menzogna afferma che voi, semplicemente, non avete ciò che è richiesto per essere integri e, pertanto, avete bisogno di qualcosa o di qualcuno dall'esterno di voi stessi. Naturalmente, quel qualcuno è il vostro sé mortale e il principe di questo mondo, che vi promettono che, se solo li seguirete ciecamente, vi condurranno in questo luogo meraviglioso che hanno definito come paradiso.

Miei amati, riuscite ad attingere a ciò che vi ho dato nelle chiavi precedenti ed a vedere attraverso questa menzogna, vedendola per quel che è? E' verissimo che il Voi Consapevole si sente non integro, perché ha perduto qualcosa che aveva nel lontano passato. E' verissimo che vi serve davvero qualcosa dall'esterno del Voi Consapevole per ristabilire il vostro senso d'integrità. Ma la menzogna è che questo qualcosa possa essere trovato solo all'esterno della vostra sfera del sé. In realtà, ciò che vi serve per ristabilire la vostra integrità può essere trovato solo all'interno della vostra sfera del sé. Il fatto è che quello che vi serve per essere integri, è riscoprire chi siete realmente, ossia un'estensione di un essere spirituale più grande, che ho chiamato la vostra Presenza IO SONO, ma che è invero un lignaggio, una gerarchia, di esseri spirituali, che risale fino al vostro Creatore. Soltanto quando ristabilirete quel senso di unità col vostro Creatore, quell'unità con tutta la vita, vi sentirete integri. E quel senso d'unità può essere stabilito solo entrando dentro alla vostra sfera del sé e trovando ciò che è giàlì dentro, ciò che c'è sempre stato, ma è stato coperto dal velo delle illusioni creato dal vostro sé mortale.

Miei cari, vedete il punto essenziale qui? Ho detto che il vostro sé mortale è, in un certo senso, come un computer, ma è più di un computer, come lo è il principe di questo mondo. I vostri due nemici sanno benissimo che cosa vi occorre per poter ristabilire l'integrità. Per mantenere la loro esistenza separata, essi devono impedirvi di ristabilire l'integrità, così che continuerete ad alimentare loro con energia alterata. Tuttavia, essi non possono impedirviper sempre di cercare l'integrità. Sebbene possano preparare molti diversivi in questo mondo, che possono indurvi ad ignorare la vostra ricerca per un certo periodo, questo non funzionerà per sempre. Le forze di questo mondo non possono impedire per sempre ad un flusso di vita di cercare la vera integrità spirituale. Quindi, ecco cosa ha fatto il principe di questo mondo: ha preparato un falso sentiero, la via che sembra giusta all'uomo ma sbocca in sentieri di morte. E la premessa fondamentale di questo falso sentiero è che voi dovete cercare l'integrità – cercare la salvezza – all'esterno di voi stessi. Esso sostiene questa menzogna affermando che il fatto, che attualmente non siate integri, dimostra che non avete – dentro di voi – ciò che è richiesto per essere integri. Perciò dovete trovare all'esterno di voi stessi, ovvero in questo mondo, ciò che vi serve.

Miei amati, ancora una volta, attingete a ciò che vi ho detto. Tutto in questo mondo è fatto di luce che vibra ad una frequenza più bassa della luce nel regno spirituale. Pertanto, nulla in questo mondo potrà mai darvi un vero senso di integrità. Qualunque quantità di denaro riusciate possibilmente ad accumulare, non potete comprare il vostro senso d'integrità con i soldi. Non esiste assolutamente alcun modo in cui possiate ristabilire il vostro senso d'integrità per mezzo del denaro o per mezzo di qualcosa che si può comprare col denaro. Miei cari, questo non è possibile, e se studiaste le vite di alcuni degli uomini più ricchi del mondo, vedreste che essi non sono stati in grado di comprare la felicità e la pace dello spirito, non importa quanti soldi possiedano. Per un certo periodo, potrebbero pensare di avere comprato l'integrità, ma quella illusione non potrà durare per sempre.

***

Mio amato cuore, questo ci porta ad un argomento che so essere scomodo per molte persone in questo mondo moderno, ovvero l'argomento della fede. Voi vivete in un'epoca della scienza, e la scienza ha fatto molto per migliorare le condizioni della vostra esistenza materiale. La scienza ha fatto molto anche per accrescere la comprensione che l'umanità ha delle leggi materiali, che guidano l'universo in cui vivete. Purtroppo, la scienza ha fatto molto anche per minare una delle qualità essenziali della vostra ricerca d'abbondanza, ossia la fede in ciò che è invisibile e che non può essere provato con mezzi che possano essere compresi dai vostri sensi fisici o dal ragionamento dualistico del vostro sé mortale. Vedete, miei cari, come dice invero la Bibbia: "La fede è fondamento delle cose che si sperano, e prova di quelle che non si vedono" (Ebrei 11:1).

Uno dei contributi preziosi della scienza è che essa ha aiutato la gente a capire il concetto delle leggi della natura. In altre parole, la scienza ha tolto un po' di mistero e di superstizione dalla vita, superstizione che era così dilagante nelle epoche precedenti ed era, in gran misura, alimentata dalla religione, dalle religioni ortodosse, che davano la falsa immagine di un Dio esterno. Mentre si tratta di uno sviluppo positivo, questo ha fatto sì che molte persone abbiano trascurato, ignorato o negato gli aspetti spirituali della vita. E come ho cercato di spiegare, se dovete manifestare la vera abbondanza e un verso senso d'integrità, non potete ignorare il fatto che siete più di un essere materiale. Dovete riconoscere la realtà che siete un essere spirituale, perché è solo così facendo chepotrete entrare dentro di voi e trovare l'integrità interiore che cercate, un'integrità che non potrà essere mai prodotta con i mezzi meccanici esistenti in questo mondo.

Quello che dovete capire è che quando la scienza dice che l'universo materiale è guidato da leggi meccaniche, che funzionano sempre, infallibilmente, nello stesso modo, c'è una certa verità in questo, ma non si tratta dell'intera verità. L'universo materiale è guidato da certe leggi, e queste leggi sono costanti nella loro funzione – funzionano in maniera meccanica, quasi come una macchina. Tuttavia, dovete anche capire che esiste una serie di leggi superiori, che potremmo chiamare leggi spirituali, e queste sono le leggi che Gesù venne a portare all'attenzione dell'umanità. E lo fece, in parte, compiendo ciò che la gente chiama miracoli.

Miei amati, qualunque scienziato vi dirà che i miracoli compiuti da Gesù non potevano semplicemente essere veri. Non è materialmente possibile camminare sulle acque, trasformare l'acqua in vino o far risuscitare i morti. Ed è vero che se fate uso solo delle leggi che esistono nel regno materiale, è impossibile per voi compiere tali opere. Tuttavia, vi ho detto che il regno materiale è soltanto la punta dell'iceberg, una parte di un insieme più grande. Il regno materiale è un'estensione del regno spirituale, il regno materiale è stato creato dalle energie del regno spirituale abbassandone le vibrazioni. Perciò, al di sotto delle leggi materiali c'è una serie più profonda di leggi spirituali, ed ecco la differenza essenziale. Quando siete intrappolati nella coscienza di dualità, potete usare soltanto le leggi materiali. Nel momento in cui il Voi Consapevole inizia ad identificarsi come un essere umano mortale, voi perdete la capacità di usare le leggi spirituali più elevate. Pertanto, una persona intrappolata nella dualità non potrà mai compiere le opere compiute da Gesù. Eppure, come disse Gesù: "Chi crede in me compirà le opere che io compio" (Giovanni 14:12). E il significato recondito è che colui che crederà in Gesù –fino al punto da seguire il suo esempio e da sforzarsi a raggiungere la coscienza di Cristo – sarà in grado di fare uso delle leggi spirituali più elevate. Quando saprete usare queste leggi spirituali, voi potrete davvero compiere i cosiddetti miracoli compiuti da Gesù. Queste gesta non erano in realtà dei miracoli, nel senso che erano inspiegabili e che potevano essere compiuti solo da Gesù. Erano dei risultati perfettamente naturali, dovuti al fatto che una persona, nella coscienza di Cristo, stesse usando le leggi spirituali più elevate, che possono superare e sostituire le leggi materiali. Quindi, il concetto della supremazia della mente sulla materia è davvero possibile, ma è soltanto la mente di Cristo che potrà darvi la vera padronanza sulla materia. E questa padronanza sulla materia non è un qualche concetto remoto. E' in effetti il piano del Creatore per voi, ed ecco perché Dio disse ai suoi co-creatori di assumere il dominio sulla Terra. Il modo definitivo di assumere il dominio sull'universo materiale è quello di avere la padronanza della mente sopra la materia, cosicché la Luce Ma-ter raffigura istantaneamente le vostre immagini mentali, senza alcun fattore ritardante.

Miei amati, riuscite a vedere la differenza qui? Quello che sto presentando, in realtà, è una nuova variante all'affermazione che l'universo è uno specchio. Uno potrebbe dire che voi – ovvero il Voi Consapevole – siete stati creati per essere un co-creatore con Dio, e non potete mai smettere di co-creare. Pertanto, non importa chi credete di essere, voi state sempre co-creando. Ma quello che co-create sarà un'espressione del vostro attuale stato di coscienza, dell'immagine che attualmente avete di voi stessi. Ciò che co-create nella vostra esperienza materiale è un'espressione del vostro stato di coscienza, dell'immagine di voi stessi e della vostra visione del mondo. Quindi, se vi identificate in un essere umano mortale, che vive in un mondo limitato, ciò che co-create sarà una manifestazione di quello stato di coscienza. Questo significa che la vostra co-creazione può far uso solo delle leggi materiali e delle energie, la cui vibrazione è già stata abbassata allo spettro di frequenze materiale. Ecco perché, come ho detto in precedenza, sarete costretti a manifestare l'abbondanza usando solo le energie che si trovano nello spettro di frequenze materiale e usando le leggi che guidano le energie in questo stato di vibrazioni. Ecco perché dovete accumulare abbondanza togliendola agli altri, invece di produrla dalla scorta universale che è inesauribile. Ecco perché, anziché un'esperienza perpetua di gioia, crescita e trascendenza di sé, la vostra vita diventa una lotta.

Miei cari, Dio vi ha dato il diritto di creare qualunque esperienza desideriate – almeno per un certo periodo. Se desiderate che la vostra vita sia una lotta, avete il diritto di creare una lotta, e avete il diritto di prolungare quella lotta finché volete. Ma dato che state leggendo questo libro, presumo che siate arrivati alla conclusione di non desiderare più la lotta, di volere qualcosa di più, qualcosa di meglio. Ed è per questo che vi sto dicendo che, se davvero desiderate qualcosa di più, dovete andare oltre il sé mortale e il suo ragionamento dualistico. Dovete andare oltre le leggi meccaniche e le energie a bassa frequenza dell'universo materiale. Tuttavia, per iniziare a far uso delle leggi spirituali, dovete fare due cose. Dovete, come ho spiegato prima in questa chiave, essere disposti a fare il primo passo. E dovete anche avere fiducia nel fatto che se continuate a fare i passi giusti, alla fine vedrete dei cambiamenti nella vostra vita.

Quello che possiamo ottenere in quest'epoca – ed era molto più difficile da raggiungere per i ricercatori spirituali nei secoli precedenti – è che possiamo attingere alle scoperte della scienza, così che, invece di avere una fede cieca, potete avere una fede che si basa sulla comprensione, che si basa sulla roccia della comprensione di Cristo. Vedete, miei cari, per secoli e secoli, molte persone religiose e spirituali hanno pensato che, per avere davvero la fede, bisogna credere ciecamente nella promessa fatta dalla vostra religione e nelle dottrine definite da quella religione – sebbene non possiate capire le leggi dietro a queste promesse e non riusciate a dare un senso alle dottrine. Come vi ho spiegato in precedenza, questa è una falsa fede, che nasce dal fatto che la religione ortodossa ha portato via la chiave della conoscenza. Pertanto la religione non può dare alle persone la comprensione richiesta per avere una fede vera, una fede che si basi sulla conoscenza interiore anziché sull'adesione cieca alle dottrine esteriori. Questa è la differenza essenziale tra la fede cieca, incoraggiata dalle religioni ortodosse, e la fede vera, incoraggiata da Gesù e da tutti i veri insegnanti spirituali nel corso dei secoli. Gesù non voleva che la gente credesse ciecamente ai suoi insegnamenti. Egli voleva che le persone usassero la chiave della conoscenza per entrare dentro di sé e per ottenere dai loro sé Cristici la comprensione, che avrebbe permesso loro di sapere, con una conoscenza interiore, che i suoi insegnamenti erano veri.

Quello che dobbiamo fare nell'epoca moderna è prendere la comprensione data dalla scienza e portarla oltre l'universo materiale. E' un'evoluzione sfortunata che la scienza si sia allontanata completamente dalla religione. Miei cari, questo è comprensibile, data la situazione della religione nel medioevo e il modo in cui la chiesa ortodossa perseguitava i primi scienziati a causa delle loro scoperte. Tuttavia, a lungo andare, non è una condizione sostenibile, perché né la scienza né la religione possono realizzare il loro vero potenziale, se lavorano l'una contro l'altra. Perciò, fino a quando la scienza e la religione saranno in guerra, l'umanità non potrà progredire nell'Era d'Oro. Sia la scienza che la religione devono seguire la legge basilare della trascendenza di sé, oppure diverranno, alla fine, obsolete. Ad un livello più personale, voi non potete ottenere la vita abbondante, se non risolvete il conflitto apparente tra la visione scientifica e quella religiosa del mondo, un conflitto a cui siete stati esposti sin dall'infanzia.

E' proprio vero, come vi ha detto la scienza, che il mondo funziona secondo certe leggi meccaniche. Tuttavia, il lato negativo della scienza, nella sua forma attuale, è che essa si rifiuta di guardare al di là dell'universo materiale. Il riconoscimento essenziale che vi serve è che, oltre le leggi materiali, esiste una serie di leggi spirituali. Anche queste leggi funzionano in maniera meccanica, nel senso che se proiettate un'immagine di lotta nello specchio cosmico, l'universo vi rifletterà delle condizioni che raffigurano il vostro senso di lotta. Se proiettate un'immagine di felicità e abbondanza nello specchio, l'universo vi rimanderà questo. Tuttavia, le leggi spirituali non sono proprio così semplici come le leggi materiali attualmente conosciute dalla scienza. Come ho detto, l'universo materiale è stato progettato con un certo fattore ritardante, che vi permette di fare degli errori senza distruggervi all'istante. Questo fattore ritardante funziona secondo le leggi meccaniche, ma dato che la scienza attualmente non riconosce nulla che sia oltre il regno materiale, gli scienziati non possono capire il funzionamento di queste leggi. Come conseguenza, la maggioranza delle persone non ha una comprensione di queste leggi. La scienza non può dare loro questa comprensione, e non può farlo nemmeno la religione ortodossa, che si aggrappa alle dottrine del passato e si rifiuta di applicare la chiave della conoscenza per acquisire una comprensione progressivamente più profonda.

In una chiave successiva, vi darò una descrizione più dettagliata dei cicli con cui l'energia fluisce dal regno spirituale attraverso i quattro livelli dell'universo materiale. Ma quello che voglio che capiate in questa chiave è che, quando decidete di cambiare il vostro approccio alla vita, quando decidete di cercare un approccio più spirituale, metterete in moto delle cause che vi verranno inevitabilmente rimandate indietro dallo specchio cosmico. Il problema è che la causa, che mettete in moto, non verrà riflessa all'istante – almeno non finché non avrete ottenuto la piena coscienza di Cristo. Prima di essere manifestata come una condizione effettiva, fisica, nella vostra vita, la causa che mettete in moto deve farsi strada attraverso il sistema energetico dell'universo materiale, e questo richiederà un po' di tempo. Inoltre, è possibile che, quando la causa inizia il suo ciclo di ritorno verso di voi, essa venga trattenuta, bloccata o deviata da certe condizioni nella vostra mente.

Quello che sto dicendo qui è, che i vostri tentativi di cambiare in meglio la vostra vita incontreranno una certa opposizione, e se voi non capite la resistenza e non fate qualcosa per contrastarla, non vedrete il risultato dei vostri sforzi. Mio amato cuore, ci sono milioni di persone intorno al mondo che mi pregano ogni giorno. Molte di queste persone mi hanno pregato per anni o per decenni, spesso chiedendo un certo cambiamento nella loro vita. Tuttavia, le loro preghiere non hanno avuto risposta e la maggioranza di esse non riesce a capire perché. Se osservate la vita, vedrete che miliardi di persone pregano Dio, in qualunque modo lo vedano, eppure le loro preghiere non hanno ricevuto risposta. Per questo motivo, alcuni hanno perso la fede ed hanno abbandonato ogni religione. Altri continuano a pregare, continuano a fare la stessa cosa, aspettandosi che un giorno Dio dia loro una risposta diversa. Quello che vi sto dicendo qui è che dovete accrescere la vostra comprensione di ciò che vi viene richiesto per manifestare quello che desiderate. Ciò che occorre è, che dovete assumere il comando della vostra vita e rimuovere attivamente i blocchi, che impediscono alle vostre preghiere di ricevere risposte, impediscono a voi di ricevere l'abbondanza di Dio. Quei blocchi sono stati creati da voi, attraverso la vostra identificazione con il vostro sé mortale, e soltanto voi potrete dis-crearli. Io non posso; Dio non mi ha dato l'autorità di entrare nella vostra sfera del sé per rimuovere i blocchi del vostro sé mortale. Non posso rimuovere le credenze dualistiche del vostro sé mortale, non posso rimuovere l'energia alterata, che avete lasciato accumularsi nella vostra sfera del sé. Siete voi che avete creato queste condizioni e avete lasciato che entrassero nella vostra sfera del sé, e siete voi che dovete rimuoverle. Quello che posso fare per voi è spiegarvi come fare questo, e lo farò nelle chiavi successive.

***

Miei amati, quello che sto cercando di spiegarvi in questa chiave, è un concetto alquanto sottile e complesso. Vedete, il manifestare l'abbondanza nella vostra vita richiede che iniziate col cambiare il vostro approccio alla vita, col cambiare la vostra coscienza. Quando incominciate a cambiare la vostra coscienza, metterete inevitabilmente in moto delle cause, e quelle cause seguiranno le leggi spirituali più elevate definite da Dio. Queste leggi sono altrettanto meccaniche e inevitabili quanto la legge di gravità. Se gettate un oggetto in aria, voi sapete che esso ricadrà sulla terra. Pertanto, se cambiate davvero la vostra coscienza, dovreste sapere che ciò si manifesterà inevitabilmente nella vostra realtà fisica. Tuttavia, la manifestazione non sarà istantanea, in quanto potreste aver creato dei blocchi che impediscono alla manifestazione di raggiungere lo spettro di frequenze materiale. E finché non rimuoverete questi blocchi, le cause che avete messo in moto rimarranno un potenziale, che non può ancora manifestarsi nella materia. Rimarrà ciò che si desidera, ma che ancora non è visibile.

Vedete la sottigliezza del punto che sto cercando di spiegare qui? Quando cambiate il vostro approccio alla vita, non potete aspettarvi – come vi promettono molti guru di prosperità – di vedere risultati istantanei. Può darsi che occorra un po' di tempo prima che vediate i risultati materiali dei vostri sforzi. Il tempo richiesto sarà individuale e dipenderà dalla quantità di blocchi che avete creato nella vostra sfera del sé. Pertanto, per cambiare davvero la vostra esperienza della vita, dovete avere una certa quantità di fede. Dovete essere disposti a fare il primo passo, senza vedere un risultato immediato dei vostri sforzi, senza avere una prova immediata che state seguendo il sentiero giusto.

Miei amati, capite quello che sto dicendo? Immaginiamo che io possa presentare un sistema di automiglioramento e che se mi seguiste, vedreste dei risultati immediati nell'universo materiale. E se avessi un sistema del genere, potreste provare all'istante che il sistema funziona. Tuttavia, l'universo materiale non funziona in questo modo. Ciò che posso fare per voi è spiegarvi come funziona il sistema energetico dell'universo materiale e che cosa è richiesto da voi per produrre cambiamenti fisici nella vostra vita. Ma dato che ci vorrà un po' di tempo prima che vediate un risultato manifesto dei vostri sforzi, dovete avere una certa fede, dovete avere la disponibilità a provarci ed a continuare a provarci, anche se non vedete un risultato istantaneo.

Miei cari, lasciate che ve lo spieghi da un'altra prospettiva. E' stato detto che un viaggio di mille miglia comincia con un unico passo, e questo illustra ciò che sto cercando di spiegare. Il processo di manifestazione dell'abbondanza nella vostra vita dovrebbe essere affrontato come un viaggio. Ci vorrà del tempo per completare il viaggio. Un viaggio di mille miglia inizia con un unico passo, ma non può essere completato da un passo. Può essere completato solo continuando a fare un piccolo passo alla volta, finché non arrivate a destinazione. Lo stesso vale per i vostri sforzi di migliorare la vostra vita. Dovete affrontarli come un viaggio. Dovete essere disposti a fare il primo passo, affinché il viaggio abbia inizio e voi non siate bloccati in uno stato di immobilità. Ma non potete aspettarvi che il primo passo vi porti, automaticamente ed istantaneamente, a destinazione. Dovete essere disposti a continuare a fare un passo alla volta, finché non vedrete dei risultati effettivi dei vostri sforzi.

Miei amati, ecco che ci troviamo di nuovo davanti ad un problema. E il problema è, fino a un certo punto, rafforzato dalla scienza e dal principe di questo mondo, dai falsi guru. La scienza ha prodotto molta tecnologia che dà alla gente delle risposte immediate, delle gratifiche istantanee. Quando entrate in una stanza buia e schiacciate un interruttore sulla parete, vi aspettate che la luce si accenda all'istante. Quando entrate nella vostra macchina e girate la chiave, vi aspettate che il motore parta immediatamente. La tecnologia ha insegnato alle persone che se non hanno all'istante i risultati attesi, c'è qualcosa che non va. Miei cari, il principe di questo mondo ha usato l'avvento della tecnologia per insinuare nelle menti di molte persone la sottile convinzione che esse abbiano diritto ad una gratifica istantanea. Questa è poi diventata un falso sentiero che è stato sfruttato da molti guru di prosperità, che vi promettono dei risultati immediati. Eppure la maggioranza delle persone, che ha creduto a queste promesse, ha scoperto che i risultati immediati, di solito, non arrivano all'istante. Il motivo è che, per ottenere davvero dei risultati, dovete cambiare la vostra coscienza, e la vostra coscienza ha parecchi strati, che devono essere tutti purificati prima che vediate un risultato materiale dei vostri sforzi.

Miei cari, sono venuta a darvi la vera via verso la vita abbondante e, pertanto, non vi prometterò risultati immediati. Difatti, farò qualcosa che molti guru di prosperità chiamerebbero un suicidio, da un punto di vista affaristico – ma poi io non dirigo un'azienda. Vi dirò – in maniera diretta e schietta – che non sperimenterete dei risultati istantanei da alcuno dei metodi che vi darò in questo libro. Posso promettervi, almeno, che non vedrete immediatamente delle immense ricchezze manifestarsi nella vostra vita. Potreste vedere un altro tipo di risultati, ossia una crescita nel senso del benessere spirituale, e questo potrebbe accadere davvero quasi istantaneamente, come risultato dell'aver seguito il sentiero che sto delineando.

Quello che farò per voi, invece, è mostrarvi la vera via verso la manifestazione dell'abbondanza. Vi dirò dei vari strati dell'universo materiale, dei vari strati della vostra stessa mente, e del come una causa, che mettete in moto con la vostra mente conscia, debba circolare attraverso quei diversi strati, prima di potersi manifestare come una condizione materiale nella vostra vita. Vi mostrerò come rimuovere sistematicamentedagli strati della vostra mente i blocchi che impediscono alla vostra visione della vita abbondante di diventare una realtà fisica. Questo è un approccio che vi darà comprensione, e su quella comprensione potrete costruire un nuovo tipo di fede. Si tratta di una fede che non è cieca. Si tratta di una fede che si basa sulla comprensione del modo in cui funziona l'universo e del motivo per cui ci vorrà del tempo prima che la vostra visione dell'abbondanza diventi una realtà fisica.

Miei amati, perché ho affrontato questo lungo processo per spiegarvi la necessità di avere fede? Perché non vi ho spiegato semplicemente come portare le cose a manifestarsi? L'ho fatto perché è essenziale che voi comprendiate, che la realtà di ciò che vi sto dicendo qui, non può essere provata se non avete fede. Vi ho detto molte volte che l'universo è uno specchio. Ho visto molte persone, che hanno letto dei libri o frequentato dei seminari per imparare a manifestare l'abbondanza nelle loro vite, applicare fedelmente i metodi dati loro. Vi ho detto che là fuori ci sono dei falsi guru, ma non tutti lo sono. Alcuni dei guru, nell'ambito della prosperità, hanno infatti certi principi veri che, se applicati, possono produrre dei risultati. Tuttavia, il problema è che se le persone applicano delle tecniche per ottenere la crescita spirituale o la prosperità, mentre hanno ancora certi dubbi riguardo alla validità o all'efficacia di quelle tecniche, allora le tecniche non potranno semplicemente funzionare. Capite il mio punto di vista qui? L'universo è uno specchio. Se proiettate dubbi nello specchio cosmico, lo specchio non potrà che rifletterevi le condizioni della vostra coscienza. Perciò, quando applicate una tecnica valida per ottenere la crescita spirituale o l'abbondanza, ma avete ancora qualche dubbio rimanente, l'universo vi rimanderà le condizioni che confermano i vostri dubbi. In altre parole, il vostro dubitare dell'efficacia della tecnica, ne minerà l'efficacia. Se dubitate che una tecnica possa funzionare, allora la tecnica non funzionerà – per voi. Ma se doveste applicare la stessa tecnica con fiducia, allora l'universo vi rifletterebbe quella fiducia e la tecnica funzionerebbe davvero.

Mio amato cuore, capite il principio essenziale che sto cercando di spiegare qui? Nel corso dei secoli, molte persone hanno preso gli insegnamenti di Gesù e hanno tentato di applicarli nella loro vita. Ma dato che avevano certi dubbi, oppure non capivano perfettamente gli insegnamenti, non hanno ottenuto i risultati desiderati. Perciò, alla fine, hanno deciso che il sentiero delineato da Gesù semplicemente non funziona.Hanno concluso che le promesse fatte dalla religione sono delle promesse vuote. Eppure devo dirvi che il sentiero delineato da Gesù funziona davvero. E il sentiero delineato da tutte le altre religioni vere, che sono parecchie, funziona davvero.

***

Miei amati, il punto essenziale che voglio trasmettervi qui è che voi avete davvero, dentro alla vostra sfera del sé, tutto quello che vi serve per manifestare la vita abbondante, per crescere spiritualmente e per ottenere la salvezza definitiva. La menzogna del principe di questo mondo è, che non avete dentro di voi ciò che vi serve per essere salvati, che avete bisogno di un salvatore esterno, che avete bisogno di qualcuno o di qualcosa dall'esterno di voi stessi per ottenere l'integrità. Questa è una menzogna, perché *avete davvero* tutto dentro di voi. Tuttavia, per usare quello che avete, dovete arrivare al punto in cui potrete applicare ciò che avete con piena fede, con una fede vera, basata sulla conoscenza e sulla comprensione. Soltanto quando applicherete con una fede totale ciò che avete, lo specchio cosmico vi rifletterà quello in cui credete, quello che già accettate come una realtà manifesta. E solo allora manifesterete i risultati che desiderate.

Capite il mio punto di vista? L'universo rispecchia condizioni materiali, che sono una rappresentazione delle immagini mentali che tenete nella vostra mente. Se la vostra immagine mentale si basa su dubbi o su assunzioni erronee, allora questo è ciò che lo specchio vi rimanderà. Se la vostra immagine mentale si basa sulla fede, che va al di là della comprensione, cioè al di là della comprensione del sé mortale, allora l'universo vi rimanderà la vita abbondante. Solo quando cambiate davvero la vostra coscienza e mettete da parte i dubbi e il modo di ragionare dualistico del sé mortale, otterrete la vita d'abbondanza che è il buon piacere del Padre darvi. Soltanto quando avete una fede assoluta in Dio e nella realtà di Dio, sarete in grado e disposti a ricevere la vita abbondante di Dio. Solo quando accettate realmente chi siete, accetterete di essere degni di ricevere la vita abbondante e di avere la capacità di portarla a manifestarsi dall'interno di voi stessi. E soltanto quando avete quella totale accettazione interiore, avrete la fede assoluta, la fede che si basa sulla roccia di Cristo, anziché sulle sabbie mobili della coscienza di dualità, la fede che vi permetterà di accettare il fatto che l'abbondanza di Dio può, in effetti, essere manifesta e rappresentata nell'universo materiale. Ecco perché la fede è davvero la sostanza delle cose desiderate, la prova delle cose non viste. Dovete avere fede nel fatto che, quando cercate la mente di Cristo e vi riallineate con la realtà di Dio, quella realtà si manifesterà nella vostra vita. Non si tratta di un pio desiderio, ma si tratta di imparare a capire come funzionano le leggi di Dio, per poi applicare quelle leggi con piena fiducia nel fatto che la vostra visione interiore diventerà una realtà manifesta – come ha dimostrato Gesù in tante occasioni.

Per favore, prendete la Bibbia e leggete delle guarigioni compiute da Gesù. Vedrete che, in ogni occasione, la fede della persona ebbe un ruolo essenziale nella guarigione. In alcuni casi, Gesù chiedeva se le persone credevano davvero che egli avesse il potere di guarire, e solo se avevano quella fede, esse venivano guarite (Matteo 9:28). In alcune occasioni, Gesù visitava una città e, a causa dell'incredulità della gente, nessuno veniva guarito (Matteo 13:58). Miei amati, questo è, di nuovo, un prodotto del fatto che l'universo è uno specchio. Se avete una fede assoluta che qualcosa accadrà, allora accadrà. Se avete dei dubbi, allora non accadrà e verranno manifestati, invece, i vostri dubbi. E così, prima di potervi spiegare in che modo le cause, messe in moto da voi, circoleranno attraverso l'universo materiale, ho avuto bisogno di spiegarvi l'importanza dell'aver fede nel processo della vita.

***

Miei amati, la chiave essenziale per manifestare l'abbondanza è, che dovete iniziare ad irradiare abbondanza. La chiave essenziale per ricevere l'abbondanza di Dio sta nel rinunciare prima ad ogni attaccamento che avete in questo mondo. Ho studiato le persone e la loro psicologia per lunghissimo tempo. Ho studiato coloro i quali cercano un'abbondanza maggiore e coloro i quali cercano una crescita spirituale di qualsiasi genere. Posso assicurarvi che il problema che, più di qualunque altra cosa, impedisce alle persone di manifestare l'abbondanza è precisamente la loro mancanza di fede.

Vedete, miei cari, c'è un problema insito che dovete capire. Quando lotta per avere l'abbondanza, la maggior parte delle persone lo fa perché sente di non averla, si sente non integra, si sente incompleta, si sente svantaggiata. E, tuttavia, fino a quando rimarrà intrappolata nella coscienza di dualità, una persona ragionerà in base alla mente dualistica. La persona sentirà di aver bisogno di ricevere qualcosa dall'esterno per avere l'abbondanza. Pertanto, quando le persone cercano l'abbondanza, è quasi inevitabile che si trovino in uno stato mentale in cui pensano di aver bisogno di ricevere. Devono trovare un modo per indurre l'universo a dar loro ciò che vogliono. Ma l'universo è uno specchio, per cui, se ciò che proiettate nello specchio è carenza, lo specchio vi rifletterà uno stato di carenza. Ma se ciò che proiettate nello specchio è uno stato d'abbondanza e una disponibilità a donare, allora l'universo vi rifletterà abbondanza, al ché l'universo e altre persone doneranno a voi. Questo fu spiegato da Gesù quando disse: "Perché a chiunque ha, sarà dato, e sarà nell'abbondanza; ma a chiunque non ha, sarà tolto anche quello che ha" (Matteo 13:12).

Miei amati, capite il punto essenziale qui? Non potete manifestare l'abbondanza finché sarete in uno stato di coscienza che vi fa sentire carenti. Non potete avere l'abbondanza, finché vi trovate in uno stato di carenza. Se inviate vuotezza nello specchio cosmico, che cosa può rimandarvi lo specchio se non altra vuotezza? L'unico modo per ricevere abbondanza è proiettare abbondanza nello specchio cosmico e, per fare questo, dovete cambiare il vostro stato mentale, cosicché non vi sentite più carenti. Dovete superare la tendenza ad aggrapparvi a ciò che avete, avendo paura di dare di quel poco che pensate di avere. Dovete entrare, invece, in uno stato di abbondanza in cui sarete disposti a dare. In altre parole, prima di poter ricevere, dovete essere disposti a dare. Prima di poter ricevere di più, dovete essere disposti a dare di quello che avete. Questo è il principio che Gesù spiegava quando disse che, se cercate di salvare la vostra vita – il vostro senso di vita mortale – la perderete (Matteo 16:25), mentre se siete disposti a perdere la vostra vita – i vostri attaccamenti ad un senso di vita limitata – per ottenere la coscienza di Cristo, troverete la vita immortale, la vita abbondante. Se cercate di aggrapparvi a ciò che avete, proietterete uno stato di carenza nello specchio cosmico e l'universo ve lo rifletterà indietro. L'unica maniera per cambiare questo è di rinunciare al vostro senso d'identità limitata. Dovete abbandonare gli attaccamenti che avete proprio ora, prima che Dio possa darvi di più.

Miei cari, lasciate che presenti quest'idea da una prospettiva diversa. Molte persone pensano che ciò che desiderano sia l'abbondanza, e le forze di questo mondo le hanno programmate a credere che debbano riceverla dal mondo materiale. In realtà, ciò che le persone desiderano è l'integrità, e questa può essere trovata solo dentro alla sfera del sé. Quando entrate dentro di voi e cercate prima il regno di Dio e la sua giustezza – l'uso giusto delle vostre facoltà creative – riceverete la vita abbondante direttamente da Dio (Matteo 6:33). Allora irradierete la coscienza d'abbondanza e lo specchio cosmico ve larimanderà inevitabilmente nella forma dell'abbondanza materiale – se è questo che davvero desiderate. Tuttavia, finché crederete di aver bisogno di qualcosa dall'esterno di voi stessi, non potrete ottenere la vera integrità. E così lo specchio cosmico non potrà far altro che riflettervi il senso di carenza.

***

Per favore, notate che quando parlo di dare, non sto necessariamente parlando del dare i vostri beni materiali. Sto parlando, essenzialmente, del dare via il vostro senso d'identità mortale, limitato, la sensazione di essere separati dall'infinito flusso d'abbondanza di Dio. Dovete rinunciare ai vostri attaccamenti emotivi alle cose di questo mondo, perché vi fanno sentire come se non poteste possibilmente essere integri senza cose terrene. Miei amati, questo è il principio della crescita che ho sfiorato prima. La crescita è, per sua stessa natura, un processo di trascendenza di sé. Quando crescete, voi diventate di più. Tuttavia, prima di poter crescere, dovete essere disposti ad abbandonare la vostra immagine mentale attuale. Potremmo dire che, prima di poter ricevere l'abbondanza di Dio, dovete essere disposti a lasciar andare il vostro attuale stato di carenza. E l'unico modo per lasciar andare lo stato di carenza, la sensazione di non avere abbastanza, è quello di essere disposti a rinunciare a ciò che avete. L'unica maniera per ottenere un più grande senso della vita è quella di essere disposti a rinunciare al vostro limitato senso della vita. Dovete essere disposti a superare i vostri attaccamenti a ciò che avete, dovete essere disposti a perdere quel limitato senso della vita, per ricevere un senso della vita più grande – il senso della vita che proietterà un'immagine più abbondante nello specchio cosmico.

Quello che sto dicendo qui è che esiste davvero una legge spirituale, che afferma, che qualunque cosa proiettiate nello specchio cosmico verrà – per il potere della vostra mente – rimandata a voi sotto forma di condizioni materiali nella vostra vita. Se cambiate la vostra mente, spostando il centro della sua attenzione dalla carenza all'abbondanza, l'universo risponderà di conseguenza. Ma per provare quella legge, dovete essere disposti a rinunciare al vostro attuale senso di limitazione e adottare un senso d'abbondanza. Poi dovete fidarvi del fatto che, in futuro, l'universo vi restituirà delle condizioni che rifletteranno il vostro nuovo stato mentale. Dovete essere disposti a dare, senza avere la certezza, una prova materiale, che riceverete la vostra giusta ricompensa. Il motivo di questo è che ci vorrà un po' di tempo perché la ricompensa circoli, ritornando da voi, per cui, nel momento in cui date, non può esserci alcuna prova materiale che riceverete pure. Dovete dare in fede, e dovete essere disposti a mantenere quella fede, finché la ricompensa non si manifesterà fisicamente. In altre parole, la legge di Dio funziona, la legge di Dio è infallibile. Ma la legge di Dio funziona restituendovi qualunque cosa voi mandiate fuori. Se avete fede nella legge – se avete fiducia nel fatto che qualunque cosa diate, vi sarà restituito moltiplicato – proverete la legge. Lo farete mantenendo la fede nel fatto che alla fine riceverete la vostra giusta ricompensa. Se dubitate della legge, o se non mantenete la fede fino alla manifestazione dei risultati materiali, proverete ugualmente la legge. Proverete che la sensazione di lotta produce la lotta.

***

Miei amati, vi ho detto in precedenza che siete stati creati per essere un co-creatore con Dio, siete stati creati per avere la luce di Dio, l'abbondanza di Dio, che fluiscono attraverso voi. Questo è il principio spiegato da Gesù quando disse: "Gratuitamente avete ricevuto, gratuitamente date" (Matteo 10:8). Per manifestare l'abbondanza nella vostra vita, dovete arrivare a vedere voi stessi come un sole, che sta costantemente irradiando un'abbondanza di luce spirituale dall'inesauribile scorta di Dio. Se sapete di avere l'accesso ad una scorta infinita della luce di Dio, perché dovreste aver paura di dare quella luce (sotto la saggia direzione del vostro sé Cristico, affinché non gettiate le vostre perle ai porci). Dovete espandere la vostra consapevolezza in modo da poter sapere che state liberamente ricevendo luce da Dio, e poi potrete darne liberamente ad altre persone. Solo quando date liberamente ciò che avete, potrete liberamente ricevere di più.

Il problema è, naturalmente, che proprio ora non vi sembra di ricevere luce spirituale da Dio. Il motivo di questo è che siete arrivati ad identificarvi con il sé mortale, e il sé mortale non può percepire il flusso dell'abbondanza di Dio. E' questo il punto essenziale – il sé mortale non potrà provare mai che la legge di Dio funziona. Perciò, per provare quella legge, dovete dar inizio al processo di separazione dal sé mortale. Tuttavia, per iniziare questo processo, dovete essere disposti a sperimentare, anche se non avete alcuna prova che il vostro esperimento funzionerà. Dovete essere disposti a dare, sebbene non abbiate alcuna prova che dimostri che riceverete. Dovete essere disposti a fare il passo successivo, anche se non sapete dove vi porterà. Capite il mio punto di vista? Per manifestare l'abbondanza nella vostra vita, dovete imparare a far uso delle leggi spirituali più elevate, che vanno oltre le leggi materiali. Il vostro sé mortale non può far uso di queste leggi, e nemmeno riconoscerle. Pertanto, dovete essere disposti ad andare al di là del sé mortale, e dovete continuare a cercare quella mente Cristica superiore, anche se per qualche tempo non vedrete dei risultati.

Miei amati, sono tante le persone che hanno incominciato ad usare una tecnica per ottenere l'abbondanza o la crescita spirituale. Ma si sono scoraggiate ed hanno smesso di farlo appena prima di essere pronte a vedere dei risultati. Ecco perché è così importante per voi capire i quattro livelli dell'universo materiale e il modo in cui le cause, che mettete in moto, devono circolare attraverso quei livelli, prima che vediate dei risultati materiali. Questa è la comprensione che vi darò nelle seguenti chiavi, e spero che essa vi permetta di costruire una fede, che si basa sulla comprensione della mente di Cristo e, pertanto, va al di là della comprensione del sé mortale. Quando avete questa fede, voi diventate disponibili a fare il primo passo verso la vita abbondante, e continuerete a fare un passo alla volta, finché non manifesterete davvero quell'abbondanza nella vostra esperienza di vita. Quindi vi prego di seguirmi, mentre vi do una comprensione più profonda dei quattro livelli dell'universo materiale e del come ogni cosa nel mondo della materia abbia avuto inizio come un'idea, come un'immagine mentale, in un regno superiore.

Chiave 16
Se c'è dell'altro tra il Cielo e la Terra, non potrà mettersi in mezzo tra me e l'abbondanza?

Mio amato cuore, ho già gettato le fondamenta per ciò che intendo dirvi in questa chiave. Vi ho detto che ogni cosa è fatta della Luce Ma-ter. Vi ho detto che il vostro Creatore ha creato la Luce Ma-ter e che questa luce è stata usata per creare delle sfere dentro alle sfere, dei mondi dentro ai mondi, che si estendono dal livello supremo della creazione di Dio fino all'universo materiale. Con la creazione di ogni sfera successiva, la vibrazione della Luce Ma-ter veniva abbassata ad un diverso spettro di frequenze. Tuttavia, dentro ad ogni sfera, esiste una quantità di frequenze, esistono diversi strati.

Vi ho detto che l'universo materiale è fatto della luce spirituale, la cui vibrazione è stata abbassata ad un certo spettro di frequenze. Tuttavia, anche nell'ambito dello spettro materiale esistono quattro diversi livelli di frequenze, o vibrazioni. Questo non è difficile da capire quando pensate a quello che avete imparato a scuola, cioè che i colori dell'arcobaleno sono fatti di luce di diversi colori. I raggi di luce hanno dei colori diversi, perché vibrano a diverse frequenze. Quindi, non è difficile immaginare che esistono quattro livelli di frequenze che formano l'universo materiale. Quando la vibrazione della luce spirituale viene abbassata, per prima cosa essa entra nello spettro più elevato del regno materiale, dove assume una certa forma. E mentre fluisce attraverso ogni livello successivo, la luce assume una forma più densa, o manifesta, finché alla fine non assume la forma più densa, il genere di forme che possono essere percepite dai vostri sensi fisici. Potremmo dire che i quattro livelli dell'universo materiale corrispondono a quattro sfere, o corpi, che insieme formano l'intero universo. L'universo materiale, che può essere percepito dai vostri sensi e dagli strumenti scientifici fatti di materia, è soltanto la punta dell'iceberg. E' il più basso dei quattro regni, espresso in vibrazioni, il che significa che ciò che è manifesto nel regno della materia è un prodotto delle cause messe in moto nei regni superiori. C'è davvero dell'altro tra il Cielo e la Terra, come disse Shakespeare, e quell'altro sono gli altri tre livelli dell'universo materiale.

***

Questa verità è nota alla gente da migliaia di anni. Era conosciuta dagli egizi e dai greci, era conosciuta da Gesù, ed egli la insegnava ai suoi discepoli, quando dava loro gli insegnamenti più profondi che non poteva dare al pubblico (Marco 4:34). Era conosciuta più tardi dagli alchimisti medievali e dai mistici cristiani, che praticavano la loro versione spirituale del Cristianesimo sotto il radar della chiesa ortodossa. Sfortunatamente, la scienza moderna si è fatta beffe delle proprie radici, ovvero degli alchimisti che parlavano dei quattro elementi, che chiamavano fuoco, aria, acqua e terra, e del quinto elemento, chiamato etere, che rappresenta il regno spirituale. La scienza ha fatto molte scoperte che, in effetti, confermano l'esistenza di questi quattro livelli dell'universo materiale, ma finora nessuno ha collegato i punti né visto i collegamenti tra la fisica, la fisica quantistica in particolare, e gli insegnamenti degli antichi. Tuttavia, questo non dovrebbe trattenervi dal considerare ciò che sto per dirvi in questa chiave.

Vi darò ancora una volta un'immagine lineare di una realtà, che non è proprio così lineare come vorrebbe la vostra mente esteriore. Quindi, vi chiedo di tenere in mente che c'è dell'altro da capire e che ciò che vi do è un'immagine alquanto semplificata. Il fatto che ci siano quattro livelli dell'universo materiale, ha una prospettiva universale ed una personale. Esistono quattro livelli dell'universo nel suo insieme ed esistono quattro livelli del vostro stesso essere, ossia della parte inferiore della vostra sfera del sé. Potremmo dire che la parte del vostro essere, che è progettata per esprimere la vostra creatività nell'universo materiale, ha quattro corpi e che il vostro corpo fisico è soltanto la punta dell'iceberg. Come immagine visiva potreste visualizzare il vostro corpo fisico circondato da un campo d'energia invisibile, quasi allo stesso modo in cui un magnete è circondato da un campo magnetico. Questo campo d'energia ha tre livelli distinti, che corrispondono ai tre livelli del vostro essere, che si trovano vibrazionalmente al di sopra del corpo fisico. Miei amati, l'esistenza di un campo d'energia del genere intorno al corpo è conosciuta alla gente da migliaia di anni. L'antica scienza dell'agopuntura si basa su questo, e oggi certe macchine fotografiche digitali possono effettivamente rendere visibile il campo energetico sullo schermo di un computer. Vi posso assicurare che, negli anni a venire, la scienza medica imparerà ad utilizzare questa tecnologia per diagnosticare e bloccare le malattie, prima che si manifestino nel corpo fisico.

E' importante che voi comprendiate, che non è il vostro corpo fisico a produrre questo campo d'energia. Sarebbe più giusto dire, invece, che è il campo d'energia a produrre il corpo fisico. Il corpo è semplicemente la punta dell'iceberg del vostro campo d'energia totale. E' quella parte del vostro essere inferiore, che vibra entro lo spettro di frequenze che può essere percepito dai vostri sensi fisici e dalla maggior parte degli strumenti scientifici. Pertanto, il vostro corpo fisico è una rappresentazione – nello spettro di frequenze che formano la materia fisica – delle immagini tenute nei vostri tre corpi superiori.

Immaginiamo di trovarci nel livello più basso del regno spirituale, pronti ad attraversare una barriera invisibile per entrare nell'universo materiale. Mentre superiamo quella barriera, ora entriamo nel livello più alto del regno materiale. Questo è ciò che gli antichi chiamavano l'elemento fuoco. Alcuni insegnamenti spirituali lo chiamano il livello eterico, o il piano eterico, alcuni lo chiamano il corpo della memoria. Io vorrei chiamarlo il livello dell'identità o il corpo d'identità. A questo livello dell'universo materiale, le energie sono ancora di una vibrazione abbastanza elevata, il che significa che sono molto fluide, che non sono affatto così dense come quelle che percepite coi vostri sensi fisici. Questo è importante, perché quanto più fluide sono le energie, tanto più facile sarà cambiare le immagini e le forme-pensiero esistenti a quel livello. In altre parole, quanto più elevata è la vibrazione, tanto più facile è cambiare le forme assunte dalla Luce Mater.

Il corpo d'identità è ciò che contiene il vostro senso d'identità personale. E' qui che è immagazzinato il senso d'identità collettivo, creato dall'umanità. Ed è qui che è immagazzinata anche la matrice inferiore per il pianeta Terra e per ogni condizione esistente su essa. Ad un livello personale, voi avete un corpo d'identità, che è la sede del vostro senso d'identità, del senso di chi siete. Esso contiene inoltre la vostra visione fondamentale del mondo, che alcuni chiamano i vostri paradigmi, ossia le vostre credenze basilari che raramente mettete in dubbio. Miei cari, questo corpo d'identità forma il livello più elevato della parte inferiore della vostra sfera del sé, della parte inferiore dell'otto. Potremmo dire che i vostri quattro corpi inferiori formano un veicolo, che è stato creato per permettervi di esprimervi nell'universo materiale, e il vostro corpo d'identità forma il livello più elevato di questo veicolo. Perciò, ogni aspetto del vostro corpo d'identità è progettato per facilitare l'espressione delle vostre capacità creative e della vostra identità divina nell'universo materiale. Potremmo dire che il vostro corpo d'identità è progettato per fare da ponte o da portale tra il regno spirituale e il regno materiale. E' solo attraverso il vostro corpo d'identità che potete mantenere una connessione con la parte superiore del vostro essere, ossia con la vostra Presenza IO SONO, che risiede permanentemente nel regno spirituale e non può scendere nelle energie più dense dell'universo materiale.

Perché è importante questo? E' importante perché, sebbene io lo chiami il vostro corpo d'identità, la vostra identità è più delle immagini conservate nel vostro corpo d'identità. In altre parole, voi siete molto di più delle immagini di voi stessi, che sono contenute nel vostro corpo d'identità. Il Voi Consapevole non è intrappolato nel vostro corpo d'identità e può davvero estendersi oltre, per identificarsi con la vostra Presenza IO SONO. Il Voi Consapevole ha bisogno del corpo d'identità solo per esprimersi nel mondo materiale. Perciò, le immagini di voi stessi, conservate nel corpo d'identità, sono invero delle immagini che si riferiscono al modo in cui il Voi Consapevole può esprimersi nel regno materiale. In altre parole, il senso d'identità nel vostro corpo d'identità è relativo all'universo materiale.

Se avete un senso d'identità completamente puro, le immagini nel vostro corpo d'identità saranno un riflesso della vostra identità spirituale, che è ancorata nella vostra Presenza IO SONO. Allora vedrete voi stessi come un essere spirituale immortale, che esprime se stesso nel regno materiale attraverso un veicolo inferiore temporaneo. Vedrete voi stessi come un essere infinito, che si esprime attraverso un'identità individualizzata e limitata, che è centrata dentro e attorno ad un corpo fisico su un pianeta specifico, chiamato Terra. Tuttavia, voi saprete sempre che siete più di questa identità, e questo è importante per evitare di rimanere intrappolati nel senso d'identità inferiore, che si riferisce all'universo materiale, al pianeta Terra e al vostro corpo fisico. Il mio punto è che, se il vostro corpo d'identità è puro, voi saprete sempre che siete più dei quattro corpi inferiori. Ma se il vostro corpo d'identità viene inquinato da immagini dualistiche, una parte del vostro sé mortale occuperà quel livello del vostro essere e inizierà ad influenzare il modo in cui vedete voi stessi. E dato che il vostro corpo d'identità è il livello più elevato del vostro essere inferiore, il vostro senso d'identità influenzerà tutto quello che accade ai livelli inferiori.

Forse avete letto che il filosofo greco, Platone, parlava di un regno di forme ideali. Si trattava di forme geometriche pure, che erano i componenti elementari basilari dell'intero universo. Quello di cui egli parlava era il regno eterico, o d'identità, nella sua forma più pura. Al livello supremo del regno d'identità si trovano davvero le forme geometriche pure che sono state progettate in un regno superiore, nella mente universale di Cristo. Queste forme geometriche sono state progettate per formare i componenti elementari, che avrebbero dato ai co-creatori di Dio una struttura sicura per i loro esperimenti con il libero arbitrio nel regno materiale. In altre parole, quando create usando le forme geometriche pure, la vostra creazione sarà sempre in armonia con le leggi di Dio e così moltiplicherete i vostri poteri creativi, anziché limitarli. Potete usare queste forme ideali per creare una manifestazione individuale che è in totale armonia con il Tutto, così che i vostri sforzi creativi valorizzeranno tutta la vita su questo pianeta, aiutando quindi a portare il regno di Dio sulla Terra. E' soltanto quando non riescono più a vedere le forme geometriche pure, ma vedono invece le forme imperfette generate dalla mente dualistica, che le persone iniziano a creare sofferenza ed a trasformare la vita in una lotta.

In precedenza vi ho dato l'immagine di un proiettore cinematografico, in cui la luce della lampadina splende attraverso la pellicola e le immagini della pellicola vengono proiettate sullo schermo. Bene, miei cari, il vostro corpo d'identità forma una pellicola, e le immagini che fate entrare nel vostro corpo d'identità, qualunque siano, formeranno il primo livello della vostra manifestazione nel mondo materiale. Non è l'unico livello, ma è il primo, e formerà le basi per tutto quello che verrà dopo.

***

Che cosa viene dopo il corpo d'identità? Di nuovo, immaginiamo di stare viaggiando dal livello più basso del regno spirituale nell'universo materiale. Prima superiamo il confine ed entriamo nel regno d'identità, e mentre viaggiamo attraverso questo regno, arriviamo ad un altro confine. Quando lo superiamo, ora entriamo al livello successivo, che è quello che gli antichi chiamavano l'elemento aria. E' anche il livello del pensiero e, pertanto, vorrei chiamarlo il vostro corpo mentale o il regno mentale.

A questo livello voi formulate dei progetti specifici per ciò che volete portare a manifestarsi. Potremmo dire che il vostro corpo d'identità stabilisce i parametri, la struttura esterna, per quello che potete manifestare. Sono quasi come le fondamenta di una casa. Al livello mentale voi prendete le idee e le forme-pensiero basilari dal corpo d'identità e le rendete più specifiche, inserendo i dettagli più minuscoli. Formate delle immagini mentali specifiche, formate una matrice più dettagliata del piano generale che esiste nel corpo d'identità. Le energie nel regno mentale sono di una vibrazione più bassa, e potremmo anche dire che sono più dense delle energie nel corpo d'identità. Questo significa che non sono proprio così fluide, non sono proprio così facili da cambiare quanto le forme-pensiero del regno d'identità. Hanno preso più struttura, più forma manifesta e, pertanto, cambiare i vostri pensieri richiede più sforzo di quanto richieda cambiare il vostro senso d'identità.

Uscendo dal regno mentale per passare nel regno successivo, entreremo in quello che gli antichi chiamavano l'elemento acqua. Questo corrisponde ai sentimenti degli esseri umani e, pertanto, vorrei chiamarlo il regno emozionale, o il corpo emozionale. Il vostro corpo emozionale è dove prendete le matrici formate nel corpo mentale e le dotate d'energia, che le mette in moto. Questo dà ai vostri piani mentali il movimento e la direzione di cui hanno bisogno per penetrare nel livello più basso e per assumere forma fisica. Potremmo dire che i vostri pensieri da soli non possono essere tradotti in azione fisica, perché non sono stati messi in moto. E' quasi come una pellicola che è dentro al proiettore, ma non si muove, per cui lo schermo mostra un'immagine fissa.

Forse avete notato come certe persone siano brave a presentare delle idée, eppure tendono a star sedute a pensare per tutto il tempo, inventando un'idea dopo un'altra, senza metterne mai in atto alcuna. Questo accade perché queste persone sono centrate nel regno mentale e non hanno sviluppato la capacità di portare alcune delle loro idée nel regno emozionale. Pertanto esse non riescono a dare a queste idée l'energia, la spinta, necessaria per portarle al quarto livello, che è il livello della manifestazione fisica. Questo livello è ciò che gli antichi chiamavano l'elemento terra, ed io vorrei chiamarlo il regno della materia, perché questo regno è dove troviamo l'energia che è diventata manifesta, o come materia fisica o come energia fisica, ovvero energia che è possibile percepire con i sensi o usare per produrre lavoro fisico. Un esempio tipico dell'energia fisica di questo tipo è l'elettricità. Il regno della materia è, inoltre, dove prendete i vostri pensieri, dotati di sentimento, e li trasformate in azione fisica.

Ora abbiamo un'immagine del flusso d'energia dal regno spirituale più basso attraverso i quattro livelli dell'universo materiale. Possiamo vedere che le condizioni che appaiono nel regno della materia, quali la vostra situazione personale su questa Terra, non compaiono dal nulla. Si potrebbe dire che le condizioni esistenti nel regno materiale siano semplicemente degli effetti di cause che vengono messe in moto ai tre livelli superiori. Tutto ha inizio come un'idea generale nel regno dell'identità, diventa più cristallizzato nel regno mentale, prende impeto nel regno emozionale e poi, finalmente, assume una forma fisica o viene trasformato in azione fisica. Vi ho detto che l'universo è uno specchio che vi rimanda ciò che ci emettete. Bene, ciò che ci emettete, è un prodotto del contenuto dei vostri quattro corpi inferiori. Potremmo dire che, mentre fluisce attraverso i quattro livelli della vostra mente, la luce di Dio raccoglie prima le immagini che si trovano nel vostro corpo d'identità. Poi la luce fluisce nel vostro corpo mentale, dove raccoglie le immagini più specifiche che sono rappresentate nei vostri pensieri, ossia le immagini mentali che tenete a questo livello. Potremmo dire che il corpo mentale forma un'altra pellicola attraverso cui la luce passa, ed ora le immagini più generiche e fluide del regno d'identità assumono le forme più specifiche dei vostri pensieri. Dopo di questo, la luce fluisce nel corpo emozionale, che forma ancora un'altra pellicola, e raccoglie i desideri che sono contenuti in questo corpo.

Il vostro corpo emozionale è il centro del desiderio e perciò viene chiamato anche il corpo del desiderio. I vostri desideri aggiungono una sensazione di necessità pressante ai vostri pensieri, facendovi spesso sentire: "Devo avere questo." Questo bisogno urgente può rendere le persone disposte a fare qualunque cosa per ottenere ciò che vogliono. Quindi, potremmo dire che i vostri desideri specificano i modi in cui siete disposti a portare i vostri pensieri nel mondo materiale. Potremmo dire che il vostro corpo mentale contiene talmente tanti pensieri che non è possibile renderli attivi tutti quanti. Che cos'è che determina quale pensiero viene portato avanti fino all'azione? Se il vostro corpo emozionale contiene sentimenti negativi intensi, come la rabbia per esempio, spesso questi vi fanno abbandonare ogni prudenza. Se non riuscite a controllare i vostri sentimenti, come potete sperare di controllare le vostre azioni, evitando così di creare delle conseguenze spiacevoli per voi stessi? Idealmente, dovreste essere in grado di scegliere la vostra risposta emotiva a qualunque situazione, affinché le emozioni negative intense non possano indurvi ad agire contro i vostri stessi interessi a lungo termine. Se non riuscite a scegliere i vostri sentimenti, spesso agirete come un robot e seguirete ciecamente la vostra programmazione emotiva.

Miei amati, spero che riusciate a capire l'immensa importanza di questo e la differenza che farebbe sulla Terra, se la maggioranza delle persone potesse comprendere il processo con cui ogni cosa nell'universo materiale viene in essere ed assume la forma specifica, che è visibile ai sensi esteriori e alla mente esteriore. Improvvisamente le persone potrebbero iniziare a vedere al di là delle apparenze superficiali, a vedere le cause più profonde dietro agli effetti, che rendono la loro vita una lotta. E mentre inizieranno a capire in che modo i livelli superiori delle loro menti influenzano le loro circostanze materiali, potranno superare la sensazione di essere delle vittime di forze e circostanze che non possono controllare. Invece di sentirsi sopraffatte o ingabbiate dalla vita, esse potranno incominciare ad assumere il controllo e cambiare consapevolmente in meglio la propria vita.

***

Il fatto essenziale, che dovete sapere, è che esistono due livelli nel processo con cui le cose vengono portate a manifestarsi fisicamente. Uno dei livelli è rappresentato dalle azioni che intraprendete. In altre parole, un'azione fisica non compare dal nulla; non ha origine al livello del corpo fisico e del cervello fisico. Un'azione inizia nel corpo d'identità, circola attraverso il corpo mentale, entra nel corpo emozionale, e solo allora viene tradotta in un'azione, in base alle scelte che fate con la vostra mente conscia. Tuttavia, le opzioni che potete vedere con la vostra mente conscia sono determinate dal contenuto dei vostri tre corpi superiori. Per esempio, se vi identificate in un essere umano mortale, che non ha alcun potere al di là del corpo fisico, i vostri pensieri si centreranno sul modo in cui usare il vostro corpo per creare abbondanza, e i vostri desideri saranno centrati sulla soddisfazione dei bisogni del corpo. Così le opzioni che sono disponibili per la vostra mente consapevole saranno limitate all'universo materiale, e troverete difficile vedere un'alternativa ad uno stile di vita centrato attorno ai bisogni del corpo fisico. In altre parole, penserete che la vita abbondante non sia altro che ricchezza materiale e piaceri del corpo.

Potremmo dire che questo livello delle vostre azioni fisiche personali rappresenti il livello personale, o immediato, dei vostri sforzi creativi, il livello che è centrato sul vostro corpo fisico e si risolve in un'azione intrapresa da quel corpo, o meglio, intrapresa da voi attraverso quel corpo. Tuttavia, esiste un altro livello, di cui la maggioranza delle persone non è consapevole. Potremmo chiamarlo il livello impersonale o a lungo termine, in quanto si estende oltre il vostro corpo attuale, anche oltre la vostra vita attuale. Non si risolve in un'azione fisica diretta, almeno non in un'azione consapevole. Questo è il livello a cui la mente impone costantemente delle immagini sulla Luce Ma-ter, inviando delle forme-pensiero nello specchio cosmico. E queste immagini sono raffigurate dalla Luce Ma-ter nella forma delle circostanze esterne che poi incontrate nella vita. Fin qui ho detto che l'universo è uno specchio e che ciò che ci emettete vi verrà rimandato. Potremmo ora osservare questo processo da una diversa prospettiva e dire che quello che sta accadendo davvero è che i quattro livelli della vostra mente stanno imponendo delle immagini sulla Luce Ma-ter, la luce che vibra entro lo spettro di frequenze dell'universo materiale. Le immagini che tenete nel vostro corpo d'identità costituiscono i parametri esteriori per le forme che la Luce Ma-ter assume. Queste immagini sono imposte dalla vostra mente sull'energia che vibra entro lo spettro di frequenze dell'identità. E soltanto dopo avere assunto la forma delle immagini contenute nel vostro corpo d'identità, essa diventa disponibile per i vostri pensieri. In altre parole, quando le immagini dell'identità vengono imposte sulla Luce Ma-ter, la vibrazione della luce viene abbassata ed essa entra nel regno mentale. Tuttavia, quando entra nel regno mentale, essa ha già assunto una certa forma basata sul vostro senso d'identità, e i vostri pensieri non possono cambiare questa forma. I vostri pensieri possono agire solo entro i parametri stabiliti al livello superiore.

Come passo successivo nel processo, le immagini che mantenete nel corpo mentale cristallizzano le immagini generali provenienti dal corpo d'identità e le rendono più specifiche. Di nuovo, questo impone una forma più densa all'energia e, quindi, ne abbassa la vibrazione, così che essa entra nel regno emozionale. Tuttavia, le vostre emozioni possono costruire solo su quello che è stato creato al livello mentale, e le vostre emozioni non hanno il potere di cambiare i vostri pensieri. Le immagini e i desideri, che avete nel corpo emozionale, danno alle immagini mentali una direzione decisiva nonché l'energia necessaria per spostarle nel regno materiale. Danno, inoltre, ai vostri pensieri una sensazione di urgenza, facendovi sentire che ora dovete agire in base ad essi. Infine, la parte della vostra mente, che è centrata nel regno materiale, rende le vostre immagini ancor più specifiche, finché non si manifestano come condizioni esterne che affrontate nella vostra vita. Questo processo non viene completato in un'unica vita, e così le condizioni che affrontate in questa vita non sono state prodotte esclusivamente in questa vita. Sono risultati di cause che avete messo in moto nelle vite precedenti inviando le immagini mentali che, in quelle incarnazioni, erano immagazzinate nei vostri quattro corpi inferiori.

Potremmo dire che il vostro corpo d'identità determina ciò che pensate di poter fare. Per esempio, se vi identificate come un essere umano mortale, vedrete solo certi modi di manifestare abbondanza. Poi i vostri pensieri traducono questa visione – o mancanza di visione – in opzioni più specifiche per quello che volete realizzare. Poi le vostre emozioni specificano i modi per realizzare i traguardi stabiliti ai livelli superiori e mettono in moto le cose. Quindi, ora che raggiunge la mente esteriore, conscia, l'energia ha già assunto una forma specifica e la vostra mente consapevole ha delle opzioni limitate per cambiare quello che è stato "scolpito nella pietra" ai livelli superiori della vostra mente. Ecco perché molte persone sentono di poter rispondere in un unico modo ad un certo tipo di situazioni. La loro risposta a situazioni specifiche – persino la loro risposta generale alla vita – è stata predeterminata ai livelli superiori della mente.

Miei cari, capite l'importanza di questo? Considerate come tante persone si sentono come bloccate, come se fossero imprigionate in circostanze che non possono controllare. Si sentono come se le loro opzioni fossero limitate e come se non avessero un posto in cui andare. Quante volte avete sentito la gente dire: "Non ho avuto altra scelta?" Ma perché sembra così spesso che non abbiate altra scelta? Il vero motivo è che la vostra mente fisica può costruire solo su ciò che è già stato messo in moto a livelli superiori, ed è per questo motivo che le persone spesso si sentono come se le loro opzioni fossero limitate. Ma le loro opzioni sono limitate solo perché esse non vedono al di là del livello della mente esteriore. Esse non vedono che le opzioni, che sono disponibili per la loro mente esteriore, sono i prodotti di ciò che ha avuto luogo ai livelli superiori della mente. E così esse possono cambiare le opzioni disponibili per la mente esteriore cambiando le immagini che tengono nelle loro menti superiori. Esse possono letteralmente cambiare ogni aspetto della loro vita cambiando il contenuto delle loro menti superiori.

Miei cari, so che questo richiederà un po' di meditazione da parte di molte persone. Il nemico interno e il nemico esterno non vogliono che voi sappiate, comprendiate e accettiate ciò che vi sto dicendo qui. Questi due nemici hanno tentato di programmare il Voi Consapevole in modo che creda che voi siate vittime di circostanze di cui non avete il controllo. Vogliono che crediate che le condizioni esterne, che affrontate in questa vita, non siano state prodotte da voi, non siano il risultato di scelte fatte da voi in questa vita o nelle vite passate. Vogliono farvi credere, pertanto, che non abbiate alcun controllo sulle vostre condizioni esterne; che siate una vittima indifesa di forze fuori dal vostro controllo e non abbiate il potere di influenzare le condizioni che affrontate qui sulla Terra. Vogliono che crediate in questa illusione, e vogliono tenervi intrappolati in quell'illusione per un periodo di tempo indefinito. La ragione è che, finché crederete di essere una vittima di forze che non sono sotto il vostro controllo, qualcosa di esterno al vostro Voi Consapevole ha il controllo della vostra vita. E quello che è esterno al Voi Consapevole è, naturalmente, sia il vostro sé mortale sia il principe di questo mondo. Se credete che qualcosa di esterno al Voi Consapevole sia in grado di controllare le vostre circostanze, il sé mortale e il principe di questo mondo avranno modo di intromettersi per controllarvi.

Mio amato cuore, capisco perfettamente che per molte persone l'immagine di essere vittime di forze o circostanze al di fuori del loro controllo sia talmente radicata nella loro coscienza e sia stata così pesantemente rafforzata dalla loro educazione, che potrà essere molto difficile squarciarla. Mi rendo conto che questo potrebbe richiedere un po' di meditazione; potrebbe richiedere un certo aggiustamento. Potrà in effetti volerci un po' di tempo prima che riusciate ad interiorizzare e ad accettare appieno ciò che vi sto dicendo qui. Tuttavia, io spero che riusciate a costruire su ciò che vi ho detto in precedenza trasferendolo sull'immagine che vi ho dato qui, sull'immagine che tutto nella vostra vita è un prodotto della luce di Dio, che fluisce attraverso i quattro livelli dell'universo materiale. In altre parole, le circostanze che sperimentate sono un prodotto della luce di Dio, che assume le forme delle immagini che tenete nel vostro corpo d'identità, nel vostro corpo mentale, nel vostro corpo emozionale e nella vostra mente fisica. Quello che sperimentate nel mondo materiale è come un film che viene proiettato sullo schermo della vita. E il contenuto effettivo del film è determinato dalle immagini, dalle pellicole, che esistono ai livelli superiori della vostra mente.

Spero che possiate usare ciò che vi ho dato in precedenza per rendervi conto che l'unico modo in cui possiate cambiare le vostre circostanze esterne e produrre l'abbondanza che desiderate, è quello di cambiare le immagini che tenete nei vostri quattro corpi inferiori. Se prendete la mia analogia dello specchio, potremmo dire che quello che proiettate nello specchio sono le immagini contenute nei vostri quattro corpi inferiori. L'universo non può far altro che rimandarvi ciò che voi proiettate nello specchio cosmico. Quindi, l'unico modo per cambiare ciò che vi ritorna, è cambiare ciò che mandate fuori, ciò che proiettate nello specchio. E l'unico modo per cambiare ciò che mandate fuori, è cambiare quello che c'è dentro di voi, cambiare le immagini che conservate nei quattro livelli della vostra mente.

Spero inoltre che riusciate a vedere che quello che ho fatto, in ogni parte di questo libro, è stato sfidare sistematicamente le immagini, le immagini dualistiche, che la maggioranza delle persone è stata educata ad accettare, è stata programmata ad accettare, dal nemico interno e dal nemico esterno. Pertanto, leggendo questo libro, avete già iniziato a sfidare le immagini che conservate ai quattro livelli della vostra mente. Avete già dato inizio al processo di purificazione dei quattro livelli della vostra mente. Vi posso assicurare che nel resto del libro vi darò vari strumenti specifici, che vi permetteranno di iniziare un processo sistematico di purificazione dei quattro livelli della vostra mente, non solo dalle immagini imperfette ma anche dalle energie alterate, che sono immagazzinate a quei quattro livelli, come risultato dell'abbassamento della vibrazione della luce di Dio causato dalle immagini imperfette che avete mantenuto.

Miei amati, sapere è potere. Quando vi rendete conto che le condizioni esterne che affrontate, sono un prodotto delle immagini che sono conservate nei quattro livelli della vostra mente, all'improvviso guadagnerete l'enorme potere di cambiare la vostra vita, cambiando semplicemente quelle immagini. Non avrete più bisogno di sentire di essere una vittima indifesa di circostanze che non avete il potere di cambiare. Invece, potrete iniziare a sentire che siete padroni del vostro destino. Tuttavia, come ho detto prima, per molte persone questo richiederà un aggiustamento importante. Molte persone sono state educate a vedersi come vittime. Molte persone accusano i genitori, la società, la cattiva sorte o Dio, per le circostanze che si trovano ad affrontare nella vita. Potrà essere difficile adattarsi ad accettare che ogni circostanza, che affrontate nella vita, è qualcosa che o è stato prodotto da voi o è stato attirato a voi come risultato delle immagini nella vostra mente. Improvvisamente tutta la responsabilità cade su di voi. VOI siete l'autore e il rifinitore del vostro destino, e non c'è nessuno da incolpare, eccetto voi stessi.

***

Miei cari, quando osservo il pianeta Terra oggi, vedo miliardi di persone che sono bloccate esattamente a questo punto, in cui non vogliono assumersi la piena responsabilità di se stesse. Non vogliono riconoscere che hanno il potenziale di cambiare ogni aspetto della loro vita, ogni aspetto delle loro circostanze, cambiando se stesse, cambiando le proprie credenze, il proprio atteggiamento e il proprio approccio alla vita. Vedo persino molti ricercatori spirituali che sono bloccati a questo livello, non riuscendo ad accettare la responsabilità piena ed ultima. Sanno che c'è un lato spirituale nella vita ed hanno continuato attivamente ad inseguire la crescita spirituale, alcuni di essi per decenni, diventando membri di organizzazioni, studiando insegnamenti e praticando tecniche mirate ad accelerare la loro crescita spirituale. Tuttavia, molti di loro sono caduti nella trappola preparata dal principe di questo mondo, cioè in quello che ho chiamato il sentiero esterno, il falso sentiero, la via che sembra giusta agli uomini ma i cui sentieri conducono alla morte. Questo è il sentiero che dice che non avete bisogno di assumere la piena e assoluta responsabilità per voi stessi, non avete bisogno realmente – veramente – di cambiare voi stessi e le immagini che conservate al livello più profondo della vostra mente. Dovete solo credere in certe dottrine, seguire certe regole esterne e praticare certe tecniche esteriori, e poi sarete automaticamente salvati, manifesterete automaticamente uno stato di coscienza superiore. Miei amati, nelle precedenti chiavi ho fatto tutto quello che sono riuscita a pensare per svelare la fallacia di questa menzogna, e spero che ora riusciate ad arrivare al punto in cui potrete finalmente accettare che questa è una falsità e capire perché è una falsità.

La chiave per capire questo sta nel rendervi conto che le immagini, che conservate nei quattro livelli della vostra mente, non sono apparse là dal nulla. In precedenza ho detto, che voi avete il comando della vostra sfera del sé, che il Voi Consapevole ha – o dovrebbe avere – il controllo della vostra sfera del sé. Perciò, il Voi Consapevole dovrebbe avere il comando dei vostri quattro corpi inferiori. Nulla può entrare in quei corpi senza il vostro consenso consapevole – a meno che, naturalmente, non cediate il vostro potere di prendere decisioni e non permettiate al vostro sé mortale di decidere che cosa può entrare nella vostra mente.

Sono ben consapevole del fatto che i vostri quattro corpi inferiori sono dei veicoli d'espressione nel regno materiale, ovvero vibrano entro lo spettro di frequenze dell'universo materiale. E attualmente il regno materiale non ha la quantità di luce e di verità che troviamo nel regno spirituale. Questo è specialmente vero sul pianeta Terra, che è un pianeta piuttosto oscuro, visto da una prospettiva cosmica. Quando il vostro flusso di vita scese nel regno materiale, sul pianeta Terra, i vostro quattro corpi inferiori furono creati come un veicolo per la vostra espressione su questo pianeta. Potremmo dire che, originariamente, quei corpi formavano una sfera protetta nel regno materiale. La realtà attuale sulla Terra è, che siete circondati da immagini imperfette e da energie alterate, che stanno costantemente cercando di entrare nella vostra coscienza. Tuttavia, sebbene queste energie ed immagini possano essere molto aggressive, all'inizio eravate forniti di un muro protettivo intorno a voi, che impediva a tutte queste energie ed idee di entrare nei vostri quattro corpi inferiori. Potremmo dire che avete un sistema immunitario psichico, così come avete un sistema immunitario fisico. Nulla poteva entrare nei vostri quattro corpi inferiori senza il vostro consenso. Dovevate permettergli di entrare e, perciò, tutto quello che è entrato nei vostri quattro corpi inferiori l'ha fatto grazie ad una decisione che voi avete preso. Forse avete preso la decisione di lasciare che sia il vostro sé mortale a fare da guardiano del vostro regno, ma si tratta comunque di una decisione presa da voi.

Miei cari, so che questo pone tutta la responsabilità su di voi, ma ha anche l'effetto meraviglioso di mettere il potere nelle vostre mani, o, piuttosto, nella vostra mente. Vedete, miei amati, che assumervi la responsabilità per la vostra vita non è necessariamente una cosa infausta. In realtà è una cosa liberatoria, perché quando assumete la responsabilità della vostra vita, vi riprendete il potere di cambiare la vostra vita. Quando vi rendete conto che nulla può entrare nei vostri quattro corpi inferiori senza il vostro consenso, vi riprendete immediatamente il vostro potere di purificare i vostro quattro corpi inferiori. E' altrettanto vero che nulla può rimanere in quei corpi senza il vostro consenso. Pertanto, se svelate un'idea dualistica, un'idea che scaturisce dalla mente dell'anti-cristo, e se scegliete di non volere che l'idea rimanga nel vostro essere, allora quell'idea sarà bandita e sostituita dalla verità di Cristo, che voi avete preferito alla menzogna dell'anti-cristo.

***

Miei cari, nelle precedenti chiavi ho cercato di aiutarvi a superare ogni senso di colpa, ogni tendenza a rimproverarvi per i vostri errori. Ho fatto tutto quello ho potuto per spiegarvi, che il vostro Creatore non vuole che vi sentiate in colpa per i vostri errori. Perché l'ho fatto?

Perché so per esperienza che la cosa, che più di ogni altra impedisce alle persone di assumersi la responsabilità per la propria vita e per il proprio destino, è questa tendenza ad accusare se stessi, a sentirsi in colpa per i propri errori. Quindi, per evitare il dolore della colpa e della vergogna, si rifiutano di osservare e di riconoscere i propri errori – il che, naturalmente, impedisce loro di liberarsi da quegli errori.

Questa colpa è, come ho spiegato in precedenza, una proiezione proveniente dal principe di questo mondo, dalla mente dell'anti-cristo. Queste forze vogliono mettervi in un vicolo cieco spirituale e così vi fuorviano, inizialmente, cercando di indurvi con l'inganno a commettere un errore. Poi tentano di farvi sentire talmente in colpa per aver commesso l'errore da sentire che non potrete mai più ritornare da Dio, che non potrete mai redimervi, che non potrete essere mai liberi dalle decisioni che avete prese in passato. Miei cari, ho tentato di spiegarvi che, quando vi rendete conto che tutto quello che affrontate, ogni aspetto della vostra situazione, è il risultato di scelte che avete fatto, voi ottenete il meraviglioso potere di sostituire istantaneamente qualunque scelta fatta in passato con una decisione migliore nel presente. Questa è una cosa molto semplice da fare, una volta che avrete capito come fare e una volta che avrete accettato che voi avete il potere, che il Voi Consapevole ha il potere, di cambiare qualunque decisione abbiate preso in passato. Avete sempre il potere di sostituire una decisione non tanto buona con una migliore.

Nulla può togliervi quel potere, né il vostro sé mortale, né il principe di questo mondo. Eppure il vostro sé mortale e il principe di questo mondo stanno cercando insistentemente di farvi credere, che essi possono togliervi questo potere o che lo potete perdere facendo degli errori. Lo fanno inducendovi a sentire che siete una vittima di forze di cui non avete il controllo e che, perciò, è semplicemente impossibile per voi cambiare certe condizioni soltanto cambiando la vostra mente. Tentano di mettere in ridicolo la possibilità, che voi possiate cambiare il mondo cambiando voi stessi, e nel mondo materialistico d'oggi – dove il materialismo è il piano del principe di questo mondo – essi hanno molto successo nel far comprare alla gente la propria merce di ridicolaggine.

Miei cari, per secoli ho ascoltato la gente parlare di questa questione. Ho sentito gli scettici inventare ogni genere di argomenti, mettere in ridicolo e farsi beffe dell'idea che uno possa cambiare le circostanze esterne cambiando la propria mente. Conosco i loro argomenti, conosco la loro derisione, li ho sentiti ridere all'infinito alle idee che vi sto presentando. Tuttavia, come dice il detto popolare: "Ride bene chi ride ultimo." E vi posso assicurare che colui o colei che conosce la verità di Cristo riderà per ultimo. Una volta ascesi nel regno spirituale e sfuggiti a tutte le limitazioni mortali, sarete davvero nella condizione di ridere per ultimo.

In tutte le epoche ci sono state delle persone che hanno scoperto il potere della loro mente ed hanno usato quel potere per cambiare in meglio le loro circostanze. Alcune di esse l'hanno utilizzato per manifestare circostanze materiali migliori, finché i loro desideri non sono stati soddisfatti. Ed alcune di esse l'hanno usato per accumulare dei tesori in Cielo e per trascendere completamente il regno materiale, in modo da poter andare avanti e conquistare la vita eterna nel regno spirituale. Miei cari, Gesù è un eccellente esempio di una persona che ha usato il potere della sua mente per trascendere i cicli di rinascita, i cicli di sofferenza e di lotta. Io stessa ho fatto la stessa cosa, e nel regno spirituale ci sono numerosi esseri che sono ascesi dalla Terra. Potremmo stare seduti qui a guardare giù, a guardare i scettici che negano il potere della propria mente, e potremmo ridere. Ma noi preferiamo non ridere dei nostri fratelli e delle nostre sorelle non ascesi. Invece, preferiamo prendere la strada della compassione e tentare di illuminare i nostri fratelli e le nostre sorelle non ascesi sul fatto che anch'essi possono usare il potere della loro mente per liberarsi dai cicli apparentemente infiniti di sofferenza, dolore e limitazione.

Miei amati, sin dall'inizio di questo libro ho detto, che è il buon piacere del Padre darvi il regno. Ho detto che l'unico motivo per cui non avete l'abbondanza di Dio manifesta nella vostra vita è che qualcosa la sta bloccando. E quello che sta bloccando l'abbondanza di Dio è che voi avete creato dei blocchi nei quattro livelli della vostra mente, nei vostri quattro corpi inferiori. La vita abbondante può arrivare soltanto da un unico posto; deve venire dal regno spirituale, attraverso la vostra Presenza IO SONO. Se la vita abbondante deve essere manifestata nelle circostanze fisiche della vostra vita, la vita abbondante e la pura visione della vita abbondante, immagazzinata nella vostra Presenza IO SONO, devono essere lasciate fluire non ostacolate e intatte attraverso i quattro livelli dell'universo materiale, finché non raggiungeranno il regno della materia e saranno trasformate in condizioni fisiche. Miei cari, non esiste un altro modo in cui possiate avere la vita abbondante che Dio desidera darvi. E dato che il desiderio di Dio è che voi abbiate la vita abbondante, l'unica cosa che possa impedirvi di averla è che c'è qualcosa che la sta bloccando. E quello che la sta bloccando deve esistere tra il regno materiale dell'esperienza fisica e il regno spirituale, dove risiede la visione di Dio. Quello che sta bloccando la vita abbondante è qualcosa che si è messo in mezzo tra la visione di Dio e la vostra esperienza fisica. Ed ora vi ho spiegato che, tra la vostra esperienza fisica e la pura visione di Dio, si trovano i quattro livelli della vostra mente. Così, quando rimuoverete i blocchi esistenti nei vostri quattro corpi inferiori, la visione di Dio della vita abbondante potrà diventare manifesta come una realtà fisica per voi – se scegliete di fare la vostra parte.

Vedete, miei cari, vi ho detto che siete stati progettati per essere dei co-creatori con Dio. Siete stati progettati per arrivare al livello della vostra Presenza IO SONO e per vedere la perfetta visione d'abbondanza di Dio per voi. Quando afferrate quella visione, potrete portarla nel vostro corpo d'identità, potrete basare il vostro intero senso d'identità, l'identità relativa al modo in cui vi esprimete nel regno materiale, sulla visione di Dio della vita abbondante. Poi potrete portare quella visione al livello dei vostri pensieri e renderla ancora più specifica, mettendola in relazione con le condizioni che affrontate qui sulla Terra. Dopodiché potrete portarla al livello delle vostre emozioni e tradurla in desideri veri, nei veri desideri di Dio, che non limiteranno i vostri poteri creativi, ma li moltiplicheranno. E poi potrete usare quei desideri – la divinità che genera attraverso voi – per dare ai vostri pensieri la direzione e la spinta necessarie per essere trasformati in azione fisica e in condizioni materiali. Così potrete co-creare la vita abbondante proprio qui, sul pianeta Terra.

Tuttavia, se avete dei blocchi in uno qualsiasi dei quattro corpi inferiori, quei blocchi o falseranno o bloccheranno completamente la manifestazione, la discesa, della vita abbondante, la discesa della pura visione di Dio. Se la pellicola nel vostro corpo d'identità è alterata, falsata, sporca, o contiene immagini imperfette, quelle immagini o oscureranno o altereranno la pura visione della vostra identità e individualità divina. Allo stesso modo, le pellicole nelle parti inferiori della vostra mente possono falsare o bloccare la visione. Quindi potreste finire in una situazione in cui nessuna parte dell'originale visione di Dio per voi può raggiungere il livello della vostra mente conscia e il regno materiale. Pertanto, invece di diventare la spirale ascendente d'abbondanza sempre maggiore, che era destinata ad essere, la vostra vita diventa una lotta. Tuttavia, come ho cercato di spiegarvi, la pura visione di Dio, la visione della vita abbondante, non può essere alterata né distrutta da alcuna cosa che fate nel regno materiale. Quella visione esiste ancora al livello della vostra Presenza IO SONO, è conservata là, nella mente universale di Cristo. E, perciò, tutto quello che dovete fare è rimuovere i blocchi dai quattro livelli della vostra mente, affinché il Voi Consapevole possa ritornare al vero senso d'identità, invece di identificarsi come un essere umano limitato, che è confinato ad una serie di circostanze fuori dal suo controllo. Quando saprete chi siete e perché siete qui, potrete manifestare quella perfetta visione di Dio per la vostra vita, per il vostro viaggio nell'universo materiale.

***

Miei amati, permettetemi di spiegare ora questo concetto da una prospettiva leggermente diversa. Prima ho parlato del fatto che le persone si trovano a diversi livelli di coscienza, e adesso trasferiamo questo a ciò che vi ho detto riguardo ai quattro corpi inferiori. Ricordiamoci che il Voi Consapevole è – nel qui ed ora, nel tempo e nello spazio – quello che pensa di essere, il che significa che il vostro senso d'identità assume le immagini sulle quali centrate la vostra attenzione. Alcune persone sono completamente centrate sull'universo materiale e sui loro corpi fisici. Queste persone sono arrivate ad identificarsi esclusivamente con il mondo materiale e con il corpo fisico. Potremmo dire che i sé consapevoli di queste persone abbiano dimenticato o perduto ogni sensazione di ciò che esse sono realmente, cioè esseri spirituali immortali ed infiniti. Invece, i sé consapevoli di queste persone s'identificano nei corpi fisici, che vivono nell'universo materiale sul pianeta Terra. Queste persone credono letteralmente che l'unico modo in cui possano manifestare la vita abbondante sia attraverso il lavoro del loro corpo e l'uso della materia fisica, ovvero ciò che possono vedere e toccare coi sensi del corpo. Queste persone non hanno alcuna consapevolezza delle energie più elevate, o più sottili, che in precedenza ho chiamate energia psichica, e quindi non hanno alcuna capacità di usarle. Molte di esse non sono nemmeno in contatto con le proprie emozioni e, pertanto, non hanno alcuna capacità di usare le proprie emozioni per cambiare le loro azioni fisiche e trovare modi migliori di guadagnarsi da vivere. Allo stesso modo, esse non sono in contatto con i propri pensieri e non sono in grado di usare il potere del pensiero per trovare dei modi migliori di manifestare l'abbondanza. La loro ricerca dell'abbondanza è limitata alla materia fisica, alle energie che sono già state portate al livello più basso dell'universo materiale, il regno della materia. Sono letteralmente quelli che dovranno guadagnarsi da vivere col sudore della loro fronte (Genesi 3:19). Vedrete che molte di esse lavorano per una vita intera vendendo il proprio lavoro al miglior offerente. Queste sono le persone che lavorano senza avere mai la possibilità di raccogliere più abbondanza di quanta riescano ad accumulare lavorando per un salario fisso. Non sto dicendo che questo sia necessariamente sbagliato; sto dicendo semplicemente che non potrà mai portare queste persone a manifestare un'abbondanza maggiore a quella dettata dal mercato del lavoro del posto in cui vivono. Vedrete che molte di queste persone giocano al lotto, nella speranza che un colpo di fortuna le renda ricche. Tuttavia, non sono disposte a cambiare il loro approccio alla vita per manifestare un'abbondanza maggiore.

Ci sono altre persone che si rendono conto, che non sarà mai possibile manifestare grande abbondanza lavorando a salario. Alcune di esse hanno tentato di trovare altri modi per accumulare abbondanza, modi che fanno uso soltanto delle energie esistenti nel regno materiale. E mentre alcune hanno avuto successo nell'arricchirsi in questo modo, la maggioranza non ci riesce. Ed alcune si sono in effetti rivolte al crimine per prendere con la forza ciò che non riescono ad avere vendendo il proprio lavoro. Queste persone esemplificano le persone che si sono identificate completamente con il livello più basso dell'universo materiale e non hanno sviluppato la propria capacità di andare oltre quel livello.

Ad un livello più elevato di consapevolezza, si trovano delle persone che sono diventate consapevoli del fatto che nella vita c'è dell'altro, oltre alle energie del regno materiale. Ci sono delle energie superiori, e usando quelle energie esse possono arricchire le loro vite e manifestare più abbondanza. Prima ho parlato dell'energia psichica come qualunque tipo di energia che sta al di là del regno materiale ma è al di sotto del regno spirituale. Ora possiamo vedere che l'energia psichica può essere divisa in tre livelli. C'è l'energia emotiva, l'energia mentale e l'energia del livello d'identità. Alcune persone sono diventate consapevoli dell'energia psichica, che vibra entro lo spettro emozionale, ed hanno imparato ad usarla nella loro vita. Lo fanno usando le proprie emozioni, e spesso manifestano l'abbondanza appellandosi a – o manipolando – le emozioni degli altri. Questo si vedrà in molti artisti o attori. Per esempio, un cantante può diventare famoso e accumulare grandi ricchezze materiali producendo musica che fa appello alle emozioni della gente. Allo stesso modo, molte altre persone fanno appello alle emozioni, e un altro esempio sono i politici che possono ottenere potere agitando le emozioni della gente riguardo ad una particolare causa.

Ovviamente, queste persone hanno più consapevolezza delle energie più sottili di quanta ne abbia la prima categoria di persone. Perciò spesso hanno potere sulle persone che sono più materialiste. Come ho detto, spesso le persone che sono centrate sul regno materiale non sono in contatto con le proprie emozioni e non riescono a produrre consciamente una particolare emozione. Ma le persone che hanno ottenuto la padronanza del regno emozionale possono davvero aiutare gli altri a produrre una particolare emozione – ed essere pagate durante il processo. Ovviamente, hanno anche potere sulle persone attraverso le loro emozioni e possono facilmente agitarle inducendole ad agire in una particolare maniera.

Come ho cercato di spiegare in precedenza, questo rappresenta invero un livello di consapevolezza maggiore e non è necessariamente sbagliato usare l'energia emotiva per manifestare abbondanza.

Tuttavia, se la consapevolezza non arriva al livello della mente di Cristo, c'è un grande rischio che le persone possano usare l'energia emotiva a scopi egoistici. Dato che non hanno alcuna consapevolezza del Tutto, esse non fanno altro che manipolare le emozioni della gente per ottenere ciò che vogliono. Un esempio tipico è un rappresentante che manipola un cliente a comprare un articolo costoso per poter ottenere la commissione. Un esempio estremo è Adolf Hitler, che era un maestro nel manipolare le emozioni della gente. Ma non lo fece dal livello della mente di Cristo. In effetti, egli usò la mente dell'anticristo per raggiungere i propri scopi, ed ecco perché generò una forza opposta di una potenza tale da frantumare, alla fine, le sue ambizioni di dominio del mondo. Nel corso della storia, alcune delle peggiori atrocità sono state lanciate da persone che avevano imparato a manipolare l'energia emotiva, ma non avevano la maestria del cuore, che viene soltanto dalla mente di Cristo.

Al livello superiore successivo vedrete delle persone che hanno ottenuto una consapevolezza maggiore del regno mentale e del potere del pensiero. Spesso troverete queste persone nelle istituzioni scolastiche, tra gli scienziati, che hanno grandi capacità intellettuali e sono esperti nell'usare l'energia del pensiero. Molte di queste persone hanno grande cognizione e grande consapevolezza del regno materiale. Avete visto anche molti filosofi o teologi che hanno avuto grande comprensione intellettuale del lato spirituale della vita. Tuttavia, di nuovo, se non c'è alcuna consapevolezza della mente di Cristo, ci sono alcuni gravi pericoli che entrano in gioco. Vedrete molti scienziati che negano il lato spirituale della vita, compreso il lato spirituale della loro stessa natura. Quindi, come potrebbero mai arrivare oltre il livello mentale? Miei amati, essi non possono andare oltre quel livello, ed ecco perché vedete che, per una vita intera, le persone rimangono intellettuali e fondamentalmente insoddisfatte. So che la maggioranza di esse negherebbe immediatamente quest'affermazione e direbbe che è pienamente soddisfatta della propria ricerca spirituale. Ma se guardate nella psiche di queste persone, vedrete che c'è qualcosa che le sta rodendo, che manca qualcosa nella loro vita. Esse sanno che manca qualcosa, ma non sanno che cosa sia, perché non sono disposte ad andare oltre il livello mentale ed a riconoscere la loro vera identità come esseri spirituali. Il problema qui è che l'intelletto è molto bravo ad argomentare le proprie ragioni ed a convincere gli altri. Questo dà alle persone una sensazione di potere, che le intrappola nella convinzione, che esse hanno sempre ragione e che non esiste verità alcuna al di là del ragionamento intellettuale. Se queste persone non hanno il discernimento di Cristo, sarà impossibile aiutarle a vedere i limiti del loro modo di ragionare dualistico.

Miei cari, gli scribi e i farisei avevano una grande comprensione intellettuale della teologia, ma non erano disposti a cercare di raggiungere la mente di Cristo. Ed è per questo che essi non riuscirono a riconoscere il Cristo Vivente, quando questi apparve in carne ed ossa davanti a loro. Invece di riconoscere il Cristo in Gesù, essi lo perseguitarono e cospirarono per farlo uccidere. Non volevano che egli disturbasse la loro sensazione di avere tutto sotto controllo, di essere riusciti ad adattare l'universo nella loro gabbia mentale. E' possibilissimo per una persona essere focalizzata al livello del pensiero, senza avere consapevolezza di ciò che c'è al di sopra, e senza avere padronanza di ciò che c'è al di sotto. Ecco perché, come ho detto prima, si vedono molte persone intellettuali che non hanno la padronanza delle proprie emozioni e, pertanto, non riescono a trasformare le loro idee in azioni.

Quando andate oltre il livello del pensiero, vi estendete al livello dell'identità. Questo è il livello più alto del regno materiale, e vi posso assicurare che la maggioranza delle persone sul pianeta Terra è completamente ignara di questo livello e della sua importanza. Perché sono inconsapevoli del regno d'identità? E' molto semplice. Le immagini conservate nel vostro corpo d'identità sono la base stessa della vostra espressione nell'universo materiale, sono alla base di come vedete voi stessi e la vita. Se vedete voi stessi, se il Voi Consapevole vede se stesso, come un essere spirituale immortale, che sta semplicemente esprimendosi attraverso i quattro corpi inferiori, diventa possibile per voi avere una consapevolezza del vostro corpo d'identità, perché sapete che siete più del contenuto di quel corpo. Allora avete il potere di cambiare le immagini nel vostro corpo d'identità secondo la perfetta visione della mente di Cristo. Tuttavia, se avete perso il ricordo della vostra vera identità come un essere spirituale, se siete arrivati ad identificarvi come un essere materiale, non vi è semplicemente possibile avere una consapevolezza del vostro corpo d'identità, né la possibilità di cambiare il vostro senso d'identità secondo qualunque cosa che sia al di là dell'universo materiale. Non potete avere il potere di cambiare consapevolmente il vostro senso d'identità, per il semplice motivo che, se vi vedete come un essere mortale, il vostro senso d'identità sarà indubitabile. Il vostro senso d'identità sarà limitata alle immagini conservate nel vostro corpo d'identità, e le darete per scontate. La vostra identità si baserà su immagini e credenze, che pensate non possano essere messe in dubbio, non debbano essere messe in dubbio o non necessitino di essere messe in dubbio, in quanto assolutamente vere. In altre parole, credete in esse come se fossero vangelo, le vedete come una verità immutabile, infallibile. Perciò, voi non credete che ci sia una comprensione superiore, al di là delle immagini che sono state programmate nel vostro corpo d'identità dal vostro sé mortale e dal principe di questo mondo. Siete rimasti completamente intrappolati nell'illusione che siete un essere umano mortale, limitato. Potremmo dire che, siccome non potete vivere senza un senso d'identità, il dubitare del vostro senso d'identità potrebbe farvi perdere le vostre fondamenta nella vita. Pertanto, finché penserete che non ci sia nulla al di là di quella immagine di sé, non potrete dubitare delle credenze contenute nel vostro corpo d'identità. La chiave per spezzare questa situazione di stallo sta nel rendervi conto che la vostra identità è più di quello che si trova nel vostro corpo d'identità.

Miei amati, capite l'importanza di questo? In quest'epoca ci sono molte persone che hanno ottenuto una consapevolezza maggiore della vita e del mondo materiale. Questo include una consapevolezza maggiore dell'energia psichica. Tuttavia, come ho tentato di spiegare nelle chiavi precedenti, ottenere una consapevolezza maggiore e la capacità di usare l'energia psichica, non equivale necessariamente all'ottenere una vera libertà spirituale e all'ottenere la vita abbondante. C'è infatti il pericolo che le persone possano usare la propria consapevolezza dell'energia psichica per prendere con la forza ciò che vogliono, per prenderlo da altre persone, spesso manipolando i pensieri e le emozioni di queste persone. Così facendo esse si attaccano al falso sentiero, alla via che sembra giusta agli uomini ma che conduce alla morte spirituale. L'unico modo per evitare di cadere in questa trappola, la trappola preparata dal sé mortale e dal principe di questo mondo, è quello di cercare oltre l'universo materiale, rendersi conto che esiste qualcosa che va al di là della mente dualistica, al di là della mente dell'anti-cristo.

L'unico modo per fuggire dalla prigione creata dalle forze di questo mondo è cercare di raggiungere la comprensione superiore della mente di Cristo. Tuttavia, vi è possibile trovare questa comprensione superiore solo rivolgendovi oltre l'universo materiale, e per fare questo dovete essere disposti a sfidare le immagini contenute nel vostro corpo d'identità, le immagini che dicono che non siete altro che un essere umano mortale. Miei amati, capite quello che sto dicendo qui? La maggior parte della gente è bloccata o al livello materiale o al livello emozionale, o a quello mentale, e non andrà mai oltre il proprio livello, finché non sarà disposta a mettere in dubbio ciò che fino ad allora ha considerato indubitabile. Non andrà oltre, finché non sarà disposta a sfidare proprio le idee e le credenze che, finora, ha date per scontate, ha viste come verità infallibili, che non possono o non dovrebbero essere messe in dubbio. Solo quando siete disposti a sfidare la credenza che siete un essere mortale, o che siete un miserabile peccatore, sarete in grado di contattare la mente di Cristo e ricevere la verità, che siete un essere spirituale immortale, un co-creatore con il vostro Dio. E solo allora sarete in grado di sfuggire alla trappola della mortalità, che è quello di cui la Bibbia parla in realtà quando dice che la morte è l'ultimo nemico (1Corinzi 15:26). Questa è la trappola del seguire il falso sentiero, che conduce alla morte spirituale, piuttosto che all'eterna trascendenza di sé che deriva dall'essere nel flusso del Fiume della Vita, co-creando costantemente col vostro Dio.

***

Miei amati, quello che vi sto dicendo qui è l'essenza stessa della vita, l'essenza stessa del manifestare la vita abbondante. So che queste idee possono sembrare alquanto astratte, ma nelle seguenti chiavi le renderò molto più pratiche, e vi darò gli strumenti per purificare i vostri quattro corpi inferiori. Quello che voglio realizzare in questa chiave è aiutarvi a capire, che il vero segreto per manifestare l'abbondanza sta nell'espandere la vostra consapevolezza dei vostri quattro corpi inferiori. Tuttavia, è importante che comprendiate un fatto, un fatto che spesso è stato trascurato dai guru di prosperità in questo mondo.

Miei cari, uno potrebbe pensare che, per purificare i vostri quattro corpi inferiori, si debba partire dal basso. Dopotutto, ho detto che il vero problema sulla Terra è, che le persone sono cadute in uno stato di coscienza inferiore. Questo è accaduto perché le persone hanno gradualmente inquinato i propri quattro corpi inferiori con immagini imperfette, finché i loro sé consapevoli non sono arrivati ad identificarsi con il corpo fisico e il regno materiale. In altre parole, il senso d'identità delle persone è stato abbassato gradualmente al livello fisico e, pertanto, si potrebbe pensare che uno parta da dove si trova e si faccia strada verso l'alto. In altre parole, uno farebbe quello che molte persone stanno facendo nel mondo d'oggi. Uno cercherebbe di purificare e di rafforzare il corpo fisico con vari mezzi. Ci sono molti modi là fuori per lavorare sul corpo, quali le diete, gli esercizi o i modi per purificare il corpo dalle tossine. E, in realtà, molte persone hanno fatto dei progressi purificando i loro corpi fisici, per cui non sto dicendo che non dovreste aver cura del vostro corpo. Ma quello che sto dicendo qui è che la motivazione e il traguardo dietro agli sforzi della gente sono importantissimi.

In altre parole, si potrebbe presumere che, per ritrovare il vostro vero senso d'identità, dovreste iniziare con il purificare il vostro corpo fisico. Come passo successivo, dovreste imparare a padroneggiare le vostre emozioni, poi i vostri pensieri e solo dopo incomincereste a cambiare il vostro senso d'identità. Miei cari, questa è la via che sembra giusta all'uomo, perché sembra così logica e razionale. Ma la realtà è che, sebbene possiate fare qualche progresso in questo modo, sarà un progresso molto lento e non arriverà oltre un certo livello. Ciò che sto dicendo qui è che il purificare il vostro corpo fisico, le vostre emozioni e i vostri pensieri, persino il lavorare sul vostro senso d'identità, non vi trasformerà automaticamente in un essere Cristico. Potrebbe trasformarvi semplicemente in un essere umano molto potente e sofisticato, che è in grado di produrre certi fenomeni – compresa la ricchezza materiale – ma non vede alcun motivo per rinunciare a questa sensazione di controllo, arrendendosi alla mente di Cristo.

Miei amati, non è semplicemente possibile fare dei progressi definitivi prendendo questa via. Il motivo è che la vostra mente conscia non può cambiare i vostri sentimenti – può solo sopprimerli. Allo stesso modo, il vostro corpo emozionale non può cambiare i vostri pensieri – può solo selezionare quelli che si adattano ai suoi desideri e poi cercare di bloccare il resto. Il vostro corpo mentale non può cambiare il vostro senso d'identità – può soltanto coprirlo con un'immagine mentale. Quindi, stareste semplicemente cercando di costruire con la mente conscia un programma informatico, che possa sopraffare i programmi nei livelli superiori della vostra mente. Questo non farà altro che aumentare la vostra divisione e tensione interiori, per cui un approccio molto migliore è partire dall'alto e rimuovere i programmi che vi limitano.

Se tentate di sopprimere i vostri pensieri e sentimenti più profondi, starete prendendo l'ultima deviazione, che vi condurrà nel vicolo cieco del cercare di perfezionare il sé mortale pensando che, quando sarà all'altezza di un certo standard di perfezione, uno standard basato sulla mente dualistica, esso diventi accettabile agli occhi di Dio e possa poi servire da veicolo per portarvi in Cielo. Capite adesso perché in precedenza ho passato tanto tempo per parlare della necessità di lasciar morire il senso d'identità mortale? E' stato per aiutarvi ad evitare di cadere nella trappola del cercare di perfezionare quel senso d'identità secondo uno standard dualistico, uno standard che non potrà mai essere accettabile agli occhi di Dio, perché non si basa sulla mente di Cristo.

La vera chiave della vita abbondante sta nel rendervi conto della verità di ciò che vi ho detto, ossia che il centro della vostra vita è il Voi Consapevole e le decisioni che prendete. E il Voi Consapevole ha la capacità di identificarsi con, di identificarsi come, qualunque cosa concepisca – in questo mondo o al di là di questo mondo. Quindi, la vera chiave dell'abbondanza è diventare consapevoli del Voi Consapevole, diventare consapevoli del fatto, che siete quello che pensate di essere. E perciò, invece di lavorare facendovi strada attraverso i quattro corpi inferiori, rimanendo potenzialmente bloccati ad uno qualsiasi dei livelli a cui ottenete la maestria, alla quale non siete disposti a rinunciare, potrete cambiare immediatamente il vostro senso d'identità. Potete andare direttamente al vostro corpo d'identità e iniziare a mettere in dubbio ed a sfidare il senso d'identità limitata, che è stato programmato in esso attraverso la mente dell'anti-cristo. Potete incominciare immediatamente a cercare la verità superiore della mente di Cristo, connettendovi al vostro sé Cristico e ricevendo quella verità ad un livello personale. Quando usate la chiave della conoscenza dentro di voi, potete subito iniziare a cambiare il vostro senso d'identità. E quando cambiate il vostro senso d'identità, comincerete inevitabilmente a cambiare i vostri pensieri. Mentre cambiate i vostri pensieri, i vostri sentimenti inizieranno a cambiare e così le vostre azioni fisiche seguiranno l'esempio.

Miei cari, capite quello che voglio dire? Ci sono molte persone che credono che, per migliorare la propria vita, debbano cambiare il loro comportamento. E così tentano di usare la loro volontà conscia, o qualche sistema esteriore, per cambiare il proprio comportamento. Mentre è possibile ottenere un cambiamento nel comportamento, questo cambiamento arriva con un costo, perché state ancora usando il livello più basso della mente, la mente conscia, per cambiare il vostro comportamento. State ancora cercando di usare il vostro limitato senso di consapevolezza per cambiare il vostro comportamento esteriore, ma non state facendo nulla per cambiare veramente la realtà interiore di come vedete voi stessi. Pensate di poter cambiare alcuni aspetti del vostro comportamento per poi ottenere un risultato esteriore. E, invero, è possibile raggiungere alcuni risultati, ma non andrete mai oltre quel livello e la vostra vita diventerà una lotta ardua nel tentativo continuo di disciplinare il vostro comportamento.

In realtà, state tentando di usare la mente dualistica per modificare la mente dualistica, state cercando di risolvere un problema dallo stesso livello di coscienza che l'ha creato. Quindi, invece di superare la lotta, state semplicemente aggiungendo altra complessità e intensità alla lotta. Siete ancora una casa divisa, e così continuate a combattere contro le forze contraddittorie che vi tirano in diverse direzioni. In realtà, le vostre azioni sono i prodotti dei vostri sentimenti, i vostri sentimenti sono i prodotti dei vostri pensieri e i vostri pensieri sono i prodotti del vostro senso d'identità. Se cercate di cambiare il vostro comportamento, senza cambiare i vostri sentimenti, potrete farlo solo usando la forza per sopprimere i sentimenti che vi spronano a continuare il comportamento che state cercando di cambiare. Questo è il dilemma espresso da San Paolo quando disse: "Infatti il bene che voglio, non lo compio; ma il male che non voglio, quello compio" (Romani 7:19). Questo è l'eterno dilemma umano in cui le persone decidono, con la mente esteriore, di voler cambiare il proprio comportamento, ma i loro corpi emozionalile spronano costantemente a continuare col vecchio comportamento, il che è il motivo per cui sono entrate inizialmente in questo schema di comportamento.

Per esempio, si vedono molte persone che hanno una dipendenza dall'alcol o dal cibo. Esse decidono, con la mente esteriore, di voler smettere di bere o di mangiare troppo. Eppure i loro corpi emozionali stanno continuamente dicendo loro che esse vogliono mangiare o bere, per cui devono fare una lotta continua contro se stesse. Il vero approccio per cambiare il vostro comportamento è riconoscere, che il comportamento nasce dai sentimenti, per cui dovete cambiare i sentimenti, prima di cercare di cambiare il vostro comportamento. Tuttavia, il vostro corpo emozionale non è il livello più alto del vostro essere, in quanto i vostri sentimenti nascono dai vostri pensieri. Quindi, prima di poter cambiare i vostri sentimenti, dovete cambiare i vostri pensieri, ma aspettate, i vostripensieri non sono la causa ultima, in quanto nascono dal vostro senso d'identità. Quindi, l'unico modo per cambiare davvero i vostri pensieri è cambiare il vostro senso d'identità. Miei amati, il mio punto qui è che non potete, in effetti, lavorare facendovi strada dal basso in alto. E' molto più efficace e potente andare direttamente in cima e iniziare a lavorare sul vostro senso d'identità, al ché tutti i quattro livelli inferiori della vostra mente andranno a posto. Il semplice fatto è che la vostra mente conscia è ad un livello più basso del vostro corpo emozionale e, perciò, ha un potere limitato sulle vostre emozioni. L'unico modo efficace per cambiare le vostre emozioni è quello di cambiare i vostri pensieri. E il modo per cambiare i vostri pensieri è cambiare il vostro senso d'identità. Il problema è che la mente conscia – la mente che dipende dal cervello fisico – ha dei poteri molto limitati, quando si tratta di cambiare il vostro senso d'identità. L'unica soluzione efficace è che il Voi Consapevole si separi dalla mente conscia e ristabilisca la vostra vera identità come un essere spirituale, che è al di sopra e al di là di qualsiasi contenuto dei vostri quattro corpi inferiori e, pertanto, ha il potere di cambiare quel contenuto.

***

Come un esempio di questo, immaginate di avere un gruppo di scienziati che si trovano in un cinema. Vedono le immagini sullo schermo e decidono di voler ottenere una comprensione più profonda di ciò che produce queste immagini e del perché le immagini hanno la forma che hanno. Tuttavia, dato che sono degli scienziati materialistici, essi guardano solo lo schermo. Non sono aperti alla possibilità che le immagini sullo schermo non siano prodotte al livello dello schermo, ma sono proiettate sullo schermo da qualche altra parte, da un livello più elevato di realtà. Perciò, essi esaminano lo schermo stesso e la sua struttura, ed esaminano le immagini e le loro forme, cercando di trovare dei modelli nel modo in cui le immagini cambiano. Pensano che se capiranno come cambiano le immagini, sapranno perché queste assumono una certa forma. Miei cari, sarà mai possibile capire davvero le immagini su uno schermo cinematografico osservando solo lo schermo? E, quello che è più importante, sarà mai possibile cambiare le immagini che appaiono, lavorando solo al livello dello schermo? Bene, sì, potreste cambiare le immagini dipingendo di nero lo schermo, al ché le immagini mostrate non sarebbero più tanto brillanti. Ma questo non fa nulla, in realtà, per cambiare ciò che viene proiettato sullo schermo dal proiettore. Per cambiare davvero le immagini che appaiono sullo schermo, dovreste andare nella sala di proiezione e cambiare la pellicola nel proiettore.

Come ho detto, ci sono quattro pellicole nel vostro essere: ilcorpo fisico, il corpo emozionale, il corpo mentale e il corpo d'identità. Ma essi lavorano in sequenza. Le immagini fisiche sono i prodotti delle immagini emozionali, che sono i prodotti delle immagini mentali e, pertanto, potrete tentare per sempre di cambiare le immagini emozionali senza avere alcun effetto sulle immagini mentali. Se vi identificate come un peccatore per natura, come sono stati educati a fare tanti cristiani, ci sono certi pensieri che non accettereste mai. Così tutti i vostri pensieri saranno confinati nella struttura del vostro senso d'identità, il che significa che potete pensare a voi stessi solo come un peccatore che ha bisogno di un salvatore esterno. Questo farà sì che i vostri sentimenti saranno confinati in una certa struttura, e voi tenderete a sentirvi impotenti o paralizzati, alla continua ricerca di qualcun altro che vi salvi o vi dica cosa fare. Questo limiterà, a sua volta, le vostre azioni e, essendo riluttanti ad agire fuori dalle regole, sarete predisposti a seguire un leader o una chiesa esterni. Miei amati, le persone possono vivere una vita intera costretti in una camicia di forza del genere, e quindi faranno pochi progressi.

Dato che questo è un punto talmente importante, lasciate che vi dia un altro esempio. Immaginate che il presidente di un paese decida di entrare in guerra contro un altro paese. Questa decisione viene ora passata al livello dei pianificatori militari, che decideranno i tempi di attuazione e la collocazione complessiva della campagna. Questo piano generale viene poi passato al livello dei generali, che decidono i dettagli di quando e dove attaccare, quali unità dovrebbero essere usate e quali armamenti portare. Alla fine, gli ordini vengono eseguiti al livello delle unità individuali, ed ora abbiamo un soldato che si trova in mezzo ad una grande battaglia. Può darsi che non gli piaccia questa situazione e che egli senta di non avere alcuna scelta per cambiarla. La ragione è che la sua situazione è un prodotto di decisioni prese ai livelli superiori della catena di comando. La situazione del soldato non può essere cambiata al livello del soldato; può essere fondamentalmente cambiata solo ad uno dei livelli superiori.

Il presidente corrisponde al vostro corpo d'identità, i pianificatori militari sono i vostri pensieri, i generali sono le emozioni e il soldato individuale è la vostra mente conscia. Ora, immaginiamo che un soldato individuale decida di non voler morire. Certo, egli potrà fare varie cose per proteggersi, compreso il migliorare la sua abilità di combattere, così che potrà uccidere i soldati nemici prima che uccidano lui. In altre parole, egli potrà ottenere alcuni risultati lavorando al suo livello, compreso l'uso della forza per proteggere se stesso uccidendo altri. Tuttavia, qualunque cosa egli faccia a questo livello, non avrà alcun effetto sui generali e sui loro piani per la prossima battaglia o sui pianificatori militari e la loro visione per la campagna generale. E non avrà alcun effetto sul presidente e sulla sua decisione iniziale di entrare in guerra. Il soldato è bloccato e non ha alcun modo per assumere davvero il controllo del suo destino.

Come potrebbe cambiare la situazione? In teoria, egli potrebbe cercare di lavorare verso l'alto, attraverso il sistema. Potrebbe cercare di far sì che i generali tolgano la sua unità dal combattimento, ma essi sono responsabili di mettere in atto il piano generale, e se la sua unità sarà necessaria, egli non avrà successo. Poi egli potrebbe tentare di raggiungere i pianificatori e far cambiare loro la strategia, ma se questo dovesse interferire con le decisioni del presidente, egli andrebbe di nuovo incontro alla resistenza.

Il modo definitivo per assumere il controllo del suo destino e sopravvivere, sarebbe, per il soldato, andare direttamente dal presidente e fargli fermare la guerra. Non appena il presidente prende questa decisione, i pianificatori militari e i generali ubbidirebbero, e allora il soldato sarebbe libero di ritornare a casa. Miei amati, questo scenario è appropriato, perché ciò che vi impedisce di avere la vita abbondante è la guerra nelle vostre stesse membra (Romani 7:23). Immaginate che un soldato si ritiri dal combattimento sul campo di battaglia e viaggi fino al palazzo del presidente. Mentre entra nell'ufficio del presidente, egli scopre che non c'è nessuno; la sedia del presidente è vuota. In un lampo, egli si rende conto che non c'è alcun presidente e che i pianificatori e i generali stanno continuando a combattere una guerra, per la semplice ragione che non c'è nessuno che la fermi. Stanno agendo in base agli ordini, ma non si sono mai chiesti se ci fosse ancora un presidente a sostenere quegli ordini. Non hanno osato mai dubitare dei loro superiori nella catena di comando o dubitare del motivo per cui la guerra ha avuto inizio in primo luogo.

Dapprima, il soldato è sconvolto da questo, ma poi nota un piccolo segno sulla sedia del presidente. Si avvicina e legge: "Se sei entrato in questa stanza, hai la potenzialità di diventare il prossimo presidente. Se si deve fermare la guerra, sei l'unico che possa farlo, ma devi essere disposto ad assumere il comando." Il mio punto è che se la guerra nelle vostre membra deve fermarsi, dovete essere disposti a farvi avanti e assumere il comando dei vostri quattro corpi inferiori. Dovete prendere il posto del presidente e assumere il comando della situazione. E potrete farlo solo quando il Voi Consapevole si separa da ogni attaccamento ai quattro corpi inferiori, smette di limitarsi ad uno di questi livelli – smette di pensare di essere un soldato semplice. Dovete andare direttamente al vostro corpo d'identità, stabilire un'identità corretta, che si basi sulla verità di Cristo, e porvi nella posizione del comandante supremo del vostro essere. Allora potrete fermare la guerra e le truppe potranno ritornare a casa, nel Giardino dell'Eden.

***

Se volete dei risultati definitivi, se volete una crescita massima, dovete sfidare il senso d'identità che dice, che siete un essere umano mortale, che siete un misero peccatore e che non c'è nulla che possiate fare per determinare la vostra salvezza, per portare la vita abbondante a manifestarsi. Dovete sfidare tutte le limitazioni che sono state programmate in voi dal vostro sé mortale, dalla mente dell'anti-cristo, dalla famiglia e dalla chiesa e dallo stato. E quando sfidate davvero queste immagini e incominciate a rendervi conto, che siete un essere spirituale infinito, che è qui non solo per vivere una buona vita materiale, ma è qui in un'importante missione spirituale, il vostro intero modo di vedere la vita inizierà a cambiare. Otterrete un senso di scopo più profondo, un senso di significato più profondo, una sensazione più profonda che la vita è, in realtà, una grande opportunità di esprimere le vostre capacità creative e di crescere nell'ambito del progetto del vostro Creatore per voi.

Questo cambierà drammaticamente e fondamentalmente ogni aspetto della vostra vita, in quanto cambierà il vostro modo di guardare ogni cosa. E quando comincerete ad attraversare questo cambiamento, vedrete davvero che la sensazione di lotta inizierà gradualmente a diminuire, fino a scomparire del tutto. Arriverà un punto in cui, anziché sentirvi come se la vita fosse un fardello che vi è stato imposto, inizierete a sentire che la vita è invero una grandiosa opportunità che voi avete afferrato, perché il vostro flusso di vita, il Voi Consapevole, aveva un desiderio reale di andare nel regno materiale e portare la perfezione della vostra visione più elevata in questo regno. Voi desideravate davvero venire qui, perché volevate far parte del grande piano per portare il regno di Dio sul pianeta Terra, riempiendo così di luce e verità questa sfera dell'universo materiale, cosicché non ci sarà più alcuna oscurità e tutto rifletterà solo la perfezione conservata nella mente Cristica universale.

Miei amati, se entrate nel nucleo stesso della vostra identità, cioè nell'identità spirituale, che è al di là del senso d'identità materiale, scoprirete che è proprio per questo che siete qui. Siete qui perché amate chi siete e desiderate condividere chi siete come un co-creatore col vostro Dio. La vita non è un fardello, la vita non è qualcosa impostavi da un Dio ingiusto, da un essere arrabbiato nel cielo, che vuole punirvi facendovi soffrire. La vita è un'opportunità, la vita è una scelta. E, in un certo momento, nel lontano passato, voi avete fatto la scelta di voler scendere in questo regno materiale per portare luce nell'oscurità. So che tra quel momento senza tempo e il momento presente nel tempo e nello spazio, vi siete dimenticati del motivo per cui siete venuti qui.

Tuttavia, quello che vi sto dicendo, miei cari, è che, se farete lo sforzo di sfidare il vostro senso d'identità limitato, voi potete – entro un periodo di tempo sorprendentemente breve – rinascere alla consapevolezza originale di chi siete e del motivo per cui siete venuti qui. E allora ogni sensazione di lotta si dissiperà, scomparirà come la rugiada scompare davanti ai raggi del sole sorgente. All'improvviso inizierete a vedere il sole del vostro essere superiore, il sole della vostra Presenza IO SONO, splendere attraverso tutti i livelli della vostra mente. E quando inizierà a splendere attraverso i quattro corpi inferiori, quel sole scioglierà l'oscurità e le limitazioni – e la sensazione di lotta se ne andrà con esse. Scomparirà come se non fosse mai esistita, e la vostra vita assumerà un significato ed una direzione completamente nuovi.

All'improvviso vi riconnetterete alla realtà della vita, che la vita è gioia – che la vita è un fiume continuo dell'amore di Dio, della gioia di Dio, della beatitudine di Dio, che scorre dietro a tutte le apparenze superficiali conservate nelle quattro parti inferiori della vostra mente. Potrete tuffarvi in quel fiume della vita e sentire così la gioia dell'essere connessi con il Tutto di Dio e del far parte del grande piano, che è lo svolgersi della creazione di Dio. Si tratta di un arazzo di vita, che è talmente magnifico che nessuno può farne parte senza una sensazione di meraviglia e di gratitudine per il fatto di poter testimoniare lo svolgersi di questo piano grandioso dal proprio punto di vista individuale particolare.

Oh, miei amati, la vita è gioia. Questa è la realtà dietro a tutte le lotte umane su questo pianeta. E il mio desiderio più grande è quello di aiutare tutti gli esseri umani su questo pianeta a vedere al di là della sensazione di lotta e far sì che il raggio del sole del loro essere superiore splenda attraverso loro, disperdendo il senso di lotta, affinchéessi possano riconnettersi alla vera gioia, che è il loro stesso essere. Miei cari, so che questo può sembrare impossibile nel vostro stato mentale attuale, ma vi dico che sembra impossibile solo perché i raggi del sole della vostra Presenza IO SONO sono bloccati dalle immagini imperfette e dalle energie alterate immagazzinate ai quattro livelli della vostra mente. E se mi seguirete, mentre vi do gli strumenti per purificare i vostri quattro corpi inferiori, posso assicurarvi che un giorno vedrete davvero un raggio di sole che splende attraverso la vostra coscienza, dandovi una prova irrefutabile del fatto che nella vita c'è invero più di quanto la maggioranza della gente sperimenti. Quindi, seguitemi mentre vado più in alto, mentre io e voi cerchiamo di raggiungere il sole.

Chiave 17
Qual è il mio potenziale più elevato e come posso manifestarlo?

Mio amato cuore, nella chiave precedente vi ho spiegato il processo per mezzo del quale tutto nell'universo materiale è stato portato a manifestarsi. Ho spiegato che tutto ha inizio come un'idea generale nel regno dell'identità, viene poi abbassato come un'idea più specifica nel regno mentale, diventa ancor più specifico e riceve spinta e direzione nel regno emozionale e poi si manifesta come una forma o un'azione effettiva nel regno materiale.

Ho promesso di rendere più pratico questo insegnamento, e lo farò in questa chiave applicandolo alla questione di come poter manifestare la vita abbondante per voi stessi e per tutta la vita su questo pianeta. Per renderlo più pratico, iniziamo col parlare di un argomento, che è una parte essenziale nella manifestazione della vita abbondante, ovvero il vostro potere creativo, il vostro potere effettivo di portare le cose a manifestarsi. Se avete studiato qualcuno degli insegnamenti sulla prosperità esistenti su questo pianeta, saprete che molti di essi sottolineano l'importanza dell'avere un traguardo, dell'avere una visione chiara di ciò che volete realizzare. Questa è una parte importantissima nel manifestare la vita abbondante poiché, come dice la Bibbia: "Dove non c'è visione, la gente perisce " (Proverbi 29:18). Se non avete alcuna idea di ciò che volete manifestare, come potrete possibilmente farlo manifestare, specialmente se considerate il mio insegnamento, che tutto è fatto della Luce Madre che ha assunto una certa forma grazie ad un'immagine, che è stata imposta su di essa da una mente consapevole di sé. Può darsi che abbiate sentito parlare del concetto di preparare una mappa del tesoro, che è semplicemente un collage di immagini, che illustrano ciò che volete vedere manifesto nella vostra vita, come per esempio una ricchezza materiale maggiore, una bella casa in cui vivere o qualunque altra condizione. Questo è davvero uno degli approcci validi per manifestare l'abbondanza, che, tuttavia, presenta alcuni limiti. Potreste avere la miglior visione possibile senza avere il potere di portarla a manifestarsi. L'aspetto del potere è quello su cui mi concentrerò in questa chiave, e più avanti vi parlerò di come purificare la vostra visione per avere la visione più elevata per il vostro potenziale creativo.

***

Vi ho spiegato che la vera chiave per manifestare la vita abbondante è permettere alla pura luce di Dio di fluire attraverso i vostri quattro corpi inferiori. Se la luce riesce a passare senza essere ostacolata e indebolita, la vita abbondante di Dio si manifesterà nelle vostre circostanze materiali. Come ho spiegato, se i vostri quattro corpi inferiori sono davvero puri, la luce di Dio fluirà attraverso essi senza venire indebolita nel processo. Come esempio di una persona che possiede questa purezza nei suoi quattro corpi inferiori, osservate la vita di Gesù. Gesù aveva raggiunto un livello di realizzazione in cui sapeva di non stare agendo con il proprio potere. Egli non agiva usando esclusivamente il proprio corpo fisico. Non agiva nemmeno usando esclusivamente l'energia psichica, l'energia che era stata portata nel regno dell'identità, nel regno mentale o nel regno emozionale. Gesù sapeva di non poter fare nulla da se stesso (Giovanni 5:30), perché era il Padre dentro di lui che stava facendo le opere (Giovanni 5:17). Il Padre dentro di lui era la sua Presenza IO SONO e la luce di Dio. Egli sapeva di non poter realizzare nulla di valore, nulla di importanza immutabile, senza usare la pura luce di Dio.

Arrivando a riconoscere questo, Gesù aprì e purificò i suoi quattro corpi inferiori, al che la luce di Dio poteva fluire attraverso essi ed essere diretta dalla sua mente esteriore – che, naturalmente, era in perfetto allineamento con il piano divino per la sua missione in quell'incarnazione. Eppure noterete che Gesù usava tutti i suoi quattro corpi inferiori quando portava le cose a manifestarsi. Prendete per esempio la situazione in cui Gesù risuscitò Lazzaro dalla morte (Giovanni 11:1). Noterete che Gesù non entra nemmeno nella tomba. Rimane fuori dalla tomba, raccoglie tutta la sua concentrazione e poi esclama: "Lazzaro, vieni fuori!" (Giovanni 11:43). Vi posso assicurare che quando disse questo, Gesù non parlava sommessamente; non stava recitando una preghiera, non stava facendo una richiesta. Egli stava davvero assumendo il dominio dei suoi quattro corpi inferiori e, con la piena forza del suo essere totale, pronunciò un ordine. Questo ordine aveva tutta la potenza e l'intensità della sua voce fisica. La sua voce era infusa dell'intensità delle sue emozioni, del suo amore incondizionato per Lazzaro. In più, le sue emozioni erano una perfetta espressione della pura visione del risveglio e della guarigione di Lazzaro, che egli manteneva nel suo corpo mentale. Gesù sapeva con certezza assoluta, che era invero possibile per il potere di Dio infondere di nuovo vita in un corpo morto. Il suo corpo mentale era potenziato dal senso d'identità, che derivava dal sapere che egli era un figlio di Dio, un co-creatore con Dio, che era qui per portare la vita abbondante a manifestarsi nell'universo materiale. Come disse Gesù: "Io sono venuto perché abbiano la vita e l'abbiano in abbondanza" (Giovanni 10:10).

Dato che i quattro corpi inferiori di Gesù erano puri, il potere di Dio poteva fluire attraverso essi per risvegliare le cellule e gli atomi del corpo di Lazzaro, purificandoli dalle forme-pensiero imperfette della malattia, e per rendere possibile alla sua anima rientrare nel suo corpo, che era ora purificato da ogni infermità. Miei amati, sono consapevole che molte persone nel mondo d'oggi, persino molti cristiani, ignorano i miracoli di Gesù o li rifiutano come superstizione. Eppure vi posso assicurare che essi non erano prodotti dell'immaginazione, né delle aggiunte fatte dagli evangelisti nel tentativo di fare di Gesù un personaggio che compiva dei miracoli. Erano davvero reali, ed erano conseguenze del fatto che Gesù aveva purificato i suoi quattro corpi inferiori, così che il potere di Dio poteva fluire attraverso essi con piena potenza. Pertanto, attraverso Gesù, il potere di Dio poteva compiere delle cose che sembravano miracolose alle persone in uno stato di coscienza normale. Eppure non erano miracolose, erano semplicemente, come ho spiegato prima, la legge spirituale superiore messa in atto nell'universo materiale, che soppiantava così le leggi materiali e i loro limiti.

Miei cari, lasciate che vi dia un'idea della grandezza del potere di Dio, che è possibile per tutti quelli che seguono il sentiero della Cristianità dimostrato da Gesù. Di nuovo, considerate l'affermazione di Gesù: "Chi crede in me compirà anch'egli le opere che io compio; e ne farà di più grandi" (Giovanni 14:12). Pensate forse che Gesù stesse facendo una vana promessa qui? Miei amati, sono tanti i Cristiani che hanno ignorato questa affermazione. Eppure vi posso assicurare che quest'affermazione descrive il fatto che ogni essere umano sulla Terra ha un potenziale Cristico. Se siete disposti a seguire il cammino fatto da Gesù, il cammino del superare il sé mortale, dell'ammazzare il drago del sé mortale, potrete davvero fare le opere che faceva Gesù – o piuttosto, Dio potrà compiere attraverso voi le stesse opere che compiva attraverso Gesù. Quando il potere di Dio fluisce intatto attraverso i vostri quattro corpi inferiori, non ci sono limiti a ciò che Dio può fare.

Capite quello che intendo sottolineare qui? Ho spiegato come la mente dualistica nasca dal senso di separazione dalla vostra sorgente, dal vostro Essere superiore e da Dio. A causa di questa separazione, voi non credete che Dio possa operare attraverso voi, e così state negando a Dio la capacità di operare attraverso voi. Le credenze dualistiche, che si sono accumulate nei vostri quattro corpi inferiori, bloccano il flusso della luce di Dio e, pertanto, i vostri poteri creativi sono ridotti ad una mera frazione del loro vero potenziale. In realtà, voi siete stati creati per avere il flusso del potere di Dio che scorre attraverso i vostri quattro corpi inferiori e, nella loro forma purificata, quei corpi possono contenere l'immenso potere dimostrato da Gesù.

Quando scendete nella coscienza di separazione e dualità, il potere non può più fluire ed ora cominciate a credere, che siete voi colui che fa, che agite usando il vostro stesso potere e che potete agire indipendentemente da Dio e dalla luce di Dio. Tuttavia, come ho cercato di spiegare, tutto è fatto della Luce Ma-ter, per cui non potete fare nulla senza la luce di Dio. L'unica questione è, se state agendo sulla pura luce di Dio o sulla luce che è stata portata in uno spettro di frequenze inferiore.

Vedete la sottile distinzione qui, una distinzione che è stata trascurata dalla maggioranza della gente, persino da molti guru spirituali? Quando il vostro senso d'identità è centrato intorno al corpo fisico, voi potete agire solo usando le energie che vibrano entro lo spettro di frequenze materiale. Dato che la vostra coscienza non riesce a vedere al di là di quello spettro, non riuscite a vedere alcuna connessione tra l'energia materiale e Dio. Non riuscite a vedere che persino la materia fisica è fatta della luce di Dio, la cui vibrazione è stata abbassata e che ha assunto una forma specifica. Perciò, voi non vedete Dio come la causa singola dietro alle miriadi di manifestazioni. A causa delle menzogne dualistiche programmate nella vostra mente dal sé mortale e dal principe di questo mondo, negate la presenza di Dio là dove vi trovate. Questa negazione forma un blocco, così che Dio non può operare attraverso voi – in quanto Dio non viola mai la sua stessa legge del libero arbitrio. Ma quando superate l'illusione di separazione, lasciando che la mente di Cristo sia in voi, vi rendete conto che voi – cioè la mente esteriore e il sé mortale – non siete colui che fa le opere. Tutto viene fatto con l'energia di Dio, per cui Dio è sempre la causa ultima. Certamente potete continuare a mantenere l'illusione di separazione, con la quale vi confinate ad una mera frazione del vostro vero potenziale creativo. Tuttavia, si tratta di una scelta e non di una qualche condizione impostavi da un Dio collerico. In effetti, si potrebbe dire che questa sia una condizione impostavi da un dio irato, ovvero il falso dio – l'essere arrabbiato in cielo – creato dal principe di questo mondo e dalla coscienza collettiva dell'umanità. Ma quando cominciate ad afferrare la verità di Cristo, vedrete che avete il potenziale di rivendicare la vostra missione originale di essere un co-creatore con il vero Dio, il Dio interiore, che desidera vedervi co-creare la vita abbondante, che egli immagina per voi. Quindi, Gesù venne per rendere tutte le persone libere dalle limitazioni dei loro sé mortali e dal modo di ragionare dualistico, che limita il potere di Dio e impedisce a Dio di lavorare attraverso esse.

***

Miei amati, vi ho detto che tutto è vibrazione, tutto è energia. I vostri scienziati misurano la vibrazione dell'energia contando i cicli al secondo dell'onda d'energia, che viene trasformato in un'unità di misura chiamata Hertz. Non sto dicendo che i numeri che do qui siano necessariamente i numeri effettivi. Vi sto semplicemente dando un esempio per mostrarvi le proporzioni e le differenze tra ciò che è realmente possibile e ciò che è la realtà attuale per la maggior parte delle persone sulla Terra. Tutto nei quattro livelli dell'universo materiale è fatto d'energia che vibra ad una certa frequenza. Diciamo che quando la pura luce di Dio entra nello spettro di frequenze materiale, al livello più elevato del regno d'identità, essa vibra ad una frequenza di 100.000 Hz o cicli al secondo. E' una funzione naturale del vostro corpo d'identità cristallizzare le energie fluide di Dio in un'immagine più specifica di ciò che volete creare nell'universo materiale. Mentre lo fate, il vostro corpo d'identità abbassa la frequenza dell'energia e, in uno scenario ideale, le energie vengono abbassate alla frequenza di 75.000 Hz, dopodiché esse fluiscono nel regno mentale, nello spettro di frequenze mentali. Poi i vostri pensieri prendono la matrice generale creata nel vostro corpo d'identità e la rendono ancor più specifica, al che la sua frequenza viene abbassata di nuovo fino a raggiungere la vibrazione di 50.000 Hz. A quella frequenza, essa fluisce nel livello più elevato del regno emozionale. Le vostre emozioni, poi, rendono i piani dei vostri pensieri ancor più specifici e danno ad essi una chiara direzione. Questo abbassa le energie ad una frequenza di 25.000 Hz, dopodiché esse entrano nel regno materiale, nello spettro di frequenze materiale.

Quello che vi sto dicendo qui è che il regno materiale, lo spettro di frequenze materiale, oscilla nella vibrazione da 1 a 25.000 Hz. Questo significa che, in uno scenario ideale, la vostra mente conscia starà co-creando dirigendo luce che vibra ad una frequenza di 25.000 Hz, o leggermente al di sotto. Vi ho spiegato che tutto nell'universo materiale è creato della Luce Ma-ter che viene fatta vibrare dalla forza creativa del Padre. Quella forza creativa fluiva attraverso Gesù, quando egli risuscitò Lazzaro dalla morte. Era il potere creativo di Dio che fluiva attraverso i suoi quattro corpi inferiori e perciò agiva sulla Luce Ma-ter, che formava le cellule e le molecole del corpo di Lazzaro. E dato che poteva fluire intatto, il potere di Dio entrò nel regno materiale alla massima vibrazione di 25.000 Hz, avendo così il potere di reinfondere luce nelle cellule morte del corpo di Lazzaro. Quello che sto dicendo qui è che, in effetti, è possibile per un essere umano avere il potere di dirigere luce ad una frequenza di 25.000 Hz. Questo è il potenziale creativo massimo per un essere umano sulla Terra. Se considerate che la Luce Ma-ter è come un oceano e che agitare l'oceano della Luce Ma-ter è il modo in cui manifestate le cose nell'universo materiale, allora diventa ovvio che quanto più potere riuscite a mettere dietro ai vostri sforzi, tanto più grandi saranno le onde che potrete creare e, perciò, tanto più potere avrete per portare le cose a manifestarsi.

Per fare un paragone, diciamo che il potere di Gesù di portare le cose a manifestarsi derivava dal fatto che la sua mente conscia riusciva effettivamente a tenere ed a dirigere luce che vibrava ad una frequenza di 25.000 Hz. Questo è importante perché, come ho detto in precedenza, se riuscite a dirigere un'onda di luce di altissima frequenza su un'onda di luce di una frequenza molto più bassa, potete elevare la vibrazione della luce a bassa frequenza. Quando risvegliò Lazzaro, Gesù diresse un'onda di luce di una frequenza molto elevata nelle onde di luce che formavano il corpo di Lazzaro. E anche se queste onde di luce erano scese ad una vibrazione molto bassa, ovvero alla vibrazione della materia inerte, il potere di Gesù fu talmente immensa da riuscire a cambiare la vibrazione di quelle onde a bassa frequenza. In questo modo esse iniziarono a vibrare di nuovo ad un livello che avrebbe sostenuto la vita consapevole, e questo reinfuse vita nel corpo di Lazzaro, rendendo possibile il rientro del suo flusso di vita nel corpo. Allo stesso modo, se aveste quel potere, voi potreste reinfondere vita nella vostra attuale situazione finanziaria e superare ogni limite che vi trovate ad affrontare.

Il mio punto è che il potere creativo di Gesù era al livello di 25.000 Hz, che era il livello della sua coscienza, grazie al fatto che i suoi quattro corpi inferiori erano puri e potevano perciò servire da canali, da trasformatori, per la quantità massima di potere. Ora, miei cari, per darvi un senso di paragone, l'individuo medio sul pianeta Terra oggi non è in grado, con la sua mente conscia, di dirigere luce che vibriad una frequenza superiore a 1.000 Hz. Infatti, molte persone non riescono a mantenere nella loro mente luce che vibri al di sopra dei 500 Hz. Miei amati, riuscite a vedere l'enorme differenza tra il potere creativo di una persona media e il potere creativo di Gesù? Ancora una volta, non sto cercando di mettere Gesù su un piedistallo. Al contrario, sto cercando di aiutarvi ad accettare il vostro vero potenziale, riferendomi a Gesù come un esempio di una persona che non limitava la capacità di Dio di operare attraverso lui. Osservando la differenza potreste pensare che non sareste mai in grado di colmare la lacuna tra il vostro attuale livello di consapevolezza e la coscienza di Gesù. Questa è un'illusione, perché i vostri quattro corpi inferiori sono stati progettati per contenere luce che ha le vibrazioni da me descritte. Ma anche se non riuscite ancora ad immaginare di esercitare il potere dimostrato da Gesù, pensate che cosa accadrebbe se raddoppiaste il vostro attuale livello di potere. Questo traguardo dovrebbe sembrare raggiungibile a tutti e fornirebbe un'ovvia spinta ai vostri sforzi di portare la vita d'abbondanza in manifestazione. Quindi vi sto fornendo due traguardi. Uno è il potenziale più elevato, e l'altro è un traguardo intermedio. Fate ogni sforzo per raddoppiare il vostro potere attuale, e poi usatelo come trampolino per un conseguimento ancor maggiore.

Miei amati, forse avete sentito molti scienziati dire che attualmente gli esseri umani stanno usando il cinque percento della capacità del loro cervello. Lasciate che vi spieghi ora perché le cose stanno così. Sapete benissimo che se prendete un apparecchio che è stato costruito per 220 Volt e lo inserite in una presa a 110 Volt, l'apparecchio non funzionerà, perché non c'è semplicemente potenza sufficiente per farlo funzionare. Allo stesso modo, ci sono dei centri nel vostro cervello, che sono stati progettati per funzionare con delle energie di una frequenza più elevata, cioè il vostro cervello fisico è progettato per essere un canale per delle energie che arrivano fino ai 25.000 Herz. Ma se non ci sono energie di quella frequenza che entrano nel vostro cervello fisico dal vostro corpo emozionale, quei centri del cervello rimarranno assopiti, in quanto non c'è potenza sufficiente per attivarli. Pertanto, le funzioni superiori del cervello sono semplicemente assopiti nella maggior parte degli esseri umani. Miei cari, ora vediamo che, se volete davvero manifestare la vita abbondante, dovete purificare i vostri quattro corpi inferiori, così che potete ritornare allo stato naturale, in cui il potere di Dio può fluire attraverso i vostri quattro corpi inferiori, senza essere diluito e ridotto al di sotto del livello naturale di vibrazione. Mentre purificate i vostri quattro corpi inferiori, quantità sempre maggiori di energia ad alta frequenza raggiungeranno la vostra mente conscia, e così aumenterete i vostri poteri creativi.

***

Miei cari, che cos'è che riduce la quantità del potere che raggiunge la vostra mente conscia? Bene, la causa è da cercarsi nei blocchi che avete nei quattro livelli della vostra mente, nel vostro corpo eterico, nel corpo mentale e in quello emozionale e nella vostra mente fisica – che alcuni psicologi chiamano la vostra mente subconscia. Questi blocchi impediranno alla luce di fluire attraverso quei corpi, o ridurranno la sua vibrazione, diminuendo così il suo potere. Ovviamente è possibile avere dei blocchi a tutti i quattro livelli della mente inferiore, ed è invero così che stanno le cose per la maggioranza delle persone sul pianeta Terra. Tuttavia, devo dirvi che, per la maggior parte delle persone, il problema reale sono i blocchi che esse hanno nei loro corpi d'identità. Se una persona crede davvero di essere un essere umano mortale, limitato ai poteri del suo corpo fisico, e se quella credenza è radicata nel corpo d'identità della persona, la vibrazione della luce di Dio, che fluisce attraverso il corpo d'identità di quella persona, verrà ridotta molto di più della riduzione naturale da 100.000 a 75.000 Hz. Infatti, la maggioranza delle persone ha nei loro corpi d'identità delle credenze che riducono la vibrazione della luce di Dio da 100.000 Hz a meno di 2.000 Hz.

Miei amati, penso che riusciate a capire l'immensa importanza di questo. Quello che vi mantiene in vita, quello che continua a far funzionare i vostri quattro corpi inferiori, è il fatto che la luce di Dio fluisce attraverso essi. La pura luce di Dio entra nel vostro corpo d'identità ad una vibrazione di 100.000 Hz. Ma se il vostro corpo d'identità abbassa quella vibrazione a 2.000 Hz, penso che sia ovvio che i vostri poteri creativi siano ridotti drasticamente sin dall'inizio. Ancor prima di entrare nel vostro corpo mentale, l'energia è stata ridotta ad un livello molto basso, per cui i vostri pensieri sono già limitati nella loro capacità. I vostri pensieri ridurranno ulteriormente la vibrazione della luce e, pertanto, essa entra nel vostro corpo emozionale ad una vibrazione molto più bassa di quanto sia naturale. Ovviamente questo riduce il potere delle vostre emozioni, che dovrebbero dare direzione e slancio al disegno dei vostri pensieri. E, come viene spiegato nell'esempio di Gesù che risuscita Lazzaro, reinfondere luce in cellule morte richiede l'uso di energia ad una certa frequenza. Quindi, se questa frequenza non è disponibile per il vostro corpo emozionale e per la vostra mente conscia, c'è da meravigliarsi se i vostri traguardi non si manifestano? E a questo riguardo, c'è da meravigliarsi se le cellule del vostro corpo fisico gradualmente diventano incapaci di mantenere la forza vitale e perciò manifestano malattia o vecchiaia? Malattia, vecchiaia e morte fisica sono causate, in parte, da una riduzione del potere della luce che raggiunge lo spettro di frequenze del vostro corpo fisico. Alla fine il corpo s'atrofizza e non può più funzionare correttamente o nemmeno sopravvivere.

Miei amati, è un fatto triste che la maggioranza delle persone su questo pianeta abbia ridotto i propri poteri creativi così tanto che attraverso i loro quattro corpi inferiori fluisce una quantità di luce appena sufficiente per mantenerle in vita. Ecco perché così tante persone sentono che la loro vita è una lotta, come se stessero appena sopravvivendo. La verità è che esse stanno a malapena sopravvivendo, perché la luce che fluisce attraverso i loro quattro corpi inferiori è appena sufficiente per continuare a far funzionare i loro corpi fisici e le loro menti consce. E' come un apparecchio la cui elettricità è stata ridotta fino al punto in cui l'apparecchio è a malapena in grado di girare. Immaginate una lavatrice che gira con tale lentezza che ci vogliono due giorni per fare il bucato. Ovviamente, direste che deve esserci qualcosa che non va in quella lavatrice, ma dato che non ha mai sperimentato il suo vero potenziale, non ha mai visto nessun essere umano funzionare al suo vero potenziale, la maggioranza della gente pensa che il suo stato di potere ridotto sia normale. Pensa che sia inevitabile, pensa che questo sia il loro vero potenziale, ma in realtà esso è talmente al di sotto del loro vero potenziale che un insegnante spirituale come me a volte vorrebbe torcersi le mani dalla disperazione, specialmente quando sento le persone parlare come se il loro attuale stato di lotta fosse normale, naturale, inevitabile, o forse persino progettato da Dio.

Miei cari, questo è quasi incredibile e, più di qualunque altra cosa, dimostra ciò che può capitare quando le persone scendono nella coscienza di dualità e perdono ogni senso di connessione con la realtà della mente di Cristo. La realtà della mente di Cristo è che voi avete la capacità di operare con la luce che vibra a 25.000 Herz. Eppure il vostro attuale livello di potere creativo potrebbe essere quello di non riuscire a lavorare con la luce che superi i 1.000 Hz, che rappresenta soltanto il quattro percento del vostro pieno potenziale. Se sapeste e credeste davvero, che è possibile per voi aumentare il vostro potere creativo fino allo stesso livello dimostrato da Gesù, ovviamente fareste uno sforzo per incrementare il vostro potere creativo. E, pertanto, quando le persone negano il proprio potenziale di esercitare questo potere creativo, la causa è da ricercarsi solo nel fatto che esse sono talmente intrappolate nella coscienza di dualità da aver perso ogni senso di paragone. Hanno perso lo standard Cristico, che dimostra che esiste un'alternativa alla loro attuale lotta e miseria. Considerate l'ironia del fatto che così tanti cristiani adorano Gesù, vedendolo però come l'unico figlio di Dio e quindi come l'unica persona che poteva raggiungere quel livello di potere creativo. In realtà, lo scopo principale della missione di Gesù era quello di dimostrare il livello di potere creativo, che è normale e naturale per tutti gli esseri umani. Riuscite a vedere che questa è una totale perversione del vero intento dietro alla missione di Gesù e, dato che contrasta direttamente con la missione del Cristo, non può che provenire da un unico luogo, ovvero dalla mente dell'anti-cristo. Soltanto la mente dell'anti-cristo avrebbe potuto distruggere l'esempio di Gesù, trasformandolo in un idolo e mettendolo su un piedistallo, il che lo pone al di fuori della portata di qualsiasi essere umano.

Miei cari, riuscite a sentire la mia compassione e la mia passione riguardo a questa cosa? Ho tanti esseri umani che mi pregano ogni giorno e recitano i miei rosari. Eppure mi pregano come se fossi un genio in una bottiglia. E quando recitano un rosario, si aspettano che io salti fuori dalla bottiglia e risolva i loro problemi. Tuttavia, come ho spiegato nelle chiavi precedenti, Dio vi ha dato il libero arbitrio ed io non ho né l'autorità né il desiderio di calpestarlo. Non posso dis-creare ciò che voi avete creato, perché è compito vostro farlo, il che è l'unico modo in cui possiate imparare dalle vostre decisioni passate, superando in questo modo la vostra limitata immagine di voi stessi. Come potreste diventare un essere spirituale autosufficiente, se io dovessi risolvere tutti i problemi per voi? Quello che posso fare per voi è mostrarvi il modo di incrementare il vostro potere creativo, così che potete – attraverso il potere di Dio dentro di voi – superare il senso di lotta e sostituire tutte le vostre lotte con una spirale ascendente, che deriva dal moltiplicare i talenti donativi da Dio. Questo è quanto posso fare per voi, ma ciò richiede che voi usciate dall'approccio passivo del pregare e del rimanere poi passivamente ad aspettare che io faccia il lavoro per voi. Dovete assumere, invece, un approccio attivo. Anziché pregare che io risolva i vostri problemi per voi, dovete pregarmi e dire: "Madre Maria, mostrami come incrementare i miei poteri creativi, affinché il potere di Dio dentro di me possa rimuovere questo limite." Questo io posso fare; questo io farò – se solo aprirete la mente e il cuore alla mia guida interiore e alla guida interiore del vostro sé Cristico. Siamo pronti a mostrarvi come fare il passo successivo, che vi condurrà verso l'alto sulla scala a chiocciola, finché non arriverete di nuovo in cima alla scala e riuscirete a vedere la luce della vostra Presenza IO SONO, che splende attraverso i vostri quattro corpi inferiori. In questo modo la luce potrà fluire attraverso i vostri quattro corpi inferiori e creare, nel regno materiale, ciò che la mente dualistica considera dei miracoli. E' questo il mio desiderio, è questa la mia passione.

***

Miei cari, come iniziamo questo processo di purificazione dei vostri quattro corpi inferiori? Lasciate che incominci col darvi una comprensione più dettagliata del modo in cui i quattro corpi inferiori servono per trasformare la luce in manifestazioni fisiche. E rendiamolo più pratico mettendolo in relazione con la vostra situazione attuale. Diciamo che siete arrivati alla conclusione, che volete manifestare più abbondanza nella vostra vita e avete deciso di assumere un approccio attivo. Avete studiato certi insegnamenti su come usare il potere della vostra mente per attirare altra abbondanza. Avete adottato un atteggiamento mentale positivo, definito una chiara visione e creato una mappa del tesoro di ciò che volete. Ora vi state impegnando quotidianamente in un rituale per centrare la vostra attenzione sulla visione di ciò che volete realizzare, usando affermazioni o preghiere per creare un'onda d'energia, che dovrebbe manifestare per voi, o attirare a voi, ciò che visualizzate. Molte persone hanno adottato questo approccio per portare abbondanza nella loro vita, sebbene i passi specifici da loro intrapresi potrebbero essere diversi da quelli che ho descritto qui.

Non sto dicendo che questo non sia un approccio valido; sto solo dicendo che desidero che capiate che cosa deve accadere, affinché questo approccio funzioni. Se prendete i miei precedenti insegnamenti riguardanti il fatto che l'universo è uno specchio, uno direbbe che se si manda fuori un'onda di energia positiva, cristallizzata attorno ad una visione specifica, alla fine quella visione dovrebbe esservi rimandata dallo specchio cosmico come circostanze materiali. E mentre questo è vero, ora possiamo ottenere un quadro più approfondito del processo. Possiamo vedere che, prima di poter essere restituitavi come circostanze fisiche, l'energia deve passare attraverso i quattro livelli dell'universo materiale, compresi i vostri quattro corpi inferiori. Pertanto, possiamo vedere chiaramente che se – ad uno qualsiasi di quei livelli – esiste qualsiasi cosa che neutralizzi la vostra energia positiva o contrasti la vostra visione abbondante, il potere del vostro sforzo potrebbe essere ridotto o completamente bloccato. Il mio punto è che se siete una casa divisa contro se stessa, voi avete certe credenze o energie alterate nel vostro corpo d'identità, nel vostro corpo mentale, nel vostro corpo emozionale o nella vostra mente subconscia, che ostacoleranno la visione che avete formato con la vostra mente conscia. Quindi, a meno che non rimuovete quei blocchi, i vostri sforzi non avranno successo. Potrete continuare ad inviare energia positiva dal livello della mente conscia, ma questa verrà del tutto neutralizzata ai livelli superiori della vostra stessa mente. Perciò essa non circolerà mai di ritorno nel regno materiale nella forma delle circostanze che voi desiderate.

Miei amati, finora vi ho dato un'immagine abbastanza lineare dei vostri quattro corpi inferiori. Ho detto che la luce di Dio dapprima fluisce nel vostro corpo d'identità e viene gradualmente ridotta nella vibrazione, dopodiché fluisce nel corpo mentale, poi nel corpo emozionale e poi, infine, nel corpo fisico. Sono sicura che molti di coloro che leggono questo insegnamento vedranno questo come un processo lineare, con la luce che fluisce lungo una linea diritta. Questo significa che ci sarebbe uno scarto tra la vostra mente conscia e il vostro corpo d'identità. In realtà, la vita non è lineare, ma è molto più sferica e interdipendente. Quindi, per darvi un'immagine diversa – eppure ugualmente un'immagine lineare – lasciate che vi chieda di pensare al quadrante di un orologio. La linea delle 12 rappresenta il livello più elevato del vostro corpo d'identità. Quindi la luce entra inizialmente nei vostri quattro corpi inferiori dalla linea delle 12. Se tracciate una riga dalle 12 alle 6, dividete il quadrante dell'orologio in due metà. Se tracciate un'altra riga dalle 3 alle 9, dividete il cerchio dell'orologio in quattro quadranti. Ora immaginate che ognuno di questi quadranti del cerchio rappresenti uno dei vostri quattro corpi inferiori. Quindi, il primo quadrante, tra le 12 e le 3, rappresenta il vostro corpo d'identità, e la luce fluisce inizialmente verso l'1 e poi verso le 3. Poi entra nel vostro corpo mentale, fluisce dalle 3 alle 6, entra nel vostro corpo emozionale e fluisce oltre le 9, dove entra nel vostro corpo fisico, o piuttosto nella vostra mente fisica. Così, quando la luce fluisce dalle 10 alle 11 e oltre, che cosa accade? Bene, voi chiudete il cerchio e siete di nuovo alle 12, il che significa che la vostra mente conscia non è separata dal vostro corpo d'identità da qualche abisso o intervallo. I vostri quattro corpi inferiori sono interconnessi, ed un'immagine ancor più corretta del quadrante di un orologio sarebbe dire che il vostro corpo d'identità forma una sfera, il vostro corpo mentale forma una sfera più piccola, che esiste all'interno della sfera più grande del vostro corpo d'identità, e così via, fino alla vostra mente fisica. Quindi la vostra mente conscia è una sfera più piccola all'interno delle sfere più grandi degli altri livelli della mente.

Immaginate di partire dal livello della vostra mente conscia e di creare una visione dell'abbondanza che volete manifestare nella vostra vita. Poi usate delle affermazioni e delle preghiere per infondere energia in quella visione. Per esservi rimandata dallo specchio cosmico, nella forma delle circostanze materiali che vi immaginate, l'energia che emettete deve prima fluire attraverso i quattro livelli dell'universo materiale. E per ogni livello che il flusso attraversa, la vostra visione deve passare attraverso il filtro delle credenze che avete in quel livello della vostra mente. Essa può essere potenzialmente bloccata o alterata da quelle credenze, e il potere dell'energia può essere ridotta da tutte le energie imperfette conservate nella vostra mente superiore. Per esempio, se il vostro corpo eterico contiene l'immagine, secondo la quale voi siete un miserabile peccatore che non si merita l'abbondanza di Dio, la vostra visione conscia può essere completamente neutralizzata da questa credenza ancor prima di scendere verso la manifestazione fisica. Potremmo dire che, ad ogni livello, le credenze servono da struttura di riferimento per decidere se l'impulso debba essere messo in atto, se debba essere spedito al livello successivo. Potremmo dire inoltre che, quando inviate una visione dalla mente conscia, prima di tutto essa passa attraverso il vostro corpo d'identità. Se in quel corpo avete una credenza che dice che la vostra visione non può essere manifestata, ovviamente questa non potrà andare oltre.

***

Quello che sto dicendo è, che quando create una visione d'abbondanza, quella visione non diventerà manifesta, se non va al di là del livello fisico. Questo è facile da capire se ripensate a quello che vi ho detto in precedenza. Se il vostro senso d'identità si limita totalmente alla mente fisica e al corpo fisico, voi potete lavorare solo con le energie presenti nel regno materiale. Pertanto, la vostra visione di ciò che volete realizzare non può andare al di là del livello d'energia che potete manipolare col vostro corpo fisico e la mente esteriore. Quindi, come possono i vostri sforzi di visualizzare l'abbondanza realizzare qualcosa che vada al di là di quello che siete già in grado di fare con il vostro corpo fisico?

Quando vi aprite all'uso del potere della visione, voi state inviando un impulso d'energia che va oltre il corpo fisico. Ora credete che nella vita deve esserci qualcosa di più del regno materiale, deve esserci un modo più elevato di manifestare abbondanza di quello che potete fare con il corpo. Con questo generate un impulso d'energia che va dalla vostra mente conscia al vostro corpo d'identità. Se quell'impulso d'energia potesse fluire attraverso la vostra mente d'identità, la vostra mente mentale, la mente emozionale e quella fisica, senza essere bloccata o diluita, la vostra visione di quello che volete ottenere verrebbe istantaneamente manifestata nella vostra realtà fisica. E' questo che si vedeva nella vita di Gesù. Gesù diede effettivamente un ordine fisico per trasformare l'acqua in vino, e questo venne istantaneamente manifestato, proprio come Lazzaro si svegliò immediatamente dalla morte quando Gesù diede l'ordine.

Miei cari, quello che vi sto dicendo è che quando date inizio ad uno sforzo per manifestare l'abbondanza, voi generate un impulso d'energia che fluisce nel vostro corpo d'identità. Nel vostro corpo d'identità accadrà una delle due cose seguenti. Se il vostro corpo d'identità è puro – e se la vostra visione conscia è in allineamento con la visione di Cristo per la vostra vita – il vostro impulso d'energia sarà infuso della forza del potere intatto di Dio, che è presente nel vostro corpo d'identità. Pertanto, l'impulso d'energia diventerà molto più forte di quanto foste in grado di generare con la vostra mente conscia.

Ma se il vostro corpo d'identità è inquinato da un'immagine di sé imperfetta, il vostro impulso d'energia sarà indebolito. Potrebbe venirebloccato del tutto dalla sensazione che siete un essere umano mortale, che non ha il potere di manifestare l'abbondanza, o forse dalla sensazione che siete un miserabile peccatore, che non si merita ciò che la vostra mente conscia desidera. Miei amati, capite quello che sto dicendo? E' perfettamente possibile che i vostri sforzi di manifestare l'abbondanza, tutti i vostri sforzi, sinceri e fatti a fin di bene, di usare affermazioni, preghiere e il potere della visione, siano bloccati al livello del vostro corpo d'identità. Tuttavia, è anche possibile che parte dell'energia, che generate con la mente conscia, venga inviata nel vostro corpo mentale dopo essere passata attraverso il vostro corpo d'identità. Potrebbe essere indebolita, potrebbe essere rafforzata, ma comunque passa nel regno mentale. Che cosa succede se avete dei pensieri imperfetti nel vostro corpo mentale? Bene, anche questi pensieri possono bloccare completamente l'energia o ridurne la potenza o cambiare la visione. Allo stesso modo, se l'energia riesce a farsi strada fino al vostro corpo emozionale, sentimenti imperfetti, quali paura, colpa o vergogna, possono bloccare o indebolire ulteriormente l'impulso d'energia. Persino la vostra mente fisica, ossia gli strati subconsci di quella mente, può bloccare o alterare l'energia. Se parte dell'energia riesce a farcela attraverso tutti i livelli della vostra mente, essa entrerà nel regno materiale, ma sarà un impulso più potente di quello che avete inviato?

Miei amati, capite quello che sto dicendo qui? Ci sono molte persone che sono arrivate a concludere che hanno bisogno e desiderio di manifestare più abbondanza e che possono usare il potere della loro mente per produrla. La maggioranza di queste persone è alquanto spirituale, per cui si trova ad un livello di consapevolezza superiore alla norma. Diciamo che una persona è in grado di usare la mente conscia per inviare un impulso d'energia che vibra al livello di 2.000 Herz. Questo è abbastanza elevato paragonato alla persona comune, che raramente va oltre i 1.000 Hz. Quell'impulso d'energia entra ora nel corpo d'identità della persona e, dato che la persona è più spirituale, diciamo che l'impulso d'energia viene moltiplicato e raddoppia la forza, come promise Gesù nella sua parabola della moltiplicazione dei talenti. Ora l'energia è a 4.000 Hz ed entra nel corpo mentale della persona. Tuttavia, come ho spiegato prima, lo stato normale delle cose è che l'energia entra dal corpo d'identità nel corpo mentale ad una frequenza di 75.000 Hz, per cui abbiamo ancora una differenza drastica in confronto al vero potenziale della persona. Diciamo ora che la persona ha certe credenze imperfette nel corpo mentale che riducono l'impulso. Non viene bloccato, ma la sua forza viene ridotta a 3.000 Hz, e poi esso entra nel corpo emozionale. Ci sono certe ferite emotive, che riducono ulteriormente l'impulso d'energia e, in più, ci sono alcune cose irrisolte nella mente subconscia. Quindi, ora che l'impulso d'energia rientra nel regno materiale, si sarà ridotto di nuovo a 2.000 Hz. In altre parole, la persona non ha moltiplicato il potere creativo dell'impulso d'energia e, pertanto, sta letteralmente tenendosi a galla senza arrivare da nessuna parte.

***

Miei amati, posso dirvi che ho osservato milioni di persone sincere, che hanno studiato un qualche tipo di tecnica d'abbondanza e l'hanno applicata usando visualizzazioni, affermazioni e preghiere, pensando di produrre abbondanza, così come era stato promesso loro dal guru di prosperità. Per un periodo hanno usato, con forte entusiasmo, le loro visualizzazioni e affermazioni, con la grande speranza che in qualsiasi momento l'abbondanza desiderata si manifestasse. Tuttavia, tante di esse sono rimaste deluse, e mi addolora il cuore vedere come un giorno il loro entusiasmo si dissolve ed esse finiscono con l'essere scoraggiate e disilluse. Finiscono, in effetti, con l'accettare ciò che i loro sé mortali e il principe di questo mondo hanno sempre continuato a dir loro, cioè che non sono altro che esseri umani ordinari che non hanno il potere di manifestare l'abbondanza dal nulla.

Questo è un grande dolore per il mio cuore, ed è una delle motivazioni principali per cui ho prodotto questo libro. Posso dirvi che se queste persone facessero uno sforzo risoluto per purificare i loro quattro corpi inferiori, i loro sforzi di manifestare l'abbondanza non verrebbero più bloccati dalle loro stesse menti. Invece esse aumenterebbero i propri poteri creativi e, sebbene ciò possa richiedere del tempo, alla fine inizierebbero a vedere dei risultati effettivi di questo processo.

Miei cari, sono consapevole del fatto che ci sono molte persone che iniziano il processo per manifestare l'abbondanza, perché sono disperate, perché si sentono con le spalle al muro e hanno bisogno di fare qualcosa di diverso per tirarsi fuori dai debiti o da questa o quella crisi. Vi chiedo di considerare la psicologia che c'è in gioco qui. Molte persone hanno accettato che il loro attuale livello d'abbondanza è tutto quello che si meritano o tutto quello che sono in grado di avere. Così hanno raggiunto un certo livello di rassegnazione riguardo al loro attuale stato di abbondanza o, piuttosto, alla sua mancanza. Accettano la loro sorte nella vita e pensano di non poter avere nulla di meglio. Queste persone non faranno nulla per manifestare l'abbondanza e, ovviamente, non hanno alcuna possibilità di accrescere i loro poteri creativi. Poi c'è un gruppo di persone che raggiungono il punto in cui decidono di dover fare qualcosa di diverso. Ma se arrivano a questa decisione per disperazione, perché devono affrontare una crisi, esse vorranno dei risultati istantanei ed immediati. E se non ricevono una gratificazione istantanea, spesso si scoraggiano.

Spesso le persone disperate abboccano alle promesse fatte dai guru di prosperità, che hanno scoperto di poter vendere le loro merci manipolando i corpi emozionali della gente. Alcuni guru si sono resi conto che, quando sono disperate, le persone cercano una rapida via d'uscita, per cui il guru di prosperità, che fa le promesse più elaborate, attirerà le persone la cui disperazione è più profonda. Naturalmente, le tecniche del guru di prosperità non funzioneranno, per cui è probabile che la disperazione delle persone venga accresciuta, ma almeno il guru avrà fatto la sua parte, avrà estratto la sua quota fino all'ultimo centesimo. Avrà persino provato che il suo sistema funziona – per lui.

Il mio punto qui è che non è mia intenzione in questo libro offrirvi un rimedio rapido. Non posso offrirvi un rimedio rapido, perché non esiste alcun rimedio rapido. Se volete che l'abbondanza si manifesti nella vostra vita, potete farlo, ma potete farlo in un unico modo. Ed è purificando sistematicamente i vostri quattro corpi inferiori dalle credenze imperfette e dalle energie impure, che bloccano il flusso dell'abbondanza di Dio nella vostra vita. Se siete disposti a passare attraverso questo processo, io posso e voglio aiutarvi. Vi darò gli strumenti necessari per purificare i vostri quattro corpi inferiori. Tuttavia devo dirvi che ci vorrà del tempo per purificare i vostri quattro corpi inferiori, per il semplice motivo che i blocchi, che esistono in quei corpi, non sono stati creati in una notte. Alcuni di essi sono stati creati nell'infanzia e sono stati rafforzati lungo tutto l'arco della vostra vita. Ma altri sono stati creati nelle vite passate, forse molte vite prima, e sono pertanto stati rafforzati durante i secoli e i millenni del vostro soggiorno sulla Terra. Come ho spiegato in una chiave precedente, alcuni dei vostri blocchi sono stati creati nel momento in cui avete iniziato la vostra discesa nella coscienza di dualità, e alcuni sono stati con voi sin dal momento in cui fu creato il vostro sé mortale.

Nessuno strumento può bruciarli in un istante. E anche se uno strumento del genere esistesse, bruciare le vostre credenze imperfette in un attimo, non farebbe altro che demolire il vostro senso d'identità e lasciarvi in una crisi d'identità, dove non sapreste più chi siete. Questo è accaduto davvero a persone che hanno tentato di forzare la propria crescita spirituale con mezzi squilibrati. Ma gli strumenti che io vi darò, sono molto equilibrati e quindi molto sicuri. Vi darò delle tecniche che sono talmente potenti, che potete consumare i blocchi che sono stati nei vostri quattro corpi inferiori per migliaia di anni, e potrete farlo entro alcuni mesi o alcuni anni. Tuttavia non esiste sulla Terra alcuna tecnica che sia così potente da poter istantaneamente trasformarvi in un essere umano perfetto. Ecco perché vi ho parlato di un sentiero spirituale. Ecco perché vi ho detto che, per ogni passo che siete scesi lungo la scala a chiocciola, entrando negli abissi della coscienza di dualità, dovete fare un passo nella direzione opposta e salire gradualmente più in alto. Non esiste una scorciatoia, perché, prima che possiate essere liberi, prima che non bloccheranno più la manifestazione dell'abbondanza di Dio nella vostra vita, le energie, che sono state alterate dalle vostre credenze imperfette, devono essere ritrasformate alla loro purezza originale. Questo è un processo perfettamente scientifico, persino alquanto meccanico, che chiunque può completare avendo gli strumenti giusti. Tuttavia, ci vorrà del tempo e perciò non produrrà risultati istantanei per la maggior parte delle persone. Richiederà impegno e, per la maggioranza delle persone, richiederà l'impegno di una vita. Non sto dicendo che ci vorrà il resto della vostra vita prima che vediate dei risultati. Molte persone sperimenteranno davvero dei risultati già entro settimane o mesi. Ma quello che sto dicendo è che il processo di ascensione lungo la scala a chiocciola dovrebbe essere affrontato come un lavoro d'amore di una vita, al che vi rendete conto che, per il resto della vostra vita sulla Terra, continuerete a salire uno scalino alla volta.

Ora, può benissimo darsi che voi abbiate iniziato questo processo già nelle vite passate e che siate molto più vicino alla vetta di quanto pensiate. Perciò è possibile che, prima di lasciare questa Terra, voi manifestiate un alto grado di coscienza di Cristo, forse persino la piena coscienza di Cristo dimostrata da Gesù. Pertanto potete camminare sulla Terra in una vera libertà spirituale, il che significa che non avete più alcun blocco nei vostri quattro corpi inferiori. Ma nel vostro attuale stato mentale, non potete sapere quanto vicini siete a raggiungere la cima della scala a chiocciola, ed ecco perché porto alla vostra attenzione una delle più importanti affermazioni fatte da Gesù: "Con la vostra perseveranza salverete le vostre anime." (Luca 21:19).

Ho visto tante persone che hanno iniziato il cammino spirituale, che hanno iniziato ad usare una tecnica spirituale, con grande entusiasmo e speranza. Ma quando non hanno avuto la gratificazione istantanea che si aspettavano, si sono scoraggiate. Alcune sono diventate persino deluse, arrabbiate o amareggiate. E ovviamente questo non ha fatto nulla per accelerare la loro crescita spirituale, anzi le ha portate ancor più giù sulla scala a chiocciola, negli abissi della dualità e della disperazione. Non desidero che alcuna delle persone che leggono questo libro vada a scontrarsi con questo muro di delusione, che è davvero una delle trappole più potenti preparate dal principe di questo mondo e dal sé mortale. Prima cercheranno di impedirvi di scoprire e di accettare il sentiero spirituale. Ma se non riescono ad impedirvi di fare i primi passi verso l'alto sulla scala a chiocciola, essi cercheranno di farvi sentire – per ogni passo che fate – che non vi state muovendo abbastanza in fretta, che non state ottenendo i risultati promessi – in confronto alle aspettative irrealistiche che essi hanno programmato nella vostra mente. Tenteranno di farvi abboccare alla delusione, alla disperazione, al dubbio e alla rabbia, così che fermate i vostri progressi e ruzzolate indietro lungo la scala, fino al livello in cui essi sentono di avervi sotto controllo. Questo è il loro piano, questo è il loro progetto, ed esiste un unico modo per evitare di cadere in questa trappola, ed è quello di fissare la vostra mente saldamente sul fatto che vi state impegnando, deliberatamente e consapevolmente, in un processo a lungo termine. E' a lungo termine, in quanto voi comprendete che ciò che deve essere fatto è il duro lavoro della purificazione dei vostri quattro corpi inferiori da tutti i detriti accumulatisi nel corso di migliaia di anni. Vi rendete conto che questo richiederà del tempo, e richiederà uno sforzo da parte vostra. Ma vi rendete conto anche che, se fate il lavoro, i risultati si manifesteranno. Non è una questione di pio desiderio, speranze o sogni ad occhi aperti. Si tratta di un processo molto scientifico. Sfortunatamente la maggioranza delle persone non comprende la necessità di portare un impulso d'energia attraverso tutti e quattro i livelli, e questo fa sì che molte persone sincere rinuncino appena prima che il loro impulso d'energia sia pronto a scendere nel regno della materia.

Miei cari, immaginate di svegliarvi all'improvviso da un lungo sonno e di rendervi conto di trovarvi in un edificio buio. Nell'edificio entra pochissima luce, ma voi notate che c'è un lucernario nel tetto. Guardando più da vicino, notate che il lucernario è coperto di polvere, per cui la luce non passa quasi per nulla. Ovviamente, non c'è nulla di mistico in questo. Il vetro del lucernario è perfettamente in grado di far passare la luce, è solo che la luce viene bloccata dalla polvere di cui è coperto il vetro. Quindi se partite da un angolo e sistematicamente togliete la sporcizia, potete pulire l'intero lucernario e la luce fluirà inevitabilmente attraverso esso ed illuminerà la stanza in cui dimorate. Allo stesso modo, se sistematicamente pulite le lastre di vetro rappresentate dai quattro livelli della vostra mente, la luce di Dio splenderà inevitabilmente attraverso la vostra mente. Questo manifesterà l'abbondanza di Dio nella vostra esperienza fisica e vi darà un'esperienza ampiamente espansa della vita, compresa la vostra stessa natura spirituale e il vero scopo per cui siete venuti sulla Terra.

***

Miei amati, che cosa occorre per purificare i vostri quattro corpi inferiori? Quali sono i passi pratici che dovete fare per realizzare questo compito? In precedenza ho fatto un accenno a ciò che blocca il flusso della luce attraverso la vostra mente. Ho detto che tutto ruota intorno al vostro libero arbitrio e le scelte che fate. Ogni scelta che fate si basa sul vostro attuale livello di consapevolezza, sul vostro attuale livello di comprensione e conoscenza – che sono determinati dalle credenze che avete nei quattro livelli della vostra mente. Così, al livello del vostro corpo d'identità, ogni credenza che avete è determinata da come vedete voi stessi, come vedete il mondo e come vedete il vostro potenziale di manifestare ciò che desiderate. Al livello del vostro corpo d'identità troviamo certe credenze, che siete arrivati ad accettare e che avete lasciato entrare nella sfera del sé. Se avete una credenza nel vostro corpo d'identità, che è limitata in confronto alla pura visione di Cristo per il vostro potenziale, questa credenza avrà vari effetti:

- La credenza limiterà la vostra capacità di portare luce dalla vostra Presenza IO SONO nel vostro corpo d'identità. Per esempio, se credete di essere un essere umano mortale, come potreste possibilmente accettare un flusso illimitato di luce dal vostro sé spirituale? Ridurrete inevitabilmente la quantità di luce che fluisce nel vostro corpo d'identità.

- La credenza formerà un filtro. Quando la luce di Dio passa attraverso quel filtro, la sua vibrazione viene abbassata oltre la riduzione naturale che dovrebbe aver luogo nel vostro corpo d'identità. Come ho detto in precedenza, molte persone hanno un senso d'identità che riduce la luce da 100.000 Hz al di sotto dei 2.000 Hz. Questo ridurrà la quantità e l'intensità della luce che fluisce nel vostro corpo mentale, diminuendo così il potere dei vostri pensieri. La forza con cui la luce entra nel corpo mentale determina il potere potenziale dei vostri pensieri. I vostri pensieri non possono essere più potenti della forza della luce proveniente dal vostro corpo d'identità.

- La credenza altererà una certa quantità di luce, che si accumulerà nel vostro corpo d'identità. Accumulandosi essa formerà una barriera che ostruirà il vostro corpo d'identità. Questo livello della vostra mente potrà, col tempo, riempirsi di così tanti detriti da non lasciare spazio alcuno per un senso d'identità superiore, da lasciare poco spazio al passaggio della luce dall'Alto e da non lasciare un'apertura attraverso cui la vostra mente conscia possa vedere oltre il regno materiale ed avere un'esperienza spirituale.

Ora vedete gli effetti dell'avere delle credenze imperfette nel vostro corpo d'identità. Allo stesso modo, una persona può avere certe credenze imperfette nel corpo mentale, che avranno effetti simili. Naturalmente, la lastra di vetro tra il corpo mentale e quello emozionale può essere ostruita anch'essa, e lo stesso vale per il vostro corpo emozionale. Ora che la luce raggiunge la vostra mente conscia, che è il livello a cui voi dirigete quella luce in un'azione consapevole, ne passa davvero poca. L'effetto di questo è duplice. Un effetto è la riduzione del potere creativo che avete al livello del cervello e del corpo fisico. Questo riduce, inoltre, la vostra visione, la vostra capacità di vedere al di là del regno materiale. Ciò accade perché, normalmente, voi cercate di ottenere una visione più elevata guardando attraverso i vostri quattro corpi inferiori, per cui, se le lastre di vetro sono sporche, non potete vedere attraverso esse con la vostra mente conscia.

Miei cari, spero che ora riusciate a vedere che cosa occorre per purificare i vostri quattro corpi inferiori. Dovrete fare due cose. Dovrete scoprire consciamente le credenze imperfette che siete arrivati ad accettare ad ogni livello della vostra mente. Poi dovrete consciamente sostituire quelle credenze imperfette, quelle credenze dualistiche, prendendo delle decisioni basate sulla verità di Cristo. Quando sostituite una credenza imperfetta, voi rimuovete il filtro che fa sì che la forza della luce di Dio venga ridotta e che si formino i detriti che impediscono alla luce di fluire liberamente. Ma con questo non avrete rimosso le ceneri, i detriti, che si sono già accumulati nei vostri quattro corpi inferiori. Quindi, il secondo compito che dovete svolgere è quello di rimuovere l'energia alterata dai vostri quattro corpi inferiori. E questo, naturalmente, è un processo di cui la maggioranza delle persone è completamente inconsapevole, in quanto né la religione ortodossa né la scienza materialistica possono spiegare loro la necessità di fare questo o il modo per farlo. Tuttavia, io spero che ciò che vi ho dato finora abbia chiarito la necessità di purificare l'energia alterata, che si è accumulata nei vostri quattro corpi inferiori. E spero che riusciate anche a vedere il modo per farlo. E' realmente molto semplice, e i vostri scienziati hanno già scoperto questo processo nei loro laboratori.

L'energia, che si è accumulata nei vostri quattro corpi inferiori, assume la forma di onde d'energia che vibrano a frequenze molto basse. E, come ho spiegato in precedenza, l'unico modo per rimuovere quest'energia è elevare la sua frequenza, la sua vibrazione, di nuovo alla sua purezza originale. Questo è molto semplice da fare, in quanto la vostra mente ha una capacità insita di lasciare che la luce ad alta frequenza fluisca attraverso essa dal regno spirituale. Quindi il vostro compito è di trovare un metodo sistematico con cui invocare la luce ad alta frequenza dal regno spirituale, tirarla giù nei vostri quattro corpi inferiori e dirigerla nell'energia alterata ivi accumulatasi. Se passerete attraverso questo processo, potrete purificare i vostri quattro corpi inferiori e lo farete. Miei cari, non c'è nulla di mistico in questo. Infatti, vi posso dire che per migliaia di anni gli esseri umani hanno saputo come invocare energia spirituale. Molti rituali spirituali e religiosi sono stati dati agli esseri umani proprio per dare loro il potere di purificare l'energia alterata, che si era accumulata nei loro quattro corpi inferiori. Sono ben consapevole che, a causa della comprensione inferiore che l'umanità aveva in passato, questo fatto non è stato generalmente spiegato. E se è stato spiegato, la spiegazione è stata spesso nascosta dietro alle dottrine ortodosse o alterata da esse.

Miei cari, pensate a come avete forse partecipato ad una cerimonia religiosa o ad un rituale sentendovi elevati in seguito. Che cosa pensate sia successo in quella situazione? Quello che è successo è, che il rituale ha invocato energia spirituale ad alta frequenza che, entrando nei vostri quattro corpi inferiori, ha purificato un po' dell'energia alterata che si era accumulata in quei corpi. Perciò essa ha ridotto il peso dell'energia alterata che state portando in giro e, come risultato, vi siete sentiti più leggeri, vi siete sentiti elevati. Miei amati, quando le persone dicono che si sentono come se portassero il peso del mondo sulle loro spalle, la realtà è che stanno portando il peso dell'energia alterata e la vivono quasi come un fardello materiale, che le opprime. Un rituale religioso può dare un sollievo temporaneo da questo fardello, ma se non è sufficientemente potente, il sollievo durerà solo per un breve periodo di tempo. Quando la credenza sottostante non viene rimossa, voi alterate immediatamente dell'altra energia e alla fine vi sentite oppressi come prima.

Quello che vi darò in questo libro è una serie di rituali, nella forma dei miei nuovi rosari, che sono talmente potenti che, se li usate diligentemente, non avrete solo un sollievo temporaneo dalle energie alterate che vi opprimono. Entrerete invece in una spirale ascendente che purificherà tanta energia – e allo stesso tempo risolverà, potenzialmente, tante credenze dualistiche – che supererete rapidamente un punto di non ritorno. Allora saprete che la vostra vita è diventata una spirale ascendente, e finché continuerete ad andare avanti, nessuna forza sulla Terra avrà il potere di fermare quella spirale. Il mio scopo è invero quello di ispirarvi, con questo libro, ad usare gli strumenti che vi darò, di modo che vi ancoriate così saldamente sul sentiero ascendente da avere la sicurezza interiore – che va al di là di una mera credenza – che nessun potere su questa Terra, né il vostro sé mortale né il principe di questo mondo, potrà togliervi dal sentiero spirituale. Nessun potere potrà costringervi a ritornare al senso di lotta e sofferenza, che avete sopportato prima di ancorarvi sul sentiero ascendente della trascendenza di sé. Ma prima di darvi gli strumenti pratici, voglio darvi una comprensione più profonda, affinché possiate essere pienamente consapevoli di ciò che è richiesto per purificare i vostri quattro corpi inferiori. Voglio anche che sappiate che cosa occorre per superare un altro blocco importante, che impedisce la manifestazione dell'abbondanza di Dio nella vostra vita, ovvero le cause che avete messo in moto in passato, le cause che circoleranno inevitabilmente attraverso i quattro livelli dell'universo materiale e, pertanto, vi saranno rimandati dallo specchio cosmico.

Miei cari, so che questo libro è molto lungo, e so che vi porta ben al di là di ciò che vi è stato insegnato all'asilo o a catechismo. Ma spero che, se avete resistito con me fino a questo punto, vorrete andare fino in fondo per ottenere una piena comprensione di come funziona l'universo materiale e di come potete usare quella comprensione per rimuovere non solo i blocchi interni della vostra mente, ma anche i blocchi esterni delle vostre azioni passate, le cause che avete messo in moto nelle vite passate e che si sono manifestate come circostanze materiali, che sperimentate in questa vita. Quindi, seguitemi mentre vi spiego ciò che vi dovevano insegnare all'asilo o a catechismo, ma che né le chiese ortodosse né la scienza materialistica hanno voluto insegnarvi. Non ve l'hanno insegnato, perché sono diventate talmente infiltrate dal modo di ragionare dualistico della mente dell'anti-cristo da non poter più portarvi i veri insegnamenti di Cristo, che Gesù voleva che aveste e ancora vuole che abbiate in quest'epoca. E' invero per questo che sia Gesù sia io stessa, e molti altri insegnanti spirituali che servono l'umanità, abbiamo considerato necessario parlare alla gente in quest'epoca, per presentare la rivelazione progressiva che le persone si meritano di avere, perché sono salite ad un livello superiore di consapevolezza. Perciò, esse possono fare delle domande più specifiche di quelle che potevano essere fatte in passato. Come ho detto in precedenza, se chiedete, riceverete. E, perciò, dato che così tante persone si sono interrogate sinceramente sui misteri più profondi della vita e sul perché la loro situazione è quella che è, sono venuta a darvi le risposte. Scoprirete che, ad un qualche livello del vostro essere, anche voi avete avuto quelle domande.

Chiave 18
Il cervello ha una mente propria?

Mio amato cuore, vorrei approfondire gli insegnamenti che vi ho dato nella chiave precedente. Prima di tutto desidero raccontarvi di più sulla parte fisica della vostra mente, che finora ho menzionato ma che, in realtà, non ho descritto. Forse siete consapevoli del fatto che gli scienziati nel campo della medicina hanno condotto vari esperimenti sul cervello, nel tentativo di capire il cervello e di scoprire le sue funzioni superiori. Per esempio, hanno scoperto che possono, introducendo certi prodotti chimici, stimolare delle esperienze che sono molto simili a quello che le persone raccontano durante esperienze spirituali o di premorte. Questo ha indotto alcuni scienziati a dedurre che tutte le esperienze spirituali, e tutta la religione, nascano da certi processi chimici o elettromagnetici del cervello. In altre parole, essi concludono che non esiste nulla oltre il cervello, ma che tutta la religione viene prodotta dentro al cervello. Allo stesso modo, alcuni chirurghi hanno eseguito degli interventi a cervello aperto e hanno scoperto di poter stimolare delle aree del cervello scatenando certe esperienze. Di nuovo, questo ha indotto gli scienziati materialistici a concludere che tutte le esperienze spirituali sono prodotte dal cervello – che Dio è il prodotto di un incepparsi dei neuroni nel cervello.

Miei amati, è comprensibile che una persona, che ha deciso che non esiste nulla al di là del regno materiale, arrivi a questa conclusione. Tuttavia, come ho cercato di spiegare, questa mancanza di visione è un prodotto del fatto che la persona ha scelto di confinare la sua mente nel regno materiale. La mente conscia di quella persona non riesce semplicemente a vedere al di là del regno materiale e non accetterà la possibilità che potrebbe esserci una spiegazione più profonda. Vedete, miei cari, ho spiegato nella chiave precedente che il motivo per cui la maggioranza delle persone usa solo dal 5 al 10 percento della sua capacità cerebrale è che, per essere attivati, i centri superiori del cervello richiedono una forma d'energia più elevata. Quindi quei centri del cervello possono essere artificialmente attivati da certi prodotti chimici o da una stimolazione esterna. Tuttavia, questo non significa che la stimolazione dei centri del cervello produca un'esperienza spirituale. Significa solo che i centri del cervello sono progettati per facilitare un'esperienza, affinché la mente conscia possa afferrare un'esperienza del genere mentre siete ancora nel corpo fisico. Lo scopo è quello di permettervi di sperimentare che nella vita c'è dell'altro, oltre all'universo materiale – mentre state dimorando, mentre siete intrappolati, si potrebbe dire, nel regno materiale.

    Lasciate che vi spieghi ora come avviene un'esperienza spirituale genuina. Un'esperienza del genere ha luogo quando il Voi Consapevole si separa dalla mente fisica e dal corpo fisico e, perciò, si rivolge al di là del regno materiale. Il Voi Consapevole si estende nel regno d'identità o anche oltre, nel regno spirituale. Come ho spiegato in precedenza, questo è perfettamente naturale, e il Voi Consapevole ha la capacità di identificarsi con qualsiasi cosa, ovunque. Pertanto il Voi Consapevole ha il potenziale di separarsi dal corpo, anche temporaneamente, e rivolgersi alle parti superiori della vostra identità, della vostra vera identità come un essere spirituale. Quando vi riconnettete con quell'identità, una luce ad alta frequenza fluisce attraverso i vostri quattro corpi inferiori e voi potrete avere una varietà di esperienze spirituali.

    E' possibilissimo che il Voi Consapevole abbia delle esperienze spirituali che non possono trapelare nella vostra mente conscia. Questo può essere dovuto ai blocchi nei quattro livelli superiori della vostra mente, ma esiste inoltre una certa categoria di esperienze spirituali che non possono essere conosciute consapevolmente, mentre siete nel corpo fisico. La semplice ragione è che il cervello umano non ha dei centri che siano in grado di agevolare tali esperienze. Quello che sto dicendo è che quando avete un'esperienza spirituale, che arriva alla vostra consapevolezza conscia, è perché il cervello fisico è in grado di agevolare tale esperienza. In altre parole, il Voi Consapevole si è rivolto ad un regno superiore ed ha rilasciato un flusso di luce che filtra giù nel cervello fisico attivando uno dei centri superiori del cervello. E' quest'attivazione del centro cerebrale che vi dà un'esperienza consapevole. Eppure è perfettamente possibile che il Voi Consapevole abbia delle esperienze spirituali, che non possono essere tradotte dal cervello e, quindi, non possono essere conosciute alla mente conscia. Infatti, molte persone spirituali si liberano dal corpo mentre dormono, e viaggiano nel regno spirituale, dove ricevono istruzioni dai propri insegnanti spirituali. Ecco perché a volte vi svegliate con una nuova sensazione di chiarezza e con la risposta ad una domanda su cui avete riflettuto. Questo è anche il motivo per cui potete fare, appena prima di svegliarvi, certi sogni che sono molto lucidi e sembrano avere un messaggio profondo. Qualche volta questo potrebbe essere una comprensione migliore di un problema o potrebbe essere una premonizione riguardo ad un evento futuro. Potrebbe essere anche la sensazione di volare, la sensazione di essere libero o la sensazione di far parte di qualcosa di più grande del vostro corpo fisico. O potrebbe essere semplicemente la sensazione di essere fuori dal vostro corpo fisico, a guardarlo dall'alto.

Tutte queste esperienze sono esperienze reali, eppure è vero, come hanno scoperto gli scienziati, che è possibile generare esperienze del genere stimolando in vari modi il cervello fisico. Tuttavia, questo non significa che sia il cervello a produrre l'esperienza. Ragionare in questo modo equivale a pensare che sia lo schermo cinematografico a produrre le immagini che vi appaiono sopra. Tuttavia, è vero che il cervello può influenzare l'esatta forma e il contenuto di un'esperienza spirituale, e questo è uno dei motivi per cui due persone possono avere esperienze diverse.

***

Avendo spiegato questa caratteristica del cervello fisico, vorrei andare avanti per parlare di più di quello che ho chiamato la parte fisica della vostra mente. Nelle chiavi precedenti ho spiegato, che voi siete un essere spirituale immortale, che avete assunto questo particolare corpo fisico solo per un certo periodo e che in passato siete stati incarnati in altri corpi, in circostanze diverse. Questo fatto è estremamente importante per un vero ricercatore spirituale, perché è l'unico modo per spiegare uno dei blocchi più importanti che vi impediscono di manifestare l'abbondanza di Dio nella vostra vita. Ciò che dovete capire è che i blocchi, che compaiono nei vostri quattro corpi inferiori, possono essere divisi in due categorie. Ci sono i blocchi a lungo termine e i blocchi a breve termine. In altre parole, ci sono certi blocchi, nei quattro livelli della vostra mente, che sono stati prodotti in questa particolare vita, e ci sono altri blocchi, che sono stati prodotti nelle vite passate.

L'importanza di questo è dovuto al fatto che se davvero desiderate purificare i vostri quattro corpi inferiori, dovete andare al di là di ciò che avete vissuto in questa vita. E per andare oltre, dovete capire che esistono quattro livelli della mente. Miei amati, esistono vari modi validi per spiegare ciò che vi dirò in seguito. Per motivi di semplicità, vi darò un modello che descrive la vostra mente come avente due componenti più importanti. Potremmo dire che c'è il componente più ampio, superiore, o a lungo termine, dei vostri quattro corpi inferiori. Questo è il componente che vi portate dietro da una vita all'altra. Inoltre, avete un componente che è collegato a questo particolare corpo fisico in questa vita, ma anche questo componente ha un livello d'identità, un regno mentale, un regno emozionale e una mente, che è inviluppata nel cervello fisico e, fino ad un certo punto, prodotta da esso. Quindi potremmo immaginare che avete un campo d'energia più ampio, che va oltre il vostro corpo attuale, e dentro ad esso c'è un campo più piccolo, che è centrato attorno al corpo fisico e intrecciato col corpo e col cervello.

Il mio punto qui è che, mentre siete cresciuti in questa vita, avete costruito un certo senso d'identità basato sulle vostre circostanze particolari, quali la vostra famiglia, la nazionalità, la razza, il gruppo etnico, il sesso e altri aspetti della vostra situazione fisica. Ovviamente, questo ha messo del contenuto nel contenitore del corpo d'identità a breve termine. Questo senso d'identità è stato largamente influenzato dalla vostra eredità e dal vostro ambiente, ma non è stato prodotto esclusivamente da questi fattori esterni, come sostengono gli psicologi. Ciò che influenza il vostro senso d'identità a breve termine è la vostra reazione alle circostanze esterne in questa vita, e quelle reazioni sono ampiamente determinate dal contenuto della vostra mente a lungo termine, la mente che è stata creata durante le vite precedenti.

Il corpo d'identità a lungo termine non è influenzato dalle caratteristiche specifiche relative a questa vita. In esso è conservato il senso d'identità più ampio, che si basa sulle credenze che avete su voi stessi. Per esempio, potrebbe contenere la credenza che siete un essere umano o un misero peccatore, una credenza che potrebbe essere stata rafforzata in questa vita, ma che è stata creata probabilmente molte vite fa. Così vedete che il corpo d'identità a lungo termine conserva credenze più generiche, mentre il corpo d'identità a breve termine conserva l'identità relativa alla vostra incarnazione attuale. In altre parole, la parte più profonda del vostro essere, quella che la maggior parte degli psicologi e degli insegnanti spirituali chiama anima, va oltre questa particolare vita. Perciò essa non vede se stessa come una persona con il vostro nome, il vostro sesso, la vostra nazionalità, la vostra razza e così via. Non si identifica come un'infermiera, un insegnante o qualunque sia la vostra occupazione.

Il corpo d'identità, che è specifico per la vostra attuale vita, sarà ripulito dopo la morte di questo corpo, ed è questo il motivo per cui la maggioranza delle persone non si ricorda delle loro vite passate. Le documentazioni di quelle vite sono conservate altrove ed è possibile scoprirle, ma il mio punto è che esse non sono conservate nel vostro corpo d'identità a breve termine. Questa è in realtà una grazia, nel senso che ricevete un'opportunità di ricominciare senza ricordarvi gli errori che potreste aver commesso nelle vostre vite precedenti. Il lato negativo è che molte persone nascono senza un forte senso di continuità, il che dà origine alla paura della morte, causata dal credere che la vostra identità vada perduta quando il corpo muore. Come ho menzionato in precedenza, il vostro bene più prezioso è la vostra individualità, il vostro senso d'identità, per cui la vostra paura più grande è quella di perderlo. Miei amati, ecco perché è effettivamente molto crudele che i bambini vengano educati senza una comprensione della reincarnazione. Sapere che la vostra identità a lungo termine non morirà con il corpo fisico, può liberarvi totalmente dalla paura della morte, una paura che è paralizzante per molte persone e dà loro la sensazione che la vita sia senza senso. Perché sforzarsi di migliorarsi e di diventare una persona migliore quando tutto andrà perduto alla fine di questa vita? Bene, i miglioramenti che fate non vanno persi, ma diventano i vostri "tesori accumulati in Cielo" (Matteo 6:20), vengono cioè immagazzinati nel vostro corpo d'identità a lungo termine (anche nel regno spirituale) e serviranno pertanto da fondamenta su cui potrete costruire nella vostra prossima vita (e dopo esservi laureati permanentemente dalla scuola della Terra).

E' possibile che le vostre esperienze in questa vita e le decisioni che prendete in base a quelle esperienze possano avere un effetto sul vostro senso d'identità a lungo termine. E, naturalmente, il vostro senso d'identità a lungo termine ha un profondo effetto sul senso d'identità che costruite in questa vita. Inoltre, il contenuto del vostro corpo mentale e del corpo emozionale a lungo termine, ha un effetto importante sul modo in cui rispondete alle situazioni a cui andate incontro in questa vita. Nella buona e nella cattiva sorte, state costruendo sulle fondamenta gettate nelle vite passate. Avete tuttavia il potenziale di migliorare partendo da esse, il che, naturalmente, è la vostra unica speranza di liberarvi dal passato.

Come esempio, diciamo che il vostro corpo d'identità a lungo termine contenga la credenza, che siete un miserabile peccatore e che tutto quello che fate è peccato. Questa passerà nella vostra attuale vita e vi darà la tendenza ad essere attratti verso una religione che rafforzi questa credenza. Troverete facile accettare una religione del genere e troverete difficile liberarvene, per cui molte persone semplicemente non guarderanno oltre la religione con cui sono cresciuti. In altre parole, il contenuto della vostra mente a lungo termine formerà i parametri per il modo in cui rispondete alla vita in questa particolare vita. Ciò nondimeno, il Voi Consapevole ha ancora il potenziale di andare al di là della programmazione del passato.

In molti casi, la mente conscia costruisce nella vita attuale un senso d'identità che è piuttosto in conflitto con l'identità a lungo termine della persona. Questo è importante in quanto apre la possibilità che possiate rafforzare le contraddizioni interiori, che fanno di voi una casa divisa contro se stessa. Per esempio, molte persone hanno nel loro corpo d'identità a lungo termine la credenza di non essere meritevoli di ricevere l'abbondanza di Dio. Alcune persone hanno usato un insegnamento specifico sull'abbondanza e una serie di affermazioni per creare un senso d'identità a breve termine, che è degno di avere l'abbondanza. Ma se non hanno capito perfettamente ciò che ho spiegato nella chiave precedente, questo nuovo senso d'identità potrebbe non andare al di là del corpo d'identità a breve termine. Perciò potrà scontrarsi con il più potente senso d'identità a lungo termine ed essere facilmente annullato da esso. Quindi il tentativo della persona di usare una tecnica genuina per elevare la sua consapevolezza spirituale, in realtà, non l'ha aiutato. Ha solo creato un conflitto interiore maggiore, e questo è uno dei modi in cui il vostro sé mortale e il principe di questo mondo riescono a mettervi in un vicolo cieco spirituale. Lo fanno cercando di farvi accettare, nella vostra mente a breve termine, una credenza che sia in conflitto con una credenza che già avete nella vostra mente a lungo termine. Questa credenza temporanea vi impedirà poi di risolvere la credenza limitante che avete nella mente a lungo termine. In altre parole, se in questa vita avete costruito una salda credenza secondo cui siete meritevoli di ricevere l'abbondanza di Dio, potreste non pensare di aver bisogno di entrare più in profondità nella vostra psicologia per risolvere la credenza a lungo termine secondo cui non siete meritevoli. Ovviamente, questo può impedirvi di fare dei progressi a lungo termine, che possono essere ottenuti soltanto purificando la vostra mente a lungo termine. Voi state, per così dire, creando un film temporaneo, che viene proiettato sullo schermo della vostra coscienza e, sebbene possa oscurare alcune delle immagini proiettate dalla vostra mente a lungo termine, esso non fa nulla per pulire effettivamente la pellicola nella mente a lungo termine. Dovrebbe essere ovvio che se volete una vera libertà, dovete andare oltre la mente a breve termine e purificare la vostra mente a lungo termine.

Il mio scopo nel sollevare questo punto è quello di mostrarvi che ci sono dei guru di prosperità, degli psicologi e dei guaritori olistici, che hanno una tecnica valida per purificare le vostre emozioni, i vostri pensieri e persino il vostro senso d'identità. Ma se una tecnica funziona solo sulla mente a breve termine, non potrà avere l'effetto massimo sulla vostra crescita. Esistono anche dei guru che non stanno cercando di aiutarvi a risolvere i blocchi nella vostra mente a breve termine. Invece vi presentano delle tecniche mirate a creare un nuovo programma nella mente a breve termine, un programma che, presumibilmente, vi porterà grande abbondanza sovrapponendosi semplicemente sui programmi preesistenti. Ma senza la risoluzione delle limitazioni del passato, questo aumenterà inevitabilmente i vostri conflitti interiori, creando un nuovo programma che è in conflitto con i programmi già esistenti sia nella vostra mente a breve termine che nella mente a lungo termine. Miei cari, voi sapete probabilmente che in un computer due programmi possono essere in conflitto tra di loro, e questo può causare un blocco nel computer. Bene, la parte subconscia della vostra mente assomiglia in certi suoi aspetti al computer, per cui se ci inserite delle credenze o degli schemi contraddittori, sperimenterete una forma di paralisi mentale o emozionale.

Questo vale anche per molte forme di terapia, specialmente per la terapia sviluppata dalla psicologia tradizionale, che si basa su un paradigma ampiamente materialistico. Ovviamente, può darsi che siate stati esposti a certe esperienze traumatiche in questa vita, che vi hanno causato delle ferite emotive ed hanno fatto sì che abbiate formato certe credenze imperfette nel vostro corpo mentale a breve termine e che abbiate persino costruito un'immagine imperfetta di voi stessi. E' perfettamente possibile che possiate usare una forma di terapia per risolvere questi blocchi nella vostra mente a breve termine, e questo potrà davvero avere un effetto benefico. Ma se ci pensate, vi renderete conto che, se non andate oltre la mente a breve termine, non state facendo dei progressi effettivi in questa vita . State semplicemente rimettendo indietro l'orologio, e così vi trovate, per così dire, di nuovo al punto di partenza.

Per fare davvero dei progressi, dovete andare oltre la mente a breve termine, e potrete usare le esperienze di questa vita come trampolino per questo sforzo. Il modo in cui reagite alle situazioni in questa vita è determinato dai modelli nella vostra mente a lungo termine, quindi esaminando le vostre reazioni potrete scoprire i modelli più profondi e lavorare sulla loro risoluzione. Ma questo richiede un impegno più grande ed una chiara visione del fatto che siete più della vostra mente a breve termine. Infatti, per essere completamente liberi, dovete risalire fino alle credenze che hanno avuto origine con la vostra decisione di voltare le spalle a Dio, di voltare le spalle al vostro insegnante spirituale e di farcela da soli – o, piuttosto, di permettere al vostro sé mortale e al principe di questo mondo di essere i vostri insegnanti.

***

Miei amati, spero che riusciate a comprendere ora che, per ottenere davvero la vita abbondante e per essere permanentemente liberi dalle limitazioni che bloccano l'abbondanza di Dio, dovete adottare una visione a lungo termine. Dovete rendervi conto che le condizioni che affrontate in questa vita, sono il prodotto di un quadro molto complesso, cioè delle credenze che avete accettato nelle vite passate e che ancora risiedono nei vostri quattro corpi inferiori, nella parte a lungo termine della vostra mente. Appena avrete questa visione a lungo termine, vi sarà molto più facile riconoscere che ciò che vi ho detto finora è soltanto una faccia della medaglia della vita.

Quello che ho descritto finora è il componente interiore della vostra vita, ovvero ciò che accade nella vostra stessa psicologia, ciò che accade dentro ai vostri quattro corpi inferiori. Tuttavia, dobbiamo riconoscere che il prezzo che pagate per il fatto di entrare in incarnazione fisica è che siete, in definitiva, responsabili per quello che fate con l'energia di Dio per mezzo del vostro corpo fisico o, piuttosto, attraverso i vostri quattro corpi inferiori. Quello che vi ho spiegato finora è che ogni cosa che fate avrà un effetto diretto su voi stessi, in quanto inserisce delle credenze nei vostri quattro corpi inferiori e queste formano un filtro che fa sì che voi alteriate energia. Questa energia si accumula nei vostri quattro corpi inferiori e riduce il vostro potere creativo. Riduce anche la vostra visione e la vostra capacità di vedere al di là della vostra situazione immediata e dell'universo materiale. Quindi, potremmo applicare il vecchio detto che state facendo male solo a voi stessi.

Ma ora dobbiamo fare un passo avanti e riconoscere che non tutto quello che fate, mentre siete nel corpo fisico, fa male solo a voi stessi. E' necessario riconoscere che quando agite fisicamente, voi influenzate, potenzialmente, altre persone, e dato che siete responsabili del vostro uso dell'energia, qualsiasi azione verrà rimandata a voi dallo specchio cosmico. Questo ritorno delle vostre azioni passate può bloccare la manifestazione dell'abbondanza di Dio in questa vita, il che rende necessario per voi sapere come annullare il ritorno delle vostre azioni passate prima che si manifestino come circostanze materiali.

Miei amati, lasciate che vi spieghi, prima di tutto, che non sono soltanto le vostre azioni fisiche ad influenzare le altre persone. Tutto sul pianeta Terra è fatto d'energia. E così come c'è un campo d'energia intorno al vostro corpo fisico, c'è un campo d'energia intorno all'intero pianeta. Parte di questo campo d'energia planetario serve da deposito per le energie imperfette generate dall'umanità nel corso dei secoli. Questo è ciò che lo psicologo Carl Jung chiamavail "subconscio collettivo", e si tratta di una scoperta veramente importante. Quindi, potremmo dire che quando scendete in un corpo fisico, i vostri quattro corpi inferiori esistono dentro al campo d'energia più ampio della coscienza collettiva dell'umanità. Questo significa che voi potete essere influenzati dalla coscienza collettiva e, a vostra volta, influenzate la coscienza dell'insieme. Per esempio, molte persone sono talmente sopraffatte dalle energie della coscienza collettiva da avere scarsissima individualità. Trovano difficile pensare per conto loro e prendere le proprie decisioni. Vogliono che la società pensi per loro e dica loro cosa fare. Si può vedere questo nelle persone che seguono ciecamente l'ultima tendenza della moda o qualunque mania sia popolare nella loro società. Ma se voi foste tra queste persone, non stareste leggendo questo libro, ed è un fatto che la maggioranza delle persone spiritualmente consapevoli ha un senso d'individualità più forte. Si sono separate, fino ad un certo punto, da quello che potremmo chiamare la coscienza di massa. Ciò nondimeno, è importante che riconosciate che, se volete avere anche una minima speranza di arrivare ad una vera crescita spirituale, dovete separarvi dalla coscienza di massa. Dovete proteggere il vostro campo d'energia personale dall'essere sommerso dalle energie della coscienza di massa.

E' importante, inoltre, per voi riconoscere che il contenuto dei vostri quattro corpi inferiori contribuirà, nel bene e nel male, alla coscienza di massa. Perciò non potete semplicemente considerare la coscienza di massa come qualcosa che è stata creata indipendentemente da voi e per la quale non avete alcuna responsabilità. L'aspetto positivo è che se elevate la vostra coscienza personale, eleverete la coscienza dell'insieme. E' questo che Gesù descrisse quando disse: "Ed io, quando sarò elevato dalla Terra, attirerò tutti a me" (Giovanni 12:32). Il significato più profondo è che l'unico motivo per cui l'umanità è progredita oltre il livello dell'uomo delle caverne è, che in ogni generazione ci sono stati alcuni individui, che hanno scoperto il potere della propria mente ed hanno usato quella scoperta per elevare la loro coscienza individuale. Così hanno elevato tutti quanti di un po', ed è stata l'elevazione della coscienza collettiva a far strada a tutto il progresso visto nel corso della storia conosciuta. Noterete che, dall'incarnazione di Gesù, l'umanità ha fatto dei progressi enormi. Infatti, gli ultimi 2.000 anni hanno visto dei progressi superiori ai precedenti 10.000 anni. Non sono stati tutti provocati dalla vittoria di Gesù, ma anche dal fatto che molte persone hanno raggiunto un grado più elevato di coscienza di Cristo ed hanno pertanto elevato la coscienza collettiva. Ciò nondimeno, Gesù merita di essere riconosciuto come il pioniere che ha dato inizio al più recente ciclo di progressi.

Il lato negativo è che se permettete alle credenze imperfette e alle energie alterate di rimanere nei vostri quattro corpi inferiori, state contribuendo a trascinare giù la coscienza collettiva. Il mio scopo, nel sollevare questo argomento, è quello di mostrarvi che, mentre siete nel corpo fisico, il contenuto dei vostri quattro corpi inferiori sta contribuendo alla situazione esistente sul pianeta nel suo insieme. O state contribuendo a peggiorare le cose o state contribuendo a migliorarle. Come dice il detto popolare: "Se non siete parte della soluzione, siete parte del problema."

***

Miei amati, il mio scopo è di mostrarvi che i vostri pensieri e sentimenti hanno un profondo impatto sul pianeta nel suo insieme, per cui non potete pensare che siano solo le vostre azioni ad influenzare le altre persone. Ma dovete anche riconoscere che esiste una linea divisoria tra i vostri pensieri e sentimenti e le vostre azioni fisiche. In altre parole, il contenuto del vostro corpo d'identità, del vostro corpo mentale e quello emozionale influenza la coscienza collettiva, ma quando intraprendete un'azione fisica, voi generate un diverso tipo di impulso d'energia, un impulso che ha un'influenza più diretta sulle altre persone.

Quello che desidero che capiate qui è una sottile distinzione. Gesù fece un'affermazione molto profonda quando disse: "Chiunque guarda una donna per desiderarla, ha già commesso adulterio con lei nel suo cuore" (Matteo 5:28). La ragione è che i vostri pensieri e sentimenti sono molto potenti e possono inviare forti impulsi d'energia, che possono entrare nelle menti di altre persone ed influenzarne i pensieri e i sentimenti, il che può poi portarle ad intraprendere certe azioni. Tuttavia, è necessario fare una distinzione tra i vostri pensieri e sentimenti e le vostre azioni fisiche. Per esempio, potreste osservare le leggi della società e vedere che se state pensando di commettere un crimine, non potete essere accusati dalla legge. Ma nel momento in cui commettete un'azione fisica, sarete soggetti alla legge. Il motivo di questo è che quando intraprendete un'azione fisica, avete portato i vostri pensieri e sentimenti al livello più basso del regno materiale, ovvero nel regno della materia. Questo regno è il più denso dei quattro livelli dell'universo materiale, il che significa che ciò che viene portato nel regno della materia è più difficile da cambiare di ciò che esiste ancora solo come un pensiero o un sentimento.

In altre parole, potreste avere un pensiero imperfetto e potreste persino infondere quel pensiero di intense emozioni, che vi portano a desiderare qualcosa che secondo la legge non potete avere. Ma finché non avrete intrapreso un'azione fisica, i vostri pensieri e i vostri desideri non sono irreversibili. Infatti, i vostri sentimenti sono molto fluidi e possono essere cambiati o diretti diversamente con facilità. I vostri pensieri sono ancora più fluidi e più facili da cambiare. Così, al livello dei vostri pensieri, potete istantaneamente cambiare i vostri piani, ricevendo una comprensione superiore, che vi fa rendere conto che stavate andando nella direzione sbagliata. In altre parole, a questo livello, potete imparare una lezione senza aver creato delle conseguenze fisiche irreversibili. Il mio punto è che, sebbene i vostri pensieri e i vostri sentimenti abbiano un effetto sulle altre persone, è alquanto facile per voi cambiarli. Ma da quando intraprendete un'azione fisica, nulla potrà rendere quell'azione incompiuta. Una volta che avrete compiuto un'azione fisica, avrete portato i vostri pensieri e i vostri sentimenti nel regno del tempo e dello spazio e, come dice un detto popolare, "non si può tornare indietro nel tempo". Non è possibile disfare ciò che è stato portato al livello dell'azione fisica.

Miei amati, questo è un punto molto importante e, quindi, lasciate che vi dia una comprensione più profonda.L'esistenza dei quattro livelli dell'universo materiale è in effetti una forma di protezione che permette alle persone, che sono intrappolate nella coscienza di dualità, di esercitare il loro libero arbitrio senza distruggere se stesse o l'un l'altro all'istante. Un'azione fisica inizia nel vostro corpo d'identità, assume una forma più distinta nel vostro corpo mentale e riceve la direzione e la spinta nel vostro corpo emozionale. Ma fino a quando non avrà superato il confine del regno materiale, essa potrà essere ancora revocata, se arrivate ad una comprensione superiore. In altre parole, se l'universo materiale avesse un unico livello, qualunque vostro impulso verrebbe istantaneamente lanciato in un'azione fisica e non avreste alcuna possibilità di fermarlo. In questo modo, ogni pensiero imperfetto avrebbe inevitabilmente delle conseguenze fisiche alle quali non potreste sfuggire. Dato che l'universo ha quattro livelli, potete avere molti pensieri e sentimenti imperfetti, ma finché non permetterete ad essi di diventare delle azioni fisiche, non subirete delle conseguenze fisiche. Riuscite a vedere come, molte volte nella vostra vita, avete avuto dei pensieri e dei sentimenti imperfetti, ma dato che non avete intrapreso l'azione, avete evitato le conseguenze spiacevoli? Riuscite a vedere quanto difficile sarebbe potuto essere la vostra vita, se ogni pensiero imperfetto fosse risultato in una conseguenza fisica?

Riuscite a vedere ora che il fatto di conoscere i vostri quattro corpi inferiori vi dà l'incredibile opportunità di assumere il dominio della vostra vita per mezzo della loro purificazione da tutti i pensieri e sentimenti imperfetti? Quanto più puri sono i vostri quattro corpi inferiori, tanto più controllo avrete sulle vostre reazioni alle prove della vita. Invece di sentirvi come se non aveste scelta alcuna, come se foste incapaci di scegliere tra vari modi di rispondere ad una data situazione, ora potrete scegliere di rispondere nel modo che è il migliore per voi da una prospettiva a lungo termine. Potrete scegliere di seguire il consiglio di Gesù di porgere l'altra guancia, invece di cercare vendetta (Matteo 5:39).

Miei cari, nelle precedenti chiavi ho parlato della legge del libero arbitrio, ed esso ha un impatto importante su quello di cui stiamo parlando qui. Diciamo che voi pensate che un'altra persona abbia fatto qualcosa di sbagliato e siete molto arrabbiati per questo. Nella vostra mente continuate a ripassare le azioni dell'altra persona e, pertanto, state inviando un potente impulso di energia psichica. Mentre quest'energia entra nella mente dell'altro, è probabile che ne smuova il corpo emozionale e renda la persona più agitata. Perciò avrete influenzato l'altra persona rendendola più incline ad agire con rabbia. Eppure l'energia che inviate è ancora al livello mentale ed emotivo, il che significa che la persona può scegliere se agire in base ad essa. In altre parole, siete responsabili per ciò che emettete, ma non siete responsabili per quello che l'altro fa con quella energia. Egli è responsabile per le azioni intraprese. Potremmo dire che, a questo punto, avete influenzato il libero arbitrio dell'altra persona, ma non avete direttamente violato il libero arbitrio della persona.

Nel momento in cui intraprendete un'azione fisica, come per esempio cercare la vendetta, l'equazione cambia radicalmente. Commettendo un atto di violenza contro un'altra persona, avete violato direttamente il suo libero arbitrio. Avete portato i vostri pensieri e i vostri sentimenti fuori dal regno psichico, nel regno della materia, dove sono diventati irreversibili. Prima che lo facciate, l'altra persona potrebbe ignorare l'impulso d'energia da voi inviato, ma dopo che avrete intrapreso l'azione, non sarà più possibile per l'altra persona ignorare ciò che avete fatto. Vale ancora il fatto che non siete responsabili per il modo in cui l'altro risponde alle vostre azioni (come lui non è responsabile per la vostra reazione), ma avete superato un confine e le vostre azioni sono ora irreversibili. Siete andati oltre il livello fluido del pensiero e del sentimento, oltre il livello di sperimentazione, entrando nel livello di conseguenze irreversibili. Per ogni azione, esiste una reazione opposta, e quando agite fisicamente, voi create una conseguenza inevitabile per voi stessi e per gli altri. Ovviamente, questo è un altro motivo per purificare i vostri quattro corpi inferiori. Allora potrete rimuovere i pensieri e i desideri imperfetti prima che prendano la forma di azioni fisiche e abbiano, perciò, delle conseguenze che sono molto più difficili da superare.

Miei cari, ora dobbiamo riconoscere una realtà, che molte persone sono state programmate a rifiutare. Potrebbero essere state programmate da una religione ortodossa o dalla scienza materialistica, ma dietro a tutti questi sistemi di credenze esterni c'è il principe di questo mondo, che sta cercando di impedirvi di accettare la responsabilità definitiva della vostra situazione e del vostro futuro. Perciò, il principe di questo mondo sta tentando di farvi credere che potete sfuggire alla responsabilità per le vostre azioni passate negando di aver vissuto prima di questa vita. Tuttavia, quando riconoscete il fatto di aver vissuto prima, vi rendete conto che non potete sfuggire a nulla negandone l'esistenza. L'unica salvezza è per mezzo della trascendenza di sé.

Posso dirvi che uno dei motivi principali per cui gli insegnamenti sulla reincarnazione furono rimossi dal cristianesimo fu, che molte persone erano talmente intrappolate nella coscienza di dualità da non essere disposte ad accettare la responsabilità per ciò che avevano fatto nelle vite passate. E con la logica illogica della mente dualistica esse ragionavano che, se avessero ignorato o negato il concetto di reincarnazione, in qualche modo sarebbero sfuggite alla responsabilità.

Allora sarebbero state in grado di vivere le loro vite nell'illusione, che le loro azioni del presente non potessero ritornare a perseguitarle in una vita futura. Tuttavia, come dice la Bibbia: "A me la vendetta, sono io che ricambierò, dice il Signore." (Romani 12:19) E "non ci si può prendere gioco di Dio. Ciascuno raccoglierà quello che avrà seminato" (Galati 6:7).

Queste semplici citazioni rivelano che persino la Bibbia ha un riconoscimento sottostante della realtà dell'incarnazione. In verità, la legge di Dio dice che siete responsabili di qualsiasi cosa facciate con l'energia di Dio. Quest'energia vi sarà rimandata dallo specchio cosmico e, pertanto, sperimenterete le condizioni che rappresentano le azioni che avete intrapreso in passato. In altre parole, qualunque cosa facciate agli altri, sarà inevitabile che la sperimentiate voi stessi. Ma che cosa succede se una persona commette un omicidio e non viene mai catturato dalla società? Apparentemente, la persona è sfuggita alla punizione per l'atto con cui ha tolto la vita ad un altro essere umano, interferendo così con il libero arbitrio di quella persona. Tuttavia, la legge di Dio è inevitabile e, perciò, quando commettete un'azione fisica, state mettendo in moto una causa, un impulso d'energia. Questo impulso circolerà attraverso i quattro livelli del regno materiale, e vi sarà restituito come una circostanza fisica. Però, questo richiederà del tempo e così la reazione proveniente dall'universo avverrà in una vita futura.

Prendete nota del fatto che la Bibbia dice che Dio castigherà la colpa dei padri fino alla terza e alla quarta generazione (Esodo 34:7). Alla mente dualistica, questo suonerà come un essere collerico nel cielo, ma quando riconoscete la realtà dell'incarnazione, potete raggiungere una comprensione più profonda. La terza e la quarta generazione potrebbero non essere semplicemente i figli fisici, ma potrebbe essere la vostra stessa anima reincarnata tre o quattro vite dopo. Miei amati, vedete una connessione possibile tra la terza e la quarta generazione menzionata nella Bibbia e l'esistenza dei quattro livelli dell'universo materiale? Pensate che sia soltanto una coincidenza o potrebbe forse avere un significato più profondo?

***

Se non siete cresciuti con una comprensione della reincarnazione, mi rendo conto che questo può essere un argomento alquanto scomodo, forse persino spaventoso. Ma è mia intenzione darvi tutto quello che vi serve per capire che cosa potrebbe stare bloccando la manifestazione dell'abbondanza di Dio nella vostra vita. E per capirlo pienamente, dovete riconoscere che in una vita passata potreste aver messo in moto delle cause che si stanno manifestando ora come circostanze materiali.

E queste circostanze stanno bloccando la manifestazione dell'abbondanza di Dio nella vostra vita. Quando accettate questo, sarete in grado di vedere al di là della credenza infausta, spaventosa, secondo cui siete puniti da un Dio arrabbiato e non esiste via di scampo. Sarete in grado di vedere che, in effetti, la legge di Dio è stata istituita per darvi la migliore opportunità possibile per crescere.

Nelle chiavi precedenti vi ho detto che l'universo materiale ha un fattore ritardante automatico. Lo specchio cosmico non vi rimanda all'istante ciò che fate agli altri. Ho detto che questo è un periodo di grazia, e lasciate che vi spieghi ora come funziona. Ci sono molte persone che hanno avuto un'infanzia molto difficile ed una vita molto difficile. Sono cresciute in circostanze, che hanno reso quasi inevitabile che esse sviluppassero un senso d'identità a breve termine, che è molto basso in confronto al loro potenziale Cristico. Così, a causa delle imperfette condizioni attuali sulla Terra, molte persone sono state predisposte a commettere azioni, che non possono far altro che limitare loro stessi e danneggiare gli altri. Miei cari, riuscite a vedere che se quelle azioni fossero immediatamente rimandate dallo specchio cosmico, molte persone distruggerebbero semplicemente se stesse, perdendo così l'opportunità per un'ulteriore crescita in questa incarnazione.

E' possibilissimo che l'umanità possa creare collettivamente una spirale discendente che, in un tempo molto breve, distruggerebbe l'intero pianeta come piattaforma per la crescita spirituale. Per evitare uno scenario del genere, Dio ha progettato l'universo materiale con quattro livelli. Ne consegue che quando commettete un'azione fisica, state generando un impulso d'energia che viene inviato nel regno materiale. Questo impulso circolerà attraverso i quattro livelli del regno materiale, e solo dopo essere passato attraverso i tre livelli superiori, ritornerà da voi nella forma di circostanze fisiche effettive. Miei amati, il funzionamento di questa legge di causa ed effetto, che le religioni orientali chiamano la legge del karma, è davvero molto complesso, per cui quello che vi do qui è un'immagine semplificata. Per motivi di semplicità, diciamo che voi uccidete un altro essere umano. Commettendo quest'azione fisica, generate una causa, e il suo effetto è che togliete a quella persona l'opportunità di crescere per il resto di quella che sarebbe stata la naturale durata della vita. Ovviamente, questo interferisce direttamente con il libero arbitrio dell'altra persona. Quale effetto avrà questo su di voi?

Prima di andare oltre, voglio che sia ben chiaro che, anche se avete violato la legge di Dio, Dio non ha assolutamente alcun desiderio di punirvi. Come ho detto prima, l'intero concetto di un Dio iracondo e punitore, è un prodotto della mente dualistica, della mente dell'anti-cristo. La realtà della situazione è che, se avete commesso l'atto di uccidere un altro essere umano, il vostro atto è il prodotto di un grave squilibrio nei vostri tre corpi superiori. Voi potete uccidere qualcuno solo se avete delle emozioni gravemente squilibrate, e queste devono scaturire da una serie di pensieri egocentrici, che a loro volta nascono da un senso d'identità alterato. Dio vi ha dato il libero arbitrio, ma Dio desidera vedervi liberi da qualunque senso d'identità imperfetto. Quindi, se uccidete un altro essere umano, Dio non ha alcun desiderio di punirvi, però ha il desiderio di vedere che vi liberiate dalle credenze che vi hanno indotto a commettere l'atto. E qual è il modo migliore per liberarvi da quelle credenze egoistiche? Bene, il modo definitivo per liberarvi dal desiderio di uccidere altre persone sarebbe quella di essere uccisi voi stessi, in modo da sperimentare com'è perdere l'opportunità di essere incarnati. Invero, esistono molte persone che vengono liberate dai loro desideri e dalle loro credenze imperfette solo quando vivono una tragedia nella loro stessa vita. Solo allora si svegliano a riflettere ed a riesaminare alcune delle loro credenze più profonde. Quindi, in definitiva, prima di potervi liberare dalle credenze imperfette, che vi hanno indotto ad uccidere un'altra persona, potrebbe essere effettivamente necessario che veniate uccisi voi stessi.

Ma dato che Dio non è un Dio collerico, bensì un Dio misericordioso, egli ha progettato un universo che non vi uccide istantaneamente quando uccidete un altro. L'impulso d'energia, generato quando avete ucciso l'altra persona, circola invece attraverso i quattro livelli del regno materiale. Questo vi dà l'opportunità di risolvere le vostre credenze dualistiche prima che l'impulso, il karma, ritorni da voi come una circostanza materiale, che si risolve nella vostra uccisione. Potremmo dire che l'universo è progettato in modo da presentarvi la migliore opportunità possibile per imparare le vostre lezioni e salire al di sopra delle vostre credenze limitate. Ritornando da voi, l'energia delle vostre azioni passate entra, prima di tutto, nel vostro corpo d'identità. Attiverà le credenze che vi hanno indotto ad uccidere un'altra persona in una vita passata, e questo vi dà l'opportunità di esaminare quelle credenze. Per esempio, potreste avere dei pensieri sul perché sia sbagliato uccidere. Se non cogliete la prima opportunità, l'impulso d'energia circolerà attraverso il vostro corpo mentale e il vostro corpo emozionale, dove avrete ulteriori opportunità di esaminare e risolvere i vostri pensieri e sentimenti. Se ignorerete anche questa opportunità, l'energia circolerà nel regno della materia, dove verrà manifestata come una circostanza che non potrete ignorare. Quindi potremmo dire che potete scegliere il modo in cui desiderate imparare le vostre lezioni nella vita. Le volete imparare in un modo facile o in un modo difficile? Volete frequentare la scuola interiore di ricerca della comprensione spirituale (con tutto quello che ottenete, ottenete comprensione) o volete frequentare la scuola dei duri colpi?

Miei amati, capite l'immensa importanza di questo e l'immensa opportunità che questo vi dà? Esistono alcuni insegnamenti spirituali, che parlano della discesa del karma. La realtà di questo è che un'azione imperfetta, commessa da voi in passato, ritornerà a voi scendendo attraverso i quattro livelli del regno materiale. E dato che i vostri quattro corpi inferiori fanno parte del regno materiale, potremmo dire che quando un'azione del passato scende, essa passa attraverso i vostri quattro corpi inferiori. Prima di manifestarsi come una circostanza fisica, passa attraverso i quattro livelli della vostra mente. Ne consegue che voi potete consumare quell'impulso d'energia, potete consumare quel karma discendente, nel regno dell'identità, nel regno mentale o nel regno emozionale. In questo modo potrete evitare che esso diventi una realtà fisica.

Capisco perfettamente perché molte persone nell'occidente tendano a rifiutare il concetto di karma e di reincarnazione. Lo fanno perché per 1.500 anni la religione cristiana ha negato la realtà della reincarnazione. Pertanto, molte persone nell'occidente imparano il concetto di reincarnazione attraverso insegnamenti orientali, e alcuni di questi insegnamenti ne presentano una visione molto fatalistica. Tali insegnamenti dicono che tutto quello che vi accade in questa vita, è un prodotto delle cause che avete messo in moto nelle vite passate e, perciò, non c'è nulla che possiate fare per sfuggire agli eventi. Questa è una menzogna bella e buona, promossa dal principe di questo mondo. E' un tentativo di far sì che le persone rinuncino senza nemmeno provare a cambiare il proprio destino e futuro. La realtà è che la reincarnazione e il karma sono stati istituiti per darvi le massime opportunità per cambiare la vostra situazione, per cambiare il vostro passato, o almeno l'effetto che il vostro passato ha sul vostro presente e sul vostro futuro. So che non potete cambiare le azioni che avete commesso in una vita passata, ma potete cambiare gli impulsi d'energia che avete messo in moto in passato. Potete riqualificare l'energia alterata, mentre scende attraverso i regni d'identità, mentale ed emozionale, impedendo così che si manifesti come una circostanza fisica.

Miei cari, riuscite a vedere che è perfettamente possibile, che in una vita passata abbiate messo in moto un karma che vi impedisce di avere l'abbondanza in questa vita? Se non potete cambiare quel karma, come potreste possibilmente cambiare le vostre circostanze materiali? Potete decidere, con la vostra mente conscia, di pregare e recitare affermazioni per tutto il giorno, ma se i vostri sforzi non sono sufficientemente potenti per consumare il karma discendente, non avrete letteralmente alcun modo di cambiare le vostre circostanze fisiche. Quindi, se siete sinceri nel vostro intento di manifestare la vita abbondante, dovete scoprire un modo per consumare il vostro karma delle vite passate, prima che diventi materiale e sia pertanto molto più difficile da risolvere. Come ho detto in precedenza, un pensiero e un sentimento sono facili da invertire, ma una volta superato il confine del regno materiale, non potete far andare indietro l'orologio. Allo stesso modo, il vostro karma delle vite passate può essere facilmente consumato prima che raggiunga il regno materiale, ma una volta che avrà superato il confine, assumendo una forma fisica densa, sarà molto più difficile liberarvene. Per darvi un'immagine visiva di questo, lasciate che vi chieda di pensare ad un vulcano che sputa un fiume di lava che fluisce giù per la montagna. La lava è liquida e fluida, ed è facile cambiarne il corso. Alla fine la lava arriva al mare e viene raffreddata talmente in fretta da solidificarsi all'istante. Ora, la lava è solida, ed è molto difficile rimuoverla. Se aveste un attrezzo per maneggiare la lava fluida, sarebbe facile rimuoverla. Ma la lava indurita deve essere spezzata in pezzi più piccoli per poterla spostare. Questo è paragonabile alla differenza tra il karma che sta ancora scendendo e il karma che è entrato nel regno della materia ed è diventato fisico.

**

Come potete impedire alle vostre passate azioni di manifestarsi come circostanze materiali indesiderabili? Come ho detto, Dio non ha alcun desiderio di punirvi; Dio vuole semplicemente che siate liberi dalle vostre credenze imperfette. Tuttavia, dato che Dio vi ha dato il libero arbitrio, potete essere liberi solo attraverso una vostra scelta. Quindi, la maniera definitiva per impedire al vostro karma di manifestarsi è quella di purificare i vostri quattro corpi inferiori. Se purificate tutti i livelli della vostra mente dalle credenze e dalle energie imperfette, che vi hanno indotto a commettere un omicidio in una vita passata, non ha assolutamente alcun senso farvi sperimentare il karma fisico di quell'azione. Se avete già imparato la lezione che dovete imparare, perché dovreste sperimentarne le circostanze materiali? Perciò è possibilissimo che Dio o i vostri insegnanti spirituali possano annullare la discesa di questo karma. Le energie imperfette create in passato devono essere ugualmente equilibrate, ed è responsabilità vostra farlo. Tuttavia, potrete farlo invocando luce spirituale, che riqualificherà le energie imperfette elevandone la vibrazione. In altre parole, potrete essere liberi dalle vostre azioni passate, senza sperimentarne le conseguenze fisiche. Ma questo potrà avvenire solo quando consumerete il karma, che viene rimandato dallo specchio cosmico, prima che scenda nel regno della materia.

Quando purificate i vostri quattro corpi inferiori, il vostro karma discendente verrà consumato quasi automaticamente. Per spiegarvi questo meccanismo, lasciate che torni indietro, all'immagine di una credenza imperfetta nel vostro corpo d'identità. Come esempio, considerate la credenza secondo cui siete un individuo separato e potete far male alle altre persone senza influenzare voi stessi, una credenza che è molto comune su questo pianeta e nasce dalla coscienza di dualità. Questa credenza ha l'effetto di ridurre la quantità d'energia e la vibrazione dell'energia, che fluisce nel vostro corpo d'identità. Potremmo dire che, visto che non state moltiplicando i vostri talenti, il flusso d'energia dal regno spirituale è ridotto. In altre parole, non c'è semplicemente molta luce ad alta frequenza che fluisce nel vostro corpo d'identità. La credenza imperfetta nel vostro corpo d'identità è ciò che si è risolto nella vostra azione fisica egoista, e quest'azione fisica ha creato un impulso d'energia, ovvero il vostro karma. Quando questo impulso d'energia filtra attraverso il vostro corpo d'identità, non c'è della luce di vibrazione più elevata per alzare la vibrazione del karma, non c'è della luce che consumi il karma e gli impedisca di scendere oltre. Le energie alterate nel vostro corpo d'identità non bloccheranno il karma, in quanto esso ha la stessa vibrazione dell'energia accumulata. Perciò, il karma potrà fluire non ostacolato nel vostro corpo mentale, ed ora è di un passo più vicino a diventare manifesto come una circostanza materiale.

Ora considerate ciò che accade quando rimuovete dal vostro corpo d'identità le credenze imperfette e le energie alterate. Ora il vostro corpo d'identità si riempie di luce. Questo è descritto anche in una delle affermazioni più esoteriche di Gesù, quando disse che 'se il vostro occhio è singolo, il vostro intero corpo sarà pieno di luce' (Matteo 6:22). Un significato è che se il vostro corpo d'identità è "singolo" – non è una casa divisa contro se stessa dalle credenze dualistiche, per cui vi vedete come uno con Dio – il vostro corpo d'identità sarà pieno di luce. E come ho detto in precedenza, la luce che può essere contenuta nel vostro corpo d'identità, ha una vibrazione molto elevata, il che significa che ha il potenziale di consumare la vibrazione più bassa del karma di ritorno. Se il karma ha una vibrazione di 800 Herz e il vostro corpo d'identità può contenere luce che vibra a 90.000 Hz, dovrebbe essere ovvio che la luce più potente può facilmente consumare il karma e impedirgli di scendere.

E quanto al karma che è già sceso nel regno mentale o in quello emozionale? Potrete consumare questo karma purificando quei due corpi inferiori, allo stesso modo in cui purificate il vostro corpo d'identità. Quando il vostro corpo d'identità è già purificato, diventa molto più facile purificare i due corpi inferiori. E quanto al karma che è pronto a passare il confine del regno della materia? Che cosa potete fare per evitare che questo si manifesti? Il modo per fare questo è invocare energia spirituale ad alta frequenza, usando una tecnica appropriata, e dirigerla per consumare quel karma. Ma per farlo in maniera efficace, dovete impegnarvi anche in un sincero processo di purificazione dei vostri corpi superiori, ed è esattamente a questo scopo che sono stati ideati i miei nuovi rosari. Presenterò questi rosari fra breve.

***

Miei cari, mi rendo conto che quello che vi ho dato fino a questo punto è un quadro molto più complesso della vita di quanto vi sia stato dato dalle religioni ortodosse o dalla scienza materialistica. Mi rendo conto perfettamente che, inizialmente, questo può sembrare alquanto sconvolgente. Ma ho fiducia nel fatto che, mentre elaborate le informazioni che vi ho dato, sarete in grado di vedere che vi sto presentando in effetti un'opportunità unica per sfuggire alle limitazioni che sperimentate ogni singolo giorno della vostra vita. Così la domanda diventa questa in realtà: Preferireste continuare a sperimentare quelle limitazioni per il resto della vostra vita, o siete disposti a fare uno sforzo deciso per elevarvi, una volta per tutte, al di sopra di quelle limitazioni?

Miei amati, ci sono molte persone sulla Terra che sono talmente sopraffatte dalle energie che portano, le energie alterate nei loro quattro corpi inferiori e il karma discendente, da non riuscire a tirarsi fuori dal loro stato d'animo attuale. Non riescono ad uscire dalla routine della propria vita quotidiana per fare qualcosa di diverso, che le liberi in maniera permanente. Se foste stati una di quelle persone, non avreste avuto l'attenzione o il desiderio di leggere questo libro. Pertanto, confido nel fatto che avete davvero il potenziale di usare gli insegnamenti e gli strumenti che vi do in questo libro. Potete invertire la spirale discendente in cui potreste essere intrappolati. Potrete creare, invece, una spirale ascendente permanente, che vi condurrà gradualmente da dove vi trovate in questo momento là dove volete essere realmente nella vita, cioè un essere che ha la pace dello spirito e che è nel flusso dell'abbondanza di Dio. Spero che riusciate a vedere che, facendo uno sforzo risoluto, potete davvero dare una svolta alla vostra vita, potete trasformarla in una spirale ascendente. Come ho detto nella chiave precedente, questo non accadrà in una notte, ma vi rammento ancora del detto che un viaggio di mille miglia inizia con un unico passo. Dovete aggiungere che se continuate a fare un piccolo passo alla volta, arriverete inevitabilmente a destinazione.

Di nuovo, confido nel fatto che riusciate a capire che la vera chiave per spezzare la spirale discendente è trovare un modo efficace per purificare i vostri quattro corpi inferiori dalle credenze imperfette e dalle energie alterate, che si sono accumulate nel corso di molte vite. E' proprio questo che vi presento in questo libro, un approccio sistematico alla purificazione dei vostri quattro corpi inferiori. Come ho detto prima, tutto quello che vi ho dato in questo libro è stato ideato per sfidare alcune delle credenze dualistiche conservate nei vostri quattro corpi inferiori. Avendo letto fino a questo punto, siete già ben avviati verso lo smascheramento di quelle credenze. Quello che non abbiamo ancora fatto è darvi le tecniche pratiche per invocare energia spirituale ad alta frequenza e per dirigerla nei blocchi esistenti nei vostri quattro corpi inferiori. E' ciò che faremo nelle chiavi successive, ma prima ho bisogno di darvi alcuni insegnamenti supplementari, affinché possiate superare uno dei blocchi più importanti, che tiene tante persone spirituali bloccate nel loro attuale approccio alla vita, un approccio che si basa su un aspetto sottile della coscienza di dualità.

Permettetemi di darvi un altro insegnamento, che svelerà una delle trappole preparate dal vostro sé mortale e dal principe di questo mondo, cioè la trappola dell'orgoglio nei suoi molti travestimenti. Questa è la trappola del pensare che sapete tutto e che, pertanto, non avete bisogno di seguire alcuna autorità che vada oltre il vostro sé mortale e le autorità di questo mondo. Potreste ricordarvi del vecchio detto che l'orgoglio precede la caduta. E mentre questo è vero, il problema maggiore è che l'orgoglio vi impedisce di rialzarvi dopo la caduta. Il fatto che siate caduti, non ha davvero più alcuna importanza – perché è un fatto che non potete cambiare. Quello che potete cambiare è ciò che accade dopo la caduta, ovvero, invece di rimanere bloccati nella coscienza di dualità, potete iniziare una spirale ascendente, che vi rende liberi da quella mente dell'anti-cristo e vi riporta su, lungo la scala a chiocciola, finché non sarete, ancora una volta, uniti col vostro essere superiore. Permettetemi quindi di svelarvi la sottile trama dell'orgoglio, che è stata progettata per tenervi intrappolati in un vicolo cieco spirituale, da cui non sembra esserci via di scampo. E non c'è scampo, se non seguendo il vero insegnante, che è stato mandato da Dio per rendervi liberi.

Chiave 19
Se il vostro ego sa davvero tutto, perché la vostra vita è ancora una lotta?

Mio amato cuore, permettetemi di riassumere alcune delle cose che abbiamo discusso nelle precedenti chiavi, per presentarvi un quadro d'insieme di quello che dovete realizzare per purificare i vostri quattro corpi inferiori, superare le conseguenze delle vostre azioni passate e manifestare la vita abbondante. Iniziamo col parlare della resistenza ai vostri sforzi di purificare i vostri quattro corpi inferiori.

Ci sono molte persone che hanno vissuto delle situazioni molto traumatiche in questa vita, e tali situazioni possono essere associate ad un grande dolore emotivo. Quindi, quando dico che, per essere liberi dai blocchi nel vostro corpo emozionale, dovete dare uno sguardo alle credenze dietro a quei blocchi, so che molte persone si opporranno immediatamente a questo. Sanno che ripensare alle situazioni del passato le precipiterà in uno stato di dolore e disagio emotivo. Non sto in alcun modo accusando le persone per le reazioni del genere, poiché è perfettamente comprensibile che esse vogliano evitare il dolore emotivo. E se potessi mostrarvi un metodo per ridurre l'intensità del dolore emotivo, prima di iniziare ad osservare effettivamente le situazioni dolorose del passato? Se l'intensità del dolore viene ridotta, osservare il passato sarebbe soltanto un disagio temporaneo e sopportabile. In quel caso, varrebbe davvero la pena di fare lo sforzo di passare attraverso un disagio temporaneo per liberarvi in maniera permanente da una credenza imperfetta, che vi influenza 24 ore al giorno. Sono sicura che riusciate a capire che questo sarebbe un ottimo investimento, proprio come sarebbe un buon investimento comprare dei titoli se poteste raddoppiare il vostro denaro.

L'altra importante forma di opposizione, che le persone si trovano ad affrontare quando iniziano a purificare i loro quattro corpi inferiori, è quella che potremmo chiamare la forza dell'abitudine. Per avere un'idea visiva, immaginate dell'acqua che scorre giù per il pendio di una collina. L'acqua tende a scavare dei piccolo solchi nel pendio, e una volta che avrà iniziato a formarsi, il solco incanalerà più acqua. In questo modo il solco diventerà più profondo, finché alla fine non diventerà una gola che contiene un fiume. Il mio punto è, che questa è un'immagine visiva del modo in cui le abitudini si formano nei vostri quattro corpi inferiori. Mentre fluisce attraverso i vostri quattro corpi inferiori, l'acqua segue il sentiero della minore resistenza. In altre parole, se avete una credenza imperfetta nel vostro corpo mentale, la credenza, e l'energia alterata risultante dalla credenza, formeranno una barriera che renderà più difficile alla luce di fluire. Così la luce tenderà a fluirle attorno, e con questo i vostri pensieri vengono condotti verso un certo modello, facendo sì che i vostri sentimenti seguano a ruota. Questo ha l'effetto di limitare le opzioni che riuscite a vedere, limitando così la vostra espressione creativa. Questo fa sì che voi stabiliate un'abitudine mentale ed emotiva che, per così dire, vi programma a rispondere a certe situazioni in una maniera specifica. L'effetto è che, a livello della mente conscia, non avete il controllo delle vostre reazioni a situazioni specifiche. Le vostre reazioni sono predeterminate dalle abitudini, che esistono nel vostro corpo emozionale, nel corpo mentale e nel corpo d'identità, come pure nella vostra mente fisica.

Se osservate le persone che conoscete, e forse la vostra stessa vita, vedrete che si tratta di un problema molto comune. Molte persone non hanno, letteralmente, l'opzione di scegliere la propria reazione ad una situazione specifica. A causa di abitudini stabilite in passato, esse risponderanno a certe situazioni inevitabilmente con la rabbia. Non riescono semplicemente a fermarsi dal farlo, e spesso ne risulta che una relazione tra due persone è bloccata in uno schema distruttivo o disfunzionale. Una persona dice qualcosa che non piace all'altra. La seconda persona risponde con rabbia, e poi anche la prima persona risponde con rabbia. Ora le due persone sono arrabbiate l'una con l'altra, e nessuna delle due ha la forza di liberarsi dalla rabbia e scegliere una reazione più amorevole alla situazione.

La forma estrema di abitudine è la dipendenza da una sostanza fisica, quali droghe o alcol. Ma esistono molte abitudini più sottili e, infatti, qualunque schema di comportamento ha inizio nei corpi superiori come un'abitudine mentale o emotiva. Il problema principale, nello spezzare un'abitudine, è che c'è una notevole resistenza a farlo. Come ho detto, nei livelli della vostra mente sono stati scavati dei solchi, e l'energia tenderà a fluire in quei solchi. Perciò, cambiare gli schemi ai livelli superiori della mente richiede grande sforzo. Molte persone hanno tentato di cambiare una particolare abitudine, ma senza successo. Scoprono di riuscire a cambiare l'abitudine per un po', ma si tratta di una battaglia ardua. Non appena si rilassano solo un poco, ricadono nei vecchi schemi. Altri riescono a cambiare il comportamento esteriore, ma devono lottare continuamente, possibilmente per il resto della propria vita, per evitare di ricadere nel vecchio schema di comportamento. Ovviamente, questa non è la vita abbondante, poiché come potete godervi la vita quando state facendo costantemente questa lotta con voi stessi.

Capisco, tuttavia, che molte persone sono riluttanti ad affrontare le abitudini, in quanto sanno per esperienza che è molto difficile eliminare una vecchia abitudine. E se io potessi mostrarvi un modo per diminuire la resistenza allo spezzare un'abitudine, per diminuire la forza magnetica che vi attira in certi schemi di pensiero, sentimento e abitudine?

***

Miei amati, quello che vi causa del dolore emotivo, quando pensate ad una situazione traumatica del passato, è l'energia accumulata nei vostri corpi superiori, specialmente nel corpo emozionale. Ciò che rende così difficile spezzare un'abitudine è, allo stesso modo, l'energia accumulata nel vostro corpo emozionale, nel vostro corpo mentale e persino nel vostro corpo d'identità. Questa energia forma letteralmente un campo d'energia, che ha un effetto molto simile a quello di un campo magnetico. Sapete benissimo che il campo attorno ad un magnete attirerà un oggetto metallico che entra nel raggio del campo. Quindi non è difficile immaginare che, se avete campi "magnetici" del genere nei vostri quattro corpi inferiori, questi eserciteranno la forza d'attrazione sui vostri pensieri e sulle vostre emozioni. Attireranno letteralmente i vostri pensieri e le vostre emozioni in un certo schema, ed è per questo che le vostre reazioni a certe situazioni sono predeterminate – preprogrammate.

Immaginate che cosa accade quando usate una tecnica potente per purificare l'energia alterata, elevandone così la vibrazione. All'improvviso, l'intensità del dolore emotivo, associato alle situazioni passate, viene ridotta. Ora potete pensare a queste situazioni senza essere sconvolti dal dolore. Potete, per così dire, osservarle con oggettività, quasi come se aveste a che fare con un'altra persona. Sapete che è sempre facile per voi risolvere i problemi degli altri, e la ragione è che non siete emotivamente coinvolti. Perciò potete osservare la situazione con maggiore obiettività e vedere la soluzione che, per l'altra persona, è nascosta dietro ad un velo di energia emotiva.

Allo stesso modo, quando riducete l'attrazione magnetica, che vi induce a seguire certi schemi di comportamento, vi sarà molto più facile spezzare un'abitudine, e spesso senza la normale "sindrome da astinenza". Miei amati, riuscite a capire l'immenso potenziale di questo fatto? Rimuovendo semplicemente l'energia, renderete molto più facile per voi stessi riesaminare le situazioni dolorose del passato. Perciò potrete scoprire le decisioni che avete preso, mentre vi trovavate in quelle situazioni. E poi potrete consapevolmente sostituire quelle decisioni prendendo delle decisioni migliori in base alla visione più chiara che avete ora. Quando eliminate l'attrazione magnetica di una vecchia abitudine, vi diventa molto più facile scoprire le decisioni dietro a quell'abitudine. Allora potete cambiare quelle decisioni e scavare un solco nuovo e più produttivo nella vostra mente subconscia. Poi potrete costruire un'abitudine positiva al posto di una limitante. Ciò che vi sto mostrando qui è che ci sono tre componenti principali nella liberazione di voi stessi dal vostro passato:

- Uno è il componente interiore del superare le decisioni e le credenze imperfette che sono conservate nella vostra mente d'identità, nella vostra mente mentale, nella vostra mente emozionale e nella mente fisica. Questo coinvolge sia le decisioni contenute nella vostra mente a lungo termine, la mente che portate con voi da una vita all'altra, sia quelle contenute nella vostra mente a breve termine, la mente che è associata al vostro corpo fisico attuale.

- Il secondo componente è che dovete trasformare l'energia alterata conservata nei vostri quattro corpi inferiori. Questo vi renderà più facile spezzare le abitudini limitanti e guarire le cicatrici causate da traumi del passato.

- Il terzo componente è che dovete consumare l'impulso d'energia, il karma, che vi viene rimandato dallo specchio cosmico secondo le vostre azioni passate.

Miei cari, riuscite a vedere che quando trovate ed applicate una potente tecnica per raggiungere questi tre traguardi, la vostra vita volgerà immediatamente al meglio e potrete rapidamente stabilire una spirale ascendente? Facendo uno sforzo deciso per un po' di tempo, potrete far sì che questa spirale si sostenga e si rafforzi da sola.

Pensate quanto è facile per le persone creare una spirale discendente per se stesse. Hanno accettato una quantità di credenze negative, che le inducono ad alterare energia. Queste credenze e l'energia alterata attirano i loro pensieri e sentimenti in certi schemi che portano ad azioni, che non sono nel loro miglior interesse. Queste azioni hanno delle conseguenze, e quando le persone sperimentano le conseguenze negative, gli schemi nei loro corpi superiori fanno sì che esse rispondano con pensieri ed emozioni negativi. Questo altera ancora dell'altra energia e rafforza le loro credenze negative, il che, ovviamente, solidifica gli schemi mentali ed emotivi. Naturalmente questo altera dell'altra energia ancora, e presto potrà formarsi una spirale discendente. Questa spirale si rafforza da sola, si perpetua da sola, e potrà letteralmente portare le persone giù, fino ad un punto in cui si sentono mentalmente ed emotivamente paralizzate. Non hanno un posto dove andare, non possono muoversi, si sentono ingabbiate da tutte le parti, come se non fosse rimasto loro alcuna scelta nella vita. Non è perché, in effetti, non hanno alcuna scelta, bensì perché le loro credenze imperfette e l'energia alterata nei loro quattro corpi inferiori impediscono loro di vedere le opzioni o di agire in base alla loro visione. Pensano di non poter cambiare se stesse e, pertanto, non riescono a vedere come cambiare la loro situazione esterna. Miei amati, questo è, ovviamente, ciò che gli psicologi chiamano depressione, e potrà facilmente svilupparsi in una malattia mentale più grave.

Il mio scopo nel presentare questo argomento è quello di mostrarvi, che la maggior parte delle persone su questo pianeta è cresciuta in circostanze che hanno fatto sì che esse creassero una spirale discendente del genere, e non dovreste aspettarvi che una simile spirale possa essere spezzata in una notte o senza fare uno sforzo determinato. Ma se *siete* decisi e se siete disposti a fare il lavoro, *potrete* spezzare questa spirale e creare al suo posto una spirale ascendente, che si perpetua da sola. Una volta che avrete dato una svolta alle cose, la vostra vita assumerà, letteralmente, una dimensione totalmente nuova. Allora inizierete a sperimentare la vita abbondante, non solo nella forma dell'abbondanza materiale, ma anche nella forma dell'abbondanza spirituale. Con l'abbondanza spirituale intendo una felicità più grande, una pace spirituale più grande, una visione espansa delle opportunità della vita e un senso di scopo e di realizzazione, e tutto questo ammonta a quello di cui ho parlato prima, ovvero l'integrità. Quindi vale la pena di fare lo sforzo di spezzare la spirale discendente e crearne una ascendente.

Ora vi ho dato la comprensione necessaria per realizzare questo compito, e spero di avervi dato anche la motivazione, che vi serve per prendere la decisione di fare davvero il lavoro. E come ho detto prima, vi darò in seguito gli strumenti pratici che vi servono.

***

A questo punto desidero parlare di un argomento, che molte persone nel campo dell'auto-aiuto, e anche molte persone impegnate nella crescita spirituale, tendono a trascurare. E, dato che non capiscono questo concetto, rendono la propria crescita personale molto più difficile di quanto debba essere. Miei cari, nelle chiavi precedenti ho spiegato come siete arrivati ad un punto in cui voi, cioè il Voi Consapevole, avete deciso di rivolgere le spalle al vostro insegnante spirituale. Siete arrivati ad un punto in cui avete deciso che, siccome avevate preso certe decisioni sbagliate, non volevate più prendere delle decisioni. Questo ha dato vita al vostro sé mortale e, da quel punto in poi, il vostro sé mortale ha preso molte delle decisioni nella vostra vita. In realtà, a creare la spirale discendente è stato proprio il fatto che avete permesso al vostro sé mortale di prendere le decisioni per voi. E il motivo è che il vostro sé mortale è nato dalla dualità e può prendere solo delle decisioni che si basano sulla dualità. Tali decisioni limiteranno, inevitabilmente, i vostri poteri creativi e genereranno conseguenze imperfette, che vi verranno rimandate dallo specchio cosmico.

Che cosa occorre per spezzare la stretta mortale che il sé mortale ha sul Voi Consapevole e sulla vostra sfera del sé? Bene, in verità esiste un unico modo per farlo accadere, cioè il Voi Consapevole deve separarsi dal sé mortale. Deve allontanarsene ed essere il "popolo" scelto di Dio, il che significa che, invece della cosiddetta realtà dualistica – l'idolo – presentata dal vostro sé mortale e dal principe di questo mondo, voi avrete scelto di cercare la realtà superiore di Cristo. Dovrete letteralmente smetterla di identificarvi col – o nel – sé mortale.

Tuttavia, affinché questo accada, dovete fare varie cose. Dovete, prima di tutto, prendere la decisione complessiva, che siete disposti a riprendervi la piena responsabilità della vostra vita, del vostro destino e della vostra salvezza. Dopo aver preso questa decisione complessiva, dovete decidere che siete disposti a dare uno sguardo ad ognuna delle decisioni che vi hanno portato a fare un passo giù per la scala a chiocciola. Dovete essere disposti a capire perché si è trattato di decisioni dualistiche, che hanno limitato i vostri poteri creativi. Alla fine, dovete sostituire quelle decisioni cercando la comprensione superiore della mente di Cristo, che vi dà il potere di prendere una decisione migliore.

Miei amati, permettetemi di introdurre una sottile distinzione qui. Ho detto che dopo aver deciso di non prendere decisioni, avete permesso al vostro sé mortale di prendere molte delle decisioni nella vostra vita. Ho detto che tutte le decisioni prese dal vostro sé mortale erano delle decisioni dualistiche. Tuttavia, non sto dicendo che dovete consapevolmente scoprire, capire e sostituire ognuna delle decisioni dualistiche prese dal vostro sé mortale in tutte le vostre incarnazioni. Quello che sto dicendo è che, ogni volta che siete scesi di uno scalino sulla scala a chiocciola, avete preso una decisione che vi ha portato ad allontanarvi ulteriormente da Dio. Chi ha preso quella decisione? Il Voi Consapevole! La decisione è stata sempre influenzata da una o più menzogne presentate dal vostro sé mortale e dal principe di questo mondo, ma siete stati voi a permettervi di essere influenzati da queste menzogne, perché non siete stati realmente disposti ad assumervi la responsabilità di voi stessi e ad ottenere una visione chiara di ciò che la decisione comportava.

Per darvi un'idea visiva di questo, immaginate che, invece di scendere giù per una scala ininterrotta, state scendendo le scale di un edificio a molti piani. Prendete la decisione di scendere la prima rampa di scale, finché non arrivate al piano inferiore successivo. Una volta arrivati a quel piano, potete andare in giro ed esplorare ognuna delle stanze a quel piano. Qualunque cosa facciate a quel piano, non scenderete oltre. Per scendere ulteriormente, dovete ritornare alla scala e scendere la successiva rampa di scale. Il mio punto è che, per scendere al piano inferiore, voi – ossia il Voi Consapevole – dovete prendere una decisione. Prendendo questa decisione, voi accettate un nuovo senso d'identità, che vi rappresenta come ancora più separato da Dio di quanto non lo foste al piano superiore. Una volta scesi a quel livello, il vostro sé mortale assumerà il comando e prenderà numerose decisioni, basandosi sul nuovo senso d'identità che voi avete costruito. Però, nessuna di quelle decisioni vi porterà ancora più in basso, sebbene costruiranno abitudini più forti, che vi renderanno più difficile risalire in alto e più facile prendere la decisione di scendere ancora oltre.

Il mio punto è che il vostro sé mortale assomiglia molto ad un computer. E' programmato per prendere certe decisioni, ma non può cambiare da solo la propria programmazione. Per cambiare la programmazione, deve essere coinvolto il Voi Consapevole, proprio come è necessario un programmatore per cambiare la programmazione di un computer. Ma mentre non può, da solo, accettare un nuovo senso di sé, il vostro sé mortale può essere facilmente influenzato da forze esterne, sia che si tratti di altre persone, di certi sistemi di credenze o persino dell'influenza diretta da parte del principe di questo mondo. Così il vostro sé mortale può davvero spingervi ad accettare un senso d'identità inferiore, ma dipende sempre da voi prendere la decisione di scendere al piano successivo. Come esempio, pensate a quando da piccoli avete fatto un disegno e poi l'avete mostrato ad un adulto. Avete ottenuto una reazione negativa dall'adulto e così avete perso interesse nel disegno. Ciò che è realmente accaduto è che, a causa della reazione spiacevole, il Voi Consapevole ha preso la decisione: "Io non sono una persona creativa." E per evitare il dolore futuro, avete deciso di non esprimere la vostra creatività mai più. Sebbene sembri una decisione relativamente poco importante, essa potrà avere un profondo impatto sulla vostra vita. Potreste aver eliminato qualsiasi possibilità di avere un'occupazione che richieda espressione creativa, il che potrebbe impedirvi di realizzare il piano della vostra vita e di sperimentare la gioia di essere creativi. Il vostro sé mortale potrebbe aver preso molte decisioni in base alla credenza che non sapete disegnare, come per esempio quale occupazione cercare o che cosa studiare – o non studiare – all'università. Ma l'unica decisione, che dovete consapevolmente disfare, è quella originale, che vi ha indotti a costruire il senso d'identità come una persona che non ha alcuna capacità creativa. Miei amati, ora considerate le decisioni ancor più profonde, quali l'idea che siete un essere umano mortale e non un essere spirituale. O che siete un individuo separato, che può fare qualunque cosa desideri, in quanto siete più importanti delle altre persone. Immaginate come decisioni del genere – prese molte vite fa – possono aver influenzato ogni aspetto del vostro attuale senso d'identità, facendovi negare il vostro vero potenziale come un co-creatore con Dio.

La buona notizia è che non dovete consapevolmente sostituire ogni decisione presa dal vostro sé mortale. Dovete solo disfare le decisioni che vi hanno portato a scendere di un altro passo, o di un altro piano, sulla scala cosmica. Una volta che disfate una di quelle decisioni, tutte le decisioni che sono nate da quella decisione più grande, verranno facilmente lasciate indietro. Ovviamente, dovrete ancora purificare l'energia alterata, che risulta da quelle decisioni, ma le decisioni stesse sono scomparse. La cattiva notizia è che dovrete consapevolmente disfare ogni decisione che vi ha portati giù di un altro passo e, per fare questo, dovrete superare quella che potremmo chiamare l'abitudine originaria, l'abitudine maestra.

***

E' estremamente importante per voi capire, che qui c'è in gioco un sottile meccanismo. Il semplice fatto è che quando il vostro sé mortale è stato creato, e quando gli avete permesso di assumere un controllo almeno parziale della vostra vita, avete stabilito uno schema di negazione, uno schema di evasione dalle situazioni o dalle decisioni, che sono sembrate spiacevoli o schiaccianti. In sostanza, il Voi Consapevole ha deciso di non volere sperimentare certe situazioni, di non volere sperimentare le conseguenze delle sue scelte passate e di non volere sperimentare l'agonia del fare delle scelte nuove in una situazione, che era già profondamente influenzata dalle scelte imperfette del passato – facendo sembrare sì che non vi fosse rimasta più alcuna opzione buona. Ecco perché il Voi Consapevole si ritirava da situazioni del genere e permetteva al sé mortale di prendere le decisioni riguardo a come rispondere ad una condizione spiacevole. Il mio punto è che questo comportamento ha stabilito uno schema molto radicato e molto sottile di fuga dalle decisioni che sono spiacevoli o sembrano troppo difficili. E' uno schema di pensiero secondo cui, ignorando o negando qualcosa, potete evitare di sperimentare quel qualcosa. Perciò il mio punto è che, se volete disfare le scelte che formano il vostro sé mortale e lo tengono in vita e in controllo, dovrete spezzare quest'abitudine, spezzare questo schema di voltare le spalle a tutto quello che sembra spiacevole o sconvolgente. Dovete smetterla di fuggire davanti alle decisioni. Dovete essere disposti a voltarvi e ad affrontare ciò che non siete stati disposti ad affrontare finora.

Miei amati, ho osservato moltissimi ricercatori spirituali, che hanno scoperto il lato spirituale della vita attraverso una particolare religione, una filosofia spirituale o un guru. Si sono entusiasmati molto e si sono tuffati immediatamente in un periodo di intenso studio del nuovo insegnamento, praticando le sue tecniche per la crescita. Questo ha invero fatto sì che essi aprissero la loro mente ad una comprensione nuova e superiore, e così hanno fatto davvero dei progressi. Ma dopo un po' molte persone arrivano ad un punto in cui non riescono a fare ulteriori progressi, a meno che non spezzano lo schema di fuga dalle decisioni difficili. Miei cari, questo è un punto molto critico nel vostro cammino spirituale, e posso assicurarvi che il sé mortale e il principe di questo mondo sanno esattamente che cosa c'è in gioco. Se riuscirete a spezzare lo schema di fuga, essi perderanno il loro potere su di voi. Potrebbero essere ancora in grado di influenzarvi per qualche tempo, rallentando i vostri progressi, ma una volta che avrete superato il punto critico dell'assumere la piena responsabilità per voi stessi, essi non saranno più in grado di controllarvi pienamente. E' solo una questione di tempo prima che perdano ogni influenza su di voi. Una volta superato il punto critico, avrete generato una spirale ascendente, che il sé mortale e le forze di questo mondo non possono invertire.

Il mio punto è che il vostro sé mortale e il principe di questo mondo faranno tutto il possibile per impedirvi di spezzare lo schema di fuga. Lo faranno preparando il falso sentiero, il sentiero che sembra giusto agli uomini, ma che alla fine porta alla morte. Essi dicono che non dovete in realtà affrontare ciò che è spiacevole, non dovete in realtà prendere le decisioni difficili. Tutto quello che dovete fare, invece, è seguire un insegnante esterno, un'autorità esterna. Dovete credere nelle dottrine di una particolare religione, dovete seguire le sue pratiche, dovete fare le cose che vi dicono di fare ed evitare di fare le cose che vi dicono di non fare. Dovete seguire un leader esterno, un guru esterno, anziché entrare dentro di voi e lottare con il compito di vedere attraverso le menzogne dualistiche del vostro sé mortale e di cercare la comprensione superiore del vostro sé Cristico. In altre parole, quello che stanno dicendo è che, sebbene abbiate trovato un insegnamento spirituale ed iniziato un esercizio spirituale, potete ugualmente mantenere l'abitudine di scappare. Facendo bene tutte le cose esteriori, potrete essere salvati, senza cambiare effettivamente voi stessi e il vostro approccio alla vita, senza disfare effettivamente le vostre decisioni passate.

Miei amati, con tutto quello che vi ho detto nelle chiavi precedenti, riuscite a capire perché questa promessa è una promessa totalmente falsa? Non vi è semplicemente possibile manifestare la vostra vita eterna, finché non vi sarete liberati da ogni identificazione con il sé mortale. Gesù diede una parabola importante, nella quale racconta di un banchetto di nozze a cui tutti sono invitati (Matteo 22:2). Egli descrive come una persona è entrata senza indossare l'abito di nozze, e allora quella persona viene legata mani e piedi e gettata nelle tenebre di fuori, dove c'è il pianto e lo stridore dei denti. Miei cari, so che questa è una maniera drammatica di raccontare la storia, ma la realtà dietro ad essa è che, per entrare nel regno spirituale, dovete indossare l'abito di nozze, il che significa che dovete aver purificato i vostri quattro corpi inferiori da ogni elemento di dualità, da ogni elemento dell'anti-cristo. Dovete avere indosso l'abito di nozze della coscienza di Cristo. Se non avrete indossato questo stato di coscienza superiore, non potrete entrare nella coscienza della vita abbondante e, pertanto, sarete legati mani e piedi dalle vostre stesse credenze. Rimarrete nelle tenebre dello stato mentale dualistico, in cui la vita è una lotta continua. Ripeto, questa non è una punizione da parte di un Dio arrabbiato, ma è semplicemente la conseguenza delle vostre stesse scelte – o mancate scelte. Il mio punto è che non vi è semplicemente possibile conquistare la vostra salvezza, la vostra vita eterna, e non potete manifestare la vita d'abbondanza, se non spezzate l'abitudine di scappare da ciò che è spiacevole.

***

Miei cari, che cosa ci vorrà per spezzare quell'abitudine? Permettetemi di darvi una comprensione che potrebbe aiutarvi. Ho detto molte volte che ogni cosa è soggetta al vostro libero arbitrio. Quindi, per essere liberi da una credenza imperfetta in uno dei vostri quattro corpi inferiori, dovete fare la scelta di lasciar andare, di abbandonare, quella credenza. Dovete superare l'illusione che quella credenza sia vera o che sia in qualche modo necessaria o inevitabile. Dovete superare ogni attaccamento emotivo ad essa, così che siete disposti a lasciarla andare. Dovete essere letteralmente disposti a lasciare che quell'aspetto del vostro sé mortale muoia.

Potremmo dire che dovete dare via la credenza imperfetta, ma il problema è che non potete semplicemente dare via quello che non possedete. Questo è logico in base alla vostra esperienza quotidiana. Se non avete un giocattolo, non potete dare quel giocattolo ad un bambino. Se non avete i soldi, non potete darli via per pagare le vostre bollette. Così, prima di poter dare via una credenza imperfetta, dovete prendere possesso di quella credenza e del fatto che essa è entrata nella vostra sfera del sé. E come potete prendere possesso di una credenza, fintantoché mantenete l'abitudine di scappare davanti a qualunque cosa di spiacevole o di complicato? Quest'abitudine vi impedirà, letteralmente, di prendere possesso, di assumere la responsabilità, delle vostre passate scelte, e così vi impedisce di fare l'unica cosa che è la chiave maestra per liberarvi da quelle scelte.

Miei amati, riuscite a vedere che, finché mantenete l'abitudine di scappare, di non voler assumere la responsabilità per le credenze e le decisioni conservate nei vostri quattro corpi inferiori, bloccherete voi stessi in un vicolo cieco. Fino a che continuerete a fuggire, non ci sarà proprio via di scampo da questo. So che il falso sentiero, presentato dal principe di questo mondo e dal vostro sé mortale, si basa sull'affermazione che esiste una via di scampo, che esiste una salvezza automatica o garantita. Alcune religioni sostengono che se solo continuerete a seguirle, un giorno vi sveglierete in Cielo. Altre sostengono che un salvatore esterno, come Gesù, risolverà i vostri problemi per voi e un giorno vi sveglierete in Cielo. Ma io spero che riusciate a vedere come questo non sia semplicemente possibile. Come potreste mai svegliarvi in alcun altro luogo, se non dove siete? Così, voi non vi sveglierete, finché non deciderete di essere disposti a svegliarvi proprio qui, proprio ora.

Ciò di cui stiamo parlando qui è la trappola perfetta, preparata dal principe di questo mondo. Prima vi mente, per farvi commettere un errore. Poi vi induce con l'inganno a stabilire uno schema di fuga dalle vostre decisioni passate. E, infine, vi presenta il falso sentiero, che giustifica la tendenza a scappare, dicendo che potete essere salvati seguendo un'autorità esterna. Tutto sommato, questo ammonta ad una tempesta perfetta, e il Voi Consapevole è letteralmente come una nave senza timone e bussola, una nave che è "agitata dal vento e spinta qua e là" (Giacomo 1:6). Ma per superare questa menzogna, non dovete far altro che vedere, che la vera salvezza è l'unità con la vostra sorgente. E come potrete mai ritornare all'unità con la vostra sorgente, finché continuerete a scappare via da Dio? Come può lo scappare di casa riportarvi a casa?

Miei amati, ripensate a ciò che vi ho spiegato molto dettagliatamente in precedenza, ossia che è il buon piacere del Padre darvi il regno, ma che per riceverlo dovete accettare quello che Dio vi offre liberamente. Riuscite a vedere ciò che è accaduto, ossia che siete arrivati ad accettare un'immagine completamente falsa di Dio, un idolo, che è stato accuratamente architettato dal principe di questo mondo, per impedirvi di accettare liberamente il dono di Dio della vita abbondante? Siete stati programmati dal vostro sé mortale a considerare Dio un Dio collerico, che vuole punirvi per i vostri errori. Questo ha dato vita alla sottile credenza – su cui si basano molte religioni, sebbene nessuno dei leader e dei seguaci si renda conto di quello che sta succedendo – che potete comprare la vostra salvezza, che potete fare un patto con Dio. Questa credenza dà alle persone l'impressione che debbano fare qualcosa per ricompensare Dio per i loro peccati, come se un Dio infinito e onnipotente avesse bisogno di qualche sacrificio da parte degli esseri umani. E' stato questo ad indurre tante religioni del passato a fare sacrifici di sangue, persino sacrifici umani, per far piacere ai loro dei. Miei amati, riuscite a capire che questo è un tentativo di comprare il vostro ingresso in Cielo?

Questo modo di pensare dualistico è nato dal senso di separazione da Dio. Ritrae Dio come un Dio esterno, remoto, e il suo regno come situato da qualche altra parte. Eppure Gesù disse che il regno di Dio è dentro di voi, il che significa che nulla può impedirvi di entrarci dentro, eccetto le condizioni della vostra stessa mente. Immaginate di camminare lungo una strada e di vedere una persona con una bancarella piena di bellissimi abiti. Ne trovate uno che vi piace e chiedete: "Quanto?" La persona dice: "E' gratis, puoi prenderlo!" Eppure vi rifiutate di crederci e le consegnate del denaro. Dal canto suo, la persona si rifiuta di prendere i soldi, perché per lei non hanno alcun valore. Voi diventate più insistenti e pensate che lei stia rifiutando la vostra offerta, ma quanto più insistete a darle il denaro, tanto più insistente lei diventa nello spingerlo via. La persona si rifiuta assolutamente di prendere i vostri soldi, per cui l'unico modo per avere l'abito è quello di accettarlo in dono. Se non abbandonate la sensazione di dover pagare per esso, come potreste possibilmente riceverlo?

Ora immaginate di avere un uomo che ha vissuto tutta la vita in una caverna buia. Gli raccontate delle meravigliose proprietà del sole e lo incoraggiate ad uscire dalla caverna per vedere il sole. Egli sembra disposto a seguirvi, ma sulla soglia vi dice: "Quanto costa?" Voi rispondete: "Non costa nulla; guardare il sole è gratis!" Egli incomincia immediatamente ad essere sospettoso e si rifiuta di credere che il sole sia gratis. Se il sole è così meraviglioso come dite, deve esserci un prezzo da pagare per guardarlo. D'altro canto, voi capite quanto sia ridicolo per una persona insistere a dover pagare per guardare il sole. Miei amati, l'umanità è come quella persona. La maggioranza delle persone ha vissuto la vita intera, e anche molte vite, dentro alla caverna del sé mortale, e non ha mai visto il sole del proprio sé superiore. Dio manda loro degli insegnanti e dei messaggeri a raccontare del sole esistente all'esterno della caverna, ma quando cercano di seguire un insegnante del genere, il portiere – il principe di questo mondo, travestito – insiste che, prima di poter abbandonare la caverna, essi devono pagare. E invece di passare semplicemente dalla porta, le persone cercano freneticamente di pagare, tenendosi perciò dentro alla caverna a tempo indeterminato, poiché come potrebbero mai pagare un prezzo che non è richiesto?

Miei amati, vedete la sottile distinzione qui? C'è un prezzo da pagare, in quanto siete responsabili per le scelte che avete fatto e per l'energia che avete alterato. Dovete disfare quelle scelte ed elevare la vibrazione dell'energia. Tuttavia, questo non è qualcosa che possa essere fatto in automatico, seguendo ciecamente un leader esterno; non può essere fatto scappando dal vostro passato, non può essere fatto senza guardare la trave nel vostro occhio. Quindi, se continuate a pensare di poter pagare il vostro ingresso nel Cielo facendo delle cose esteriori per far piacere a Dio, non entrerete mai al banchetto di nozze. Come potreste, quando l'ingresso è situato dentro alla vostra stessa mente e quando lo state costantemente cercando all'esterno di voi stessi? State cercando di comprare il vostro ingresso attraverso un ingresso esterno, inesistente. In realtà, l'ingresso del Cielo è dentro voi stessi, e tutto quello che occorre è che rimuoviate dai vostri quattro corpi inferiori i detriti che vi impediscono di vedere l'ingresso. Dovete eliminare l'attrazione magnetica, che vi tiene legati ad un senso d'identità terreno e vi impedisce di lasciarvi alle spalle il senso di vita mortale. Invero, non potete portare le vostre credenze dualistiche con voi in Cielo. Non esiste letteralmente nulla che possiate fare con la mente dualistica, che forzi o obblighi Dio a farvi entrare in Cielo. Il vostro sé mortale e il principe di questo mondo – compresi molti leader religiosi – negheranno con veemenza questa verità. Eppure essi sono vittime delle loro stesse credenze dualistiche, e si sono impegnati nell'impossibile compito di usare la mente dell'anti-cristo per liberarsi dalla mente dell'anti-cristo. Così, è più facile per un cammello passare attraverso la cruna di un ago (Matteo 19:24), che per un ricco – una persona che è "ricca" perché pensa di possedere il sentiero che porta alla salvezza ed è attaccata ai suoi "possedimenti" – entrare nel regno dei Cieli.

Nessuno può liberarvi da una credenza imperfetta contro la vostra libera volontà. Dovete fare la scelta di lasciar andare quella credenza imperfetta, e non potrete farlo finché non sarete disposti ad accettare la responsabilità per il fatto di aver permesso inizialmente a quella credenza di entrare nei vostri quattro corpi inferiori. Se non vi assumerete quella responsabilità, non potrete semplicemente avere il potere di rendervi liberi. E, pertanto, non accettando la responsabilità, mantenendo l'abitudine di scappare, state letteralmente tenendo voi stessi imprigionati con le credenze imperfette nei vostri quattro corpi inferiori. Miei amati, questa è un'equazione molto semplice, e spero che riusciate a vedere l'immenso impatto che ha sulla vostra vita. Se riuscite a spezzare l'abitudine di fuggire, potrete dare una svolta permanente alla vostra vita, mettendola su una rotta positiva. E, come ho appena spiegato, ciò che rende difficile spezzare qualsiasi abitudine, compresa l'abitudine di scappare davanti a ciò che è spiacevole, è il fatto che l'energia alterata, conservata nei vostri quattro corpi inferiori, vi causa dolore o fa sì che rimaniate bloccati in certi schemi. Quindi, ancora una volta, rimuovendo quell'energia alterata, renderete tanto più facile per voi stessi abbandonare le vostre credenze imperfette.

***

Miei amati, lasciate che provi a riassumere queste idee. Il problema che stiamo affrontando è che voi avete costruito un'abitudine molto profonda di scappare davanti alle decisioni difficili. Ma il nucleo di questa abitudine è la vostra incapacità di vedere quale sia la migliore soluzione possibile, e questo è dovuto al fatto che siete scesi nella coscienza di dualità e non avete più la visione unificata della mente di Cristo. Nella coscienza di dualità, esistono sempre molte opzioni e ci sono gli argomenti a sostegno di ogni opzione. Perciò diventa difficile vedere quale sia la migliore. In realtà, tutte le opzioni che vedete sono definite dalla coscienza di dualità e porteranno a conseguenze spiacevoli. Vi trovate nella situazione descritta dal vecchio detto: "Non fare il male ch'è peccato, non fare il bene ch'è sprecato." Una volta sperimentato che tutte le vostre scelte conducono a conseguenze spiacevoli, c'è da meravigliarsi se non volete più prendere decisioni?

Qual è la chiave per spezzare questa situazione di stallo? Bene, se aveste una chiara visione che vi permettesse di vedere la migliore soluzione possibile in ogni situazione, all'improvviso non sarebbe così difficile prendere decisioni, nevvero? E sebbene abbiate scelto di scendere nella giungla della coscienza di dualità, Dio non vi ha lasciati senza conforto. Come ha detto Gesù, Dio vi ha mandato un Consolatore (Giovanni 14:26) nella forma del vostro sé Cristico. Si tratta del vostro insegnante interiore, che è qui per guidarvi di nuovo su per la scala a chiocciola. Per ogni passo che dovete fare, il vostro sé Cristico può presentarvi la guida che vi serve per prendere la migliore decisione possibile. Ma per ricevere questa guida interiore, dovete chiedere con il giusto stato d'animo.

Il vero significato di questo è che dovete assumervi la piena responsabilità della vostra vita. Dovete essere disposti a cambiare voi stessi, il che significa che dovete essere disposti a vedere ogni credenza dualistica che avete bisogno di superare. Dovete permettere al vero insegnante di svelarvi tutte le false credenze che avete, anche se questo vi causa disagio. Miei cari, ho visto tante persone che hanno scoperto il lato spirituale della vita e sono diventate consapevoli del concetto di guida superiore. Alcuni pregano Gesù o me stessa, alcuni pregano altre figure spirituali ed alcuni pregano il proprio sé superiore. Tuttavia, fino a quando non avranno visto al di là dell'abitudine di fuggire, le persone non potranno semplicemente ricevere o non riceveranno le risposte che diamo loro. Come ho detto prima, è una legge di Dio che quando chiedete, riceverete una risposta. Il problema è che tantissime persone chiedono aiuto, ma in realtà non vogliono aiuto per aiutare se stesse. Non vogliono la guida che le aiuterebbe a prendere le decisioni giuste, vogliono un qualche tipo di soluzione magica, affinché non debbano prendere decisioni. Non vogliono aiuto per diventare dei co-creatori autosufficienti, che si assumono la piena responsabilità per la propria vita. Desiderano che noi risolviamo i problemi per loro, così che esse possano continuare a scappare.

Miei cari, lasciate che vi dia uno standard assoluto. Un falso insegnante vi aiuterà volentieri a mantenere l'abitudine di scappare davanti al bisogno di prendere le vostre decisioni. Un vero insegnante non farà mai nulla per rafforzare quell'abitudine e farà, infatti, tutto il possibile per scuotervi ad uscire da essa. Pertanto, quando chiedete con uno stato d'animo, che è ancora quello di evitare di prendere decisioni, non potrete sentire il vostro vero insegnante. Sentirete, invece, i falsi insegnanti del vostro sé mortale o un guru esterno, che vuole che seguiate lui al posto di prendere da voi le vostre decisioni.

Miei cari, Gesù sottolineò la vostra responsabilità come co-creatori con Dio, quando disse: "Il Padre mio opera sempre e anch'io opero" (Giovanni 5:17). Dio ha operato creandovi con un'individualità unica, dandovi il libero arbitrio e creando un intero universo, in cui potete esercitare la vostra libera volontà. E' responsabilità vostra costruire su quelle fondamenta facendo delle scelte riguardo a ciò che co-creerete. Pertanto, non potrete sfuggire mai al bisogno di fare delle scelte; questo è semplicemente un sogno impossibile, creato e sostenuto dal vostro sé mortale, che vuole prendere le decisioni per voi. Il mio punto è che se riuscite a vedere l'errore che commettete scappando, e se riuscite a prendere la decisione di essere disposti a lavorare per spezzare quest'abitudine, scoprirete che la vostra guida interiore diventerà molto più chiara. Seguendo questa guida al meglio delle vostre possibilità, aumenterete la vostra capacità di sentire il vostro insegnante interiore. Con questo scoprirete gradualmente che potrete ora prendere delle decisioni che vi aiuteranno a crescere, anziché creare delle conseguenze che limitano la vostra crescita. E questo è l'unico modo in cui la vostra vita può essere trasformata in una spirale ascendente – con voi che prendete decisioni in base alla vera guida di un vero insegnante. Fintantoché continuerete a cercare un insegnante che prenda le decisioni per voi, rimarrete nella spirale discendente e la vostra vita sarà una lotta continua.

***

Spero che riusciate a vedere, che potete rendere più facile per voi stessi assumere la responsabilità per la vostra vita, costruendo su ciò che vi ho detto nelle chiavi precedenti, vale a dire che Dio non ha alcun desiderio di accusarvi per le vostre scelte passate. Sono pienamente consapevole del fatto che esistono molte persone che hanno un problema con la vergogna, con la colpa o con una bassa autostima. Sentono che se dovessero riconoscere il fatto di avere compiuto delle scelte sbagliate in passato, piomberebbero in un senso di colpa o di vergogna talmente intenso da distruggere quel poco di autostima che hanno. Ripeto ancora una volta, l'intensità di qualsiasi emozione è causata dall'accumulo di energia alterata nel vostro corpo emozionale. Quindi, rimuovendo quell'energia, ne ridurrete l'intensità. Ma potete fare molto anche adottando l'atteggiamento che Dio non ha mai preteso che foste perfetti. Dio vi ha dato il libero arbitrio e il diritto di sperimentare con esso. Dio non vi rimprovera per aver fatto certe scelte; Dio vuole semplicemente che impariate da quelle scelte e che vi liberiate dalle decisioni e dai loro effetti. Pertanto non c'è bisogno che sentiate vergogna o che vi sentiate in colpa per i vostri errori passati. Sentimenti del genere non possono far altro che impedirvi di imparare le lezioni edi diventare liberi da quegli errori. Ciò che dovete fare è ammettere apertamente gli errori, imparare le lezioni che devono essere imparate e poi lasciar andare le credenze dualistiche, che vi hanno indotto a commettere gli errori.

Miei amati, qui c'è un'altra sottile distinzione. Ogni errore che abbiate mai commesso è stato influenzato da, o basato interamente su, la coscienza di dualità, la mente dell'anti-cristo. Questa coscienza non fa parte del vostro vero essere, non è parte integrante della vostra sfera del sé. Perciò, in un certo senso, potremmo dire che il voi reale, l'essere spirituale immortale, che siete in realtà, non ha commesso quegli errori. Gli errori sono stati commessi, perché avevate costruito un senso d'identità temporaneo, basato sulla coscienza di dualità, e questo senso d'identità è fondamentalmente irreale. Tuttavia non potete portare questo all'estremo dicendo che il Voi Consapevole non ha alcuna responsabilità per quelle decisioni. Se lo fate, state dicendo anche che il Voi Consapevole non ha il potere di liberarsi dal passato. Così, la realtà della situazione è che il Voi Consapevole ha preso *sì* le decisioni, ma l'ha fatto in quanto non si stava più identificando come un co-creatore con Dio. Il Voi Consapevole ha commesso quegli errori basandosi su una specifica visione del mondo, una visione influenzata dalla coscienza di dualità. Potremmo dire che il Voi Consapevole stava guardando attraverso il filtro di un senso d'identità inferiore. Questo filtro, questo senso d'identità basato sulla separazione da Dio, è in definitiva irreale e non fa parte di voi. Pertanto, il Voi Consapevole può separarsi da quel senso d'identità rivolgendosi verso l'alto e riconnettendosi con la sua identità immortale. Ma questo deve coinvolgere un atto di volontà consapevole. Dovete essere disposti a smetterla di scappare davanti alle decisioni, e dovete essere disposti a lasciar morire il senso d'identità mortale.

Come ho menzionato prima, voi non potete sopportare l'idea di non avere un'identità, per cui non potete lasciar morire il senso d'identità mortale, se non avete nulla da mettere al suo posto. Ecco perché ho sottolineato l'importanza dell'iniziare dalla purificazione del vostro corpo d'identità. Solo scoprendo il vostro senso d'identità supremo avrete qualcosa con cui sostituire il senso d'identità mortale. Solo quando sapete e accettate pienamente che siete un co-creatore con Dio, potrete davvero lasciare che il senso d'identità mortale muoia. Questa è l'unica maniera di costruire un vero senso d'autostima, un'autostima costruita sulla roccia di Cristo, sapendo chi siete. Sapete di essere un co-creatore col vostro Dio e sapete che il vostro Creatore vi ha dato il diritto di assumere il dominio sulla Terra per portare il suo regno a manifestarsi.

Miei cari, ogni essere umano è stato educato con certe aspettative riguardo a come dovrebbe essere la vita. Ogni essere umano ha costruito certe aspettative nel corso di molte vite. Ma se riuscirete a cambiare le vostre aspettative verso la vita, potrete, letteralmente, rendere le cose molto più facili per voi stessi. Ed una delle aspettative più sottili è precisamente l'idea che Dio richieda che siate perfetti. Questa è la convinzione che, per essere accettabili agli occhi di Dio, dobbiate essere all'altezza di qualche standard superumano, ultraterreno. Miei amati, ad ascendere in Cielo, non sono state le persone che non hanno mai commesso degli errori. Gli esseri che si trovano nel regno spirituale, gli esseri che hanno superato l'esame finale sul pianeta Terra, non sono degli esseri che sono stati perfetti mentre camminavano sulla Terra, non sono degli esseri che non hanno commesso mai degli errori. Al contrario, posso assicurarvi che molti degli esseri, che oggi sono ascesi, hanno commesso parecchi errori mentre si trovavano sulla Terra. Questo vale anche per Gesù che, secondo il pensiero di tanti cristiani, era perfetto.

La realtà è che gli esseri che sono ascesi, non sono coloro i quali non hanno commesso mai degli errori, bensì quelli che sono stati più disposti a riconoscere i propri sbagli, ad imparare da essi e poi a lasciarli andare. La cosa che più di ogni altra vi terrà fuori dal Cielo, vi terrà al di fuori della vita d'abbondanza, è che vi aggrappate alle cose, vi aggrappate al vostro passato. La cosa che più di ogni altra vi immergerà nella vita abbondante e vi catapulterà in Cielo, è che siete disposti a lasciar andare tutte le imperfezioni, a lasciar andare il vostro passato. Come ho cercato di spiegare nelle chiavi precedenti, il vostro sé mortale e il principe di questo mondo vogliono che crediate di non poter essere mai liberi dal vostro passato. Questa è una menzogna insidiosa, e la realtà è che voi potete essere liberi da qualsiasi imperfezione del vostro passato. Ma per essere liberi da tali imperfezioni, dovete essere disposti a lasciarle andare. Miei cari, tenete in mente questa semplice affermazione: "A portarvi in Cielo, non sarà la quantità di ciò a cui vi aggrappate; a portarvi in Cielo sarà la quantità di ciò che lasciate andare." E' invero questo il motivo per cui Gesù disse, che colui che cercherà di salvare la sua vita, la perderà; mentre chi è disposto a perdere la sua vita – perdere il suo senso d'identità dualistico per salire più in alto – troverà la vita immortale (Matteo 16:25).

***

Miei cari, ora vi ho spiegato uno dei fattori che inducono tante persone ad aggrapparsi al passato. E' semplicemente lo schema di evitamento, di fuga dal passato. E' la paura del dolore. In altre parole, le persone evitano di affrontare le loro decisioni imperfette del passato, perché hanno paura del dolore della vergogna, della colpa e del rimpianto associati all'introspezione. Ma devo dirvi che esiste un altro motivo, che influenza tutti gli esseri umani, sebbene alcuni ne siano più bloccati di altri. E' la sensazione di non aver bisogno di cambiare, di non aver bisogno di lasciar andare il passato, di non aver bisogno di ammettere di avere commesso degli errori e di non aver bisogno di capire perché avete commesso quegli errori. Miei amati, questa condizione può essere riassunta in un'unica parola, e quella parola è "orgoglio".

Come ho detto alla fine della chiave precedente, l'orgoglio viene prima della caduta, ma quello che mi preoccupa è l'orgoglio che vi impedisce di rialzarvi dopo essere caduti. E questo tipo di orgoglio è l'orgoglio che dice che non avete bisogno di cercare la verità superiore della mente di Cristo, perché già sapete ciò che vi serve sapere per essere salvati. Avete già la verità, che vi è data da qualche religione esterna, da qualche dottrina o sistema di credenze esterno. Pertanto, non avete bisogno di umiliarvi e di chiedere di essere guidati da un vero insegnante spirituale, infatti, non avete bisogno di alcun insegnante.

Se date un'onesta occhiata al pianeta Terra, vedrete che ci sono milioni di persone che sono intrappolate in questa forma di orgoglio, sebbene non riescano affatto a vedere che si tratta di orgoglio. Sono semplicemente così convinte di appartenere all'unica vera religione o all'unico vero sistema di credenze, quali la scienza materialistica e il cristianesimo ortodosso. E sono totalmente riluttanti a considerare che il loro sistema di credenze, o il loro intero approccio alla vita, possa essere in effetti limitato, incompleto o erroneo, in quanto si basa sulla coscienza dell'anti-cristo. Naturalmente questo è esattamente ciò che i sé mortali di queste persone e il principe di questo mondo vogliono che esse pensino. Non c'è nulla che piaccia di più al diavolo che riuscire a far sì che le persone credano ad una menzogna e riuscire poi a farle credere nella doppia menzogna, ossia che la prima menzogna è la verità assoluta, infallibile, che – finché non ne dubitano – garantisce il loro ingresso in Cielo.

Le forze di questo mondo vogliono che le persone credano di sapere già tutto, di avere calcolato tutto nella vita e di non aver bisogno, perciò, di cercare il vero insegnante, che è un rappresentante della mente universale di Cristo. Miei cari, vi ricordate come, in una chiave precedente, ho spiegato che il vero punto di svolta, che vi portò a scendere giù lungo la scala a chiocciola, non era il fatto di sperimentare con la coscienza di dualità? Il vero problema era che, dopo esservi impigliati nella coscienza di dualità, voi decideste di non voler ritornare dal vero insegnante, che era il vostro rappresentante personale della mente universale di Cristo. Sin da allora avete continuato a seguire dei falsi insegnanti, ossia il vostro sé mortale e vari rappresentanti del principe di questo mondo, della mente dell'anti-cristo. Si tratta di persone che sono intrappolate nella coscienza di dualità ma, come ha detto Gesù, spesso tali persone si presentano sotto travestimento. Sono dei lupi che vengono in veste di pecore (Matteo 7:15). Compaiono persino dietro la veste di satana trasformato in un angelo di luce (2Corinzi 11:14), compaiono come i falsi profeti che sostengono di rappresentare Dio o di rappresentare il Cristo, ma che in realtà vi porteranno sul falso sentiero dell'anti-cristo. Sono invero i leader ciechi, e se volete avere la vita abbondante, dovete aprire gli occhi e smettere di seguirli (Matteo 15:14).

Le persone che sono intrappolate in questo stato di coscienza hanno una caratteristica principale, cioè credono di non poter possibilmente sbagliare. Miei amati, vedete come questo si lega alla tendenza ad evitare di assumersi la responsabilità della propria salvezza? Se volete liberarvi di una decisione imperfetta presa in passato, dovete ammettere che la decisione era sbagliata, che non era la migliore decisione possibile e che deve essere sostituita da una decisione migliore. Ma se siete prigionieri dell'orgoglio, sarete riluttanti a fare quella ammissione, sarete riluttanti ad umiliarvi ed a dire: "Non ho la comprensione necessaria per prendere la migliore decisione possibile, altrimenti non avrei commesso degli errori in passato. Perciò, devo cercare di raggiungere quella comprensione, e il modo per ottenere la comprensione è cercare l'aiuto di un insegnante qualificato, che rappresenti davvero la mente di Cristo e riesca a vedere ciò che io non riesco a vedere."

***

Potremmo dire che l'unico vero problema sul pianeta Terra è che le persone hanno voltato le spalle al vero insegnante e hanno seguito invece il falso insegnante. Quindi, l'unica vera soluzione è che le persone riconoscano questo errore, si separino dal loro coinvolgimento coi falsi insegnanti e, ancora una volta, accettino la guida amorevole di un vero insegnante. Miei cari, considerate la parabola di Gesù sulla zizzania in mezzo al grano (Matteo 13:24). Si tratta invero di un'illustrazione del fatto che così tante persone sulla Terra hanno permesso a se stesse di diventare talmente coinvolte con la coscienza dell'anti-cristo, e con le persone che hanno incarnato quella coscienza, che Dio non può rimuovere i rappresentanti dell'anti-cristo dalla Terra, senza tirar su anche il grano, ossia le persone che hanno ancora un certo impegno verso la vera spiritualità. Quello che deve succedere è, che dovete separarvi dalla coscienza dell'anti-cristo e dall'orgoglio, che è il marchio ufficiale di questa coscienza. La coscienza dell'anti-cristo crede, letteralmente, di sapere meglio di Dio come far funzionare l'universo e, perciò, questo stato mentale non accetta alcuna autorità al di sopra e al di là di se stessa. Non accetterà Dio come l'autorità definitiva, e non accetterà la mente universale di Cristo, né una persona che incarna quella mente, come il vero rappresentante di Dio in questo mondo. Non accetterà alcun essere spirituale o alcun essere incarnato come un rappresentante della mente universale di Cristo, ed è davvero per questo che si vedevano certe persone che rifiutavano totalmente Gesù, mentre egli camminava in carne e ossa su questa Terra. Tali persone vogliono il Cristo incarnato fuori da questo mondo, affinché non possa liberare le persone dalla loro prigionia.

Alcune di queste persone sostengono di essere molte religiose o molto spirituali. Infatti, spesso sostengono di essere i rappresentanti dell'unica vera religione. Eppure, quando il Cristo Vivente stava davanti a loro in carne ed ossa, lo respinsero, tramarono contro di lui e alla fine ne causarono la morte. Questo vi dimostra che cosa faranno quelli che incarnano la coscienza dell'anti-cristo per impedire che la verità di Cristo venga predicata sulla Terra. La loro arroganza, il loro orgoglio, è talmente profondo, che essi hanno poche probabilità di liberarsene. Ma voi potrete liberarvi rapidamente da quell'orgoglio, se solo sarete disposti a vederlo per quel che è ed a rendervi conto di come vi imprigiona in una gabbia mentale molto stretta.

Come ci si libera dall'orgoglio dell'anti-cristo? Bene, miei cari, non è possibile risolvere un problema con lo stesso stato di coscienza che ha creato il problema. Questo è un principio universale. In altre parole, non potete liberarvi dalla coscienza dell'anti-cristo usando la logica e la capacità di ragionare della mente dell'anti-cristo. Questo è il crollo di coloro i quali sono intrappolati in questo stato di coscienza. Nella loro arroganza, essi credono che la coscienza dell'anti-cristo sia superiore alla coscienza di Cristo, persino alla mente di Dio. Pensano di aver dimostrato questo usando la loro logica dualistica – che può "provare" qualsiasi cosa. Pertanto, essi sono ciechi davanti al fatto che la coscienza dell'anti-cristo e il suo modo di ragionare dualistico non potranno mai penetrare la verità ultima della mente di Cristo. Pensano di poter creare, usando la logica dell'intelletto e della mente razionale, un sistema di credenze che sia assolutamente vero. In realtà, qualunque sistema di credenze creato dalla coscienza di dualità è assolutamente falso. Come ho spiegato in precedenza, la mente dualistica può sempre trovare un argomento che provi, apparentemente, ciò che essa vuole credere. E così le persone intrappolate nella coscienza dell'anti-cristo riescono sempre a definire un argomento che le convinca di avere ragione. E se hanno ragione, perché mai avrebbero bisogno di un rappresentante della mente di Cristo, perché avrebbero bisogno di un insegnante spirituale – specialmente se quell'insegnante sfida le loro credenze "assolute"? Perché mai avrebbero bisogno di un insegnante che è asceso in un regno superiore, quando hanno la verità assoluta proprio qui, nel regno materiale? Perché mai dovrebbero riconoscere qualunque autorità al di sopra di se stesse, quando sanno tutto meglio di chiunque?

Il mio punto qui è che se volete liberare voi stessi dalla coscienza di dualità, dalla coscienza dell'anti-cristo, potete farlo in un unico modo. Dovete essere disposti ad assumervi la responsabilità per le decisioni che avete prese in passato. Dovete poi essere disposti a rendervi conto che avete preso quelle decisioni, perché non avevate la chiara visione e la comprensione della mente di Cristo. Qualunque decisione che abbiate mai presa, è stata basata sul modo di ragionare dualistico della mente dell'anti-cristo. E, pertanto, l'unica maniera per essere liberi da quella decisione è cercare l'unità, la visione con un occhio solo, della mente di Cristo. Tuttavia, finché il Voi Consapevole sarà ancora coinvolto con la coscienza di dualità, voi non potrete vedere da soli quella verità superiore. Ed è per questo che vi serve un insegnante che possa darvi un pezzetto di verità dalla prospettiva superiore della mente di Cristo.

Immaginate di essere cresciuti in uno di quei labirinti menzionati in precedenza. Il vostro mondo consiste di muri di foglie verdi, che formano dei corridoi che, all'apparenza, non conducono da nessuna parte. Se foste nati in un labirinto del genere, pensereste che il mondo sia un labirinto e che non esista nulla al di fuori di esso. Questo assomiglia al fatto che la maggioranza della gente pensa, che non esista nulla al di là dell'universo materiale o nulla al di là delle credenze dualistiche, che esse sono state educate a considerare infallibili. Quando vivete il risveglio, che vi fa realizzare che esiste un lato spirituale nella vita, che esiste un cammino sistematico verso uno stato di coscienza superiore, vi rendete conto che c'è qualcosa al di fuori del labirinto. Questo fa nascere l'idea che esiste una via d'uscita dal labirinto, però, dato che siete ancora dentro ad esso, non siete affatto più vicino allo scoprire quella via. Non riuscite ancora a distinguere la foresta dagli alberi, non riuscite a vedere la via d'uscita dal labirinto. Ma all'improvviso sentite una voce che vi chiama e, mentre guardate verso l'alto, vedete una persona in piedi nel cesto di una mongolfiera, che sta sospesa sopra il labirinto. La persona sta guardando il labirinto dall'alto e riesce a vedere chiaramente la vostra attuale posizione, relativamente all'unica uscita. Accettereste i consigli di questa persona o insistereste a dire che potete trovare l'uscita da soli?

Certamente potete ignorare la guida e camminare a tentoni attraverso il labirinto, nella speranza che un giorno scoprirete da soli l'uscita. E se il labirinto fosse un labirinto truccato, che non ha un'uscita normale. In altre parole, se continuerete a seguire i corridoi aperti, finirete semplicemente là da dove siete partiti. L'unica via d'uscita è trovare il modo di arrivare ad uno dei muri esterni e poi passare con la forza attraverso i cespugli che formano il muro. Vi verrebbe mai in mente di fare questo? Come ho detto, nessuna persona, intrappolata nella coscienza di dualità, potrebbe usare mai la logica di quello stato mentale per ragionare che, per liberarsi dal labirinto, debba andare oltre la coscienza di dualità. Soltanto la visione superiore della mente di Cristo può darvi questo concetto. Quindi, miei cari, per favore ascoltate la voce del vero insegnante, che è sempre presente per guidarvi. E, per favore, rendetevi conto che il vero insegnante cerca sempre di farvi uscire dalla vostra gabbia mentale attuale. Pertanto, il vero insegnante vi dirà quello che avete bisogno di sentire e non quello che il vostro sé mortale vuole che sentiate. Di conseguenza, il vostro sé mortale si opporrà sempre a ciò che il vero insegnante vi dice e cercherà sempre di farvi ignorare o rifiutare le istruzioni di un vero insegnante.

***

L'unico modo per iniziare il processo di risalita lungo la scala a chiocciola è quello di riconoscere il fatto che non avete la comprensione che vi serve e, pertanto, dovete umiliarvi e rivolgervi ad un insegnante spirituale per chiedere aiuto. Come ho detto in precedenza, è una legge universale che se chiedete, riceverete. Vi ho detto che ci sono degli insegnanti spirituali nel regno superiore che stanno aspettando la vostra chiamata. E vi ho detto che avete il vostro insegnante interiore personale, che ho chiamato il vostro sé Cristico, che è pronto ad aiutarvi ad ogni passo della via che vi riporta alla vita abbondante. Miei amati, vi ho già detto che il vostro sé Cristico è stato creato come contrappeso al vostro sé mortale. Il vostro sé mortale è stato costruito da un accumulo di decisioni dualistiche, che vi hanno portati gradualmente giù lungo la scala a chiocciola. Ma il vostro sé Cristico vi ha seguiti ad ogni passo della discesa e, perciò, il vostro insegnante interiore conosce ogni decisione che avete preso, ognuna delle credenze dualistiche che siete arrivati ad accettare. Quindi, il vostro sé Cristico ha l'antidoto per ognuna di queste decisioni. Il vostro sé Cristico ha la verità, che controbatterà ognuna delle menzogne dualistiche che formano il vostro sé mortale. Il vostro sé Cristico ha la verità che vi renderà liberi.

Non appena chiederete aiuto, incomincerete a ricevere quell'aiuto, e dovete tenere sempre in mente che quando l'insegnante compare, dovete ascoltarlo e seguirne le istruzioni. Dovete riconoscere che quando il vero insegnante compare, lui o lei viene per darvi una verità, che va oltre le credenze dualistiche del vostro sé mortale. Pertanto, il vostro sé mortale inventerà un ragionamento molto sofisticato per indurvi a rifiutare quella verità. Miei amati, vedete il mio punto? Il vostro sé mortale non vuole che voi cambiate, non vuole che accettiate la verità superiore offertavi da un vero insegnante spirituale. Un vero insegnante vuole che cambiate, vuole che siate liberi dal passato, vuole che vi eleviate. Quello che vi tiene intrappolati nel vostro attuale stato di coscienza sono le credenze dualistiche a cui siete attaccati. Perciò, quando il vero insegnante viene da voi, egli viene per darvi una verità che demolirà una delle vostre credenze dualistiche – il che può, a volte, essere uno shock per voi. In altre parole, è nella natura stessa del vero insegnante disturbare il vostro orgoglio, la vostra arroganza, l'atteggiamento secondo cui sapete tutto e non potete o non dovete cambiare. Il vero insegnante sfiderà la vostra credenza, secondo cui tutto può essere spiegato dalla vostra religione o dal vostro sistema di credenze attuale. Come è stato dimostrato da Gesù, il vero insegnante non viene per confermare le vostre credenze esistenti; viene per sfidare ogni aspetto delle vostre credenze esistenti, che si basi sul modo di ragionare dualistico della mente dell'anti-cristo. Perciò, non potete permettervi mai di assumere la modalità di pensiero secondo cui un vero insegnante dovrebbe essere in totale accordo con le affermazioni fatte da una religione esterna o da una scrittura religiosa.

Miei cari, so che questo sarà scioccante per alcuni cristiani, ma il fatto è che se vi aspettate che un vero insegnante vi dica solo cose che sono in totale accordo con la Bibbia, o, piuttosto, con la vostra particolare interpretazione della Bibbia, sarà inevitabile che impedirete al vero insegnante di aiutarvi. Se osservate la vita di Gesù, vedrete che egli diceva e faceva molte cose che sfidavano gli ebrei ortodossi e la loro interpretazione della Torà. Allo stesso modo, se chiedete l'aiuto di un vero insegnante spirituale, dovreste aspettarvi che l'insegnante sfiderà molte delle vostre credenze esistenti. Se non siete disposti a riconoscere la verità offertavi dall'insegnante, anche se questa contraddice le vostre credenze esistenti, non sarete in grado di accettarne l'aiuto. Rimarrete invece bloccati nell'arroganza e nell'orgoglio, che vi fanno pensare che la verità assoluta di Dio possa essere confinata in una scrittura o in un sistema di credenze esistente sulla Terra. In sostanza, questa sottile arroganza fa sì che voi – o piuttosto il vostro sé mortale – crediate di sapere meglio di Dio che cos'è vero e come potete essere salvati.

Miei amati, milioni di persone sostengono di essere delle persone religiose devote, eppure sono bloccate in questa trappola di orgoglio sottile, di orgoglio spirituale. Pensano che la loro particolare interpretazione di una scrittura, data in un lontano passato, sia migliore di tutte le parole che un insegnante spirituale possa dare loro oggi. Lasciate che vi faccia notare che questa forma di orgoglio assume molte forme sottili. Per esempio, molte persone hanno una bassa autostima e si considerano dei miseri peccatori o incapaci di fare qualunque cosa nel modo giusto. So che questo non sembra orgoglioso, ma dietro alla tendenza a buttarsi giù, dietro al complesso d'inferiorità, c'è l'orgoglio di pensare di sapere le cose meglio di Dio. In realtà, Dio vi ha creati come un individuo unico e unicamente meraviglioso, che è capace di fare qualsiasi cosa desideri, finché rispetterete le leggi di Dio. Se sostituite quella realtà con un'immagine di voi stessi, che è inferiore a quello che Dio ha creato, state dicendo in realtà che sapete meglio di Dio chi siete. Miei cari, riuscite a vedere che il pensare di sapere meglio di Dio, non può che venire dall'orgoglio del sé mortale?

***

Vedo milioni di persone che arrivano a concludere che sono bloccate, che hanno bisogno di cambiare la propria vita. Vedo molte persone che gridano aiuto, e spesso le loro grida sono sincere. Desiderano davvero cambiare, eppure sono bloccate nella paura o nell'orgoglio. Sono riluttanti a considerare una comprensione, che contraddica o vada troppo oltre il loro sistema di credenze esistente. Posso assicurarvi che ho vissuto– milioni di volte –l'esperienza di persone che hanno chiesto il mio aiuto. Ho offerto loro una comprensione superiore, ed esse hanno rifiutato quella comprensione. So che ci sono molte persone che inizieranno a leggere questo libro, ma che s'imbatteranno in un'affermazione che contraddice il loro sistema di credenze esteriore, e la useranno come scusa per respingere l'intero libro. Questo è, invero, uno dei più grossi problemi che ci troviamo ad affrontare come insegnanti spirituali. Noi vogliamo rendere libere le persone, ma non possiamo farlo, perché esse sono troppo attaccate ad una qualche credenza dualistica. Una delle cause principali di questi attaccamenti alle credenze esistenti è precisamente l'orgoglio, assieme all'arroganza, della mente dell'anti-cristo, che induce le persone a credere di sapere già tutto, di essere già in possesso della verità ultima, della religione definitiva. Quindi, anche quando grida aiuto, la gente vuole che le risposte si adattino alle loro gabbie mentali. Ma come può la risposta rendervi liberi dalla vostra attuale prigione mentale, se concorda con le credenze che costituiscono quella gabbia mentale? Miei cari, riuscite a vedere che questo non può semplicemente accadere, che si tratta di un vicolo cieco?

Gesù disse che i mansueti erediteranno la Terra (Matteo 5:5), e i mansueti sono coloro i quali sono disposti ad umiliarsi ed a riconoscere che non sanno tutto, che non hanno la comprensione necessaria per liberarsi dai propri limiti attuali. I mansueti sono coloro i quali sono disposti a chiedere aiuto dall'Alto, aiuto da parte di un insegnante che sa più di quanto essi sappiano, aiuto da parte di un insegnante che è già sfuggito alla forza di attrazione verso il basso della mente dell'anti-cristo. Volete un insegnante che sia già salito al di sopra della dualità e possa pertanto darvi l'unica verità della mente di Cristo. Quelli che seguono un vero insegnante, alla fine, erediteranno la Terra, perché le persone che rimangono bloccate nella mente dell'anti-cristo, inevitabilmente, si autodistruggeranno. Saranno talmente consumate dal proprio orgoglio e dalla propria negatività da non poter più rimanere sulla Terra, ma dovranno scendere in un regno inferiore.

Miei amati, in precedenza vi ho detto della forza contraente della Madre. Vi ho spiegato che quando vi sprofondate nella coscienza di dualità, questo stato mentale vi attira verso uno di due estremi. Qualunque sia l'estremo in cui andate, la forza contraente della Madre formerà una forza opposta, che cercherà di tirarvi di nuovo verso la via di mezzo. E' un fatto triste che molte persone su questa Terra attraversino la vita rimanendo intrappolate nel sottile orgoglio del pensare di aver calcolato tutto. Perciò, non sono disposte a chiedere una comprensione superiore, non sono disposte a chiedere l'aiuto di un vero insegnante spirituale. Che cosa può portare persone del genere ad un punto d'umiltà tale da essere disposte a chiedere aiuto? Bene, in molti casi, l'unica cosa che possa portare le persone a quel punto è una crisi, che sia talmente devastante da demolire finalmente l'orgoglio di queste persone, rendendole disposte ad umiliarsi ed a chiedere aiuto. Sono sicura che se osserverete con onestà le persone che conoscete, vedrete questo schema all'opera. Vedrete molte persone che hanno vissuto la vita intera senza fare attenzione alcuna al lato spirituale della vita. All'improvviso vivono una crisi, che potrebbe essere una malattia grave, la perdita di una persona cara o altre calamità, ed ora, all'improvviso, si rivolgono a Dio e chiedono aiuto. Tuttavia, in molti casi queste persone non si sono umiliate davvero. Guardano semplicemente a Dio come ad un genio della lampada, che dovrebbe saltare fuori e risolvere i loro problemi e rimuovere il loro dolore. Sono ancora intrappolate nello schema di fuga davanti al vero insegnante e, perciò, non sono disposte a chiedere delle direttive per poter cambiare se stesse. Non sono disposte a vedere, che sono state in effetti loro a creare la crisi andando ad un estremo dualistico, generando così una forza contraria da parte della Luce Madre. E quanto più spingono contro quella forza, tanto più profonda diventa la crisi. Si vedono come vittime delle circostanze al di fuori del loro controllo, e non sono disposte a riconoscere che c'è un messaggio dietro alla situazione, vale a dire che devono cambiare se stesse.

Il mio punto è che spero sinceramente che voi assumiate un approccio diverso. Spero sinceramente, che non aspettiate una crisi prima di voltarvi e chiedere l'aiuto di un vero insegnante. Spero che adottiate un'approccio che vi renda disponibili ad essere insegnati da Dio, che vi renda disponibili a voltare le spalle al falso insegnante, per affrontare di nuovo il vero insegnante, che avete abbandonato tanto tempo fa, ma che non vi ha abbandonati mai.

Spero anche che seguiate una delle massime degli insegnanti spirituali dell'umanità. E' semplicemente questa: "Se l'insegnante dovesse essere una formica, datele retta!" Come ho detto, il vero insegnante non si conformerà alle vostre credenze esistenti, ma sfiderà le vostre aspettative. In molti casi, un vero insegnante non apparirà nella forma di un essere celeste, che vi darà la verità con lettere di fuoco vivo. Un vero insegnante potrebbe benissimo apparire sotto una maschera umile, come qualcuno che non considerate un insegnante spirituale, o qualcuno che considerate di una condizione inferiore alla vostra senza nulla da insegnarvi. Eppure quella persona o quel libro potrebbero avere davvero un messaggio che vi serve e se rimanete intrappolati nell'orgoglio di pensare che non sia possibile che il vero insegnante appaia in questa o quella forma, mancherete il messaggio. Secondo voi, perché Gesù nacque in circostanze umili e non apparteneva all'alto clero? Perché pensate che egli abbia così spesso demolito le aspettative della gente? Perché pensate che la Bibbia dica: "Non dimenticate l'ospitalità: perché alcuni, praticandola, hanno ospitato degli angeli" (Ebrei 13:2).

***

Miei amati, vi incoraggio ad adottare l'atteggiamento per cui, chiunque voi siate e per quanto sappiate, sarete sempre disposti a cercare una comprensione superiore di ogni aspetto della vita. So benissimo che molte persone sono state educate a pensare che una particolare religione o un sistema di credenze abbia la verità assoluta. Tuttavia, vi incoraggio a vedere attraverso questa menzogna, che si basa in realtà sull'orgoglio che nasce dalla mente dell'anti-cristo. Vi incoraggio a rendervi conto che la verità assoluta di Dio va al di là di ciò che può essere espresso a parole nell'universo materiale. Attualmente, nell'universo materiale c'è ancora tanta oscurità, che non è semplicemente possibile dare l'assoluta verità di Dio nella forma di una religione o un sistema di credenze particolare. Il mio punto è che, se volete conoscere la verità, dovete essere disposti a cercare al di là di qualunque cosa esistente nel mondo materiale, compresi una scrittura esteriore o un sistema di credenze. Dovete essere disposti a cercare oltre la coscienza di dualità ed a cercare di raggiungere il vero insegnante, che può darvi la verità di Cristo, anche se quella verità non può essere espressa a parole. Se volete la verità, dovete smettere di cercarla all'esterno di voi stessi. Dovete essere disposti ad utilizzare la chiave della conoscenza, per trovare la verità nel regno di Dio dentro di voi. Non è che la verità si trovi solo dentro al vostro sé superiore. E' semplicemente che il Voi Consapevole può trovare la verità solo guardando dentro voi stessi.

Miei amati, non sto dicendo che le religioni esistenti in questo mondo siano completamente false o che non contengano alcuna verità. Vi prego di stare attenti alla sottile distinzione qui. Esistono invero molte religioni su questo pianeta, che contengono un alto grado di verità e che presentano un sentiero valido verso la trascendenza di sé, che è la chiave della salvezza. Quindi non è sbagliato considerarvi un cristiano o un buddista o un indù. Ma una volta che cadete nella trappola del pensare, che la vostra religione sia l'unica vera religione e che abbia una comprensione completa, assoluta e infallibile della vita, vi sarete tagliati fuori dal vostro vero insegnante. Avrete rifiutato il vero insegnante e avrete detto che, piuttosto che cercare di raggiungere la Verità Vivente, vorreste limitare la vostra ricerca della verità ad una particolare struttura esterna.

Miei cari, nelle chiavi precedenti ho fatto ogni sforzo per spiegarvi che l'essenza di Dio è la trascendenza di sé. Ho spiegato che la creazione di Dio è il Fiume della Vita, che è sempre movente e, pertanto, la verità di Dio trascende sempre se stessa. Se limitate la vostra ricerca della verità ad una struttura esterna fissa, non potrete mai trovare la Verità Vivente, che non può essere catturata in una dottrina o in un sistema di credenze fatti dall'uomo. Un sistema del genere diventerà infatti un idolo, un'immagine immobile, che oscura il vero Dio, il Dio Vivente. Pertanto, adorerete un falso Dio, e finché insisterete a danzare attorno al vitello d'oro, i veri insegnanti devono lasciarvi stare. Al contrario dei falsi insegnanti, i veri insegnanti *rispettano* davvero il vostro libero arbitrio. La loro legge è: "Chiedete e vi sarà dato." Pertanto, se non chiedete, o se non chiedete con una mente ed un cuore aperti, che sono disposti a guardare oltre le vostre credenze attuali, i veri insegnanti non possono insegnarvi nulla.

Miei amati, non sono qui per dirvi che dovete diventare un membro di una particolare religione. Non sono qui per dirvi che dovete adottare una certa serie di credenze e dottrine esterne. Non sono tanto preoccupata di ciò che credete in questo esatto momento. La mia vera preoccupazione riguarda la vostra disponibilità a trascendere le vostre attuali credenze per cercare una comprensione superiore. Fintantoché manterrete la volontà di cercare una visione più elevata, sarete sul sentiero che conduce alla vita abbondante. Nel momento in cui chiudete la vostra mente e il vostro cuore ad una comprensione superiore, vi tirate fuori dal Fiume della Vita, e così bloccate la discesa della vita abbondante attraverso i vostri quattro corpi inferiori.

La chiave per trasformare la vostra vita in una spirale ascendente sta nel cercare di raggiungere qualcosa di più elevato. Il Voi Consapevole deve cercare una parte superiore del vostro Essere, la parte che è ancorata nella mente universale di Cristo. Solo quando stabilite il contatto con questa Presenza IO SONO – e vi rendete conto che essa è il vero voi – sarete in grado di separarvi dal vostro coinvolgimento con il sé mortale. Come ho detto varie volte, nessun flusso di vita può esistere senza un senso d'identità. Pertanto, non potrete rinunciare al vostro senso d'identità mortale finché non avrete qualcosa con cui sostituirlo. Non potete sopportare l'idea di esistere in un vuoto, di essere nulla o nessuno. Per liberarvi completamente dalla vostra identificazione con il sé mortale, il Voi Consapevole deve ristabilire la sua connessione con il regno spirituale, con la vostra Presenza IO SONO, affinché voi sappiate che il vostro Essere non è soltanto il sé mortale.

Dovete incominciare col cercare di arrivare oltre quel sé mortale. Come ho detto, il Voi Consapevole ha la capacità di farlo, perché il Voi Consapevole può, in qualsiasi momento, decidere di cambiare il suo senso d'identità, smettere di identificarsi con qualche limitazione mortale e cercare invece un senso d'identità superiore costruito sulla roccia di Cristo. Spero di essere riuscita ad approfondire la vostra comprensione di ciò che occorre per cercare e per costruire un nuovo senso d'identità. Ora passerò oltre e vi darò alcuni strumenti pratici, che vi metteranno in grado di rinascere alla vostra vera identità come co-creatori col vostro Dio.

Chiave 20
Per cambiare chi siete, cambiate chi pensate di essere

Mio amato cuore, in questa chiave vi darò alcuni insegnamenti, che sono stati specificamente ideati per aiutarvi a purificare le credenze imperfette nel vostro corpo d'identità. In un certo senso, tutto quello che ho detto finora riguarda la purificazione del vostro corpo d'identità, ma ci sono alcune cose che non ho spiegato nei dettagli, e le approfondiremo qui. L'aspetto più importante della purificazione del vostro corpo d'identità è che, nel processo, scoprirete la vostra vera identità, scoprirete chi siete in realtà, come l'essere libero in Dio, che il vostro Creatore progettò inizialmente come un'estensione di se stesso. Vi ho detto in precedenza che il contenuto del vostro corpo d'identità riguarda specificamente ciò che siete venuti a fare nell'universo materiale. E quello che siete venuti a fare qui, è un'espressione di chi siete veramente, cioè dell'Essere spirituale che ha mandato qui un'individualizzazione di se stesso.

Miei amati, uno degli equivoci più comuni esistenti sulla Terra è il concetto, che la volontà di Dio sia al di fuori della vostra volontà individuale, sia separata da essa e persino opposta ad essa. Questa è un'illusione molto pericolosa e molto insidiosa, che ha influenzato molti ricercatori spirituali. Ovviamente, la volontà di Dio è sempre in contrasto con la volontà del vostro sé mortale e con la volontà del principe di questo mondo. Il vostro sé mortale e il principe di questo mondo sono totalmente intrappolati nella coscienza di dualità, la coscienza che nasce da un senso di separazione da Dio. Perciò, per la loro stessa natura, si vedono come al di fuori della volontà di Dio e opposti ad essa. Così, la volontà del vostro ego, la volontà del vostro sé mortale, si sentirà sempre limitata dalla volontà di Dio e, pertanto, il vostro sé mortale tenterà di farvi credere nell'illusione che, per seguire la volontà di Dio, dovete rinunciare alla vostra volontà, dovete rimettere la vostra volontà alla volontà di Dio e sottomettervi a questa autorità superiore, che vuole controllarvi. Questo ha portato addirittura alla credenza, secondo cui è stato soltanto nella loro ribellione contro il Dio nel Giardino dell'Eden che gli esseri umani hanno ottenuto la loro propria volontà. Ovviamente, questo è il tentativo ultimo di giustificare l'esistenza del sé mortale usando la logica dualistica della mente dell'anti-cristo. Ciò implica effettivamente che, primadi assaggiare il frutto proibito, Adamo ed Eva fossero dei meri robot. Ma se fossero stati davvero dei robot, come avrebbero potuto disubbidire alla loro "programmazione"? In altre parole, siete stati creati con il libero arbitrio sin dall'inizio, e nel ribellarvi contro la volontà di Dio, non avete guadagnato la libertà di effettuare le vostre scelte. Di fatto, avete perduto quella libertà, consegnandola al sé mortale e al principe di questo mondo.

Riuscite a vedere il problema qui? Il vostro bene più grande è la vostra individualità, e voi avete un desiderio innato di esprimere quella individualità. Quindi, se il sé mortale e il principe di questo mondo riescono a farvi credere che esprimere la vostra individualità è incompatibile con il seguire la volontà di Dio, sarete una casa divisa contro se stessa. Avete un desiderio innato di integrità, che può essere ottenuta soltanto seguendo la volontà di Dio, e avete un desiderio innato di esprimere la vostra individualità. Così, se credete che le due siano incompatibili, non sarete mai integri o realizzati. L'unica via d'uscita è rendervi conto che il conflitto apparente tra la vostra volontà individuale e la volontà di Dio non è altro che un'illusione dualistica.

Miei amati, riuscite a vedere come questa illusione sia stata pesantemente rafforzata da molte religioni ortodosse, ovvero le religioni che presentano Dio come un essere collerico nel cielo, che sta osservando ogni vostra mossa ed è pronto a punirvi per ogni errore? Vi posso assicurare che è un grande fardello per il mio cuore vedere tante persone, sinceramente spirituali, intrappolate in questa sottile credenza, che la volontà di Dio sia in qualche modo opposta alla loro. Questo fa sì che molte persone spirituali nutrano un sottile risentimento contro Dio per il fatto stesso di essere vivi. In qualche modo esse sentono che Dio ha imposto loro la vita e che, pertanto, Dio è responsabile per la loro attuale miseria e le loro limitazioni. Sentono di non avere alcun controllo del proprio destino. Dopotutto, Dio le ha create, Dio ha dato loro il libero arbitrio, Dio le ha mandate in questo mondo ed ora Dio le ha abbandonate, perché esse hanno commesso un errore in passato. Miei cari, tutte queste convinzioni nascono dal sé mortale, e vi posso assicurare che nemmeno il vostro sé mortale crede in esse. Ma il sé mortale le sta usando per seminare zizzania tra voi e il vostro Essere superiore, tra il Voi Consapevole e la vostra vera identità come l'Essere spirituale più grande che siete.

Miei cari, capisco davvero perché molte persone credano a questa menzogna. Quando avete delle credenze imperfette, dualistiche, nel vostro corpo d'identità, non vi è semplicemente possibile vedere al di là del livello del vostro corpo d'identità. Non riuscite a vedere oltre il regno materiale e scoprire l'Essere spirituale più grande di cui siete un'individualizzazione. Come potrete accettare, perciò, che la volontà di Dio è in effetti la vostra volontà? Quindi, uno dei benefici maggiori della purificazione del vostro corpo d'identità è che arriverete al pieno riconoscimento ed alla piena accettazione del fatto, che la volontà di Dio è invero la vostra volontà e la vostra volontà è la volontà di Dio. Per aiutarvi a risolvere questo apparente enigma, permettetemi di portarvi in un breve viaggio oltre il tempo e lo spazio.

***

C'era una volta un Essere spirituale immortale, che risiedeva nel regno spirituale, che è al di sopra e al di là dell'universo materiale. Dopo che il Creatore ebbe terminato la creazione della sfera, che è l'universo materiale, questo Essere vide che, per far continuare il processo di creazione, qualcuno doveva scendere in quell'universo materiale per portarvi la luce di Dio. Qualcuno doveva assumersi il ruolo del co-creatore, affinché l'universo materiale potesse gradualmente essere riempito di luce, per diventare così un altro gioiello nella corona dell'Essere di Dio. Questo Essere spirituale decise di volere in effetti far parte del processo creativo, di volere davvero servire il Creatore mandando una parte di se stesso giù nell'universo materiale per irradiare la luce di Dio ed elevare l'universo materiale ad una vibrazione superiore. Questo Essere spirituale vide se stesso chiaramente come un'estensione, come un'individualizzazione del Creatore, che aveva dato inizio all'intero processo di creazione di questo mondo di forma. Quindi, questo Essere spirituale più grande decise di mandare una parte di se stesso giù nel regno materiale. Tuttavia, un Essere spirituale immortale non può mandare la totalità di se stesso nel regno materiale. Così, mandò una parte di se stesso, un'individualizzazione di se stesso, che poi divenne un flusso di vita individuale. Eppure questo flusso di vita individuale non è separato dal suo "genitore" spirituale o in opposizione ad esso. E, pertanto, sebbene abbia l'individualità e il libero arbitrio, la sua volontà originale non è separata dalla volontà più grande della sua sorgente spirituale e dalla volontà ancor più grande del Creatore stesso, né opposta ad esse.

Miei amati, vedete il mio punto qui? Voi non siete stati creati in un vuoto. Non siete stati creati da un qualche Dio esterno, remoto, che poi vi ha mandati a forza in questo universo materiale, senza alcuna scelta da parte vostra. Siete un'estensione di un Essere spirituale più grande, e siete un'espressione del fatto che questo Essere superiore ha il desiderio di estendersi nell'universo materiale e portare la luce e il regno di Dio a sostituire l'oscurità che copre la terra. Dopo essere stati creati come un flusso di vita individuale, voi avete avuto la possibilità di scegliere, se scendere effettivamente nell'universo materiale o se cercare la crescita nel regno spirituale. Tuttavia, dato che vedevate chiaramente lo scopo per cui eravate stati creati, amorevolmente voi sceglieste di scendere come un emissario dell'Essere più grande che siete. In altre parole, non siete stati costretti a venire qui. Siete venuti qui come risultato di una scelta, e quella scelta non è stata fatta da qualche essere lontano, alieno. E' stata fatta da voi, dal Voi Consapevole, che vedeva se stesso come un'estensione dell'Essere più grande che siete.

Miei cari, sono consapevole che questo potrebbe sembrare astratto per il vostro attuale livello di autoconsapevolezza. Ma posso assicurarvi che mentre la vostra consapevolezza di voi stessi cresce, mentre purificate le immagini dualistiche dal vostro corpo d'identità, arriverete a capire e ad accettare la verità di quello che vi sto dicendo qui. Siete qui perché avete scelto di venire qui, e avete fatto questa scelta per amore. Siete qui, perché volete essere qui. Sono consapevole del fatto che ci sono molti aspetti della vostra attuale situazione che non sono in allineamento col vostro desiderio originale e con lo scopo originale per cui siete venuti qui. Tuttavia, queste imperfezioni sono risultati di scelte che il Voi Consapevole ha fatto, perché era influenzato dalla coscienza di dualità. E una volta che separate il Voi Consapevole da quelle credenze dualistiche, ritornerete davvero ad un chiaro riconoscimento del motivo per cui siete venuti qui inizialmente.

Oh, miei amati, posso assicurarvi che, una volta che vi riconnettete con lo scopo originale per cui siete venuti qui, la vostra vita assumerà una dimensione totalmente nuova. Otterrete un senso di scopo talmente profondo e gioioso, che vi connetterete davvero al significato originale, allo scopo originale, dietro alla creazione di Dio. Saprete chi siete e perché siete venuti su questa Terra. Saprete che siete un'estensione di un Essere spirituale più grande, che incarna una particolare qualità di Dio. Saprete che siete qui per portare una particolare qualità di Dio a questa Terra, servendo in questo modo come una sfaccettatura della mente diamantina di Dio, che porta il regno di Dio a manifestarsi su questo pianeta. Poi vi riconnetterete all'insieme del Corpo di Dio e vedrete che siete parte di una grande ondata di Esseri, che sono venuti su questa Terra per uno scopo superiore. E questo vi darà un senso di scopo, un senso di significato, un senso di direzione divina, che sarà davvero la realizzazione definitiva a cui tutte le persone spirituali anelano profondamente dentro di sé.

Oh, miei amati, che dolore per il mio cuore vedere così tante persone sulla Terra domandarsi se la vita abbia uno scopo o un significato più profondo. La risposta è così ovvia e così chiara – una volta che sarete saliti al di sopra della coscienza di dualità. Ma so benissimo che mentre siete ancora intrappolati dietro al velo delle illusioni, creato da quello stato di coscienza, la risposta sembra illusoria e impossibile da afferrare. E quindi il mio desiderio più grande è quello di vedere voi, e tutte le persone spirituali, salire al di sopra di quel velo di illusioni – quel velo d'energia, quel male- per essere liberi di sapere chi siete realmente e perché siete venuti in questo universo. Allora potrete incominciare ad esprimere la vostra individualità unica e portare il vostro dono unico a questo pianeta. E, miei cari, è proprio questa la base per sperimentare la vita d'abbondanza. Non crederete sul serio che la vita abbondante riguardi solo i soldi, vero? Vi posso assicurare che la vera vita abbondante deriva dal sapere chi siete e perché siete su questo pianeta, dal sentire che la luce di Dio fluisce attraverso i vostri quattro corpi inferiori. Viene dal sapere che ogni aspetto del vostro essere inferiore è in allineamento con lo scopo originale per cui siete venuti qui. Perciò, ogni aspetto della vostra vita è un'espressione di quello scopo e serve a realizzarlo. Ed è questo lo stato ultimo d'abbondanza, il senso ultimo dell'essere nel flusso del Fiume della Vita, il fiume dell'eterna trascendenza di sé di Dio, che vi eleva a livelli sempre più alti e in questo modo eleva la vibrazione dell'intero pianeta.

***

Miei cari, lasciate che vi parli ora di un altro importante aspetto della purificazione del vostro corpo d'identità. Finora ho detto soltanto che il vostro corpo d'identità è la sede del vostro senso d'identità, ma è anche il corpo che focalizza la forza di volontà, la forza della determinazione, la forza della direzione, la forza dello scopo. L'impulso basilare dietro alla vostra venuta nel regno materiale è stata una decisione. Pertanto, il vostro intero flusso di vita nasce da un atto di volontà. Questo atto di volontà è un'estensione della decisione originale, presa dal vostro Creatore, la decisione che "IO CREERÒ!"

Perciò, se volete avere davvero successo nel manifestare la vita d'abbondanza, dovete riconnettervi alla volontà superiore del vostro essere, alla volontà che va al di là di qualunque cosa che possa essere contenuta dentro ai vostri quattro corpi inferiori. Dovete connettervi ad una volontà, che è superiore alla volontà della vostra mente conscia. Miei cari, pensate alle tante persone su questo pianeta, che hanno fatto dei sinceri tentativi per superare un'abitudine distruttiva o per migliorare le loro vite in altri modi. Eppure, dopo un periodo di tempo lungo o breve, esse hanno rinunciato o sono state risucchiate nei vecchi schemi di comportamento. Considerate quante persone, specialmente persone più inclini alla spiritualità su questo pianeta, riescono a vedere che ci sono tantissime cose sulla Terra che semplicemente non sono giuste, tante cose che necessitano di miglioramenti. Alcune hanno fatto uno sforzo sincero per migliorare la vita su questo pianeta, per migliorare un qualche aspetto della loro società. Ma molte di esse hanno trovato un'incredibile resistenza ai cambiamenti, una resistenza ai miglioramenti, e spesso i loro sforzi cadono nel vuoto. Sentono che stanno lottando e lottando, ma che non arrivano da nessuna parte. C'è sempre questa opposizione ad ogni passo che cercano di fare. Miei amati, che cos'è questa opposizione? Bene, è un'opposizione che proviene dalla mente dell'anti-cristo, focalizzata attraverso i sé mortali di ogni essere umano su questo pianeta, focalizzata attraverso la coscienza collettiva e focalizzata attraverso il principe di questo mondo e attraverso tutte le forze – incarnate e non incarnate – che sono intrappolate da questa coscienza dell'anti-cristo.

Miei amati, c'è una forza su questo pianeta, che è una forza di anti-volontà, una forza che si oppone attivamente alla volontà di Dio e alla manifestazione del regno di Dio sulla Terra. Le forze che possono esistere soltanto nell'ombra dell'oscurità, non vogliono che voi, o chiunque altro, portiate la luce di Dio su questo pianeta. Quando le ombre della coscienza di dualità scompariranno, esse non potranno più nascondersi. E quando non potranno più nascondersi, esse non riusciranno più ad ingannare nessuno. Pertanto, non potranno continuare ad esistere su questo pianeta. Come un sincero ricercatore spirituale non potete ignorare l'esistenza di questa forza di anti-volontà, perché se lo fate, non riuscirete semplicemente ad elevarvi al di sopra di essa.

Sono entrata nei minimi particolari per mostrarvi che i vostri poteri creativi dipendono dalla potenza della luce che riesce a fluire attraverso i vostri quattro corpi inferiori, la potenza della luce che è a disposizione della vostra mente conscia. Bene, miei cari, nel regno materiale esiste una forza di anti-volontà. Quella forza può operare solo con le energie che sono state già portate nel regno della materia. Quindi, diciamo che questa forza può operare con un'energia intorno ai 1.000 Herz. Se la vostra mente conscia è in grado di dirigere luce che vibra a 500 Hz, come potete possibilmente superare la forza dell'anti-volontà, che ha la potenza di 1.000 Hz? Riuscite a vedere che non esiste assolutamente alcun modo in cui possiate farlo? Potrete avere le migliori intenzioni del mondo, potrete avere un buon insegnamento spirituale, forse persino una buona tecnica spirituale, ma se la potenza della vostra forza di volontà, la potenza della determinazione che riuscite a raccogliere con la vostra mente conscia, è più debole della potenza dell'anti-volontà che esiste nel regno materiale, come potrete possibilmente superare quella forza e andare avanti? Come potete possibilmente avere successo nel cambiare la vostra società e questo pianeta, a meno che non riusciate ad introdurre una forza che sia più potente dell'anti-volontà nella coscienza collettiva?

Allo stesso modo, esiste una forza di anti-volontà nel regno emozionale, nel regno mentale e nel regno d'identità. E ad ogni livello, questa forza raggiunge una certa potenza. Se dovete superare quella forza di anti-volontà, sia su scala personale sia su una scala più ampia, dovete portare una forza di volontà positiva, che sia più potente della forza dell'anti-volontà. E' una semplice questione di matematica, e non ci vuole un genio per sommare i numeri. Se avete più due e meno quattro e li sommate, qual è il risultato? Bene, il risultato è che siete ancora nel meno, e allora come potete avere un cambiamento positivo?

Miei amati, non sto tentando in alcun modo di scoraggiarvi facendovi notare questo. Sto cercando di aiutarvi a vedere che se volete davvero fare dei progressi nella vostra vita, se volete manifestare la vita abbondante, dovete scoprire una fonte di forza di volontà che sia più potente di qualunque cosa in questo mondo. E' quella fonte di forza di volontà è riconnettervi con la vera identità che siete, con l'essere spirituale più grande di cui siete un'estensione. Una volta riconnessi con quell'Essere spirituale superiore, potrete riconnettervi con lo scopo originale per cui siete venuti cui e, pertanto, avrete accesso all'intera forza di volontà che risale fino al vostro Creatore. Miei cari, posso assicurarvi che non esiste assolutamente alcuna forza in questo mondo, non esiste forza creata dal vostro sé mortale, dalla coscienza collettiva o dal principe di questo mondo, che possa resistere alla forza di volontà di Dio.

La forza di volontà di Dio è talmente superiore a qualsiasi cosa la maggioranza degli esseri umani abbia mai sperimentato, da poter essere quasi sconvolgente la prima volta che vi connettete ad essa. La volontà di Dio è assoluta, è inflessibile, e non viene in alcun modo incontro al modo di ragionare della mente dell'anti-cristo. Ecco perché la Bibbia dice che in lui non c'è variazione, né ombra di cambiamento (Giacomo 1:17). La volontà di Dio, semplicemente, non transige con la verità e non accetterà alcuna opposizione alla manifestazione del regno di Dio. Così, quando voi personalmente vi legate alla volontà del vostro essere più grande, non accetterete alcuna condizione su questa Terra, che ostacoli la realizzazione del vostro scopo originale per cui siete venuti qui. Ed è esattamente questa la forza che vi serve per vincere l'anti-volontà del vostro sé mortale, l'anti-volontà della gente intorno a voi, l'anti-volontà della coscienza collettiva e l'anti-volontà del principe di questo mondo.

Miei cari, la natura basilare della mente dell'anti-cristo è un compromesso con la verità, con la realtà di Cristo. Perciò, ogni cosa che sia influenzata dalla coscienza di dualità, è un compromesso. Si potrebbe dire persino che la strategia principale del principe di questo mondo sia quella di tentarvi, ingannarvi o costringervi in qualche modo a compromettere la verità. Come potete superare quella tendenza a compromettere e la sottile tentazione del modo di ragionare dualistico? Bene, potete superarle solo riconnettendovi alla forza che è totalmente al di sopra del compromesso, e quella forza è la volontà di Dio. La volontà di Dio non comprometterà la verità e, quindi, quando vi riconnettete a quella volontà, non comprometterete lo scopo originale della vostra venuta qui.

Miei amati, mi rendo conto che riconnettersi con la volontà di Dio richiederà qualche aggiustamento per il vostro flusso di vita. Non può essere fatto in una notte, e richiederà davvero tempo e sforzo. Dovrete lasciar cadere le credenze dualistiche che vi hanno indotti a costruire una volontà separata, una volontà che è separata dalla volontà originale che vi ha portati in questo universo. Ciò nondimeno, è mia intenzione qui darvi una fugace visione del potere della volontà di Dio a cui avete accesso. E quando vi riconnetterete a quella volontà di Dio, che è invero la volontà del vostro Sé, del vostro sé superiore, potrete letteralmente spazzare via e superare ogni opposizione alla vostra espressione creativa, ogni opposizione da parte del vostro sé mortale e del principe di questo mondo.

I vostri quattro corpi inferiori formano una struttura gerarchica. La vostra mente conscia è al livello inferiore di quella struttura. Quindi non potete usare la mente conscia, la mente che è centrata attorno al corpo fisico, per superare la forza dell'anti-volontà. Ma il Voi Consapevole può separarsi dalla mente conscia e riconnettersi con la sua vera identità. Così facendo esso può portare la determinazione della volontà di Dio giù, al livello della mente conscia. E quando avrete quella determinazione, non permetterete a nulla, che si trovi dentro alla vostra psiche o all'esterno di voi stessi, di ostacolare la realizzazione dello scopo per cui siete qui sulla Terra. Solo quando avrete quella determinazione, sarete in grado di spazzare via l'opposizione al vostro piano divino, alla vostra ragion d'essere.

***

Un altro vantaggio dato dal connettervi alla vostra volontà superiore è che saprete che avete il diritto, donatovi da Dio, di essere qui sul pianeta Terra e il diritto di manifestare e di esprimere la coscienza di Cristo. Miei cari, vedo molti sinceri ricercatori spirituali che nutrono un grande amore per Dio, ma che sono riluttanti a riconoscere qualcosa di oscuro o di male. Questo è semplicemente un aspetto della tendenza a fuggire davanti a ciò che sembra sconvolgente. Ma una volta riconnessi col potere della volontà di Dio, non avrete mai più paura di alcuna forza di questo mondo. Saprete che non possono competere con il potere di Dio e che questo potere può proteggervi da qualunque forza esistente in questo mondo.

Solo quando avrete la conoscenza interiore del fatto che siete stati inviati qui da Dio, per portare luce in questo mondo buio, potrete sostenere l'assalto del principe di questo mondo, che sfiderà voi come sfidò e tentò Gesù. Vedete, miei cari, il principe di questo mondo ha un'arroganza ed una cecità spirituale ultime tali da pensare di possedere l'intero mondo materiale. Pensa che tutte le genti della Terra gli appartengano e che le abbia sotto il suo controllo. Quindi, l'ultima cosa che egli desideri è che qualsiasi persona incarnata raggiunga la coscienza di Cristo. Non solo questo vi metterebbe al di fuori del controllo delle forze di questo mondo, ma voi servireste anche da esempio per gli altri. Questo era lo scopo originale della missione di Gesù, e il principe di questo mondo fece tutto il possibile per impedire a Gesù di compiere la sua missione. Quando questo non funzionò, cambiò tattica e cercò di distruggere l'esempio di Gesù, affinché nessun altro osasse seguire la stessa promessa di Gesù e compiere le opere che egli aveva compiuto (Giovanni 14:12).

Il mio punto è che il principe di questo mondo tenterà di farvi credere, che non avete alcun diritto di ottenere la Cristianità in questo mondo. E cercherà, in particolare, di impedirvi di esercitare quella Cristianità portando la luce della verità alle altre persone e alla vostra società. Il principe di questo mondo vuole che tutti rimangano intrappolati nella coscienza di dualità, senza rendersi conto mai che esiste qualcosa al di là di quello stato mentale. Quindi egli userà ogni genere di idee furbe per farvi dubitare della vostra capacità o del vostro diritto di irradiare la vostra luce. Uno schema di questo tipo è l'idea che, essendo il Cristo in azione, voi interferite con il libero arbitrio delle altre persone. Dopotutto, la maggioranza delle persone su questo pianeta sembra contenta di dormire e non vuole essere svegliata alla realtà spirituale. E mentre questo potrebbe sembrare vero, la realtà è che le persone non sono felici, perché nel profondo dentro di sé hanno un desiderio di integrità, un desiderio che non potrà essere soddisfatto mai, finché esse rimarranno intrappolate nella coscienza di dualità. Stanno dormendo soltanto perché non è mai stato mostrato loro, che esiste un'alternativa allo stato di coscienza dualistico, non è mai stato mostrato loro un cammino proficuo per ottenere uno stato di coscienza superiore.

In realtà, è il principe di questo mondo che interferisce con il libero arbitrio delle persone. Il semplice fatto è che le persone non possono effettuare una scelta libera se non conoscono tutte le loro opzioni e le conseguenze di quelle opzioni. Se la gente non sa che esiste un'alternativa alla morte spirituale della coscienza di dualità, come può possibilmente scegliere la vita della coscienza di Cristo?

Eppure, non pensate che la maggioranza della gente sceglierebbe la vita, se comprendesse davvero che cosa c'è in gioco?

Miei cari, Gesù fu mandato da Dio allo specifico scopo di risvegliare le persone dal loro sonno spirituale, dalla loro morte spirituale. E' vero che, a causa della forza dell'abitudine e delle loro credenze dualistiche, molte persone fanno resistenza al risveglio. E' per questo motivo che molte persone rifiutavano Gesù e complottavano persino contro di lui. Questo spiega anche il motivo per cui Gesù, a volte, era molto diretto ed energico, per penetrare attraverso i muri della prigione dei sé mortali delle persone. Eppure non si trattava di una violazione del libero arbitrio delle persone. Era infatti ordinato da Dio, perché Dio non vuole che le persone rimangano addormentate per sempre. Quindi Dio ha ordinato che ad esse vengano dati degli insegnanti spirituali, che possano servire da esempi. In questa particolare epoca, Dio vuole vedere un risveglio spirituale di vasta scala sul pianeta Terra. Questo può avverarsi solo quando un gran numero di persone fa il cammino verso la Cristianità e dimostra come questo cammino conduca ad una vita più abbondante. Solo quando vedranno qualcuno proveniente dal loro stesso ambiente manifestare la vita d'abbondanza, le persone saranno svegliate al loro proprio potenziale Cristico. E, invero, tutti gli esseri del Cielo vorrebbero vedere risvegliati tutti quanti sulla Terra, in modo da poter fare una scelta veramente libera tra la morte spirituale e la vita spirituale.

Miei amati, siate preparati a vedere che alcune delle persone, che potrebbero opporsi alla vostra crescita spirituale, sono quelle più vicine a voi. Ecco perché Gesù disse: "E i nemici dell'uomo saranno quelli stessi di casa sua" (Matteo 10:36). Il significato è che le persone più vicine a voi sono spesso riluttanti a vedervi crescere spiritualmente. Potrebbero aver paura di perdervi, potrebbero essere gelose di voi o potrebbero non essere risvegliate. Dopotutto, se voi potete manifestare la vita abbondante, anch'esse possono farlo, ma per farlo devono essere disposte a cambiare, come voi siete stati disposti a cambiare. E se non sono disposte ad affrontare la tendenza a fuggire, esse cercheranno di impedirvi di fare dei progressi che non possono ignorare.

Miei cari, non sto dicendo che dobbiate considerare le altre persone come nemici. Sto dicendo, semplicemente, che dovete essere consapevoli del fatto che ci sarà opposizione alla vostra crescita da parte del vostro sé mortale e dei sé mortali delle altre persone. E l'unico modo per superare quella opposizione, che potrebbe essere molto sottile e ben disposta, è essere talmente ancorati nella volontà superiore del vostro stesso Essere da non permettere ad alcuna condizione sulla Terra di impedirvi di essere chi siete e di impedirvi di lasciare "così splendere la vostra luce davanti agli uomini, affinché vedano le vostre buone opere e rendano gloria al Padre vostro che è nei Cieli" (Matteo 5:16).

Miei amati, riuscite a vedere che ci sono due modi in cui potete tentare di manifestare la vita d'abbondanza? Uno è quello di partire dal fondo e di farvi strada verso l'alto, penetrando attraverso l'opposizione con la forza a disposizione della vostra mente conscia. Così facendo, starete lottando costantemente contro l'anti-volontà del vostro sé mortale, delle altre persone e del principe di questo mondo. Quindi vi state condannando ad una vita che è una lotta continua. Potreste fare alcuni progressi, potreste manifestare una qualche forma d'abbondanza, ma non sarà la vita veramente abbondante che Dio desidera darvi. L'unico modo per avere quella vita abbondante è andare direttamente in cima e riconnettervi con la vostra vera identità, affinché la forza della volontà di Dio possa portare ognuno dei vostri quattro corpi inferiori in allineamento con il vostro scopo originale. In questo modo renderete la vita tanto più facile per voi stessi. Una volta che la visione del vostro scopo superiore sarà ancorata nel vostro corpo d'identità, avrete stabilito delle basi salde, avrete costruito la vostra casa sulla roccia di Cristo (Matteo 7:24). I vostri pensieri andranno quasi automaticamente in allineamento con il vostro scopo originale. Quando i vostri pensieri sono in allineamento con il vostro vero scopo, le vostre emozioni non saranno divise e strattonate in ogni direzione dai desideri dualistici più bassi. Perciò non sarete più una casa divisa contro se stessa e avrete la luce di Dio che fluisce intatta attraverso i vostri quattro corpi inferiori. Questo accrescerà i vostri poteri creativi fino al punto in cui diventerà facile, diventerà naturale, raggiungere il vostro vero scopo nella vita.

Miei cari, osservate la vita di Gesù. Per lui non era uno sforzo trasformare l'acqua in vino. Egli non faceva altro che focalizzare dentro di sé la propria mente esteriore e portare se stesso in perfetto allineamento con lo scopo per il quale era venuto qui. In quella centratura, egli pronunciò un ordine e – istantaneamente – l'acqua fu trasformata in vino. Allo stesso modo, egli fu in grado di moltiplicare i pani e i pesci per nutrire 5.000 persone senza sforzo alcuno, senza la fatica di dover comprare o cuocere il pane che serviva per tante persone. Questo è il vostro vero potenziale, e so che potrebbe sembrare ben al di là della vostra portata attuale. Tuttavia, vi sto dando questa visione per mostrarvi il vantaggio che avrete andando direttamente in cima e riallineando il vostro senso d'identità con lo scopo superiore per cui siete venuti qui. In questo modo, la volontà del vostro Essere superiore potrà assumere il comando, assumere il dominio, di ognuno dei vostri quattro corpi inferiori.

Miei cari, so che siete abituati a dover lottare per avere quello che vi serve. Ma vi chiedo di considerare l'idea di manifestare le cose senza sforzo. Sin dall'inizio di questo libro ho continuato a dire che è il buon piacere del Padre darvi il suo regno. In altre parole, è la volontà di Dio che voi abbiate la vita d'abbondanza. E per ottenerla, non dovete far altro che portarvi in allineamento con la volontà superiore che è, infatti, la volontà del vostro stesso Essere superiore, che è la volontà di Dio dentro di voi. Quando i vostri quattro corpi inferiori saranno in allineamento con la vostra ragion d'essere, la forza di Dio fluirà attraverso essi e manifesterà, senza sforzo, ciò che è necessario per realizzare il vostro piano divino.

***

Mio amato cuore, che cosa occorrerà per potarvi in allineamento con la volontà superiore del vostro stesso Essere? Dovete essere disposti a rendervi conto, che esiste una forza di anti-volontà, che è riuscita ad entrare nei vostri quattro corpi inferiori. Si tratta di quello che ho chiamato il vostro sé mortale, e il sé mortale ha una volontà tutta sua, una volontà che è totalmente centrata su se stessa. Quindi, che cosa occorre per fuggire dalla prigione di quella volontà inferiore? Bene, occorre che iniziate a pensare al di là di voi stessi, cioè al di là del sé che è concentrato intorno al corpo fisico e al sé mortale. Come ho detto, voi siete un'estensione di un Essere spirituale più grande e siete venuti qui per uno scopo più grande, uno scopo eterno.

Miei cari, pensate a quante persone sulla Terra sono completamente focalizzate su se stesse e passano una vita intera ad inseguire dei desideri totalmente egoistici, che sono spesso centrati attorno ai piaceri del corpo fisico e ai suoi bisogni immediati. Pensate a quante persone non hanno alcuna attenzione rimasta per pensare alle conseguenze a lungo termine nella loro vita, quali la loro libertà e la loro crescita spirituali. Considerate quante persone non hanno alcuna attenzione rimasta per pensare a come le loro azioni influenzano gli altri, persino i loro cari. Così, commettono le azioni più egoistiche senza sentire mai alcun rimorso o rammarico. Pensate a come l'umanità abbia pochissima attenzione rimasta per considerare il modo in cui lo stile di vita moderno influenza il pianeta Terra e la sua capacità di sostenere la vita a lungo andare. Solo negli ultimi decenni le persone hanno cominciato a considerare gli effetti che l'inquinamento ha sull'ambiente. E l'hanno fatto solo perché si sono rese conto che ciò potrebbe avere degli effetti negativi su esse stesse. Sono molto poche le persone che abbiano amplificato la propria consapevolezza fino ad amare genuinamente il pianeta, che dà loro una piattaforma su cui vivere.

Miei amati, mettete questo egocentrismo, questo totale egoismo, in contrasto con la visione superiore della mente di Cristo, che vede l'unità di tutta la vita, perché vede che tutta la vita proviene dalla stessa sorgente ed è un'espressione dell'Essere di Dio. L'Essere spirituale, che vi ha mandati quaggiù come un'estensione di se stesso, non aveva questa prospettiva limitata, umana, egoistica. Questo Essere è in perfetto allineamento con la volontà e la visione del Creatore e, quindi, aveva uno scopo superiore nel mandarvi nel regno materiale. Quello scopo è in perfetto allineamento con la visione di Dio per l'intero creato, per il pianeta Terra e per l'umanità. Se volete ottenere la felicità ultima, la realizzazione definitiva, ed un senso definitivo di scopo e di autostima, dovete guardare al di là di questo senso di sé ristretto, che è centrato sul vostro sé mortale. Dovete riconnettervi col senso di Sé più grande, che siete in realtà. Ed allora vi renderete conto che non arriverete mai alla realizzazione definitiva inseguendo dei desideri egoistici relativi al corpo fisico. Sarete davvero realizzati solo quando vi estendete oltre il vostro corpo fisico e donate del vostro vero Essere.

Se volete un'immagine visiva di quello che sto dicendo qui, pensate al sole. Il sole è progettato per irradiare luce, luce che dà vita ad ogni cosa sulla Terra, e per farlo incondizionatamente. Il sole non sta a guardare le persone giù, sulla Terra, per giudicare se stanno accogliendo la sua luce con il giusto stato d'animo. Come disse Gesù: "Affinché siate figli del Padre vostro, che è nei Cieli; poiché egli fa levare il suo sole sopra i malvagi e sopra i buoni, e fa piovere sui giusti e sugli ingiusti" (Matteo 5:45). Così il sole dà incondizionatamente. Dà senza aspettare nulla in cambio, e dà senza porre delle condizioni su come la gente dovrebbe ricevere i suoi doni. Il sole trova la sua vera realizzazione, la sua vera gioia, nell'irradiare luce. La fonte della realizzazione è ciò che esce, non ciò che entra.

Ora, se il sole dovesse adottare lo stesso stato egocentrico di coscienza adottato dalla maggioranza della gente oggi, il sole comincerebbe a porre delle condizioni per dare la sua luce. Direbbe: "Se le persone non ricevono i miei raggi nella maniera giusta, allora non darò più la mia luce a quelle persone." Questo farebbe sì che il sole escluda certe zone e non faccia più splendere la sua luce su di esse. Ma, miei cari, quale effetto avrebbe questo sul senso di realizzazione del sole? Come ho detto, il sole ottiene la sua realizzazione dal fatto di irradiare luce. Quindi, se smette di irradiare luce, il sole non si sentirà più realizzato, non sarà più felice. Quello che sto facendo notare qui è che il vostro vero essere, la vostra Presenza IO SONO e il Voi Consapevole, sono creati per essere un sole spirituale che faccia splendere la luce di Dio sul pianeta Terra. La vostra Presenza IO SONO fa scendere la luce di Dio e poi la manda attraverso i vostri quattro corpi inferiori, per essere diretta dal Voi Consapevole in allineamento con lo scopo originale per cui siete venuti sulla Terra.

Voi siete progettati per essere un canale attraverso cui la luce di Dio possa fluire e poi splendere sulla Terra. Questo è il modo per portare la luce di Dio nel regno materiale, per elevare così la vibrazione dell'intero universo e riempirlo con la luce, affinché possa diventare un'altra sfera nel regno spirituale – com'è la visione e il piano di Dio. In altre parole, dovreste dirigere la luce di Dio in condizioni specifiche sulla Terra per magnificare, per accelerare, queste condizioni e per aiutarle a trascendere il loro attuale stato imperfetto. Siete qui per aiutare ogni cosa sulla Terra a diventare di più, e nel farlo, anche *voi* diventate di più. Siete qui per donare la vostra luce, ed è nel dare la vostra luce che ricevete la realizzazione definitiva. Quindi, cosa succede quando smettete di dare la vostra luce, quando ponete delle condizioni di modo che se le persone non vi trattano in un certo modo, o se le persone non vi danno in cambio ciò che desiderate, interrompete la vostra luce? Bene, miei amati, quando interrompete il flusso della luce attraverso voi, vi togliete anche il vostro senso di realizzazione. Se spegnete del tutto la luce, finirete col non avere nessun senso di realizzazione o di scopo e la vostra vita diventa una lotta continua.

Che cos'è la vita abbondante? E' la luce di Dio che fluisce intatta e non ostacolata attraverso i vostri quattro corpi inferiori, magnificando ogni cosa che incontra. Così sarete circondati dall'abbondanza. Non starete aspettando di ricevere l'abbondanza da qui in basso, starete producendo attivamente l'abbondanza, lasciando che la luce dall'Alto acceleri tutto quello che incontrate. Starete moltiplicando i vostri talenti, e quando sentite la luce fluire attraverso voi, avrete il senso definitivo di realizzazione, il senso definitivo di abbondanza e nutrimento. Quando interrompete quella luce – accettando delle credenze dualistiche, che definiscono le condizioni per il vostro dare – state privando voi stessi della vita d'abbondanza, state privando voi stessi del senso di realizzazione, del senso di integrità. In verità state impoverendo voi stessi, perché non potete più sentire il flusso della luce, che è la chiave della felicità e dell'abbondanza.

Miei cari, spero che riusciate ad attingere ai miei insegnamenti precedenti e rendervi conto che, quando interrompete il flusso della luce di Dio attraverso i vostri quattro corpi inferiori, non state inviando un impulso d'energia d'abbondanza nello specchio cosmico. Perciò non è semplicemente possibile per lo specchio cosmico riflettere la vita abbondante a voi nella forma di condizioni materiali. L'unico modo per manifestare davvero una vita *materialmente* abbondante è ristabilire prima la vita *spiritualmente* abbondante, che eravate destinati ad avere. E quando seguite il consiglio di Gesù di cercare prima il regno di Dio e la sua giustizia- cioè l'uso giusto dell'energia di Dio – tutte le cose vi saranno date in aggiunta (Matteo 6:33), perché l'universo materiale non ha altra scelta che rimandarvi l'abbondanza che voi state emanando.

***

Miei amati, prima ho parlato del fatto che Dio ha creato un universo, che è un insieme unico, interconnesso. Nel progetto originale di Dio non esistono conflitti, non esistono contraddizioni tra ogni flusso di vita individuale e l'insieme. Quello che è successo sulla Terra è che la maggior parte dei flussi di vita, che chiamano casa questo pianeta, è caduta nella coscienza di dualità. Attraverso questa coscienza di separazione, essi hanno creato una quantità infinita di conflitti tra individui, tra gruppi di persone, tra nazioni e persino un conflitto tra l'umanità e Madre Terra. Questi conflitti scaturiscono da una caratteristica principale della mente dell'anti-cristo, vale a dire l'egoismo. L'egoismo è un prodotto del fatto che un flusso di vita individuale si è separato dalla sua sorgente, ha voltato le spalle a Dio. Se non siete consapevolmente connessi con la vostra sorgente, non potete semplicemente rendervi conto che i vostri fratelli e le vostre sorelle provengono dalla stessa sorgente. Miei cari, pensate all'affermazione fatta da Gesù: "In quanto lo avete fatto a uno di questi miei fratelli più piccoli, l'avete fatto a me" (Matteo 25:40). Questa è l'affermazione di un Essere che sa di non essere un'isola, di non esistere in un vuoto, di non essere l'unico essere che conti. Questa è l'affermazione di un essere che è connesso con la sua sorgente e si rende conto di essere un'estensione di Dio. E si rende conto che tutte le altre cose, compresi tutti gli altri esseri umani, sono estensioni di Dio. Quando avete questo senso di consapevolezza espansa, vi rendete conto che siete realmente una parte del Corpo di Dio. E attraverso la vostra connessione con la vostra sorgente, siete connessi con tutte le altre parti del Corpo di Dio. Pertanto, quello che fate agli altri, lo state facendo in realtà a voi stessi.

Miei amati, finora ho messo in risalto il fatto che l'universo è uno specchio, che vi rimanda ciò che ci emettete. Ho detto che l'universo farà a voi quello che voi fate agli altri. E mentre questo è infatti corretto, esiste una comprensione superiore. La comprensione superiore è che le altre persone non sono separate da voi, in quanto fanno parte del Corpo di Dio sulla Terra e anche voi siete una parte di quel corpo. Pertanto potremmo andare oltre, affermando che non solo l'universo farà a voi ciò che voi fate agli altri, ma quello che fate agli altri lo state facendo a voi stessi, perché gli altri fanno parte del vostro

Sé più grande, che è il Corpo di Dio. E quello che fate a Madre Terra, lo fate a voi stessi, perché anche il pianeta fisico fa parte della creazione di Dio. Finché una parte di voi sarà focalizzata su questo pianeta, ciò che accade all'insieme influenzerà la parte individuale che, in questo momento, è il centro del vostro senso d'identità.

Come ho detto, il Voi Consapevole ha la capacità di identificarsi con e come qualsiasi cosa riesca a concepire. Il Voi Consapevole può essere centrato sull'ego – identificandosi come il sé mortale – o può essere centrato su Dio – identificandosi come un essere spirituale che è uno con il Tutto di Dio. Quindi l'effetto supremo della purificazione del vostro corpo d'identità è che sarete in grado di vedere oltre l'egoismo del vostro sé mortale. Sarete in grado di vedere oltre il senso di separazione originato dal principe di questo mondo. Sarete in grado di vedere persino oltre la vostra stessa identità come un essere individuale. Sarete capaci di vedere che voi siete più del vostro flusso di vita individuale, perché il vostro flusso di vita individuale fa parte di un insieme più grande, vale a dire il Tutto della coscienza di Dio. Il Voi Consapevole è invero un'espressione di quel Tutto ed ha quindi la capacità di riunirsi al Tutto, anche mentre è ancora focalizzato attraverso un corpo fisico su un pianeta molto piccolo in un universo molto vasto.

Ah, miei cari, sono tanti i cristiani che ignorano l'affermazione di Gesù: "Voi siete dèi" (Giovanni 10:34). Voi siete davvero degli Dei, nel senso che il Voi Consapevole ha la capacità di identificarsi con il Tutto che è Dio. E così facendo, voi sperimenterete il senso di integrità ultima, il senso di gioia ultima, il senso di beatitudine ultima.

Non solo saprete chi siete – SARETE chi siete. Allora avrete ottenuto ciò che gli antichi greci chiamavano "gnosi", e il significato di questa parola è che non esiste più distanza alcuna, differenza alcuna, separazione alcuna, tra il conoscitore e il conosciuto. Miei amati, permettetemi di darvi un'affermazione che, lo so, sarà offensiva per molte persone, ma che è, tuttavia, la verità. E dato che avete resistito con me, leggendo questo lungo libro fino a questo punto, vi meritate di avere la verità definitiva. Per eoni gli esseri umani hanno speculato su Dio e sulla natura di Dio. Molte persone spirituali e religiose hanno fatto della conoscenza di Dio lo scopo della propria vita. Ma, miei cari, il concetto di conoscenza implica distanza. Il concetto di poter conoscere qualcosa, che non state sperimentando, implica che voi siete qui e che Dio è da qualche altra parte. Voi state cercando di connettervi a quel Dio remoto, e nella vostra mente costruite un'immagine di com'è quel Dio remoto, ma siete ancora separati da quel Dio. Forse vi ricordate che l'essenza stessa della mente dell'anti-cristo è la separazione da Dio. Così, il principe di questo mondo può usare persino un desiderio sincero di conoscere Dio come strumento per rafforzare l'immagine di un Dio lontano. Il mio punto è che arriverà un momento in cui un ricercatore spirituale sincero dovrà trascendere persino il desiderio di conoscere Dio, dovrà trascendere il concetto di conoscere qualcosa che voi non siete.

Fintantoché sarete separati da Dio, non potrete conoscere realmente Dio, non potrete sapere com'è Dio, com'è essere Dio. Ecco, pertanto, il pensiero su cui vi lascerò a meditare: "L'unico modo di *conoscere* Dio è *essere* Dio!"

***

Mio amato cuore, permettetemi ora di cambiare marcia per darvi un insegnamento più pratico. Va benissimo parlare della purificazione del vostro corpo d'identità, ma non sono venuta solo a darvi una conoscenza teorica. Sono infatti qui per darvi sia la comprensione sia gli strumenti pratici necessari per portare quella comprensione a manifestarsi fisicamente nella vostra vita. Quindi, come parte integrante dei miei sforzi per rendervi liberi dal vostro sé mortale e dalla lotta della vita, vi darò una serie di quattro rosari. Ognuno di questi rosari è stato creato specificamente per purificare uno dei vostri quattro corpi inferiori. Il primo rosario che vi presenterò, è un rosario che è stato ideato per purificare il vostro corpo d'identità dalle credenze dualistiche e dalle energie imperfette. Questo rosario è intitolato *Il Rosario della Volontà di Dio di Madre Maria* (vedi pagina ......), ed è uno strumento estremamente potente per trasformare la vostra vita in una spirale ascendente riallineandovi con lo scopo originale del vostro flusso di vita.

Miei cari, sono consapevole del fatto che molti lettori di questo libro potrebbero non avere familiarità con il concetto di recitare rosari. Ma potreste considerare un rosario una serie di affermazioni positive, che sono composte da due particolari elementi. Un elemento è una serie di affermazioni, ognuna delle quali tratta una specifica menzogna dualistica, una specifica illusione dualistica, riguardante il vostro senso d'identità e il vostro rapporto con Dio. Leggendo ad alta voce queste affermazioni voi ancorate nel vostro corpo d'identità la verità superiore, che esse affermano, e inizierete gradualmente a contrastare le credenze dualistiche ivi accumulate. L'altro elemento del rosario è l'Ave Maria, una preghiera che viene ripetuta dopo ognuna delle affermazioni individuali. Questo elemento di ripetizione dà un ritmo potente al rosario. Se osservate la natura, noterete che il ritmo è una parte integrante del creato di Dio. Ci sono molte persone spirituali che conoscono il potere del ritmo, del ripetere un particolare rituale. Si vede il ritmo anche nell'alternarsi delle stagioni, nella musica, e noterete che Dio usò il potere del suono per pronunciare l'ordine: "Che sia la luce!"Con la ripetizione di una preghiera, voi generate onde d'energia su onde d'energia. E invocando tali onde di energia spirituale ad alta frequenza e dirigendole attraverso l'affermazione individuale, state inviando luce nel vostro corpo d'identità, dove essa consumerà tutte le energie alterate.

Miei cari, avete fatto un grande sforzo per leggere questo lungo libro fino a questo punto. Vi chiedo, in tutta sincerità, di fare ora il passo che porterà alla realizzazione dei vostri sforzi. Vi chiedo di prendere un grande impegno e di prenderlo con l'assoluta determinazione di portarlo a termine. Quello che vi sto chiedendo di fare è recitare il mio Rosario della Volontà di Dio una volta al giorno per 36 giorni. Vi sto chiedendo di mettere da parte del tempo dai vostri impegni fitti e di andare in una stanza dove potete rimanere soli e indisturbati. Iniziate con il leggere una sezione di questo libro. Può essere lunga o breve, a seconda del tempo che avete a disposizione, ma quando iniziate la veglia, vi chiedo di cominciare a leggere dall'inizio di questo libro. Leggete fino al punto in cui sentite di aver incontrato un'idea, che ha un messaggio per voi, o un'idea che non capite, ma che vi sembra importante. A quel punto, smettete di leggere e incominciate a recitare il rosario leggendolo ad alta voce, con tutta l'intensità della fiamma del vostro cuore.

So che per molte persone questo richiederà un sacrificio e richiederà loro di fare qualcosa che non hanno fatto mai prima. Potrebbe sembrare strano all'inizio, ma presto inizierà a fluire in maniera naturale e lo sentirete diventare una parte piacevole della vostra giornata. Se volete trarre pieno beneficio da questo libro, è assolutamente essenziale che partecipiate a questa veglia. Nel corso degli anni ho visto tante persone spirituali, che hanno incominciato a leggere un qualche insegnamento sulla spiritualità o sull'abbondanza. Hanno assorbito il tutto nella loro mente e hanno sentito di avere una grande comprensione intellettuale, ma sono state riluttanti a fare dei passi fisici effettivi per portare la vita abbondante a manifestarsi. Vi posso assicurare che nessuna di queste persone è riuscita a raggiungere i risultati desiderati. Se volete avere dei risultati dalla lettura di questo libro, non potete semplicemente leggerlo. Non potete permettervi di pensare che assorbire dal libro sia sufficiente. Dovete anche dare qualcosa, ed io ho progettato questo programma specificamente per aiutarvi ad uscire da qualunque spirale negativa in cui possiate trovarvi, per mettere così la vostra vita in una spirale ascendente, che né il vostro sé mortale né il principe di questo mondo saranno in grado di invertire. Perciò vi chiedo di considerare seriamente la partecipazione a questa veglia. Potrete finire di leggere questo libro, ma quando avrete finito, iniziate la veglia!

La veglia piena è più del Rosario della Volontà di Dio. Come ho detto, vi darò un rosario per ognuno dei vostri quattro corpi inferiori. La veglia piena richiede che recitiate ogni rosario una volta al giorno per 36 giorni. Inizierete con il *Rosario della Volontà di Dio*, per purificare il vostro corpo d'identità. Dopo i primi 36 giorni, reciterete il rosario successivo per purificare il vostro corpo mentale. Poi reciterete il terzo rosario per 36 giorni, per purificare il vostro corpo emozionale e, infine, reciterete l'ultimo rosario per purificare la parte fisica della vostra mente e anche il vostro corpo fisico e le circostanze esterne. Miei amati, mi rendo conto che si tratta di un impegno grande, ma vi dirò che se lo porterete a termine, la vostra vita non sarà mai più la stessa. Vi renderete letteralmente conto che avete trasformato la vostra vita in una spirale ascendente, ed ora avete la comprensione e gli strumenti necessari per continuare quella spirale e, addirittura, per accelerarla. Mentre lo fate, manifesterete la vita davvero abbondante sotto forma di un'abbondanza sia spirituale che materiale. Quindi, miei cari, pensate molto seriamente a come potete cambiare il vostro orario giornaliero per iniziare questa veglia. E intanto che ci pensate, seguitemi, mentre vado avanti a darvi gli insegnamenti e gli strumenti per purificare la vostra mente mentale, la mente emozionale e la mente fisica.

Chiave 21
Io ho un piano—un piano divino!

Mio amato cuore, è arrivato il momento di passare dalla visione generale del vostro scopo più grande al piano più specifico ancorato nel vostro corpo mentale. Ho menzionato brevemente il concetto di un piano divino, ma adesso è il momento di parlare più dettagliatamente di questo piano. Questo piano è, in verità, il progetto per la vostra attuale vita, ma è anche una parte importante della matrice per l'intero vostro soggiorno nell'universo materiale.

Siete già ben consapevoli del fatto che siete molto più del corpo fisico, e spero che stiate iniziando a raggiungere la consapevolezza, che siete più di quella parte di voi che è stata ideata per scendere nell'universo materiale. In altre parole, spero che stiate incominciando ad intravedere che siete più del contenuto dei quattro corpi inferiori, che portate con voi da una vita all'altra. Quello che vorrei darvi adesso è una comprensione di quello che accade quando il vostro flusso di vita scende in un particolare corpo fisico. Quando il Voi Consapevole inizia questa discesa, prima di tutto si integra con la vostra mente a lungo termine. Questa è la mente che portate con voi da una vita all'altra, e mentre inizia ad integrarsi con essa, potremmo dire che il Voi Consapevole indossa un paio di occhiali attraverso cui vede ogni cosa. E poi, quando infine scende nel corpo fisico, il Voi Consapevole indossa un altro paio di occhiali, che rappresentano la vostra mente a breve termine, la mente che è centrata intorno al vostro corpo fisico attuale.

Il mio scopo nel sollevare questo argomento è quello di mostrarvi che, quando vi trovate in un corpo fisico, voi – cioè la vostra mente conscia – state osservando il mondo attraverso due paia di occhiali. Un paio è la vostra mente a lungo termine, il vostro corpo d'identità, il vostro corpo mentale e il vostro corpo emozionale e anche la parte della mente a lungo termine, che si riferisce specificamente al fatto di essere in un corpo fisico. L'altro paio di occhiali rappresenta la vostra mente a breve termine, che ha quattro livelli anch'essa. Tuttavia, il contenuto di questa mente a breve termine è quello che è stato messo in quella mente in questa particolare incarnazione. Ciò che accade in questo processo è che il Voi Consapevole può facilmente dimenticarsi della sua vera identità come un essere spirituale immortale. Ora inizia ad osservare ogni cosa attraverso gli occhiali della vostra mente a lungo termine e della mente a breve termine; inizia ad identificarsi con – ad identificarsi come – il contenuto delle vostre menti a lungo ed a breve termine. Come risultato di questo, il Voi Consapevole costruisce certe aspettative e certi desideri riguardo a come dovrebbe e come vorrebbe che fosse la vita. Per esempio, la maggioranza della gente è stata programmata ad accettare certe aspettative, certi desideri ed aspirazioni per la loro attuale vita, per come dovrebbe essere la loro vita, per quello che dovrebbero realizzare, per quello che vogliono fare, per quello che vogliono avere e quello che desiderano sperimentare. Questa programmazione è imposta a tutte le persone dalle loro famiglie e dalle loro società, e forma una serie di aspettative. Queste aspettative potrebbero benissimo essere in contrasto con le aspettative contenute nella vostra mente a lungo termine, o potrebbero aver perso i contatti con quello che è il vostro vero potenziale o con quelle che sono le vostre circostanze karmiche realistiche. Naturalmente questo crea una divisione nel vostro stesso essere. Un'importante considerazione è, come poter risolvere tali divisioni nel vostro essere ed evitare di sabotare i vostri sforzi di cambiare la vostra vita e di manifestare più abbondanza.

Per spiegare questo, ho bisogno che facciate un passo indietro per guardare sia al di là della vostra mente a breve termine che della mente a lungo termine. Ho bisogno che vi rendiate conto che, al di là di quei livelli della mente, esiste un livello ancor più elevato, ed è qui che trovate il vostro piano divino. Come ho detto, il Voi Consapevole è più delle menti a breve ed a lungo termine. Sta semplicemente guardando attraverso il filtro di quelle menti, mentre vi trovate in un corpo fisico e mentre vi identificate in quel corpo. Dopo la morte del vostro corpo fisico, il Voi Consapevole si separa dal corpo. Se siete una persona spiritualmente consapevole, il Voi Consapevole può separarsi dalla mente a lungo termine e salire, temporaneamente, nel regno spirituale. Molte delle persone più spirituali sulla Terra frequenteranno, tra le loro incarnazioni, dei centri di educazione e di guarigione che sono situati nel regno spirituale inferiore. In altre parole, il Voi Consapevole non sta semplicemente inattivo da qualche parte tra le vostre incarnazioni fisiche. Il Voi Consapevole è sempre impegnato nel processo di apprendimento, nel processo di trascendenza di sé. Ci sono molte persone sulla Terra, che sono talmente identificate con il corpo fisico, che i loro sé consci non sono in grado di salire ai regni spirituali inferiori tra le incarnazioni. Pertanto, queste persone rimangono bloccate nei regni inferiori, ed alcune di esse entrano in una specie di sonno, che è quasi come un coma spirituale. Tuttavia, le persone più spirituali hanno la capacità di liberarsi dalla identificazione con il regno materiale e salire quindi alle classi spirituali. In questi centri d'apprendimento il vostro sé consapevole incontrerà il vostro sé Cristico ed una serie di insegnanti spirituali, che vi servono come guide personali. Prima di scendere nella vostra successiva incarnazione avrete vari incontri con i vostri insegnanti spirituali, in cui definirete un piano divino molto specifico per quello che volete realizzare nella vostra prossima vita.

Ciò che sto dicendo qui è che, prima di venire nella vostra incarnazione attuale, vi siete incontrati con i vostri insegnanti spirituali e avete creato un piano molto dettagliato per quello che volete imparare, quello che volete sperimentare e le porzioni del vostro passato karma che dovete superare in questa vita. Il mio punto è, che è possibile, infatti è probabile, che le vostre aspettative esteriori, le aspettative che avete costruito in base alla programmazione impostavi dalla vostra famiglia e dalla società, si discostino in misura minore o maggiore dal vostro piano divino. E' possibile anche che abbiate alcune aspettative nella vostra mente a lungo termine, che non sono in allineamento col vostro piano divino. Ovviamente, tali aspettative faranno di voi una casa divisa contro se stessa. Il vantaggio maggiore, derivante dalla purificazione del vostro corpo mentale, è che vi permetterà di vedere oltre ogni aspettativa, che avete costruito in quest'attuale vita, e oltre tutte le aspettative dualistiche imperfette, che perdurano nella vostra mente a lungo termine. Quando eliminate questi detriti, sarete in grado di ottenere una visione molto più chiara del vostro piano divino, sia del piano a lungo termine sia del piano specifico per questa vita.

Miei amati, la gioia più grande che possiate sperimentare è quella di sapere che state realizzando il vostro piano divino, che ogni aspetto della vostra vita è in allineamento con quel piano. Questa è davvero la vita abbondante. Potremmo dire che quando il Voi Consapevole scende nelle energie dense del corpo fisico, è quasi inevitabile che dimentichiate il vostro piano divino. Persino le persone spiritualmente più consapevoli dimenticano la maggior parte del loro piano divino, sebbene molte persone abbiano una forte idea intuitiva, persino da bambini, di quello che vogliono fare nella vita. Il mio punto è che, a causa delle energie molto dense che attualmente dominano il campo d'energia planetario, è normale dimenticarsi del proprio piano divino. Perciò, come ricercatori spirituali, dovreste aspettarvi di dover fare uno sforzo per riconnettervi al vostro piano divino. Questo è, per così dire, semplicemente il prezzo da pagare quando si fanno affari su un pianeta dalle energie così dense. In altre parole, non accusate voi stessi, Dio o chiunque altro per il fatto che avete dimenticato il vostro piano divino. Decidete semplicemente di fare uno sforzo risoluto per riscoprire chi siete e perché siete qui.

Perché è importante connettervi al vostro piano divino? Bene, a parte lo scopo di ottenere una maggiore pace mentale e un profondo senso di significato, vi darà inoltre delle indicazioni molto specifiche per la vostra attuale vita. Potrebbe trattarsi di indicazioni sulla giusta occupazione, sulla giusta persona da sposare, sul posto giusto in cui vivere o su quello che dovete studiare – come un insegnamento spirituale, per esempio – per imparare le lezioni che dovete imparare. Dato che siete una persona spiritualmente più consapevole, probabilmente avete già un'idea intuitiva degli elementi fondamentali del vostro piano divino. Molte persone spirituali possono guardare indietro nella vita e vedere che hanno fatto certe cose per le quali non hanno alcuna spiegazione esteriore, razionale. Esse sapevano semplicemente che era qualcosa che dovevano fare. Potreste persino osservare la vostra vita e vedere che avete avuto certe esperienze spiacevoli o avete fatto certe cose che potrebbero sembrare degli errori. Eppure quando vi riconnettete al vostro piano divino, è probabile che scopriate che si è trattato di qualcosa che dovevate fare. Il motivo potrebbe essere, che avevate bisogno di imparare una lezione, che stavate cercando di aiutare altre persone ad imparare una lezione o che avevate del karma dalle vite passate, che ha causato l'esperienza. Indifferentemente dalla causa effettiva, si è trattato di una parte necessaria del vostro piano divino, e quando vedrete questo, potrete essere in pace riguardo all'esperienza. Invece di guardare indietro alla vostra vita con tristezza e rammarico, potrete cercare la lezione nascosta ed usare persino le vostre esperienze spiacevoli come trampolino per la crescita spirituale.

***

Il mio scopo qui è quello di mostrarvi che il vostro piano divino ha due aspetti. Nella precedente chiave ho parlato dello scopo generale della vostra venuta nell'universo materiale, cioè che volevate portare la luce di Dio e manifestare il regno di Dio. Ad un livello più specifico, voi avete un piano divino generale, senza tempo, per ciò che volete realizzare nell'universo materiale. Quel piano si riferisce a chi siete, vale a dire l'Essere spirituale di cui siete un'individualizzazione.

Forse vi ricordate che quando Mosè scalò la montagna per ricevere i dieci comandamenti da Dio, egli vide Dio come un fuoco vivo. Ecco perché la Bibbia dice che il nostro Dio è un fuoco che consuma (Ebrei 12:29). Potremmo dire invero che, nel regno spirituale, esiste una quantità di Fiamme Divine, e ogni Fiamma Divina rappresenta una particolare qualità di Dio. Per esempio, c'è la fiamma della Volontà di Dio, c'è la fiamma della Saggezza di Dio, c'è la fiamma dell'Amore di Dio, c'è la fiamma della Pace, e così via. Per ogni qualità positiva conosciuta dagli esseri umani, esiste una certa Fiamma Divina che focalizza quella qualità. Il vostro flusso di vita è nato da una tale Fiamma Divina, e lo scopo generale per cui siete venuti nell'universo materiale è quello di portare la luce e le qualità della vostra Fiamma

Divina per sostituire l'oscurità sulla Terra. Il Creatore non manderà quella Fiamma Divina dall'esterno dell'universo materiale. Deve venire dall'interno, per mezzo di una persona che incarna quella Fiamma Divina sulla Terra.

La vostra Fiamma Divina ha due aspetti, vale a dire l'elemento espansivo del Padre e l'elemento contraente della Madre, l'aspetto Alfa e l'aspetto Omega. Questo viene descritto nella Bibbia nell'affermazione: "Io sono l'Alfa e l'Omega, l'inizio e la fine, dice il Signore Dio, colui che è, che era e che viene, l'Onnipotente" (Apocalisse 1:8). Potremmo dire che l'aspetto Alfa della vostra Fiamma Divina, l'aspetto maschile, sia la fiamma dalla quale siete nati, e che l'aspetto femminile sia il dono che siete venuti a portare al mondo. Quindi, potreste provenire dalla Fiamma Divina dell'amore, ma aver scelto di venire sulla Terra per portare la verità. Questo significa che, per portare la verità sulla Terra, dovete portare la verità in maniera amorevole. Allo stesso modo, potreste provenire dalla Fiamma Divina della pace, ma essere qui per portare istruzione. E quindi dovete portare un'istruzione che aiuti le persone ad ottenere la pace ed esprima la qualità della pace.

Mentre purificate il vostro corpo mentale e il vostro corpo d'identità, inizierete ad avere una sensazione intuitiva della vostra Fiamma Divina particolare, e questo è un argomento su cui potreste meditare, mentre svolgete le veglie che ho delineato per voi. Infatti, molte persone spirituali avranno già un qualche sentore della propria Fiamma Divina, anche se potreste non aver mai sentito parlare del concetto. Se pensate alla vostra vita, potreste vedere che ci sono certe qualità che da sempre sono sembrate importanti per voi o sono state care al vostro cuore. Potreste perfino vedere che ci sono certe caratteristiche negative che avete incontrato spesso, e il motivo è che esse sono in opposizione alla vostra Fiamma Divina. Così siete qui per lasciare che la vostra Fiamma Divina le consumi, il che significa che le attirate a voi, affinché possano essere consumate dal fuoco del vostro Essere più grande. E' importante, perciò, che non vi facciate coinvolgere emotivamente da tali situazioni o sentimenti, ma che permettiate semplicemente che passino nel fuoco del vostro Essere interiore. E questo richiede che siate distaccati, affinché non ingrandiate queste qualità negative col vostro corpo emozionale.

So che questo concetto sembrerà astratto a molte persone, ma lo sollevo perché quando inizierete a purificare i vostri corpi superiori, otterrete una migliore consapevolezza intuitiva della vostra Fiamma Divina. Ed è importante per voi avere presente questo concetto nella vostra mente, cosicché, mentre crescete in autoconsapevolezza, potrete incominciare a sintonizzarvi consapevolmente con la vostra Fiamma Divina e col motivo della vostra esistenza.

Al di là del livello generale, più astratto, che si riferisce all'espressione della vostra Fiamma Divina, c'è il livello più concreto del vostro piano divino. Ripeto, c'è una parte del vostro piano divino, che si riferisce a ciò che siete venuti a portare sulla Terra, e questo piano passerà da una vita all'altra. Per esempio, potreste sentire un'attrazione verso certe attività o un certo tipo di occupazione. Potreste avere un'attenzione particolare per certi problemi sulla Terra ed un desiderio di vederli attenuati. Possono esserci, inoltre, alcuni elementi di questo piano che si riferiscono a ciò che dovete imparare per diventare chi siete realmente, e anche questi sono dei traguardi a lungo termine. Questi traguardi a lungo termine sono cristallizzati come traguardi particolari per questa vostra vita, e questi traguardi sono i più facili da scoprire. Ma qui c'imbattiamo, ancora una volta, in un problema di cui ho parlato in precedenza, cioè che la vostra mente esteriore, la vostra mente conscia e il vostro sé mortale potrebbero aver creato certe aspettative, che sono in contrasto col vostro piano divino. Se siete molto attaccati a queste aspettative esteriori, la vostra mente conscia potrebbe in effetti rifiutarsi di vedere il vostro piano divino. La ragione è che seguire il vostro piano divino richiederebbe alcuni aggiustamenti importanti nel vostro stile di vita esteriore, ed una parte di voi non vuole fare quegli aggiustamenti.

Il vostro sé mortale farà tutto quello che riuscirà a pensare per impedirvi di riconoscere il vostro piano divino. Cercherà di far sì che vi attacchiate talmente alle aspettative che avete costruito in questa vita, aspettative che il vostro sé mortale ha programmato nella vostra mente, che semplicemente non guarderete al di là di esse. Il vostro sé mortale vorrà che siate talmente attaccati ai desideri e ai piaceri temporanei da ignorare i veri desideri del vostro flusso di vita, così come sono espressi nel vostro piano divino. Il mio punto è che, per vedere pienamente il vostro piano divino, spesso dovete abbandonare certe aspettative dualistiche temporanee e ogni attaccamento emotivo alla realizzazione di questi desideri ed aspettative. Questo è ciò che Gesù descriveva nell'affermare che non potete servire due padroni, che non potete servire Dio – cioè i vostri traguardi spirituali a lungo termine – e mammona – cioè i vostri desideri e le vostre aspettative mortali a breve termine (Matteo 6:24). Quando permettete a voi stessi di essere tirati in due direzioni opposte, potreste rifiutarvi di riconoscere il vostro piano divino. Lo vedrete come qualcosa di esterno alla vostra volontà mortale – il che è vero – e persino come qualcosa che vi viene imposta da qualche autorità superiore che mira a controllarvi – il che non è vero. Come ho spiegato nell'ultima chiave, questa è un'illusione proiettata dal sé mortale sul Voi Consapevole, e soltanto un atto di volontà da parte del Voi Consapevole potrà superarla. Il punto è che non potete realizzare il vostro piano divino, finché il Voi Consapevole lo vede come esterno alla sua volontà. Quindi, dovete fare pace con il vostro piano divino, e potrete farlo solo rivolgendovi al di là dei vostri desideri e delle vostre aspettative mortali riguardo a come dovrebbe essere la vostra vita. Dovrete essere disposti a "perdere la vostra vita", a perdere i vostri attaccamenti alle vostre aspettative dualistiche.

Voglio menzionare inoltre, che non dovreste aspettarvi che il vostro piano divino intero vi venga rivelato tutto in una volta. Il sentiero è un processo graduale, e all'inizio vedrete solo parti del vostro piano divino. Ma se sarete fedeli nelle vostre rivelazioni intuitive, dimostrerete di essere meritevoli di afferrare dettagli sempre maggiori, finché infine non avrete un riconoscimento molto chiaro del vostro piano. Tuttavia, alcuni dettagli potrebbero non essere mai conosciuti alla vostra mente conscia, poiché come potete imparare una lezione particolare se conoscete lo scopo del test che affrontate? In altre parole, ci saranno sempre alcune cose che la vostra mente esteriore non conoscerà, e voi crescete per mezzo delle decisioni che prendete senza avere una consapevolezza piena. Dovete tenere sempre in mente che molti dettagli del vostro piano divino non sono scolpiti nella pietra. Devono essere decisi da voi, a seconda dello svolgersi degli eventi, e non potrebbero essere pianificati in anticipo.

***

Miei amati, tenete sempre a mente che, per scoprire il vostro piano divino, dovete sforzarvi di vedere oltre i vostri desideri e le vostre aspettative a breve termine. Dovrete passare attraverso un processo in cui gradualmente vi disfate della programmazione del mondo, che vi dice chi siete e come dovreste vivere la vostra vita. Solo così potrete lasciar andare le immagini, che vi impediscono di vedere il vostro piano divino, che è nascosto dietro al velo delle aspettative.

E' utile riconoscere che quasi ogni aspetto della vita su questo pianeta è stato influenzato dalla coscienza di dualità, dalla coscienza dell'anti-cristo. Mentre crescete nella società moderna, la vostra mente viene programmata con immagini, desideri, credenze e aspettative, che sono state ideate apposta per tenervi legati alla ruota dell'essere un buon consumatore, un buon membro della società, che non rompe gli equilibri, che non esce dalle regole. Venite programmati in modo da adattarvi ad uno stampo che corrisponde a ciò che i poteri esistenti definiscono un membro "normale" e "produttivo" della società. Tuttavia, miei cari, se osate osservare le vite di alcune persone che hanno fatto avanzare l'umanità, vedrete che esse non hanno seguito le aspettative della società. Alcune di queste persone sono state chiamate geni, ma vi dico che esse non avevano più genialità innata di quanta ne abbiate voi. Erano semplicemente più in sintonia con i loro piani divini e con lo scopo più grande, per cui erano venuti sulla Terra. Pertanto, esse sono andate oltre la programmazione della società, per far scendere il contenuto del loro piano divino ed esprimerlo nella loro vita. E' così che esse hanno dato un contributo unico alla società, un contributo che potreste considerare non alla vostra portata, ma questo è solo un altro aspetto della programmazione, che non vuole che vi eleviate e che siate chi siete in realtà.

Vedete, amati, il principe di questo mondo non vuole che realizziate il vostro piano divino, non vuole che esprimiate il vostro vero essere, il vostro vero genio, in questo mondo. Il principe di questo mondo è impegnato in un compito impossibile, nel suo tentativo di controllare ogni aspetto della vita sul pianeta Terra. E il principe di questo mondo sa che, se voi doveste riconnettervi con chi siete veramente e se doveste iniziare ad esprimere chi siete, iniziare a manifestare il vostro piano divino, non potreste essere più controllati, come non poteva essere controllato Gesù. Quindi il vostro sé mortale e il principe di questo mondo non vogliono che vi riconnettiate al vostro piano divino. Vogliono che viviate la vita come un essere umano medio, normale, che non rompe gli equilibri e non esce dalla regole.

Sono consapevole del fatto che ci sono molte persone che dicono, che esiste un confine sottile tra genio e pazzia. E, in effetti, è possibile vedere alcune persone che avrebbero potuto avere il potenziale del genio, ma che hanno attraversato il confine che porta a varie forme di malattia mentale o allucinazioni. Ma vi chiedo di considerare che il motivo per cui ciò è accaduto, è che queste persone non avevano purificato i loro quattro corpi inferiori e, quindi, non avevano l'equilibrio. Si sono trovate nella posizione alquanto pericolosa di aver raggiunto una certa purezza del corpo mentale, che ha permesso loro di sapere che avevano un potenziale ed uno scopo più grandi della norma. Pertanto hanno avuto delle fugaci visioni del loro piano divino. Tuttavia, dato che non avevano purificato gli altri loro corpi, esse non sono state in grado di equilibrare le apparenti contraddizioni tra la loro visione interiore e la loro vita quotidiana.

In molti casi il problema è che, mentre hanno avuto delle fugaci visioni del loro piano divino, esse hanno avuto anche certe aspettative terrene, per le quali hanno sviluppato un attaccamento. Così si sono sentite tirare in due diverse direzioni dalla loro visione superiore e dalle loro aspettative inferiori. E dato che non hanno avuto un approccio spirituale alla vita, esse non sono riuscite ad elevarsi al di sopra delle aspettative dualistiche. Pertanto, hanno finito con l'essere dilaniati fino al punto da non essere capaci di mantenere un'esistenza equilibrata. Invece sono state intrappolate dalla mente dualistica, che porta ogni cosa ad uno dei due estremi. Questo ha fatto sì che molte persone dotate abbiano negato i propri doni o li abbiano espressi in maniera squilibrata, ed entrambi i casi portano le persone ad allontanarsi dal loro piano divino. E' comune inoltre – specialmente tra persone più inclini alla spiritualità – che le persone abbiano una chiara visione di quello che vogliono realizzare, ma a causa dell'attaccamento a certe aspettative, hanno una visione irrealistica del modo di farlo. In altre parole, stanno sforzandosi di raggiungere il traguardo giusto, ma stanno usando mezzi inappropriati o inefficaci per arrivarci. Come sempre, la chiave sta nel cercare la prospettiva equilibrata, la via di mezzo, della mente di Cristo, che viene dalla purificazione di tutti e quattro i vostri corpi inferiori.

Il mio scopo qui è di mostrarvi che il programma, che ho ideato, purificherà tutti e quattro i vostri corpi inferiori, cosicché non sarete tirati in diverse direzioni da desideri e aspettative contrastanti. Ma affinché questo programma abbia un successo definitivo, dovete essere disposti ad abbandonare le aspettative e i desideri dualistici, che sono entrati sia nella vostra mente a lungo termine sia nella vostra mente a breve termine.

***

Se osservate la storia della religione su questo pianeta, vedrete che, in molte persone, c'è sempre stato un certo conflitto innato nell'approccio alla religione. Ci sono molte persone che si sentono attratte dalla religione e dal lato spirituale della vita, ma devono anche equilibrare il loro desiderio di condurre una vita normale, di sposarsi, avere dei figli e far parte della società. Si vedono milioni, se non miliardi, di persone nel mondo d'oggi, che stanno lottando per equilibrare questa contraddizione. Com'è possibile essere una persona religiosa, una persona spirituale, e, allo stesso tempo, vivere una vita normale, con gli obblighi della famiglia e del guadagnarsi da vivere?

Per alcuni cristiani, questo è esemplificato nell'affermazione di Gesù che 'non potete servire Dio e mammona' (Matteo 6:24), alla quale danno l'interpretazione che bisogna evitare le tentazioni della vita quotidiana. Alcuni vedono addirittura l'intero universo materiale come il nemico della loro crescita spirituale, e questo ha causato molta tensione inutile. Tuttavia, come sempre, dietro a questa affermazione c'è un significato più elevato. Prima di tutto, mammona significa la coscienza di dualità e non le attività terrene. In altre parole, Gesù non stava dicendo che non potete partecipare alla vita normale. Stava dicendo che dovete superare i vostri attaccamenti emotivi e le vostre aspettative, in modo da non permettere ad essi di bloccare la vostra crescita spirituale. Non è semplicemente giusto dire che tutte le persone spirituali dovrebbero ritirarsi dalla vita normale, poiché si tratta di una questione altamente individuale. Per alcune persone potrebbe essere giusto ritirarsi – forse per un certo periodo – mentre per altre questo non sarebbe il loro piano divino. Quindi, dovete rimanere aperti verso la guida del vostro insegnante interiore, e potrete mantenere questa apertura solo quando non state servendo la mammona, quando non state vivendo la vostra vita secondo una serie di aspettative dualistiche.

L'unico modo per trovare un equilibrio tra i desideri e gli obblighi spirituali e mondani è riconnettervi al vostro piano divino, in modo da conoscere i vostri traguardi specifici per questa vita. Miei cari, tutte le persone spirituali hanno la crescita spirituale come una parte fondamentale del loro piano divino. Ma molte persone spirituali non si rendono conto che una parte del loro piano divino specifica anche, che esse abbiano una famiglia, che abbiano un certo lavoro e che siano, in vari modi, attivi nella società. Vedete, miei amati, tra le persone spirituali esiste una tendenza che dovete capire, affinché possiate evitare di diventare squilibrati nella vostra ricerca spirituale.

Da un lato, è vero che, per crescere spiritualmente, dovete essere disposti a cercare di andare oltre lo stile di vita normale in cui tante persone sono intrappolate. Dovete cercare qualcosa di superiore, ma questo non significa necessariamente che dobbiate andare all'estremo opposto, per vivere in un monastero o in una grotta sull'Himalaya. In quest'epoca esistono molte persone spirituali che sono destinate a vivere una vita attiva, e il motivo è che stiamo entrando in un'era in cui l'umanità dovrà integrare la spiritualità nella vita quotidiana. O forse dovremmo dire che la gente deve spiritualizzare la vita quotidiana. Guardate come molte persone religiose hanno diviso in compartimenti le loro vite. Vanno in chiesa la domenica e, per il resto della settimana, vivono una vita mondana, spesso ignorando il proprio credo spirituale. In quest'epoca, l'umanità deve salire ad un livello superiore, dove le loro credenze spirituali non vengono tirate fuori dall'armadio solo la domenica. Invece, ogni aspetto delle vite delle persone deve essere infuso delle loro credenze spirituali, così che le loro vite diventano un'espressione di chi esse sono come esseri spirituali. Posso assicurarvi che ci sono molte persone dalla mentalità spirituale, che si sono offerte volontarie per incarnarsi in questo momento critico, in parte per dimostrare come integrare la spiritualità nella vita quotidiana. Quindi, vi prego di fare uno sforzo per superare ogni sensazione di conflitto, che potreste aver avuto a questo riguardo, e di rendervi conto che, in effetti, fa parte del vostro piano divino portare la vostra spiritualità in ogni aspetto della vostra vita — anche se questo va al di là delle aspettative della vostra famiglia e delle regole della società. Le regole di una società laica, non spirituale, devono cambiare, e lo faranno solo quando alcune persone si rifiuteranno di adattarsi allo stampo, dimostrando così che è possibile essere una persona spirituale mentre si vive nel mondo. Potete servire Dio anche se prendete parte attiva alle attività del mondo, perché non siete tentati dalla coscienza di mammona, dalla coscienza di dualità. Siete *nel* mondo ma non *del* mondo.

A farvi desiderare qualcosa di più elevato, è la conoscenza interiore che siete più del corpo fisico, che siete più della personalità esteriore che avete costruito in questa vita. Quando, attraverso la purificazione del vostro corpo d'identità, vi riconnettete a quel "più", saprete chi siete. Allora inizierete a conoscere anche il motivo per cui siete venuti in questa particolare vita e avete scelto le vostre circostanze particolari, compreso l'ambiente famigliare e altre condizioni esterne. Vedete, miei amati, il vostro piano divino ha degli aspetti generali che si riferiscono ai vostri traguardi a lungo termine sulla Terra. Eppure il vostro piano è anche molto realistico, nel senso che tiene conto del fatto che il vostro flusso di vita è caduto nella coscienza di dualità.

Prima di venire in questa vita, vi siete incontrati con i vostri insegnanti spirituali e avete tracciato un piano molto specifico per come poter affrontare il fatto, che siete piuttosto identificati con la coscienza di dualità e che, nelle vite passate, avete creato del karma, che matura in questa vita. Ovviamente, il traguardo per questa parte del vostro piano divino è quello di aiutarvi a superare il karma, prima che diventi materiale, e aiutarvi ad imparare le lezioni che dovete imparare, affiché possiate superare le vostre credenze dualistiche. In altre parole, il traguardo è rendervi liberi dalle limitazioni umane, ma per essere liberi da certi limiti dovrete sperimentarli e poi salire al di sopra delle condizioni esterne.

Il mio punto qui è che il vostro piano divino è molto specifico riguardo a dove avete scelto di nascere, vale a dire il vostro paese, la vostra famiglia e persino le caratteristiche del vostro corpo fisico. Potreste infatti avere del karma dalle vite passate con i vostri genitori e i vostri fratelli, e fa parte del vostro piano divino interagire con queste persone e, se tutto va bene, sviluppare una relazione più amorevole che vi permetta di salire al di sopra di quel karma. Lo stesso vale per il vostro coniuge e i vostri figli, che fanno parte anch'essi del vostro piano divino. Lo scopo è sempre che tutte le persone di un certo gruppo karmico salgano al di sopra dei propri limiti, si elevino al di sopra dello stato di coscienza e dell'atteggiamento reciproco che hanno costruito nelle vite passate. Invero, il traguardo è quello di salire al di sopra di qualsiasi approccio reciproco che si basi su sentimenti negativi, sostituendolo con un approccio che si basi sull'amore.

E' possibile che certe parti del vostro piano divino specifichino, che dovete trovarvi in una situazione in cui non avete l'abbondanza materiale. Se attualmente non avete l'abbondanza, ciò potrebbe in effetti far parte del vostro piano divino. Tuttavia, è improbabile che il vostro piano divino specifichi che dobbiate rimanere poveri per tutta la vita. Se vi trovate senza abbondanza materiale, di solito è perché il vostro Essere più grande ha voluto che imparaste una lezione da questa situazione. Il mio punto è che, invece di focalizzare la vostra attenzione sul fare soldi, dovreste centrare la vostra attenzione sull'apprendere la lezione che dovreste imparare dal non avere denaro. Una volta imparata la lezione, trascenderete il bisogno di essere in una situazione in cui non avete l'abbondanza. Così potrete aprirvi alla discesa dell'abbondanza di Dio nella vostra vita.

***

Miei amati, il messaggio generale, che desidero trasmettere in questa chiave, è che dovete cambiare la vostra percezione della vita, il vostro atteggiamento verso la vita, il vostro approccio alla vita. E' estremamente comune che le persone crescano con la sensazione di essere vittime delle circostanze di cui non hanno il controllo. Vi sembra che la vita vi stia gettando addosso delle circostanze, e sono circostanze difficili e schiaccianti, per cui vi trovate sempre a tentare di farcela. Vi sembra sempre che sia un po' troppo e che la vita vi stia dando più di quanto riusciate a sopportare. Quando iniziate a purificare i vostri quattro corpi inferiori, questa sensazione svanirà gradualmente. Supererete questa sensazione di essere sopraffatti, perché questa sensazione deriva dal fatto che state portando un fardello troppo pesante di energia alterata. Sono queste energie che vi fanno sentire sopraffatti, per cui, quando incominciate ad usare i miei rosari per trasformare quelle energie, la sensazione di essere sopraffatti si dissiperà.

Allora potrete incominciare a respirare più liberamente, e ciò che dovete fare a questo punto è cambiare il vostro atteggiamento verso la vita e non sentirvi più delle vittime di circostanze di cui non avete il controllo. Dovete accettare la realtà, che tutto quello che accade nella vostra vita è un'opportunità per crescere. Siete stati voi a scegliere quelle circostanze, perché vi danno un'opportunità unica per salire al di sopra delle vostre credenze dualistiche e del vostro karma. Qualunque siano le circostanze che incontrate, dovreste presumere che fanno parte del vostro piano divino. L'intero scopo di questo piano è quello di mettervi nelle circostanze in cui avete la migliore opportunità possibile per elevarvi, per fare un altro passo su per la scala a chiocciola, superando una credenza dualistica in uno dei vostri quattro corpi inferiori. In altre parole, anziché vedervi come una vittima di circostanze fuori controllo, dovete vedervi come una persona che è sempre nell'atto di apprendere le proprie lezioni nella vita. Perciò, ogni situazione che incontrate, è un'opportunità per imparare una lezione e per fare un altro passo su per la scala a chiocciola. L'intero scopo della vita è questo, e renderete la vita molto più facile per voi stessi, se adottate l'atteggiamento, che ogni situazione in cui vi imbattete può essere usata come trampolino per la crescita. Così facendo potrete superare l'aspettativa molto comune, secondo cui la vita dovrebbe essere facile e corrispondere ad un qualche standard di perfezione creato dall'uomo. Invece, potrete costruire l'aspettativa realistica, che la vita è un'opportunità per la crescita e che la vita dovrebbe mettervi di fronte a situazioni in cui dovete superare certi limiti.

Quando vi riconnettete al vostro piano divino, vedrete che tutte le esperienze, che avete avuto in questa vita, hanno rappresentato delle opportunità uniche per imparare una lezione specifica, per superare qualche aspettativa dualistica e per avvicinarvi di un passo alla vita abbondante. Quando considerate la vita come un'opportunità per crescere, diventa tanto più facile per voi distaccarvi dal coinvolgimento emotivo in una particolare situazione. Questo significa che, anziché cadere nella trappola della fuga, del non essere disposti ad affrontare una situazione, potrete adottare l'approccio positivo del chiedere al vostro sé Cristico di aiutarvi ad imparare la lezione contenuta nella situazione esterna. Se chiederete con una mente ed un cuore aperti, riceverete una risposta e vedrete ciò che dovete imparare. Vi posso assicurare che, una volta imparata effettivamente la lezione, la vostra situazione cambierà. In alcuni casi, non attirerete più delle specifiche circostanze esterne. In alcuni casi, le condizioni esterne potrebbero non cambiare, ma la vostra esperienza nei loro confronti sarà cambiata in maniera fondamentale.

Miei cari, osservate le vite di tante persone che ripetutamente s'imbattono nello stesso problema, nella stessa crisi. Per esempio, alcune persone hanno una relazione fallimentare dopo un'altra. Eppure ogni volta che escono da una relazione ed entrano in un'altra, esse attraggono lo stesso tipo di persona e hanno lo stesso tipo di problema. Molte di queste persone non riescono a capire perché continuino ad attirare le stesse circostanze sempre di nuovo. Ma non è forse ovvio che lo fanno perché il loro piano divino specifica che esse devono imparare una particolare lezione in questa vita? Se non imparano quella lezione da una situazione, lo specchio cosmico darà loro un'altra situazione che raffigura le loro credenze dualistiche—ed esse avranno un'altra opportunità di vedere quelle credenze e lasciarle andare. Il mio punto è che, una volta imparata la lezione, non avrete più alcun bisogno di sperimentare quel genere di situazioni. All'improvviso vedrete che i problemi, che potrebbero avervi perseguitati per decenni, possono essere risolti in una notte e non li incontrerete più.

Quello che sto dicendo qui è che, anziché sentirvi sempre inadeguati, come se foste una vittima della vita, potrete assumere un approccio totalmente positivo, in cui vi rendete conto che non siete una vittima delle circostanze delle quali non avete alcun controllo. Ogni circostanza che incontrate sarà vista da voi, invece, come parte del vostro piano divino e come un'opportunità di imparare le vostre lezioni, affinché possiate essere liberi da questo tipo di situazioni in maniera permanente.

Il senso generale del mio discorso è che forse proprio ora state osservando la vostra vita attraverso il filtro di una quantità di aspettative umane, dualistiche, e pensate che la vita non sia all'altezza di queste aspettative. Questo potrebbe darvi la sottile o ovvia sensazione, che la vostra vita sia stata un fallimento, perché non ha corrisposto a queste aspettative. Ma quando non sta guardando attraverso il filtro delle vostre menti a lungo ed a breve termine, il Voi Consapevole è completamente libero da tali aspettative irrealistiche. Pertanto, il Voi Consapevole non ha progettato il vostro piano divino secondo le aspettative umane, e non è lo scopo della vostra attuale vita vivere secondo queste aspettative. E' perfettamente possibile che, ciò che potrebbe sembrare un fallimento secondo le aspettative terrene, sia in accordo con il vostro piano divino. O forse certe decisioni che avete prese non sono state proprio in armonia con il vostro piano divino, ma imparando da quelle decisioni potrete ugualmente salire più in alto e mettervi così in pari col vostro piano divino. Miei cari, vedete il mio punto di vista qui? Il principe di questo mondo e il sé mortale vogliono farvi credere, che non potete mai salire al di sopra delle imperfezioni del vostro passato. Ciò che vi sto dicendo qui è che, per quanto imperfetta possa essere stata la vostra vita, potrete sempre usare qualunque errore come un'opportunità per vedere attraverso un'illusione dualistica e, perciò, fare un altro passo su per la scala a chiocciola. E se crescete spiritualmente, la vostra vita non sarà stata sprecata, qualunque cosa dicanole aspettative terrene – vostre o degli altri.

***

Miei amati, ora dobbiamo fare un altro passo. Dobbiamo considerare la maniera migliore in cui possiate superare le limitazioni, le credenze dualistiche, che sono contenute nei vostri quattro corpi inferiori. Ci sono due cose di cui dovete rendervi conto per poter realizzare i traguardi definiti nel vostro piano divino. La prima è che, per superare un limite specifico, dovete fare qualcosa che al presente pensate di non saper fare. E' per questo che siete intrappolati in questa particolare limitazione. Dietro alla limitazione c'è una credenza dualistica, che vi fa pensare che esistano certe cose che non sapete fare. Per usare il mio esempio precedente, potreste avere, nei vostri quattro corpi inferiori, la credenza dualistica che dice che non sapete disegnare. Quindi, per superare quel limite, dovrete penetrare attraverso la credenza secondo la quale non sapete disegnare. Dovrete dimostrare a voi stessi che questa credenza non è vera, in modo che possiate accettare pienamente che con Dio ogni cosa è possibile.

Quello che voglio sottolineare qui è che, per superare un certo limite, per imparare una certa lezione, dovrete fare qualcosa che sembra impossibile. Dovrete superare la percezione che certe cose non siano possibili. Dovrete penetrare attraverso la programmazione del vostro sé mortale, che sta costantemente proiettando nella vostra mente conscia l'idea che questa particolare limitazione sia impossibile da superare.

L'altra cosa di cui dovete rendervi conto è, che non vi trovate mai in una situazione in cui state affrontando una limitazione che non potete superare. Il vostro piano divino è stato ideato dai vostri insegnanti spirituali e dal Voi Consapevole. L'intero scopo del vostro piano divino è quello di rendervi liberi dalle limitazioni. Potreste avere molte limitazioni da superare prima di essere totalmente liberi dalle credenze dualistiche. E potrebbero esserci, in effetti, alcune limitazioni che non riuscirete a superare con il vostro attuale livello di consapevolezza. Ma, miei amati, non dovrete affrontare quelle limitazioni con il vostro attuale livello di consapevolezza. Il vostro piano divino è stato ideato molto attentamente in base ad una valutazione realistica del vostro attuale livello di consapevolezza spirituale e del vostro livello di autoconsapevolezza. Pertanto, non vi si presenteranno delle sfide che non siete in grado di superare. Non vi sarà presentata una lezione che non potete imparare.

Il mio scopo nel dirvi questo è di dimostrarvi che, in ogni occasione che affrontate, avete davvero il potenziale di imparare la lezione e di superare così la limitazione, che vi sta bloccando e sta facendo precipitare circostanze spiacevoli o impegnative. Ma per imparare la vostra lezione, per superare la limitazione, dovete essere disposti a fare ciò che sembra impossibile con il vostro attuale livello di consapevolezza. In altre parole, dovete rendervi conto che il problema effettivo è la sensazione che qualcosa sia impossibile.

Per esempio, se state affrontando la sfida di una relazione difficile, la vostra mente conscia spesso si focalizzerà sulle circostanze esterne della relazione. E' così facile focalizzarsi sull'altra persona, pensando che sia tutta colpa sua e che se solo l'altra persona cambiasse, il problema sarebbe risolto. In realtà, la chiave del miglioramento della vostra situazione personale è che siete voi quello che deve cambiare. Dovete entrare dentro di voi e scoprire la lezione che dovreste imparare da quella particolare situazione. E quando imparate quella lezione, la situazione esterna cambierà magicamente. Anche se l'altra persona non cambia, il fatto stesso che il vostro atteggiamento verso quella persona sarà cambiato, manifesterà un miglioramento nella vostra esperienza della relazione.

Quello che sto dicendo qui è che, se volete davvero imparare la lezione ed essere liberi da un particolare tipo di sfida, dovete guardare oltre le circostanze esterne. Dovete cercare la lezione nascosta e dovete renderi conto che la lezione che dovete imparare si riferisce ad una credenza. Parte di questa credenza è che voi pensate che sia impossibile per voi superare una certa limitazione. Per esempio, potreste pensare che sia impossibile trovare un partner con cui possiate avere una relazione positiva. Il motivo per cui questo sembra impossibile è, che c'è una lezione che dovete imparare e, perciò, continuate ad attirare a voi delle persone che vi costringono ad affrontare la lezione. Tuttavia, dato che la credenza sottostante fa sì che le persone pensino che sia impossibile cambiare e imparare la lezione – e anche a causa dell'abitudine di scappare dalle situazioni difficili – la maggioranza delle persone si rifiuta di cercare la lezione, si rifiuta di guardare nello specchio. Perciò si tengono in un vicolo cieco, in cui continuano ad attirare delle situazioni che le costringono ad affrontare ciò che si rifiutano di affrontare.

Miei cari, questa è davvero la scuola dei duri colpi, e mi piacerebbe che tutti quelli che leggono questo libro salissero al di sopra di quel modo di apprendere. Mi piacerebbe vedere le persone elevarsi alla scuola della ricerca della guida interiore, che le aiuta a vedere ciò che devono imparare in questa vita. Come potete farlo? La chiave maestra è meditare sulle affermazioni di Gesù: "Io non posso fare nulla da me stesso" (Giovanni 5:30) e "Agli uomini questo è impossibile; ma a Dio ogni cosa è possibile" (Matteo 19:26). Ci sono, invero, molte cose in questo mondo, che non potete fare con il potere che è disponibile alla vostra mente conscia. Ma se aveste il potere di Dio, allora tutte le cose sarebbero possibili. E che cos'è che impedisce al potere di Dio di fluire non diluito attraverso i vostri quattro corpi inferiori? Bene, sono le credenze dualistiche, che fanno sì che voi blocchiate il flusso della luce di Dio. Quindi, la vera chiave per liberarsi dalle limitazioni umane è quella di superare le credenze dualistiche, che impediscono alla luce di Dio di manifestare l'abbondanza che Dio vuole farvi avere. Di nuovo, considerate il detto: "Non abbiamo nulla da temere tranne la paura stessa." Sono soltanto le vostre credenze basate sulla paura – le credenze che vi inducono ad accettare certe cose come impossibili – che vi impediscono di avere la vita d'abbondanza. Come ho detto prima, il problema con la paura è che vi rende riluttanti ad osservare le vostre credenze e questo fa sì che vi sia impossibile vedere che si tratta di illusioni. Così vi sentite intrappolati in una piccola cella di una prigione, eppure la porta non è mai stata chiusa a chiave. Avete semplicemente permesso che un'illusione vi rendesse timorosi di girare la maniglia.

Una volta che incominciate a riconnettervi al vostro piano divino, inizierete a vedere che c'è del metodo dietro all'apparente follia della vostra vita. Se la vostra vita è stata caotica, comincerete a rendervi conto che è semplicemente perché avete delle particolari lezioni da imparare. Continuate ad attirare delle situazioni che vi costringono ad affrontare il problema esistente nella vostra stessa psiche, anziché scappare davanti ad esso. Capisco che molte persone non stanno affrontando realmente il problema, sebbene s'imbattano ripetutamente in esso. Tuttavia, il mio punto è che, quando sapete perché la storia della vostra vita si sta ripetendo, potrete riuscire a venire fuori dalla tendenza a fuggire. Potrete rendervi conto che, mentre stavate pianificando la vostra vita, vi trovavate al di fuori delle vostre attuali credenze e, quindi, avete in effetti progettato di costringere voi stessi ad imparare certe lezioni. Nella vostra consapevolezza più ampia, avete progettato di costringere voi stessi ad affrontare ripetutamente una particolare limitazione, finché non la cogliete correttamente.

Nel momento in cui accettate che avete una lezione da imparare e iniziate a guardare oltre le circostanze esterne, vedrete che la situazione cambierà radicalmente. Quando scoprite la lezione nascosta e imparate quella lezione, all'improvviso scoprirete che non attirate più un certo tipo di situazioni o un certo tipo di persone. Allora saprete che avete fatto un passo importante su per la scala a chiocciola. Tuttavia, state attenti a non riposarvi sugli allori. Dovete tenere sempre a mente che adesso avete imparato una lezione importante e che è ora di cercare la lezione successiva, per poter fare il prossimo passo.

Miei cari, il vostro piano divino si basa su una valutazione realistica del vostro potenziale di crescita in questa vita. Ha un certo campo di variabilità per ciò che può essere realizzato. In altre parole, c'è il potenziale minimo e c'è il potenziale massimo. Se adottate davvero il giusto atteggiamento, potrete realizzare il potenziale massimo del vostro piano divino, anziché accontentarvi del potenziale minimo. Ci sono infatti molte persone su questa Terra che sono bloccate ad un certo livello della scala a chiocciola, perché c'è una particolare lezione che si rifiutano di imparare. A volte ci vogliono numerose vite prima che una persona abbia sofferto abbastanza da dire finalmente:"Deve esserci un modo migliore, deve esserci qualcosa che non ho capito!" Quello che voglio sottolineare è che, se siete disposti a cercare davvero le lezioni che dovreste imparare in questa vita, potrete abbreviare il processo. In un'unica vita sarete in grado di apprendere lezioni che avrebbero altrimenti richiesto dieci o venti vite. Questo è invero ciò che desidero per voi, affinché possiate essere liberi dalle vostre limitazioni e manifestare la vita d'abbondanza.

***

Miei amati, c'è ancora un altro aspetto del vostro piano divino, che vorrei che capiste. Sono molte le persone più spirituali sulla Terra che, nelle vite passate, sono salite al di sopra dello stato di coscienza egoistico, egocentrico. Si sono riconnesse al fatto che si trovano qui per uno scopo più grande, vale a dire allo scopo di elevare la coscienza collettiva dell'umanità, affinché la vita abbondante di Dio possa diventare una realtà planetaria. Questo ha indotto molte persone spirituali ad offrirsi volontarie per addossarsi certi fardelli, che sono mirati ad elevare non solo il loro stesso livello di coscienza ma anche la coscienza collettiva. Questo può essere fatto solo trasformando l'energia alterata e risolvendo i blocchi nella psiche collettiva. Questo è qualcosa che avete visto nella vita di Gesù, e Gesù si è in effetti addossato, fino a un certo grado, i peccati del mondo, cioè il karma del mondo, per dare all'umanità una dilazione, che le permettesse di salire ad un livello di coscienza superiore senza essere così oppressa dall'energia negativa del passato. Tuttavia, come ho spiegato in ogni parte di questo libro, l'universo è stato costituito per il vostro apprendimento, per cui, se Gesù si fosse addossato il vostro karma in maniera permanente e non aveste mai più dovuto affrontarlo, come potreste possibilmente imparare le vostre lezioni? Pertanto, il concetto ortodosso, secondo cui Gesù ha preso su di sé non solo i peccati commessi nel passato ma anche tuttii peccati che potrebbero essere commessi in futuro, non è assolutamente corretto. Se Gesù avesse fatto questo, come potrebbero le persone apprendere le loro lezioni nella vita? Come ho detto prima, l'universo agisce come uno specchio, che vi rimanda ciò che voi mandate fuori. Ed è nello sperimentare ciò che vi ritorna che avete l'opportunità di imparare. O, per meglio dire, dovete imparare attraverso l'esperienza, solo quando non siete disposti a seguire il sentiero spirituale ed a imparare, prima che le vostre azioni passate ritornino a perseguitarvi.

Dato che la Terra è attualmente gravata da tanta energia alterata, è infatti comune che le persone più spirituali si offrano volontarie per addossarsi una certa quantità d'energia o di karma della coscienza collettiva. Questo viene fatto per alleggerire il fardello delle altre persone, affinché queste non ne siano sopraffatte ed abbiano un'opportunità maggiore per fare progressi spirituali in questa vita. Il mio punto qui è che ci sono molte persone spirituali che si sono addossate del karma, che può manifestarsi come circostanze limitanti nella loro attuale vita. Per esempio, alcune persone hanno delle malattie nel loro corpo, come rappresentazione del fardello di energia alterata, che esse portano per conto dell'umanità. Altre persone potrebbero sperimentare mancanza di abbondanza materiale come risultato del fatto che portano le energie per conto dell'umanità. Tuttavia, voi non portate questa energia o questo karma come una specie di sacrificio che ripaga il karma della gente. Lo portate per dimostrare alle altre persone, che riuscite a superare tali fardelli assumendo un approccio più spirituale alla vita. Quello che intendo dire è che non è compito vostro portare questo fardello per sempre. Non dovete essere sopraffatti da questo fardello; in effetti il vostro compito è dimostrare come superare tutti i fardelli.

Purtroppo, molte persone non si ricordano di essersi presi volontariamente questi fardelli, e questo potrebbe far sì che le persone abbiano un po' di risentimento o un senso di ingiustizia per il fatto di doverli portare. Alcune persone spirituali sono divise dentro di sé, perché hanno la sensazione intuitiva che i fardelli che portano non sono loro. Tuttavia, non hanno una visione sufficientemente chiara per rendersi conto che sono state esse stesse ad addossarsi queste condizioni per aiutare gli altri. Sentono un senso di ingiustizia, in quanto pensano che Dio deve aver imposto questo a loro ingiustamente – una convinzione che viene rafforzata dai sé mortali di queste persone e dal principe di questo mondo. Miei cari, riconnettendovi al vostro piano divino potrete superare questo atteggiamento negativo ed essere totalmente in pace, anche se state sperimentando certe limitazioni e certi fardelli esterni. Potrete vedere che avete preso su questi fardelli per uno scopo superiore e, sebbene vi diano disagio in questa vita, potrete rendervi conto che la vostra attuale vita è soltanto un brevissimo intervallo nell'eternità del Fiume della Vita. E, perciò, portando questo fardello per gli altri, accumulerete davvero per voi stessi dei tesori in Cielo. Raccoglierete la vostra giusta ricompensa nella vostra prossima vita o quando salite nel regno spirituale.

Non sto dicendo, tuttavia, che dovreste semplicemente rassegnarvi a portare i vostri attuali fardelli senza cercare mai di superarli. Infatti, vi sto incoraggiando ad usare gli strumenti che vi do, compresi i miei rosari, per consumare l'energia alterata, affinché non dobbiate più portare il fardello fisico. Vedete, miei cari, Dio non ha alcun desiderio di punire chiunque. E' semplicemente una legge, che tutta l'energia alterata deve essere restituita alla sua sorgente e deve essere riqualificata. Esistono molti modi per equilibrare l'energia alterata. Uno è quello di accollarsela come circostanze fisiche effettive. Ma, come ho spiegato in precedenza, se riuscite a consumare l'energia, prima che scenda nel regno della materia, non dovrete portare i fardelli fisici. Potete usare i miei rosari per trasformare l'energia cosicché non dovete portare o continuare a portare questo fardello fisico.

***

Miei amati, c'è un altro aspetto qui, che è importante per voi considerare. Come ho cercato di spiegare in ogni parte di questo libro, il vero scopo dietro alla missione di Gesù era quello di servire da esempio all'umanità, da esempio del fatto che persino una persona nata in circostanze apparentemente umili può salire al di sopra di quei limiti esterni e manifestare la coscienza di Cristo, conquistando così la sua libertà eterna. Molte delle persone spirituali sulla Terra si sono offerte volontarie per accollarsi certi fardelli e condizioni limitanti, per fornire agli altri l'esempio del fatto che è possibile salire al di sopra di qualunque condizione fisica e manifestare una forma più spirituale di vita. E' infatti possibile che vi siate offerti volontari per accollarvi le vostre attuali circostanze per dimostrare alle persone intorno a voi, che anch'esse possono salire al di sopra delle loro limitazioni. Come ho detto prima, il principe di questo mondo è riuscito a distruggere l'esempio di Gesù, e la maggioranza delle persone non riesce ad identificarsi in lui o pensa di non poter seguire le sue orme. Quindi, il piano attuale della Milizia Ascesa è di mandare su questa Terra molti flussi di vita maturi, per dimostrare come, indossando la mente di Cristo, trovate la forza di salire al di sopra di tutte le limitazioni umane. E quando migliaia su migliaia di persone dimostreranno questo, il principe di questo mondo non sarà in grado di distruggere gli esempi di tutti quanti. E' facile mettere una sola persona su un piedistallo, dicendo che era senza eguali, ma è molto più difficile trasformare in eccezioni 10.000 persone.

Quello che voglio dire è che, nella vostra attuale vita, potreste vedere certe condizioni limitanti. Ma quelle condizioni non sono necessariamente destinate ad essere permanenti, non sono destinate a durare per il resto della vostra vita. Potrebbe essere che siate destinati a dimostrare il cammino per superare tali condizioni e che questo faccia parte del vostro piano divino. Potrebbe essere che dobbiate dimostrare, che riuscite ad eliminare certi limiti fisici o che, adottando un approccio spirituale alla vita, riuscite a vivere in quelle condizioni, senza che queste vi impediscano di essere chi siete e di fare ciò che siete venuti a fare. In entrambi i casi, voi trascendete le limitazioni fino al punto in cui non hanno più importanza, non vi impediscono più di essere chi siete e non vi impediscono di lasciare che la vostra luce splenda davanti al mondo.

Quando vi sintonizzate col vostro piano divino, potete incominciare a sintonizzarvi anche con i modi specifici in cui potete superare le limitazioni che state affrontando. Come ho detto in precedenza, Dio non vi chiede mai di affrontare una limitazione che non potete superare – se siete disposti a trascendere voi stessi, a superare la credenza dualistica che fa sì che sembri impossibile trascendere il limite. Perciò fa parte del vostro piano divino scoprire questa credenza dualistica, risolverla e salire al di sopra di essa.

Miei cari, vi ho parlato della coscienza collettiva, e quando superate una particolare credenza dualistica, voi aprite in effetti un sentiero attraverso la giungla della coscienza collettiva. Tracciate una pista, e diventerà possibile per gli altri seguire quella pista. Mentre sempre più persone seguono la pista da voi tracciata, questa diventerà sempre più ampia, rendendo ancor più facile per gli altri seguirla. Quindi potreste davvero esservi offerti volontari per accollarvi certe limitazioni, perché volevate essere il pioniere che dimostra agli altri come superare quella particolare limitazione. Per esempio, ci sono davvero molte persone che si sono offerte volontarie per accollarsi il cancro, per dimostrare che questa malattia non è incurabile, come molta gente è arrivata a credere. Ma per dimostrarlo pienamente, dovete scoprire le credenze dualistiche che fanno nascere questa malattia del cancro, o qualsiasi altra limitazione. E vi posso assicurare che questo fa davvero parte del piano divino più grande per il pianeta Terra. State vivendo in un'epoca in cui gli insegnanti spirituali dell'umanità, la Milizia Ascesa, desiderano presentare molte nuove scoperte e rivelazioni riguardo a come poter superare le proprie limitazioni. E voi potreste esservi offerti davvero di accollarvi certi limiti, perché volevate far parte di quel piano generale. Quindi, purificando il vostro corpo mentale e riconnettendovi al vostro piano divino, vi riconnetterete anche al piano più grande per il pianeta. Allora saprete come recitare la vostra parte individuale, e questo vi metterà in grado di scoprire le intuizioni che vi servono per superare le credenze dualistiche, che sono la causa nascosta dietro alle vostre limitazioni attuali.

***

Miei amati, quello che spero di trasmettervi qui è, che la vita non è un gioco d'azzardo casuale o la punizione di un Dio collerico. La vita non è un processo caotico, che non sembra avere alcun significato o direzione. Se guarderete oltre le apparenze superficiali su questo pianeta, vedrete che dietro c'è il Fiume della Vita, che sta spostando l'umanità in avanti con una forza inarrestabile. La gente può solo rallentare questo movimento, ma non può fermarlo per sempre. Date uno sguardo alla storia degli ultimi 2.000 anni e vedrete che, sebbene l'umanità spesso cada in preda alla forza che vuole impedirle di cambiare, esiste una certa forza di progresso che non può essere fermata da nulla. Né la coscienza collettiva dell'umanità né il principe di questo mondo possono fermare la forza del progresso, il Fiume della Vita, che porta l'umanità verso un livello di coscienza superiore. Certamente, ci sono molti problemi nel mondo d'oggi che non esistevano 2.000 anni fa, e così uno potrebbe dire che il mondo è un luogo più pericoloso di quanto non fosse allora. Ciò nondimeno, se guardate al di là di queste apparenze esterne, vedrete che l'umanità è davvero progredita ad un livello di consapevolezza molto superiore, ad una comprensione superiore della vita.

Questa comprensione della realtà, che sta dietro alla apparenze superficiali, è davvero il potenziale più elevato del vostro corpo mentale. Il vostro corpo mentale è il corpo che focalizza la saggezza di Dio, e forse vi ricordate dell'affermazione nella Bibbia che dice: "La saggezza è la cosa principale; perciò acquista saggezza, e con tutto il tuo acquisire, acquista comprensione" (Proverbi 4:7). Questo è il traguardo più elevato per purificare il vostro corpo mentale, ossia per ottenere una comprensione del vero scopo della vita e dello scopo specifico della vostra attuale vita. Inoltre, è attraverso il vostro corpo mentale che potete arrivare a comprendere le leggi che Dio ha usato per progettare questo universo. Allora potrete allinearvi con quelle leggi, realizzando così il vostro ruolo nell'usare quelle leggi per portare il regno di Dio a manifestarsi.

Ah, miei amati, riuscite a percepire la gioia che viene dal sapere, che non siete sconnessi dall'insieme, che non siete condannati a vivere in un mondo caotico che non ha scopo alcuno. Riuscite a percepire che, quando scoprite il vostro piano divino, scoprirete un senso più profondo di scopo e di significato. E non si tratta di un senso di significato che è così astratto da essere sconnesso dalla vostra vita quotidiana. Al contrario, questo senso di significato raggiunge i dettagli più minuscoli della vostra vita quotidiana. Vi aiuta a rendervi conto che persino le condizioni apparentemente mondane portano l'opportunità di imparare una lezione e di superare una limitazione. Così potrete dimostrare agli altri, che è possibile per l'umanità elevarsi ad un livello superiore ed essere sempre più vicina a portare il regno di Dio a manifestarsi sulla Terra.

Miei cari, si potrebbe dire davvero che sia questa le lezione generale che l'umanità ha bisogno di apprendere in quest'epoca, vale a dire che è possibile salire al di sopra dell'intera coscienza di limitazione, la coscienza di dualità, la coscienza di mammona, e portare il regno di Dio – cioè la sensazione di gioia che deriva dal fatto di essere nel Fiume della Vita – nelle vite quotidiane della gente. In verità, le limitazioni esterne che vedete, non sono altro che proiezioni temporanee della coscienza di dualità. Sono conseguenze del fatto che la maggioranza degli esseri umani ha una pellicola imperfetta nella loro mente e sta proiettando, attraverso quella pellicola, delle immagini imperfette nello specchio cosmico. Quindi, quando elevano la propria coscienza e gettano via le credenze dualistiche, le persone scoprono la vera pellicola, la pellicola del loro Essere superiore e del loro piano divino. Allora inizieranno a proiettare delle immagini perfette nello specchio cosmico e, inevitabilmente, lo specchio cosmico rimanderà quelle immagini nella forma di condizioni materiali perfette su questo pianeta. Così il pianeta Terra potrà ritornare alla sua purezza e alla sua bellezza originali, che vanno talmente al di là dell'attuale stato di imperfezione, che la maggior parte degli esseri umani non riesce ad afferrare una visione così elevata. Tuttavia, quando cominciate a purificare il vostro corpo mentale, inizierete ad afferrare il vero potenziale per la vostra stessa vita e il vero potenziale per il pianeta Terra. Questo vi darà davvero la pace della mente, che è lo stato naturale del vostro corpo mentale.

Il vostro corpo mentale è il centro della pace di Dio, la pace che supera ogni comprensione, vale a dire la comprensione dell'intelletto umano e dello stato mentale dualistico. In verità, il vostro corpo mentale può ancorare la pace di Dio, afferrando la comprensione superiore, che non può essere afferrata dalla coscienza di dualità. E quando vedete quella visione superiore, quel concetto immacolato, avrete il discernimento necessario per sapere che cos'è reale e che cos'è irreale, che cos'è in allineamento con la legge di Dio e che cosa non lo è, che cosa fa parte del vostro piano divino e che cosa non ne fa parte. Quando ottenete quel discernimento, potrete fare le scelte giuste e così potrete riallineare i vostri pensieri con il vostro piano divino e con la vostra vera identità. Facendo questo, potrete garantire che, mentre fluisce nel vostro corpo emozionale, la luce di Dio non ha alcuna divisione interna, non ha alcun conflitto interiore. Perciò non darà adito alle emozioni conflittuali, che tormentano tante persone e impediscono loro di manifestare l'abbondanza di Dio.

Miei amati, lo strumento che vi do per purificare il vostro corpo mentale è *Il Rosario della saggezza che tutto pervade* (vedi pagina..... .), la saggezza, che penetrerà tutte le illusioni dualistiche che vi impediscono di sapere chi siete e vi impediscono di vedere il vostro piano divino. Quando afferrerete quella saggezza, vedrete che ogni aspetto della vostra vita serve ad uno scopo superiore, e allora saprete che nulla va sprecato, nulla è inutile. Saprete che, comunque sia il vostro vissuto, potrete dare una svolta alla vostra vita e usare le vostre passate esperienze come trampolino per conquistare la vostra vittoria eterna.

Seguitemi, mentre vi conduco verso quella vittoria, e seguitemi, mentre vi do gli insegnamenti su come portare quel senso di vittoria nel vostro corpo emozionale. Poiché, in verità, il corpo emozionale è il punto focale per le illusioni create dal vostro sé mortale e dal principe di questo mondo. E' così facile agitare le vostre emozioni, ed è soltanto quando avete la chiarezza della saggezza di Dio che potete vedere attraverso le tentazioni presentate dal principe di questo mondo – le tentazioni che sono mirate a farvi accettare le condizioni imperfette come reali o inevitabili. Potrete guardare il principe di questo mondo dritto negli occhi e dire con tutta la potenza del vostro Essere superiore: "Il male non è reale, e le sue apparenze non hanno alcun potere – nella mia coscienza e su questo pianeta!"

Chiave 22
Se non potete scegliere i vostri sentimenti, come potete sentirvi meglio?

Mio amato cuore, ora siamo pronti per parlare del corpo emozionale, e posso dirvi che il corpo emozionale è l'arma più grande usata dal principe di questo mondo nei suoi sforzi di impedirvi di manifestare la coscienza di Cristo e di manifestare, attraverso quella coscienza, la vita d'abbondanza. Le emozioni sono una forza potente, perché senza i sentimenti non potete dare slancio e direzione ai vostri pensieri e, pertanto, i vostri pensieri non possono essere tradotti in azioni fisiche e in manifestazioni fisiche. Eppure, dato che è facile agitare le emozioni, proprio come un oceano viene facilmente agitato da un forte vento, non è poi così difficile per il principe di questo mondo e per il vostro sé mortale cambiare la direzione delle vostre emozioni, facendo sì che imbocchino un sentiero leggermente sbagliato. Miei cari, in precedenza ho parlato del fatto che tante persone vedono una visione più elevata per le loro vite e desiderano davvero cambiare la propria vita, ma non riescono semplicemente a portare questa visione a manifestarsi fisicamente; non riescono a farla accadere. Il motivo è che queste persone hanno una certa purezza nel loro corpo d'identità e nel corpo mentale, così che riescono a vedere una visione più elevata per la loro vita. Riescono a vedere che la loro vita dovrebbe essere migliore di quella che è. Tuttavia, dato che non hanno purificato il loro corpo emozionale, dato che non hanno preso il dominio dei loro sentimenti, spesso le loro emozioni falseranno o saboteranno i loro sforzi migliori.

Miei cari, immaginate un pensiero come una freccia. Voi posizionate la freccia sull'arco, tendete la corda e scoccate la freccia. Questo è ciò che accade nel corpo mentale. Voi afferrate un'idea, la rendete più specifica e poi la lasciate volare nel corpo emozionale. Ma ora immaginate che, mentre la freccia è in volo, soffia un forte vento. Può darsi che la freccia sia mirata perfettamente sul bersaglio ma, oh, quanto è facile per il vento farla uscire dalla sua rotta e farle mancare il bersaglio. E' questo che succede a tante persone spirituali, che afferrano una visione superiore con il loro corpo mentale e, con le migliori intenzioni, fanno uno sforzo per cambiare la propria vita. Tuttavia, dato che non hanno assunto il dominio del loro corpo emozionale, il loro sé mortale e il principe di questo mondo possono facilmente dare alle frecce dei loro pensieri una direzione leggermente sbagliata, cosicché mancano sempre il bersaglio. O forse c'è un forte vento contrario – nella forma di scompiglio emotivo – che fa sì che la freccia non arrivi al bersaglio. Il motivo di questo è che i corpi emozionali delle persone sono tirati in direzioni diverse da desideri conflittuali. Così i loro migliori sforzi perdono potenza già prima di raggiungere il piano materiale. Quindi, miei amati, assumere il dominio del vostro corpo emozionale è davvero un elemento cruciale nei vostri sforzi per manifestare la vita abbondante.

Quando dico "assumere il dominio", intendo esattamente che il Voi Consapevole deve prendere il dominio del corpo emozionale, come un buon genitore deve assumere il dominio su un bambino, mentre non è ancora in grado di prendere delle decisioni giuste per conto suo. Vedete, miei cari, il vostro corpo emozionale può essere paragonato ad un bambino. Così come con un bambino, le vostre emozioni sono facilmente eccitabili, e non considerano le conseguenze a lungo termine. Il bambino fa quello che vuole fare e quello che sembra attraente sul momento. Così le vostre emozioni non sono in grado di pensare che cosa sia meglio per voi a lungo termine o che cosa sia giusto secondo uno standard superiore, come le leggi di Dio e il vostro piano divino. Il motto del vostro corpo emozionale è: "Se ti fa sentire bene, fallo." Quindi, se il Voi Consapevole non entra nel ruolo di un adulto amorevole ma risoluto, che può guidare il bambino delle vostre emozioni, è probabile che il bambino si faccia male e crei delle conseguenze spiacevoli a lungo termine.

Miei amati, come fate ad assumere il dominio delle vostre emozioni? Bene, vi ho già dato la chiave maestra, che è quella di cercare la volontà superiore che inizialmente vi ha portati nell'universo materiale. Quando avete quella volontà, le permettete di filtrare attraverso i vostri pensieri. E quando tutti i vostri pensieri sono in allineamento con quella volontà, dovete lasciare che la forza di volontà entri nel corpo emozionale e assicuri che tutti i vostri sentimenti siano in allineamento con la volontà superiore e la visione superiore radicate nel vostro piano divino. Dovete vedere voi stessi come una persona con uno scopo superiore, anziché come una persona spensierata che viene spinta qua e là dalle ondate del suo corpo emozionale. Dovete avere una ferma determinazione, che semplicemente non permetterà l'ingresso a sentimenti, che non sono in allineamento con il vostro piano divino e che lavorano contro lo scopo per cui siete venuti sulla Terra. Dovete arrivare a decidere che siete voi colui che determina quali sentimenti possono salire nel vostro corpo emozionale. Questo significa che non potete permettere ad alcuna altra forza - che si tratti del vostro sé mortale, di altre persone, delle istituzioni della società, dei media o del principe di questo mondo - di controllare quali emozioni far emergere nell'oceano dei vostri sentimenti. Ecco allora la prima cosa di cui dobbiamo parlare.

***

Come ho detto, dato che le emozioni sono instabili, il vostro sé mortale e il principe di questo mondo si sono resi conto molto tempo fa, che usare le emozioni è uno dei modi migliori per controllare le vostre azioni. Fondamentalmente, se riuscite a controllare i sentimenti delle persone, potete controllarne le azioni, in quanto le loro azioni nascono dai sentimenti. Se riuscite a creare sufficiente caos nei corpi emozionali delle persone, potete far sì che i loro pensieri superiori non raggiungano mai il regno materiale e la loro mente conscia.

Il controllo emotivo inizia nel vostro corpo d'identità con la credenza che siete un essere umano mortale che, in definitiva, non ha il controllo del proprio destino ed è incapace di fare qualsiasi cosa oltre certi limiti. Se credete a questo, vi vedete come una vittima della vita. Pensate di essere stati cacciati in una situazione in cui siete costantemente costretti a rispondere a circostanze, che non avete progettato e che, quindi, non potreste influenzare. Pertanto, sentite costantemente di essere attaccati e spinti in direzioni indesiderate "dalle fiondate e dalle frecce della beffarda fortuna", come disse Shakespeare. Questo vi pone in uno stato d'animo reazionario. Anziché assumere il dominio della vita, siete nella modalità di reagire alla vita. E naturalmente è proprio qui che il sé mortale e il principe di questo mondo vi vogliono, perché ora possono controllarvi gettandovi addosso delle idee e circostanze a cui sentite di dover reagire.

Alla base del controllo nel corpo d'identità ci sono, naturalmente, alcuni schemi di pensiero, che sono stati programmati nella vostra mente dal vostro sé mortale. O, piuttosto, potremmo dire che essi fanno parte del vostro sé mortale e sono pertanto entrati nella vostra sfera del sé, dove possono influenzare il corso dei vostri pensieri. Il problema qui è, come ho spiegato prima, che il vostro corpo mentale potrebbe contenere una certa immagine di come dovrebbe essere la vita. In base a quest'immagine, voi avete creato una serie di aspettative su come dovrebbe essere la vostra vita; che cosa dovrebbe e non dovrebbe succedervi. Quello che è successo nel vostro corpo emozionale è che il vostro sé mortale si è basato sulle immagini e aspettative contenute nel vostro corpo mentale. Ha creato una credenza molto sottile secondo la quale, se le vostre aspettative non vengono soddisfatte, allora non è solo necessario e inevitabile, ma è addirittura perfettamente giustificato, che rispondiate con certe emozioni negative. In altre parole, il vostro sé mortale ha messo su un computer subconscio, e quando viene premuto un certo tasto sullo schermo della vostra mente conscia, questo rilascerà automaticamente una particolare emozione, una particolare reazione.

Per esempio, molte persone hanno l'aspettativa che la vita dovrebbe essere facile e senza sforzi. Molte persone si aspettano che la vita dia loro certe cose materiali e certi piaceri corporei. E se non li ottengono, si sentono svantaggiate. Questo dà adito ad una varietà di emozioni, tra le quali, di solito, è compresa la rabbia contro Dio, contro i genitori, contro la società o contro certe altre persone, che secondo esse stanno impedendo loro di avere ciò a cui pensano di aver diritto. Questa rabbia può essere usata facilmente dal sé mortale per giustificare certe azioni, che le persone sanno essere sbagliate e non nel loro interesse a lungo termine. Ma una volta prese nel vortice della rabbia, sarà facile per loro giustificare il fatto di passare sopra alle proprie convinzioni morali più profonde o alla preoccupazione per le conseguenze future. Perciò si vedono molte persone che, in un attacco d'ira, commettono degli atti che normalmente avrebbero evitato e di cui si pentono profondamente in seguito. Ma, sebbene possano pentirsi di tali azioni, spesso le persone possono essere manipolate, per mezzo di un altro attacco di rabbia intensa scatenato da una situazione che non soddisfa le loro aspettative, a commettere lo stesso tipo di azioni.

Allo stesso modo, molte persone sono in uno stato di avidità o d'invidia, in cui sentono di dover avere ciò che gli altri hanno o avere più degli altri. Così può darsi che passino tutta la vita ad essere gelosi degli altri, e questo potrebbe spingerle a commettere certe azioni, che esse stesse sanno essere sbagliate. E' proprio questo che induce alcune persone a rubare quello che sentono di dover avere, ma per cui non sono disposte a lavorare. Un'altra emozione comune è l'orgoglio, che induce le persone a passare attraverso la vita tentando costantemente di dimostrare di essere migliori degli altri, di avere sempre ragione, di sapere le cose meglio di chiunque. Tali persone sono letteralmente intrappolate in alcuni schemi emozionai, su cui non hanno alcun controllo, e questi schemi le privano di ogni sensazione di felicità, di realizzazione e di pace dello spirito. Le privano della vita d'abbondanza.

***

Miei amati, quando si tratta delle reazioni emotive, nella maggioranza dei casi, gli esseri umani su questo pianeta sono virtualmente dei robot. Potremmo dire che le persone abbiano certi tasti nella loro mente subconscia, e quando qualcuno preme uno dei loro tasti, questo rilascia automaticamente una particolare emozione, che fa sì che queste persone perdano il controllo dei propri pensieri, dei propri sentimenti e delle proprie azioni. Dato che avete letto questo libro fin qui, ovviamente non siete completamente intrappolati in uno schema emotivo disfunzionale del genere. Tuttavia, se fate un onesto esame di coscienza, potreste vedere che avete ancora certi tasti nel vostro corpo emozionale. E quando qualcuno preme quei tasti, voi scattate facilmente in un particolare schema di pensieri e sentimenti. Miei cari, non sto dicendo questo per farvi sentire male riguardo a voi stessi, poiché è davvero virtualmente impossibile crescere ovunque sulla Terra senza che tali programmi emotivi vengano proiettati nella vostra mente. Lo sto dicendo solo perché, se volete assumere il dominio del vostro corpo emozionale, dovete diventare consapevoli di queste risposte programmate, affinché possiate elevarvi al di sopra di esse. E come si fa ad elevarsi al di sopra di esse?Bene, lo si fa diventandone consapevoli e prendendo poi la decisione consapevole di non impegnarsi in tali reazioni robotiche alle sfide della vita.

Vedete, miei amati, le persone che agiscono come dei robot, vi diranno che non sono loro a prendere la decisione di scattare in un attacco d'ira o di colpa, o qualunque sia l'emozione. E, in un certo senso, hanno ragione, in quanto molto tempo fa esse hanno ceduto ai loro sé mortali il controllo della loro mente. Quindi, queste persone non stanno prendendo consapevolmente la decisione di impegnarsi in una particolare emozione. Ma quello che vi sto dicendo è, che è perfettamente possibile per chiunque rivendicare la propria capacità di prendere delle decisioni consapevoli riguardo a come rispondere alla vita. Miei amati, come potrete mai assumere il controllo della vostra vita, se non assumete il controllo delle vostre reazioni alle circostanze esterne?

Date uno sguardo realistico a questo pianeta. Avete una situazione molto instabile, in quanto l'intero pianeta è gravato da energie alterate. Persino la natura è in squilibrio, com'è evidenziato da un numero sempre crescente di disastri naturali. Allo stesso tempo, avete molta gente che è stata programmata a rispondere con sentimenti negativi, per cui è prevedibile che ci saranno molti conflitti tra persone. Ci sono molti guru dell'abbondanza che vi diranno che se non affrontate ogni situazione con un atteggiamento mentale positivo, non sarete in grado di manifestare la vita abbondante. E questi guru hanno ragione, ma bisogna aggiungere che un atteggiamento mentale positivo non influenzerà le vostre azioni, a meno che non usate la vostra volontà superiore e il potere del pensiero per assumere il dominio del vostro corpo emozionale. Se il vostro atteggiamento mentale positivo rimane al livello mentale, senza scendere nei vostri sentimenti, come potrà aiutarvi a trovare la risposta migliore alle situazioni che non corrispondono alle vostre aspettative? Miei cari, le persone di maggiore successo non sono quelle che hanno sotto controllo le loro circostanze esterne, bensì quelle che riescono a controllare le loro circostanze interne e riescono quindi a rispondere ad ogni situazione nella maniera più costruttiva possibile. Quelli che non hanno un autocontrollo del genere spesso risponderanno a situazioni inattese in un modo che peggiora la situazione e, quindi, crea o rafforza una spirale discendente. Forse avete sentito il vecchio detto che è meglio conquistare voi stessi che conquistare una città, e questo si riferisce al fatto di assumervi il controllo sulle vostre reazioni emotive nella vita. Fondamentalmente, potremmo dire che se siete in controllo di voi stessi, se avete assunto il dominio dei vostri quattro corpi inferiori, sarete in grado di scegliere la vostra reazione in qualsiasi situazione. Sarete in grado di scegliere la reazione che, a lungo andare, è la migliore per voi, vale a dire che è in armonia con le leggi di Dio e col vostro piano divino. Sarete in grado di scegliere di porgere l'altra guancia, anziché rispondere con emozioni negative. Se non siete in grado di scegliere consapevolmente la vostra reazione in ogni situazione, sapete che qualcun altro ha il controllo. Quel "qualcuno" è il vostro sé mortale e il principe di questo mondo, che stanno cercando di impedirvi di manifestare la vita abbondante e di realizzare il vostro piano divino.

 Il modo per assumere il controllo delle vostre reazioni è espandere la vostra consapevolezza dei processi che avvengono nella vostra mente. Per spiegare questo, lasciate che parta dal livello più basso, cioè dal livello delle azioni fisiche. Molte persone commettono delle azioni di cui più tardi si pentono, e quando ripensano alla situazione, dicono: "Ma io non avevo altra scelta." Bene, miei cari, se non avevate altra scelta, in realtà non avevate affatto scelta, nevvero? Se avete un'unica opzione, un unico modo di rispondere ad una data situazione, allora in verità non avete scelta. Tuttavia, l'idea di non avere scelta o di non avere altra alternativa, è sempre un'illusione. Si basa sul fatto che avete permesso al vostro sé mortale di manipolarvi in una situazione in cui sembra che abbiate un'unica risposta possibile. Siete completamente controllati dal vostro sé mortale e, molto probabilmente, dal principe di questo mondo, attraverso il vostro sé mortale. Così sembra che abbiate un'unica maniera possibile di rispondere ad una data situazione. Apparentemente non potete scegliere una reazione diversa da quella che è programmata nel vostro corpo emozionale.

 Miei amati, ho parlato della necessità di assumervi la responsabilità della vostra situazione e della necessità di smetterla di scappare davanti alle decisioni. Quando si sono lasciate manipolare in una situazione in cui pensano di non avere scelta, le persone hanno rifiutato di assumersi la responsabilità della propria vita e sono intrappolate in uno schema di fuga dal prendere le proprie decisioni. La dura realtà è che voi avete sempre più di un'opzione, avete sempre più di un modo per rispondere ad una situazione. La menzogna perpetrata da coloro i quali vogliono controllarvi è che, in alcune situazioni, dovete rispondere con la violenza o con la forza. Questa è una menzogna molto insidiosa. Eppure praticamente ogni religione su questo pianeta tenta di aiutarvi ad evitare di essere intrappolati da questa menzogna. Gesù lo fece dando alla gente la Regola d'Oro come un modello di comportamento. Ecco perché disse alla gente di porgere l'altra guancia, invece di resistere al male, invece di rispondere alla forza con la forza (Matteo 5:39).

Miei cari, date uno sguardo al mondo e vedrete quanti conflitti ci sono tra le persone. Alcuni di questi conflitti vanno avanti da migliaia di anni, e nessuno riesce a ricordarsi come siano cominciati. Ma la vera domanda è: perché nessuno ha fermato le spirali di violenza? E la ragione è che nessuno ha spezzato lo schema di pensiero secondo cui, se qualcuno è violento verso di voi, è giustificato rispondere con la violenza. Miei amati, riuscite a capire che tali spirali di violenza non si fermeranno mai, finché qualcuno non deciderà di porgere l'altra guancia e non risponderà più con la violenza, qualunque cosa gli sia stato fatto? Ma per spezzare questo schema di violenza, dovete entrare nel corpo emozionale e interrompere la programmazione che dice che, se gli altri vi fanno qualcosa, non potete che rispondere con la rabbia. Dovete assumere il dominio di voi stessi di modo che, anziché con emozioni negative, potrete rispondere ad una situazione con amore. Solo allora vi sarete elevati al di sopra della spirale di violenza, e solo allora sarete liberi di cercare la vita spiritualmente abbondante, invece di sprecare la vostra vita in un conflitto senza senso che non finisce mai.

***

Miei amati, come si adotta un approccio non violento alla vita; come si esce da uno schema di risposta emotiva negativa alla vita? Come rendere possibile per voi stessi rispondere alla vita con amore? Il primo passo è rendersi conto del semplice fatto che, prima che intraprendiate qualsiasi azione, c'è un intervallo, una pausa, tra i vostri pensieri e i vostri sentimenti e l'azione stessa. E' in questo intervallo che il Voi Consapevole ha l'opportunità di fermare un'azione autodistruttiva. Questo intervallo è al di là del tempo, e c'è sempre una frazione di secondo in cui avete l'opportunità di fermare quell'azione o di permettere che vada avanti. Il mio punto è che voi avete la possibilità di scegliere una risposta migliore – una risposta nonviolenta, basata sull'amore – in ogni situazione. In altre parole, allenando la vostra mente conscia a diventare più consapevole di ciò che accade nei vostri quattro corpi inferiori, potrete rivendicare la vostra capacità di fermare un'azione prima che superi il confine del regno materiale e rilasci delle conseguenze inevitabili.

Potremmo osservare questo da un altro punto di vista e dire che, prima di agire, qualcuno deve prendere la decisione di tradurre i vostri pensieri e sentimenti in un'azione fisica. Potrete permettere che sia il vostro sé mortale a prendere quella decisione, ed esso seguirà sempre la sua programmazione, il che significa che la vostra azione creerà delle conseguenze spiacevoli a lungo termine. L'unica altra opzione è che il Voi Consapevole occupi il suo giusto ruolo e rivendichi il suo potere di prendere decisioni. Solo così potrete fermare le azioni, che non sono in allineamento con chi siete e che lavorano contro il vostro piano divino.

Può darsi che siate a conoscenza del vecchio consiglio di contare fino a dieci prima di agire in una situazione animata. E mentre si tratta di un buon consiglio, non è nemmeno necessario contare fino a dieci. Quello che dovete fare è centrarvi nel vostro cuore e chiedere a voi stessi, se questa azione sia davvero un'espressione del vostro essere interiore, della vostra vera identità come un essere spirituale immortale. Considerate l'azione e chiedetevi: "E' questo che io sono? L'essere spirituale, quale sono in realtà, risponderebbe in questo modo?" Se avete la chiarezza nel vostro corpo d'identità, nel vostro corpo mentale e nel corpo emozionale, sarete istantaneamente in grado di fermare qualunque azione, che non sia in allineamento con chi siete e non sostenga il vostro piano divino.

Miei amati, capite quello che voglio dire? Tutte le persone si trovano in situazioni inattese e caotiche, in cui devono prendere delle decisioni rapide. Non c'è nulla che il principe di questo mondo ami di più del costringervi in una situazione in cui sembra che abbiate pochissime opzioni e dovete prendere una decisioni all'istante. Soltanto costringendovi a prendere delle decisioni, senza considerare le prospettive a lungo termine, è possibile controllarvi pienamente. Il modo per evitare tale controllo è quello di fissare un centro stabile, un punto di riferimento inamovibile, per tutte le vostre decisioni. In definitiva, questa è la roccia della coscienza di Cristo. Tuttavia, un traguardo più immediato è quello di chiedersi se la vostra reazione sia davvero nonviolenta. Solo le risposte nonviolente vi impediranno di bloccare la discesa dell'abbondanza di Dio nella vostra vita. Dopotutto, fintantoché pensate di dover rispondere alla vita con violenza, come potrete accettare ciò che Dio vi dà liberamente? Potremmo andare ancora oltre e dire che l'Essere spirituale, che siete in realtà, risponderà con amore ad ogni situazione. Quindi, se vi trovate a rispondere ad una situazione meno che amorevolmente, saprete che non state agendo in base al vostro potenziale più elevato. Solo il vostro sé mortale risponderà con qualcosa che non sia amore, e questo è un ottimo modo per svelare quando è il vostro sé mortale ad avere il controllo.

Quello che spinge la maggioranza della gente ad agire in maniera violenta, sono i sentimenti violenti. Una volta che un sentimento sarà stato sguinzagliato e gli sarà stato permesso di agitare il vostro corpo emozionale fino alla frenesia, sarà più difficile impedire che si trasformi in azione. Ovviamente è possibile farlo, ma non sarebbe meglio impedire subito al sentimento negativo di emergere? Per fare questo, dovete fare un altro passo avanti ed espandere la vostra consapevolezza del fatto che tutti i vostri sentimenti nascono da certi pensieri. Quindi, l'unico vero modo di evitare l'emergere di sentimenti negativi è risolvere i pensieri che li scatenano. I pensieri sono ad un livello superiore e sono più fluidi. Sono più facili da cambiare, ma più difficili da vedere con la mente conscia. I pensieri che danno vita ai sentimenti negativi, sono le aspettative imperfette e i falsi desideri che avete nel vostro corpo mentale e nel vostro corpo emozionale superiore. Che cos'è un'aspettativa non realistica?

Miei cari, è un aspettativa che non è in allineamento con la realtà della vita. In precedenza ho menzionato l'affermazione di Albert Einstein, secondo cui, se continuate a fare la stessa cosa, aspettandovi dei risultati diversi, siete pazzi. Eppure la maggioranza delle persone ha delle aspettative programmate nel loro corpo mentale, che fanno credere loro che, pur continuando a fare la stessa cosa, un giorno l'universo magicamente rimanderà loro circostanze esterne diverse. Sono pienamente consapevole del fatto che il vostro sé mortale non riesce a vedere la follia di questo modo di ragionare, non riesce a vedere che tali aspettative hanno perso completamente il contatto con la realtà. Tuttavia, il Voi Consapevole ha la capacità di capire questo e, pertanto, di dominare il sé mortale. Potete separare voi stessi dall'irrealtà del sé mortale e integrare totalmente la realtà, che l'universo è uno specchio, che vi rimanderà qualunque cosa voi mandiate fuori. Quando comprendete questo, capirete che non potete cambiare la vostra situazione esterna senza cambiare voi stessi.

***

Miei amati, qui c'è un livello ancor più profondo da considerare. Come ho detto in precedenza, molte delle vostre aspettative non sembrano essere senza contatto con la realtà della vita. Infatti, sembrano diventare delle profezie che si autorealizzano. Per esempio, se avete l'aspettativa che la vita è una lotta e che dovete lottare per ogni cosa, l'universo vi rimanderà delle circostanze che vi costringeranno a lottare per tutto. Tali circostanze non sono fondamentalmente reali, perché non sono in allineamento con la visione suprema di Dio per voi. Le vostre aspettative sono una realtà temporanea, ma sembreranno reali solo finché sarete intrappolati nella coscienza di dualità.

Potremmo dire che avete due tipi di aspettative non realistiche. Ci sono delle aspettative che non potranno essere mai soddisfatte e ci sono aspettative che diventano delle profezie che si autorealizzano. Per esempio, molte persone hanno l'aspettativa di poter continuare a fare la stessa cosa ed ottenere dei risultati diversi, di poter cambiare le loro circostanze esterne senza cambiare se stesse. Questa è un'aspettativa totalmente non realistica, in quanto l'universo vi rimanderà ciò che voi mandate fuori. Alcune persone si aspettano che gli altri mirino a togliere loro quello che hanno, ed un'aspettativa del genere diventerà una profezia che si realizzerà da sola. Tali persone attireranno a sé il genere di persone che vogliono togliere agli altri anziché ricevere dalla scorta infinita d'abbondanza che è disponibile dentro di loro.

Miei cari, è importante capire le vostre aspettative per rendervi conto che le aspettative dualistiche, che avete nel vostro corpo mentale, daranno vita ai falsi desideri nel vostro corpo emozionale. Che cos'è un falso desiderio? Un falso desiderio ha due caratteristiche principali:

- La prima è che si basa sulla carenza; si basa sulla sensazione di essere privi di qualcosa che dovreste in effetti avere. Voi pensate di avere il diritto di avere certe cose nella vita, le desiderate e, quando non le avete, avete un senso di carenza, vi sentite svantaggiati. E' questo che dà adito ai sentimenti negativi, quali rabbia, invidia o avidità.

- L'altro aspetto di un falso desiderio è che esso non può essere mai realizzato, non può essere mai soddisfatto. Un falso desiderio è davvero come un inferno senza fondo, come un buco nero nel vostro corpo emozionale, che non può essere mai riempito. Se avete sentito parlare dei buchi neri nello spazio, saprete che si tratta di aree di intensa forza gravitazionale, che attirano tutto dentro di sé, e non ne esce mai nulla. Bene, questa è un'ottima immagine di un falso desiderio, in quanto potete continuare a metterci dell'energia senza mai riempire il buco nero.

Miei amati, basta che osserviate le persone nel mondo e vedrete quante di esse sono intrappolate in una ricerca infinita di altro denaro, altro potere, altro sesso, altro cibo, altri piaceri. Eppure, per quanto ottengano, non è mai sufficiente. Non sono mai soddisfatte e vogliono sempre di più. Questo diventa una spirale discendente che inghiotte le loro vite, senza dare loro nulla in cambio, perché esse non raggiungono mai uno stato di realizzazione, di felicità o di pace dello spirito. Ci sono molte persone sulla Terra che consumano la loro vita intera in un tentativo infinito di realizzare i falsi desideri, che non potranno essere mai soddisfatti. Ovviamente, le persone più tendenti alla spiritualità non sono completamente intrappolate in questo schema. Tuttavia, dovete dare un'occhiata alla vostra vita per vedere se potete identificare certi desideri, che hanno le caratteristiche che ho descritto. E se doveste identificarli, dovete essere onesti con voi stessi ed esaminarli più da vicino. Dovete rendervi conto che, se non ne assumete il dominio e se non li rimuovete dal vostro essere, questi desideri influenzeranno sempre le vostre emozioni e saboteranno i vostri sforzi migliori per manifestare una vita davvero spirituale.

Qual è la chiave per superare i vostri falsi desideri? Partiamo dal considerare chi è che vuole tenervi bloccati in uno schema, in cui tentate all'infinito di realizzare i falsi desideri. La dura realtà è che tali desideri sono stati creati dal vostro sé mortale e dal principe di questo mondo, che hanno due scopi per farlo. Uno è quello di tenervi bloccati nell'inseguimento dei desideri terreni, affinché non possiate manifestare la Cristianità e realizzare il vostro piano divino. L'altro scopo è quello di mantenervi nella spirale del volere sempre qualcosa che non potete avere, in modo da continuare ad alterare dell'energia, di cui il vostro sé mortale e il principe di questo mondo hanno bisogno per il proprio sostentamento. Essi vi considerano letteralmente come delle mucche, che possono essere munte per ottenere energia e poi scartate, quando non siete più produttivi.

Questo significa forse che, per poter sfuggire a questo controllo, dovete cercare di sopprimere con la forza tutti i falsi desideri? Come ho tentato di spiegare prima, questo non è l'approccio giusto; significa semplicemente passare da un estremo all'altro rimanendo ugualmente bloccati nella coscienza di dualità. La vera chiave sta nel realizzare che un falso desiderio è, in realtà, una perversione di un vero desiderio. Quindi, che cos'è un vero desiderio? Una delle caratteristiche principali di un vero desiderio è che non si basa sulla carenza bensì su un senso d'abbondanza. Questo significa che non vi sentite privi. Infatti, vi sentite talmente ricchi da desiderare di condividere con gli altri. L'altra caratteristica principale di un vero desiderio è che non state cercando di ottenere nulla; state cercando di dare. E' nel dare che si ottiene un senso di realizzazione, in quanto l'atto di donare contiene una sua ricompensa emotiva.

Miei cari, potremmo dire che tutti i desideri nascano da un tentativo di produrre una certa sensazione. In definitiva, quella sensazione è ciò di cui ho parlato in precedenza, vale a dire la sensazione di integrità, la sensazione di essere completi, di essere pieni. Un falso desiderio nasce dal vostro sé mortale. Come ho spiegato, il vostro sé mortale è nato dalla separazione da Dio. Perciò non potrà mai darvi una sensazione di integrità. Il vostro sé mortale non può superare la sua separazione da Dio, ed è soltanto quando percepite la vostra unità con Dio e sentite la luce di Dio fluire attraverso il vostro essere che vi sentite integri. Il vostro sé mortale ha un riconoscimento elementare del fatto che il Voi Consapevole desidera l'integrità. Quindi, esso cerca di darvi questa sensazione di integrità, ma può farlo solo usando lo stato mentale dualistico e le cose di questo mondo. Il vostro sé mortale vede l'integrità come una condizione statica, in cui avete una quantità sufficiente di qualcosa in questo mondo e vi siete premuniti in modo da non poter perdere mai quello che avete. Ecco perché il vostro sé mortale definisce i falsi desideri e tenta di farvi credere che, se solo aveste abbastanza denaro, beni materiali, potere o piacere, vi sentireste integri, sareste completi. Il vostro sé mortale crede davvero che se solo aveste una quantità sufficiente delle cose di questo mondo, vi sentireste integri. Ma questa è ovviamente un'illusione, in quanto nulla di questo mondo potrà darvi il vero senso di integrità. Potete essere integri solo sapendo chi siete e sentendo la luce di Dio fluire attraverso il vostro Essere.

Quando il Voi Consapevole si rende conto della ricerca impossibile del sé mortale, voi potrete separarvene. Tuttavia non potrete separarvi dal sé mortale finché non avrete qualcosa con cui sostituirlo. Non potrete superare appieno un falso desiderio, fino a quando non vi riconnetterete ai veri desideri del vostro essere superiore.

***

Miei cari, come ho detto in precedenza, esiste un vasto gruppo di Esseri spirituali, che servono da insegnanti spirituali dell'umanità. Tra questi esseri c'è il Buddha che, come Gesù, scese sulla Terra per portare un nuovo insegnamento spirituale, che è conosciuto oggi come la religione del Buddismo. Una delle dottrine principali del Buddismo è che la vita è sofferenza e che la sofferenza è causata dai desideri sbagliati.

Non intendo addentrarmi in un insegnamento approfondito sul Buddismo in questo libro. Posso dirvi tuttavia che molte persone hanno frainteso il concetto fondamentale e pensano che il Buddha stesse dicendo, che bisogna superare tutti i desideri, senza che ne rimanga più alcuno. In realtà, il Buddha stava dicendo che dovete superare tutti gli attaccamenti a qualsiasi cosa in questo mondo. In altre parole, un falso desiderio è un desiderio, che fa sì che vi aggrappiate a qualcosa in questo mondo e pensiate di non poter essere integri senza avere l'oggetto del desiderio. E' questo attaccamento che dà adito alla sofferenza.

Miei amati, se non aveste nemmeno un desiderio, come potreste possibilmente crescere e diventare più di quello che siete oggi? Come ho spiegato dall'inizio di questo libro, la forza basica della creazione è il desiderio di Dio di diventare di più e di riempire di luce il vuoto. Così, se sospendete tutti i desideri, state sospendendo il flusso del Fiume della Vita attraverso il vostro Essere. Questo non giova alla vostra crescita spirituale, più di quanto le giovi il lasciarvi assorbire completamente dal tentativo di realizzare i falsi desideri del vostro sé mortale. Le persone che hanno portato all'estremo gli insegnamenti del Buddha, sopprimendo tutti i desideri, si sono dimenticati dell'aspetto più importante degli insegnamenti del Buddha, cioè della Via di Mezzo. La Via di Mezzo non significa che sopprimete tutti i desideri, ma significa che vi elevate al di sopra dei falsi desideri, che nascono dal vostro sé mortale, vi elevate al di sopra della coscienza di dualità, che vi fa allontanare dalla Via di Mezzo. Così facendo vi riconnetterete ai veri desideri del vostro Essere superiore, ai desideri che inizialmente vi hanno portati sulla Terra. Quei desideri si riferiscono al dono che fate di voi stessi, al dono che fate della vostra Fiamma Divina. Riguardano l'espressione della vostra individualità divina e la manifestazione del regno di Dio in questa sfera.

Esistono alcuni desideri, che nascono dalla voglia del vostro flusso di vita di sperimentare certe condizioni sulla Terra. E questi sono i desideri che vengono più facilmente alterati dal vostro sé mortale. Questi sono i desideri che possono diventare desideri terreni o carnali, relativi ai piaceri del corpo fisico. E quando diventano materiali ed egocentrici, i desideri di questo tipo diventano un inferno senza fondo, che non potrà essere mai riempito. Tuttavia, per ogni desiderio inferiore del genere, esiste un desiderio superiore. La differenza qui è che il desiderio superiore può essere realizzato, in senso definitivo, al che il Voi Consapevole non desidera più sperimentare questa particolare condizione nell'universo materiale. Ora voi desiderate qualcosa di più e, pertanto, desiderate elevarvi al di sopra dell'universo materiale, anziché rimanerci in maniera indefinita. Non siete più soddisfatti dei desideri inferiori, e questi vengono sostituiti da un desiderio superiore. In altre parole, non state forzatamente e intenzionalmente sopprimendo un desiderio, ma arrivate a riconoscerlo come un desiderio limitato, vedete oltre ad esso, per scoprire il vero desiderio, e il vero desiderio sostituirà il falso, in maniera naturale e senza sforzo.

Miei amati, permettetemi di commentare brevemente uno dei desideri che confondono molte persone spirituali, vale a dire il desiderio di unione sessuale. In verità, la maggioranza delle persone sulla Terra s'impegna nelle attività sessuali basandosi sul falso desiderio, che nasce dal loro sé mortale. Questo è un desiderio, che non potrà essere mai realizzato. Per quanto sesso facciano, esse non saranno mai soddisfatte. Ma dietro a questo desiderio di piacere fisico, c'è il desiderio superiore di sperimentare uno stato di integrità, che nasce quando due flussi di vita, con polarità opposte, si congiungono in una vera unione spirituale. Come ho spiegato in precedenza, tutto nasce dall'interazione della forza espansiva del Padre e della forza contraente della Madre. Quando le due si uniscono, attraverso la loro unione e la loro integrità, viene creata nuova vita. E' possibile che un flusso di vita desideri sperimentare l'integrità di questo tipo nel regno materiale. Questo scaturisce dal vero desiderio di un'unione più grande, e questo desiderio potrà essere soddisfatto. E' possibile arrivare ad un punto in cui sentite di aver sperimentato a sufficienza questa forma di unione, ed ora desiderate qualcosa che vada al di là di ciò che può essere ottenuto per mezzo del corpo fisico e delle facoltà di quel corpo. Ora desiderate un'unione spirituale, che può essere trovata solo trovando una vera polarità nel vostro stesso Essere, cioè stabilendo un'unione tra il Voi Consapevole e la vostra Presenza IO SONO, come la vera polarità Padre-Madre del vostro Essere.

***

Miei cari, riuscite a vedere uno degli aspetti importanti di ciò che vi sto dicendo qui? Avete letteralmente una scelta da fare. Potete scegliere se servire Dio o mammona, e con questo intendo che potete scegliere, se lasciare che il resto della vostra vita sia consumata nell'impossibile tentativo di realizzare i falsi desideri, i desideri che Gesù chiamava mammona. O potete decidere di servire i veri desideri del vostro Essere superiore e cercare di realizzare il vostro piano divino esprimendo la vostra individualità e creatività donatevi da Dio.

Il mio punto qui è che tutti i falsi desideri scaturiscono da un senso di carenza, e l'unica via d'uscita dai falsi desideri è trascendere quel senso di carenza. E come si fa a trascendere la sensazione di non avere abbastanza? Lo si fa permettendo che i vostri quattro corpi inferiori vengano riempiti della luce di Dio, che brucia ogni senso di carenza e vi colma di una sensazione di nutrimento definitivo. Dovete seguire il processo che ho descritto ed iniziare col rivolgervi al vostro corpo d'identità, riconnettendovi con la vostra vera identità. Quando sapete chi siete, vale a dire che siete un Essere spirituale, che ha accesso all'abbondanza infinita della luce di Dio, potete davvero superare la sensazione di carenza che nasce dal vostro senso mortale di separazione dall'abbondanza di Dio. Questo significa che potete portare la luce di Dio attraverso il vostro corpo d'identità nel vostro corpo mentale e poi nel vostro corpo emozionale. Quando portate la luce di Dio nel vostro corpo emozionale, produrrete la sensazione di essere nutriti. Questo dà vita alla sensazione di essere integri, e, come ho detto prima, il desiderio di integrità sta sia dietro ai falsi desideri sia dietro ai veri desideri. Quando avrete quel senso di integrità, avrete trasceso i falsi desideri, in quanto non sentirete più la mancanza. Non vi sentirete più privi, ma vi sentirete nutriti, in senso definitivo. Vi renderete conto che non avete bisogno di nulla dall'esterno di voi stessi per realizzare i vostri veri desideri.

Miei amati, l'essenza di un falso desiderio è che vi sentite non integri e pensate di aver bisogno di qualcosa dall'esterno di voi stessi per ottenere l'integrità. Questo vi espone al controllo da parte del vostro sé mortale, delle altre persone o del principe di questo mondo. Vi possono controllare, perché pensate che vi serva qualcosa dall'esterno per ottenere l'integrità, per sentirvi nutriti. Ma quando vi riconnettete alla vostra vera identità e aprite il flusso della luce di Dio attraverso il vostro essere, vi rendete conto che non vi serve nulla dall'esterno di voi stessi per essere integri. E' il flusso della luce di Dio attraverso il vostro essere che vi dà il senso dell'integrità vera e definitiva. Quando questo stato di integrità prende il dominio del vostro corpo emozionale, non avrete più il desiderio di ricevere qualcosa dalle altre persone. Avrete, invece, il vero desiderio di dare agli altri, di condividere con le altre persone.

Questo dà vita ad una bellissima situazione in cui tutte le persone si rendono conto della verità dietro ad una delle affermazioni più profonde di Gesù: "Gratuitamente avete ricevuto, gratuitamente date" (Matteo 10:8). Quando comprendete la realtà della vita, cioè che Dio è la fonte di ogni cosa buona e perfetta e che è il buon piacere del Padre darvi il regno, avrete un senso d'integrità interiore. Attraverso questa sensazione di essere nutriti, supererete la paura di dare agli altri. E quando la maggioranza della gente in una società dà liberamente ciò che ha ricevuto da Dio, gli sforzi combinati delle persone produrranno più abbondanza di quanta chiunque di esse potrebbe produrre da sola. Questo è descritto nell'affermazione, che l'intero è più della somma delle sue parti, ed è questa, invero, la vita abbondante sulla Terra. La vita abbondante sulla Terra si realizzerà quando le persone inizieranno a dare gratuitamente qui in basso ciò che ricevono gratuitamente dall'Alto.

Miei cari, osservate il pianeta Terra oggi e pensate come quasi ogni aspetto della società e quasi ogni aspetto delle interazioni umane si basi sul senso di mancanza, mancanza di nutrimento. Questo fa sì che le persone si trattengano dal dare, che si aggrappino a quello che hanno. Questo fa sì che molte persone focalizzino tutta la loro attenzione sul ricevere anziché sul dare. Tuttavia, miei cari, se nessuno dà, come può qualcuno ricevere? Le persone che sono intrappolate nei falsi desideri, nei desideri egoistici, egocentrici, non riescono a vedere questa ovvia verità. Ed è per questo che un'intera società, in effetti un intero pianeta, può scendere in una spirale negativa, in cui tutti si sentono privati, tutti hanno dei desideri basati sulla carenza e, anziché dare, tutti stanno cercando di accumulare.

Uno dei problemi principali, che impedisce la manifestazione del regno di Dio sulla Terra, è che così tante persone sono ingabbiate nel desiderio di controllare. Si sentono private di qualcosa, hanno una sensazione di carenza e pensano che gli altri mirino a togliere loro quello che hanno. Pensano di poter ottenere l'abbondanza solo prendendola con la forza. Per ottenere ciò che vogliono e per evitare di perdere ciò che hanno, esse pensano di dover controllare gli altri e le proprie circostanze materiali. In verità, vedrete che molte delle persone più potenti sulla Terra sono completamente prese da questo desiderio di controllare tutto e tutti. Lungo tutto il corso della storia avete in effetti visto alcune persone che hanno ottenuto un altissimo grado di potere, cioè il falso potere che si basa sul controllo degli altri. Ma quando osservate la vita di queste persone, vedrete che le ruote del tempo hanno inevitabilmente polverizzato qualunque controllo esse avessero ottenuto. Nessuna di queste persone ha potuto controllare il proprio destino e, alla fine, le torri di Babele, che esse avevano costruito per mezzo del controllo, sono crollate e sono state ritrasformate nella polvere della Terra da cui erano venute. Poiché, in verità, ciò che scaturisce dal sé mortale, dalla polvere della Terra viene e nella polvere ritornerà, invece di risorgere alla vita immortale della coscienza di Cristo.

***

Miei amati, facciamo ora un passo più in alto. Una delle armi principali usate dal vostro sé mortale e dal principe di questo mondo è che essi approfittano della volubilità delle vostre emozioni per introdurre nel vostro essere l'elemento del dubbio. In precedenza ho descritto come il Serpente tentò Eva nel Giardino dell'Eden, e lo fece introducendo l'elemento del dubbio. L'effetto di questo è che voi dubitate di Dio. Dubitate che se moltiplicate i vostri talenti, Dio vi ricompenserà. Dubitate che se date gratuitamente, riceverete gratuitamente di più. Dubitate dell'essenza stessa del rapporto tra voi e Dio, vale a dire che se siete fedeli in poca cosa, Dio vi renderà sovrani su molte cose. Dubitate che sia il buon piacere del Padre darvi il suo regno.

Questa è l'essenza stessa di ciò che vi impedisce di ricevere l'abbondanza di Dio. Vi impedisce di agire da quel co-creatore che siete destinati ad essere. Quando avete questo dubbio in merito alla volontà di Dio di darvi l'abbondanza, o in merito al fatto che le leggi di Dio operano davvero per moltiplicare ciò che date, voi sabotate il processo per mezzo del quale l'abbondanza di Dio scende attraverso i quattro livelli dell'universo materiale. Perciò vi escludete effettivamente dal flusso del Fiume della Vita. Invece di stare nel Fiume della Vita, che porta costantemente altra abbondanza nel regno materiale, vi state escludendo da questo flusso. Ed è per questo che diventate una profezia che si realizza da sé. Il vostro stesso dubbio, in merito alla legge di Dio e al processo di manifestazione, sarà rappresentato nel regno materiale. La vostra coscienza di dubbio e di carenza vi verrà rimandata dallo specchio cosmico. Fintantoché rimanete in quell'illusione, fintantoché vi lasciate governare dai dubbi introdotti dal principe di questo mondo, lo specchio cosmico sembrerà confermare la vostra convinzione, che Dio è un padrone ingiusto che sta mietendo dove non ha seminato (Matteo 25:24).

Tuttavia, miei amati, Dio è un Dio d'amore incondizionato, ed è per questo che vi ha dato il libero arbitrio. Perciò avete la capacità di porvi al di fuori del Fiume della Vita, al di fuori del flusso del nutrimento di Dio. Dio vi permette di fare questo, eppure, in qualsiasi momento, Dio è pronto a ricevervi di nuovo nel suo regno – se siete disposti ad abbandonare il dubbio, che inizialmente vi ha indotti a lasciare quel regno. Miei cari, come si fa a superare il dubbio? Esiste un unico modo. Dovete prima riconnettervi con la vostra vera identità, affinché sappiate con una conoscenza interiore, assoluta, che siete più di un misero peccatore, più di un essere umano mortale, che è separato dal vostro Dio da un abisso che non potete superare. Come potete saperlo? Potete saperlo solo attraverso un'esperienza diretta. Miei amati, in precedenza ho parlato dei primi due comandamenti, cioè che non dovreste avere altri dèi davanti al vero Dio e che non dovreste adottare alcun idolo. Lasciate che li approfondisca.

L'essenza della coscienza di dualità è che vedete voi stessi come separati da Dio. Questo significa che non avete più un'esperienza diretta della Presenza di Dio e quindi non sperimentate la realtà di Dio. E' così che Dio diventa un argomento, che può essere dibattuto dalla mente dualistica, dal vostro sé mortale. Quando sperimentate la realtà di qualcosa attraverso un'esperienza diretta, dove sta lo spazio per il dubbio? Ma quando manca l'esperienza diretta, Dio diventa un concetto teorico, la cui realtà può essere dibattuta all'infinito dall'intelletto umano e dalla mente della dualità. Naturalmente, la mente della dualità non potrà risolvere mai la questione dell'esistenza di Dio, poiché come può una mente, che nasce dalla separazione da Dio, avere mai l'esperienza diretta dell'Essere di Dio?

Miei amati, immaginatevi seduti a casa vostra con qualcuno che vi sta raccontando del Polo Sud e di come ci si sta laggiù. Ovviamente non vi trovate sul Polo Sud, per cui non potete fare esperienza diretta di com'è essere lì. Tuttavia potete usare la descrizione datavi e anche delle fotografie, per costruire un'immagine mentale dell'aspetto del Polo Sud. La vostra immagine mentale potrebbe essere molto dettagliata e accurata, ma non potrà essere e non sarà mai un sostituto dell'esperienza diretta. Non saprete davvero com'è stare sul Polo Sud, finché non vi troverete effettivamente lì e non lo sperimenterete con tutti gli elementi del vostro essere, con i quali intendo più dei vostri sensi fisici. Soltanto quando sarete effettivamente là, saprete com'è essere voi in quella collocazione. Vedete, miei cari, l'essenza stessa della coscienza di dualità è, che vi siete separati dall'esperienza diretta dell'essere di Dio. Non sperimentate più la vostra Presenza IO SONO come la Presenza di Dio dentro alla vostra sfera del sé. Ed è questo che dà adito alla sensazione che Dio sia un Essere remoto, l'essere esterno nel cielo.

Ora abbiamo la sensazione che siete separati da Dio e, per le persone più spirituali sulla Terra, abbiamo il desiderio di conoscere Dio, di sapere com'è Dio. Ma, ancora una volta, abbiamo un falso desiderio e un vero desiderio. Un falso desiderio si basa sulla carenza, e qual è la causa delle carenza? L'essenza della carenza è la paura. Voi pensate: "Non ho questa cosa e, dato che non l'ho, mi può capitare qualcosa di male, e se non ottengo ciò che penso mi serva, capiterà il peggio. Non so che cosa debba sapere riguardo a Dio e alla salvezza, e se non ottengo quella conoscenza, la mia anima brucerà per sempre all'inferno." Vedete, miei cari, questo è ciò che ha dato adito a tutte le religioni basate sulla paura, che esistono su questo pianeta. E come ho cercato di spiegare in precedenza, una religione basata sulla paura è, invero, la via che sembra giusta agli umani, ma che sbocca in sentieri di morte.

Qual è il falso desiderio che guida le religioni basate sulla paura? Al livello inferiore, è l'idea che possiate fare un patto con Dio, che possiate comprare l'ingresso in Cielo. Se fate le cose giuste, farete piacere a Dio ed egli vi permetterà di entrare nel suo regno. In precedenza ho spiegato perché questo è un sogno impossibile, per cui non entrerò di nuovo nel merito della questione. Ai livelli superiori dei desideri basati sulla paura, avete il desiderio di conoscere Dio. Tuttavia, si tratta ancora di un desiderio egocentrico, che si basa sulla paura di quello che vi accadrà, se non sapete quello che dovete sapere riguardo a Dio. Molte persone sinceramente religiose passano una vita intera nel tentativo di soddisfare il desiderio di conoscere Dio e di conoscere tutto su Dio attraverso una religione esteriore. Ma il conoscere qualcosa implica una distanza tra voi e quello che state cercando di conoscere. Se l'oggetto fosse proprio qui, potreste semplicemente farne esperienza, senza "conoscerlo".

Vedete il punto cruciale qui? Quando tentate di conoscere qualcosa, che pensate di non poter sperimentare direttamente, state costruendo un'immagine mentale di essa. E se quell'immagine mentale è influenzata dalla coscienza di dualità, sarà un'immagine falsa, sarà un'immagine idolatrica. In altre parole, se cercate di conoscere un Dio remoto, siete spinti da un approccio dualistico, e questo vi impedirà di fare esperienza diretta di Dio. Potreste costruire l'immagine mentale di sapere tutto quello che c'è da sapere su Dio – come fecero i farisei – eppure la vostro conoscenza esteriore di Dio vi impedisce di avere un'esperienza diretta, interiore, della Presenza di Dio. La vostra conoscenza esteriore può, in effetti, impedirvi di entrare nel regno di Dio dentro di voi, ed è per questo che Dio vi disse di non creare alcun idolo.

Il mio punto è che il concetto di conoscere e il desiderio di conoscere il Dio remoto, possono diventare una trappola, che in realtà rafforza il senso di separazione da Dio. Miei amati, vi prego di notare la sottile distinzione qui. Non sto dicendo che sia sbagliato per le persone sforzarsi di conoscere Dio, in quanto ad un certo livello del vostro cammino spirituale è necessario tentare di espandere la vostra comprensione di Dio. Quello che sto dicendo è che il desiderio di conoscere Dio può facilmente diventare un vicolo cieco, che ferma il vostro progresso. Purtroppo la maggior parte delle persone non si rende conto di questo e perciò molte persone religiose rimangono impigliate nella trappola molto sottile dell'orgoglio spirituale. Sentono di sapere tanto su Dio, sulla loro particolare religione, e sentono di aver fatto tutti questi atti esteriori prescritti dalla loro religione. Pertanto si sentono superiori a tutti gli altri e pensano che Dio dovrà per forza accettarle nel suo regno. Tuttavia, come disse Gesù, il regno di Dio è dentro di voi, per cui non entrerete in quel regno semplicemente sapendo qualcosa su Dio o su una dottrina religiosa. Nessuna quantità di conoscenza esteriore potrà portarvi nel regno di Dio. Non potete entrare nel regno di Dio attraverso la conoscenza; potrete entrarvi solo essendoci. E la sensazione di esserci potrà essere ottenuta solo andando oltre la conoscenza del dio remoto e sperimentando realmente il Dio, che è il Tutto e in tutto – anche in voi.

La chiave sta nel sapere che arriverà un punto nel vostro cammino, in cui sarà assolutamente essenziale che voi trasformiate il desiderio di conoscere il dio remoto, basato sulla paura, nel desiderio di essere uno con il Dio interiore, basato sull'amore. Se non lo farete, rimarrete bloccati sulla via che sembra giusta per gli umani, e questo è esattamente ciò che era successo agli scribi e ai farisei, che non riconobbero il Cristo in Gesù. E come disse Gesù: "Se la vostra giustizia non supera quella degli scribi e dei farisei, non entrerete affatto nel regno dei Cieli" (Matteo 5:20). Non è forse ovvio che per entrare nel regno di Dio dovete superare la sensazione di essere fuori da quel regno? E come ho detto nella chiave precedente, l'unico modo per *conoscere* Dio è *essere* Dio.

Non intendo dire questo in un senso blasfemo, nel senso vanitoso, insano, che vi fa pensare di essere migliori di tutti gli altri e di poter fare qualunque cosa vogliate. Intendo dire nel vero senso, che vi rendete conto che siete un'individualizzazione di Dio e che il Voi Consapevole fa parte dell'Essere più grande, la Presenza di Dio. Perciò ha la capacità di sperimentare l'Essere di Dio, la Presenza di Dio. Miei cari, capite il sottile nocciolo della questione? Il Voi Consapevole può sperimentare l'Essere di Dio identificandosi con l'Essere di Dio. Non si tratta di una conoscenza teorica basata su un'immagine mentale di com'è Dio. Si tratta di un'esperienza diretta dell'Essere di Dio. Quest'esperienza va al di là delle parole o di qualsiasi immagine, che possa essere definita nel mondo della forma. Ecco perché non è possibile per alcuna religione esterna descrivere quest'esperienza, ed ecco perché nessuna religione potrà dare una descrizione o un'immagine accurata di Dio. Pertanto, la forma superiore di religione non cerca di aiutare le persone a conoscere Dio. La vera forma di religione, la religione universale interiore, cerca di aiutare le persone a fare esperienza della Presenza di Dio. E quando sperimentate quella Presenza, voi sapete chi siete. Sapete, attraverso l'esperienza diretta, che siete un'estensione di Dio, perché avete sperimentato quella connessione diretta tra il vostro flusso di vita e Dio.

Miei amati, ritornate all'immagine del Polo Sud, che vi ho dato prima. Potreste essere in grado di chiudere gli occhi e pensare molto intensamente al Polo Sud. Potreste persino darvi l'impressione di trovarvi al Polo Sud. Ma questo vi porterà forse in quel luogo? Potrebbe darvi l'illusione di essere al Polo Sud , ma finché non viaggiate effettivamente là, si tratterà ugualmente di un'immagine mentale. Non importa quanta conoscenza avete di Dio, siete ugualmente intrappolati dall'immagine mentale che ritrae Dio come un Essere remoto. Solo quando trascendete l'immagine mentale e sperimentate la Presenza di Dio, facendo così l'esperienza di voi stessi come un'estensione dell'Essere di Dio, avrete la vera consapevolezza interiore di chi siete. Miei cari, quando l'avrete, quella consapevolezza si filtrerà attraverso il vostro corpo d'identità, il vostro corpo mentale e il vostro corpo emozionale. Questo estirperà il dubbio dal vostro essere, perché ora saprete – attraverso l'esperienza diretta – e non avrete più un'immagine mentale, che possa essere manipolata dal vostro sé mortale e dal principe di questo mondo con tutta l'astuzia e la sofisticheria della mente dualistica. Miei cari, riuscite a capire che questo è l'unico modo per superare appieno il dubbio? Questo è l'unico modo per assumere definitivamente il controllo dei vostri quattro corpi inferiori, affinché il vostro senso d'identità, i vostri pensieri, i vostri sentimenti e le vostre azioni diventino un'espressione di chi siete e un'espressione dei veri desideri, che hanno portato il vostro flusso di vita nell'universo materiale creando così i vostri quattro corpi inferiori.

Miei amati, chi siete voi realmente? Bene, come ho spiegato in precedenza, siete designati ad essere un'estensione dell'Essere di Dio. Siete designati ad essere un trasformatore della luce di Dio, abbassandone la vibrazione e portandola nel regno materiale. Siete designati ad essere un sole spirituale, che irradia la luce della vostra particolare Fiamma Divina e porta così queste qualità a manifestarsi attraverso ogni cosa che incontrate nell'universo materiale. Ecco perché Dio vi disse di moltiplicare i vostri talenti creativi, di moltiplicare la vostra individualità, di moltiplicare la vostra luce, per poi assumere il dominio sulla Terra. Non siete qui, miei cari, per essere degli spettatori passivi del dramma della vita. Non siete qui semplicemente per stare in disparte ad osservare mentre la gente, che è controllata e posseduta dal principe di questo mondo, continua a fare i suoi giochi insensati, infiniti, di ricerca di potere e controllo. Non siete qui per guardare questo pianeta scivolare in una spirale discendente, che alla fine condurrà allo sterminio dell'umanità e forse persino alla distruzione dell'intero pianeta. Miei cari, siete qui per infondere luce spirituale in tutto quello che incontrate. Siete qui per spiritualizzare ogni aspetto della vostra vita. Siete qui per benedire tutto quello che incontrate, elevandolo così al suo massimo potenziale. Siete qui per liberare la Luce Ma-ter da tutte le immagini imperfette imposte su di essa attraverso i sé mortali delle persone sulla Terra e il principe di questo mondo. Siete qui per rendere la Luce Madre libera di esprimere la perfezione di Dio, affinché la vita d'abbondanza possa essere manifesta sulla Terra.

Come realizzate il vostro massimo potenziale? Essendo chi siete, superando la distanza tra chi pensate di essere e chi siete in realtà. Ripensate alla differenza tra l'avere un'immagine di Dio e lo sperimentare la Presenza di Dio. Come ho detto prima, Dio non sta fermo, Dio è il Fiume della Vita, che trascende costantemente se stesso e diventa di più. Capite che se vi aggrappate ad un'immagine mentale di Dio e se vi rifiutate di andare oltre quell'immagine, avrete creato un idolo, un'immagine immutabile? Quindi, potete conoscere Dio solo stando nel Fiume della Vita, fluendo con la corrente dell'abbondanza di Dio, in perenne movimento. E per fluire con quella corrente della vita, dovete superare i falsi desideri che fanno sì che desideriate fermare l'orologio, che desideriate aggrapparvi a qualcosa che credete di possedere. Dovete essere disposti, letteralmente, a perdere il vostro limitato senso di vita, per rimanere nella vita perenne, che è l'eterno flusso del diventare di più.

***

Mentre concludiamo il discorso in merito al corpo emozionale, desidero parlarvi della chiave maestra per assumere il dominio del corpo emozionale. Quella chiave maestra è adottare l'atteggiamento che ogni situazione, che incontrate, è un'opportunità per esprimere la luce del vostro vero Essere, la luce della vostra Fiamma Divina, magnificando in questo modo ogni condizione che affrontate. Siete qui per infondere luce in ogni situazione che incontrate, di modo che, grazie alla vostra stessa presenza, la situazione - per quanto imperfetta o oscura possa sembrare - sarà elevata ad un livello superiore. E, miei amati, qual è la chiave per permettere a quella luce di fluire? In definitiva, la chiave è rivendicare la vostra vera identità, come ho spiegato prima. Tuttavia, so che questo potrebbe sembrare un traguardo distante nella vostra attuale situazione. Perciò vi darò una chiave intermedia, che può fare dei miracoli nell'aprire il flusso della luce di Dio attraverso il vostro essere. Quella chiave può essere riassunta in un'unica parola, e quella parola è "gratitudine".

Quando sentite gratitudine verso Dio per avervi creati e per avervi dato l'opportunità di scendere nell'universo materiale come un'estensione di se stesso, sarete in grado di fissarvi sul sentiero che vi condurrà al di sopra di tutti i dubbi. Miei cari, sono consapevole di aver definito un traguardo elevato per voi, quando parlo dell'ottenere l'esperienza interiore di essere un'estensione di Dio. Può darsi che non siate del tutto pronti per quest'esperienza e perciò vi dico che, se incomincerete col contemplare e coltivare un "atteggiamento di gratitudine", farete un importantissimo passo verso la consapevolezza interiore che sradica ogni dubbio.

La gratitudine è, invero, un sentimento che potete coltivare, anche se avete ancora una sensazione di carenza o di dubbio. Miei cari, abbiamo parlato di persone che sentono di non avere altra scelta. Ma esse non hanno altra scelta, perché sono accecate dalla programmazione dei loro sé mortali. Quindi, quello che vi sto dicendo qui è che dovete separare il Voi Consapevole da quella programmazione. Quando lo fate, vi rendete conto che avete sempre più di un'opzione per rispondere ad una situazione. Qualunque sia la situazione che incontrate, per quanto difficile possa sembrare, c'è sempre qualcosa per cui potete essere grati. E se sarete disposti a coltivare consapevolmente l'abitudine di cercare un motivo per essere grati, avrete fatto un passo importantissimo per attirare altra abbondanza.

Che cos'è la gratitudine? La gratitudine è l'aspetto inferiore della consapevolezza interiore di cui ho parlato in questa chiave. La gratitudine è la volontà di fidarsi del fatto che quando si dà liberamente, si riceverà di più, anche se attualmente non c'è alcuna prova esteriore di questo. La gratitudine è sapere, che non siete stati abbandonati da Dio, che Dio è qui con voi e che Dio vi ha dato quello che vi serve per trascendere la vostra attuale situazione e salire sullo scalino successivo della scala a chiocciola. Potreste non avere tutto quello che volete, ma avete tutto quello che vi serve per fare il passo successivo, e per questo avete motivo di essere grati. La gratitudine è la sensazione di avere ciò che vi serve per salire più in alto, e quando fate l'uso migliore di ciò che avete, Dio vi darà sicuramente di più. Questo è ciò che Gesù promise nella sua parabola sui talenti, ed è una promessa vera.

Miei amati, con tutto quello che vi ho detto sul fatto che l'universo è uno specchio, riuscite a capire come le persone, che seppelliscono i loro talenti nel terreno, stanno in effetti dicendo a Dio: "Dio, sono privo della tua abbondanza e pertanto non ho alcun motivo per essere grato. Se vuoi che smetta di sentirmi non grato, dammi la tua abbondanza e poi, automaticamente, io sarò grato." Miei cari, riuscite a vedere che questo approccio non potrà funzionare mai ed è il risultato di una programmazione dalla parte del principe di questo mondo? Si basa sull'illusione che i sentimenti sono il risultato di condizioni esterne. Tuttavia, come ho tentato di spiegarvi in diversi modi, i vostri sentimenti dovrebbero essere controllati solo dai vostri pensieri, che sono controllati dal vostro senso d'identità. Quindi, quando assumete la responsabilità della vostra vita, vi rendete conto che siete responsabili per i vostri stessi sentimenti e che non potete usare le condizioni esterne come scusa per permettere l'ingresso ai sentimenti impuri.

Allora vi renderete conto che ogni cosa si manifesta scorrendo attraverso i quattro livelli dell'universo materiale. Il regno emozionale è al di sopra del regno materiale, il che significa che il sentimento deve venire prima della manifestazione fisica. In altre parole, se aspettate che Dio vi dia l'abbondanza prima di sentire gratitudine, non sarete mai in grado di portare quell'abbondanza nel regno della materia. Siete come la persona che aspetta che la sua immagine nello specchio sorrida, prima che essa stessa sorrida allo specchio. E' il sentimento di gratitudine – basato sulla consapevolezza interiore che è il buon piacere del Padre darvi il suo regno – che agisce da veicolo per portare l'abbondanza nel regno della materia. Quindi, solo quando sentite gratitudine per ciò che già avete, Dio potrà darvi di più.

In realtà, aspettare che Dio vi dia l'abbondanza, prima di sentire gratitudine, significa aspettarvi che Dio violi la sua legge del libero arbitrio. Dio ha dato a tutti il libero arbitrio, e il motivo per cui certe persone si sentono svantaggiate e ingrate, è che esse hanno usato il loro libero arbitrio per dare via la loro libera volontà, per cedere il controllo delle loro vite al sé mortale e al principe di questo mondo. E' proprio perché hanno ceduto il controllo della loro vita che esse sono state manipolate a sentirsi carenti. Quindi, quello che stanno dicendo ora a Dio è, che vogliono che Dio aggiusti il loro senso di carenza e, essenzialmente, stanno dicendo che vogliono che Dio assuma il controllo del loro libero arbitrio al posto del sé mortale e del principe di questo mondo. Miei amati, questo significa, in verità, imporre una falsa immagine su Dio, un'immagine basata sulla coscienza di dualità, un'immagine secondo cui Dio vuole controllarvi e Dio è come il principe di questo mondo. Io considero una tale immagine dualistica di Dio una blasfemia, nel vero senso della parola.

Esistono molte persone religiose e spirituali che sono sincere nel voler fare quello che è giusto secondo una religione esterna. Ma ciò che queste persone stanno dicendo in realtà è, che ora desiderano che Dio assuma il controllo del loro libero arbitrio, che Dio si riprenda il suo dono. Miei amati, con tutto quello che vi ho detto in questo libro, riuscite a capire che si tratta di una totale incomprensione del vero motivo per cui Dio vi ha dato il libero arbitrio? Dio non ha voluto crearvi come dei robot, Dio non vuole controllarvi. Dio desidera che voi cresciate facendo le vostre stesse scelte e, pertanto, Dio non controllerà mai la vostra libera volontà. Non vi toglierà mai quel libero arbitrio. Il mio punto è che, se la vostra situazione deve migliorare, dovete riprendervi il vostro potere di fare delle scelte. Dovete smetterla di fuggire davanti alle scelte, anche a tal punto da non usare una religione esterna come giustificazione per non assumere il dominio dei vostri quattro corpi inferiori. Dovete assumervi la responsabilità e accettare il fatto che la vostra situazione esterna può migliorare solo quando usate la vostra volontà superiore e la visione del vostro piano divino per produrre il sentimento positivo, che diventa il veicolo per permettere all'abbondanza di Dio di fluire nel regno della materia.

Il modo per dare inizio a questo processo è essere grati di essere vivi, grati di essere consapevoli di sé, grati di avere l'opportunità di fare delle scelte. Invece di sentire di dover fare queste scelte completamente da soli, potete rendervi conto che Dio vi ha inviato un consolatore. Avete un sé Cristico, che è il vostro insegnante interiore. Avete degli esseri spirituali in un regno superiore, che vi servono da insegnanti personali. Sono pronti in qualsiasi momento a guidarvi, così che potete fare delle scelte migliori, ma essi non faranno le scelte per voi. Quindi dovete essere disposti ad aiutare voi stessi. Dovete essere disposti a superare la sensazione di carenza, la sensazione di paura, la sensazione di essere privi, la sensazione di ingiustizia, la sensazione di ingratitudine. Dovete essere disposti a metterci lo sforzo della vostra forza di volontà per trovare qualcosa per cui siete grati. E poi dovete costruire su quel qualcosa, chiedendo ai vostri insegnanti spirituali una guida interiore, affinché possiate fare delle scelte migliori, che vi daranno altre cose per cui potrete essere grati.

Miei amati, come dissero i profeti dei tempi antichi: "Scegliete oggi chi volete servire" (Giosuè 24:15). Scegliete se servire la vita o la morte, "Scegli la vita!" (Deuteronomio 30:19). Scegliete di scegliere per voi stessi. Noi, che siamo i vostri insegnanti spirituali, nutriamo un amore incondizionato per voi, e faremo tutto quello che possiamo per aiutarvi a fare le migliori scelte possibili. Ma non possiamo scegliere e non sceglieremo per voi, né possiamo produrre un sentimento nel vostro corpo emozionale. Siete voi colui che deve sedersi al posto di guida e assumersi il comando del bambino indisciplinato delle vostre emozioni. Ma se prima purificherete il vostro corpo d'identità e il vostro corpo mentale, avrete la forza di volontà e la visione necessari per domare la bestia, per uccidere il drago, delle emozioni indomite.

***

Lo strumento che ho ideato per aiutarvi a purificare il vostro corpo emozionale è *Il Rosario del Nutrimento Miracoloso* (vedi pagina......). Si tratta di un rosario molto potente, che sfiderà le credenze basate sulla paura, che vi impediscono di dare liberamente, affinché possiate ricevere liberamente di più. Vi aiuterà a combinare la volontà del Padre, nel corpo d'identità, con la visione del Figlio, nel corpo mentale, e con l'amore della Madre, nel corpo emozionale, per produrre la sensazione di essere nutriti, di essere nel flusso del Fiume della Vita. In verità, questo rosario è un potentissimo rituale per tutti quelli che cercano la vita abbondante, ed è molto più potente di quanto la maggioranza delle persone riesca a capire. Spero che ne facciate uso dopo aver completato i primi due cicli di 36 giorni.

Miei amati, questo ci porta al punto in cui possiamo fare il passo finale per parlare di quello che deve accadere al livello della mente fisica, della mente conscia, al livello dell'azione. Realmente, per migliaia di anni le persone spirituali hanno avuto la tendenza a ritirarsi dal mondo, a mettersi in disparte dalle attività terrene. Tuttavia, come ho detto in precedenza, è ora di andare oltre questo approccio. E' ora di rendersi conto che le persone spirituali non sono qui per ritirarsi dal mondo, ma sono qui per assumere il dominio del mondo e per spiritualizzare ogni cosa.

Chiave 23
Solo quando date, potete ricevere

Mio amato cuore, abbiamo fatto un bel pezzo di strada. Questo libro è stato un vero viaggio attraverso molti diversi argomenti, la maggioranza dei quali, ne sono sicura, va ben al di là di ciò che vi è stato detto dai vostri insegnanti esterni, sia nell'ambiente religioso che in quello laico. Vi sono grata per essere stati disposti a restare con me in questo lungo viaggio. Ora ci troviamo ad un punto molto fortunato, dove possiamo parlare della chiave maestra per manifestare l'abbondanza nella vostra vita. Quello di cui vi ho parlato in tutto questo libro è la necessità di rivendicare la vostra vera identità come un essere spirituale, che è qui per uno scopo superiore, vale a dire per portare il regno di Dio a manifestarsi usando la perfetta visione della mente di Cristo e la luce di Dio. Potete dirigere la luce di Dio a fluire attraverso la visione – la pellicola – della mente di Cristo nei vostri quattro corpi inferiori, imponendo così un'immagine perfetta sulla Luce Ma-ter, che forma l'intero universo materiale.

Ho detto che, per rivendicare quella posizione, per moltiplicare la vostra individualità divina e assumere il dominio sulla Terra, dovete prima rivolgervi verso l'alto e ristabilire il flusso della luce di Dio attraverso il vostro essere, attraverso i vostri quattro corpi inferiori. Dovete ricatturare la visione di Cristo, come la visione più elevata per il vostro flusso di vita, per il vostro potenziale, per il vostro piano divino. E poi dovete portarla giù attraverso i vostri quattro corpi inferiori, finché non raggiungete il livello della mente fisica, della mente conscia. Tuttavia, miei cari, non è sufficiente portare semplicemente la visione e la luce nel regno materiale. La vera chiave per manifestare la vita d'abbondanza è ciò che fate con quella luce e con quella visione.

Se osserverete le persone spirituali su questo pianeta, vedrete moltissime persone che sono molto sincere nella loro ricerca spirituale. Alcune di esse hanno dedicato uno sforzo di decenni a varie forme di studio, meditazione e pratiche spirituali, ed hanno in effetti fanno molti progressi. Hanno elevato la propria coscienza ben oltre il punto in cui si trovavano in partenza. Tuttavia, miei cari, se darete uno sguardo onesto a queste persone, scoprirete due tendenze:

- Alcune persone hanno una visione molto forte di ciò che deve succedere per migliorare il pianeta Terra, per renderlo un luogo migliore per tutti. Sono molto brave ad afferrare quella visione, sono brave a spiegarla, ma spesso la visione rimane nelle loro teste e non viene facilmente trasformata in azione.

- Alcune persone hanno stabilito un certo flusso della luce di Dio. Possono essere molto forti, molto potenti, o possono essere molto amorevoli e capaci di riempire una stanza con energia positiva. Spesso persone del genere sono brave ad agire, ma a volte manca loro la visione più ampia e si concentrano sugli alberi, senza vedere la foresta. Non sempre hanno la visione di quello che devono fare con la loro energia e con il loro entusiasmo, per cui intraprendono delle azioni non equilibrate, che non producono i risultati desiderati. Spesso le persone di questo tipo pensano che sia sufficiente amare tutti e accettare per buona ogni cosa.

Quello che sto cercando di sottolineare qui è, che oggi sulla Terra ci sono molte persone che hanno raggiunto una certa spiritualità. Sono arrivate ad un punto in cui hanno il potenziale di fare del gran bene ed avere un impatto su scala planetaria. Eppure non hanno ancora superato il confine essenziale, che deve essere superato prima che esse possano portare il loro conseguimento dal regno della potenzialità nel regno dei fatti reali.

Miei amati, ci sono tantissime persone spirituali che sono così vicine al passare al punto in cui possono avere un impatto positivo importante su questo pianeta, un impatto che eleverà la coscienza collettiva e spingerà in avanti la società facendola entrare nell'Era d'Oro. Eppure esse non hanno avuto un impatto decisivo, né nella loro stessa vita, nel senso di manifestare la vita abbondante, né al livello della società, nel senso di elevare la qualità della vita per tutti. Non sto tentando in alcun modo di sminuire gli sforzi sinceri della gente. Sto solo cercando di far notare che esiste un ampio potenziale, che è sul punto di penetrare, ma non è ancora stato tiratogiù nel regno materiale. Allora cos'è che manca, qual è la chiave mancante, che le persone non hanno scoperto o non hanno interiorizzato? Bene, miei amati, per darvi questa chiave nella sua forma più semplice possibile, lasciate che vi chieda di contemplare il numero 8, la figura dell'otto. Questo è davvero un simbolo per ciò che deve succedere, affinché possiate stabilire una vita veramente abbondante.

***

Quando osservate la forma dell'otto, potete iniziare dalla cima, che rappresenta il Creatore stesso. Potete immaginare la luce che fluisce dal Creatore verso il basso, attraverso la parte superiore della figura, che rappresenta i vari livelli del regno spirituale. Poi la luce raggiunge l'intersezione dell'otto, e quell'intersezione simboleggia il vostro corpo d'identità, proprio il punto più elevato del vostro corpo d'identità. Questo è il punto d'incontro tra lo spirito e la materia, tra il vostro Essere superiore, attraverso cui la luce di Dio fluisce, e il vostro essere inferiore, i vostri quattro corpi inferiori, attraverso cui voi agite in questo mondo. Quello che vi ho insegnato in queste ultime chiavi è il modo per portare quel flusso della luce di Dio dal punto d'intersezione giù giù fino a raggiungere la parte più bassa della figura dell'otto, che è la vostra mente conscia, la vostra mente esteriore, e il vostro corpo fisico. Ma, miei amati, per manifestare davvero l'abbondanza di Dio nella vostra vita, dovete completare il cerchio, completare il flusso a forma di otto. In altre parole, non potete semplicemente permettere che la luce stia seduta qui in basso, senza far nulla, e non potete nemmeno usarla a scopi egoistici. Questo significherebbe seppellire i vostri talenti nel terreno.

Come ho detto prima, la vera questione è: che cosa fate con la luce dopo averla portata giù. E, come sempre, avete la scelta tra la via che sembra giusta agli umani e la via vera che porta alla vita eterna. La via che sembra giusta agli umani è ragionare che, dato che avete fatto lo sforzo di portar giù la luce, avete il diritto di usarla per gratificare voi stessi. Di conseguenza, si vedono davvero molte persone che hanno un conseguimento spirituale, ma lo stanno usando solo a proprio vantaggio o per il proprio piacere. Alcune sono impegnate nel perenne tentativo di elevare la propria coscienza, forse alla ricerca delle capacità cosiddette sovrannaturali o di esperienze straordinarie, ma lo stanno facendo solo per gratificare se stesse. Miei amati, guardate la vita di Gesù e la vita del Buddha. Se avessero scelto il sentiero dell'autogratificazione, essi sarebbero rimasti nella foresta o nel deserto, a lavorare per elevare la propria coscienza. Invece essi sono arrivati ad un punto di svolta e sono ritornati nel mondo, passando il resto della vita a lavorare per aiutare gli altri.

Vi ho detto dei due tipi di persone che non hanno portato le cose a manifestarsi, e ciò è invero causato dal fatto che queste persone non hanno fatto qualcosa con la loro luce, qualcosa che vada al di là di esse stesse. Non sto dicendo necessariamente, che queste persone siano egoiste o egotiste nel senso infimo della parola. Tuttavia, quello che sto dicendo è, che esiste una certa quantità di persone spirituali su questo pianeta, che si sono focalizzate su se stesse, che si sono fatte assorbire quasi totalmente da se stesse e dalla propria ricerca di crescita spirituale – comunque la definiscano. Queste persone non sono apertamente egoiste, nel senso che fanno quello che vogliono senza considerare l'effetto che ciò avrebbe sulle altre persone. Molte di esse stanno vivendo davvero secondo i principi spirituali, senza danneggiare gli altri o l'ambiente. E molte di esse si trovano sia nella comunità New Age che nelle religioni tradizionali, comprese le chiese cristiane. Da una prospettiva esterna, queste persone stanno vivendo una buona vita, e non stanno violando alcuna delle leggi di Dio, almeno nessuna delle leggi esterne che sono descritte in varie filosofie religiose o spirituali. Tuttavia, come ho detto, esse non si sono fatte avanti per considerare davvero cosa possono fare con il loro conseguimento spirituale, per portare il regno di Dio sulla Terra, per trovare il proprio posto nell'opera più grande, infinita, che è la creazione di Dio. E dato che non hanno cercato di andare oltre se stesse, non possono completare il cerchio in modo che il flusso della luce ritorni a Dio.

E' questo che Gesù ha descritto nella sua parabola sulla moltiplicazione dei talenti. Solo quando impegnerete i vostri talenti in opere di bene, li moltiplicherete. E solo quando i talenti, o piuttosto la luce, saranno moltiplicati, potrete completare il flusso a forma di otto, così che Dio può moltiplicare dall'Alto ciò che voi avete moltiplicato qui in basso. Così ci sarà ancor più luce che fluirà lungo la figura dell'otto, fino alla vostra mente conscia. Miei amati, quello che vi sto dicendo qui è, che la chiave per manifestare la vita abbondante in maniera permanente sta nel completare il cerchio, dando gratuitamente ciò che avete ricevuto gratuitamente.

Questo è un punto assolutamente cruciale. E se osservate con onestà le persone spirituali, vedrete che molte non hanno compreso pienamente questo punto. Molte di esse sono vicine a comprenderlo, ma non ne hanno la comprensione piena, corretta e completa. E se non afferrate appieno questo punto, i miei tentativi di aiutarvi a manifestare la vita davvero abbondante risulteranno inutili. Infatti, esistono alcune persone spirituali che hanno preso i propri progressi spirituali e li hanno trasformati in una spirale discendente, senza nemmeno rendersi conto di aver preso la strada sbagliata, la via che sembra giusta agli uomini. Hanno usato la loro luce a scopi egoistici, e non si sono elevate alla visione superiore che farebbe capire loro che, dato che la vita proviene dalla stessa sorgente, esse sono uno con tutta la vita. Per cui, ciò che fanno agli altri, lo stanno facendo in realtà a se stesse. Miei amati, la dura realtà è che, spesso, le persone del genere pensano di stare facendo tutto nella maniera giusta, eppure stanno seguendo il sentiero che porterà inevitabilmente alla morte spirituale, al buco nero del diventare sempre più centrati su se stessi anziché centrati su Dio.

Quello che ho cercato di spiegare in precedenza è che tutta la vita è una. Quando iniziate il vostro viaggio spirituale, voi siete bloccati nella coscienza di dualità e non riuscite a vedere questo fatto. Siete troppo centrati sul vostro corpo fisico e sul vostro sé mortale per considerare il quadro più ampio, per avere un qualsiasi senso d'unità con il tutto. Quindi, dovete partire da dove siete e cercare di elevare la vostra coscienza. Dato che la coscienza collettiva su questo pianeta è in uno stato così basso, è davvero necessario per ogni cercatore spirituale separarsi dalla coscienza di massa. Dovete essere focalizzati su voi stessi e sulla vostra crescita per sfuggire alla spinta verso il basso della coscienza di massa. Perciò è in effetti legittimo essere centrati su voi stessi e sulla vostra crescita, ma il punto cruciale è che questo vale solo per un certo periodo. Dovete concentrarvi su voi stessi per riacquistare una connessione interiore diretta col vostro Essere superiore. Ma una volta ottenuta quella connessione, dovete portarla al livello successivo, rendendovi conto che siete un'estensione del vostro Creatore e che lo stesso vale per ogni altro essere umano.

Quando raggiungete un certo livello d'unità con Dio, dovete sviluppare un senso d'unità con tutta la vita. Non state semplicemente tentando di elevare la vostra coscienza, state cercando di elevare la coscienza delle altre persone e persino la coscienza collettiva. Solo quando date la vostra luce per aiutare gli altri, avrete completato il flusso a forma di otto, che è ciò che Gesù descrisse quando disse:"Il Mio Padre opera fino ad ora ed io opero" (Giovanni 5:17). Ora state usando il vostro conseguimento, la vostra luce, per operare a favore del piano più ampio di Dio, che è quello di elevare tutti quanti alla coscienza di Cristo.

Miei amati, il motivo dell'importanza vitale di questo fatto è che, se non effettuate la transizione dalla prospettiva centrata su di sé alla prospettiva centrata su Dio, userete la vostra luce per rafforzare l'egocentrismo del sé mortale. Sì, miei amati, per quanto sconvolgente possa sembrare a molte persone spirituali, devo dirvi la sgradita verità, che molte persone sincere hanno effettivamente preso questo sentiero egocentrico. Pensano di stare facendo tutto nella maniera giusta, ma la loro giustezza sta mancando il bersaglio. Invece di moltiplicare la propria luce e il conseguimento spirituale aiutando gli altri, esse hanno trasformato la luce nell'oscurità, che non fa altro che rafforzare i loro sé mortali. Questo è ciò di cui parlava Gesù in un commento, che è stato spesso interpretato male o ignorato: "La luce del corpo è l'occhio: se dunque il tuo occhio è singolo, tutto il tuo corpo sarà pieno di luce. Ma se il tuo occhio è malvagio, tutto il tuo corpo sarà pieno d'oscurità. Se dunque la luce che è in te è tenebre, quanto grandi saranno le tenebre!" (Matteo 6:22-23). Se il vostro occhio è singolo, voi vedete l'unità di tutta la vita. Se il vostro occhio è malvagio, cioè diviso, vedete tutto attraverso la coscienza di separazione, e quindi pensate che i vostri interessi siano in contrasto con l'insieme o superiori ad esso. Mentre crescete spiritualmente, raggiungerete un punto di svolta. E se non inizierete ad usare il vostro conseguimento spirituale per elevare l'insieme, sarà inevitabile che altererete la vostra luce e il vostro conseguimento, trasformandoli nell'oscurità della mente dell'anti-cristo – che nega la sua unità con il suo Creatore e con tutta la vita.

***

Miei amati, permettetemi di fare un tentativo per spiegare questo ulteriormente parlando delle motivazioni dietro alle azioni delle persone e persino dietro al loro approccio alla spiritualità. Su questo pianeta ci sono molte persone religiose che sono convinte che, per essere salvate e per essere delle buone persone religiose, esse debbano adorare Dio. Alcune credono persino di dover adorare Gesù. Per essere salvate, per essere accettate nel regno di Dio, molte di esse credono di dover fare qualcosa per Dio, di dover fare qualcosa che piaccia a Dio, di dover obbedire alle leggi di questo essere esterno nel cielo, che ha stabilito una legge rigida da osservare senza compromessi. Eppure se ci penserete logicamente, potrete porvi alcune domande, che ho sfiorato in precedenza.

Se Dio ha creato questo intero universo, è forse probabile che Dio abbia bisogno di qualcosa da un essere umano, che vive su questo piccolo pianeta? Che cosa mai potreste dare a Dio, di cui Dio avrebbe bisogno, che Dio non abbia già? Perché mai Dio avrebbe bisogno di essere adorato da chiunque, quando Dio è il Tutto e pertanto è completo in se stesso. Infatti, Dio è così completo, che sta costantemente dando di se stesso, come il sole sta costantemente lasciando splendere la propria luce. Miei amati, le persone che pensano di dover fare qualcosa per il Dio esterno o di dover dare qualcosa a quel Dio, sono come delle persone che pensano di dover costruire un gigantesco riflettore e dirigerlo sul sole, per dare luce al sole. Prima di tutto, non potreste costruire mai un riflettore abbastanza grande da avere un qualsiasi impatto sul sole. In secondo luogo, perché dovreste dare luce al sole, quando la ragion d'essere del sole è dare luce alla Terra? Riuscite a vedere come queste persone non stiano pensando in maniera logica e siano, in effetti, imprigionati nella coscienza di voler comprare la propria salvezza?

Spero che riusciate a vedere l'ovvio, vale a dire che Dio – nella forma del Creatore – non ha bisogno di nulla da voi. Dio non desidera che lo adoriate. Gesù non vuole che lo adoriate, ed è infatti per questo che egli disse: "Perché mi chiami buono? Uno solo è il buono, che è Dio" (Matteo 19:17). Dio non ha bisogno che andiate in una chiesa o in un tempio ad adorarlo o a bruciare degli incensi o ad offrire dei sacrifici. Dio non ha bisogno che costruiate delle cattedrali elaborate chiamandole case di Dio. Dio non ha bisogno di nulla di questo. Che cos'è dunque che Dio vuole che facciate con la luce che vi dà?

Facciamo il passo successivo per osservare le molte persone spirituali e religiose che sono arrivate più in alto. Si sono rese conto che nella religione non si tratta in realtà di adorare un Dio remoto, che non ha bisogno della loro adorazione. Nella religione si tratta di prendere le vostre credenze spirituali e metterle in pratica aiutando gli altri. Per esempio, ci sono molti cristiani sinceri e devoti, che hanno ottenuto un grande conseguimento in quest'area e che si sono dedicati per tutta la vita ad aiutare gli altri in nome di Gesù. Ci sono inoltre molte persone in altre religioni e nella comunità spirituale e nel movimento New Age, che stanno cercando altrettanto di aiutare ad elevare l'intero pianeta invocando energia positiva attraverso molti diversi rituali. Alcune di queste persone hanno davvero la sincerità pura del cuore. Tuttavia, altre non hanno ancora trasceso la tendenza ad essere centrate sul fare cose per il Dio remoto nel cielo. In altre parole, ci sono molte persone che stanno ancora lavorando per aiutare gli altri, perché pensano che questo faccia piacere a Dio. Lo stanno facendo perché sentono di doverlo fare; lo stanno facendo per un senso di obbligo o di dovere, o perché sentono che questo obbligherà Dio a salvarle. Alcune lo fanno addirittura per un sottile senso d'orgoglio, volendo dimostrare a Dio che hanno fatto tanto più di altre persone. Queste persone stanno dando solo per ricevere qualcosa in cambio, non stanno dando per l'amore di dare, per il puro amore di vedere fluire la vita.

Miei amati, ho parlato della paura come uno scarso motivatore. Ho parlato della necessità di avere la forza di volontà per vincere l'opposizione alla manifestazione del regno di Dio sulla Terra. La verità è che, se si basa sulla paura, la vostra forza di volontà non sarà sufficientemente forte da vincere l'opposizione creata dalla coscienza di massa e dal principe di questo mondo. Esistono molte persone che hanno superato la paura e che non stanno davvero agendo per paura. Eppure hanno ancora un senso d'obbligo e di dovere, e questo senso non è realmente altruistico. In verità, non si basa sull'unica cosa che può vincere ogni opposizione. E quell'unica cosa è la forza dell'amore.

Se volete superare la resistenza alla manifestazione della vita abbondante, avete bisogno di una forza di volontà che si basi interamente sull'amore. L'amore è la forza più potente dell'universo. Ma per elevarvi al di sopra della paura e del egocentrismo, dovete capire che cos'è l'amore, e questo è un problema per molte persone, persino per molte persone spirituali. Come ho detto, ci sono molte persone che hanno fatto grandi progressi spirituali. Ma se date uno sguardo onesto, vedrete che molte di esse hanno raggiunto un punto fermo. Per un certo periodo, hanno continuato a crescere ed a fare grandi progressi, ma poi sono arrivate ad un punto in cui hanno incominciato a sentire di aver capito abbastanza, di sapere abbastanza, di fare abbastanza. Molte di esse hanno sentito di aver trovato la verità definitiva, l'organizzazione, l'insegnamento o il guru definitivo. E hanno pensato che tutto quello che dovevano fare era rimanere in quell'insegnamento, rimanere in quell'organizzazione, continuare a seguire quel guru e allora, un giorno, sarebbero state salvate. Questa è una versione molto sottile del sogno di una salvezza automatica, ed è ancora focalizzata sulla loro persona. Miei amati, la forza motrice di tutta la vita è la trascendenza di sé, la spinta a diventare più di quanto siate proprio ora. Quindi, se pensate di sapere abbastanza e di fare abbastanza, vi ponete inevitabilmente al di fuori del Fiume della Vita, e così non potete chiudere il flusso a forma di otto.

Come ho detto, il sentiero spirituale arriverà ad un punto di svolta. Quando raggiungerete quel punto, non potrete fare ulteriori progressi – e *non ne farete* – finché non cercherete di andare oltre voi stessi. Non farete ulteriori progressi, finché non comincerete a dare di quello che avete ed a dare di quello che avete imparato. Invece di focalizzarvi sulla vostra crescita spirituale, dovete guardare al di là della vostra stessa crescita e osservare il pianeta come un insieme unico. Dovete cominciare a pensare a come poter usare ciò che avete imparato, ciò che avete scoperto, ciò che avete interiorizzato, per elevare la coscienza delle altre persone. Se non date quello che avete imparato, non crescerete oltre un certo punto. Sarà inevitabile per voi ristagnare. Tuttavia, come ho detto, non esiste la stagnazione. O state crescendo attraverso la trascendenza di sé o state collassando attraverso l'assorbimento di sé, la forza gravitazionale descritta nel secondo principio della termodinamica.

Ancora una volta devo sottolineare la spiacevole verità, che ci sono molte persone sulla Terra, che sentono di essere molto spirituali, che sentono di stare facendo la cosa giusta, eppure non stanno crescendo. Hanno raggiunto un livello a cui sentono di essere giusti, perché appartengono a questa o quella organizzazione. Guardano indietro alla propria vita e vedono quanto hanno fatto per una particolare organizzazione o per elevare la coscienza del pianeta. Ma anche se hanno fatto molto, hanno permesso che la loro crescita si fermasse. Non stanno pensando in realtà a come poter trascendere l'organizzazione esterna o l'insegnamento esterno. E, prima di tutto, non stanno pensando davvero a come poter trascendere se stesse, il proprio atteggiamento o il proprio approccio alla vita. Sono soddisfatte della comprensione che hanno e non stanno cercando la comprensione superiore, che può portarle al livello successivo. Non hanno capito che, fintantoché siete incarnati qui sulla Terra, c'è sempre un livello successivo. E vi eleverete dalla Terra in maniera permanente solo se siete disposti a cercare di raggiungere sempre il livello successivo.

Queste persone sono intrappolate nella giustizia denunciata da Gesù, quando disse che se la vostra giustizia non supera quella degli scribi e dei farisei, non potrete entrare nel regno dei cieli (Matteo 5:20). Miei amati, questo pone un dilemma molto difficile per noi, che siamo i vostri insegnanti spirituali, in quanto spesso ci fa perdere proprio le persone che hanno il conseguimento spirituale più elevato. Questo dilemma è semplice. Molte delle persone che saranno aperte agli insegnamenti di questo libro, sono persone che sono già aperte verso il sentiero spirituale e hanno fatto dei progressi significativi sul sentiero. Tuttavia, il problema è che molte di queste persone sono contente dei propri progressi. Leggeranno questo libro per curiosità e prenderanno alcune idee, che sembrano loro molto buone, perché confermano ciò che esse già credono. Eppure molti troveranno difficile usare questo libro per guardare nello specchio e vedere dove non hanno trasceso un certo livello di comprensione e di conseguimento. Molti saranno riluttanti a riconoscere il fatto che, sebbene abbiano fatto grandi progressi spirituali, non hanno ancora fatto il passo definitivo per stabilire la vita d'abbondanza. E come ho detto, quell'ultimo passo è dare gratuitamente ciò che avete ricevuto, usandolo per aiutare gli altri, ispirandoli ad elevarsi.

***

Miei amati, perché mai tante persone sono bloccate a questo punto di svolta, dove hanno tutta la conoscenza e tutta la comprensione di cui hanno bisogno, ma che, in qualche modo, non riescono a mettere in pratica, non riescono a tradurre in azione, per manifestare davvero la vita spiritualmente abbondante per se stesse e per gli altri? Bene, il motivo è che tante persone non hanno compreso la vera natura dell'amore. Questo è causato dal fatto che esse sono cresciute in una società, che si basa su una visione totalmente alterata dell'amore, vale a dire la visione dualistica dell'amore, una visione che si basa sulla coscienza dell'anti-cristo. Miei cari, l'amore umano non ha nulla a che fare con l'amore divino. Non è che l'amore umano sia l'opposto dell'amore divino. E' semplicemente che l'amore umano è sconnesso dall'amore divino. L'amore divino è la forza stessa che fa funzionare la creazione di Dio, ed è, come ho detto prima, la forza della trascendenza di sé, la forza del diventare di più. L'amore umano, al contrario, cerca di possedere, cerca di impossessarsi, cerca di controllare, cerca di rendere immobili le cose, fermando il flusso della vita. Quando possedete qualcosa, voi volete tenerlo. Questo dà automaticamente adito alla paura della perdita, e per evitare la perdita, pensate di dover controllare le vostre circostanze impedendo che cambino.

In essenza, siete presi da una forma di follia, che tenta di impedire a qualcosa di diventare di più, mantenendola in una condizione limitata. Pensate che ciò che avete, sia tutto quello che possiate possibilmente avere, per cui vorreste aggrapparvi ad una condizione limitata, piuttosto che permetterle di diventare di più. Fondamentalmente state dicendo a Dio, che vi sta offrendo un'abbondanza illimitata: "Lasciami stare, Dio, voglio tenere quello che ho; non voglio che diventi di più." Si vedono tante relazioni umane che, all'apparenza, potrebbero sembrare amorevoli, ma che in realtà si basano sul desiderio di possedere l'altra persona o di controllare ciò che si riceve dall'altro. Sotto sotto, la relazione apparentemente amorevole è il desiderio di controllare qualcosa, affinché possa rimanere uguale, affinché possiate continuare a possederla.

Miei amati, non dovrebbe essere ovvio, osservando la natura transitoria di ogni cosa sulla Terra, che, in definitiva, non potete possedere nulla? Che cosa c'è che potreste possibilmente tenere? Pensate al detto popolare che dice, che non potete portarvelo dietro, cioè che nessuno dei vostri beni materiali può essere portato con voi quando morite. Bene, miei amati, c'è qualcosa che potete portare con voi, vale a dire il vostro conseguimento spirituale che avete interiorizzato. Ma quel conseguimento spirituale richiede che comprendiate la natura dell'amore, cioè che l'amore è un flusso costante, ossia il Fiume della Vita, che non sta mai fermo. Il Fiume della Vita non cerca mai di possedere o di impossessarsi di alcunché; esso dà costantemente, fluisce costantemente – cambiando, trascendendo se stesso e diventando di più. Non tenta di possedere alcuna cosa, perché vede se stesso come uno con ogni cosa buona e perfetta. Sa che solo diventando di più – nell'essere uno con il Fiume della Vita – potete davvero possedere qualcosa. E soltanto quando non tentate di possedere e controllare alcuna cosa, potete permettere al Tutto di diventare di più. Solo dando di voi stessi potete moltiplicare i vostri talenti e diventare di più. E' solo nella trascendenza di sé che avete il vero possesso, in quanto solo quando trascendete voi stessi, rimarrete nel Fiume della Vita. E solo quando rimanete nel fiume, potete avere l'abbondanza, la vera abbondanza che cresce e diventa di più costantemente. Ecco perché dovete elevare la vostra comprensione dell'amore, affinché vi rendiate conto che il vero amore, l'amore divino, non sta mai fermo e non cerca mai di possedere, di impossessarsi o di controllare alcuna cosa. L'amore vero dà sempre di se stesso, ed è precisamente nel dare di sé che esso diventa di più.

Miei amati, questa è la chiave principale per manifestare l'abbondanza, ed è una verità che la maggioranza dei ricercatori spirituali non ha compreso appieno, non ha interiorizzato appieno o non ha messo pienamente in pratica. Ripensate a quello che ho detto sul chiudere il cerchio, sul chiudere il flusso a forma di otto. Per mantenere il flusso a forma di otto, dovete dare qui in basso ciò che avete ricevuto dall'Alto. Pensateci! Il Creatore vuole che voi diate gratuitamente ciò che avete ricevuto gratuitamente, ma non vuole che lo diate a *lui*, in quanto non ne ha bisogno. Se il Creatore avesse bisogno di qualcosa da voi, perché starebbe dando continuamente a voi la sua luce? Quindi Dio non ha bisogno che gli restituiate qualcosa, adorando un essere remoto nel cielo, operandovi a favore degli altri per far piacere a quell'essere remoto o concentrandovi ad elevare la vostra coscienza per impressionare quel Dio distante.

Quello di cui Dio ha bisogno da voi è che vi guardiate attorno e osserviate le condizioni attualmente esistenti sulla Terra. Dio ha bisogno che facciate una valutazione realistica e diciate: "Con tutto quello che so su Dio, come un Essere totalmente autosufficiente, che sta costantemente dando di se stesso, devo capire che l'amore di Dio è incondizionato e infinito. Pertanto, Dio non ha alcun altro desiderio se non quello di vedere il suo regno manifestarsi fisicamente sul pianeta Terra." Dovete rendervi conto, che è davvero il buon piacere del Padre dare a tutte le persone il suo regno, che egli non ha alcun desiderio di vedere le persone morire e andare in Cielo prima di ricevere quel regno, ma che egli vuole darlo a tutti proprio qui sulla Terra. Quando sapete e riconoscete questo, potete guardare il pianeta Terra e vedere che le attuali condizioni sono molto lontane dal regno di Dio. La realtà attuale sulla Terra è talmente lontana dalla suprema visione della mente di Cristo da essere quasi impossibile a descriversi. Quando vi rendete conto di questo, dovete effettuare una verifica molto seria della realtà e riconoscere, come ho spiegato in tutto questo libro, che il motivo per cui le condizioni attuali sono lontane dalla visione di Dio è, esattamente, che le persone sono cadute nella coscienza di dualità. Stanno usando male i loro poteri creativi, per ego-creare una vita di sofferenza, anziché co-creare il regno di Dio. Allora potrete considerare che cosa occorre per cambiare la situazione. Occorre che coloro i quali hanno una visione superiore, come voi stessi, facciano quanto è in loro potere per diffondere quella visione e per risvegliare gli altri.

Dovete riconoscere il fatto fondamentale, che Dio vuole che moltiplichiate ciò che avete ricevuto da lui, e lo fate donandolo agli altri. E' infatti per questo che Gesù disse: "In quanto lo avete fatto a uno di questi miei fratelli più piccoli, l'avete fatto a me" (Matteo 25:40). Qual è il significato più profondo dietro a quest'affermazione? Ai livelli inferiori della coscienza di Cristo, vi rendete conto di essere uno con Dio. Ma non vi potete fermare lì. Dovete trascendere al livello più elevato e rendervi conto che siete uno con Dio, perché l'Essere di

Dio è immerso in ogni cosa che è stata creata. Come ho spiegato, il Creatore ha creato ogni cosa dal suo stesso Essere. Quindi, quando date di voi stessi agli altri o alla Madre Terra, in realtà state dando a Dio. Solo che non state dando al Dio che percepite come un essere distante nel cielo. State dando al Dio vero, interiore, che è dentro ad ogni cosa.

Prendete nota della sottile distinzione qui. Non sto dicendo che non ci sia alcun dio in un regno superiore, poiché c'è invero un Essere, la cui coscienza è focalizzata come il Creatore di questo sistema di mondi. Eppure parte dell'Essere del Creatore è immerso in tutto quello che sia stato mai creato. Così, potremmo dire che esiste un aspetto impersonale di Dio, il Creatore, in un regno superiore, ed esiste un aspetto personale di Dio, il Dio che è in tutto. Esiste il Dio, che è il Tutto, e il Dio, che è in tutto. E quello che il Dio, che è il Tutto, desidera che voi facciate è, che diate luce e amore incondizionatamente al Dio, che è in tutto. Il Dio in tutto si sta nascondendo temporaneamente dietro ad una maschera di apparenze fisiche imperfette. Ma il Creatore vuole che voi liberiate quel Dio, che liberiate la Luce Madre, per rappresentare la perfezione prevista dal Creatore. Con questo il Dio, che è in tutto, sarà uno con il Dio, che è il Tutto. Non esisterà più l'illusione artificiale di separazione, creata dalla coscienza dell'anti-cristo.

***

Miei amati, quando le persone spiritualmente più progredite supereranno ogni tendenza ad essere centrate su se stesse e svilupperanno invece una consapevolezza non solo globale ma addirittura universale, ciò farà una differenza decisiva su questo pianeta. Quello che dovete riconoscere è che siete qui per essere un emissario della luce di Dio, un emissario della visione di Cristo. Siete qui per essere un co-creatore e per portare il regno di Dio sulla Terra. E soltanto quando riconoscerete il motivo stesso per cui il vostro Essere superiore ha scelto di venire qui, sarete in grado di sperimentare e manifestare la vita abbondante. La chiave per stabilire il flusso a forma di otto della vita abbondante è dare quello che avete, dare quello che avete ricevuto, dare quello che avete interiorizzato, dare quello che siete diventati. Dovete permettere al sole della vostra Presenza IO SONO di splendere attraverso i vostri quattro corpi inferiori e splendere sui giusti e sugli ingiusti. E questo, miei cari, richiede che superiate la menzogna primaria riguardante l'amore, diffusa dal principe di questo mondo.

Miei amati, la menzogna più insidiosa di tutte le menzogne diffuse dal principe di questo mondo, dalla mente serpentina, è che dovreste –

che *dovete* – dare amore condizionatamente. Questa menzogna cerca di farvi credere, che ci siano certe situazioni sulla Terra in cui è necessario, inevitabile e giustificato, bloccare il flusso dell'amore incondizionato di Dio attraverso il vostro essere. Quando osservate gli esseri umani oggi, vedrete che quasi tutti su questo pianeta sono bloccati in un atteggiamento in cui, per dare amore ad un altro essere umano, pretendono che costui sia all'altezza di certe condizioni – si meriti in qualche modo di ricevere amore. Questa è una menzogna insidiosa, poiché l'amore vero viene da Dio e Dio ve lo dà incondizionatamente. Egli lascia che la sua luce splenda sui malvagi e sui buoni, e fa piovere il suo amore sui giusti e sugli ingiusti (Matteo 5:45). Chi siete voi dunque per stabilire delle condizioni per darne agli altri? Non solo questa menzogna impedisce la manifestazione del regno di Dio su una scala più vasta, ma impedisce la manifestazione della vita abbondante per tutti quelli che sono intrappolati in questo approccio alla vita. Miei amati, in precedenza ho tentato di spiegare che il sole riceve la sua gioia dal fare splendere la sua luce. Quindi se dovesse porre delle condizioni, che lo indurrebbero a spegnere la sua luce, il sole farebbe male a se stesso spegnendo la fonte della propria gioia. Quando permettete ad una qualsiasi condizione, nella vostra mente o all'esterno di voi stessi, di fermare il flusso della luce di Dio, dell'amore di Dio, attraverso il vostro essere, state isolando la fonte stessa della vostra gioia, la fonte stessa della vita abbondante – che, come ho cercato di spiegare molte volte, è in realtà uno stato di coscienza.

Tante persone sentono che daranno amore a qualcun altro solo se questi rispetterà una serie di condizioni, alle quali hanno permesso di entrare nel loro essere. Miei amati, tutte queste condizioni – e sto facendo deliberatamente un'affermazione assoluta qui – sono state create dal vostro sé mortale e dal principe di questo mondo. Qualunque condizione – e di nuovo sto facendo un'affermazione risoluta – qualunque condizione, che vi induce a bloccare il flusso dell'amore di Dio attraverso il vostro essere, nasce direttamente dalla mente dell'anti-cristo e alimenta le forze dell'oscurità. Questo non si discute, non esiste assolutamente alcuna eccezione a questa regola. Miei cari, arriviamo di nuovo ad una sottile distinzione, che confonderà molte persone, finché non cercheranno la comprensione superiore della mente di Cristo.

Non sto dicendo che dobbiate uscire e, in maniera indiscriminata, dare via tutto quello che possedete o dare allo stesso modo a tutti quelli che incontrate. Esiste una differenza fondamentale tra il dare condizionatamente e il dare con discriminazione, con discernimento. Per capire questa differenza, dovete considerare di nuovo la natura dell'amore, come una forza che non permetterà a nulla di stare fermo in uno stato limitato. L'amore di Dio vuole sempre, che ogni cosa diventi più di quanto non sia proprio ora, che trascenda la sua condizione attuale. Capite il punto essenziale qui? Non sto dicendo che dobbiate trattare tutti quanti con lo stesso amore o con la stessa gentilezza. Non sto dicendo che dobbiate essere dolci e gentili con tutti quelli che incontrate. Quello che sto dicendo è che dovete lasciare che la luce di Dio fluisca attraverso il vostro essere in ogni situazione che incontrate, e dovete permettere che quell'amore faccia il suo lavoro liberamente e senza fermarlo, senza porre delle condizioni a ciò che l'amore di Dio può o non può fare attraverso voi. E che cosa vuole fare la luce di Dio attraverso voi? Vuole trasformare tutti quelli che incontrate, aiutandoli a risvegliarsi alla necessità di elevarsi, alla necessità di trascendere se stessi, alla necessità di diventare di più.

Se volete un esempio di questo, studiate la vita di Gesù con una consapevolezza nuova, che va al di là della falsa immagine costruita da tante chiese cristiane. Gesù è stato ritratto come un insegnante spirituale delicato ed emotivo, che era gentile e amorevole verso tutti, e quando dico gentile e amorevole, intendo in una maniera umana, simpatica. Molte persone sono entrate in uno stato di coscienza in cui credono che l'amore sia sempre tenero e gentile. Quindi, se siete amorevoli, parlate sempre dolcemente alle persone, facendole sentire bene riguardo allo stare in una brutta situazione o in uno stato mentale limitato. In realtà, questa è un'errata comprensione della natura dell'amore, che peggiora trasformandosi in simpatia umana, che potrebbe cercare di aiutare la gente a stare bene, ma non fa nulla per aiutarle a trascendere il loro attuale stato di miseria e limitazione. Se osservate la vita di Gesù, vedrete che egli non era un leader spirituale di quel genere. Egli non era sempre dolce e gentile, spesso era molto risoluto e molto diretto. Guardate come sfidò gli scribi e i farisei e come cacciò i cambiavalute dal tempio. Guardate quante volte egli sfidò i propri discepoli dicendo loro che erano senza comprensione o di poca fede. La ragione di questo è che Gesù aveva il vero amore divino e perciò – in ogni situazione che affrontava, per ogni persona che incontrava – egli voleva che tutto diventasse di più. Gesù non voleva lasciare alcuna situazione o persona uguale a come l'aveva trovata. Egli voleva aiutarle ed ispirarle, o anche sfidarle e costringerle, a trascendere se stesse, ad elevarsi, a diventare di più. Miei cari, questo è amore vero – che non lascerete alcuna cosa uguale a prima, che non permetterete che l'attuale miseria e lotta rimangano sul pianeta Terra. Non è amorevole andare semplicemente in giro a mostrare simpatia alla gente. E' amorevole fare qualsiasi cosa sia necessaria per aiutarle a trascendere il loro attuale stato di coscienza, che è la vera causa della loro lotta esteriore.

Per aiutare le persone – che sono bloccate nell'egoismo e nell'egocentrismo – a trascendere il loro attuale stato di coscienza, potrebbe essere necessario essere molto decisi e molto diretti. Potrebbe essere assolutamente necessario sfidare e smascherare le credenze dualistiche, alle quali esse si sono attaccate. Può essere necessario scuotere la loro convinzione di sapere tutto o sfidare qualunque scusa usino per non cambiare. Qualcuno pensa che questo sia poco gentile, ma da una prospettiva più ampia, non è poco gentile – è la gentilezza ultima. Non è gentile lasciare le persone in uno stato di coscienza, che garantisce che lo specchio cosmico continuerà a rimandare loro miseria e lotta. E' gentile fare qualunque cosa sia necessaria per scuoterle da quello stato di coscienza e aiutarle ad assumersi la responsabilità per la loro vita, affinché possano proiettare nello specchio cosmico qualcosa che venga restituita come condizioni più abbondanti. Questa è vera gentilezza spirituale, ed è una merce rara sulla Terra. Ma voi potete renderla più comune – se eleverete la vostra comprensione della natura dell'amore.

***

La chiave maestra per manifestare la vita abbondante per voi stessi è vedere voi stessi come un co-creatore, che è qui per aiutare la Terra ad avvicinarsi a manifestare il regno di Dio. Non siete qui semplicemente per accettare le condizioni così come sono o per aiutare le persone a sentirsi bene riguardo allo stare nelle loro limitazioni attuali. Siete qui per aiutarle a salire più in alto, per aiutare tutta la vita ad elevarsi. Quindi, miei amati, che cosa vi occorrerà per realizzare davvero questo ruolo? Occorrerà un cambiamento di percezione, in modo da superare un'altra delle illusioni insidiose create dal principe di questo mondo. Ciò che il principe di questo mondo vuole che crediate è, che le limitazioni e le imperfezioni attualmente esistenti sulla Terra siano reali in un senso definitivo. Il principe di questo mondo vuole che crediate, che l'attuale stato d'imperfezione e di lotta sia inevitabile, perché Dio non è qui sulla Terra e, perciò, il regno di Dio non può essere manifestato qui sulla Terra. Questa è l'illusione ultima presentata dal principe di questo mondo, che sta abilmente usando l'attuale stato dell'universo materiale per costruire questa illusione.

Se ripensate a ciò che ho detto in una chiave precedente, otterrete una comprensione più profonda di questa illusione. Vi ho detto che l'universo materiale è la sfera più recente nella creazione di Dio. Quando Dio crea una nuova sfera nel vuoto, quella sfera ha una quantità di luce appena sufficiente per separarla dal vuoto. E poi alcuni esseri consapevoli di sé, da una sfera superiore, scendono nella nuova sfera per portare la luce di Dio e per sovrapporre la visione della mente di Cristo sulla Luce Ma-ter. Lo scopo è quello di far sì che l'ultima sfera rappresenti la visione di Cristo. Ma il mio punto è che, fintantoché una nuova sfera non sarà stata ancora riempita con una massa critica di luce, è inevitabile che sembri che Dio non sia presente in quella sfera. Questo accade perché la luce di Dio non è presente con l'intensità che la rende ovvia ai sensi più grossolani del corpo fisico. In altre parole, nell'universo materiale non c'è ancora abbastanza luce per rendere possibile ai sensi fisici di vedere la luce dietro a tutte le manifestazioni. I vostri occhi non riescono a vedere che la materia fisica, come questo libro, è in verità fatta della Luce Madre, che ha assunto una forma temporanea. Quindi, miei cari, è naturale, a questo punto dell'evoluzione della Terra, che i sensi fisici degli esseri umani non riescano a vedere la luce di Dio dietro alle manifestazioni esteriori. Il Voi Consapevole è perfettamente in grado di vedere la luce di Dio. Tuttavia, per vederla, dovete stare al di fuori del velo delle illusioni creato dal principe di questo mondo.

Questo velo si basa sulla convinzione, che ciò che vedete con i sensi è reale e che ciò che non vedete, vale a dire la luce di Dio, non esiste. Questa è l'illusione creata dal principe di questo mondo, nel tentativo di controllare questo mondo e di impedire ai co-creatori di Dio, che sono qui per portare la luce di Dio, di realizzare la loro missione. Il principe di questo mondo è riuscito, prima di tutto, a far sì che questi esseri consapevoli di sé si dimenticassero della loro vera identità e si identificassero con il loro corpo fisico. Ed ora egli sta usando le limitazioni del corpo fisico per tenere le persone imprigionate in questa illusione. Egli vuole che voi crediate nell'illusione, che Dio non è qui e che le attuali imperfezioni sono reali, inevitabili e permanenti. Vuole che crediate in questo, affinché non permettiate alla vostra luce di splendere e non sostituiate così le attuali condizioni, elevandole secondo la perfetta visione della mente di Cristo.

Miei amati, con tutto quello che vi ho raccontato in questo libro, riuscite finalmente a vedere che questo è il complotto ordito dal principe di questo mondo e dal vostro sé mortale? Come potete superare questa grande illusione dei tempi, questa illusione che intrappola più del 99% della gente su questa Terra? Come potete liberarvene? Potete farlo, come ho detto, solo purificando i vostri quattro corpi inferiori. Così facendo, sarete in grado afferrare la visione più elevata, riservata da Dio per questo pianeta, che è ciò che potremmo chiamare il concetto immacolato. Il concetto immacolato è il vero significato dell'immacolata concezione.

Forse vi ricordate che io ero colei che partorì Gesù attraverso quella che le chiese cristiane ortodosse chiamano l'immacolata concezione (Luca 1:35). Ma questo non significa che Gesù fosse concepito in una maniera innaturale o soprannaturale. Significa che, dopo aver ricevuto la visitazione dell'angelo e aver accettato il cambiamento drammatico, che era far nascere un bambino, mi fu dato il concetto immacolato, la visione immacolata, per Gesù e la sua missione. Mi venne data una visione interiore, che mi mostrò chi era Gesù come un essere spirituale, mi venne data una visione del motivo per cui egli veniva sulla Terra e di quello che era destinato a compiere in quella vita. Per tutta la durata della sua vita era mio dovere, nonché una sfida– ed a volte uno sforzo – per me, tener fede a quel concetto immacolato. Devo dirvi che c'erano dei periodi in cui Gesù era un bambino molto difficile, un adolescente molto difficile e, qualche volta, persino un adulto molto difficile. Eppure, qualunque cosa egli facesse o qualsiasi cosa accadesse, era una mia sfida rimanere fedele alla visione immacolata, che egli avrebbe manifestato la sua piena Cristianità compiendo la sua missione.

Miei amati, esistevano molti scenari diversi per come la missione di Gesù sarebbe potuta essere realizzata nelle circostanze esterne. Il potenziale più elevato era, in effetti, che molti del popolo, e persino alcuni dei leader della religione ebraica, lo ricevessero come il Messia. Ovviamente, questo non si avverò, e potremmo persino dire che quello che accadde, come eventi esterni, era vicino al potenziale più basso. Tuttavia, da una prospettiva più elevata, la missione di Gesù fu un totale successo, in quanto egli ottenne la piena coscienza di Cristo e dimostrò con questo il cammino verso la Cristianità. L'essenza di quel cammino è che uno non sta seduto ad aspettare le condizioni ideali sulla Terra prima di far splendere la propria luce e di dare l'amore di Dio. Al contrario, uno prende le condizioni che si trova ad affrontare, per quanto siano difficili, e permette alla luce e all'amore di Dio di elevare quelle condizioni. E così, nonostante le condizioni esterne, e per quanto imperfette possano sembrare, da una prospettiva più elevata, la missione di Gesù fu un successo. Allo stesso modo, la vostra missione può essere un successo, anche se le vostre circostanze esterne non rispettano qualche criterio umano. La chiave è che dovete essere disposti a trascendere le vostre limitazioni.

Era il mio ruolo e la mia sfida vedere al di là delle condizioni esterne e vedere Gesù sempre vittorioso, vale a dire che egli avrebbe conquistato la sua risurrezione. Anche mentre lo vedevo sotto processo, mentre lo vedevo camminare con sforzo attraverso le strade affollate di Gerusalemme trascinando la sua croce, e anche mentre lo vedevo appeso sulla croce, era la mia sfida vedere al di là di queste condizioni esterne, molto stressanti e molto imperfette. Dovevo tener fede alla mia visione del concetto immacolato e mantenere salda la visione, che Gesù si sarebbe elevato al di sopra di tutte le limitazioni umane e avrebbe conquistato la sua libertà eterna nella risurrezione.

Miei cari, questa è la sfida che voi affrontate nella vostra vita personale, ed è la sfida che in quest'epoca affrontate su scala planetaria. La sfida fondamentale della vita sulla Terra è non permettere MAI ad alcuna condizione di ingannarvi a bloccare il flusso della luce e dell'amore di Dio attraverso i vostri quattro corpi inferiori. Dovete rimanere fedeli alla vostra visione suprema, non accettando mai le imperfezioni come reali, permanenti o insormontabili. Dovete rendervi conto che, dietro a tutte le condizioni esterne, c'è la pura Luce Ma-ter, e la Luce Ma-ter ha il potenziale di rappresentare qualunque visione proiettata su di essa attraverso le menti consapevoli di sé. Quindi, la Luce Ma-ter può raffigurare la perfezione di Dio altrettanto facilmente quanto può raffigurare le attuali imperfezioni esistenti sulla Terra.

Ho prodotto un altro libro attraverso questo messaggero, in cui parlo di quello che deve succedere a livello planetario in quest'epoca. Do certe profezie e dico che la centralissima questione è che l'umanità deve essere risvegliata alla connessione tra la propria coscienza e ciò che accade sul pianeta fisico, sotto forma di disastri naturali e conflitti umani. Spiego che, se le persone non vengono volontariamente risvegliate a questa realtà, vedrete molte forme di calamità e sconvolgimenti su questo pianeta, causati dal fatto che lo specchio cosmico sta rimandando all'umanità ciò che è stato mandato fuori. Questo non viene fatto per punire; viene fatto nella speranza che un giorno la gente si svegli a vedere le conseguenze delle proprie azioni. Se tutto va bene, esse inizieranno a chiedersi, se non esista una causa nascosta e se non debbano cambiare se stesse per evitare queste calamità esterne. La mia grande speranza è che le persone possano essere svegliate per mezzo di una guida spirituale, anziché passare attraverso la scuola dei colpi duri. Tuttavia, la valutazione realistica è che ci saranno davvero molte calamità prima che ci sia un risveglio a vasta scala. E così devo profetizzare, che è probabile che ci saranno molte calamità prima che il risveglio raggiunga una massa critica. Quello che mi serve dalle persone spiritualmente più sveglie su questo pianeta è una devozione assoluta al compito di mantenere il concetto immacolato per l'umanità e per il pianeta Terra. Ho bisogno di coloro i quali guarderanno oltre le condizioni esterne, per quanto disastrose possano sembrare, e rimangono fedeli al concetto immacolato, secondo cui la Terra è costantemente più vicina a manifestare il regno di Dio.

Miei cari, quando guardate una donna che sta partorendo, vedendo come lei passa attraverso ondate su ondate di dolore, potreste diventare talmente turbati da dimenticare che lei sta semplicemente subendo un dolore temporaneo per far nascere un bellissimo nuovo bambino. Ho bisogno di coloro i quali osserveranno la Madre Terra vedendo che, sebbene possa passare attraverso vari dolori e calamità, come lo tsunami nell'Oceano Indiano e l'uragano negli Stati Uniti, si tratta semplicemente di doglie, che stanno aprendo la strada ad un'era nuova e migliore, l'Era d'Oro. Non sto dicendo che Dio desideri tali calamità; sto solo dicendo che l'umanità non sembra disposta a risvegliarsi senza sentire la Terra scuotersi sotto i propri piedi.

***

Per rimanere fedeli al concetto immacolato, dovete essere disposti a guardare oltre le imperfezioni esterne. Per farlo costantemente, dovete rendervi conto di un'importantissima verità. Ci sono molte persone spirituali che sono state ispirate dall'analogia, che non è possibile rimuovere l'oscurità da una stanza. Immaginate di avere una stanza che è nell'oscurità completa. Non potete portare fuori l'oscurità e buttarla via. Questo non è possibile, in quanto l'oscurità non ha sostanza, e quello che non ha sostanza non può essere rimosso o distrutto. Miei cari, è questo che ho tentato di farvi notare dall'inizio di questo libro. La coscienza di dualità, la coscienza dell'anti-cristo, non ha alcuna realtà in sé. In verità, non ha alcuna sostanza, non è altro che assenza di luce, assenza della verità di Cristo. Capite quello che voglio dire? Attualmente c'è mancanza di luce sul pianeta Terra, come c'è nell'intero universo materiale. Ma questa è destinata ad essere una condizione temporanea, che sarà rapidamente superata, mentre sempre più persone permettono alla luce di Dio di splendere attraverso il loro essere. Quello che è successo sulla Terra è, che il principe di questo mondo è riuscito a far sì che la maggioranza delle persone creda nella menzogna, che questa assenza di luce sia permanente e inevitabile e dimostri che Dio non è qui, che Dio non vuole essere qui e che a Dio non importa degli esseri umani. Alcuni credono addirittura che questo dimostri che Dio non esiste.

Miei amati, nel corso della storia avete visto molte persone su questa Terra, che sono state coinvolte nella lotta contro il male. Sono state intrappolate nella convinzione che, per rimuovere il male, debbano distruggerlo e distruggere le sue manifestazioni sulla Terra. Nella maggioranza dei casi, hanno identificato un certo gruppo di persone come la causa del male, e così sono cadute in preda ad un'altra menzogna satanica, vale a dire che, se solo uccidessero tutte le persone che appartengono a quella razza, nazionalità o religione, il male verrebbe rimosso dal pianeta. Questa è la menzogna secondo cui è necessario e giustificato fare del male affinché il bene possa trionfare. Questa è una menzogna davvero satanica perché, come ho detto, non è possibile rimuovere qualcosa che non ha sostanza. Quindi, se commettete un male per rimuovere il male, non fate altro che aumentare l'oscurità – aumentare l'energia alterata – e in questo modo alimentate le forze del male.

Miei cari, permettetemi di darvi un'altra sottile distinzione. Nella sua essenza, l'oscurità non ha alcuna sostanza. La coscienza di dualità non ha alcuna sostanza o realtà, e può continuare ad esistere solo finché gli esseri consapevoli di sé le permetteranno di rimanere nelle loro menti, nelle loro sfere di sé. Tuttavia, sul pianeta Terra avete un fenomeno che aumenta il potere dell'oscurità, e quel fenomeno sono le energie alterate prodotte dall'umanità nel corso delle epoche. Si tratta di una sostanza temporanea, che può essere usata da coloro i quali sono intrappolati nella coscienza dell'anti-cristo per favorire il loro controllo sugli esseri umani. In precedenza l'ho chiamata energia psichica alterata. L'oscurità, cioè l'irrealtà della coscienza dell'anti-cristo, non ha alcuna sostanza, alcuna realtà, e davvero non può fare nulla da sola. Ma una volta che gli esseri consapevoli di sé saranno rimasti intrappolati nella coscienza di dualità, essi potranno usare l'energia psichica alterata per ottenere potere sugli altri.

Dato che quest'energia alterata ha sostanza, potremmo dire, che è possibile rimuovere l'energia alterata e togliere quindi potere alle forze dell'oscurità. Tuttavia, non potete dominare l'energia alterata rimuovendola o distruggendola. Una volta che l'energia è stata portata nel regno della materia, non potete farla scomparire, non potete trasformarla in nulla. L'unico modo di dominare l'energia alterata è riportarla ad uno stato di purezza, infondendola di luce ad alta frequenza, che elevi la sua vibrazione, e imponendo su di essa la pura visione della mente di Cristo, per darle una forma più perfetta.

Se vi lasciate attirare in un conflitto umano e pensate di dover uccidere altre persone nel nome di Dio, state solo alterando altra energia, aggiungendo così alla somma totale di energia alterata usata dalle forze dell'oscurità. Il mio punto è che non si può combattere l'oscurità per mezzo di azioni o sentimenti negativi, che violano la legge dell'amore di Dio. Non farete altro che aumentarla, diventando così più avviluppati in essa e aumentando la forza dell'oscurità planetaria. Tuttavia, l'energia alterata è in definitiva irreale. Non può esistere per sempre, perché la forza contraente della Madre farà sì che, alla fine, tutte le strutture fatte di energia alterata si autodistruggeranno. Quindi anche le condizioni imperfette, fatte d'energia imperfetta, sono irreali. Il punto cruciale che sto cercando di spiegare è, che non potete rimuovere le condizioni imperfette dalla Terra. Non potete semplicemente afferrarle e gettarle in un buco nero per farle scomparire. La vera chiave per rimuovere l'oscurità esistente sulla Terra è infondere luce in essa, infondere amore in essa, di modo che l'oscurità trascenda il suo attuale stato di limitazione e diventi di più.

Miei amati, riuscite a vedere la differenza cruciale? Tante persone osservano le imperfezioni sulla Terra e diventano agitate. Diventano arrabbiate e sentono di dover fare qualcosa per cambiare questo, per combattere l'oscurità. Tuttavia, fin quando siete motivati dalla paura o dalla rabbia, ogni cosa che fate altererà altra energia e perciò aumenterà la forza dell'oscurità. Quando siete in uno stato di coscienza che si basa sulla paura, sulla rabbia, sull'odio, sull'orgoglio o su altre emozioni negative, state permettendo a certe condizioni di indurvi a bloccare il flusso dell'amore di Dio attraverso il vostro essere.

Penso che questo dovrebbe essere ovvio, se osservate una persona che è arrabbiata. Quella persona sta esprimendo amore? Naturalmente no! La persona sta dicendo che, siccome qualcuno ha fatto qualcosa di sbagliato, è giustificato che essa si arrabbi e, pertanto, non reagisca alla situazione con amore. In altre parole, le persone stanno dicendo che se qualcuno fa loro un torto, esse devono fermare il flusso dell'amore di Dio attraverso se stesse e rispondere con sentimenti negativi, anziché rispondere con amore. Eppure, miei cari, Gesù non vi disse forse di amare i vostri nemici e di porgere l'altra guancia? In tutti i suoi insegnamenti Gesù tentava di dare un unico semplice messaggio. Il messaggio essenziale che Gesù dava, era questo: "Qualsiasi cosa accada, qualsiasi cosa gli altri facciano a voi, qualsiasi cosa la vita vi getti addosso, rispondete sempre con amore!" Ma l'amore con cui dovete rispondere, è l'amore divino, che non accetta alcuna imperfezione come definitivamente reale o come permanente. Pertanto, state permettendo all'amore di Dio di fluire attraverso il vostro essere e impregnare le condizioni imperfette, al che queste si trascenderanno diventando di più.

Miei amati, se darete uno sguardo onesto all'umanità, vedrete che la maggioranza delle persone è intrappolata in uno schema di reazione. Qualcuno le danneggia ed esse si arrabbiano con quella persona. Perciò ora entrano in una modalità dominata dalla risposta 'fuggi o combatti'. Prima tentano di allontanarsi dall'altra persona, di fuggire davanti al problema. Se questo non è possibile, o cercano vendetta o vogliono che l'altra persona sia punita. Ciò che le persone fanno, quando entrano in questo stato di coscienza, è abbandonare il concetto immacolato. Accettano invece un'immagine imperfetta, una visione imperfetta, dell'altra persona. Accettano quella visione come permanente, e dicono che quella persona è una persona cattiva. Questo non fa altro che aumentare il fardello dell'altro e aumentare l'energia alterata, che è sospesa come una nuvola nera attorno a questo pianeta. Per mezzo dell'energia che alterano, a causa della loro visione imperfetta e dei loro sentimenti negativi, esse stanno rafforzando l'immagine imperfetta, rendendo ancor più difficile per l'altra persona sfuggirle. E' esattamente questo che ha fatto sì che tanti conflitti umani siano stati trasformati in spirali negative, che si rafforzano da sé e che nessuno ha il potere di fermare. Ma il motivo per cui le persone non hanno il potere di fermare tali spirali è che esse non sono disposte ad usare la chiave data da Gesù, ovvero smetterla di rafforzare la spirale discendente porgendo l'altra guancia (Matteo 5:39). Solo quando qualcuno decide di perdonare, anziché cercare vendetta (Matteo 18:22), è possibile spezzare una spirale di violenza e contro-violenza e contro-contro-violenza.

In realtà, nessun essere consapevole di sé, creato da Dio, è un essere intrinsecamente cattivo o malvagio. Tutti sono stati creati nel concetto immacolato ed hanno il potenziale di ritornare a quella realtà più elevata. Tutti quelli che violano la legge dell'amore, lo fanno perché sono intrappolate nella coscienza di dualità. Quindi, se volete punire o distruggere una persona del genere, state in effetti cadendo preda allo stesso stato di coscienza che ha indotto quella persona a fare qualunque cosa vi abbia fatto. Quello che dovreste fare, invece, è mantenere il concetto immacolato per l'altra persona e per voi stessi. Dovreste fare tutto quello che potete per trattenervi dal reagire alla situazione in una maniera dualistica. E dovreste mantenere la visione, che l'altra persona trascenderà le sue credenze imperfette e scoprirà ancora una volta la sua vera identità come un essere spirituale libero in Dio. Miei amati, so che molte persone sono state sottoposte a tremende atrocità per mano di altre persone. So che può essere difficile tirarsi fuori dai sentimenti negativi che risultano da tali esperienze. Eppure, se ci penserete da una prospettiva più elevata, vedrete che l'unico modo in cui possiate diventare liberi da tali eventi negativi è quello di elevarvi al di sopra della coscienza dell'occhio per occhio e dente per dente. Solo quando concentrate tutta l'attenzione per elevare sia voi stessi che le altre persone, sarete davvero in grado di liberarvi e di manifestare una vita più abbondante.

Miei amati, Gesù venne su questa Terra 2.000 anni fa per aiutare l'umanità ad elevarsi al di sopra della coscienza del volere un occhio per un occhio. Se i suoi insegnamenti fossero stati interiorizzati da tutti, il regno di Dio sarebbe già stato manifestato sulla Terra. Non è troppo tardi, ma ciò non accadrà, a meno che le persone spiritualmente più consapevoli non faranno uno sforzo di tutto cuore per liberarsi dalla coscienza di dualità.

***

Ciò di cui ho bisogno da voi è che cambiate in maniera drastica il vostro modo di vedere la vita e il vostro approccio alla vita. Ho bisogno che il rimanere fedeli al concetto immacolato, alla visione immacolata, diventi la priorità principale della vostra vita. Mi rendo conto perfettamente che, a questo punto, potreste non avere la visione definitiva, che è conservata nella vostra Presenza IO SONO e nella mente universale di Cristo. Tuttavia, dato che avete letto questo libro, avete una visione molto più elevata, molto più spirituale, dell'ampia maggioranza della gente su questo pianeta. Ho bisogno che voi rimaniate fedeli alla visione più elevata che avete proprio ora, e qualunque cosa accada all'esterno – nella vostra vita personale o su scala planetaria – ho bisogno che concentriate la vostra attenzione sempre sulla visione più elevata possibile. Ho bisogno che non scendiate mai al di sotto di quella visione, accettando che qualche imperfezione sia definitivamente reale o immutabile. In altre parole, ho bisogno che rimaniate fedeli alla visione più elevata che avete proprio ora, mentre state costantemente cercando di ottenere una visione più elevata e più chiara entrando dentro di voi. Lo fate chiedendo al vostro sé Cristico e ai vostri insegnanti spirituali di guidarvi verso una visione superiore . Quello che sto dicendo è, che ho bisogno che trascendiate costantemente voi stessi e visualizziate le altre persone, le condizioni esterne e il pianeta intero nell'atto di trascendere se stessi e di diventare di più.

Miei amati, come si fa a rimuovere l'oscurità dalla Terra? La si rimuove amandola di un amore divino, al che essa diventa di più, trascende se stessa, viene trasformata nella luce di Dio e nella visione di Cristo. Non sto dicendo di amare effettivamente l'oscurità, ma di amare la Luce Madre che è stata imprigionata in una matrice imperfetta. Amate la luce stessa, con una forza tale che la liberate dalla forma imperfetta e la ritrasformate nella pura Luce Madre. Non sto parlando qui della falsa luce, che può dare persino a Satana l'apparenza di un angelo di luce (2Corinzi 11:14). Non sto parlando dell'ipocrisia che avevano gli scribi e i farisei, che pensavano di essere più santi delle altre persone, grazie alle condizioni esterne. Sto parlando della vera luce che vede al di là di tutte le condizioni materiali e vede al di là dell'intera illusione dualistica. Come ho tentato di spiegare nelle chiavi precedenti, la coscienza di dualità stabilisce due estremi, vale a dire il bene relativo e il male relativo. Sulla Terra ci sono molte condizioni che potrebbero sembrare buone, ma che sono solo relativamente buone. Non sono il bene assoluto della mente del Cristo. Ho bisogno che aguzziate il vostro discernimento, affinché possiate vedere sia oltre le apparenze del bene relativo sia oltre le apparenze del male relativo, e anche oltre la menzogna del male assoluto. Ho bisogno che rimaniate fedeli al concetto immacolato e che cerchiate costantemente una visione superiore assumendo la mente di Cristo.

Come regola generale per il vostro comportamento esteriore, potete prendere l'esortazione di Gesù ad amare ogni cosa con l'amore divino. Qualunque situazione affrontiate, ponetevi questa domanda: "La mia reazione a questa situazione si basa sulla visione d'amore più elevata che ho attualmente?" Potete anche chiedere a voi stessi: "Sto cercando di migliorare questa situazione, per contribuire a farla diventare di più, o sono forse caduta nella trappola di affermare come immutabile il suo attuale stato di imperfezione?" Miei cari, se volete conoscere una regola semplice, per come trattare le altre persone e le situazioni esterne, posso darvi un'indicazione molto semplice, cioè di benedire ogni cosa. Benedite ogni cosa, permettendo alla forza vitale stessa, cioè all'amore incondizionato di Dio – che molti cristiani chiamano lo Spirito Santo – di fluire attraverso il vostro essere. Benedire qualcosa significa che state cercando di renderla migliore, trasformarla, aiutarla a diventare di più, accelerarla e aiutarla a trascendere la sua attuale imperfezione. Benedite tutto e tutti secondo la massima capacità della vostra visione attuale. E poi benedite costantemente voi stessi affinché possiate arricchire la vostra visione.

Prima di andare oltre, permettetemi di collegare ciò che abbiamo appena detto con qualcosa di cui ho parlato in precedenza. Il principio essenziale qui è che voi non cercate di distruggere qualcosa di cattivo, ma la trasformate in qualcosa di migliore. Eppure prima ho parlato dettagliatamente della necessità di lasciar morire il vostro senso d'identità mortale. So che questi insegnamenti possono sembrare contraddittori, per cui lasciate che provi ad aiutarvi a salire al di sopra della prospettiva dualistica, che proietta una contraddizione dove non esiste. Ho appena parlato di due forme di oscurità, cioè di quella che ha sostanza e di quella che non ha sostanza. Se vogliamo essere davvero precisi, potremmo dire che esistono tre forme di oscurità:

- C'è l'oscurità originale, che esiste nel vuoto. Non è il male e non è in opposizione alla luce del Creatore. E' semplicemente l'assenza della luce del Creatore e sarà volentieri rimpiazzata dalla luce. Questa oscurità non vi preoccupa, in quanto non si oppone attivamente alla manifestazione del regno di Dio sulla Terra.

- C'è l'oscurità, che ho chiamato la coscienza di dualità, la coscienza dell'anti-cristo. Questa oscurità non è passiva, in quanto è nata da un atto di volontà, o piuttosto da un atto di anti-volontà, che si ribella contro la volontà del Creatore. Questa oscurità è, in definitiva, irreale e non ha alcuna sostanza in sé, e con questo intendo che non ha alcuna esistenza materiale. Esiste solo nelle menti di esseri consapevoli di sé e può continuare ad esistere solo fino a quando questi esseri scelgono di vederla come reale. Questa è quel genere di oscurità che contrasta la vostra crescita dall'interno della vostra mente, e anche attraverso altre persone, cercando di subentrare e di controllare la vostra mente per mezzo delle menzogne e delle illusioni dualistiche.

Questa è la forma di oscurità che compone il vostro sé mortale ed ha creato una falsa immagine del mondo, un'immagine idolatrica, un idolo. Questa falsa immagine è ciò che ha fatto nascere il vostro sé mortale, il vostro senso d'identità come un essere mortale, limitato e imperfetto. Se combattete attivamente contro questa forma di oscurità e cercate di distruggerla o di sradicarla, diventerete inevitabilmente più avviluppati nella coscienza di dualità. Così altererete dell'energia, creerete del karma e proietterete immagini imperfette nello specchio cosmico. Non potete distruggere o estirpare mai realmente questa forma di oscurità, ed è questo il motivo per cui Gesù vi disse di non contrastare il male (Matteo 5:39).

L'unico modo di superare questa forma di oscurità è trascenderla, elevarsi al di sopra di essa, rifiutarsi di accettarla come reale, lasciandola quindi semplicemente indietro. Ecco perché dovete lasciare che il vostro senso d'identità mortale muoia. Quando questo sé mortale muore, la coscienza dell'anti-cristo, il principe di questo mondo, non avrà nulla in voi (Giovanni 14:30), con cui possa controllarvi, costringervi o tentarvi ad avere una reazione dualistica alle condizioni imperfette. Ma per farlo fino in fondo, dovete rendervi conto che molte condizioni dualistiche sono delle perversioni della verità di Cristo. Quindi, per permettere pienamente che il vostro senso d'identità dualistica muoia, dovete vedere al di là di esso e afferrare la vostra vera identità. Non potete esistere in un vuoto, per cui, prima di poter lasciar andare la vostra identità mortale, dovete vedere la vostra vera identità. Potremmo dire che voi superate questa forma di male, che si basa su una menzogna, sostituendolo con la verità di Cristo. Potete lasciar morire il vostro senso di sé mortale e rinascere alla vostra vera identità spirituale. Questa forma di oscurità è come una pellicola, con delle immagini imperfette, che esiste nelle menti di esseri consapevoli di sé. L'unico modo di superarla è quella di sostituirla con un'altra pellicola basata sulla visione di Cristo, sul concetto immacolato.

- La terza forma di oscurità è quella che ho chiamato l'energia alterata, che viene creata prendendo la Luce Madre pura e abbassandone la vibrazione, imprimendo un'immagine ed un sentimento dualistici su di essa. Questa oscurità ha una sostanza materiale effettiva, in quanto è fatta della Luce Madre. Potremmo dire che la coscienza di dualità esiste solo nella mente dei co-creatori consapevoli di sé e quindi non ha quella che gli scienziati chiamerebbero un'esistenza oggettiva, un'esistenza che è indipendente dalla mente. Tuttavia, la Luce Madre è stata creata dal Creatore e, una volta che ne è stata abbassata la vibrazione, essa ha un'esistenza oggettiva, vale a dire che essa può esistere indipendentemente dalle menti dei co-creatori.

    Il mio punto qui è che la Luce Madre alterata non può essere purificata ignorandola. Essa non morirà solo per il fatto che voi trascendete le illusioni dell'anti-cristo. Sarà purificata soltanto quando trasformerete le sue forme imperfette sostituendole con la visione perfetta, la visione non-dualistica, della mente di Cristo. Questo è ciò che io ho chiamato l'alchimia spirituale, e i miei rosari sono stati ideati per aiutarvi ad invocare l'energia ad alta frequenza, che eleverà la vibrazione dell'energia alterata. Sono anche stati progettati per aiutarvi a risolvere le credenze dualistiche, che vi impediscono di lasciar morire il vostro sé mortale. Quindi essi hanno la duplice funzione di aiutarvi a superare le due forme di oscurità, che vi impediscono di essere qui in basso tutto quello che già siete in Alto. Per superare questa forma d'oscurità, dovete dunque trasformarla in qualcosa di più elevato.

Miei amati, permettetemi di applicare questo alla questione dell'egoismo. Si potrebbe dire che l'unico problema sulla Terra sia l'egoismo, cioè che i co-creatori di Dio hanno dimenticato la loro vera identità e sono diventati centrati sul corpo fisico e sul sé mortale, agendo pertanto come se fossero gli unici esseri che contano. Ma come si evita l'egoismo? Lo si evita trasformando le energie alterate che vi attirano in schemi egoistici di pensiero, sentimento ed azione. E lo si evita trascendendo il senso di sé che è centrato in maniera così limitata. Quando trasformate le energie alterate, potete espandere la vostra visione del sé.

Potremmo dire che, in verità, esiste una forma di egoismo divino, sebbene sarebbe meglio chiamarlo determinazione. L'equivalente divino dell'egoismo è la determinazione inflessibile, che non permetterà a nulla di impedirvi di realizzare il vostro piano divino.

Questa è una qualità molto necessaria, e senza di essa non potrebbero esserci dei progressi sulla Terra, in quanto l'anti-volontà della coscienza di dualità schiaccerebbe tutti gli sforzi fatti per cambiare, trascinando tutti giù al minimo comune denominatore.

La vera chiave per superare l'egoismo è espandere il senso di sé, trascendere il vostro senso di sé. Si inizia con il rivendicare la vostra connessione interiore, personale, con il vostro essere superiore. Voi vedete che siete più del corpo, più del sé mortale e anche più dei quattro copri inferiori. Poi passate al livello successivo e vi rendete conto che siete un'estensione del Creatore. E da lì passate al livello finale e vedete che tutto e tutti sono fatti dell'Essere del Creatore. Pertanto il vostro senso di sé ultimo abbraccia tutto e tutti. E quando avrete stabilito questo senso di sé corretto, avrete superato del tutto la forma umana, dualistica, di egoismo. Non l'avrete sradicato o distrutto; l'avrete trasformato nel suo equivalente divino. Tuttavia, per fare questo, dovete abbandonare il senso di sé che si basa sull'egoismo umano, dovete essere disposti a lasciar morire questo sé.

***

Miei amati, nelle precedenti chiavi ho spiegato, che tutto nell'universo materiale è fatto della Luce Madre. Ho detto che la Luce Madre non può, da sola, assumere forma, ma che un essere consapevole di sé deve agire su di essa. Tutti gli esseri umani sulla Terra stanno costantemente agendo sulla Luce Madre per mezzo delle loro facoltà creative, donate loro da Dio, cioè il loro libero arbitrio e la loro immaginazione. Attraverso il potere della loro immaginazione, essi stanno visualizzando delle immagini dualistiche, imperfette. Attraverso il potere della loro volontà, stanno scegliendo di accettare quelle immagini come reali ed inevitabili. E attraverso il potere della loro visione, stanno imponendo quelle immagini sulla Luce Ma-ter. Ecco perché il pianeta Terra attualmente ha tante condizioni imperfette da essere quasi impossibile da comprendere. Dunque, che cosa occorre per cambiare la lotta e la sofferenza attuali? Ciò che serve è un gruppo di persone che si assumano il ruolo di essere i Guardiani della Luce Madre. Queste persone riconosceranno che tutto è fatto della Luce Madre. Riconosceranno che tutte le condizioni imperfette su questo pianeta sono state prodotte, perché sono state proiettate delle immagini dualistiche sullo schermo della Luce Madre. E riconosceranno che le cose cambieranno solo quando una massa critica di persone userà le proprie facoltà creative per imporre un'immagine più elevata, Cristica, sulla Luce Ma-ter, trasformando così un pianeta imperfetto nel regno di Dio. E' questa, in verità, il potere della vera alchimia spirituale.

Forse avete sentito parlare degli alchimisti e dei loro futili tentativi di trasformare il piombo in oro. Può darsi che vi sia stata data una visione un po' sprezzante degli alchimisti, e infatti molti alchimisti erano dei ciarlatani. Ciò nondimeno, dietro al movimento comunemente conosciuto degli alchimisti, c'era una comprensione più profonda della realtà della vita. Certe persone avevano compreso che esiste un'alchimia spirituale, che non cerca di trasformare il metallo vile in oro, bensì cerca di trasformare il metallo vile della coscienza umana, della coscienza di dualità, nell'oro spirituale della coscienza di Cristo. In altre parole, non si sta cercando di rimuovere qualcosa che sia imperfetto, oscuro o male. Si sta cercando di trasformarlo in qualcosa che sia di più, qualcosa che sia più vicino alla visione di Cristo. Si prende qualcosa che è inferiore e lo si trasforma in qualcosa di superiore. Anziché cercare di distruggere ciò che è inferiore, si sta tentando di migliorarlo, di aiutarlo a trascendere se stesso ed a raffigurare la perfetta visione di Cristo. Questo è particolarmente importante quando si ha a che fare con altre persone. Dovete rendervi conto che una persona farà del male soltanto perché è intrappolata nella coscienza di dualità. Dietro alle apparenze esterne c'è il sé consapevole di quella persona, che è stato creato nel concetto immacolato e desidera essere libero di esprimere quella visione. Ovviamente, voi non amate l'apparenza esterna – il sé mortale – ma non cercate nemmeno di distruggerla. Vedete al di là di essa e cercate di rendere il sé consapevole libero di essere chi è realmente.

Miei amati, vedete la differenza essenziale tra il cercare di distruggere un'imperfezione e il cercare di trasformare in perfezione quella imperfezione? Se vedete questa differenza, allora siete davvero tra l'avanguardia degli esseri spirituali che sono venuti sulla Terra per manifestare il regno di Dio. E così siete in una condizione unica per assumere il vostro legittimo ruolo come un Guardiano della Luce Madre. Mio amato cuore, assieme a Gesù e ad un altro insegnante spirituale dell'umanità, conosciuto come Saint Germain, ho ispirato la creazione di un'organizzazione esterna chiamata I Guardiani della Luce Madre. Non sto dicendo necessariamente che desideri che tutti quelli che leggono questo libro diventino dei membri di questa organizzazione. Se non vi sentite inclini ad unirvi ad un'organizzazione esterna, io rispetto la vostra scelta. Tuttavia vi incoraggio a studiare gli insegnamenti prodotti attraverso questa organizzazione, affinché possiate diventare, al livello spirituale, un Guardiano della Luce Madre.

In verità, la Luce Madre stessa ha intelligenza, ha consapevolezza. La Luce Madre stessa sa benissimo che non sta esprimendo attualmente la perfezione di Dio. La Luce Madre riesce a vedere la visione suprema, il potenziale più elevato per il pianeta Terra e amerebbe, più di ogni altra cosa, rappresentarla nella forma di condizioni fisiche perfette. Ma la Luce Madre ha giurato di assumere il ruolo di colei che permette ai co-creatori di Dio, cioè agli esseri consapevoli di sé creati da Dio, di fare qualunque cosa desiderino con la Luce Madre. La Luce Madre ha amorevolmente giurato di rappresentare tutte le immagini proiettate su di essa dagli esseri consapevoli di sé, al che questi co-creatori possono avere l'opportunità di imparare dalle loro stesse scelte, imparare vedendo le conseguenze delle proprie scelte rappresentate nella materia. Miei amati, questo è realmente un atto d'amore incondizionato, perché la Luce Madre conosce il potenziale più elevato per la Terra, ma sta ugualmente permettendo agli esseri umani di creare delle condizioni imperfette, che sono ben al di sotto del potenziale più elevato. Se questo non è amore incondizionato, allora non so che cosa lo sia. Quello che sto cercando di trasmettervi qui è, che la Luce Madre stessa amerebbe più di ogni altra cosa essere resa libera dalle immagini imperfette attuali e avere invece le immagini perfette della mente di Cristo proiettate su di sé. La Luce Madre vuole manifestare il regno di Dio sulla Terra. La Luce Madre vuole essere obbediente alla volontà del Padre e alla visione del Figlio.

Miei cari, in precedenza vi ho detto che l'intero universo materiale è fatto di due elementi base, cioè la forza espansiva del Padre e la forza contraente della Madre. La forza espansiva del Padre è l'amore incondizionato di Dio, che vuole che ogni cosa trascenda se stessa. La forza contraente è ciò che rende possibile ad una forma di esistere nel tempo e nello spazio. Eppure anche la forza contraente è spinta dall'amore incondizionato, ed è per questo che essa non permetterà ad un essere consapevole di sé di rimanere bloccato per sempre in un senso d'identità imperfetto. Il mio punto qui è che, per rendere possibile una creazione sostenibile, la forza espansiva del Padre e la forza contraente della Madre devono essere equilibrate attraverso la visione del Figlio, attraverso la mente universale di Cristo e le menti Cristiche individualizzate dei co-creatori di Dio. Quindi, se il pianeta Terra deve manifestare il regno di Dio, ciò può accadere solo quando la visione perfetta, tenuta nella mente di Cristo, viene imposta sulla Luce Madre. E quella visione può essere imposta solo quando una massa critica di persone incarnate si risveglia alla sua vera identità e al suo vero ruolo. Questo può succedere solo quando queste personedecidono di essere i Cristiani sulla Terra, di manifestare la coscienza di Cristo e di proiettare, attraverso quella coscienza di Cristo, le immagini perfette del regno di Dio sulla Luce Madre che forma il pianeta Terra.

Miei amati, questo è il vero significato del Figlio di Dio, l'unigenito del Padre. Ecco perché Gesù disse che se credete in lui – a tal punto che siete disposti a seguire le sue orme e manifestare la coscienza di Cristo – potrete fare le opere che egli fece (Giovanni 14:12). Anche voi potete diventare il figlio o la figlia di Dio, realizzando il vostro legittimo ruolo su questo pianeta. Quando una massa critica di persone inizierà a custodire la Luce Madre, questo pianeta manifesterà davvero un'Era d'Oro di una pace e di una prosperità tali che la maggioranza della gente, nel loro attuale stato di coscienza, non riuscirebbe nemmeno ad immaginarla. La rifiuterebbe immediatamente come pura fantasia, come un'Utopia, che non potrebbe affatto realizzarsi. Eppure vi dico che essa può realizzarsi, ma potrà farlo solo quando le persone incominciano ad accettarla, quando vedono la visione e accettano quella visione come un potenziale molto reale. E, in verità, dovete trascendere persino il punto di accettarla come un potenziale e dovete iniziare ad usare il potere della vostra volontà, della vostra immaginazione e della vostra visione per affermarla come realtà.

Quello che ho bisogno che tutti i Guardiani della Luce Madre facciano è, che usiate il potere della vostra visione per lasciare che il vostro occhio sia singolo, per non permettere che la vostra visione venga attratta da alcuna delle immagini dualistiche create dal principe di questo mondo. Dovete focalizzare il vostro occhio unicamente sulla visione di Cristo, e poi dovete vedere quella visione sovrapposta a tutte le condizioni esterne. Ho bisogno che vediate le condizioni esterne come temporanee ed irreali, e che poi le vediate sostituite dalla visione di Cristo. Con questo non sto dicendo che dobbiate ignorare le imperfezioni. Miei amati, ho fatto di tutto per spiegarvi la necessità di smetterla di sfuggire alle responsabilità. Quello che sto dicendo è, che ho bisogno che riconosciate le imperfezioni attualmente esistenti ed ho bisogno che comprendiate che esse nascono dalla coscienza di dualità. Ma non vi permettete mai di vederle come reali, permanenti o impossibili da cambiare. Le vedete come dei miraggi temporanei,irreali, proiettati sulla Luce Madre. E poi vedete al di là di esse. Vedete la pura Luce Madre, che è la realtà sottostante, dietro a tutte le manifestazioni esterne, e poi vedete la realtà assoluta, che la Luce Madre ha il potenziale di raffigurare qualsiasi immagine proiettata su di essa. E' come uno schermo cinematografico che riflette qualunque immagine proiettata su di essa attraverso una pellicola. Pertanto, vedete che è possibile che la Luce Madre possa rapidamente – in effetti, istantaneamente – smettere di rappresentare una visione imperfetta ed iniziare a rappresentare una visione più perfetta. Allora potrete usare il potere della vostra visione per visualizzare come la condizione imperfetta viene trasformata e diventa più perfetta.

Miei amati, vedete la differenza essenziale tra il fuggire davanti alle imperfezioni, permettendo così che continuino ad esistere, ed il riconoscere le imperfezioni, vedendole però come temporanee ed irreali, proiettando in questo modo un'immagine reale sulla Luce Madre? Questa è la differenza essenziale tra coloro i quali *pensano* di essere spirituali, ma non hanno portato la propria spiritualità nel regno della materia, e coloro i quali *sono* davvero spirituali e riconoscono di essere qui per assumere il dominio, vedendo Dio dietro ad ogni cosa e vedendo la visione perfetta di Dio raffigurata in tutte le cose. Dunque, la mia sfida a voi è semplicemente questa:

- Rimanete sempre fedeli alla visione più elevata che riuscite attualmente a vedere.

- Mantenete uno sforzo costante per espandere la vostra visione, così che domani potrete afferrare una visione superiore a quella che avete oggi.

- Non lasciatevi intrappolare mai in un atteggiamento o in un sistema di credenze, che vi facciano pensare che avete la visione più elevata possibile o la verità e la comprensione spirituali più elevate possibile.

- Continuate sempre a trascendere voi stessi e la vostra visione del regno di Dio.

Miei amati, quando dovreste smettere di cercare di trascendere voi stessi e la vostra visione? E' molto semplice, precisamente quando vedete Dio in ogni cosa, quando vedete Dio come la causa prima dietro a tutte le manifestazioni esterne – per quanto siano imperfette – e quando vedete il regno di Dio manifesto in ogni situazione che affrontate. In un certo senso, non smetterete mai di trascendere voi stessi, in quanto, come ho spiegato in precedenza, Dio sta costantemente trascendendo se stesso, il vostro Creatore sta costantemente trascendendo se stesso e diventando di più. Quando siete nel Fiume della Vita, state costantemente trascendendo la vostra visione. E' questa, infatti, la vita veramente abbondante, ovvero che siete sempre nel processo di diventare di più. L'abbondanza non è la condizione statica del possedere una certa quantità di denaro o beni materiali. L'abbondanza è la condizione dinamica, viva, dell'essere sempre nel processo di diventare di più.

Ah, miei cari, questa è la vita abbondante, ed è invero il buon piacere del Padre darvela. E' stato il mio buon piacere darvi questi insegnamenti, che contengono davvero le chiavi che vi servono per manifestare la vita d'abbondanza – se siete disposti ad interiorizzare i miei insegnamenti e ad applicarli ad ogni aspetto della vostra vita. Vi ho dato ciò che vi serve, ora la sfida sta nell'applicarlo, nel diventarlo. Prenderete la chiave, la inserirete nella serratura, la girerete finché non sentirete il click, il che significa che la verità sarà "scattata" nella vostra mente? Permetterete alla famosa lampadina di accendersi nella vostra mente, in modo da vedere finalmente che la porta della prigione del vostro sé mortale non è mai stata chiusa a chiave? E così potrete spalancare quella porta ed uscire dalla prigione nel sole della vostra Presenza IO SONO.

Miei amati, quando uscite da quella prigione, io sarò lì a salutarvi. Il vostro sé Cristico sarà lì a salutarvi. I vostri insegnanti spirituali personali saranno lì a salutarvi. Vi abbracceremo e condivideremo un momento – un intervallo cosmico – d'unità con voi. In quell'unità reciproca, saremo uno con tutta la vita e saremo uno con il nostro Creatore. E in quell'unità scopriremo un'abbondanza che va al di là di qualsiasi cosa esistente sulla Terra, al di là di qualsiasi cosa che possa essere immaginata dalla coscienza di dualità o descritta a parole. Conosceremo la vera abbondanza, che può essere conosciuta solo attraverso la mente di Cristo. Vi lascio con un piccolo gioco di parole: "Quando tutta la vita come una vedrete, la vostra vittoria conquistata avrete."

***

Lo strumento che ho ideato per aiutarvi a purificare la vostra mente fisica e il vostro corpo fisico è *Il Rosario della Indipendenza Miracolosa* (vedi pagina…..). E' un rosario potente per aiutarvi a superare l'illusione, secondo cui vi serve qualcosa da questo mondo per essere chi siete, per permettere alla vostra luce di splendere. Dopo aver recitato questo rosario per 36 giorni, avrete completato una veglia di 144 giorni. Se farete questa veglia con il fervore del vostro cuore, sono sicura che noterete una differenza, sono sicura che vi renderete conto che la vostra vita è entrata in una spirale ascendente.

Ovviamente, non posso promettervi che il recitare un rosario al giorno per 144 giorni ribalti tutte le imperfezioni create nel corso di molte vite. Ma se sentirete di essere in una spirale positiva, penso che sarete motivati a continuare ad usare i miei rosari. Ho dato una quantità di altri rosari, ognuno dei quali ha un suo scopo specifico. Vi invito ad usarli a seconda della vostra situazione individuale e della vostra guida interiore. Continuerò a rilasciare nuovi rosari, mentre la coscienza collettiva viene elevata, e spero che vediate l'importanza del far parte di un movimento planetario per usare i miei rosari. Quando vi unite alle altre persone in tutto il mondo per recitare uno specifico rosario una volta al giorno, per un periodo di tempo, il potere dei rosari sarà moltiplicato in maniera esponenziale in rapporto al numero di persone che vi partecipano. Questa può essere una forza molto potente per la trasformazione del mondo, e fare qualcosa per il mondo accrescerà di molto la vostra stessa crescita spirituale. Quindi, recitare un rosario è un modo potente di inviare nello specchio cosmico un impulso, che verrà inevitabilmente rimandato a voi sotto forma di una vita più abbondante.

Chiave 24
Fluire con il Fiume della Vita

Mio amato cuore, siamo arrivati all'ultima chiave, che vi darò in questo libro, e vi prego di permettermi di fare un altro tentativo per spiegarvi l'essenza del sé mortale, o di quello che molte persone chiamano l'ego umano. Il punto più importante che potete comprendere riguardo al sé mortale è, che esso è impegnato in una ricerca impossibile. La ricerca è impossibile, perché il sé mortale è nato dalla dualità, e quindi ha un conflitto insito, una contraddizione insita, che non potrà essere mai risolto – e intendo davvero *mai*. Miei cari, il sé mortale è nato quando il Voi Consapevole ha deciso di non volere più prendere delle decisioni. Il problema reale con questa decisione era che il Voi Consapevole negava la sua vera identità, la sua vera natura. Il Voi Consapevole negava di essere un co-creatore con Dio e, perciò, negava il fatto che- per la vostra stessa natura – siete degni e ben accetti agli occhi di Dio. Il Voi Consapevole è arrivato ad accettare la menzogna dualistica secondo cui siete separati da Dio e non siete meritevoli di ritornare da Dio, perché avete commesso un errore di qualche genere. In realtà, vi siete allontanati solo temporaneamente dal concetto immacolato, accettando un senso d'identità inferiore, ma potete sempre ritornare a quella visione pura.

Quando avete accettato la sensazione di essere indegni, il Voi Consapevole si è ritirato in una piccola gabbia. Ma vedete, miei cari, il Voi Consapevole non potrà mai ritirarsi del tutto dall'essere consapevole. Il Voi Consapevole può astenersi dal prendere decisioni, ma non può astenersi dall'avere delle esperienze consapevoli. Il Voi Consapevole può smettere di prendere delle decisioni, ma non può scegliere di smettere di sperimentare le conseguenze delle proprie decisioni o della mancanza di decisioni. Dato che la consapevolezza di sé viene prima della volontà, il Voi Consapevole non può scegliere di smettere di essere consapevole, sebbene possa cercare di rendersi insensibile, tanto da essere a malapena conscio. Il Voi Consapevole non potrà perdere mai completamente il suo desiderio di integrità, il suo desiderio di ritornare nel regno di Dio, di essere ancora una volta nel Fiume della Vita e sperimentare la vita abbondante. Questo è un meccanismo di sicurezza che non può essere spento mai del tutto. Qualunque cosa faccia, il Voi Consapevole avrà sempre un desiderio interiore di integrità, un desiderio per qualcosa di più.

Come ho cercato di spiegare in precedenza, quando nacque, il sé mortale tentò di riempire il vuoto, che era stato creato perché il Voi

Consapevole non aveva più un'esperienza diretta della sua Presenza IO SONO. In un certo senso, il sé mortale è sempre impegnato nel tentativo di erigersi a degno sostituto della vostra Presenza IO SONO, della vera identità, che è ancora conservata nella mente universale di Cristo. La vostra ricerca interiore di integrità può essere soddisfatta solo attraverso l'unità con la vostra Presenza IO SONO, l'unità che rilascia il flusso della luce di Dio attraverso il vostro essere inferiore. Quell'unità può essere ottenuta solo quando accettate e riconoscete che siete meritevoli di stare davanti a Dio, di essere uno con Dio. Il Voi Consapevole ha semplicemente dimenticato il suo valore, e potrà ritornarci riconoscendo l'eterna verità che, siccome siete stati creati come un'estensione di Dio, di conseguenza siete degni di essere uno con Dio. Infatti, non siete stati mai separati da Dio, non siete stati mai indegni.

Al contrario di questo, il sé mortale non è stato creato da Dio e, quindi, non potrà mai essere, non sarà mai, degno agli occhi di Dio. Ciò che sto dicendo qui è che il Voi Consapevole ha un valore intrinseco, perché ha un concetto immacolato nella mente universale di Cristo. Non si tratta di guadagnarsi il merito facendo delle cose nel regno materiale; si tratta semplicemente di accettarlo. Il sé mortale non ha questo valore intrinseco, e pertanto non potrà mai guadagnarselo. La mente universale di Cristo non contiene un concetto immacolato per il sé mortale, e quindi questo sé non ha nulla, nessuna realtà, a cui poter ritornare. Eppure il sé mortale sta cercando costantemente di costruire un falso senso di valore, l'idea di essere degno, che poi ingrandisce fino al punto da credere di essere accettabile agli occhi di Dio, grazie a tutte queste condizioni esterne. Pensa che, facendo delle cose esteriori per Dio, Dio dovrà farlo entrare nel regno.

Potremmo dire che il sé mortale è nato dall'illusione di separazione e perciò usa la coscienza di separazione nel tentativo di creare un'illusione d'unità con Dio. Naturalmente, ciò che nasce dalla separazione, non potrà mai ritornare all'unità. Così, il sé mortale sta tentando di costruire un'immagine, un vitello d'oro, che sia degna agli occhi di Dio, ed usa le cose di questo mondo per costruire quell'immagine. Sta cercando di dire che se somma una quantità sufficiente di "cose" costruite dalla coscienza di dualità, esso sarà degno, potrà costruire una torre che arrivi fino al cielo. Ma per quanti zeri sommiate, essi non ammonteranno mai ad uno – all'unità con Dio. Miei cari, contemplate questo con attenzione, in quanto si tratta davvero di una chiave essenziale per liberarvi dalla prigione del sé mortale. Potremmo dire che il Voi Consapevole può diventare integro accettando la sua unità con Dio, mentre il sé mortale non potrà mai fare questo. Sta cercando, invece, di piacere al dio remoto, all'idolo creato da se stesso. Il Voi Consapevole deve semplicemente smettere di danzare intorno a questo vitello d'oro e scalare la montagna di Dio, la montagna della trascendenza di sé.

***

Lo stato d'animo fondamentale del sé mortale è che si sente costantemente minacciato. E perché il sé mortale si sente sempre minacciato? Bene, si sente minacciato, perché sta cercando di mantenere un'illusione, un'illusione di valore e di autorità, che gli dà un senso di sicurezza. Il sé mortale sente che, fino a quando potrà convincere il Voi Consapevole a credere nella sua illusione, avrà il controllo, sopravviverà. Il vostro sé mortale sa che se voi doveste separarvi dalla sua illusione, smettereste di alimentarla d'energia e così esso morirebbe. Pertanto, per il sé mortale, mantenere la sua illusione è letteralmente una questione di vita e di morte. Sfortunatamente per il sé mortale – e fortunatamente per voi – tutto nel mondo materiale sta costantemente cercando di demolire la sua illusione, il suo falso senso di sicurezza. Per capire il dilemma fondamentale del sé mortale, considerate quanto segue:

- Il Creatore sta costantemente trascendendo se stesso. Dio è il Fiume della Vita, che è in continuo movimento per diventare di più.

- La coscienza di dualità è separata da Dio e, dunque, non fa parte del Fiume della Vita.

- La coscienza di dualità e il vostro sé mortale non possono immaginare, che Dio trascenda costantemente se stesso. Non possono vivere la diretta esperienza dell'Essere di Dio, e pertanto possono conoscere Dio solo creando un'immagine mentale di Dio.

- Il sé mortale crede che Dio sia perfetto e interpreta la perfezione come qualcosa che non potrebbe cambiare e non avrebbe bisogno di cambiare. Quindi, crede che Dio sia statico e cerca di creare un'immagine immutabile di Dio. Quest'immagine diventa inevitabilmente un idolo, che vi intrappolerà in una visione limitata di Dio.

- Dio vi ha dato il libero arbitrio, per cui avete il diritto di adottare un'immagine idolatrica di Dio. Ma un'immagine immutabile del genere vi metterà automaticamente al di fuori del Fiume della Vita, e fintantoché rimarrete attaccati a quell'immagine, non potrete ereditare il regno di vostro Padre. Non potrete avere la vita abbondante.

- Dato che Dio vi ama incondizionatamente, egli non vuole che rimaniate per sempre al di fuori della sua abbondanza. Così egli ha progettato l'universo materiale in maniera tale che cerchi sempre di demolire la vostra illusione di essere separati da Dio. In altre parole, ogni aspetto dell'universo materiale è ideato per sfidare le illusioni dualistiche create dal sé mortale.

- La sfida primaria ad una visione dualistica del mondo viene dalla coscienza di dualità stessa. Questo stato di coscienza si basa su due opposti relativi, che cercano di cancellarsi a vicenda. Quindi, se il vostro sé mortale s'inoltra troppo in un estremo relativo, la sua visione del mondo verrà inevitabilmente sfidata dall'estremo opposto.

Mio amato cuore, permettetemi di descrivere ancora una volta una sottile distinzione, che non può essere afferrata dall'intelletto, ma può essere compresa dal cuore. Quando il Voi Consapevole vede se stesso come uno con il Fiume della Vita, voi sapete con una certezza assoluta, che Dio è la realtà ultima dietro a tutte le apparenze superficiali. Sapete che la Luce Madre può assumere qualunque forma, ma solo le forme che esprimono il concetto immacolato sono reali in definitiva. Le forme imperfette hanno un'esistenza soltanto temporanea, e perciò non hanno alcun potere effettivo su di voi. Si basano su un'illusione, e se voi non accettate la realtà di quest'illusione, essa non potrà influenzarvi. Così il principe di questo mondo arriverà e non avrà nulla in voi – perché voi sapete che il principe di questo mondo non è reale.

Quando siete nella realtà di Dio, voi sapete che non esistono opposti, sapete che nulla potrebbe mai opporsi alla realtà di Dio. Soltanto Dio ha una realtà definitiva, e in Dio non esistono divisioni, non esistono contraddizioni. Quando partecipate alla coscienza di dualità – alla conoscenza del bene e del male – perdete l'esperienza diretta dell'Essere di Dio, della realtà di Dio. Ora entrate in un mondo – in una casa degli specchi – in cui tutto è definito da due opposti relativi, come il bene e il male. Il vostro sé mortale è nato dalla separazione dal Fiume della Vita, e quindi – per la sua stessa natura – ha una fede assoluta nella realtà del bene e del male relativi. Crede che siano reali entrambi e che l'uno non possa esistere senza l'altro.

Miei amati, capite la conseguenza inevitabile di questo? Se credete che il bene relativo sia reale, crederete anche che il male relativo sia reale. Se create un'immagine idolatrica di Dio, dovrete inevitabilmente creare un'immagine idolatrica dell'opposto del vostro dio relativo, cioè del diavolo. Nel mondo della dualità, nulla può esistere senza un opposto. E fintanto che crederete che la vostra immagine relativa di Dio sia reale, crederete anche che la vostra immagine del diavolo sia reale. In altre parole, voi credete che il diavolo sia altrettanto reale quanto Dio, che il male sia altrettanto reale quanto il bene. In un certo senso, è vero che il male relativo è altrettanto "reale" quanto il bene relativo, ma quando uscite dalla coscienza di dualità, vedrete che soltanto Dio è reale e che tutto quello che è inferiore al bene assoluto di Dio, è irreale. Non ha un'esistenza obiettiva, ma esiste solo nelle menti degli esseri consapevoli di sé, che sono intrappolati nella coscienza di dualità. Dunque ha potere su di voi solo se voi gli date potere, se gli date "realtà" nella vostra visione del mondo.

Miei cari, consideratene le conseguenze. Quando entrate nel mondo della dualità, voi andate automaticamente incontro alla minaccia per ogni cosa che credete. Questo è inevitabile, in quanto ogni cosa ha un opposto. Non potete definire un'idea, un sistema di credenze, che non sia istantaneamente contrastato dal suo opposto. Se definite qualcosa come buono, ci sarà immediatamente un opposto, che poi vedete come cattivo. E dato che credete che entrambi gli opposti relativi siano reali, pensate che sia possibile che qualcosa contrasti e distrugga la vostra visione del mondo. Pensate che il diavolo sia reale e abbia il potere di minacciarvi e, perciò, vi sentite minacciati da qualsiasi cosa che contrasti la vostra visione del mondo. Ecco perché il sé mortale si sente costantemente minacciato, ed ecco perché molte persone religiose si sentono minacciate dal diavolo.

Miei amati, è un grande fardello per il mio cuore, che tante persone abbiano paura del diavolo, abbiano paura del male. Pensate in che modo le persone affrontano questa minaccia. Molti cristiani hanno paura del diavolo a tal punto da non osare nemmeno considerare delle idee che vadano al di là della loro interpretazione letterale della Bibbia. Quindi, non oserebbero nemmeno leggere questo libro, temendo che sia opera del diavolo. Molte persone New Age sono aperte alle nuove idee, ma affrontano la minaccia del male ignorandolo, rifiutandosi persino di considerarlo. Miei cari, riuscite a vedere che entrambi i tipi di persone sono intrappolate nello schema di fuga davanti a qualcosa che sembra minacciosa per il loro senso di sicurezza? Entrambi hanno paura del male, e la loro paura impedisce loro di osservarlo più da vicino. Se fossero disposti a superare la loro paura ed a dare uno sguardo più approfondito, si renderebbero conto che il male esiste soltanto nel regno della dualità. Perciò, il modo definitivo per superare il male è separare il Voi Consapevole dal sé mortale. Quando purificate i vostri quattro corpi inferiori dalle credenze dualistiche, il principe di questo mondo non avrà nulla in voi, e così non dovrete aver paura di nulla in questo mondo.

Senza dubbio, Gesù, il Buddha e altri leader spirituali non avevano alcuna paura del diavolo, perché avevano interiorizzato ciò che vi ho appena detto. Erano diventati illuminati riguardo alla realtà, cioè, che non esistono opposti a Dio, non esiste alcun opposto alla verità di Cristo. La mente dell'anti-cristo pensa di essere in opposizione alla verità di Cristo, ma è semplicemente al di fuori, disconnessa dalla realtà di Cristo. L'anti-cristo è intrappolato in un mondo tutto suo, un mondo che è inevitabilmente dominato da due relativi opposti. Quindi, l'anti-cristo non è in opposizione al Cristo, ma è in opposizione alla sua stessa versione della verità di Cristo. Il male non è in opposizione al bene assoluto di Dio. Il male è una forza relativa, che è in opposizione al bene relativo. La realtà di Dio e la verità di Cristo sono al di sopra degli opposti relativi. Perciò un essere Cristico non viene mai attirato nella perenne lotta dualistica tra due opposti relativi. Un essere Cristico non prenderà mai posizione nella lotta umana per il potere, ed è per questo che il diavolo non riusciva a tentare Gesù. Un essere Cristico rimane fedele all'unica visione, alla visione con un occhio singolo, della mente di Cristo. Lui o lei si rende conto che il regno di Dio non sarà manifestato per mezzo del bene relativo, che sostituisce o sradica il male relativo. Il regno di Dio sarà manifestato solo quando una massa critica di persone si eleverà al di sopra dell'intera lotta dualistica.

***

Miei amati, il mio punto è che esiste un unico modo per liberarvi dal sé mortale, ed è quello di trascendere la mentalità dualistica. Per fare questo, è utile rendervi conto che il sé mortale non vedrà, né ammetterà, mai, che il suo idolo, la sua visione fondamentale del mondo, è un'illusione. Il sé mortale crede che, se si dovesse provare che il suo sistema di credenze è sbagliato, esso morirebbe – il che è vero. L'essenza stessa del sé mortale, il modus operandi stesso del sé mortale, è che non sarà mai possibile dimostrare che la sua visione dualistica del mondo, il suo paradigma di base, sia sbagliato. Non convincerete mai il sé mortale del fatto che esso è una menzogna vivente, non riuscirete mai a fargli vedere attraverso la coscienza di dualità, dalla quale è nato. Il sé mortale sarà per sempre impegnato nell'impossibile tentativo di provare l'infallibilità delle sue credenze dualistiche, difendendole contro l'opposto dualistico delle sue credenze.

Il problema è che il sé mortale non ha alcuna realtà. Il Voi Consapevole ha una realtà che va al di là del suo senso d'identità, che va al di là del contenuto della sfera del sé. Il Voi Consapevole può esistere indipendentemente da qualunque idea definita in questo mondo. Il sé mortale non ha una realtà indipendente. Non può semplicemente esistere indipendentemente dalle credenze dualistiche dalle quali è nato. Se si dovesse dimostrare che quelle credenze sono sbagliate, il sé mortale cesserebbe di esistere. Quindi, non aspettatevi che il sé mortale rinunci volontariamente ai suoi tentativi di mantenere la propria esistenza. Il punto essenziale è che il Voi Consapevole ha creato il sé mortale e il Voi Consapevole deve "dis-creare" quel sé, separandosi da esso e lasciandolo morire.

La strategia di base del sé mortale è quella di cercare di erigersi a sostituto del concetto immacolato per il vostro Essere, del concetto immacolato conservato nella mente universale di Cristo. Questa matrice dovrebbe essere la calamita per l'esercizio del vostro libero arbitrio nel regno materiale, la roccia di Cristo, che vi dà una base salda per prendere decisioni in allineamento con le leggi di Dio. Il sé mortale sta tentando di usare la coscienza dell'anti-cristo per costituirsi autorità ultima, rappresentante di Dio, Figlio unigenito del Padre, Cristo. Sta cercando di erigersi a sostituto della verità di Cristo e diventa un impostore di Cristo, che altera la verità di Cristo attraverso la mente dualistica. Prende la verità di Cristo e la rende relativa, trasformandola così nella coscienza di morte, al posto della coscienza di vita.

Il vostro sé mortale si è eretto ad una falsa autorità, e sostiene di sapere meglio di chiunque come condurre la vostra vita. Perciò dovreste permettere al sé mortale di condurre la vostra vita. Se lo fate, la vostra salvezza sarà garantita; se non lo fate, è garantito che andrete all'inferno. La rivendicazione di una posizione d'autorità da parte del sé mortale è una casa costruita sulla sabbia. Di conseguenza, il sé mortale può mantenere la sua posizione solo usando la paura, la paura che vi rende timorosi di dare uno sguardo più approfondito alla sua rivendicazione d'autorità. Se doveste dare uno sguardo del genere, mentre chiedete che il vostro sé Cristico vi guidi, vedreste attraverso le pretese del sé mortale.

Vedete, invece di trascendere se stesso e diventare di più, il sé mortale sta tentando di aggrapparsi all'immagine dualistica, all'idolo, che ha costruito. Miei cari, capite che l'immagine idolatrica è minacciata dalla sua stessa natura, perché è disconnessa dal Fiume della Vita? Nulla di statico può sopravvivere; sarà costantemente minacciato dal fiume della creazione di Dio, che va avanti. Ma come vengono formate le minacce effettive? Come ho spiegato in tutto questo libro, la coscienza di dualità si basa sulla creazione di due estremi relativi, di due opposti. Potete chiamarli bene o male, nero o bianco, o qualunque altra cosa desiderate. Comunque le chiamiate, queste polarità sono opposte, eppure entrambe sono al di fuori della verità di Cristo. Il punto centrale qui è che, finché sarete intrappolati nella dualità, non potrete sfuggire alla contraddizione e al conflitto insiti in questo stato mentale.

Miei amati, permettetemi di darvene un esempio. Il sé mortale ha il desiderio di creare un'illusione definitiva d'integrità, un'illusione definitiva di sicurezza, e tenta di farlo definendo un sistema di credenze infallibile. Nel corso della storia si sono viste varie civiltà, che hanno definito un sistema di credenze religioso o politico, dichiarando che si trattava del sistema definitivo, vale a dire che il sistema si basava su una verità infallibile o assoluta. Tuttavia, qualunque idea definita nel regno della dualità ha un opposto, e così qualsiasi sistema di credenze "definitivo" sarà, per la sua stessa natura, minacciato dall'idea opposta. Le persone che aderiscono ad un sistema di credenze del genere, si sentiranno minacciate da coloro i quali non sono dei "veri credenti". Questo dà vita alla necessità di convertire altre persone o di costringerle ad accettare le vostre credenze. Portata agli estremi, c'è la convinzione che sia giustificato, da qualche autorità ultima come Dio o le forze della natura, uccidere tutti quelli che si rifiutano di accettare l'unico vero sistema di credenze. Ovviamente, le altre persone vorranno sopravvivere, per cui tenteranno di distruggere il *vostro* sistema di credenze assoluto, possibilmente sostituendolo con la loro religione infallibile. Potremmo dire che, se il sé mortale s'inoltra troppo in un estremo dualistico, per costruire o per difendere il suo idolo, esso genererà automaticamente una reazione contraria che cercherà di demolire la sua falsa immagine. In altre parole, tutto quello che il sé mortale fa, genererà una forza che minaccia la sua illusione, trasformando la vita del sé mortale in una lotta continua per fare ciò che non può essere fatto.

Miei cari, il sé mortale non vedrà mai che questa lotta è creata da sé medesimo. Il motivo è che il sé mortale non può mai vedere al di là della coscienza di dualità. Al contrario, il sé mortale è totalmente convinto che la sua immagine sia giusta, ma che ci siano delle forze esterne che stanno cercando di distruggere il suo vero sistema di credenze. Dato che la sua immagine è assolutamente giusta, ogni altra cosa deve essere falsa, e le forze che credono in questa falsa immagine stanno tentando di distruggere il sé mortale e la sua vera immagine. Come ho detto molte volte, l'universo è uno specchio, quindi, se mandate fuori l'immagine di essere minacciati, lo specchio cosmico rimanderà delle circostanze che minacciano *davvero* il vostro sistema di credenze. Lo scopo di questo è aiutarvi a trascendere le vostre credenze attuali cercando una comprensione superiore. E' davvero molto semplice. Se mandate fuori un impulso che si basa sulla dualità, lo specchio cosmico rimanderà condizioni che raffigurano la dualità, il che fa inevitabilmente sì che la vostra vita diventi una lotta. Il messaggio è che dovete trascendere la dualità e dovete cercare di raggiungere la mente di Cristo, affinché l'universo possa rimandarvi la vita abbondante. Ma il sé mortale non riesce ad immaginare questo concetto e, dunque, punta i piedi, facendo tutto il possibile per difendere la sua immagine idolatrica. Quanto più il vostro sé mortale sperimenta una reazione minacciosa dallo specchio cosmico, tanto più pensa di dover difendere la sua immagine.

Osservando la storia, potete trovare molte situazioni in cui due gruppi di persone sono stati impegnati in un conflitto, o persino in una guerra vera e propria, basato su sistemi di credenze assoluti. Ogni gruppo ha sostenuto di avere il sistema di credenze assoluto e l'autorità assoluta per estirpare ogni opposizione alle sue credenze. In molti casi, ogni gruppo ha creduto che la sopravvivenza del mondo intero dipendesse dalla sopravvivenza del suo sistema di credenze. In realtà, ogni gruppo ha difeso un sistema di credenze dualistico, relativo, e questo è chiaramente dimostrato dal fatto che ogni gruppo fosse disposto ad usare la violenza. Quando vi allontanate dalla via dell'amore, vi siete messi al di fuori del Fiume della Vita e, quindi, non è semplicemente possibile che stiate rappresentando la realtà di Dio o la verità di Cristo. Quando resistete al male, siete entrati nel regno della dualità, e così siete diventati parte del male. Ora siete parte del problema, anziché essere parte della soluzione.

Miei amati, nella speranza che i co-creatori possano elevarsi al di sopra di ogni immagine imperfetta, vedendone la manifestazione imperfetta, lo specchio cosmico è stato progettato in modo da rimandare indietro ciò che i co-creatori mandano fuori. Di nuovo, il messaggio è semplice, ma il sé mortale non potrà mai immaginarlo: "Se non mi piace quello che mi ritorna, devo cambiare ciò che mando fuori." O, come lo disse Gesù 2.000 anni fa: "Fate agli altri ciò che volete che gli altri facciano a voi." Lo specchio cosmico è stato ideato per aiutarvi a superare ogni illusione dualistica, in cui siete intrappolati. Potremmo dire che quando confinate la vostra mente in un sistema di credenze dualistico, voi iniziate inevitabilmente a temere ciò che si oppone alle vostre credenze. E quando mandate paura nello specchio cosmico, vi attirate esattamente quello che temete. Questo vi dà l'opportunità di affrontare la vostra paura e di elevarvi al di sopra di essa. Ma se permettete al vostro sé mortale di condurre la vostra vita, cercherete solo di distruggere ciò che tenta di minacciare le vostre credenze. Questo v'intrappola in una lotta infinita, per difendere un'illusione che è minacciata dalla sua stessa natura dualistica. Il vero problema è che il sé mortale non può assolutamente rendersi conto di essere minacciato dalle immagini che sta inviando nello specchio cosmico. Non riesce a vedere che la minaccia proviene da se stesso. Non potrà mai sfuggire a questo ciclo, in cui difende se stesso contro le minacce create da se stesso, e se permettete al sé mortale di condurre la vostra vita, la vostra vita sarà un'unica lunga lotta. L'unica via d'uscita è che il Voi Consapevole si separi dall'illusione dualistica del sé mortale e si rifiuti di impegnarsi nella sua lotta senza fine.

***

Il punto essenziale è che il sé mortale, per la sua stessa natura, crea la condizione che minaccia la sua visione del mondo. E poi, quando il riflesso ritorna dallo specchio cosmico, il sé mortale è costretto ad affrontare quella condizione. In che modo il sé mortale affronta una minaccia al suo sistema di credenze? Bene, miei cari, nel progettare questo universo, la speranza di Dio era che, quando avrebbero ricevuto le reazioni spiacevoli dallo specchio cosmico, gli uomini si sarebbero resi conto di dover cambiare quello che mandano fuori. In questo modo, essi avrebbero potuto elevarsi al di sopra delle proprie credenze dualistiche e ritornare alla vita abbondante. Purtroppo, questo sistema può guastarsi, se il Voi Consapevole si rifiuta di prendere decisioni e cerca di scappare davanti alle circostanze difficili, lasciando che la sua reazione sia definita dal sé mortale. Il sé mortale è totalmente concentrato a far sembrare sì che la sua illusione sia giusta, e perciò il sé mortale non ha mai il pensiero che forse dovrebbe rivedere il suo sistema di credenze. E' concentrato invece ad evitare la minaccia, ad evitare la risposta spiacevole dall'universo. Per evitarla, adotta quello che gli psicologi chiamano la reazione di fuga o di lotta.

Il primo impulso del sé mortale è fuggire davanti alla minaccia, evitarla, ignorarla, negarla o giustificarla con il suo ragionamento dualistico. Come ho detto in precedenza, la coscienza di dualità può sempre inventarsi degli argomenti a sostegno di quello che vuole credere. Quindi, in larga misura, il sé mortale può avere successo nello sviare la minaccia, giustificandola. Ma nel regno materiale non sempre è possibile evitare una minaccia, non sempre è possibile fuggire davanti alle circostanze o negarle. Quindi, quando non può evitare una minaccia, il sé mortale adotta la risposta di difesa, ed ora cerca di distruggere la minaccia. In molti casi, questo significa tentare di distruggere le persone che rappresentano la minaccia. Questo può significare la distruzione fisica, come uccidere effettivamente queste persone, o può significare distruggerle con mezzi psichici, costringendole a sottomettersi o riducendole al silenzio mediante la violenza fisica o psichica.

In molti casi il sé mortale può avere successo nell'evitare una minaccia attraverso la reazione di fuga o di lotta. Tuttavia, è inevitabile che così facendo il sé mortale mandi un altro impulso. E quando viene rimandato dallo specchio cosmico, quell'impulso assumerà la forma di una minaccia ancora peggiore per l'illusione del sé mortale. E' questo che trasforma la vostra vita in una lotta continua, e vi prego di notare che il responsabile dell'accelerazione di questa lotta è il sé mortale. Il sé mortale, infatti, manda fuori un'azione, che genera una reazione dallo specchio cosmico, e quanto più forte è l'azione, tanto più forte è la reazione. Questo può accelerarsi fino al punto in cui la vostra vita intera sembra un unico grande deficit e state correndo continuamente per spegnere dei fuochi o per affrontare questa o quella crisi. Il Voi Consapevole non può evitare di sperimentare almeno un po' di questa lotta. Così, dovete semplicemente decidere quanto a lungo lascerete che vada avanti, prima che vi decidiate a riprendervi la responsabilità della vostra vita e ad assumere il dominio della vostra sfera del sé.

Miei amati, ci sono delle persone la cui vita è interamente consumata dalla ricerca impossibile del sé mortale. Ovviamente, se foste una di queste persone, non avreste avuto la consapevolezza o il desiderio di trovare questo libro. E non sareste stati disposti a spendere il tempo e lo sforzo per leggere questo lungo libro. Ma quello che sto cercando di farvi notare è che il vostro sé mortale non rinuncerà mai alla sua ricerca impossibile. Non sarà mai in grado di sfuggire alla reazione di fuga o di lotta. Non sarà mai in grado di fermare i tentativi di dimostrare che la sua immagine del mondo è corretta.

Le persone che hanno un qualche grado di consapevolezza spirituale sono riuscite a separarsi almeno un po' dal sé mortale. Pertanto, si sono elevate al di sopra dei giochi più ovvi fatti dal sé mortale. Per esempio, non verrebbe mai in mente loro di uccidere i membri di una religione diversa. Tuttavia devo dirvi che esistono dei giochi molto più sottili, fatti dal sé mortale. Fareste bene a considerare che il sentiero spirituale è un processo, durante il quale il Voi Consapevole deve cercare costantemente la visione più chiara della verità di Cristo. Solo così potrete trascendere e vedere attraverso le credenze dualistiche, che il sé mortale e il principe di questo mondo stanno usando per tenervi bloccati dietro al velo delle illusioni. Per quanto progrediti possiate considerarvi, è saggio tenere in mente che, finché vi trovate nell'universo materiale, è necessario guardare nello specchio e ponderare se non sia necessario tirar via un'altra trave dal vostro occhio. Il sé mortale è sottile e, come ho detto prima, l'unico modo per sfuggirgli è trascenderlo – e la trascendenza non finisce mai. Se non state trascendendo voi stessi costantemente, il vostro sé mortale troverà un modo per adattare la sua visione del mondo alla vostra conoscenza e alle vostre credenze attuali. Quindi, userà quelle credenze, persino una particolare religione o un sistema di credenze spirituale, per costruire l'idea che non avete bisogno di salire più in alto, che non dovete trascendere il vostro livello attuale. E' esattamente questo che porta molte persone spirituali ad entrare in un vicolo cieco, che impedisce loro di fare ulteriori progressi, sebbene siano vicinissime a sfondare ed a manifestare la coscienza di Cristo.

Miei amati, l'unica vera via di scampo dalla macina del sé mortale è separare il Voi Consapevole completamente da quel sé. Ma per realizzare questo, dovete accettare che siete meritevoli di affrontare Dio, siete degni di ritornare nel regno di Dio, che è un senso d'unità interiore con Dio. Siete degni di essere uno con il vostro Creatore e quindi di servire come un co-creatore in questo regno. Dovete riconoscere che il sé mortale ha, nel suo stesso nucleo, un buco nero. Non potete mai riempire un buco nero. Il sé mortale sta tentando di usare le cose di questo mondo per riempire il suo buco nero—sta prendendo la via che sembra giusta all'uomo. Sta cercando di costruire l'impressione che se appartenete all'unica vera religione, se credete nell'unico vero insegnamento, se seguite l'unico vero insegnante e se eseguite questa o quella azione esteriore, allora sarete degni agli occhi di Dio. Questo è un pericolo sottile e persuasivo per molte persone religiose e spirituali, specialmente quando sono state sul sentiero per un certo numero di anni.

Molte persone sono impegnate da decenni nella ricerca spirituale, e quando si guardano indietro nella vita, sentono di aver studiato tanto, di aver compreso tanto, di aver fatto tante cose esteriori, e vedono che sono davvero arrivate molto più in alto di quanto non fossero dieci o venti anni fa, o oltre. Ed ora il sé mortale sussurra loro all'orecchio: "Hai fatto abbastanza, sei salito sufficientemente in alto sulla montagna. Puoi fermarti qui e goderti il panorama e non hai bisogno di continuare fino alla vetta." Miei cari, questa è una tentazione molto sottile e, sfortunatamente, ha fermato molti sinceri ricercatori appena prima che fossero pronti a sfondare ed a manifestare la coscienza di Cristo. Pertanto dovete fare uno sforzo sincero per vedere attraverso questa tentazione e per elevarvi al di sopra di essa.

La chiave per elevarvi al di sopra del vitello d'oro del pensare che i vostri conseguimenti esteriori possano rendervi meritevoli agli occhi di Dio, è rendervi conto che siete meritevoli per il semplice fatto che Dio vi ha creati. Il Voi Consapevole è stato creato degno, e nel nucleo del vostro essere non c'è un buco nero, bensì il sole della vostra Presenza IO SONO. Attualmente potreste avere una sensazione d'indegnità o un dubbio riguardo al vostro valore. Ma quella sensazione è l'oscurità, che è l'assenza della luce della vostra Presenza IO SONO. E quando le permettete di splendere, quella luce sostituirà l'oscurità e voi saprete di essere degni. Con questo la vostra vita sarà trasformata, così che il tentativo di riempire il buco nero del sé mortale verrà trasformato in una vita d'abbondanza, così che il deficit verrà convertito in eccedenza. Mentre sentite la luce illimitata di Dio scorrere attraverso il vostro essere, concentrerete la vostra attenzione spontaneamente sul dare agli altri, anziché sull'ottenere dagli altri.

***

Miei amati, a causa della natura della mente dualistica, c'è sempre una dicotomia che rende difficile raggiungere molte persone sulla Terra. Vi chiedo di considerare che la coscienza di dualità presenta una sfida peculiare per un insegnante spirituale. A proposito di quello di cui stiamo parlando qui, pensate alla difficoltà che mi trovo ad affrontare. Io desidero che voi riconosciate chi siete e che sappiate, con una certezza interiore, che il Voi Consapevole è pienamente degno agli occhi di Dio. Quindi, per aiutarvi a superare l'illusione che non siete degni, devo presentarvi la verità di chi siete. Devo descrivere il vostro potenziale più elevato, affinché sappiate che aspetto ha la vetta della montagna di Dio. Se non sapete dove state andando, come potete evitare di fermarvi prima di arrivarci?

Quello che dovete considerare è, che il sé mortale ha almeno due modi per impedirvi di accettare il mio insegnamento, vale a dire entrambi gli estremi dualistici. Come ho detto, devo darvi il traguardo supremo. Ma al vostro attuale livello di coscienza, questo traguardo potrebbe sembrare troppo elevato per voi, potrebbe sembrare fuori dalla vostra portata. Se avete una sensazione di indegnità, o se dubitate della vostra capacità di andare più in alto, il sé mortale cercherà di usare il mio insegnamento per dissuadervi dal fare uno sforzo sincero. Tenterà di farvi concentrare sugli errori che avete commesso e tenterà di usarli per dire, che non siete degni di seguire il sentiero spirituale, che non siete una persona davvero spirituale. Perché provarci, quando il traguardo è così lontano da voi? Eppure, miei cari, nel sentiero spirituale si tratta semplicemente della trascendenza di sé, e come potreste essere mai indegni di trascendere voi stessi? Per quanto in basso possiate trovarvi sulla scala a chiocciola, siete sempre degni di fare un passo verso l'alto.

Un altro aspetto della coscienza di dualità è il senso di orgoglio, la sensazione che, grazie a questa o quella condizione esterna, siete migliori degli altri e non avete bisogno di salire più in alto. Il sé mortale userà il mio insegnamento per rafforzare l'orgoglio inducendovi a pensare che, siccome avete fatto tanto in passato e siccome già capite tanto, non dovete preoccuparvi di superare le illusioni rimanenti del vostro sé mortale. Eppure se vi trovate ancora sulla Terra, ovviamente c'è qualcosa che non avete trasceso, qualche passo che non avete fatto. Quindi, finché sarete in questo mondo, sarà sempre necessario essere disposti a fare il passo successivo. Il cammino spirituale è proprio trascendenza di sé, e come potreste mai arrivare ad un punto da cui non potete trascendere voi stessi? Potete raggiungere un punto da cui non siete disposti ad elevarvi, ma in quell'istante vi sarete posizionati al di fuori del Fiume della Vita. Quindi non sareste più una persona veramente spirituale, sebbene il vostro sé mortale abbia costruito l'illusione secondo cui voi siete un'anima evoluta, grazie a tutto quello che avete fatto in passato. Tuttavia, ciò che avete fatto in passato non conta nulla, se vi impedisce di fare il passo immediatamente successivo.

Quindi, vedete, miei cari, non c'è nulla che io possa dire, che non possa essere usata dal vostro sé mortale nei suoi tentativi di rafforzare la sua illusione dualistica e la presa che quell'illusione ha su di voi. Se permettete al vostro sé mortale di usare i miei insegnamenti per consolidare le sue illusioni, rimarrete semplicemente più intrappolati in queste illusioni. Ovviamente non è questo che voglio veder accadere. Ecco perché ho bisogno che voi, cioè il Voi Consapevole, facciate un passo indietro e usiate gli insegnamenti di questo libro per andare al di là del modo di ragionare del vostro sé mortale. Ho bisogno che vi rivolgiate in alto, per cercare la verità superiore, la visione con un occhio solo, della mente di Cristo.

Miei amati, ho detto che la coscienza dell'anti-cristo definisce due estremi, ed ho parlato della via di mezzo. Tuttavia, non sto dicendo che, per essere liberi dai due estremi, dobbiate andare al punto centrale tra di essi, il che sarebbe soltanto un compromesso tra gli estremi. E un compromesso tra due estremi dualistici è ancora nel regno della dualità. Se un estremo è bianco e l'altro è nero, il punto centrale tra di essi sarebbe grigio. Eppure, miei cari, se mischiate nero relativo e bianco relativo, non vi avvicinerete affatto al vedere la verità di Cristo; vedrete solo grigiore. Pensate ai vecchi tempi, quando i fotografi avevano solo la pellicola in bianco e nero. Tutto quello che viene mostrato in una fotografia in bianco e nero è esattissimo, salvo il fatto che non c'è il colore. Un fiore viene descritto in ogni dettaglio, solo che nella natura non ci sono fiori grigi. Se sovraesponete una fotografia, questa sarà tutta bianca. E se la sottoesponete, sarà tutta nera. Se la esponete da qualche parte in mezzo, essa avrà una distribuzione corretta e realistica di luce e ombra, ma non mostrerà i colori. Quindi, quello che sto dicendo qui è, che ho bisogno che voi cerchiate di andare oltre il bianco e nero, e il grigio, della coscienza di dualità. Ho bisogno che mettiate una pellicola a colori nella macchina fotografica della vostra mente, affinché possiate vedere i veri colori della mente di Cristo.

So che questo potrebbe sembrarvi incomprensibile, o potrebbe sembrare che voi abbiate già la verità di Cristo in un insegnamento esterno. Così, vi sto chiedendo di evitare di essere intrappolati in uno dei due estremi. Non siate scoraggiati e non ignorate la necessità di cercare una comprensione superiore. Vi chiedo di partire da dove vi trovate – dovunque pensiate di essere – e di fare dei piccoli passi verso l'espansione della vostra comprensione. E poi vi chiedo di tenere a mente che, per raggiungere il traguardo finale, dovete continuare a fare dei piccolo passi, dovete continuare a trascendere il vostro attuale livello di consapevolezza, per tutto il tempo che sarete nel regno della materia – e oltre.

Il mio punto qui è che esistono due reazioni, che possono fermare i vostri progressi. Una è la credenza che non siate degni, perché avete tanti difetti e siete attualmente tanto al di sotto dell'ideale. Se credete a questo, non cercherete nemmeno di sfuggire alla coscienza di dualità. L'altra reazione è che siete già degni, perché avete fatto tante cose esteriori. Se credete a questo, penserete di non dover fare nulla (altro) per sfuggire alla coscienza di dualità, in quanto siete già salvi. Entrambe le reazioni sono ugualmente difettose. Ma, in effetti, è più facile uscire dalla sensazione di essere indegni, in quanto le persone di questo tipo si rendono conto che manca loro qualcosa. E fintantoché saranno disposti a provarci, si eleveranno. La sfida più difficile per un insegnante spirituale è raggiungere le persone, che pensano di essere degni, in quanto esse sono cadute in preda all'illusione del sé mortale, secondo cui le loro azioni esteriori le rendono meritevoli. Tali persone sono quasi impossibili da raggiungere, come era impossibile per Gesù raggiungere gli scribi e i farisei. L'ironia sta nel fatto che molte di queste persone hanno davvero conseguito una spiritualità superiore. Eppure sono state ingannate a fermare la propria crescita appena prima di riuscire a penetrare nella coscienza di Cristo. Questa è una trappola che vorrei che tutti i lettori di questo libro evitassero.

***

Miei amati, come passo intermedio verso l'accettazione del vostro vero valore, vi chiedo di contemplare ciò che ho detto circa il fatto, che il sé mortale è impegnato in un tentativo impossibile di riempire un buco nero e che lo sta facendo usando le "cose" di questo mondo. Vi chiedo di considerare seriamente, che la chiave della vita abbondante è smetterla di pensare che, per manifestare la vita abbondante, per riconquistare la vostra integrità, vi serva qualcosa da questo mondo, vi serva qualcosa dal di fuori del vostro sé superiore, della vostra Presenza IO SONO.

Considerate il fatto che avete perduto il vostro senso d'integrità, perché vi siete separati da Dio, al che siete rimasti intrappolati nella coscienza di dualità. Non esiste nulla che possiate fare con la coscienza di dualità, che vi renda degni, che vi aiuti a rivendicare la sensazione di essere meritevoli. La realtà della faccenda è che non avete mai perduto il vostro valore e merito; avete semplicemente creduto nella illusione di averlo perso. Come ho spiegato in precedenza, la matrice della vostra vera identità è conservata nella mente universale di Cristo e non potrà essere mai perduta o distrutta da nulla di ciò che accade nell'universo materiale, non potrà essere mai toccata dalla coscienza di dualità. Miei cari, quando prendete una fotografia in bianco e nero di un tramonto, non potete vedere i bellissimi colori nella foto, ma ciò non avrà tolto i colori dal tramonto effettivo. Quindi, il fatto che abbiate ora sostituito il vostro senso d'identità, il vostro senso di dignità, con un'immagine in bianco e nero, non ha fatto nulla per sradicare chi siete in realtà. Perciò vi chiedo di contemplare seriamente il fatto che non dovete guadagnarvi il vostro merito. Non dovete fare nulla in questo mondo per rivendicare il vostro valore. Dovete arrivare al punto in cui vi rendete conto, che non avete mai perso il vostro valore e che, per rivendicarlo, non dovete fare altro che accettarlo. Dovete accettare che voi – vale a dire il Voi Consapevole – siete, siete sempre stati e sarete sempre, degni agli occhi di Dio. Siete degni di affrontare Dio, degni di essere uno con Dio, degni di essere un'estensione di Dio in questo regno. Il Voi Consapevole ha la capacità di identificarsi con, identificarsi in, qualsiasi cosa riesca a concepire ed a credere, qualunque cosa possa accettare come realtà. Dunque, se vi identificate come degni, voi siete degni.

Miei amati, la vera chiave per manifestare l'abbondanza è smettere di pensare che vi serva qualcosa da questo mondo per avere l'abbondanza. Dovete arrivare a riconoscere che siete destinati ad essere un co-creatore con Dio. E come disse Gesù: "Il Padre mio opera fino ad ora, e anch'io opero" (Giovanni 5:17). Meditando più in profondità su quest'affermazione, vi rendete conto che essa descrive l'essenza del vostro rapporto con Dio. Siete qui per portare la luce di Dio in questo mondo e per sovrapporre la visione di Cristo sulla Luce Madre. In un certo senso, siete qui per essere Dio in azione, per essere Dio in manifestazione. Dio vi ha creati per fare questo, e Dio vi ha progettati in modo che aveste – dentro di voi – tutto quello che vi serve per eseguire questo compito. E' realmente il buon piacere del Padre darvi il suo regno, vale a dire che Dio vuole che il suo regno sia manifestato sulla Terra. Pertanto dovete sviluppare una salda accettazione del fatto che Dio vi darà tutto quello che vi serve per manifestare la vita abbondante per voi stessi e per dare il vostro contributo alla manifestazione del regno di Dio sulla Terra. Il mio punto è che, in realtà, tutto quello che vi serve per manifestare la vita abbondante e per compiere la vostra missione, può essere e sarà dato a voi da Dio. Siete stati creati con la capacità di abbracciare la visione di Cristo e di lasciare che la luce di Dio fluisca attraverso i vostri quattro corpi inferiori. Pertanto, la chiave per manifestare la vita d'abbondanza è separare il Voi Consapevole dal sé mortale e dalla sua convinzione, che gli serva qualcosa da questo mondo per costruire un senso d'integrità, di valore, di sicurezza. Dovete entrare dentro di voi e rendervi conto che l'integrità può essere trovata solo essendo chi siete veramente. E quando saprete chi siete, avrete fiducia – saprete –che Dio vi darà tutto quello che vi serve.

Miei amati, il sé mortale e il principe di questo mondo stanno costantemente tentando di impedirvi di compiere la vostra missione spirituale, stanno continuamente tentando di impedire che il regno di Dio divenga una realtà manifesta su questo pianeta. E la loro arma principale è la credenza che vi serva qualcosa da questo mondo per essere chi siete, per compiere la vostra missione. In realtà, quello che vi serve veramente per manifestare la vita abbondante sono la luce di Dio e la visione di Cristo, entrambe delle quali possono esservi date e vi sarann date dalla vostra Presenza IO SONO e dal vostro sé Cristico, che sono già dentro alla vostra sfera del sé. Il terzo ingrediente necessario è che il Voi Consapevole deve avere la forza di volontà di portare la luce e la visione giù, attraverso i quattro corpi inferiori, affinché possano diventare una realtà manifesta nel regno materiale. L'unica cosa che Dio non può darvi è questa forza di volontà. Dio fornisce la luce, e la mente universale di Cristo fornisce la visione. Quello che voi dovete fornire è la volontà, ed è esattamente per questo che il vostro sé mortale e il principe di questo mondo stanno facendo tutto quello che è in loro potere per indebolire la vostra volontà.

Miei cari, la realizzazione essenziale qui è che, il Dio che vi darà tutto quello che vi serve, non è il Dio esterno, l'essere remoto in cielo. Esistono davvero molte persone religiose che sono arrivate a riconoscere di doversi rivolgere a Dio per tutto quello di cui hanno bisogno. Ma esse stanno ancora rivolgendosi al Dio esterno, e questa è una ricerca impossibile. La vera chiave sta nel riconoscere che il Dio, che può darvi e vi darà tutto quello che vi serve, è il Dio interno. Quindi, Dio non sta facendo delle cose *per* voi; Dio sta facendo delle cose *attraverso* voi. Se vi aspettate passivamente che Dio faccia il lavoro per voi, come potreste mai assumervi il vostro ruolo designato di co-creatore con Dio?

Questo richiede un cambiamento nel vostro modo di vedere la vita. Per esempio, nel mondo moderno dovete ovviamente fare dei soldi per sopravvivere. Così, molte persone credono che, per avere l'abbondanza, debbano avere un lavoro, il che le rende dipendenti da un datore di lavoro per il loro sostentamento. Eppure se fate un passo indietro da questo approccio, potrete sviluppare una visione superiore. Potrete arrivare realmente a comprendere e ad accettare, che non state lavorando per una particolare azienda, una particolare organizzazione o un particolare governo. In realtà state lavorando per Dio. In questo preciso istante, Dio sta provvedendo alle vostre necessità materiali attraverso un particolare datore di lavoro, che è soltanto un intermediario. Se non doveste più lavorare per quel particolare datore di lavoro, allora di certo Dio è perfettamente capace di trovare un altro modo in cui potete manifestare le provviste materiali che vi servono. Tuttavia, voi dovete ovviamente fare la vostra parte per trovare o per manifestare il giusto sostentamento.

Miei cari, riuscite a vedere la sottile differenza? Se permettete a voi stessi di credere, che il vostro sostentamento dipenda da un datore di lavoro, dipenda da qualunque cosa in questo mondo, il vostro senso d'abbondanza sarà sempre vulnerabile. Di sicuro potreste perdere un lavoro in una varietà di modi. Se pensate che la vostra abbondanza dipenda dall'avere quel lavoro, allora se quel lavoro va perso, perderete anche il vostro senso d'abbondanza. Ma se accettate che in realtà state lavorando per Dio, vi rendete conto che la fonte della vostra abbondanza è al di là di questo mondo, e perciò non potrà essere mai perduta. Se Dio non vi dà l'abbondanza attraverso un particolare datore di lavoro, allora di sicuro le infinite risorse di Dio potranno trovare altri modi per darvi ciò che vi serve. Così potete contare su Dio per tutto, ma questo non deve diventare mai una co-dipendenza, che vi faccia pensare che Dio farà tutto il lavoro per voi. Esiste una differenza fondamentale tra la co-dipendenza e la co-creazione.

Miei amati, costruire questa sensazione, che Dio provvederà a tutti i vostri bisogni, richiederà che siate disposti ad aver fiducia, anche se non avete la piena comprensione della vostra situazione o una prova tangibile di ciò che accadrà in futuro. Per esempio, dovete fidarvi del fatto che, anche se non avete l'abbondanza proprio ora, c'è un motivo per questo. Come ho menzionato prima, ciò potrebbe essere causato dal vostro karma passato, dalla necessità di imparare una lezione o da qualche aspetto del vostro piano divino. Quindi non potete permettere che la mancanza di approvvigionamenti distrugga la vostra fede nel fatto che Dio vi darà tutto quello che vi serve. Ma per sviluppare questa fede, dovete rendervi conto che Dio non vi darà tutto quello di cui il vostro sé mortale pensa di aver bisogno. Dio non soddisferà i falsi desideri, che non potranno essere mai esauditi. Il vostro sé mortale sta cercando di costruire un senso di sicurezza usando le cose di questo mondo, e dunque non penserà mai di avere una quantità sufficiente di cose materiali o di denaro. La realtà è che avete sempre tutto quello che vi serve per trascendere i vostri limiti attuali e per fare il passo successivo verso l'alto, sulla scala a chiocciola. Quindi, dovete abbandonare l'illusione secondo cui vi serve una certa quantità di denaro per realizzare il vostro piano divino. Quello che dovete fare –

in questo preciso istante – per realizzare il vostro piano divino, è fare proprio il passo successivo su per la scala a chiocciola. E avete esattamente quello che vi serve per fare quel passo, avete esattamente quello che vi serve per trascendere il vostro attuale senso di limitazione. Infatti, il non avere un'abbondanza di denaro potrebbe essere proprio ciò che vi serve per superare una particolare credenza dualistica. Così dovete avere fiducia nel fatto che, se non avete qualcosa, il motivo più ampio è che non vi serve. Non ne avete bisogno per fare il prossimo passo sul sentiero spirituale. Pertanto potete smetterla di preoccuparvi di ciò che non avete e concentrare tutta l'attenzione sull'ottenere la comprensione superiore, che vi metterà in grado di impiegare nella maniera migliore possibile ciò che avete. E quando vi dimostrate fedeli nelle poche cose, che avete al presente, allora certamente Dio vi farà sovrani su molte cose.

**

Miei amati, il messaggio essenziale qui è, che esiste una differenza fondamentale tra il *fare* e l'*essere*. Il vostro sé mortale è totalmente impegnato nel tentativo di *farsi* strada per arrivare in Cielo. Pensa che voi siate qui per fare qualcosa per Dio, e che se fate abbastanza e se fate le cose giuste, Dio dovrà accettare il sé mortale. Se il Voi Consapevole crede in questa illusione, voi sarete assorbiti da questo tentativo di *farvi* strada per ritornare in Cielo. In realtà, non c'è nulla che possiate *fare* che vi riporti in Cielo. C'è un unico modo in cui potete ereditare il regno di Dio, ed è quello di *essere* semplicemente chi siete. Il Voi Consapevole deve arrivare al punto di accettare la sua vera identità come un co-creatore con Dio. Quando accettate appieno quella identità, sarete in Cielo. Non vi sarete *fatti* strada per arrivare in Cielo, ma *sarete* semplicemente in Cielo, proprio là dove vi trovate, proprio nel momento presente. Avrete superato l'illusione di essere separati da Dio e quindi fuori dal regno di Dio. Come ho detto in precedenza, tutto è stato creato dall'Essere del Creatore e così Dio è dentro a tutto quello che è stato creato. Ciò significa che voi siete nel regno di Dio proprio ora, dovete solo superare l'illusione di essere separati da quel regno. E solo quando superate quell'illusione, *sarete* nel regno di Dio.

Miei cari, vi chiedo ancora una volta di considerare uno dei problemi che lo stato di coscienza dualistico presenta ad un insegnante spirituale. Dal principio alla fine di questo libro, vi ho dato il concetto di un sentiero o di una scala a chiocciola. Per ritornare in Cielo, voi salite un passo alla volta lungo quella scala a chiocciola. Non c'è nulla di sbagliato in quest'immagine e, ad un certo punto del vostro sentiero spirituale, è davvero un'immagine molto utile ed efficace. Eppure arriva un certo punto in cui l'immagine di un sentiero non è più utile e può infatti diventare un vicolo cieco, perché l'essenza di seguire un sentiero implica una distanza. Voi siete "qui", state andando da qualche altra parte e, per arrivarci, dovete continuare a fare un passo alla volta. In altre parole, il concetto di un sentiero implica che non siete ancora arrivati, che siete in viaggio. Fintantoché dovrete fare un altro passo, non sarete arrivati alla destinazione finale.

Arriverà il momento in cui avrete raggiunto la cima della scala a chiocciola, ed a quel punto dovrete rinunciare all'idea che avete ancora una distanza da coprire. Dovrete smettere di credere che avete ancora molti passi da fare e, pertanto, dovrete smettere di focalizzarvi sul prossimo passo da fare. Arriverà un punto in cui dovrete fare quell'ultimo passo, che è il rendersi conto e accettare che non ci sono altri passi; che siete arrivati. Il mio punto qui è che, ad un certo livello del sentiero, siete separati, nella coscienza, dal regno di Dio. Quella separazione è costruita da una quantità di illusioni dualistiche, che avete lasciato entrare nella vostra sfera del sé. Il Voi Consapevole è talmente assorbito in, identificato con, queste illusioni, da non riuscire a separarsi istantaneamente da tutte di esse. Se dovesse farlo, esso perderebbe ogni senso di continuità, ogni senso di ciò che è. Pertanto, voi buttate fuori un'illusione alla volta e gradualmente rivendicate la vostra vera identità come l'essere spirituale, libero in Dio, che siete. Eppure arriverà un punto in cui dovrete gettare via l'illusione ultima, l'illusione che vi ha indotti a separarvi da Dio in primo luogo. Dovete accettare che ora siete nel regno di Dio, che non siete più in viaggio verso una destinazione lontana, ma che sieteeffettivamente arrivati. Se la vostra mente è ancora centrata sull'immagine del sentiero, potreste pensare che dovete continuare a fare un passo alla volta. Perciò mantenete la sensazione di una distanza. Pensate che esista una distanza effettiva da percorrere, invece di rendervi conto che il vero problema è la sensazione di distanza. E questa sensazione di distanza è un'illusione, che esiste soltanto nella vostra mente. Siete sempre stati dentro al regno di Dio, senza rendervi conto di dove vi troviate.

Il passo finale sulla scala a chiocciola è allontanarsi dalla scala e accettare che siete sempre stati nel regno di Dio, poiché non esiste alcun altro luogo. In realtà, il regno di Dio è là dove voi siete. Potremmo dire che, per arrivare nel regno di Dio, dovete viaggiare lungo un sentiero. Ma non arriverete nel regno di Dio finché non vi lascerete alle spalle il sentiero e accetterete che siete nel regno – proprio ora, proprio qui.

Fate attenzione al fatto che essere nel regno di Dio, non significa che la trascendenza di sé si ferma. Il regno di Dio è il Fiume della Vita, che è sempre nell'atto di diventare di più. Di nuovo, questa è una sottile distinzione, che il sé mortale non può concepire. Il mio punto è che il traguardo del cammino spirituale *non* è arrivare ad una destinazione ultima, in cui ogni progresso si ferma. Il problema che vi trovate ad affrontare è che siete scesi nella coscienza di dualità, il che significa che vi siete separati dal Fiume della Vita. La vostra crescita si è bloccata o si è rallentata, ma il Fiume della Vita è andato avanti senza di voi, perché il suo progresso non si ferma mai. Quindi, il traguardo del sentiero spirituale è superare i passi che vi riporteranno al Fiume della Vita. Potremmo dire che stiate cercando di ritornare nel punto del fiume in cui sareste stati, se non foste scesi nella coscienza di dualità. Così, quando raggiungete il passo finale del sentiero spirituale, vi immergete nel Fiume della Vita. Invece di essere indietro e cercare di mettervi in pari, adesso vi state muovendo in e con il Fiume della Vita. Potremmo dire che il Fiume della Vita non è un sentiero, in quanto non ci sono dei passi separati, ma solo il flusso continuo, senza fine, dell'Essere di Dio, in cui tutta la vita è un unico insieme indiviso.

***

Il mio punto qui è che, mentre state ancora viaggiando lungo il sentiero, è necessario che *facciate* alcune cose per salire più in alto, per smascherare le illusioni dualistiche. Tuttavia, arriva un punto in cui dovete smettere di fare, dovete smettere di pensare che vi serva qualcosa dall'esterno di voi stessi, smettere di pensare che dobbiate fare qualcosa in questo mondo. Dovete focalizzarvi all'interno e concentrarvi a ricevere ciò che Dio vi dà gratuitamente. E qual è la chiave per ricevere ciò che Dio vi dà gratuitamente? Bene, miei cari, il primo passo verso il ricevere è iniziare a dare. Possono esserci delle persone che sono ancora talmente bloccate nella dualità e nella separazione da non essere in grado di dare qualcosa di se stesse. Eppure quando raggiungete un certo livello sul sentiero spirituale, non potrete progredire oltre, finché non inizierete a dare. Ed è esattamente qui che molti ricercatori spirituali rimangono bloccati. Vedete, non è sufficiente dare per motivi esteriori, per i motivi dualistici del sé mortale. Il sé mortale è perfettamente capace di dare, ma lo fa solo per ottenere qualcosa per se stesso. Lo fa dalla prospettiva limitata della propria visione dualistica del mondo. Per dare davvero, dovete separare il Voi Consapevole da questa visione, così che potete dare in base alla visione più ampia della mente di Cristo, che considera la necessità di elevare tutta la vita.

Quando date in questo modo, voi date in maniera disinteressata, cioè state dando per elevare il tutto, anziché avvantaggiare solo una parte – voi stessi. Date senza aspettarvi una ricompensa particolare, anche senza aspettare nulla in cambio. Questo è il genere di dare, che moltiplicherà i vostri talenti e farà inevitabilmente sì che lo specchio cosmico vi rimandi una vita più abbondante. Il vero dare significa che l'atto di dare è separato da ogni pensiero di ricompensa. Voi date, perché sapete che siete un sole, una fiamma, della luce di Dio, ed è nella vostra natura dare, irradiare luce. Non date per ricevere qualcosa in cambio. Date, perché è nella vostra natura condividere chi siete. Quindi, il dare puro contiene la sua stessa ricompensa. E' nell'atto di dare che sentite la ricompensa della realizzazione interiore. Ed è questa la sensazione interiore di integrità, sapere che avete più che abbastanza da dare, che è la vita veramente abbondante.

Voi ricevete liberamente da Dio, perché Dio non si aspetta nulla in cambio da voi. Dare liberamente significa dare senza aspettarsi nulla in cambio. Qual è la chiave per uscire dalla sensazione di carenza, che vi impedisce di dare liberamente? La chiave è rendervi conto che siete qui per portare il regno di Dio, magnificando ogni cosa, di modo che tutte le imperfezioni intorno a voi vengano trasformate e diventino di più. Miei amati, ho parlato della reazione di fuga o di lotta del sé mortale. Ho descritto come il sé mortale può diventare molto sottile nelle fasi superiori del sentiero. Molti ricercatori spirituali, molte persone che per decenni hanno camminato con sincerità lungo il sentiero spirituale, sono ancora bloccati in una versione molto sottile della risposta di fuga o lotta. Cercano di scappare via da ciò che sembra minacciare il loro senso di sicurezza, da qualsiasi cosa che esiga che essi trascendano se stessi. E se non possono sfuggirlo, cercano di impedirgli di disturbarli. Queste persone non stanno tentando di uccidere altre persone, ma stanno cercando di impedire che gli altri scuotano la loro visione del mondo. Miei cari, quando siete intrappolati in questa risposta di fuga o lotta, è inevitabile che bloccherete il flusso dell'amore di Dio attraverso voi. La ragione è semplice. Quando qualcuno o qualcosa minaccia il vostro senso d'equilibrio, la vostra sensazione di avere il controllo, il vostro senso di sicurezza, voi cercate di fuggire o di lottare contro di esso. Questo blocca automaticamente il flusso della luce e dell'amore di Dio attraverso il vostro essere. State accettando la menzogna, presentata dal principe di questo mondo, che questa condizione imperfetta non può essere cambiata dalla luce e dall'amore di Dio. Così vi state rifiutando di permettere alla luce e all'amore di fluire attraverso il vostro essere per magnificare quella condizione, trasformandola in questo modo in una condizione superiore. Nel rifiutarvi di lasciare che la luce e l'amore fluiscano attraverso voi, state bloccando il flusso della vita, privandovi così del vostro stesso senso di gioia, del vostro stesso senso d'abbondanza. Lo stesso accade quando tentate di lottare contro una minaccia. Di nuovo state bloccando il flusso della luce di Dio, rifiutandovi di trasformare la condizione imperfetta in qualcosa di più elevato. Anziché tenere il concetto immacolato, che le persone saranno rese libere dalle credenze dualistiche che le hanno indotte a fare ciò che stanno facendo, state cercando di impedire agli altri di disturbarvi.

Miei amati, l'abbondanza è l'opposto della carenza. Se siete in uno stato d'abbondanza, avete più di quanto vi serva per voi stessi, e la reazione naturale è dare agli altri della vostra abbondanza. Ecco perché Dio sta dando di se stesso a voi. Quindi, se vi rifiutate di dare, bloccherete il senso d'abbondanza e così vi porrete al di fuori del Fiume della Vita. Proietterete un'immagine di carenza nello specchio cosmico, e indovinate che cosa dovrà, inevitabilmente, rimandarvi lo specchio?

Ci sono delle persone sulla Terra che sono intrappolate nelle versioni inferiori di questa reazione di fuga o di lotta, e questo può essere visto nelle guerre o nelle faide in atto ovunque su questo pianeta. La maggioranza delle persone spirituali si è elevata al di sopra di questo gioco più ovvio dell'ego e non penserebbe mai ad uccidere altre persone per cercare vendetta. Eppure sono ancora bloccate in una versione più sottile, che le induce a permettere che le imperfezioni esistenti sulla Terra, o i difetti degli altri, blocchino il flusso della luce e dell'amore di Dio attraverso il loro essere. Se volete avere la vita abbondante, dovete elevarvi al di sopra della tendenza a permettere a qualunque cosa in questo mondo di indurvi a bloccare il flusso della luce attraverso il vostro essere. Dovete essere il sole che splende sempre. Dovete vedere tutte le apparenze imperfette come qualcosa di reale, che è stata intrappolata in una matrice imperfetta, intrappolata da un'immagine idolatrica. Sono i sé consapevoli delle altre persone, che sono intrappolati nella coscienza di dualità, oppure è la Luce Madre, che è imprigionata in una forma imperfetta. Il vostro scopo è quello di liberare da tutte le imperfezioni sia gli altri sia la Luce Madre. C'è un unico modo in cui possiate fare questo, ed è quello di aiutarli a trascendere le loro attuali imperfezioni, per diventare di più, per avvicinarsi in questo modo al concetto immacolato.

***

Come ho detto in precedenza, voi avete una scelta da fare. Potete continuare a rimanere bloccati in questa risposta di fuga o lotta per il resto della vostra vita. O potete fare uno sforzo molto sincero e determinato per elevarvi al di sopra di essa. Tutto quello che vi ho presentato in questo libro rappresenta una chiave, un passo, che vi permette di elevarvi al di sopra di questo gioco infinito del sé mortale. Mentre applicate questi strumenti, vi eleverete davvero, ma vi darò ancora uno strumento, che può essere un passo intermedio molto efficace per ancorarvi sul sentiero verso l'abbondanza.

Questo strumento si basa sul riconoscimento del fatto che voi siete qui per trasformare ogni cosa, in modo che raffiguri un'immagine più perfetta. Perciò non siete qui per fuggire via davanti alle imperfezioni o per distruggere ogni forma imperfetta. Siete qui per trasformare le imperfezioni nella perfezione del regno di Dio. Quindi, miei amati, lo strumento essenziale, che potete adottare proprio ora, è questa pratica: in ogni situazione che affrontate, cercate di benedire tutte le persone coinvolte e cercate di benedire le condizioni esterne. Per quanto difficile possa essere la situazione, qualunque cosa vi facciano gli altri, o qualunque cosa non facciano per voi, cercate sempre di benedirli, affinché possano arrivare a sapere meglio e quindi fare di meglio.

State molto attenti alla tendenza del vostro sé mortale ad intrappolarvi nella reazione di fuga o di lotta. E quando sentite questa tentazione da parte del sé mortale e del principe di questo mondo, entrate dentro al vostro cuore e concentratevi sul permettere all'amore incondizionato di Dio di fluire nella situazione. Visualizzate il concetto immacolato per il modo in cui la situazione potrebbe essere trasformata. E poi benedite intenzionalmente tutto e tutti – senza alcun desiderio di vendetta o di punizione, ma con un desiderio puro di vedere ogni cosa avvicinarsi alla perfetta visione della mente di Cristo. Potete inventare delle affermazioni e delle visualizzazioni tutte vostre, se lo desiderate, ma ecco alcuni suggerimenti:

Affermazione: Io benedico questa situazione con l'amore incondizionato di Dio che riporta tutti al concetto immacolato, ora e per sempre.

Affermazione: Io benedico la Luce Madre dietro a queste apparenze e la vedo raffigurare la perfetta visione di Cristo, ora e per sempre.

Affermazione per quando siete in conflitto con altre persone: Io vi benedico con l'amore incondizionato di Dio e mantengo il concetto immacolato per voi.

Affermazione: IO SONO CIÒ CHE IO SONO assume il dominio qui, ora e per sempre!

Affermazione: IO SONO il Fiume della Vita che inonda questa situazione di amore incondizionato.

Affermazione: IO SONO il Cristo in azione in questa situazione.

Visualizzazione: Visualizzate la vostra immagine preferita di me, di Gesù o di un altro maestro spirituale sopra la situazione.

Visualizzazione: Visualizzate una persona o una situazione avvolta in lingue di fuoco vivo, un fuoco spirituale. Il fuoco bianco ha la funzione di purificare. Il fuoco blu ha la funzione di proteggere e di riallineare ogni cosa alla volontà di Dio. Il fuoco giallo dorato rilascia la saggezza della mente di Cristo. Il fuoco rosa rilascia l'amore incondizionato di Dio. Il fuoco verde smeraldo rilascia il concetto immacolato e guarisce gli squilibri. Il fuoco viola o purpurea trasforma tutte le energie imperfette e rende la Luce Madre libera di manifestare un'immagine più perfetta.

Visualizzazione: Guardate al di là della situazione, della persona o della manifestazione esteriori. Visualizzate dietro alle apparenze un numero infinito di punti scintillanti di luce bianca brillante. E' quasi come se delle particelle infinitamente piccole di luce stessero vibrando, pulsando e irradiando luce bianca. Visualizzate le apparenze esteriori che si dissolvono in un mare di queste particelle bianche, pulsanti, della pura Luce Madre. Poi vedete come le particelle formano un'immagine sacra. Potrei essere io stessa, Gesù, o qualunque altra figura spirituale o anche un bel tramonto. Poi vedete la sacra immagine sovrapporsi alla situazione esterna trasformandola nel concetto immacolato. Se non riuscite ad afferrare una visione superiore per la situazione attuale, permettete all'immagine sacra di sostituire le condizioni imperfette e accettate che il vostro essere superiore visualizzerà la conclusione perfetta della situazione. Usate questa visualizzazione per tutte le condizioni imperfette, comprese le malattie. Per esempio, potete visualizzare l'organo o la parte del corpo malato dissolversi nella pura Luce Madre, per essere poi sostituito da una visione più perfetta. Potete anche combinare questa visualizzazione con una o più affermazioni.

Il punto importante qui è che scegliate un'affermazione o una visualizzazione che abbia un significato più profondo per voi. Ogni volta che incontrate una situazione imperfetta, usate l'affermazione (silenziosamente o a voce alta) o la visualizzazione per evitare di venire intrappolati in una reazione dualistica, soprattutto nella reazione di pensare che la situazione sia impossibile da cambiare. Se volete cogliere un'unica cosa da questo libro, la cosa più importante che possiate portare con voi è semplicemente questa:

- Benedite tutto e tutti quelli che incontrate.

- Benedite ogni situazione, benedite ogni condizione, benedite ogni persona, e non dimenticatevi di benedire voi stessi.

- Non accettate mai alcuna limitazione come permanente o immutabile.

- Guardate sempre al di là delle condizioni esteriori e cercate la visione superiore della mente di Cristo.

- Ovunque vi troviate, fate sempre il passo successivo.

- Qualunque cosa sappiate, cercate sempre una comprensione superiore.

Miei amati, vi ho detto molte volte che l'universo è uno specchio. Così, se benedite tutto e tutti quelli che incontrate – anche se la vostra mente esteriore pensa che non se lo meritino – che cosa pensate che vi rimanderà lo specchio cosmico? Può forse fare altro che benedirvi? Quindi, ciò che fate agli altri, l'universo lo farà di sicuro a voi.

Non dimenticatevi mai che Dio non è un Dio arrabbiato. Non vuole punire nessuno, qualunque cosa abbia fatto; vuole liberarlo dalle imperfezioni. Dio sa di aver creato dei co-creatori perfetti e, dunque, non esistono co-creatori cattivi. Tutti gli errori e tutte le imperfezioni nascono dalla coscienza di dualità, per cui l'unica soluzione è elevare ogni cosa al di sopra della dualità. Uno dei problemi più comuni sulla Terra è che, quando qualcuno vi fa qualcosa, voi reagite con sentimenti negativi. Formate un'immagine negativa dell'altra persona, e pensate che sia permanente e infallibile. Pensate che la persona sia "cattiva" e che quindi si meriti di essere punita rimanendo in uno stato di limitazione e d'imperfezione. Pensate che l'altra persona non si meriti di ricevere l'amore di Dio attraverso voi, e bloccate il flusso di luce attraverso il vostro essere. Tuttavia, Dio vuole che tutti i suoi figli e le sue figlie siano liberi dalla coscienza di dualità, diventino di più e ritornino a casa, nel suo regno. In altre parole, Dio non desidera tenere nessuno in uno stato di limitazione. Quando vi aggrappate ad una qualsiasi immagine limitata, ad un qualsiasi idolo, o cercate di punire gli altri, vi state separando dalla forza fondamentale dell'universo, dal Fiume della Vita. Ma se non state cercando di aiutare gli altri a diventare di più, come potete voi diventare di più? Se mandate nello specchio cosmico il desiderio di tenere gli altri bloccati nelle limitazioni, che cosa deve rimandarvi lo specchio? Quindi, come potete essere davvero liberi, finché non avete un desiderio genuino di rendere liberi gli altri? E credetemi, il Voi Consapevole ha realmente questo desiderio, mentre il sé mortale non ce l'ha. Benedite sempre tutto e tutti. Coltivate il desiderio puro di vedere tutte le imperfezioni salire al di sopra delle loro attuali limitazioni. Se lo fate, come può l'universo mancare di rimandarvi le condizioni che vi elevano al di sopra di ogni limitazione?

***

Miei amati, voglio assicurarmi che abbiate capito, che non sto cercando di dire che dobbiate bloccare le vostre capacità creative. Il problema principale che vi trovate ad affrontare è, che avete bloccato queste capacità, perché non volevate più prendere delle decisioni. Tuttavia, come ho spiegato, non potete smettere mai di co-creare. Se date via il vostro potere di prendere decisioni, state comunque co-creando. Solo che ora state co-creando attraverso le immagini dualistiche create dal vostro sé mortale. Non sto dicendo che dobbiate distruggere queste immagini, così che non avete alcuna immagine nella vostra mente. Dato che le immagini dualistiche hanno creato delle conseguenze imperfette, potrebbe sembrare più sicuro non avere alcuna immagine nella vostra mente, eppure questo non è assolutamente costruttivo. Fintantoché vi trovate in un corpo fisico sulla Terra, la vostra mente – vale a dire tutti i vostri quattro corpi inferiori – non potrà essere mai del tutto vuota e, dunque, starete sempre co-creando. Quindi, invece di cercare di vuotare la vostra mente di tutte le immagini, è molto più costruttivo vuotarla delle immagini dualistiche e riempirla con le immagini della mente di Cristo. La chiave è rendersi conto che solo le immagini dualistiche creeranno delle conseguenze imperfette. Se co-create mediante le immagini perfette della mente di Cristo, avrete davvero la vita abbondante rimandatavi dallo specchio cosmico.

Miei amati, siete qui per portare il regno di Dio a manifestarsi sulla Terra. Quel regno non è attualmente manifesto. Quindi, il modo per renderlo manifesto è visualizzare un'immagine che non sia ancora manifesta nel regno della materia. E quando portate quell'immagine attraverso i vostri quattro corpi inferiori, la sovrapponete alla Luce Mater, facendo sì che la luce rappresenti la vostra immagine. Questo è il processo di base della creazione, e Dio non ha alcun desiderio di vedervi bloccare le vostre capacità creative. Dio vuole che le usiate per co-creare in base alla vera visione della mente di Cristo, invece di ego-creare mediante la visione dualistica del sé mortale. Perciò, cercate di elevare la vostra visione, affinché possiate focalizzarvi sulle immagini pure della mente di Cristo. E' questo che accadrà, inevitabilmente, quando purificate i vostri quattro corpi inferiori. Se userete gli strumenti che vi ho dato in questo libro, vi muoverete gradualmente verso quel traguardo.

Miei cari, quello che ho tentato di spiegare in questo libro è, che la vostra vita può essere vista come un gioco costante, una competizione costante, o persino come una lotta tra il Voi Consapevole, da una parte, e il vostro sé mortale e il principe di questo mondo, dall'altra. Il nemico interno e il nemico esterno tentano continuamente di imprigionarvi nell'illusione che, a causa di questa o di quella imperfezione – nella vostra stessa coscienza o nel mondo materiale –, dovete bloccare il flusso della luce e dell'amore di Dio attraverso il vostro essere. Stanno cercando di farvi accettare delle condizioni per bloccare il flusso di luce, che può trasformare tutte le imperfezioni. Questa è una delle ragioni per cui Gesù disse alla gente di non giudicare (Matteo 7:1). Quando giudicate con la mente esteriore, con la mente analitica, state definendo delle condizioni. State adottando l'approccio secondo cui, se le persone o le situazioni non sono all'altezza delle vostre condizioni, delle vostre aspettative, voi non darete loro amore. Miei amati, non impegnatevi in questa lotta infinita tra i falsi dei della coscienza di dualità. Non lasciatevi attirare nella trappola di vedere come nemici il vostro sé mortale, le altre persone o il principe di questo mondo. Non opponetevi al male (Matteo 5:39), trascendetelo semplicemente, con tutti i suoi giochi dualistici.

Se fate un passo indietro e osservate il quadro più ampio, vedrete che, per un periodo lunghissimo di tempo, le persone sulla Terra sono state programmate a credere che esista una battaglia epica tra il bene e il male. Vedrete questo tema in molte religioni antiche, ma dovete ricordarvi che quelle religioni sono state date quando la coscienza collettiva era ad un livello più basso di oggi. Lo si può vedere anche nella mitologia e persino nella moderna industria dello spettacolo. E' un tema comune nei libri e nel cinema, che un gruppo di "cattivi" inizi a terrorizzare la gente innocente. All'inizio, l'eroe cerca di stare lontano dal confronto, ma alla fine le cose peggiorano a tal punto che egli non può più ignorare le forze del male. Allora adotta la violenza per distruggere i cattivi e vincere sul male. Miei amati, questa è un'immagine molto persuasiva, che è stata programmata nelle menti delle persone da molte fonti. E sebbene possa sembrare giusta, vi posso assicurare che essa nasce dalla coscienza dell'anti-cristo. Il principe di questo mondo sa, che la coscienza di dualità si basa su due estremi, e li sta usando abilmente per controllare le persone. La trama è molto semplice, e molto efficace. Il principe di questo mondo sta tentando di indurre tutti quanti a credere, che esista davvero una battaglia tra il bene e il male su questo pianeta, che le forze del male siano realmente in opposizione a Dio e che abbiano un potere reale. Lo scopo è quello di far sì che tutti s'impegnino nella battaglia contro quello che percepiscono come male. In questo modo, essi risponderanno alle situazioni con sentimenti negativi e genereranno quantità enormi di energia alterata, che alimenterà le forze dell'oscurità.

Miei cari, anche molte persone spirituali sono state attirate in questa battaglia, e le loro vite sono state inghiottite da una lotta, che non ha fatto realmente nulla per elevare la coscienza collettiva e per portare il regno di Dio più vicino alla manifestazione fisica. Questa è la forza principale dietro a tutti i conflitti religiosi, e tali conflitti hanno creato delle atrocità incredibili. Se volete assumere il vostro ruolo come un co-creatore con Dio, come un Guardiano della Luce Madre, dovete stare lontano da questa lotta antica, infinita, tra le forze del bene relativo e le forze del male relativo. Per evitare di essere attirati in questa trappola, dovete interiorizzare pienamente il significato più profondo dietro all'affermazione di Gesù: "Voi avete inteso che fu detto: Occhio per occhio e dente per dente. Ma io vi dico di non opporvi al malvagio; anzi, se uno ti percuote sulla guancia destra, porgigli anche l'altra" (Matteo 5:38-39). Miei amati, riuscite ad attingere a ciò di cui abbiamo parlato in precedenza e vedere che, ciò che Gesù ha dato alla gente in questo insegnamento apparentemente semplice, è la via d'uscita dalla coscienza di dualità – l'unica via d'uscita dalla coscienza di dualità?

L'intero complotto del principe di questo mondo è attirarvi in un conflitto tra due opposti relativi, di modo che reagiate alla vita con sentimenti negativi, legandovi quindi più strettamente alla lotta dualistica. L'unico modo di evitare di essere attirati in questa spirale discendente, in questo buco nero, è rispondere ad ogni situazione con amore divino. Non permettete mai ad alcuna cosa di indurvi a bloccare il flusso dell'amore divino attraverso il vostro essere. Cercate di benedire invece ogni cosa, affinché venga accelerata oltre il suo attuale stato di imperfezione. Cercate di benedire le persone, così che queste trascenderanno la coscienza di dualità, che le porta ad oltraggiare gli altri.

Dovete capire, inoltre, ciò che ho detto in precedenza, cioè che il male non ha una realtà definitiva. Perciò non è in opposizione a Dio. In realtà non esiste alcuna battaglia tra Dio e il diavolo, perché Dio non riconosce alcuna opposizione; i suoi occhi sono troppo puri per contemplare il male (Abacuc 1:13), in quanto egli vede soltanto il concetto immacolato. La lotta tra il bene e il male può esistere soltanto nel regno della dualità, e potrà continuare ad esistere solo finché le persone rimarranno intrappolate nella coscienza di dualità e continueranno pertanto a gettare legna nel fuoco. La soluzione planetaria definitiva è che una massa critica di persone si separi dalla coscienza di dualità, separando i loro sé consci dai loro sé mortali. Quando una massa critica di persone manifesta la coscienza di Cristo, vedrete un cambiamento nella coscienza collettiva, e molte persone saranno poi in grado di afferrare la verità che vi ho detto qui, una verità che la maggioranza delle persone attualmente non riesce a comprendere.

Per dare un contributo personale a questa trasformazione planetaria, iniziate con l'adottare l'atteggiamento, che siete qui per benedire e per magnificare ogni cosa. Non siete qui per preservare le cose così come stanno o per rafforzare le imperfezioni, per cui non date ad esse la vostra luce in maniera indiscriminata. Siete qui per elevare ogni cosa, affinché possa trascendere le imperfezioni. Lo fate lasciando che la luce di Dio fluisca incondizionatamente, in modo che la luce possa fare il suo lavoro secondo una visione più elevata, forse persino secondo una visione più elevata di quanto riusciate ad afferrare con la vostra mente esteriore. Non avete bisogno di giudicare con la mente esteriore ciò che la luce e l'amore dovrebbero fare. Dovete lasciare che fluiscano e facciano il loro lavoro. In alcuni casi, sarà a sostegno delle persone, in altri casi sfiderà le illusioni della gente. Ma in ogni caso, l'amore di Dio, la luce di Dio, magnificherà la situazione e la eleverà secondo la visione di Cristo. La visione sarà sempre molto diversa dalla visione dualistica, che il vostro sé mortale e il principe di questo mondo vogliono farvi accettare. Ecco perché dovete essere indipendenti dalle forze di questo mondo e lasciare che la vostra luce splenda, qualunque cosa facciano gli altri per fermarvi. Non siete qui per adattarvi alle condizioni del mondo; siete qui per trasformare le condizioni del mondo essendo fedeli a chi siete. Come disse il poeta: "A te stesso sii fedele..."

***

Miei cari, la vera chiave della felicità, la vera chiave della pace mentale, è superare la tendenza a giudicare tutto secondo uno standard dualistico. Dovete evitare di farvi intrappolare nel costante tentativo di obbligare l'universo a corrispondere ad una serie di aspettative dualistiche, aspettative che non potranno essere mai soddisfatte, in quanto non sono in allineamento con la verità della mente di Cristo. Se volete la pace della mente, se volete la vera felicità, permettete alle vostre aspettative dualistiche di morire una per una. Dopotutto, vi ricordate forse di aver firmato un contratto prima di incarnarvi, un contratto che vi avrebbe garantito qualsiasi cosa in questo mondo? Il motivo è che non esiste alcun contratto del genere, anche se il vostro sé mortale crede che esista. Il contratto, che avete con Dio, è che egli vi ha dato il libero arbitrio e voi vi siete assunti la piena responsabilità per le conseguenze delle vostre scelte. Se non vi piacciono le conseguenze, che vi vengono attualmente rimandate dall'universo, dovete solo cambiare quello che mandate fuori. E per fare questo, dovete lasciar andare le aspettative dualistiche, che vi inducono ad emettere delle immagini imperfette. Non dovete far altro che lasciarle andare e cercare la visione superiore della mente di Cristo. Quando lo fate, supererete la sensazione di poter essere minacciati da qualsiasi cosa in questo mondo. Supererete la sensazione di lotta.

Quando sapete chi siete veramente e vedete lo scopo superiore per il quale siete venuti nell'universo materiale, le aspettative e i desideri piccoli, egocentrici, del vostro sé mortale sembreranno talmente insignificanti, che li lascerete andare spontaneamente nel fuoco dell'amore di Dio che tutto consuma. Direte davvero con Paolo: "Quando ero bambino, parlavo da bambino, ragionavo da bambino, pensavo da bambino. Ma divenuto uomo, ciò che era da bambino, l'ho abbandonato" (1Corinzi 13:11). Miei amati, quello che vi sto dicendo è che, se siete stati in grado di leggere questo lungo libro, non siete più un bambino, spiritualmente parlando. Perciò è ora di mettere da parte le aspettative e le credenze infantili del vostro sé mortale e cercare la visione superiore del motivo per cui siete sul pianeta Terra in quest'epoca cruciale. E' ora di mettere da parte le credenze dualistiche e l'egoismo, che nascono dal sé mortale. E' ora di guardare al di là di voi stessi e rendervi conto che siete qui come parte di un grande gruppo di esseri spirituali, che si sono offerti volontariamente di incarnarsi in questi tempi per aiutare a portare il regno di Dio sulla Terra. Voi siete qui per uno scopo che è molto più grande di qualunque desiderio del vostro sé mortale. E troverete la realizzazione definitiva, il senso d'abbondanza ultima, solo quando vi immergerete nel Fiume della Vita e sentirete che adesso state realizzando il vostro ragion d'essere. Miei amati, nel cammino spirituale arriva un certo momento, in cui sarà ora di prendere una decisione molto seria e passare ad un approccio totalmente diverso alla vita, un approccio che non sarà centrato sul piccolo sé ma sul Sé più grande, che siete in realtà. Se avete letto tutto quello che ho detto fino a questo punto, è ora che prendiate quella decisione. E' ora di accettare che non siete un essere umano, è ora di iniziare a vivere come l'essere spirituale che siete in realtà.

Come potete fare questo? In definitiva, c'è un unico modo in cui potete farlo, cioè immergendovi incondizionatamente nel Fiume della Vita e permettendo a quel fiume di fluire attraverso voi e di portarvi dove dovete andare – indifferentemente da dove le aspettative dualistiche, egocentriche, del vostro sé mortale dicano che dovreste andare. Miei cari, questa è davvero la sfida definitiva, e so che non è un compito facile lasciar andare tutte le aspettative riguardo a come dovrebbe svolgersi la vostra vita.

Persino Gesù lo trovava difficile, com'è dimostrato dalla lotta che egli sostenne nel Giardino di Getsèmani il giorno prima del suo processo. Egli stava sudando gocce di sangue, perché stava lottando contro l'intera anti-volontà della coscienza collettiva dell'umanità, l'anti-volontà che non voleva vedere Gesù compiere la sua missione di dimostrare il cammino verso la Cristianità per tutte le genti. Ma quello che lo rendeva vulnerabile a quell'anti-volontà collettiva era l'anti-volontà del suo sé mortale, che aveva ancora un po' di presa su di lui. Dopo aver lottato con questo per un'ora, alla fine si rese conto che l'unica via d'uscita era una resa piena e incondizionata, e fu allora che egli disse: "Però non come voglio io, ma come vuoi tu" (Matteo 26:39). Miei cari, fu questa resa incondizionata alla volontà superiore che rese Gesù totalmente libero dall'anti-volontà, sia a livello personale sia a livello planetario. Anche voi potete arrivare a quella resa, quando vi rendete conto che la volontà superiore, a cui dovete arrendervi, non è la volontà di un essere esterno. E' la volontà del vostro stesso Essere superiore, la volontà che il Voi Consapevole ha usato quando avete creato il vostro piano divino. E quella che dovete arrendere, non è la vostra volontà, bensì la volontà dualistica, strettamente legata all'ego, del vostro sé mortale, che è in effetti estranea alla vostra volontà.

Solo quando vi arrendete totalmente alla vostra volontà suprema, potrete abbandonare tutte le immagini idolatriche del vostro sé mortale. Ancora una volta, un'immagine idolatrica è un'immagine che sta ferma, che non fluisce con il Fiume della Vita. State attenti ad una distinzione molto sottile qui. E' possibile che il vostro sé mortale abbia un'immagine corretta di Dio, del mondo e di voi stessi. Infatti, molte persone religiose aderiscono a dottrine che non sono tecnicamente inesatte, vale a dire che non scaturiscono dalla mente dell'anti-cristo. Ma una volta che credete che la dottrina sia infallibile e che una dottrina infallibile non possa mai cambiare, non possa essere mai sostituita da una comprensione superiore, avrete trasformato un vero insegnamento spirituale in un'immagine idolatrica. Miei cari, immaginate di non aver mai visto un fiume e che qualcuno vi faccia vedere una fotografia di un fiume in piena. Pensereste che un fiume sia fatto di ghiaccio, che non si muove mai. In realtà, il fiume è in costante movimento, per cui un'immagine ferma non potrà darvi mai un'idea completamente corretta di un fiume. La foto dà una descrizione accurata dell'aspetto che il fiume aveva nel momento esatto in cui la foto è stata scattata. Ma ora il fiume è andato avanti e l'immagine è cambiata. Per sapere esattamente com'è il fiume, dovrete sperimentarne il movimento perpetuo. Solo quando vi rendete conto che un fiume non sta mai fermo, potrete apprezzarne davvero la natura.

Allo stesso modo, è possibile dare un insegnamento spirituale, che dà una comprensione corretta dell'aspetto che aveva Dio nel momento in cui l'insegnamento fu dato. Tuttavia, solo quando sperimenterete il Fiume della Vita, che trascende se stesso, potrete apprezzare pienamente la natura di Dio. E potrete sperimentare quel Fiume della Vita solo quando sarete totalmente immersi in esso, fluendo con esso e sperimentando così la vita abbondante che diventerà sempre di più, in una danza cosmica di tale bellezza e gioia, che il sé mortale non potrà mai comprenderla. Quindi, miei amati, lasciatevi alle spalle il deserto del sé mortale e osate immergervi nelle Acque Vive del Fiume della Vita. Osate lasciar morire il vostro sé mortale, affinché il voi reale possa rinascere alla vostra vera identità, come una parte integrante della magnifica creazione di Dio. Unitevi a me, mentre andiamo avanti verso l'orizzonte infinito della consapevolezza di sé di Dio, che potrà diventare davvero la vostra consapevolezza di sé. Dio è il Tutto e in tutto. Osate essere di più del sé mortale e anche voi potrete essere il Tutto e in tutto. Osate lasciare che la vostra luce splenda davanti agli uomini, affinché essi vedano le vostre opere buone e glorifichino il Padre vostro – il Padre loro – che è in tutta la vita.

Postfazione

Miei amati, lo scopo di questo libro è di darvi uno strumento per trasformare la vostra coscienza elevandovi dall'oscurità per entrare nella luce della coscienza di Cristo. Questo potrà accadere solo quando comprenderete e applicherete la chiave della conoscenza. Quindi, questo libro è inteso ad essere uno strumento esterno per stimolare delle visioni intuitive trasmessevi dal vostro sé Cristico e dai vostri insegnanti spirituali. Tali intuizioni saranno attentamente adattate al vostro attuale livello di coscienza e potranno pertanto aiutarvi a fare il passo successivo nel vostro cammino personale. Gli insegnamenti contenuti in questo libro sono stati attentamente ideati per darvi la comprensione che vi serve ad un qualsiasi livello del vostro sentiero spirituale. Perciò sarebbe ingenuo pensare che possiate leggere questo libro una sola volta ed estrarne tutto quello che vi è possibile ottenerne. Questo libro è il dono che continua a dare, nel senso che può servire da ispirazione a qualsiasi livello del sentiero spirituale. Non potrete mai superare questo libro, poiché esso contiene realmente degli insegnamenti che vengono dati a e per molti diversi livelli di coscienza. Vi incoraggio a non dimenticarvi di questo libro ma a leggerlo ed a rileggerlo ripetutamente, forse potreste anche leggere un piccolo paragrafo ogni giorno, o prima di recitare un rosario o prima di andare a dormire.

Il mio scopo per questo libro è stato quello di fornirvi una comprensione del dilemma fondamentale dell'esistenza umana, cioè che gli uomini sono rimasti intrappolati nella coscienza di dualità. Vi ho svelato la dinamica di base del sé mortale, ma nemmeno un libro lungo quanto questo può spiegare ogni aspetto del sé mortale o tutto quello che dovete sapere per fare il cammino spirituale. Perciò vi incoraggio a leggere altri libri sulla spiritualità, a seconda di come vi sentite guidati dentro di voi.

Siate consapevoli del fatto che fare un passo su per la scala a chiocciola significa avere una visione intuitiva, che sostituisca una particolare illusione dualistica. Un'intuizione del genere va al di là della comprensione intellettuale. Può essere innescata da un'esperienza esterna, ma lo scopo di ogni vero insegnamento spirituale è scatenare le intuizioni di questo tipo per mezzo delle parole, cosicché potete imparare la vostra lezione senza sperimentare le conseguenze fisiche della vostre precedenti azioni. Tuttavia, innescare un'esperienza intuitiva mediante le parole è un processo altamente individuale. Due persone potrebbero leggere le stesse parole, ed una capisce il punto intellettualmente, mentre l'altra ha un'esperienza intuitiva. Il motivo è che le parole usate non hanno innescato un'esperienza intuitiva per la prima persona. Il mio punto è che vi incoraggio a leggere altri libri che parlino degli stessi argomenti. Come può un unico libro usare delle parole che funzionino ugualmente bene per tutti quanti? Sebbene io cerchi di spiegare i punti importanti in contesti diversi e usando parole diverse, non c'è alcuna garanzia che questo libro scateni in voi un'esperienza intuitiva. Ma non vi scoraggiate e non pensate che ci sia qualcosa di sbagliato in voi. Continuate a cercare altri libri e alla fine troverete qualcosa che vi aiuterà ad elevarvi. E ad un qualche punto in futuro potreste ritornare a questo libro e scoprire che ora lo comprendete in una maniera più profonda di prima.

Il mio pensiero finale è quello di sottolineare, ancora una volta, l'importanza di non fermare mai il processo di trascendenza di sé. Continuate a fare il passo successivo sul sentiero spirituale, finché non saprete – con una consapevolezza interiore che va al di là della falsa sicurezza del vostro sé mortale – che siete ritornati nel Fiume della Vita. E poi fluite con quel fiume, mentre vi porta ben al di là di quello che riuscite ad immaginare con il vostro attuale stato di coscienza. In verità, l'abbondanza di Dio è infinita, e quando fluite con il Fiume della Vita, andrete ben oltre ogni limite che potrebbe essere stato programmato nella vostra mente in questo mondo. L'arazzo della vita, la pienezza della creazione di Dio, va ben al di là della vastità del cielo notturno. Non vedo l'ora di salutarvi quando prenderete il vostro posto come una stella spirituale nel firmamento dell'Essere infinito di Dio.

I Rosari di Madre Maria

Il Rosario della Volontà di Dio di Madre Maria

Nel nome dell'amore incondizionato del Padre, del Figlio, dello Spirito Santo e della Madre Miracolosa, Amen.

(Inserite qui una preghiera personale)

Padre nostro
Dio Padre-Madre nostro che sei dentro a tutta la vita, noi onoriamo la tua Presenza, l'IO SONO, dentro di noi. Noi accettiamo il tuo regno manifesto sulla Terra attraverso noi. Accettiamo la nostra responsabilità di manifestare la tua volontà sulla Terra, così com'è manifesta in Cielo. Vediamo ed accettiamo che la tua volontà non è separata dalla nostra, perché la tua volontà è la volontà superiore delle nostre anime. Pertanto, la tua volontà è la nostra volontà, e la nostra volontà è la tua volontà. Ci allineiamo amorevolmente con la volontà della Presenza IO SONO dentro ad ognuno di noi.

Noi accettiamo che ci stai dando la nostra opportunità quotidiana di essere di più, estendendo Dio in questo mondo. Riconosciamo che ci perdoni le nostre imperfezioni, così come noi ci perdoniamo l'un l'altro e rimettiamo la nostra volontà alla volontà superiore dentro di noi. Pertanto accettiamo la verità che l'universo ci restituisce ciò che vi emettiamo.

Ci assumiamo la responsabilità delle nostre vite e del nostro pianeta. Promettiamo solennemente di elevarci al di sopra dell'anti-volontà dei nostri ego, affinché tu possa liberarci da tutte le forze oscure che ci stanno manipolando attraverso quell'anti-volontà. Giuriamo di essere ogni giorno più vicini a Dio, cosicché la Terra può essere ogni giorno più simile al regno di Dio. Noi affermiamo che il tuo regno, la tua potenza e la tua gloria sono manifesti sulla Terra, ora e per sempre. Amen.

Io rinuncio a tutte le illusioni dell'ego che mi separano da Dio

1. Amata Presenza della Volontà di Dio, io rinuncio amorevolmente alla illusione dell'ego secondo cui sono separato da Dio e Dio non è dove io sono. IO SONO uno con la verità, che il mio vero sé è la mia Presenza IO SONO, che è un'individualizzazione di Dio. Pertanto, rivendico la mia vera identità come un figlio/una figlia di Dio. Io accetto che la Volontà di Dio sostituisca ogni anti-volontà nel mio essere e nella coscienza collettiva. Sono deciso ad essere di più in Dio là dove IO SONO!

Ave Madre della Volontà di Dio
**Ave Maria, Madre della Volontà di Dio,
ti accetto come la mia Madre Spirituale.
In unità con il tuo Essere,
io rinuncio ad ogni anti-volontà e all'ego.**

**Santa Maria, una con la Volontà di Dio,
io accetto la Volontà di Dio come la mia volontà superiore.
In unità con la mia Presenza IO SONO,
IO SONO il Regno di Dio manifesto sulla Terra.**

2. Amata Presenza della Volontà di Dio, io rinuncio amorevolmente alla illusione dell'ego secondo cui la volontà di Dio è separata dalla mia volontà. IO SONO uno con la verità che la volontà di Dio è la volontà della mia Presenza IO SONO e, pertanto, è separata dalla volontà egoista del mio ego. Io accetto che la Volontà di Dio sostituisca ogni anti-volontà nel mio essere e nella coscienza collettiva. Sono deciso ad essere di più in Dio là dove IO SONO!

Ave Madre della Volontà di Dio

3. Amata Presenza della Volontà di Dio, io rinuncio amorevolmente alla illusione dell'ego secondo cui Dio è un essere arrabbiato e giudicante nel cielo, che sta cercando di impormi la sua volontà. IO SONO uno con la verità, che Dio è un Dio di amore incondizionato e che seguire la volontà superiore della mia Presenza IO SONO è il desiderio più profondo della mia anima. Accetto che la Volontà di Dio sostituisca ogni anti-volontà nel mio essere e nella coscienza collettiva. Sono deciso ad essere di più in Dio là dove IO SONO!

Ave Madre della Volontà di Dio

4. Amata Presenza della Volontà di Dio, io rinuncio amorevolmente alle illusioni dell'ego secondo cui Dio è ingiusto, Dio è colpevole e

Dio non avrebbe dovuto darmi il libero arbitrio. IO SONO uno con la verità, che sono responsabile di aver creato l'anti-volontà del mio ego e che dipende da me rinunciare all'ego. Accetto che la Volontà di Dio sostituisca ogni anti-volontà nel mio essere e nella coscienza collettiva. Sono deciso ad essere di più in Dio là dove IO SONO!

Ave Madre della Volontà di Dio

5. Amata Presenza della Volontà di Dio, io rinuncio amorevolmente alle illusioni dell'ego secondo cui Dio mi sta accusando per le scelte che ho fatto o Dio non mi accoglierà, se ritorno da lui. IO SONO uno con la verità, che Dio mi ama incondizionatamente e che sono istantaneamente perdonato quando rinuncio all'anti-volontà e alle illusioni del mio ego. Accetto che la Volontà di Dio sostituisca ogni anti-volontà nel mio essere e nella coscienza collettiva. Sono deciso ad essere di più in Dio là dove IO SONO!

Ave Madre della Volontà di Dio

6. Amata Presenza della Volontà di Dio, io rinuncio amorevolmente alla illusione dell'ego secondo cui l'unico modo per fare delle libere scelte è andare contro la volontà di Dio. IO SONO uno con la verità, che la Volontà di Dio mi protegge dalla dualità e mi dà creatività illimitata entro la legge di Dio. Accetto che la Volontà di Dio sostituisca ogni anti-volontà nel mio essere e nella coscienza collettiva. Sono deciso ad essere di più in Dio là dove IO SONO!

Ave Madre della Volontà di Dio

7. Amata Presenza della Volontà di Dio, io rinuncio amorevolmente alla illusione dell'ego secondo cui sono la vittima di forze, che non posso controllare, e quindi, ho bisogno di un salvatore esterno. IO SONO uno con la verità, che nessun potere può annullare la mia libera volontà e che, in qualsiasi momento, io posso scegliere di avvicinarmi a Dio rinunciando alle illusioni dell'ego. Accetto che la Volontà di Dio sostituisca ogni anti-volontà nel mio essere e nella coscienza collettiva. Sono deciso ad essere di più in Dio là dove IO SONO!

Ave Madre della Volontà di Dio

8. Amata Presenza della Volontà di Dio, io rinuncio amorevolmente alla illusione dell'ego secondo cui sono separato da Dio da una barriera impenetrabile. IO SONO uno con la verità, che sono separato da Dio soltanto da un velo di illusioni creato dal mio ego. Pertanto io posso essere uno con Dio in questo mondo. Accetto che la Volontà di Dio sostituisca ogni anti-volontà nel mio essere e nella coscienza collettiva. Sono deciso ad essere di più in Dio là dove IO SONO!

Ave Madre della Volontà di Dio

9. Amata Presenza della Volontà di Dio, io rinuncio amorevolmente all'illusione dell'ego secondo cui l'unità con Dio significa perdere l'individualità. IO SONO uno con la verità, che l'unità con Dio significa liberare la mia individualità, donatami da Dio, che è stata imprigionata dal mio ego. Accetto che la Volontà di Dio sostituisca ogni anti-volontà nel mio essere e nella coscienza collettiva. Sono deciso ad essere di più in Dio là dove IO SONO!

Ave Madre della Volontà di Dio

Io rinuncio alle illusioni del mio ego

Amata Madre Maria, ora comprendo che il mio ego è nato quando ho scelto di sperimentare la coscienza di dualità, il frutto della conoscenza del bene e del male. Capisco che è stata questa dualità ad indurmi a credere di essere separato da Dio e indegno di essere uno con Dio. E' stata questa sensazione di indegnità ad indurmi a volgere le spalle a Dio ed a pensare che non possa o non voglia ritornare a casa, nel regno di Dio. E' stata questa dualità a farmi pensare che il regno di Dio sia all'esterno di me stesso.

Amata Madre Maria, io accetto te come la mia Madre Spirituale e metto la mia mano nella tua mano. Ti prego di ricondurre la mia anima a quell'originale punto di partenza dalla unità con la mia Presenza IO SONO. Prego che tu mi aiuti a penetrare il velo di paura e d'orgoglio del mio ego, affinché io possa avere il coraggio di guardare quella decisione originale e capire, perché ho deciso di allontanarmi dalla mia Presenza IO SONO e dal mio insegnante spirituale.

Amata Madre Maria, aiutami a svelare la menzogna serpentina, che mi portò a separarmi da Dio, e aiutami a vedere perché la mia anima fosse tanto vulnerabile da credere a quella menzogna. Aiutami a guardare a questa menzogna senza paura, senza alcun senso di vergogna, senza alcun senso di colpa e senza alcun desiderio di difendere la mia decisione o di far sembrare come se non fosse colpa mia. Aiutami semplicemente ad osservare quella decisione con una chiarezza totale e senza tutte quelle emozioni che il mio ego, per tanto tempo, ha usato per controllare la mia anima. Aiutami ad accettare, che sono stato io a prendere la decisione originale, e aiutami a capire che, accettando questo fatto, ottengo istantaneamente il potere di annullare quella decisione facendo una scelta migliore.

Amata Madre Maria, aiutami a scoprire e ad interiorizzare la verità di Cristo, che sostituisce la menzogna serpentina che ha partorito il mio ego. Aiutami a rinunciare amorevolmente alla menzogna serpentina e a tutte le illusioni che ne scaturiscono. Tieni la mia mano mentre mi volto ad affrontare la realtà scintillante della mia Presenza IO SONO ed accetto che la mia anima è un'individualizzazione di quella Presenza e che la mia Presenza è un'individualizzazione di Dio. Aiutami ad accettare che io sono un figlio/una figlia di Dio e che sono degno di essere uno con la mia Presenza e quindi uno con Dio. Oh, Madre Maria, aiuta la mia anima a raggiungere il punto di resa piena e definitiva, in cui io sono disposto a lasciare che l'ego muoia, affinché io possa vincere la vita immortale della coscienza di Cristo.

Io rinuncio a tutte le illusioni dell'ego che mi inducono a negare Cristo

1. Amata Presenza della Volontà di Dio, io rinuncio amorevolmente alla illusione dell'ego secondo cui non posso conoscere la volontà di Dio. IO SONO uno con la verità, che posso conoscere la volontà di Dio attraverso la mente di Cristo. Posso indossare la mente di Cristo svelando le illusioni dell'ego e rinunciando alla sua anti-volontà. Io accetto che la Volontà di Dio sostituisce ogni anti-volontà nel mio essere e nella coscienza collettiva. Sono deciso ad essere il Cristo sulla Terra.

Ave Madre della Volontà di Dio

2. Amata Presenza della Volontà di Dio, io rinuncio amorevolmente alla illusione dell'ego secondo cui non posso conoscere la volontà di Dio qui sulla Terra, perché la verità è definita da due opposti relativi. IO SONO uno con la verità, che la volontà di Dio è registrata nella mia Presenza IO SONO e posso conoscerla rinunciando alle mie illusioni dualistiche. Io accetto che la Volontà di Dio sostituisce ogni anti-volontà nel mio essere e nella coscienza collettiva. Sono deciso ad essere il Cristo sulla Terra.

Ave Madre della Volontà di Dio

3. Amata Presenza della Volontà di Dio, io rinuncio amorevolmente alla illusione dell'ego secondo cui non ho alcun diritto di esprimermi e di agire secondo la volontà di Dio sulla Terra. IO SONO uno con la verità, che Dio mi ha dato il diritto di allinearmi alla volontà della mia Presenza IO SONO e di manifestare il regno di Dio sulla Terra. Io accetto che la Volontà di Dio sostituisce ogni anti-volontà nel mio essere e nella coscienza collettiva. Sono deciso ad essere il Cristo sulla Terra.

Ave Madre della Volontà di Dio

4. Amata Presenza della Volontà di Dio, io rinuncio amorevolmente alla illusione dell'ego secondo cui Dio ha dato la Terra al diavolo e

quindi non ho alcun diritto di interferire con i suoi piani. IO SONO uno con la verità, che sono stati gli esseri umani a dare la Terra al diavolo, perché erano accecati dalle illusioni dei loro ego. Perciò io ho ogni diritto di separare me stesso da queste illusioni e rivendicare la Terra per Dio. Io accetto che la Volontà di Dio sostituisce ogni anti-volontà nel mio essere e nella coscienza collettiva. Sono deciso ad essere il Cristo sulla Terra.

Ave Madre della Volontà di Dio

5. Amata Presenza della Volontà di Dio, io rinuncio amorevolmente alla illusione dell'ego secondo cui, se manifesto ed esprimo la mia Cristianità, interferisco con la libera volontà di altre persone. IO SONO uno con la verità, che tutte le persone fanno parte del Corpo di Dio sulla Terra. Pertanto, ho il diritto di schierarmi dalla parte della verità e di elevare l'insieme di cui faccio parte. Io accetto che la Volontà di Dio sostituisce ogni anti-volontà nel mio essere e nella coscienza collettiva. Sono deciso ad essere il Cristo sulla Terra.

Ave Madre della Volontà di Dio

6. Amata Presenza della Volontà di Dio, io rinuncio amorevolmente alla illusione dell'ego secondo cui dovrei lasciare che le altre persone vivano la loro vita senza sfidare le loro credenze. IO SONO uno con la verità, che ho il diritto di essere il Cristo sulla Terra e che il ruolo di un essere Cristico è quello di dare alle persone la verità, che le libererà dalle illusioni dei loro ego. Io accetto che la Volontà di Dio sostituisce ogni anti-volontà nel mio essere e nella coscienza collettiva. Sono deciso ad essere il Cristo sulla Terra.

Ave Madre della Volontà di Dio

7. Amata Presenza della Volontà di Dio, io rinuncio amorevolmente alla illusione dell'ego secondo cui una persona non può fare la differenza e, quindi, non ha alcun senso cercare di sfidare le illusioni dell'ego dell'umanità. IO SONO uno con la verità, che Dio in me è dentro a tutta la vita. Pertanto, quando scelgo di essere uno con la volontà di Dio, mi allineo con la Milizia Ascesa ed elevo la coscienza collettiva. Io accetto che la Volontà di Dio sostituisce ogni anti-volontà nel mio essere e nella coscienza collettiva. Sono deciso ad essere il Cristo sulla Terra.

Ave Madre della Volontà di Dio

8. Amata Presenza della Volontà di Dio, io rinuncio amorevolmente alla illusione dell'ego secondo cui le forze oscure hanno un tale controllo su questo mondo che nessuna persona può sfidarle. IO SONO uno con la verità, che con Dio ogni cosa è possibile. Pertanto,

non sono io colui che opera; è la Presenza IO SONO dentro di me che fa le opere. Io accetto che la Volontà di Dio sostituisce ogni anti-volontà nel mio essere e nella coscienza collettiva. Sono deciso ad essere il Cristo sulla Terra.

Ave Madre della Volontà di Dio

9. Amata Presenza della Volontà di Dio, io rinuncio amorevolmente alla illusione dell'ego secondo cui il male è l'opposto di Dio. IO SONO uno con la verità, che il male non fa parte di Dio, né del disegno di Dio. Vedo che il male non ha alcuna permanenza, né alcun potere, al di là di quelli che gli vengono dati dagli esseri umani attraverso le illusioni dei loro ego. In unità con la mente di Cristo, io affermo che il male non è reale e che le sue manifestazioni non hanno alcun potere. Io accetto che la Volontà di Dio sostituisce ogni anti-volontà nel mio essere e nella coscienza collettiva. Sono deciso ad essere il Cristo sulla Terra.

Ave Madre della Volontà di Dio

Io rinuncio alla coscienza di morte

Amato Gesù, ora capisco che la coscienza di dualità è la coscienza di morte, che porterà alla dissoluzione della mia anima. Capisco che sono stato catturato in una rete di illusioni dell'ego, da cui non sembra esserci via d'uscita. Tuttavia accetto che c'è una via d'uscita, ossia prendere la mano del mio sé Cristico, cosicché posso camminare con Cristo sulle acque impetuose della mia coscienza egoica.

Amato Gesù, ora capisco che sono state le illusioni dell'ego a trasformarti in un idolo ed a metterti su un piedistallo, al di là della mia portata. Ora capisco che tu sei venuto a stabilire un esempio, che io posso seguire, sfuggendo così alla giungla delle illusioni dell'ego. Amato Gesù, ora accetto te come mio fratello maggiore e prego che mi aiuti ad affrontare ogni paura di essere il Cristo in azione qui sulla Terra.

Amato Gesù, aiutami a superare ogni paura di affrontare le forze oscure schierandomi dalla parte della verità. Aiutami ad accettare il fatto che il diavolo può tentarmi e manipolarmi soltanto attraverso le illusioni dell'ego. Pertanto, quando rinuncio a tutte le illusioni, il principe di questo mondo arriverà e non avrà nulla in me.

Amato Gesù, aiutami a capire e ad interiorizzare la verità che, sfidando le illusioni dei loro ego, io non sto interferendo con la libera volontà delle persone. Al contrario, io sono colui che è stato inviato da Dio a salvarle dalla morte spirituale dando loro un frammento della verità di Cristo. E anche se possono arrabbiarsi contro di me ed accusarmi falsamente a causa tua, io sono un emissario dell'amore incondizionato di Dio, che non lascerà un'anima intrappolata nella illusione dell'amore condizionato.

Amato Gesù, aiutami ad avere sempre il non-attaccamento che mantiene singolo il mio occhio, invece di farmi intrappolare in discussioni dualistiche. Aiutami a non impegnare mai le persone al livello della mente dualistica. Aiutami a rimanere al di sopra di ogni dualità ed a portare la visione unificata della mente di Cristo in ogni situazione. Amato Gesù, cammina con me, mentre diamo alle persone la verità che le renderà libere.

Mi separo da tutte le illusioni dell'ego

1. Amata Madre Maria, io scelgo di separarmi dalle illusioni dell'ego, che inducono gli uomini a negare la Presenza di Dio dentro di sé e dentro agli altri ed a considerarsi quindi come nemici gli uni degli altri. Accetto che la volontà di Dio è che tutte le persone siano l'unico Corpo di Dio sulla Terra. Io affermo che l'Arcangelo Michele e le sue legioni consumano questa forza planetaria dell'anti-cristo. Dio sta elevando la Terra ad un glorioso nuovo giorno.

Ave Madre della Volontà di Dio

2. Amata Madre Maria, io scelgo di separarmi dalle illusioni dell'ego, che inducono le persone a negare che il regno di Dio sia dentro di loro, facendo credere loro che possano essere salvate soltanto attraverso una religione esterna. Accetto che la volontà di Dio è che tutte le persone siano indipendenti da ogni tirannia spirituale. Io affermo che l'Arcangelo Michele e le sue legioni consumano questa forza planetaria dell'anti-cristo. Dio sta elevando la Terra ad un glorioso nuovo giorno.

Ave Madre della Volontà di Dio

3. Amata Madre Maria, io scelgo di separarmi dalle illusioni dell'ego, che inducono le persone a negare il Cristo dentro di sé, credendo così alla menzogna dualistica secondo cui esiste un'unica vera religione. Accetto che la volontà di Dio è che tutte le persone siano unite attraverso la mente di Cristo. Io affermo che l'Arcangelo Michele e le sue legioni consumano questa forza planetaria dell'anti-cristo. Dio sta elevando la Terra ad un glorioso nuovo giorno.

Ave Madre della Volontà di Dio

4. Amata Madre Maria, io scelgo di separarmi dalle illusioni dell'ego, che inducono le persone a negare l'esistenza del male, impedendo loro di dare a Dio l'autorità di rimuovere il male dalla Terra. Accetto che la volontà di Dio è che la Terra sia libera da ogni oscurità. Io affermo che

l'Arcangelo Michele e le sue legioni consumano questa forza planetaria dell'anti-cristo. Dio sta elevando la Terra ad un glorioso nuovo giorno.

Ave Madre della Volontà di Dio

5. Amata Madre Maria, io scelgo di separarmi dalle illusioni dell'ego, che inducono le persone ad ignorare le forze oscure che cercano di controllare e di distruggere le loro anime. Ora invito Dio a sostituire queste forze con la Luce. Accetto che la volontà di Dio è che la sua Luce sostituisca tutte le forze oscure, compresi i nostri ego. Io affermo che l'Arcangelo Michele e le sue legioni consumano questa forza planetaria dell'anti-cristo. Dio sta elevando la Terra ad un glorioso nuovo giorno.

Ave Madre della Volontà di Dio

6. Amata Madre Maria, io scelgo di separarmi dalle illusioni dell'ego, che inducono le persone a negare il bisogno di difendere la Luce Madre schierandosi a favore della volontà di Dio. Accetto che la volontà di Dio è che Madre Terra sia in perfetta armonia, perché gli esseri umani scelgono la Luce al posto dell'oscurità. Io affermo che l'Arcangelo Michele e le sue legioni consumano questa forza planetaria dell'anti-cristo. Dio sta elevando la Terra ad un glorioso nuovo giorno.

Ave Madre della Volontà di Dio

7. Amata Madre Maria, io scelgo di separarmi dalle illusioni dell'ego, che inducono le persone a cadere in preda alla strategia del dividi-e-conquista, che usa la religione per controllare l'umanità. Accetto che la volontà di Dio è che la sua verità e il suo amore sostituiscano tutti i conflitti religiosi. Io affermo che l'Arcangelo Michele e le sue legioni consumano questa forza planetaria dell'anti-cristo. Dio sta elevando la Terra ad un glorioso nuovo giorno.

Ave Madre della Volontà di Dio

8. Amata Madre Maria, io scelgo di separarmi dalle illusioni dell'ego, che inducono le persone a cadere in preda alla filosofia materialistica, che nega l'esistenza di Dio e porta le persone a negare la loro stessa spiritualità. Accetto che la volontà di Dio è che tutte le persone accettino che sono figli e figlie suoi. Io affermo che l'Arcangelo Michele e le sue legioni consumano questa forza planetaria dell'anti-cristo. Dio sta elevando la Terra ad un glorioso nuovo giorno.

Ave Madre della Volontà di Dio

9. Amata Madre Maria, io scelgo di separarmi dalle illusioni dell'ego e dall'anti-volontà, che inducono le persone buone a non fare nulla, permettendo così al male di trionfare. Accetto che la volontà di Dio è che tutte le persone si separino dal male, di modo che esso può essere sostituito dalla Luce. Io affermo che l'Arcangelo Michele e le sue legioni consumano questa forza planetaria dell'anti-cristo. Dio sta elevando la Terra ad un glorioso nuovo giorno.

Ave Madre della Volontà di Dio

Io giuro di difendere la Divina Madre e i suoi figli

Amata Madre Maria, io accetto il mio potenziale di diventare il Cristo incarnato e di ottenere il potere di proteggere Madre Terra e tutta la vita dalle forze dell'oscurità. Con questo dichiaro che non volterò le spalle alla mia responsabilità. Prenderò davvero posizione a favore della verità, diventando uno con la volontà della mia Presenza IO SONO. Giuro di portare a compimento il piano divino preparato dalla mia anima prima che io mi incarnassi. Io affermo che, per la grazia di Dio, la mia incarnazione È una vittoria per la Luce.

Amato Gesù, aiutami ad evitare di cascare nella trappola di pensare che io debba combattere contro il male. Aiutami ad accettare e ad interiorizzare la verità che io, per conto mio, ossia la mia anima e il mio ego, non posso fare nulla. E' il Cristo dentro di me che è il vero artefice, perché soltanto il Cristo può essere la porta aperta per la Luce della mia Presenza IO SONO. E soltanto la Luce della mia Presenza può manifestare la volontà di Dio e il regno di Dio sulla Terra.

Amato Gesù, afferra la mia mano e aiutami ad identificare e ad abbandonare tutte le illusioni dell'ego, finché non raggiungo il punto di verità dove posso pienamente accettare e dichiarare che "Io e la mia Presenza IO SONO siamo uno". Aiutami a riconoscere che "la mia Presenza IO SONO opera finora ed io opero", e pertanto Dio in me può consumare le menzogne dell'anti-cristo ovunque si trovino.

Amato Gesù, cammina con me mentre diamo alle persone la verità, che le renderà libere e le aiuterà a scoprire il velo delle illusioni dell'ego, che le separa dal regno di Dio dentro di loro. Aiutami a dare la tua Parola Vivente alle persone, cosicché esse possano accettare la vita della coscienza Cristica, interiorizzando la verità e l'amore di Cristo. Aiuta la gente a vedere che noi siamo co-creatori e che siamo qui per portare il regno di Dio sulla Terra.

Mi separo dalla forza planetaria del male

1. Amata Madre Maria, io scelgo di separarmi dalle illusioni dell'ego, che inducono la gente ad accettare l'esistenza continuata di una forza planetaria che violenta, distrugge e uccide esseri umani, senza rispetto

alcuno per il valore della vita. Io invoco la manifestazione della volontà di Dio come una società basata sul rispetto inflessibile della vita. Io affermo che l'Arcangelo Michele e le sue legioni consumano questa forza planetaria dell'anti-cristo e il suo abuso della Luce Ma-ter. Il regno di Dio è ora manifesto sulla Terra.

Ave Madre della Volontà di Dio

2. Amata Madre Maria, io scelgo di separarmi dalle illusioni dell'ego, che inducono la gente ad accettare l'esistenza continuata di una forza planetaria, che controlla l'economia creando povertà, fame e disuguaglianza. Io invoco la manifestazione della volontà di Dio come una società in cui tutte le persone hanno una vita abbondante. Io affermo che l'Arcangelo Michele e le sue legioni consumano questa forza planetaria dell'anti-cristo e il suo abuso della Luce Ma-ter. Il regno di Dio è ora manifesto sulla Terra.

Ave Madre della Volontà di Dio

3. Amata Madre Maria, io scelgo di separarmi dalle illusioni dell'ego, che inducono la gente ad accettare l'esistenza continuata di una forza planetaria, che crea guerre per trarne profitto o per ottenere potere. Io invoco la manifestazione della volontà di Dio come una società in cui tutte le persone vivono in una pace eterna. Io affermo che l'Arcangelo Michele e le sue legioni consumano questa forza planetaria dell'anti-cristo e il suo abuso della Luce Ma-ter. Il regno di Dio è ora manifesto sulla Terra.

Ave Madre della Volontà di Dio

4. Amata Madre Maria, io scelgo di separarmi dalle illusioni dell'ego, che inducono la gente ad accettare l'esistenza continuata di una forza planetaria composta da governi e filosofie totalitari. Io invoco la manifestazione della volontà di Dio come una società in cui tutte le persone hanno la libertà di scegliere il proprio destino. Io affermo che l'Arcangelo Michele e le sue legioni consumano questa forza planetaria dell'anti-cristo e il suo abuso della Luce Ma-ter. Il regno di Dio è ora manifesto sulla Terra.

Ave Madre della Volontà di Dio

5. Amata Madre Maria, io scelgo di separarmi dalle illusioni dell'ego, che inducono la gente ad accettare l'esistenza continuata di un'élite di potere planetaria, che cerca di usare qualunque forma di governo per controllare la popolazione. Io invoco la manifestazione della volontà di Dio come una società in cui tutte le persone hanno diritti ed opportunità uguali sotto il governo di Dio. Io affermo che l'Arcangelo Michele e le sue legioni consumano questa forza planetaria dell'anti-

cristo e il suo abuso della Luce Ma-ter. Il regno di Dio è ora manifesto sulla Terra.

Ave Madre della Volontà di Dio

6. Amata Madre Maria, io scelgo di separarmi dalle illusioni dell'ego, che inducono la gente ad accettare l'esistenza continuata di una forza planetaria che cerca di controllare le menti delle persone attraverso disinformazione, dipendenze e controllo della mente. Io invoco la manifestazione della volontà di Dio come una società in cui tutte le persone hanno la mente libera che riconosce la verità di Cristo. Io affermo che l'Arcangelo Michele e le sue legioni consumano questa forza planetaria dell'anti-cristo e il suo abuso della Luce Ma-ter. Il regno di Dio è ora manifesto sulla Terra.

Ave Madre della Volontà di Dio

7. Amata Madre Maria, io scelgo di separarmi dalle illusioni dell'ego, che inducono la gente ad accettare l'esistenza continuata di vortici planetari di energie negative, che trascinano giù le persone e controllano i loro corpi emozionali. Io invoco la manifestazione della volontà di Dio come una società in cui tutte le persone conoscono la pace di Cristo e sono libere da depressione e dal controllo emotivo. Io affermo che l'Arcangelo Michele e le sue legioni consumano questa forza planetaria dell'anti-cristo e il suo abuso della Luce Ma-ter. Il regno di Dio è ora manifesto sulla Terra.

Ave Madre della Volontà di Dio

8. Amata Madre Maria, io scelgo di separarmi dalle illusioni dell'ego, che inducono la gente ad accettare l'esistenza continuata di una forza planetaria che usa la fame, la denutrizione e le malattie per controllare la popolazione. Io invoco la manifestazione della volontà di Dio come una società in cui tutte le persone hanno una salute perfetta e una lunga vita. Io affermo che l'Arcangelo Michele e le sue legioni consumano questa forza planetaria dell'anti-cristo e il suo abuso della Luce Ma-ter. Il regno di Dio è ora manifesto sulla Terra.

Ave Madre della Volontà di Dio

9. Amata Madre Maria, io scelgo di separarmi dalle illusioni dell'ego, che inducono la gente ad accettare l'esistenza continuata di una forza planetaria che saccheggia le risorse di Madre Terra, inquina l'ambiente e crea degli squilibri che conducono a disastri naturali. Io invoco la manifestazione della volontà di Dio come un pianeta perfettamente equilibrato che dà alla gente una piattaforma stabile per la crescita spirituale. Io affermo che l'Arcangelo Michele e le sue legioni

consumano questa forza planetaria dell'anti-cristo e il suo abuso della Luce Ma-ter. Il regno di Dio è ora manifesto sulla Terra.
Ave Madre della Volontà di Dio

Io invoco la volontà di Dio sulla Terra

Nel nome della Presenza della volontà di Dio, nel nome di Gesù Cristo, nel nome di Madre Maria, io dico: "Basta! Io mi separerò dall'anti-volontà e da ogni oscurità. E SARO' la volontà di Dio manifesta sulla Terra." Io esigo la manifestazione della volontà di Dio, affinché a tutte le persone venga data la possibilità di scegliere, in maniera libera ed illuminata, se servire Cristo o l'ego, Dio o il male.

Io accetto che Dio vuole che tutte le persone scelgano, per amore, la volontà superiore, ma che esse non possono fare una scelta libera mentre sono accecate dalle illusioni dualistiche dell'ego. Pertanto, io invoco la Mente Universale di Cristo e il sé Cristico individuale di ogni persona a dare loro la verità cristallina che le renderà libere da tutte le illusioni dell'ego. Inoltre grido a tutte le persone dicendo: "Scegliete la vita! Scegliete la vita di Cristo sopra la morte dell'ego!" Pertanto, io dico ai quattro angoli della Terra:

IO SCELGO LA VITA DI CRISTO! (4X)

Nel nome della Presenza della Volontà di Dio, io dichiaro che sto prendendo posizione a favore della volontà di Dio. Per l'autorità della Fiamma Cristica dentro al mio cuore, io esigo la manifestazione del regno di Dio sulla Terra. Non starò in disparte a guardare, mentre le forze dell'oscurità distruggono questo pianeta e i miei fratelli e le mie sorelle spirituali. Pertanto, IO SONO la porta aperta per la volontà di Dio che consuma l'anti-volontà del mio stesso ego, gli ego di tutte le persone e tutte le forze oscure. Io rinuncio al mio ego e, mentre vengo elevato, attiro tutte le persone più vicino a Dio. Io affermo che l'Arcangelo Michele e le sue legioni consumano tutta l'oscurità sulla Terra, elevando la Terra al glorioso nuovo giorno della volontà di Dio per ogni anima. C'È Luce e soltanto Luce sulla Terra.

La Terra è del Signore e ne è la pienezza. (3X) Amen.

In nome dell'amore incondizionato del Padre, del Figlio, dello Spirito Santo e della Madre Miracolosa, Amen.

Sigillo del rosario

Amata Presenza della volontà di Dio, sigillaci ora nel desiderio di essere di più in Dio. Amato Arcangelo Michele, sigillaci ora nella impenetrabile protezione della tua fiamma blu. Amato Gesù, sigillaci nella chiarezza cristallina della verità di Cristo. Amata Madre Maria, sigillaci nell'amore incondizionato della Madre di Dio.

Nel nome del Padre, del Figlio, dello Spirito Santo e della Madre di Dio, io accetto che sono uno con la mia Presenza IO SONO e che attraverso questa unità sono sigillato contro tutte le illusioni dell'ego e contro tutte le apparenze che queste proiettano sullo schermo della vita. Ora affermo che, nella luce della verità di Cristo, il male non è reale e le sue illusioni non hanno alcun potere. Pertanto il regno di Dio è manifesto sulla Terra, ora e per sempre. Amen.

Il Rosario della Saggezza che tutto pervade, di Madre Maria

In nome dell'amore incondizionato del Padre, del Figlio, dello Spirito Santo e della Madre Miracolosa, Amen.

(Inserite qui una preghiera personale)

Padre Nostro
Dio Padre-Madre nostro, che sei dentro a tutta la vita, noi onoriamo la Tua Presenza, l'IO SONO, dentro di noi. Noi accettiamo il Tuo regno manifesto sulla Terra attraverso noi. Accettiamo la nostra responsabilità di manifestare la Tua volontà sulla Terra così com'è manifesta in Cielo. Noi vediamo ed accettiamo che la Tua saggezza, che tutto pervade, penetra nelle nostre anime, distrugge tutta l'ignoranza e ci risveglia a chi siamo realmente e al motivo per cui siamo qui sulla Terra.

Noi accettiamo che ci stai dando la nostra opportunità quotidiana di avvicinarci di più a Dio in questo mondo. Riconosciamo che ci perdoni le nostre imperfezioni, così come noi ci perdoniamo l'un l'altro e rimettiamo la nostra volontà alla volontà superiore dentro di noi. Pertanto accettiamo la verità che l'universo ci restituisce ciò che vi emettiamo.

Ci assumiamo la responsabilità delle nostre vite e del nostro pianeta. Giuriamo di elevarci al di sopra dell'ignoranza intenzionale e della cecità spirituale dei nostri ego, affinché Tu possa liberarci da tutte le forze oscure che ci manipolano per mezzo di quella ignoranza. Giuriamo di espanderci nella Saggezza di Dio ogni giorno, affinché la Terra possa essere risvegliata ogni giorno di più. Noi affermiamo che il Tuo regno, la Tua potenza e la Tua gloria sono manifesti sulla Terra, ora e per sempre. Amen.

Risvegliaci alla realtà che la materia è Spirito
1. Amata Presenza della Saggezza di Dio, risveglia il ricordo interiore, che l'universo materiale è un'estensione del regno spirituale ed ha il potenziale di manifestare il regno di Dio sulla Terra. Io rinuncio ad ogni irrealtà ed affermo che la Saggezza di Dio, che tutto pervade, sostituisce ogni ignoranza nel mio essere e nella coscienza collettiva. Io affermo il risveglio di tutte le persone alla realtà dello Spirito oltre

la materia!

Ave Madre della Saggezza
**Ave Maria, Madre della Saggezza di Dio,
ti accetto come la mia Madre Spirituale.
In unità con il tuo Essere,
io rinuncio ad ogni ignoranza nel mio mondo.**

**Santa Maria, una con la Saggezza di Dio,
accetto la Saggezza di Dio come la mia visione più elevata.
In unità con la mia Presenza IO SONO,
IO SONO la Saggezza di Dio che risveglia tutta la vita**.

2. Amata Presenza della Saggezza di Dio, risveglia il ricordo interiore, che noi siamo più dei nostri corpi fisici, che siamo esseri spirituali che sono discesi dal Cielo e possono ritornare in Cielo. Io rinuncio ad ogni irrealtà ed affermo che la Saggezza di Dio, che tutto pervade, sostituisce ogni ignoranza nel mio essere e nella coscienza collettiva. Io affermo il risveglio di tutte le persone alla realtà dello Spirito oltre la materia!

Ave Madre della Saggezza

3. Amata Presenza della Saggezza di Dio, risveglia il ricordo interiore, che il pianeta Terra è un'aula scolastica per le nostre anime e che siamo qui per imparare ad esprimere la nostra individualità in armonia con tutto il Creato di Dio. Io rinuncio ad ogni irrealtà ed affermo che la Saggezza di Dio, che tutto pervade, sostituisce ogni ignoranza nel mio essere e nella coscienza collettiva. Io affermo il risveglio di tutte le persone alla realtà dello Spirito oltre la materia!

Ave Madre della Saggezza

4. Amata Presenza della Saggezza di Dio, risveglia il ricordo interiore, che le nostre anime hanno una lunga storia di incarnazioni su questo pianeta, ma che noi possiamo elevarci al di sopra di tutte le imperfezioni del passato. Io rinuncio ad ogni irrealtà ed affermo che la Saggezza di Dio, che tutto pervade, sostituisce ogni ignoranza nel mio essere e nella coscienza collettiva. Io affermo il risveglio di tutte le persone alla realtà dello Spirito oltre la materia!

Ave Madre della Saggezza

5. Amata Presenza della Saggezza di Dio, risveglia il ricordo interiore che, indossando la mente di Cristo, le nostre anime possono elevarsi al di sopra dei nostri ego e delle nostre personalità esteriori, creati da noi stessi. Io rinuncio ad ogni irrealtà ed affermo che la Saggezza di Dio,

che tutto pervade, sostituisce ogni ignoranza nel mio essere e nella coscienza collettiva. Io affermo il risveglio di tutte le persone alla realtà dello Spirito oltre la materia!

Ave Madre della Saggezza

6. Amata Presenza della Saggezza di Dio, risveglia il ricordo interiore, che i nostri corpi sono creazioni della coscienza e che tutte le infermità possono essere conquistate attraverso la purificazione delle nostre menti. Io rinuncio ad ogni irrealtà ed affermo che la Saggezza di Dio, che tutto pervade, sostituisce ogni ignoranza nel mio essere e nella coscienza collettiva. Io affermo il risveglio di tutte le persone alla realtà dello Spirito oltre la materia!

Ave Madre della Saggezza

7. Amata Presenza della Saggezza di Dio, risveglia il ricordo interiore, che le nostre circostanze esterne sono creazioni della coscienza e che tutte le limitazioni possono essere superate attraverso la mente di Cristo. Io rinuncio ad ogni irrealtà ed affermo che la Saggezza di Dio, che tutto pervade, sostituisce ogni ignoranza nel mio essere e nella coscienza collettiva. Io affermo il risveglio di tutte le persone alla realtà dello Spirito oltre la materia!

Ave Madre della Saggezza

8. Amata Presenza della Saggezza di Dio, risveglia il ricordo interiore, che il pianeta fisico è una creazione della coscienza e che tutti i disastri e gli squilibri naturali possono essere eliminati lasciando che Cristo governi la coscienza collettiva. Io rinuncio ad ogni irrealtà ed affermo che la Saggezza di Dio, che tutto pervade, sostituisce ogni ignoranza nel mio essere e nella coscienza collettiva. Io affermo il risveglio di tutte le persone alla realtà dello Spirito oltre la materia!

Ave Madre della Saggezza

9. Amata Presenza della Saggezza di Dio, risveglia il ricordo interiore, che tutti gli aspetti della società riflettono la coscienza collettiva e che tutti i problemi possono essere superati attraverso la potenza di Dio dentro di noi. Io rinuncio ad ogni irrealtà ed affermo che la Saggezza di Dio, che tutto pervade, sostituisce ogni ignoranza nel mio essere e nella coscienza collettiva. Io affermo il risveglio di tutte le persone alla realtà dello Spirito oltre la materia!

Ave Madre della Saggezza

Io sono disposto a conoscere la realtà

Amata Presenza della Saggezza di Dio che tutto pervade, amato Gesù, amata Madre Maria, Amata Presenza IO SONO e Sacro Sé Cristico, con questo dichiaro che sono disposto a conoscere la realtà, che la materia è Spirito travestito. Sono disposto a permettere che l'Arcangelo Michele mi liberi da ogni ignoranza, da ogni irrealtà e da tutte le menzogne, che separano la materia e lo Spirito. Invoco l'Arcangelo Michele a legare ed a consumare l'ignoranza intenzionale del mio ego. Sono disposto a togliere il velo dai miei occhi, affinché possa superare ogni ignoranza e vedere la saggezza di Dio che tutto pervade. Io dichiaro che la saggezza è la cosa essenziale e con tutto il mio ottenere, otterrò la comprensione.

Con il presente dichiaro che sono disposto a sapere, che cosa devo cambiare nel mio corpo fisico e nella mia situazione esterna per ottenere la massima crescita spirituale. Sono disposto a sapere che cos'è che ostacola il mio servizio alla causa superiore, per la quale la mia anima ha deciso di incarnarsi. Sono disposto a sapere come trovare il mio posto nel piano di Dio per rimuovere tutte le imperfezioni dalla Terra. Sono disposto a sapere come trovare il mio posto come co-creatore del regno di Dio sulla Terra.

Risvegliaci alla realtà che la vita ha uno scopo

1. Amata Presenza della Saggezza di Dio, risveglia il ricordo interiore, che la vita non è un caso o il prodotto di un processo evolutivo irrazionale. In realtà, ogni anima è un individuo unico che, prima di incarnarsi, ha creato un piano divino. Io rinuncio a tutta l'indifferenza ed affermo che la Saggezza di Dio, che tutto pervade, sostituisce ogni ignoranza nel mio essere e nella coscienza collettiva. Io affermo il risveglio di tutte le persone alla realtà che la vita ha uno scopo spirituale!

Ave Madre della Saggezza

2. Amata Presenza della Saggezza di Dio, risveglia il ricordo interiore, che i nostri ego stanno costantemente cercando di farci dimenticare il nostro scopo spirituale e farci sentire che non possiamo fare la differenza. In realtà, ogni cosa è possibile con Dio. Io rinuncio a tutta l'indifferenza ed affermo che la Saggezza di Dio, che tutto pervade, sostituisce ogni ignoranza nel mio essere e nella coscienza collettiva. Io affermo il risveglio di tutte le persone alla realtà che la vita ha uno scopo spirituale!

Ave Madre della Saggezza

3. Amata Presenza della Saggezza di Dio, risveglia il ricordo interiore, che le forze dell'oscurità stanno costantemente cercando di intrappolarci nella paura, che ci rende timorosi di provare qualcosa di nuovo. In realtà, l'amore perfetto dei nostri sé Cristici caccerà via ogni paura. Io rinuncio a tutta l'indifferenza ed affermo che la Saggezza di Dio, che tutto pervade, sostituisce ogni ignoranza nel mio essere e nella coscienza collettiva. Io affermo il risveglio di tutte le persone alla realtà che la vita ha uno scopo spirituale!

Ave Madre della Saggezza

4. Amata Presenza della Saggezza di Dio, risveglia il ricordo interiore che, per mezzo dell'ignoranza o della disinformazione e persino usando l'ignoranza intenzionale dei nostri ego, le forze dell'oscurità stanno costantemente cercando di farci dimenticare il nostro scopo. In realtà, la nostra volontà suprema è quella di realizzare il nostro scopo spirituale. Io rinuncio ad ogni ignoranza intenzionale ed affermo che la Saggezza di Dio, che tutto pervade, sostituisce ogni ignoranza nel mio essere e nella coscienza collettiva. Io affermo il risveglio di tutte le persone alla realtà che la vita ha uno scopo spirituale!

Ave Madre della Saggezza

5. Amata Presenza della Saggezza di Dio, risveglia il ricordo interiore, che le forze dell'oscurità stanno costantemente cercando di farci dimenticare il nostro scopo, intrappolandoci nella rabbia, nell'odio e in infiniti conflitti con gli altri. Io rinuncio ad ogni rabbia ed affermo che la Saggezza di Dio, che tutto pervade, sostituisce ogni ignoranza nel mio essere e nella coscienza collettiva. Io affermo il risveglio di tutte le persone alla realtà che la vita ha uno scopo spirituale!

Ave Madre della Saggezza

6. Amata Presenza della Saggezza di Dio, risveglia il ricordo interiore, che le forze dell'oscurità stanno costantemente cercando di farci dimenticare il nostro scopo, intrappolandoci nell'orgoglio, che ci fa pensare di sapere tutto, o nell'arroganza, che ci rende riluttanti a cambiare. Io rinuncio ad ogni orgoglio ed affermo che la Saggezza di Dio, che tutto pervade, sostituisce ogni ignoranza nel mio essere e nella coscienza collettiva. Io affermo il risveglio di tutte le persone alla realtà che la vita ha uno scopo spirituale!

Ave Madre della Saggezza

7. Amata Presenza della Saggezza di Dio, risveglia il ricordo interiore, che le forze dell'oscurità stanno costantemente cercando di farci dimenticare il nostro scopo, intrappolandoci nella lussuria e nell'avidità, trasformando le nostre vite in un'infinita ricerca che non

può essere mai soddisfatta. Io rinuncio ad ogni avidità ed affermo che la Saggezza di Dio, che tutto pervade, sostituisce ogni ignoranza nel mio essere e nella coscienza collettiva. Io affermo il risveglio di tutte le persone alla realtà che la vita ha uno scopo spirituale!

Ave Madre della Saggezza

8. Amata Presenza della Saggezza di Dio, risveglia il ricordo interiore che, per mezzo dell'invidia e della gelosia, le forze dell'oscurità stanno costantemente cercando di farci dimenticare il nostro scopo, trasformando le nostre vite in un infinito tentativo di vincere le vane competizioni con gli altri. Io rinuncio ad ogni invidia ed affermo che la Saggezza di Dio, che tutto pervade, sostituisce ogni ignoranza nel mio essere e nella coscienza collettiva. Io affermo il risveglio di tutte le persone alla realtà che la vita ha uno scopo spirituale!

Ave Madre della Saggezza

9. Amata Presenza della Saggezza di Dio, risveglia il ricordo interiore che, per mezzo della programmazione che dice che non possiamo essere il Cristo sulla Terra, le forze dell'oscurità stanno costantemente cercando di farci dimenticare il nostro scopo. Io rinuncio ad ogni anti-volontà ed affermo che la Saggezza di Dio, che tutto pervade, sostituisce ogni ignoranza nel mio essere e nella coscienza collettiva. Io affermo il risveglio di tutte le persone alla realtà che la vita ha uno scopo spirituale!

Ave Madre della Saggezza

Io sono disposto a conoscere il mio scopo

Amata Presenza della Saggezza di Dio che tutto pervade, amato Gesù, amata Madre Maria, amata Presenza IO SONO e Sacro Sé Cristico, con questo dichiaro che sono disposto a conoscere lo scopo per cui mi sono incarnato. Sono disposto a lasciare che l'Arcangelo Michele mi liberi da ogni mancanza di speranza, da ogni disperazione o dalla sensazione che la vita sia senza significato. Sono disposto ad assumere il controllo delle mie emozioni attraverso il potere di Cristo dentro di me.

Invoco l'Arcangelo Michele a legare ed a consumare l'ignoranza intenzionale del mio ego. Sono disposto a togliere il velo dai miei occhi, affinché possa superare ogni ignoranza e vedere la saggezza di Dio che tutto pervade. Io dichiaro che la saggezza è la cosa essenziale e con tutto il mio ottenere, otterrò la comprensione.

Con questo dichiaro di essere disposto a sapere che cosa devo cambiare nella mia psicologia, nel mio atteggiamento e nel mio approccio alla vita, per scoprire il motivo del mio essere. Sono disposto a superare ogni tendenza a lasciarmi trasportare senza meta attraverso la vita, sprecando la preziosa opportunità della vita nella ricerca infinita della glorificazione del mio ego o all'inseguimento di beni materiali, potere o piacere. Sono disposto a sapere che cos'è che ostacola il mio servizio alla causa superiore per la quale la mia anima ha deciso di incarnarsi. Sono disposto a sapere come trovare il mio posto nel piano di Dio per rimuovere tutte le imperfezioni dalla Terra. Sono disposto a sapere come trovare il mio posto come co-creatore del regno di Dio sulla Terra.

Risvegliaci alla realtà dei nostri piani divini

1. Amata Presenza della Saggezza di Dio, risveglia il ricordo interiore, che ogni aspetto della vita sulla Terra è permeato dalle menzogne serpentine, che sono state progettate per intrappolarci nella cecità spirituale, di modo che ci dimenticassimo i nostri piani divini. Io rinuncio ad ogni cecità spirituale ed affermo che la Saggezza di Dio, che tutto pervade, sostituisce ogni ignoranza nel mio essere e nella coscienza collettiva. Io affermo il risveglio di tutte le persone ai dettagli dei loro piani divini!

Ave Madre della Saggezza

2. Amata Presenza della Saggezza di Dio, risveglia il ricordo interiore, che noi abbiamo maestri spirituali che ci hanno aiutato a progettare ogni dettaglio dei nostri piani divini prima che ci incarnassimo. Io rinuncio ad ogni cecità spirituale ed affermo che la Saggezza di Dio, che tutto pervade, sostituisce ogni ignoranza nel mio essere e nella coscienza collettiva. Io affermo il risveglio di tutte le persone ai dettagli dei loro piani divini!

Ave Madre della Saggezza

3. Amata Presenza della Saggezza di Dio, risveglia il ricordo interiore, che ogni anima ha un sé Cristico, che può confortarci e ci conforterà e può riportare alla memoria i nostri piani divini. Io rinuncio ad ogni cecità spirituale ed affermo che la Saggezza di Dio, che tutto pervade, sostituisce ogni ignoranza nel mio essere e nella coscienza collettiva. Io affermo il risveglio di tutte le persone ai dettagli dei loro piani divini!

Ave Madre della Saggezza

4. Amata Presenza della Saggezza di Dio, risveglia il ricordo interiore, che i nostri ego si opporranno sempre ai nostri piani divini e che dobbiamo fare la scelta di separarci dall'ego. Io rinuncio ad ogni cecità

spirituale ed affermo che la Saggezza di Dio, che tutto pervade, sostituisce ogni ignoranza nel mio essere e nella coscienza collettiva. Io affermo il risveglio di tutte le persone ai dettagli dei loro piani divini!

Ave Madre della Saggezza

5. Amata Presenza della Saggezza di Dio, risveglia il ricordo interiore, che la programmazione dalla parte del mondo è progettata in modo da farci dubitare della realtà dei nostri piani divini, ma che l'amore perfetto dei nostri sé Cristici e dei nostri maestri spirituali caccerà via ogni dubbio e paura. Io rinuncio ad ogni cecità spirituale ed affermo che la Saggezza di Dio, che tutto pervade, sostituisce ogni ignoranza nel mio essere e nella coscienza collettiva. Io affermo il risveglio di tutte le persone ai dettagli dei loro piani divini!

Ave Madre della Saggezza

6. Amata Presenza della Saggezza di Dio, risveglia il ricordo interiore, che le forze dell'oscurità ci faranno dubitare della nostra capacità di realizzare i nostri piani divini, ma che i nostri sé Cristici ci ricorderanno che con Dio ogni cosa è possibile. Io rinuncio ad ogni cecità spirituale ed affermo che la Saggezza di Dio, che tutto pervade, sostituisce ogni ignoranza nel mio essere e nella coscienza collettiva. Io affermo il risveglio di tutte le persone ai dettagli dei loro piani divini!

Ave Madre della Saggezza

7. Amata Presenza della Saggezza di Dio, risveglia il ricordo interiore, che il principe di questo mondo e i nostri ego ci tenteranno con l'orgoglio, ma che i nostri sé Cristici ci ricorderanno che non siamo noi gli artefici; è Dio dentro di noi che fa le opere. Io rinuncio ad ogni cecità spirituale ed affermo che la Saggezza di Dio, che tutto pervade, sostituisce ogni ignoranza nel mio essere e nella coscienza collettiva. Io affermo il risveglio di tutte le persone ai dettagli dei loro piani divini!

Ave Madre della Saggezza

8. Amata Presenza della Saggezza di Dio, risveglia il ricordo interiore, che le forze oscure useranno la strategia del dividi-e-conquista contro il Corpo di Dio sulla Terra, ma che possiamo trovare unità entrando nel regno di Dio dentro ad ognuno di noi. Io rinuncio ad ogni cecità spirituale ed affermo che la Saggezza di Dio, che tutto pervade, sostituisce ogni ignoranza nel mio essere e nella coscienza collettiva. Io affermo il risveglio di tutte le persone ai dettagli dei loro piani divini!

Ave Madre della Saggezza

9. Amata Presenza della Saggezza di Dio, risveglia il ricordo interiore, che le forze di questo mondo ci faranno dimenticare i nostri maestri spirituali. Tuttavia, attraverso il Cristo interiore, possiamo essere un'estensione della Milizia Ascesa sulla Terra. Io rinuncio ad ogni cecità spirituale ed affermo che la Saggezza di Dio, che tutto pervade, sostituisce ogni ignoranza nel mio essere e nella coscienza collettiva. Io affermo il risveglio di tutte le persone ai dettagli dei loro piani divini!

Ave Madre della Saggezza

Io sono disposto a conoscere il mio piano divino

Amata Presenza della Saggezza che tutto pervade, amato Gesù, amata Madre Maria, amata Presenza IO SONO e Sacro Sé Cristico, con questo dichiaro che sono disposto a conoscere ogni aspetto del mio piano divino e ciò che occorre per realizzare quel piano. Sono disposto a lasciare che l'Arcangelo Michele mi liberi da ogni cecità spirituale, che mi impedisce di vedere che cosa devo cambiare in me stesso e nella mia vita affinché possa realizzare lo scopo del mio essere. Invoco l'Arcangelo Michele a legare ed a consumare la cecità spirituale del mio ego. Sono disposto a togliere il velo dai miei occhi cosicché posso superare ogni ignoranza e vedere la saggezza di Dio che tutto pervade. Io dichiaro che la saggezza è la cosa essenziale e con tutto il mio ottenere, otterrò la comprensione.

Con questo dichiaro che sono disposto a sapere che cosa devo fare per purificare le mie credenze e che cosa devo studiare per rendere la mia mente il calice per la mente di Cristo. Sono disposto a superare ogni tendenza ad ignorare la mia guida interiore, affinché non sprechi la mia opportunità inseguendo le cose di questo mondo invece di cercare la saggezza dello Spirito. Sono disposto a sapere che cos'è che ostacola il mio servizio alla causa superiore per la quale la mia anima ha deciso di incarnarsi. Sono disposto a sapere come trovare il mio posto nel piano di Dio per rimuovere tutte le imperfezioni dalla Terra. Sono disposto a sapere come trovare il mio posto come co-creatore del regno di Dio sulla Terra.

Risvegliaci alla realtà della nostra identità spirituale

1. Amata Presenza della Saggezza di Dio, risveglia il ricordo interiore, che senza Dio nulla di ciò che è stato fatto, è stato fatto, e pertanto Dio risiede nel regno dentro di noi. Io rinuncio ad ogni falsa identità ed affermo che la Saggezza di Dio, che tutto pervade, sostituisce ogni ignoranza nel mio essere e nella coscienza collettiva. Io affermo il

risveglio di tutte le persone alla realtà del modo in cui si inseriscono nel Corpo di Dio sulla Terra!

Ave Madre della Saggezza

2. Amata Presenza della Saggezza di Dio, risveglia il ricordo interiore, che è stato soltanto per aver fatto esperimenti con la coscienza di dualità che abbiamo perso il nostro senso d'unità con la nostra sorgente e abbiamo creato i nostri ego. Io rinuncio ad ogni falsa identità ed affermo che la Saggezza di Dio, che tutto pervade, sostituisce ogni ignoranza nel mio essere e nella coscienza collettiva. Io affermo il risveglio di tutte le persone alla realtà del modo in cui si inseriscono nel Corpo di Dio sulla Terra!

Ave Madre della Saggezza

3. Amata Presenza della Saggezza di Dio, risveglia il ricordo interiore, che la nostra vera identità è permanentemente ancorata nella Presenza IO SONO e non può essere danneggiata da alcuna cosa che le nostre anime sperimentano sulla Terra. Io rinuncio ad ogni falsa identità ed affermo che la Saggezza di Dio, che tutto pervade, sostituisce ogni ignoranza nel mio essere e nella coscienza collettiva. Io affermo il risveglio di tutte le persone alla realtà del modo in cui si inseriscono nel Corpo di Dio sulla Terra!

Ave Madre della Saggezza

4. Amata Presenza della Saggezza di Dio, risveglia il ricordo interiore, che noi abbiamo scelto di incarnarci sulla Terra, perché volevamo avvicinarci di più a chi siamo, avvicinarci di più a Dio. Io rinuncio ad ogni falsa identità ed affermo che la Saggezza di Dio, che tutto pervade, sostituisce ogni ignoranza nel mio essere e nella coscienza collettiva. Io affermo il risveglio di tutte le persone alla realtà del modo in cui si inseriscono nel Corpo di Dio sulla Terra!

Ave Madre della Saggezza

5. Amata Presenza della Saggezza di Dio, risveglia il ricordo interiore, che siamo venuti qui con lo scopo di esprimere la nostra individualità divina e di portare i nostri doni speciali alla Terra. Io rinuncio ad ogni falsa identità ed affermo che la Saggezza di Dio, che tutto pervade, sostituisce ogni ignoranza nel mio essere e nella coscienza collettiva. Io affermo il risveglio di tutte le persone alla realtà del modo in cui si inseriscono nel Corpo di Dio sulla Terra!

Ave Madre della Saggezza

6. Amata Presenza della Saggezza di Dio, risveglia il ricordo interiore, che abbiamo il potenziale di superare tutte le illusioni dell'ego e di

unirci alla nostra Presenza IO SONO, cosicché possiamo realizzare lo scopo originale per cui siamo venuti sulla Terra. Io rinuncio ad ogni falsa identità ed affermo che la Saggezza di Dio, che tutto pervade, sostituisce ogni ignoranza nel mio essere e nella coscienza collettiva. Io affermo il risveglio di tutte le persone alla realtà del modo in cui si inseriscono nel Corpo di Dio sulla Terra!

Ave Madre della Saggezza

7. Amata Presenza della Saggezza di Dio, risveglia il ricordo interiore, che siamo davvero delle individualizzazioni di Dio, cosicché possiamo superare tutti i sentimenti negativi verso Dio ed accettare il nostro potenziale divino. Io rinuncio ad ogni falsa identità ed affermo che la Saggezza di Dio, che tutto pervade, sostituisce ogni ignoranza nel mio essere e nella coscienza collettiva. Io affermo il risveglio di tutte le persone alla realtà del modo in cui si inseriscono nel Corpo di Dio sulla Terra!

Ave Madre della Saggezza

8. Amata Presenza della Saggezza di Dio, risveglia il ricordo interiore, che siamo venuti qui per moltiplicare i nostri poteri creativi, imparando ad usare le leggi spirituali di Dio per assumere il dominio sull'universo materiale. Io rinuncio ad ogni falsa identità ed affermo che la Saggezza di Dio, che tutto pervade, sostituisce ogni ignoranza nel mio essere e nella coscienza collettiva. Io affermo il risveglio di tutte le persone alla realtà del modo in cui si inseriscono nel Corpo di Dio sulla Terra!

Ave Madre della Saggezza

9. Amata Presenza della Saggezza di Dio, risveglia il ricordo interiore, che siamo co-creatori con Dio e che abbiamo scelto di venire qui, perché l'amore più profondo dei nostri esseri è portare il regno di Dio sulla Terra. Io rinuncio ad ogni falsa identità ed affermo che la Saggezza di Dio, che tutto pervade, sostituisce ogni ignoranza nel mio essere e nella coscienza collettiva. Io affermo il risveglio di tutte le persone alla realtà del modo in cui si inseriscono nel Corpo di Dio sulla Terra!

Ave Madre della Saggezza

Sono disposto a conoscere la mia vera identità

Amata Presenza della Saggezza che tutto pervade, amato Gesù, amata Madre Maria, amata Presenza IO SONO e Sacro Sé Cristico, con questo dichiaro che sono disposto a conoscere la mia vera identità come un'individualizzazione di Dio. Sono disposto a lasciare che l'Arcangelo Michele mi liberi da ogni tendenza a negare la mia individualità divina. Invoco l'Arcangelo Michele a legare ed a consumare la falsa identità del mio ego. Sono disposto a togliere il velo dai miei occhi cosicché posso superare ogni ignoranza e vedere la saggezza di Dio che tutto pervade. Io dichiaro che la saggezza è la cosa essenziale e con tutto il mio ottenere, otterrò la comprensione.

Con questo dichiaro che sono disposto a sapere chi sono, come mi sono separato dalla mia Presenza IO SONO e che cosa ci vorrà per ritornare all'unità con la mia sorgente. Sono disposto a sapere come io, come un individuo unico, mi inserisco nell'insieme più grande del Corpo di Dio e nella visione suprema di Dio per la Terra. Sono disposto a superare ogni tendenza a negare a Dio la capacità di operare attraverso me, affinché possa essere la porta aperta per trasformare questo pianeta nel regno di Dio. Io sono disposto a sapere, che cos'è che ostacola il mio servizio alla causa superiore per la quale la mia anima ha deciso di incarnarsi. Sono disposto a sapere come trovare il mio posto nel piano di Dio per rimuovere tutte le imperfezioni dalla Terra. Sono disposto a sapere come trovare il mio posto come co-creatore del regno di Dio sulla Terra.

Io affermo che l'Arcangelo Michele e i suoi miliardi di Angeli della Fiamma Blu stanno liberando tutte le persone dagli spiriti ingannevoli e dalle energie dell'ignoranza.

Io affermo che l'Arcangelo Michele e i suoi miliardi di Angeli della Fiamma Blu stanno liberando tutte le persone dalle menzogne serpentine che scaturiscono dalla mente dell'anti-cristo.

Io affermo che l'Arcangelo Michele e i suoi miliardi di Angeli della Fiamma Blu stanno liberando tutte le persone dalla cecità spirituale e da ogni tendenza a seguire le forze dell'anti-cristo.

Io affermo che l'Arcangelo Michele e i suoi miliardi di Angeli della Fiamma Blu stanno liberando tutte le persone da ogni senso di separazione dal Corpo di Dio.

Io scelgo di essere uno con il mio Dio e, pertanto, Io Sono la Presenza dell'Arcangelo Michele che sta liberando tutte le persone dalla cecità spirituale, così che esse troveranno il loro legittimo posto nel piano di Dio.

Io invoco il risveglio di tutte le anime sulla Terra
Nel nome della Presenza della Saggezza di Dio che tutto pervade, nel nome di Gesù Cristo, nel nome di Madre Maria, io dico: "Basta! Non

accetterò che la Terra sia oscurata dall'ignoranza e che le anime siano intrappolate nella cecità spirituale che impedisce loro di essere ciò che esse sono in Dio." Arcangelo Michele, libera me e tutte le anime dalla cecità dei nostri ego e dalle forze oscure, cosicché possiamo riconnetterci alla vera visione di chi siamo e del motivo per cui siamo venuti sulla Terra.

Io invito il mio sé Cristico e il sé Cristico di ogni anima sulla Terra a risvegliarci all'amore struggente che abbiamo per Dio e all'amore ardente che ci ha indotti a venire sulla Terra per costruire il regno di Dio. Riconnetteteci allo struggente desiderio di esprimere la nostra individualità divina in questo mondo. Riconnetteteci all'amore che ci aiuterà a riconoscere, che il nostro desiderio di essere ciò che siamo in Dio è infinitamente più importante di qualunque desiderio o attaccamento terreno. Risvegliateci all'amore che caccerà via ogni paura di perdere il nostro senso d'identità mortale, affinché possiamo vincere la vita immortale della nostra identità divina. Risvegliateci alla vera priorità, cosicché noi non permetteremo a nulla in questo mondo di ostacolare la realizzazione dei nostri piani divini.

Per l'autorità del mio sé Cristico, io invito la piena potenza della Milizia Ascesa a consumare tutta l'ignoranza e cecità spirituale sulla Terra, e invoco tutte le anime della Terra:

SVEGLIATEVI E SAPPIATE CHE "VOI SIETE DEGLI DEI!" (4X)

In nome della Presenza della Saggezza di Dio, io dichiaro che sto prendendo posizione a favore della verità di Dio. Per l'autorità della Fiamma Cristica dentro al mio cuore, pretendo la manifestazione del regno di Dio sulla Terra. Non starò in disparte a guardare mentre le forze dell'oscurità distruggono questo pianeta e i miei fratelli e le mie sorelle spirituali. Pertanto, IO SONO la porta aperta per la Presenza della Saggezza di Dio per consumare l'anti-volontà e la cecità spirituale del mio stesso ego, gli ego di tutte le persone e tutte le forze oscure. Io rinuncio al mio ego e, mentre vengo elevato, attiro tutte le persone più vicino a Dio. Io affermo che l'Arcangelo Michele e le sue legioni consumano tutta l'oscurità sulla Terra elevando la Terra al glorioso nuovo giorno della suprema visione di Dio per ogni anima. C'E' Luce e soltanto Luce sulla Terra.

La Terra è del Signore e ne è la pienezza. (3X) Amen.

In nome dell'amore incondizionato del Padre, del Figlio, dello Spirito Santo e della Madre Miracolosa, Amen.

Sigillo del rosario

Amata Presenza della Saggezza di Dio che tutto pervade, sigillaci ora nel desiderio di essere di più in Dio. Amato Arcangelo Michele, sigillaci ora nell'impenetrabile protezione della tua fiamma blu. Amato Gesù, sigillaci nella chiarezza cristallina della verità di Cristo. Amata Madre Maria, sigillaci nell'amore incondizionato della Madre di Dio.

Nel nome del Padre, del Figlio, dello Spirito Santo e della Madre di Dio, io accetto che sono uno con la mia Presenza IO SONO e che attraverso quell'unità sono sigillato da tutte le illusioni dell'ego e dalle apparenze che esse proiettano sullo schermo della vita. Ora affermo che, nella luce della verità di Cristo, il male non è reale e le sue illusioni non hanno alcun potere. Pertanto, il regno di Dio è manifesto sulla Terra, ora e per sempre. Amen.

Il Rosario del Nutrimento Miracoloso di Madre Maria

In nome dell'amore incondizionato del Padre, del Figlio, dello Spirito Santo e della Madre Miracolosa, Amen.

(Inserite qui una preghiera personale)

Io onoro Dio come Padre e come Madre
"Io sono l'Alfa e l'Omega, l'inizio e la fine, dice il Signore, colui che è, che era e che viene, l'Onnipotente." Oh, Dio, mio Creatore, io riconosco che tu hai scelto di manifestare te stesso come la forza espansiva del Padre e come la forza contraente della Madre. Riconosco che l'universo, di cui faccio parte, è stato creato dall'interazione equilibrata tra questi due aspetti del tuo eterno Essere.

"Io sono l'Alfa e l'Omega, l'inizio e la fine. A chi è assetato io darò gratuitamente della fonte dell'acqua della vita." Oh, Dio, io onoro l'elemento Padre come la spinta a crescere, la spinta a trascendere il sé e la spinta ad essere di più. Io onoro l'elemento Madre come la sorgente di ogni forma e vedo che il mio nutrimento in questo mondo arriva dalla luce Ma-ter, mossa dalla forza creativa del Padre. Quindi è il buon piacere del Padre darmi il regno e lo fa attraverso il nutrimento della Madre. Io sono nutrito quando la luce Madre è in armonia con la visione creativa del Padre. Io sono nutrito quando c'è equilibrio tra la forza espansiva e la forza contraente del mio stesso essere.

"Io sono l'Alfa e l'Omega, l'inizio e la fine, il primo e l'ultimo." Oh, Dio, io riconosco che il mio inizio è stato la forza creativa del Padre, che mi ha dato l'auto-consapevolezza e il libero arbitrio. Capisco che se uso quel libero arbitrio per accettare e mantenere lo squilibrio nel mio essere, la mia opportunità di usare la luce Ma-ter infine giungerà a termine. Tuttavia, se scelgo di mantenere l'equilibrio, continuerò a trascendere il sé, e questa è la vita eterna in cui sono pienamente nutrito e reso perfetto nell'amore.

Io accetto la realtà della vita abbondante
1. E' il buon piacere del Padre darmi il regno. Dio mi dà liberamente della fonte dell'acqua della vita. E' la volontà di Dio che io abbia la vita abbondante e, pertanto, non me la devo guadagnare. Devo soltanto accettare quello che Dio mi dà gratuitamente. Oh, Madre Maria, mi

rimetto alla volontà superiore della mia Presenza IO SONO e ai desideri superiori della mia anima.

Ave Madre del Nutrimento
**Ave Maria, IO SONO integro,
dentro all'anima IO SONO completo.
IO SONO nutrito, IO SONO libero,
uno con Dio in eterno.**

**Santa Maria, per la tua Grazia,
sto trascendendo tempo e spazio.
La Luce perfetta di Dio vedo in me,
IO SONO il Sole che ama la libertà in sé.**

2. Limitazioni, sofferenza e mancanza di nutrimento sono contro la volontà di Dio il Padre. Posso sperimentare limitazioni e mancanza di nutrimento soltanto rifiutando attivamente la vita abbondante di Dio. Rifiutare la vita abbondante richiede uno sforzo maggiore di quello richiesto dall'accettare ciò che è già mio. Oh, Madre Maria, mi rimetto alla volontà superiore della mia Presenza IO SONO e ai desideri più elevati della mia anima.

Ave Madre del Nutrimento

3. E' il buon volere del Padre che io abbia la vita abbondante, e Dio la Madre gioisce nel darmi quella vita abbondante nel mondo materiale. In questo mondo, tutto è fatto della luce Ma-ter e l'abbondanza è manifestata come il naturale risultato dell'allineamento dell'aspetto Madre del mio essere, la mia anima, con l'aspetto Padre, la mia Presenza IO SONO. Oh, Madre Maria, mi rimetto alla volontà superiore della mia Presenza IO SONO e ai desideri più elevati della mia anima.

Ave Madre del Nutrimento

4. Quando sperimento limitazioni e mancanza di nutrimento, l'unico motivo possibile è che la mia anima è caduta in uno stato di separazione dalla mia Presenza IO SONO. Attraverso il potere della mia mente, sono arrivata ad accettare una serie di falsi desideri egoistici, che mi fanno credere nell'illusione che l'abbondanza di Dio sia limitata e che solo quelli che la prendono con la forza avranno a sufficienza. Oh, Madre Maria, mi rimetto alla volontà superiore della mia Presenza IO SONO e ai desideri più elevati della mia anima.

Ave Madre del Nutrimento

5. L'essenza di tutti i falsi desideri è che il mio ego sta cercando di aggrapparsi a quello che Dio mi ha dato gratuitamente. Perciò mi pongo al di fuori del flusso del Fiume della Vita rifiutandomi di dare gratuitamente ciò che ho ricevuto gratuitamente. Quando cerco di aggrapparmi alle cose di questo mondo, sto sotterrando i miei talenti nel terreno, invece di moltiplicarli in modo che Dio possa darmi di più. Oh, Madre Maria, mi rimetto alla volontà superiore della mia Presenza IO SONO e ai desideri più elevati della mia anima.

Ave Madre del Nutrimento

6. Quando cado nella tentazione di aggrapparmi all'abbondanza di Dio, anziché darla gratuitamente, io entro in una spirale negativa che mi porta a vivere limitazioni e mancanza di nutrimento. Il mio ego cerca di compensare questo snaturando la forza espansiva del Padre e la forza contraente della Madre. Quando snatura la forza espansiva del Padre, l'ego cerca di prendere il Cielo con la forza. Cerca di usare mezzi illegali per soddisfare i suoi falsi desideri, anche imponendo agli altri la sua volontà inferiore. Oh, Madre Maria, mi rimetto alla volontà superiore della mia Presenza IO SONO e ai desideri più elevati della mia anima.

Ave Madre del Nutrimento

7. Quando snatura la forza contraente della Madre, l'ego si ribella contro la volontà di Dio di una vita abbondante per tutte le genti. L'ego dubita che Dio moltiplichi ciò che viene dato gratuitamente, e così tenta di possedere e controllare, invece di dare liberamente. Cerca inoltre di controllare la luce Ma-ter per evitare di raccogliere le conseguenze delle proprie azioni egocentriche. Così facendo, l'ego interrompe il flusso dell'abbondanza di Dio, inducendomi ad uscire dal Fiume della Vita. Così mi avventuro nel deserto della carenza e delle limitazioni creato dalla coscienza di dualità. Oh, Madre Maria, mi rimetto alla volontà superiore della mia Presenza IO SONO e ai desideri più elevati della mia anima.

Ave Madre del Nutrimento

8. Ogni carenza di nutrimento risulta dal senso di separazione dalla mia sorgente, che mi induce a sentirmi al di fuori del Fiume della Vita che trabocca di ogni cosa buona e perfetta. Questa separazione è un'illusione, che mi porta a sentire che Dio sta ingiustamente negandomi delle cose. Tuttavia, sono io che rifiuto il dono gratuito di Dio e, pertanto, solo io posso iniziare il viaggio per separarmi dalla coscienza di dualità. Oh, Madre Maria, mi rimetto alla volontà superiore della mia Presenza IO SONO e ai desideri più elevati della mia anima.

Ave Madre del Nutrimento

9. Ora cammino attraverso il deserto, fino a quando non starò sulla sponda del Fiume della Vita e poi, in un atto finale di resa totale, mi immergo nelle Acque Vive e rivendico la vita abbondante. Io accetto la vita abbondante del Divino Padre e accetto il perfetto nutrimento della Divina Madre. Perciò io sono integro, ora e per sempre. Oh, Madre Maria, mi rimetto alla volontà superiore della mia Presenza IO SONO e ai desideri più elevati della mia anima.

Ave Madre del Nutrimento

Dio è Padre e Madre

Dio è Padre, Dio è Madre,
mai uno senza l'altra.

La vostra unione equilibrata è la nostra fonte,
il vostro amore ci terrà sulla nostra rotta.
Ci offrite la vita abbondante,
per liberarci da ogni senso di lotta.
Nel fiume noi ci immergiamo,
da questo brutto sogno ci risvegliamo.
Che la vita è davvero una, lo vediamo,
e così la nostra vittoria conquistiamo.
Al nostro Dio siamo ritornati,
sul sentiero percorso dai santi.
Il corpo di Dio sulla Terra noi formiamo,
e al nostro pianeta la sua rinascita doniamo,
in un'era d'amore dorato,
con abbondanti benedizioni dall'Alto.
Diamo adogni persona la libertà
di vedere che l'unità è realtà,
e noi saremo, in quell'unità,
integri per tutta l'eternità.
Ed ora la Terra è davvero guarita,
tutta la vita nella perfezione di Dio sigillata.

Dio è Padre, Dio è Madre,
noi vediamo Dio l'uno nell'altro.

Io rinuncio a tutti i falsi desideri

1. Un falso desiderio è un desiderio che si basa sulla carenza e mi fa sentire non integro, inappagato e non nutrito. Un falso desiderio si basa sull'illusione di separazione che mi fa pensare che sarò non

integro fino a quando non possederò l'oggetto del desiderio. Amato Gesù, io lascio le mie reti di falsi desideri e dimoro con te nel regno di nostro Padre.

Ave Madre del Nutrimento

2. Nel perseguire un falso desiderio, sto cerando di riempire un vuoto e così il vuoto esisterà fino a quando il desiderio non sarà soddisfatto. Eppure un falso desiderio non può darmi mai vera soddisfazione e, perciò, anche quando ottengo l'oggetto del desiderio, mi sentirò ugualmente vuoto e insoddisfatto. Dato che l'oggetto del desiderio non può soddisfare il desiderio, un falso desiderio diventa una ricerca senza fine, una spirale discendente, che ingoia la mia vita e mi lascia vuoto. Amato Gesù, io lascio le mie reti di falsi desideri e dimoro con te nel regno di nostro Padre.

Ave Madre del Nutrimento

3. Un vero desiderio si basa sull'unità con la sorgente della vita e mi fa sentire integro, appagato e nutrito. Un vero desiderio scaturisce dalla spinta a far parte della costante trascendenza di sé di Dio. Perciò, invece di cercare di ricevere per riempire un vuoto, un vero desiderio scaturisce dalla spinta a condividere l'abbondanza di Dio ed a diventare di più in Dio. Un vero desiderio non mi lascia mai con un sentimento di inappagamento, perché non ho alcuna sensazione di carenza, ed attendo con gioia solo di esprimere ancora dell'altro dell'insieme. Amato Gesù, io lascio le mie reti di falsi desideri e dimoro con te nel regno di nostro Padre.

Ave Madre del Nutrimento

4. Nel perseguire un vero desiderio, non cerco di possedere e di avere. Cerco di dare, cosicché posso ricevere di più da Dio ed essere parte del Fiume della Vita, che porta costantemente più abbondanza in questo mondo. Perciò un vero desiderio diventa una spirale ascendente, che conduce ad una soddisfazione sempre maggiore e ad una sensazione di ricevere nutrimento perfetto. Amato Gesù, io lascio le mie reti di falsi desideri e dimoro con te nel regno di nostro Padre.

Ave Madre del Nutrimento

5. Una volta che ho accettato un falso desiderio, esso diventa parte della mia anima, parte del mio corpo del desiderio. Perciò mi sentirò non integro e non nutrito, finché il desiderio non sarà soddisfatto. Eppure soddisfare un falso desiderio non significa che debba possedere l'oggetto del desiderio. In realtà, ogni falso desiderio è una perversione di un vero desiderio, e il vero desiderio scaturisce dalla spinta ad esprimere la mia individualità divina ed a sperimentare la bellezza

della creazione di Dio. Amato Gesù, io lascio le mie reti di falsi desideri e dimoro con te nel regno di nostro Padre.

Ave Madre del Nutrimento

6. Dietro ad ogni vero desiderio c'è la spinta a diventare di più in Dio, ed è la sensazione di diventare di più che mi dà vero nutrimento interiore. Perciò posso soddisfare un falso desiderio sostituendolo con il vero desiderio, che mi allinea con la perfetta volontà del mio Divino Padre. Allora potrò ricevere la sua abbondanza e il nutrimento della Divina Madre, che consuma tutti i falsi desideri. Amato Gesù, io lascio le mie reti di falsi desideri e dimoro con te nel regno di nostro Padre.

Ave Madre del Nutrimento

7. Quando l'elemento Madre della mia anima è in perfetta armonia con l'elemento Padre della mia Presenza IO SONO, io trascenderò il falso desiderio, senza dover possedere l'oggetto del desiderio. Potrò soddisfare il desiderio senza dover possedere le cose o sperimentare i piaceri di questo mondo. Posso soddisfare il desiderio stando nel flusso del Fiume della Vita, dove le "cose" dello Spirito mi riempiono della gioia che non può essere perduta e non conosce limiti né carenza. Amato Gesù, io lascio le mie reti di falsi desideri e dimoro con te nel regno di nostro Padre.

Ave Madre del Nutrimento

8. Io sono reso integro nel sapere che sono uno con il Fiume della Vita. Posso ricevere liberamente da Dio e posso dare liberamente a tutta la vita. E nel dare liberamente sono davvero nutrito, poiché la Divina Madre moltiplicherà ogni cosa che viene data con amore. Perciò, quanto più do, tanto più ricevo, e tutta la vita è magnificata. Amato Gesù, io lascio le mie reti di falsi desideri e dimoro con te nel regno di nostro Padre.

Ave Madre del Nutrimento

9. Mi separo dalla mente dell'anti-cristo che cerca il possesso e il controllo definitivi. Esamino tutti i desideri per vedere se scaturiscono dalla separazione dall'insieme o dalla spinta a magnificare l'insieme. Accetto soltanto i veri desideri e, invece di perseguire il sogno impossibile del possesso assoluto, mi immergo nel Fiume della Vita che scorre sempre. Io sono integro e sto diventando costantemente di più in Dio. Amato Gesù, io lascio le mie reti di falsi desideri e dimoro con te nel regno di nostro Padre.

Ave Madre del Nutrimento

Dio è Padre e Madre (Ripetete l'intera preghiera)

Io rinuncio alla illusione del possesso

1. L'idea che io debba controllare e possedere qualsiasi cosa in questo mondo è un'illusione creata dall'ego. Questa illusione scaturisce dal senso di separazione dall'insieme e induce l'ego a credere che non ci sia abbondanza sufficiente per tutti, per cui esso deve accaparrare ciò che desidera. In realtà, l'abbondanza di Dio è infinita, e l'abbondanza in questo mondo è limitata soltanto dalla nostra capacità di ricevere e dalla nostra disponibilità a condividere. Amato Alfa, io accetto il tuo regno e dico:"Oh, Signore, SIA fatto a me secondo la tua volontà."

Ave Madre del Nutrimento

2. Quando sono uno con la mia sorgente, io sono uno con il Fiume della Vita. Pertanto non devo possedere alcuna cosa, poiché ho già l'uso di ogni cosa buona e perfetta che fa parte del regno di Dio. So che è quando do, che io ricevo veramente e, quindi, non ho alcun timore di lasciar andare per ricevere di più. Amato Alfa, io accetto il tuo regno e dico:"Oh, Signore, SIA fatto a me secondo la tua volontà."

Ave Madre del Nutrimento

3. Nel dar via le cose di questo mondo, io ricevo di più da Dio, e questo porta altra abbondanza nel mondo materiale. Ciò diventa una spirale ascendente, che si rafforza da sé e conduce ad una maggiore abbondanza per tutti, e questa crescita può continuare indefinitamente. Amato Alfa, io accetto il tuo regno e dico:"Oh, Signore, SIA fatto a me secondo la tua volontà."

Ave Madre del Nutrimento

4. L'illusione della proprietà separata scaturisce dalla mente dell'anticristo che, invece di essere uno con l'insieme, vuole controllare una parte separata della creazione di Dio. Quando cerco di possedere le cose di questo mondo, devo prenderle con la forza, anziché riceverle liberamente da Dio. Amato Alfa, io accetto il tuo regno e dico:"Oh, Signore, SIA fatto a me secondo la tua volontà."

Ave Madre del Nutrimento

5. Quando prendo qualcosa con la forza, l'elemento contraente della Madre genererà una forza contraria, che tenterà di portarmi via quello che cerco di possedere. Quanto più cerco di seppellire i miei talenti nel terreno, tanto più potente sarà la forza che cerca di portarmi via ciò che credo di possedere. Amato Alfa, io accetto il tuo regno e dico:"Oh, Signore, SIA fatto a me secondo la tua volontà."

Ave Madre del Nutrimento

6. L'illusione del possesso diventa una trappola per la mia mente, perché consumo tutto il mio tempo, la mia energia e la mia attenzione in un impossibile tentativo di controllare le cose di questo mondo e di difendere i miei beni dalle forze che cercano di portarmeli via. In realtà, queste forze sono una benedizione, che mi impedisce di rimanere intrappolato per sempre nella illusione della separazione. Amato Alfa, io accetto il tuo regno e dico:"Oh, Signore, SIA fatto a me secondo la tua volontà."

Ave Madre del Nutrimento

7. Nel tentativo di aggrapparmi a ciò che penso di possedere, devo cercare di controllare le altre persone e persino il mondo materiale. Così la mia vita diventa un'infinita ricerca di controllo su una piccola parte dell'abbondanza di Dio, e questo mi impedisce di accettare l'intera abbondanza di Dio. Amato Alfa, io accetto il tuo regno e dico:"Oh, Signore, SIA fatto a me secondo la tua volontà."

Ave Madre del Nutrimento

8. Quando tento di possedere una parte, piuttosto che accettare l'intero, io vivo costantemente nella paura di perderla, il che mi impedisce di sentirmi nutrito e appagato. Questa paura mi tiene al di fuori del Fiume della Vita e mi impedisce di accettare ciò che Dio mi offre gratuitamente. Così continuo a spingere via ciò che è mio, da accettare ma non da possedere. Amato Alfa, io accetto il tuo regno e dico:"Oh, Signore, SIA fatto a me secondo la tua volontà."

Ave Madre del Nutrimento

9. Con questo rinuncio a tutte le illusioni di carenza e di possesso, e mi riunisco alla totalità di Dio, in cui ho l'abbondanza di ogni dono buono e perfetto. Quando ho la totalità di Dio, non ho bisogno del possesso separato di alcuna cosa. Pertanto, mi immergo nel Fiume della Vita e ricevo l'abbondanza illimitata del mio Divino Padre e il nutrimento incondizionato della mia Divina Madre. Amato Alfa, io accetto il tuo regno e dico:"Oh, Signore, SIA fatto a me secondo la tua volontà."

Ave Madre del Nutrimento

Dio è Padre e Madre (Ripetete l'intera preghiera)

Io accetto la vita abbondante per tutte le persone
1. Io accetto che è il buon piacere del Padre dare il suo regno di vita abbondante a tutte le persone. Il piano di Dio per tutte le persone è di

accettare liberamente i doni del Padre e di condividere liberamente l'abbondanza della Madre. Quando tutti ricevono liberamente e danno liberamente, nel mondo materiale viene introdotta più abbondanza spirituale e così questo mondo diventa il regno dei Cieli, in cui tutte le persone hanno l'abbondanza di ogni dono buono e perfetto. Amata Omega, io accetto il tuo perfetto nutrimento per me stesso e per tutta la vita.

Ave Madre del Nutrimento

2. Con questo rinuncio interamente all'illusione, che io sia separato dal flusso del Fiume della Vita e che le limitazioni e la carenza siano inevitabili. Io rinuncio all'illusione dell'ego, secondo cui è meglio possedere e controllare alcune cose, piuttosto che essere uno con l'eterno flusso dell'abbondanza di Dio. Pertanto, il mio vero desiderio è quello di portare l'abbondanza di Dio a tutta la vita. Amata Omega, io accetto il tuo perfetto nutrimento per me stesso e per tutta la vita.

Ave Madre del Nutrimento

3. Io dichiaro che non è più accettabile per me, che ci sia tale disuguaglianza sulla Terra. Non accetto più la differenza tra la gente ricca e quella povera o tra le nazioni ricche e quelle povere. Non accetto più che una piccola elite controlli la maggioranza delle ricchezze di questo pianeta, facendo sì che milioni di persone muoiano di fame o vivano la vita intera in miseria degradante senza alcuna opportunità di trascendere la loro situazione per diventare di più in Dio. Amata Omega, io accetto il tuo perfetto nutrimento per me stesso e per tutta la vita.

Ave Madre del Nutrimento

4. Per l'autorità della Fiamma Cristica nel mio cuore, invoco Dio e tutti i membri della Milizia Ascesa a prendere il comando sul pianeta Terra. Io creo la manifestazione della vita abbondante per tutti quelli che sono disposti a trascendere il loro ego ed a diventare di più. Amata Omega, io accetto il tuo perfetto nutrimento per me stesso e per tutta la vita.

Ave Madre del Nutrimento

5. Io pretendo il rovesciamento dell'elite di potere, della falsa gerarchia dell'anti-cristo, che ha interrotto il flusso della vita decretato da Dio, ha alterato la spinta a diventare di più ed ha usato questa spinta alterata per accumulare ricchezza, potere e controllo, a spese della popolazione generale. Amata Omega, io accetto il tuo perfetto nutrimento per me stesso e per tutta la vita.

Ave Madre del Nutrimento

6. Io pretendo la restaurazione della stessa opportunità, decretata da Dio, che dà a tutte le persone l'opzione di crescere e di essere nel flusso della trascendenza di sé, che le rende parte del Fiume della Vita, dell'eterno flusso, che conduce perpetuamente al più di Dio nella vita abbondante. Amata Omega, io accetto il tuo perfetto nutrimento per me stesso e per tutta la vita.

Ave Madre del Nutrimento

7. Io pretendo lo smascheramento di tutte le menzogne dualistiche, che hanno creato una coscienza di separazione, limitazione e carenza, uno stato mentale che induce le persone a rifiutare la vita abbondante. Invoco Dio il Padre a risvegliare tutte le persone alla visione della vita abbondante sulla Terra, nella forma di un nutrimento sia spirituale che materiale. Io pretendo che la luce Ma-ter rappresenti ancora una volta il buon piacere del Padre di dare il suo regno a tutte le persone. Amata Omega, io accetto il tuo perfetto nutrimento per me stesso e per tutta la vita.

Ave Madre del Nutrimento

8. Io invoco Dio la Madre ad essere la forza contraente che consuma le torri di Babele costruite da coloro i quali sono rimasti intrappolati nei desideri egocentrici e nelle illusioni di carenza e di possesso. Invoco la Divina Madre a togliere le illusioni che impediscono alle persone di vedere, che esse non potranno mai essere soddisfatte dalle cose di questo mondo e che le loro vite sono consumate da una ricerca impossibile. Amata Omega, io accetto il tuo perfetto nutrimento per me stesso e per tutta la vita.

Ave Madre del Nutrimento

9. Amata Divina Madre, ti invoco a risvegliare tutte le persone alla realtà che i nostri ego stanno rifiutando l'abbondanza di Dio e che, pertanto, abbiamo creato una spirale discendente, che conduce ad una sofferenza e ad una carenza di nutrimento sempre maggiori. Risveglia tutte le persone alla realtà che, quando rientriamo nel Fiume della Vita e vediamo noi stessi come parte dell'insieme, sapremo che l'abbondanza di Dio è infinita. Pertanto, quanto più diamo qui in basso, tanto più riceviamo dall'Alto. Io creo sulla Terra una spirale ascendente che conduce all'abbondanza per tutte le persone. Amata Omega, io accetto il tuo perfetto nutrimento per me stesso e per tutta la vita.

Ave Madre del Nutrimento

Dio è Padre e Madre (Ripetete l'intera preghiera)

IO SONO il Sole che splende sempre

1. Ora mi separo consapevolmente dalla coscienza di anti-cristo che scaturisce dal senso di separazione e di carenza. Rinuncio completamente alla illusione, secondo cui non posso essere completo in me stesso e, per essere integro, ho bisogno di qualcosa da questo mondo. Io sono l'Alfa e l'Omega, l'inizio e la fine, colui che è, che era e che viene, l'Onnipotente.

Ave Madre del Nutrimento

2. IO SONO stato creato ad immagine e somiglianza del mio Divino Padre ed ho accesso all'abbondanza di Dio proprio dentro di me. Non ho bisogno di nulla dall'esterno di me stesso, non ho bisogno di nulla da questo mondo, per essere chi sono, per essere completo ed integro. Non sono stato creato per ricevere da questo mondo, bensì per dare l'abbondanza di Dio a questo mondo. Nel dare sta la chiave della realizzazione definitiva. Io sono l'Alfa e l'Omega, l'inizio e la fine, colui che è, che era e che viene, l'Onnipotente.

Ave Madre del Nutrimento

3. IO SONO stato creato ad immagine e somiglianza di mio Dio, e mio Dio è un essere completo e autosufficiente. Mio Dio è come il sole che emette sempre la sua luce e non ha bisogno di nulla dall'esterno di se stesso per produrre quella luce. Io ho accesso alla luce infinita di Dio nel regno dentro di me. Io sono l'Alfa e l'Omega, l'inizio e la fine, colui che è, che era e che viene, l'Onnipotente.

Ave Madre del Nutrimento

4. Io rinuncio a tutti i falsi desideri e alla coscienza di separazione. IO SONO un Sole individualizzato e sto emettendo la luce di Dio dall'interno di me stesso. Non ho bisogno di nulla dall'esterno di me stesso per far splendere quella luce, perché Dio mi ha già dato un duplicato di se stesso, un duplicato del suo eterno Sole dell'Essere. Io sono l'Alfa e l'Omega, l'inizio e la fine, colui che è, che era e che viene, l'Onnipotente.

Ave Madre del Nutrimento

5. Ora mi rimetto completamente alla visione originale di Dio per il mio flusso di vita. Rinuncio a tutti i falsi desideri e ad ogni senso di carenza. Con piena consapevolezza, lascio andare ogni attaccamento alle cose di questo mondo e ogni sensazione che mi serva qualcosa da questo mondo per essere integro. Concentro tutta la mia energia e tutta

la mia attenzione prima di tutto sulla ricerca del regno di Dio e della sua giustezza, la coscienza di Cristo. Ogni cosa in questo mondo è secondaria in confronto a questo scopo. Io sono l'Alfa e l'Omega, l'inizio e la fine, colui che è, che era e che viene, l'Onnipotente.

Ave Madre del Nutrimento

6. Quando io sono in quella resa totale alla volontà superiore della mia Presenza IO SONO e ai desideri più elevati della mia anima, il principe di questo mondo non ha nulla in me. Egli non ha nulla in me, perché non ho alcun senso di carenza, nessuna illusione secondo cui ho bisogno di qualcosa da questo mondo per essere integro. Non cerco di ricevere nulla da questo mondo e, quindi, nessuna forza di questo mondo può controllare il mio Essere. Io cerco soltanto di dare l'abbondanza di Dio a questo mondo, e nel dare definitivo, c'è la libertà definitiva. Io sono l'Alfa e l'Omega, l'inizio e la fine, colui che è, che era e che viene, l'Onnipotente.

Ave Madre del Nutrimento

7. Io so che il mio piano divino non è stato progettato da un senso di carenza o d'incompletezza. E' stato progettato da un senso di abbondanza e da un desiderio di dare a tutta la vita. Tuttavia, le limitazioni e la carenza possono far parte del mio piano divino, in quanto desidero dimostrare alla gente che possiamo elevarci al di sopra di tutte le limitazioni, permettendo alla luce di Dio di splendere attraverso il nostro essere. Perciò io rinuncio ad ogni senso di carenza e permetto alla luce di Dio di consumare tutte le limitazioni. Io sono l'Alfa e l'Omega, l'inizio e la fine, colui che è, che era e che viene, l'Onnipotente.

Ave Madre del Nutrimento

8. Mi sto riconnettendo consapevolmente alla vera volontà della mia Presenza IO SONO e al mio piano divino. Sono venuto in questo mondo per essere un Sole, per emettere la mia Divina Luce su tutta la vita, magnificando così tutta la creazione di Dio. So che troverò nutrimento definitivo soltanto quando starò realizzando il mio piano divino e, pertanto, rinuncio a tutti i desideri che non sostengono il mio piano divino. Nella mia resa totale, so che l'intero universo esulterà nell'aiutarmi a realizzare il mio piano divino. Perciò, so che esso è reso manifesto nei cicli eterni dell'Essere. Io sono l'Alfa e l'Omega, l'inizio e la fine, colui che è, che era e che viene, l'Onnipotente.

Ave Madre del Nutrimento

9. Non posso servire due padroni, e scelgo di servire Dio invece della mammona. Pertanto, prima cerco il regno di Dio, e tutte le cose buone

e perfette mi vengono aggiunte. IO SONO un Sole e permetto alla luce di Dio di splendere davanti agli uomini. Ora mi sento integro e completamente nutrito, perché la luce Ma-ter esulta nel soddisfare i miei veri desideri. IO SONO uno con il mio Divino Padre, ed IO SONO uno con il flusso della Divina Madre. Io sono l'Alfa e l'Omega, l'inizio e la fine, colui che è, che era e che viene, l'Onnipotente.

Ave Madre del Nutrimento

Dio è Padre e Madre (Ripetete l'intera preghiera)

La Terra è del Signore e ne è la pienezza. (3X) Amen.

In nome dell'amore incondizionato del Padre, del Figlio, dello Spirito Santo e della Madre Miracolosa, Amen.

Sigillo del rosario

Amato Dio Padre-Madre, amati Alfa ed Omega, sigillateci ora nel desiderio di essere uno con il Fiume della Vita, nel quale riceviamo liberamente e diamo liberamente, magnificando così tutta la vita. Amato Arcangelo Michele, purifica i nostri corpi del desiderio da tutti i falsi desideri e sigillaci nell'impenetrabile protezione della tua fiamma blu. Amato Gesù, sigillaci nella chiarezza cristallina della verità di Cristo, cosicché possiamo vedere attraverso tutti i falsi desideri e abbandonarli. Amata Madre Maria, sigillaci nell'amore incondizionato della Madre di Dio, cosicché possiamo accettare la vita abbondante del Padre e il perfetto nutrimento della Madre.

Nel nome del Padre, del Figlio, dello Spirito Santo e della Madre di Dio, accetto che io sono uno con la mia presenza IO SONO e che, attraverso questa unità, io sono sigillato contro tutti i falsi desideri che mi fanno sentire non integro. Ora affermo che, nella luce della verità di Cristo, io sono uno con il Fiume della Vita ed ho l'abbondanza di ogni dono buono e perfetto. Pertanto, io sono integro nel perfetto nutrimento e vedo il regno di Dio manifesto sulla Terra, ora e per sempre. Amen.

Il Rosario dell'Indipendenza Miracolosa di Madre Maria

In nome dell'amore incondizionato del Padre, del Figlio, dello Spirito Santo e della Madre Miracolosa, Amen.

(Inserite qui una preghiera personale)

Io onoro la Madre dell'Indipendenza
Amata Madre Maria, amata Madre dell'Indipendenza, amata Madre della Libertà, io desidero essere davvero indipendente, essere davvero libero. Riconosco che la vera libertà può essere raggiunta soltanto conoscendo la verità che mi renderà libero. Pertanto, ti invoco e dichiaro che sono disposto a conoscere la verità sul modo in cui il mio ego e le forze di questo mondo hanno resa schiava la mia anima. Sono disposto a lasciare che ogni aspetto del mio ego venga esposto, perché so che il mio ego non è la mia vera identità. So che lasciar andare il mio ego, non significherà la perdita della mia individualità. Significherà riguadagnare la mia identità spirituale, che mi renderà indipendente da ogni cosa al di fuori del mio vero Sé. Ora vedo che posso trovare l'indipendenza soltanto nel regno di Dio dentro di me.

Se lo smascheramento del mio ego dovesse causarmi del dolore, allora gli darò il benvenuto. Sono disposto a sopportare questo disagio temporaneo per conquistare la libertà più grande di camminare attraverso la vita come un Essere spirituale, libero in Dio, che è indipendente dall'ego e dalle forze di questo mondo. Quindi chiedo a Te e al mio sé Cristico di smascherare il mio ego, affinché possa vederlo per quel che è e, con questo, ottenere la libertà di separarmene. Giuro di cercare prima il regno di Dio, come la completa unità con la mia Presenza IO SONO. Giuro di lasciar andare tutte le illusioni dell'ego cosicché il principe di questo mondo non ha nulla in me. Smetterò di cercare di giustificare o confermare le immagini mentali che il mio ego proietta sulla realtà. Invece, cerco la verità di Cristo e sono disposto ad essere libero.

Nel dominare l'ego, sono disposto a realizzare il mio legittimo ruolo come un co-creatore con Dio, mandato in questo mondo per portare il regno di Dio sulla Terra. Sono disposto a moltiplicare i talenti donatimi da Dio e ad assumere il dominio sulla Terra. Sono disposto a lasciare che lo Spirito di Dio il Signore, la mia stessa Presenza IO SONO, discenda su di me e mi consacri per predicare buone novelle agli umili; per curare quelli col cuore spezzato, per proclamare libertà ai prigionieri e l'apertura della prigione a quelli che sono legati.

Sono disposto ad onorare la fiamma Madre facendo da strumento per liberare tutti i figli di Dio dalla cattività. Sono disposto ad onorare la Madre facendo da strumento per liberare la luce Ma-ter da tutte le immagini imperfette e per riportarla alla purezza del regno di Dio.

Io rivendico la mia indipendenza spirituale

1. Io rivendico la mia indipendenza spirituale, sapendo che Dio è la mia sorgente. Senza di Dio, nulla di ciò che è stato fatto, è stato fatto. Ogni cosa è fatta dell'Essere di Dio, della sostanza di Dio, della Luce di Dio. Anch'io sono fatto della Luce di Dio, e quindi io sono una Scintilla di Spirito, un'individualizzazione del fuoco di Dio. Io affermo che la mia Presenza IO SONO è l'unico potere che possa agire nella mia identità.

Ave Madre dell'Indipendenza
Ave Maria, Madre dell'Indipendenza,
Io sono un'estensione della mia Presenza IO SONO.
Io sono l'eterno Sole dell'Essere,
che splende attraverso il mio cuore, la mia mente e la mia anima.

Santa Maria, la mia vita nella Ma-ter
è un'espressione della mia vita nello Spirito.
Io sono qui in basso, tutto quello che IO SONO in Alto,
ed assumo il dominio sulla Terra.

2. Io rivendico la mia indipendenza spirituale, sapendo che la mia identità più profonda è la mia Presenza IO SONO, che è un'individualizzazione di una specifica Fiamma Divina. Io invoco la piena, cosciente consapevolezza della mia Fiamma Divina, della divina individualità ancorata nella mia Presenza IO SONO e del piano divino per il mio soggiorno sulla Terra. Io affermo che la mia Presenza IO SONO è l'unico potere che possa agire nella mia identità.

Ave Madre dell'Indipendenza

3. Quando Dio disse: "Luce sia!", egli creò l'eterno Sole dell'Essere, che è la mia sorgente, il mio sostenitore e il mio salvatore. Mio Dio è un fuoco che consuma, un fuoco che consuma tutto quello che non gli assomiglia. So che il fuoco di Dio può liberarmi da tutte le limitazioni. La chiave della mia indipendenza spirituale e materiale sta nel lasciare che il fuoco di Dio consumi tutto quello che è irreale nel mio essere. Io

affermo che la mia Presenza IO SONO è l'unico potere che possa agire nella mia identità.

Ave Madre dell'Indipendenza

4. Io rivendico la mia indipendenza spirituale, sapendo che sono disposto a lasciarmi dietro ogni senso d'identità che mi impedisce di essere chi sono realmente. Prima di tutto cercherò il regno di Dio, che è l'unità con la mia Presenza IO SONO. Il fuoco di Dio consuma soltanto ciò che è irreale e moltiplica ciò che è reale. Non ho timore del fuoco di Dio, e sono disposto a vedere il mio Dio ed a non vivere più come un essere umano. Sono disposto a vivere come l'Essere spirituale, quale realmente sono. Io affermo che la mia Presenza IO SONO è l'unico potere che possa agire nella mia identità.

Ave Madre dell'Indipendenza

5. Io rivendico la mia indipendenza spirituale, sapendo che il mio Dio è un Dio amorevole. L'amore di Dio consuma tutto ciò che è anti-amore, tutto ciò che mi tiene intrappolato in un falso senso d'identità. L'amore di Dio, che tutto consuma, mi rende libero di essere chi sono realmente. Io desidero essere libero e dico con amore: "Oh, Signore, oh potente Presenza IO SONO dentro di me, che sia fatto a me secondo la tua volontà e visione superiori." Invoco il fuoco della mia Fiamma Divina a consumare tutto quello che non le assomiglia nel mio corpo d'identità. Io affermo che la mia Presenza IO SONO è l'unico potere che possa agire nella mia identità.

Ave Madre dell'Indipendenza

6. Io rivendico la mia indipendenza spirituale, sapendo che il nucleo della mia vera identità è la mia Fiamma Divina. La mia Fiamma Divina ha un aspetto Alfa, che è la fiamma che ha acceso la mia individuale Scintilla di Spirito. La mia Fiamma Divina ha un aspetto Omega, che è il fuoco di Dio che io porto in dono a questo mondo. Quando permetto alla Luce della mia Fiamma Divina di splendere davanti agli uomini, io sono la Luce del mondo. Sono disposto ad essere uno con la Luce che illumina ogni anima che arriva nel mondo, ed invoco la piena conoscenza della mia Fiamma Divina. Io affermo che la mia Presenza IO SONO è l'unico potere che possa agire nella mia identità.

Ave Madre dell'Indipendenza

7. Io rivendico la mia indipendenza spirituale, sapendo che lo scopo della mia venuta in questo mondo è, in parte, quello di mostrare il cammino per superare le limitazioni umane. Rinuncio all'idea che la mia vita debba essere all'altezza delle aspettative del mio ego o di altre

persone. Vedo ogni situazione come un'opportunità per dimostrare la mia unità con la mia Presenza IO SONO e la mia volontà di superare l'ego e le limitazioni esterne. Io abbandono tutti gli attaccamenti e tutte le aspettative e sono disposto a perdere la mia vita mortale per vincere la vita immortale dell'unità con la mia Presenza IO SONO. Vedo la mia vita come una gloriosa opportunità di trascendere il sé. Io affermo che la mia Presenza IO SONO è l'unico potere che possa agire nella mia identità.

Ave Madre dell'Indipendenza

8. Io rivendico la mia indipendenza spirituale, sapendo che non si può prendere in giro Dio e che Dio non rispetta l'ego di alcuna persona. Pertanto, le immagini mentali, che gli ego delle persone cercano di proiettare sopra la realtà, non cambiano la realtà di Dio e le leggi di Dio. Io scelgo di separarmi dalla dualità dell'ego e lascio che il mio occhio sia singolo attraverso la mente di Cristo. Voglio conoscere la realtà di Dio ed essere in armonia con le leggi di Dio. So che Dio ha messo le sue leggi nelle mie parti interiori, e mi rivolgo alla mia Presenza IO SONO, affinché mi conduca fuori dal falso immagine di me e dalla falsa visione del mondo del mio ego. Io affermo che la mia Presenza IO SONO è l'unico potere che possa agire nella mia identità.

Ave Madre dell'Indipendenza

9. Io rivendico la mia indipendenza spirituale, sapendo che ho il diritto, datomi da Dio, di essere incarnato sulla Terra e di realizzare tutti gli aspetti del mio piano divino. Io sono qui per dirigere la Luce della mia Fiamma Divina in situazioni specifiche. Ho il diritto, datomi da Dio, di lasciare che la mia Luce splenda e consumi tutto quello che non le assomiglia. Io sono un Sole, e la Luce della mia Presenza IO SONO splende attraverso tutte le mie attività. Tutto quello che faccio è fatto per magnificare Dio, lasciando che l'eterno Sole dell'Essere di Dio splenda attraverso il mio sole dell'essere individualizzato. Io affermo che la mia Presenza IO SONO è l'unico potere che possa agire nella mia identità.

Ave Madre dell'Indipendenza

Io sono nel flusso cosmico

1. Il Fuoco Sacro di Dio invoco,
portami sempre più in alto.
Il fuoco di Dio sopporterò
finché puro non diverrò.
Io sarò per l'eternità

la mia divina identità.

Ritornello [ripetete dopo ogni verso]
Presenza IO SONO, il flusso fai scorrere
Presenza IO SONO, aiutami a crescere
Presenza IO SONO, riempimi l'anima
Presenza IO SONO, rendimi integro.
Libero sono io
di essere in Dio.

2. I miei pensieri spiccano il volo,
mentre a Dio mi avvicino.
Giacché la mia mente è pura,
io conosco la verità per sicura,
pertanto contemplo la mia integrità,
la mia anima priva di divisioni sarà.

3. I miei sentimenti sono in pace,
ogni lotta adesso tace.
La mia Presenza assume il comando,
sulla roccia di Cristo mi sto appoggiando.
L'amore perfetto di Dio è presente,
da ogni paura mi rende esente.

4. Il mio mondo indietro mi rimanda
la perfezione che il mio sguardo osserva.
La luce di Dio amplificherò,
la notte oscura disperderò.
La mia Presenza il comando assume
della testa, della mano e del cuore.

5. I miei corpi sono allineati,
i miei patti solenni sono firmati.
Attraverso me scorre il fiume di Dio,
nell'unità sono libero io.
In perfetta armonia
con la cosmica sinfonia.

Io rivendico la mia indipendenza mentale

1. Io rivendico la mia indipendenza mentale invitando il fuoco della mia Fiamma Divina a pervadere il mio corpo mentale ed a consumare tutti i pensieri inferiori alla perfezione della mente di Cristo. Sono

disposto a conoscere e ad abbandonare tutti i pensieri che provengono dal mio ego o da qualunque forza esterna. Voglio solo pensieri che scaturiscono dalla mia Presenza IO SONO. Attraverso il mio sé Cristico posso conoscere la differenza tra i pensieri devoti, provenienti dal mio sé spirituale, e i pensieri egoistici, provenienti dal mio ego. Io affermo che la mia Presenza IO SONO è l'unico potere che possa agire nei miei pensieri.

Ave Madre dell'Indipendenza

2. Io rivendico la mia indipendenza mentale sapendo che il mio sé Cristico svela e consuma l'illusione secondo cui è possibile perfezionare l'ego o renderlo accettabile agli occhi di Dio. Sono libero dalla illusione dualistica secondo cui una cosa nata dalla separazione può essere resa perfetta nell'unità, e non cercherò più di giustificare il mio ego. Invece, permetto al mio sé Cristico di aiutarmi a separarmi completamente dall'ego, e poi permetto alla mia Fiamma Divina di purificare tutta l'energia vincolata nel mio ego. Io affermo che la mia Presenza IO SONO è l'unico potere che possa agire nei miei pensieri.

Ave Madre dell'Indipendenza

3. Io rivendico la mia indipendenza mentale sapendo che il mio sé Cristico svela e consuma l'illusione dell'ego secondo cui posso agire senza usare la luce di Dio. Sono libero da questa illusione dualistica ed accetto che ogni cosa è fatta della luce di Dio. Pertanto, posso agire soltanto lasciando che la luce della mia Presenza IO SONO fluisca attraverso la mia coscienza. Io dico con Gesù: "Io, in quanto il mio ego sé, non posso fare nulla. E' il Padre, la Presenza IO SONO, dentro di me, che fa le opere!" Io affermo che la mia Presenza IO SONO è l'unico potere che possa agire nei miei pensieri.

Ave Madre dell'Indipendenza

4. Io rivendico la mia indipendenza mentale sapendo che il mio sé Cristico svela e consuma l'illusione dell'ego secondo cui gli esseri umani possono creare qualcosa che sia separata dal resto della creazione di Dio. Sono libero dall'illusione dualistica secondo cui l'umanità ha creato un mondo dove Dio non si trova. So che Dio ha creato le fondamenta e mi ha spedito in questo mondo, affinché la luce della mia Presenza IO SONO magnifichi l'opera di Dio. Pertanto, io dico con Gesù: "Mio Padre, la mia Presenza IO SONO, opera finora ed io opero." Io affermo che la mia Presenza IO SONO è l'unico potere che possa agire nei miei pensieri.

Ave Madre dell'Indipendenza

5. Io rivendico la mia indipendenza mentale sapendo che il mio sé Cristico svela e consuma l'illusione dell'ego secondo cui, per aver commesso degli errori in passato, non sono degno di entrare nel regno di Dio. Sono libero da questa illusione dualistica e so che imparando dai miei errori e rinunciando ai miei attaccamenti, supererò il mio passato. Attraverso la saggezza del mio sé Cristico, trasformo il mio passato in un trampolino di lancio verso la mia vittoria. Pertanto, accetto il mio leggittimo posto come co-creatore con Dio. Io sono qui per moltiplicare la mia luce e per permettere alla mia Presenza IO SONO di assumere il dominio sulla Terra. Io affermo che la mia Presenza IO SONO è l'unico potere che possa agire nei miei pensieri.

Ave Madre dell'Indipendenza

6. Io rivendico la mia indipendenza mentale sapendo che il mio sé Cristico svela e consuma l'illusione dell'ego secondo cui io devo essere perfetto per servire Dio in questo mondo. Io sono libero da questa illusione dualistica ed accetto la verità, che Dio non cerca la perfezione umana, bensì la purezza del mio cuore. Amato sé Cristico, io rinuncio a tutte le impurità nel mio cuore e so che i puri di cuore vedranno Dio. Io affermo che la mia Presenza IO SONO è l'unico potere che possa agire nei miei pensieri.

Ave Madre dell'Indipendenza

7. Io rivendico la mia indipendenza mentale sapendo che il mio sé Cristico svela e consuma l'illusione dell'ego secondo cui carenza, sofferenza e limitazioni sono inevitabili. Sono libero da questa illusione dualistica e so che la carenza è un prodotto del senso di separazione del mio ego. E' la sensazione di lotta che produce la lotta. Amato sé Cristico, io rinuncio alla illusione secondo cui il regno di Dio non può essere manifesto sulla Terra. Io accetto che con Dio tutte le cose sono possibili e che attraverso la mia Presenza IO SONO posso trascendere tutte le limitazioni. Io affermo che la mia Presenza IO SONO è l'unico potere che possa agire nei miei pensieri.

Ave Madre dell'Indipendenza

8. Io rivendico la mia indipendenza mentale sapendo che il mio sé Cristico svela e consuma l'illusione dell'ego secondo cui io no ho nessun diritto di essere il Cristo e di lasciare che la mia luce splenda sulla Terra. Sono libero da questa illusione dualistica e dichiaro che lascerò che la mia luce splenda davanti agli uomini. Pertanto, io dico con Gesù: "Fintanto che io sono nel mondo, la Presenza IO SONO dentro di me è la luce del mondo." Io affermo che la mia Presenza IO SONO è l'unico potere che possa agire nei miei pensieri.

Ave Madre dell'Indipendenza

9. Io rivendico la mia indipendenza mentale sapendo che il mio sé Cristico svela e consuma l'illusione secondo cui posso fare delle libere scelte soltanto andando contro la volontà e la visione superiori della mia Presenza IO SONO. Sono libero da questa illusione dualistica e lascio andare tutte le credenze, che fanno di me una casa divisa contro se stessa. Io so che non sono l'ego, sono più dell'ego. Io sono la mia Presenza IO SONO in azione sulla Terra e sono davvero indipendente solo quando la mia anima è un pianeta che orbita intorno al Sole della mia Presenza IO SONO. Io affermo che la mia Presenza IO SONO è l'unico potere che possa agire nei miei pensieri.

Ave Madre dell'Indipendenza

Io sono nel flusso cosmico
[Recitate una volta la preghiera 'Io sono nel flusso cosmico']

Io rivendico la mia indipendenza emozionale
1. Io rivendico la mia indipendenza emozionale sapendo che non ho più alcun desiderio di essere schiavo della volontà egoistica del mio ego, della coscienza di massa o delle forze esterne. So che la mia vera volontà è la volontà della mia Presenza IO SONO e che il mio vero desiderio è realizzare ogni aspetto del mio piano divino. Pertanto, rinuncio consapevolmente a tutti i sentimenti che mi legano alla volontà inferiore, e dico con Madre Maria: "Oh, Signore, mia Presenza IO SONO, che sia fatto a me secondo la tua volontà." Io affermo che la mia Presenza IO SONO è l'unico potere che possa agire nelle mie emozioni.

Ave Madre dell'Indipendenza

2. Io rivendico la mia indipendenza emozionale invitando il fuoco della mia Fiamma Divina ad inondare il mio corpo emozionale ed a consumare ogni sensazione di non avere alcun controllo sui miei sentimenti. Assumo la piena responsabilità per la mia vita e riconosco il fatto che, qualunque cosa mi accada nel mondo esterno, posso assumere il dominio del mondo interiore della mia mente. Accetto che quando la mia Presenza IO SONO ha il dominio della mia mente, la mia situazione esteriore rifletterà la mia pace interiore. Io affermo che la mia Presenza IO SONO è l'unico potere che possa agire nelle mie emozioni.

Ave Madre dell'Indipendenza

3. Io rivendico la mia indipendenza emozionale invitando il fuoco della mia Fiamma Divina ad inondare il mio corpo emozionale ed a consumare ogni sensazione di essere abbandonato da Dio o di essere solo, in un mondo ostile. Assumo la piena responsabilità per la mia vita e riconosco il fatto che sono stato io a scegliere di allontanarmi da Dio. Ora scelgo di lasciar andare tutti i sentimenti di abbandono, e sono pieno dell'amore perfetto di Dio che caccia via ogni paura. Io affermo che la mia Presenza IO SONO è l'unico potere che possa agire nelle mie emozioni.

Ave Madre dell'Indipendenza

4. Io rivendico la mia indipendenza emozionale invitando il fuoco della mia Fiamma Divina ad inondare il mio corpo emozionale ed a consumare tutti i sentimenti di rabbia contro Dio o di rancore per il fatto di essere vivo. Assumo la piena responsabilità per la mia vita e riconosco il fatto che sto raccogliendo adesso ciò che ho seminato in passato. Accetto che l'universo è uno specchio, che mi riflette indietro ciò che vi emetto. Capisco che l'unico modo per cambiare la mia realtà esteriore è quello di cambiare la mia realtà interiore. Io scelgo di lasciar andare ogni sentimento di ingratitudine, e sono pieno di apprezzamento straripante per l'opportunità di co-creare il regno di Dio sulla Terra. Io affermo che la mia Presenza IO SONO è l'unico potere che possa agire nelle mie emozioni.

Ave Madre dell'Indipendenza

5. Io rivendico la mia indipendenza emozionale invitando il fuoco della mia Fiamma Divina ad inondare il mio corpo emozionale ed a consumare ogni sensazione di essere indegno di tornare a casa, nel regno di Dio. Assumo la piena responsabilità per la mia vita e riconosco il fatto che ho accettato il senso d'indegnità impostomi dalle forze oscure. Scelgo di lasciar andare ogni senso d'inferiorità e sono pieno della consapevolezza che io sono un degno figlio di Dio. Pertanto, io amo davvero me stesso come Dio mi ama. Io affermo che la mia Presenza IO SONO è l'unico potere che possa agire nelle mie emozioni.

Ave Madre dell'Indipendenza

6. Io rivendico la mia indipendenza emozionale invitando il fuoco della mia Fiamma Divina ad inondare il mio corpo emozionale ed a consumare tutti i sentimenti d'orgoglio e di egoismo. Assumo la piena responsabilità per la mia vita e riconosco il fatto che io sono una parte del Corpo di Dio sulla Terra. Io scelgo di lasciar andare tutti i sentimenti di gelosia o di rancore verso altre persone. Sono pieno dell'amore che Dio ha per tutta la vita, e quindi amo il mio vicino

come me stesso. Io affermo che la mia Presenza IO SONO è l'unico potere che possa agire nelle mie emozioni.

Ave Madre dell'Indipendenza

7. Io rivendico la mia indipendenza emozionale invitando il fuoco della mia Fiamma Divina ad inondare il mio corpo emozionale ed a consumare ogni sentimento che mi fa ritenere, che Dio non abbia alcun senso o che Dio sia ingiusto. Io assumo la piena responsabilità della mia vita e riconosco il fatto che il mio ego non capirà mai Dio o la legge di Dio. Io scelgo di lasciar andare tutti i sentimenti d'ingiustizia e sono pieno della consapevolezza interiore, che il mio sé Cristico risponderà a tutte le mie domande. Io affermo che la mia Presenza IO SONO è l'unico potere che possa agire nelle mie emozioni.

Ave Madre dell'Indipendenza

8. Io rivendico la mia indipendenza emozionale invitando il fuoco della mia Fiamma Divina ad inondare il mio corpo emozionale ed a consumare ogni sensazione, che la vita sia priva di senso o che nulla di ciò che io faccio farà alcuna differenza. Io assumo la piena responsabilità della mia vita e riconosco il fatto che con Dio ogni cosa è possibile. Io scelgo di lasciar andare ogni paralisi emotiva e sono pieno del divino entusiasmo, che spazza via ogni opposizione al mio piano divino. Io affermo che la mia Presenza IO SONO è l'unico potere che possa agire nelle mie emozioni.

Ave Madre dell'Indipendenza

9. Io rivendico la mia indipendenza emozionale invitando il fuoco della mia Fiamma Divina ad inondare il mio corpo emozionale ed a consumare il sogno di una salvezza meccanica o di una soluzione definitiva. Io assumo la piena responsabilità per la mia vita e riconosco il fatto che la vita è un continuo processo di trascendenza di sé. Io scelgo di lasciar andare ogni sogno di ottenere uno stato di sicurezza in cui non devo cambiare. Mi immergo nel Fiume della Vita, che fluisce sempre, e sento la gioia infinita del far parte del magnifico flusso di Dio per diventare di più. Io affermo che la mia Presenza IO SONO è l'unico potere che possa agire nelle mie emozioni.

Ave Madre dell'Indipendenza

Io sono nel flusso cosmico
[Recitate una volta la preghiera 'Io sono nel flusso cosmico']

Io rivendico la mia indipendenza materiale

1. Io rivendico la mia indipendenza materiale invitando il fuoco della mia Fiamma Divina a consumare la mentalità, secondo cui la realizzazione del mio piano divino dipende da qualunque cosa che attualmente non ho. Accetto il fatto che ho sempre quello che mi serve per trascendere me stesso e per avvicinarmi a Dio. Io moltiplico ciò che ho proprio ora e so che, se sono fedele in poche cose, la mia Presenza IO SONO mi renderà sovrano su molte cose. Pertanto, moltiplicare i miei talenti è la chiave per assumere il dominio sulla mia vita. Io affermo che la mia Presenza IO SONO è l'unico potere che possa agire nella mia vita sulla Terra.

Ave Madre dell'Indipendenza

2. Io rivendico la mia indipendenza materiale invitando il fuoco della mia Fiamma Divina ad inondare i miei quattro corpi inferiori ed a stabilire il perfetto flusso d'energia tra gli aspetti Alfa e Omega, Spirito e Materia, del mio essere. La mia Presenza assume il dominio sui miei quattro corpi inferiori, ed io affermo che ogni aspetto del mio essere è il perfetto veicolo per la realizzazione del mio piano divino. Io affermo che la mia Presenza IO SONO è l'unico potere che possa agire nella mia vita sulla Terra.

Ave Madre dell'Indipendenza

3. Io rivendico la mia indipendenza materiale invitando il fuoco della mia Fiamma Divina a consumare la mentalità, secondo cui la realizzazione del mio piano divino dipende dal mio corpo fisico e da qualunque limite del corpo. La mia Presenza IO SONO è la vera sorgente della salute perfetta, ed io affermo che il mio corpo è il veicolo perfetto per la realizzazione del mio piano divino. Io affermo che la mia Presenza IO SONO è l'unico potere che possa agire nella mia vita sulla Terra.

Ave Madre dell'Indipendenza

4. Io rivendico la mia indipendenza materiale invitando il fuoco della mia Fiamma Divina a consumare la mentalità, secondo cui la realizzazione del mio piano divino dipende dalla mia situazione esterna o da qualunque cosa al di fuori del controllo della mia Presenza IO SONO. Vedo ogni situazione come un'opportunità per imparare e per rinunciare ai miei attaccamenti a questo mondo, affinché possa avvicinarmi all'unità con la mia Presenza IO SONO. Io affermo che ogni aspetto della mia situazione è il veicolo perfetto per la realizzazione del mio piano divino. Io affermo che la mia Presenza IO SONO è l'unico potere che possa agire nella mia vita sulla Terra.

Ave Madre dell'Indipendenza

5. Io rivendico la mia indipendenza materiale invitando il fuoco della mia Fiamma Divina a consumare la mentalità, secondo cui la realizzazione del mio piano divino dipende da altre persone. Quando sono fedele al mio Sé, alla mia Presenza IO SONO, le mie relazioni si baseranno sull'amore, invece che sulla paura. Io affermo che ogni aspetto delle mie interazioni con gli altri è il veicolo perfetto per la realizzazione del mio piano divino. Io affermo che la mia Presenza IO SONO è l'unico potere che possa agire nella mia vita sulla Terra.

Ave Madre dell'Indipendenza

6. Io rivendico la mia indipendenza materiale invitando il fuoco della mia Fiamma Divina a consumare la mentalità, secondo cui la realizzazione del mio piano divino dipende dal denaro. La mia Presenza IO SONO è la vera fonte d'abbondanza, ed io affermo che ogni aspetto del mio sostentamento è il veicolo perfetto per la realizzazione del mio piano divino. Mi fido del fatto che se non ce l'ho, non mi serve, e moltiplico ciò che ho, invece di preoccuparmi di ciò che non ho. Io affermo che la mia Presenza IO SONO è l'unico potere che possa agire nella mia vita sulla Terra.

Ave Madre dell'Indipendenza

7. Io rivendico la mia indipendenza materiale invitando il fuoco della mia Fiamma Divina a consumare la mentalità, secondo cui la realizzazione del mio piano divino dipende dal mio governo o dall'elite di potere sulla Terra. La mia Presenza IO SONO è la vera fonte del governo di Dio, ed io affermo che ogni aspetto della mia nazione e del mio mondo è il veicolo perfetto per la realizzazione del mio piano divino. Io affermo che la mia Presenza IO SONO è l'unico potere che possa agire nella mia vita sulla Terra.

Ave Madre dell'Indipendenza

8. Io rivendico la mia indipendenza materiale invitando il fuoco della mia Fiamma Divina a consumare la mentalità, secondo cui la realizzazione del mio piano divino dipende da qualunque cosa nel mondo del tempo e dello spazio. Accetto il fatto che la mia Presenza IO SONO è la vera fonte di tutto quello che mi serve. So che la mia Presenza IO SONO spesso mi dà ciò che mi serve attraverso un'altra persona o attraverso circostanze materiali, eppure vedo sempre la causa prima dietro alle apparenze esteriori. Quindi non permetto mai a me stesso di sentirmi dipendente da alcuna cosa al di fuori della mia Presenza IO SONO. Prima cerco il regno di Dio e so che tutto il resto mi viene dato dalla mia Presenza IO SONO. Io affermo che la mia

Presenza IO SONO è l'unico potere che possa agire nella mia vita sulla Terra.

Ave Madre dell'Indipendenza

9. Io rivendico la mia indipendenza materiale invitando il fuoco della mia Fiamma Divina a consumare la mentalità, secondo cui le imperfezioni sulla Terra non possono essere cambiate. Le condizioni esistenti sulla Terra sono dei miraggi temporanei, che mascherano la pura luce Ma-ter. La mia Presenza IO SONO assume il dominio sulla luce Ma-ter e la luce gioisce nell'essere resa libera di rappresentare il piano divino dell'intero Corpo di Dio sulla Terra. Io affermo che la mia Presenza IO SONO è l'unico potere che possa agire nella mia vita sulla Terra.

Ave Madre dell'Indipendenza

Io sono nel flusso cosmico

[Recitate la preghiera 'Io sono nel flusso cosmico' quante volte desiderate prima di sigillare il rosario]

La Terra è del Signore e ne è la pienezza. (3X) Amen.

In nome dell'amore incondizionato del Padre, del Figlio, dello Spirito Santo e della Madre Miracolosa, Amen.

Sigillo del rosario

Amato Dio Padre-Madre, amati Alfa ed Omega, sigillateci ora nell'assoluta consapevolezza che abbiamo il diritto, donatoci da Dio, di moltiplicare la vostra luce e di assumere il dominio sulla Terra. Amato Arcangelo Michele, purifica i nostri esseri da ogni non-volontà e da ogni non-essere. Sigillaci nell'impenetrabile protezione della tua fiamma blu. Amato Gesù, sigillaci nella chiarezza cristallina della verità di Cristo, cosicché possiamo rivendicare la nostra unità con la Presenza IO SONO dentro ad ognuno di noi. Amata Madre Maria, sigillaci nell'amore incondizionato della Madre dell'Indipendenza, cosicché possiamo accettare la vera indipendenza dell'essere qui in basso tutto quello che siamo in Alto.

Nel nome del Padre, del Figlio, dello Spirito Santo e della Madre dell'Indipendenza, accetto che io sono uno con la mia Presenza IO SONO e che, attraverso quell'unità, sono davvero libero e indipendente. Io affermo che io sono uno con il Fiume della Vita e che c'è un perfetto flusso di luce, a forma di otto, dalla mia Presenza IO

SONO alla mia anima e di nuovo alla mia Presenza IO SONO. Io qualifico la luce di Dio soltanto con amore, dopodiché essa ritorna in alto e diventa il mio tesoro accumulato in Cielo. Io ricevo liberamente dalla mia Presenza IO SONO e do liberamente a tutta la vita. Attraverso questo eterno flusso dell'Essere, il regno di Dio è manifesto sulla Terra, ora e per sempre. Amen.

www.ingramcontent.com/pod-product-compliance
Lightning Source LLC
Chambersburg PA
CBHW071359230426
43669CB00010B/1393